2018ANTIQUES
AUCTION RECORDS

拍卖年鉴 瓷器

2017.1.1～2017.12.31

欣 弘 主编

cns | 湖南美术出版社

图书在版编目(CIP)数据

2018古董拍卖年鉴·瓷器 / 欣弘编. —长沙：湖南美术出版社，2017.12
ISBN 978-7-5356-8312-0

Ⅰ.①2… Ⅱ.①欣… Ⅲ.①历史文物－拍卖－价格－中国－2018－年鉴②瓷器(考古)－拍卖－价格－中国－2018－年鉴 Ⅳ.①F724.787-54

中国版本图书馆CIP数据核字(2017)第330712号

2018古董拍卖年鉴·瓷器

主　　编：欣　弘
策　　划：易兴宏
责任编辑：李　坚

湖南美术出版社出版发行(长沙市东二环一段622号)
湖南省新华书店经销
雅昌文化(集团)有限公司制版、印刷
(本书采用CTP工艺制版、印刷)
开本：787×1092　1/16　印张：21
版次：2017年12月第1版　印次：2018年1月第1次印刷
ISBN 978-7-5356-8312-0
定价：178.00元

邮购联系：0731-84787105　邮编：410016　网址：http://www.arts-press.com/
电子邮箱：market@arts-press.com
如有倒装、破损、少页等印装质量问题，请与印刷厂联系斢换。

目　录

陶　器……1

青　瓷

越　窑……4
耀州窑……7
汝　窑……9
仿汝釉……9
官　窑……13
仿官釉……13
钧　窑……18
仿钧釉……22
仿哥釉……23
龙泉窑……26
仿龙泉窑……35
景德镇青釉……36

白　瓷

定窑白釉……44
磁州窑白釉……48
德化窑……48
景德镇白釉……50
其他窑白釉……60

黑　瓷

黑　釉……61
乌金釉……65

彩　瓷

褐　彩……65
青　花……66
釉里红……112
青花釉里红……116
青花加彩……120
斗　彩……127
红绿彩……139
五　彩……140
三　彩……151
粉　彩……154
珐琅彩……181
广　彩……182
珐华彩……183
浅绛彩……184
红　彩……186
黄　彩……189
绿　彩……191
蓝　彩……194
赭　彩……194
紫　彩……195
金　彩……195
白　花……199
墨　彩……202
刻剔彩……208
其他彩瓷及现当代瓷器……210

色釉瓷

红　釉……213
黄　釉……220
蓝　釉……227
绿　釉……233
金　釉……237
酱　釉……237
铁锈釉……240
窑变釉……240
炉钧釉……245
仿木釉……247
仿古铜釉……247
仿石釉……248
茄皮紫釉……248
茶叶末釉……249

反　瓷……252

2017瓷器拍卖成交汇总……253

凡　例

1.《2018古董拍卖年鉴》分瓷器卷、玉器卷、杂项卷、珠宝翡翠卷、书画卷共五册，收录了纽约、伦敦、巴黎、日内瓦、香港、澳门、台北、北京、上海、广州、昆明、天津、重庆、成都、合肥、南京、西安、沈阳、济南等城市或地区的几十家拍卖公司几百个专场的2017年度拍卖成交记录与拍品图片。

2.本书内文条目原则上保留了原拍卖记录，按拍品号、品名、估价、成交价、尺寸、拍卖公司名称、拍卖日期等排序，部分原内容缺或不详的不注明，书画卷内文条目还有作者姓名、作品形式、创作年代等内容。

3.因境外拍卖公司宿地不同，本书拍品中有多种币种：RMB人民币，USD美元，EUR欧元，GBP英磅，HKD港币，TWD台币。但本书所有拍品成交价均按汇率转换成RMB(人民币)币种。

4.多人合作的作品，目录中仅列出一位主要作者的名字。

5.需查看更多图片资料，请登陆“www.artron.net”进入《中国艺搜》栏目，输入要查看拍品的完整名称或名称的关键词语点击搜索即可。

陶 器

652 文化期 陶器（一组两件）
成交价：RMB 73,455
最高41.5cm 中国嘉德 2017-10-02

107 战国 硬陶鸡首提梁盉
成交价：RMB 44,073
高21cm 中国嘉德 2017-10-02

1131 汉 彩绘陶犬
成交价：RMB 95,136
高96.5cm 纽约佳士得 2017-03-17

2919 唐 彩绘陶骆驼及骑驼俑
估 价：HKD 5,000,000~8,000,000
成交价：RMB 5,191,100
高60cm 佳士得 2017-11-29

1134 唐 彩绘陶仕女俑
估 价：USD 20,000~30,000
成交价：RMB 302,706
高44.9cm 纽约佳士得 2017-03-17

73 唐 白釉三彩马
估 价：HKD 150,000~200,000
成交价：RMB 274,232
宽59cm 中国嘉德 2017-10-02

703 唐 巩县窑黄绿彩弦纹杯（一对）
估 价：HKD 120,000~150,000
成交价：RMB 125,599
口径8cm×2 中国嘉德 2017-05-30

317 唐 黑釉彩斑罐
估 价：GBP 20,000~30,000
成交价：RMB 304,045
高40cm 伦敦佳士得 2017-11-07

2902 唐 蓝釉罐
估 价：HKD 500,000~800,000
成交价：RMB 531,875
高26.3cm 佳士得 2017-11-29

314 唐 三彩芦雁纹象形脉枕
估 价：HKD 100,000~150,000
成交价：RMB 133,560
12.5cm×8cm×9cm 中濠典藏 2017-11-29

2916 唐 蓝釉三彩仕女坐俑
“光家之女子”款
估 价：HKD 1,000,000~1,500,000
成交价：RMB 1,063,750
高30cm 佳士得 2017-11-29

993 唐 三彩天王（一对）
来源：《Ancient Chinese Bronzes and Ceramics》，Eskenazi，伦敦，1999年，图版13。
估 价：HKD 1,200,000~1,800,000
成交价：RMB 1,569,990
高103cm×2 中国嘉德 2017-05-30

3110 唐 三彩凤首壶
来源：1987年4月6日购于香港。
估 价：HKD 500,000~700,000
成交价：RMB 609,813
高33cm 佳士得 2017-05-31

1139 唐 三彩三足炉
估 价：USD 6,000~8,000
成交价：RMB 129,731
宽18.4cm 纽约佳士得 2017-03-17

584 唐 三彩仕女坐像
成交价：RMB 235,056
高41cm 中国嘉德 2017-10-02

2917 唐 贴金彩绘女木俑
估 价：HKD 300,000~500,000
成交价：RMB 3,148,700
高58.4cm 佳士得 2017-11-29

991 唐 陶制马球人物（一组）
估　价：HKD 10,000~15,000
成交价：RMB 261,665
最大的高20cm 中国嘉德 2017-05-30

599 唐 陶加彩马
来源：1.Arthur B. Michael；2.Albright-Knox Art Galler；3.纽约苏富比，2007年。
估　价：USD 50,000~70,000
成交价：RMB 432,438
纽约苏富比 2017-03-15

706 北宋/金 当阳峪窑绞胎羽毛纹折沿盘
估　价：HKD 270,000~370,000
成交价：RMB 366,331
口径18.3cm 中国嘉德 2017-05-30

89 北宋早期 磁州窑系绿釉局部绞胎团花纹枕“裴家花枕”刻款
估　价：HKD 80,000~120,000
成交价：RMB 311,850
宽26.7cm 佳士得 2017-04-04

3043 宋 磁州绞胎玉壶春瓶
来源：松坂屋百货店，名古屋，1952年6月22日。
估　价：HKD 30,000~40,000
成交价：RMB 189,338
高22.3cm 香港苏富比 2017-04-04

601 宋 陶加彩童子俑
来源：1.德国私人收藏，20世纪50年代；2.Raimann & Raimann，威斯巴登，德国，2010年。
成交价：RMB 1,124,338
纽约苏富比 2017-03-15

5109 元 绞胎提梁水注
估　价：RMB 600,000~800,000
成交价：RMB 690,000
高21cm 北京保利 2017-12-18

5844 明万历 欧窑宜钧兽耳折方瓶“宣和”款
估　价：RMB 350,000~550,000
成交价：RMB 552,000
高11.3cm 北京保利 2017-12-19

18 清 石湾窑哥釉四方鼎式炉
估　价：RMB 80,000~120,000
成交价：RMB 115,000
高22cm 上海嘉禾 2017-07-01

5294 明晚期 宜钧天蓝釉荷叶形笔掭
估　价：RMB 80,000~120,000
成交价：RMB 195,500
长8cm 北京保利 2017-06-07

661 清乾隆 宜钧釉双耳罍
“大清乾隆年制”篆书款
估　价：RMB 280,000~380,000
成交价：RMB 322,000
高27cm 保利厦门 2017-06-26

青瓷

越　窑

3229 西晋 越窑青釉宝鹅纹铺首耳罐
来源：1.家适公司，香港，约1980年。
估　价：HKD 800,000~1,000,000
成交价：RMB 2,441,340
高32.3cm 香港苏富比 2017-04-05

141 19世纪 上釉素烧陶瓷猫
估　价：HKD 25,000~35,000
成交价：RMB 446,775
长32.8cm 佳士得 2017-11-26

1550 唐 越窑秘色花口杯
估　价：RMB 30,000~50,000
成交价：RMB 149,500
高6.6cm；口径10.2cm 西泠拍卖 2017-07-15

6016 余乐恩 仅见树的森林
成交价：RMB 326,600
80cm×420cm 北京保利 2017-04-27

3209 西晋 越窑青釉瑞兽
来源：家适公司，香港，约1980年。
估　价：HKD 300,000~400,000
成交价：RMB 835,313
高8.1cm 香港苏富比 2017-04-05

3119 唐晚期/五代 越窑秘色青瓷盒
来源：日本松下企业珍藏。
估 价：HKD 400,000~600,000
成交价：RMB 1,862,700
直径17.5cm 佳士得 2017-05-31

407 西晋 越窑青釉羊形器
估 价：HKD 150,000~200,000
成交价：RMB 218,654
高15.5cm 香港苏富比 2017-06-01

1138 唐 越窑刻荷叶纹海棠碗
估 价：USD 6,000~8,000
成交价：RMB 190,273
直径15.2cm 纽约佳士得 2017-03-17

59 五代 越窑牡丹纹洗
估 价：HKD 100,000~150,000
成交价：RMB 423,225
直径13cm 佳士得 2017-04-04

1452 五代 越窑秘色鹦鹉纹粉盒
估 价：RMB 400,000~600,000
成交价：RMB 529,000
高7.4cm；直径10cm 西泠拍卖 2017-07-15

93 五代 越窑皮囊壶
估 价：HKD 100,000~150,000
成交价：RMB 1,713,950
高21.6cm 中国嘉德 2017-10-02

96 五代 越窑青釉荷叶口碗
估 价：HKD 350,000~600,000
成交价：RMB 423,225
长14cm 佳士得 2017-04-04

1489 五代 越窑青釉划花执壶
估 价：RMB 400,000~500,000
成交价：RMB 552,000
高18.5cm；长18.5cm 西泠拍卖 2017-07-15

1553 北宋 越窑缠枝鸳鸯粉盒
估 价：RMB 350,000~450,000
成交价：RMB 460,000
高5.5cm；直径14cm 西泠拍卖 2017-07-15

398 宋 越窑系青釉莲苞式执壶
估 价：HKD 30,000~50,000
成交价：RMB 32,798
高16cm 香港苏富比 2017-06-01

3514 元 越窑镂空秘色香熏
估 价：RMB 400,000~500,000
成交价：RMB 517,500
高14cm 北京荣宝 2017-12-02

5107 元 越窑青釉划花牡丹纹盖盒
来源：1.北美重要私人收藏；2.纽约苏富比，2004年
估 价：RMB 500,000~800,000
成交价：RMB 3,105,000
直径14.6cm 北京保利 2017-12-18

21 北宋 越窑刻花牡丹纹盖罐
估 价：HKD 120,000~180,000
成交价：RMB 435,750
高10.1cm 佳士得 2017-10-02

235 元 越窑青釉渣斗
估 价：RMB 600,000~800,000
成交价：RMB 1,035,000
直径18cm；高10cm 北京宣石 2017-05-21

2131 越窑青釉刻人物故事纹八棱执壶
估 价：RMB 600,000~800,000
成交价：RMB 920,000
高22cm 中拍国际 2017-06-04

耀州窑

3222 五代 耀州窑青釉缠枝花卉纹盖罐
来源：大村俊，香港，1998年2月14日。
估　价：HKD 300,000~500,000
成交价：RMB 334,125
高10.7cm 香港苏富比 2017-04-05

3120 五代 耀州窑青釉刻莲纹水注
来源：养德堂珍藏。
估　价：HKD 400,000~600,000
成交价：RMB 831,563
高20cm 佳士得 2017-05-31

3310 五代 耀州窑三足罐
估　价：HKD 150,000~300,000
成交价：RMB 410,038
高6.3cm 保利香港 2017-04-04

3214 五代或更早 耀州窑青釉坐狮
来源：1.传 Bluett & Sons Ltd，伦敦，1922年；2.南肯辛顿佳士得2002年6月20日，编号563；3.大村俊，香港。
估　价：HKD 300,000~500,000
成交价：RMB 389,813
高15.7 cm 香港苏富比 2017-04-05

191 北宋 耀州窑青釉刻缠枝牡丹纹执壶
估　价：GBP 40,000~60,000
成交价：RMB 447,150
高21.5cm 伦敦苏富比 2017-05-10

405 北宋 耀州窑青釉刻莲瓣纹花式碗
估　价：HKD 50,000~70,000
成交价：RMB 459,174
直径13.7cm 香港苏富比 2017-06-01

3231 北宋 耀州窑青釉三足炉
来源：1.家适公司，香港，1990年以前。
估　价：HKD 300,000~500,000
成交价：RMB 556,875
高22.1cm 香港苏富比 2017-04-05

3311 宋 耀州窑花口杯及盏托（一套）
估　价：HKD 300,000~500,000
成交价：RMB 504,662
杯高5cm；杯直径8.3cm；盏托直径13cm；盏托高8.5cm 保利香港 2017-04-04

402 北宋/金 耀州窑青釉刻花盖盒
估　价：HKD 70,000~100,000
成交价：RMB 491,972
直径8.3cm 香港苏富比 2017-06-01

605 北宋/金 耀州窑青釉瑞兽形灯器
估 价：USD 25,000~30,000
成交价：RMB 224,868
纽约苏富比 2017-03-15

3313 金 耀州窑刻花碗
估 价：HKD 350,000~500,000
成交价：RMB 367,983
直径15.3cm 保利香港 2017-04-04

5189 元 耀州窑刻花玉壶春瓶
估 价：RMB 800,000~1,200,000
成交价：RMB 920,000
高30cm 北京保利 2017-06-06

5105 元 耀州窑剔刻蕉叶纹花口花囊
估 价：RMB 200,000~300,000
成交价：RMB 345,000
宽13.3cm 北京保利 2017-12-18

5104 元 耀州窑刻牡丹纹葵口盘
估 价：RMB 150,000~200,000
成交价：RMB 437,000
宽16.8cm 北京保利 2017-12-18

3314 金 耀州窑鼓墩盖罐
估 价：HKD 600,000~800,000
成交价：RMB 967,270
直径11.8cm 保利香港 2017-04-04

2134 耀州窑青釉刻缠枝莲纹梅瓶
估 价：RMB 600,000~800,000
成交价：RMB 920,000
高30cm 中拍国际 2017-06-04

汝 窑

5 北宋 汝窑天青釉洗
来源：伦敦苏富比1982年6月15日，编号252；鸿禧美术馆收藏，台北。苏史彬士（编纂），《中国历代陶瓷选集》，鸿禧美术馆，台北，1990年，编号40。
成交价：RMB 244,258,625
长13cm 香港苏富比 2017-10-03

仿汝釉

1157 宋 临汝窑葵形洗
估 价：RMB 50,000~80,000
成交价：RMB 86,250
高2.6cm；直径12.2cm 西泠拍卖 2017-07-15

1188 清雍正 仿汝釉弦纹瓶
"大清雍正年制"款
估 价：RMB 1,600,000~2,600,000
成交价：RMB 5,865,000
高27cm 印千山 2017-03-30

511 清雍正 仿汝釉鸠耳尊
“大清雍正年制”款
来源：Fred 及 Marguerite Shumaker 伉俪收藏，Larchmont，纽约，购于1930年代初，此后家族传承。
估　价：USD 200,000~300,000
成交价：RMB 2,743,384
纽约苏富比 2017-03-15

1118 清雍正 仿汝釉纸槌瓶
“大清雍正年制”款
估　价：RMB 800,000~1,200,000
成交价：RMB 1,380,000
高17cm 北京东正 2017-06-08

1245 清雍正/乾隆 仿汝釉琴炉
估　价：RMB 300,000~500,000
成交价：RMB 805,000
直径9.2cm 华艺国际 2017-11-25

2854 清乾隆 仿汝釉觚
“大清乾隆年制”篆书款
来源：胡惠春珍藏。
估　价：HKD 2,400,000~3,200,000
成交价：RMB 2,944,460
高20.6cm 佳士得 2017-11-29

3667 清乾隆 仿汝八棱三足洗
“大清乾隆年制”款
估　价：RMB 2,000,000~2,200,000
成交价：RMB 2,300,000
直径21.1cm 北京荣宝 2017-12-02

584 清乾隆 仿汝釉八方瓶
“大清乾隆年制”篆书款
记录：伦敦苏富比，2014年5月14日，编号36。
估　价：RMB 900,000~1,800,000
成交价：RMB 2,185,000
高33cm 观唐皕榷 2017-01-11

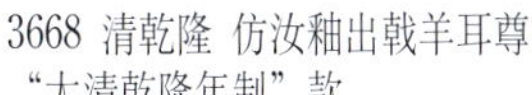

3668 清乾隆 仿汝釉出戟羊耳尊
“大清乾隆年制”款
来源：1.Shichiseki-Ou 旧藏；2.伦敦苏富比，2011年。
估　价：RMB 16,000,000~20,000,000
成交价：RMB 18,400,000
高26.5cm 北京荣宝 2017-12-02

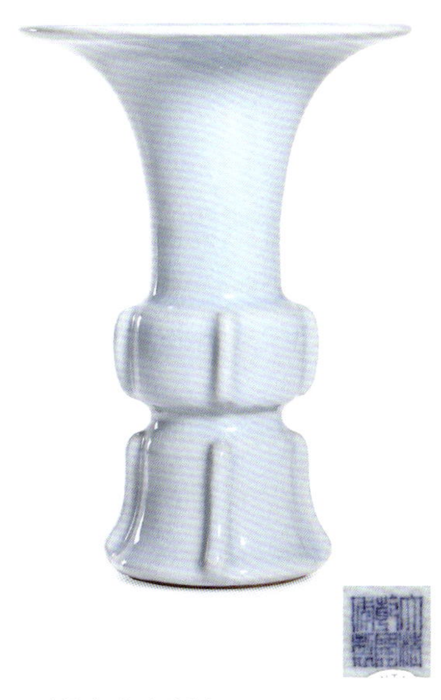

913 清乾隆 仿汝釉花觚
“大清乾隆年制”篆书款
来源：1.玫茵堂旧藏；2.香港苏富比，2012年4月4日，编号4。
估　价：RMB 1,800,000~2,600,000
成交价：RMB 2,472,500
高17cm 保利厦门 2017-06-25

5041 清乾隆 仿汝釉双绶带耳汉壶尊
“大清乾隆年制”款
著录：《玫茵堂中国陶瓷》，康蕊君，伦敦，1994-2010年。
估　价：RMB 2,000,000~3,000,000
成交价：RMB 3,450,000
高26cm 北京保利 2017-12-18

5104 清乾隆 仿汝釉桃形洗
“大清乾隆年制”款
来源：香港佳士得，2006年5月30日，Lot1348。
估　价：RMB 1,600,000~2,600,000
成交价：RMB 2,070,000
宽25.5cm 北京保利 2017-06-06

1114 清乾隆 仿汝釉镗锣洗
估 价：RMB 400,000~450,000
成交价：RMB 517,500
直径15cm 北京东正 2017-06-08

1112 清乾隆 仿汝釉委角八方瓶
“大清乾隆年制”篆书款
估 价：RMB 1,000,000~1,500,000
成交价：RMB 1,380,000
高33.5cm 华艺国际 2017-05-27

3203 清乾隆 仿汝釉杏圆贯耳壶
“大清乾隆年制”篆书款
来源：1.日本私人珍藏，京都，于1930年代购自大阪井上柳湖堂；2.香港佳士得，2008年5月27日，拍品1805号。
估 价：HKD 1,200,000~1,800,000
成交价：RMB 1,969,140
高42cm 佳士得 2017-05-31

3638 清乾隆 仿汝釉贯耳六方壶
“大清乾隆年制”款
估 价：HKD 3,200,000~3,800,000
成交价：RMB 3,270,200
香港苏富比 2017-10-03

3024 清雍正 仿汝釉贯耳方壶
“大清雍正年制”篆书款
来源：1.香港苏富比，1983年，2.亚洲私人藏家旧藏；3.佳士得香港，2004年；4.Eskenazi，London及北美重要私人收藏。
估 价：HKD 2,600,000~3,600,000
成交价：RMB 4,897,000
高26.9cm 保利香港 2017-10-02

113 清乾隆 仿汝釉七孔四方花插
“大清乾隆年制”篆书款
记录：1.香港苏富比，1991年；2.香港佳士得，1992年；3.香港佳士得，2004年等。
估 价：HKD 1,500,000~2,500,000
成交价：RMB 2,252,620
高31.3cm 香港中汉 2017-10-03

官 窑

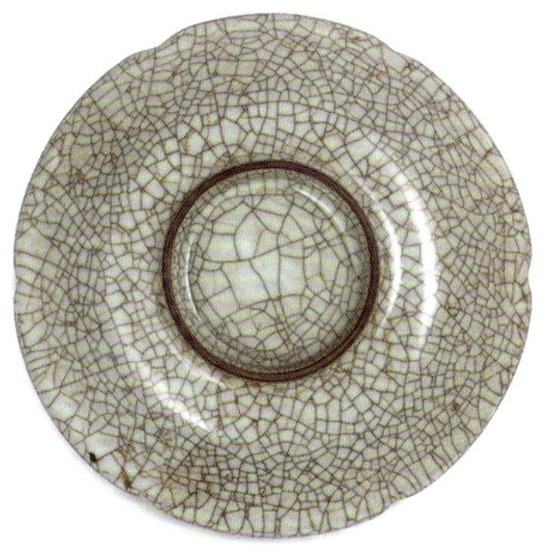

1106 南宋/元 官窑葵瓣盘
来源：1.Stephen Junkunc 三世收藏；2.纽约佳士得2007年3月22日，编号385；3.J.J. Lally & Co.，纽约。
估 价：HKD 10,000,000~15,000,000
成交价：RMB 10,781,100
直径18.5cm 香港苏富比 2017-04-05

2136 官窑粉青釉瓜棱长颈瓶
估 价：RMB 1,800,000~2,000,000
成交价：RMB 2,530,000
高23.5cm 中拍国际 2017-06-04

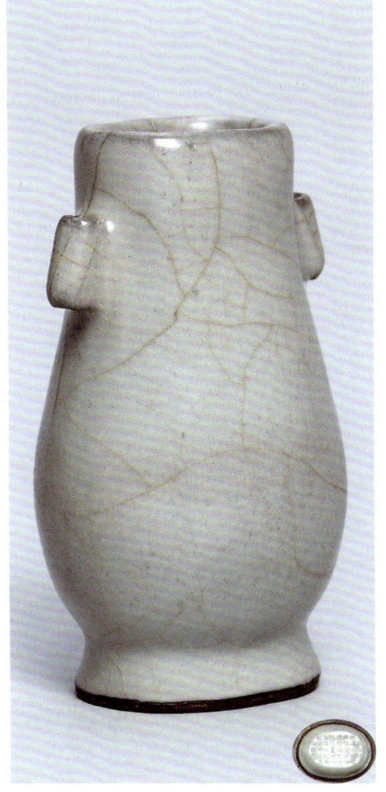

5114 元 乾隆御题官窑贯耳小壶
"乾隆丙戌夏御题"铭、"古香"印
来源：1.美国芝加哥著名藏家Stephen Junkunc三世旧藏；2.纽约佳士得，2010年。
估 价：RMB 3,500,000~5,500,000
成交价：RMB 4,485,000
高10cm 北京保利 2017-06-06

仿官釉

5133 元 官釉葵口盘
估 价：RMB 300,000~400,000
成交价：RMB 782,000
宽14.5cm 北京保利 2017-12-18

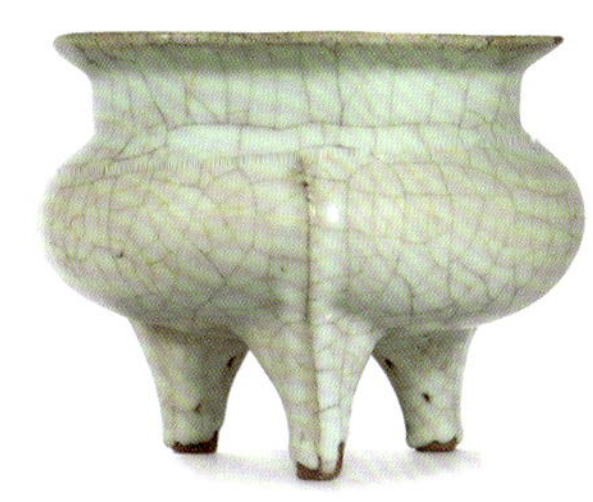

3180 明 仿官鬲式炉
估 价：HKD 120,000~180,000
成交价：RMB 665,250
宽24cm 佳士得 2017-05-31

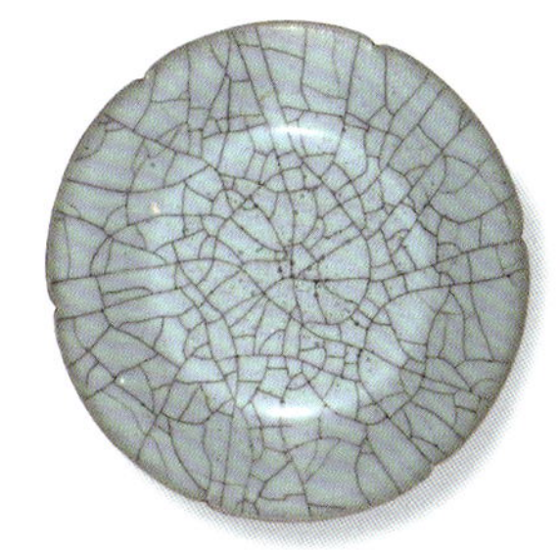
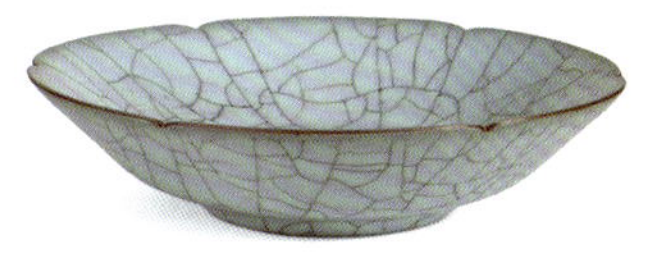

5190 明 官釉葵口盘
来源：欧洲藏家旧藏。
估 价：RMB 800,000~1,200,000
成交价：RMB 1,207,500
直径15.7cm 北京保利 2017-06-06

1480 明 官釉琮式瓶
估 价：RMB 120,000~150,000
成交价：RMB 1,725,000
长8.3cm；宽8.3cm；高11.8cm 西泠拍卖 2017-07-15

5002 清雍正 仿官釉带盖水丞
“雍正年制”款
来源：香港苏富比，2003年。
著录：《玫茵堂中国陶瓷》，康蕊君，伦敦。
估 价：RMB 300,000~500,000
成交价：RMB 1,265,000
高7.5cm 北京保利 2017-06-06

5181 清雍正 仿官釉钵式洗连仿紫铜釉器座
“大清雍正年制”款
来源：1.纽约苏富比，2001年；2.北美重要藏家收藏。
估 价：RMB 2,000,000~3,000,000
成交价：RMB 7,590,000
宽19.5cm 北京保利 2017-12-18

2817 清雍正 仿官釉贯耳大穿带瓶
“大清雍正年制”篆书款
估 价：RMB 1,100,000~1,500,000
成交价：RMB 1,265,000
高50cm 中国嘉德 2017-06-20

1502 清雍正 仿官釉汉壶尊
“大清雍正年制”款
估　价：RMB 4,000,000~6,000,000
成交价：RMB 7,130,000
高53cm 北京东正 2017-06-08

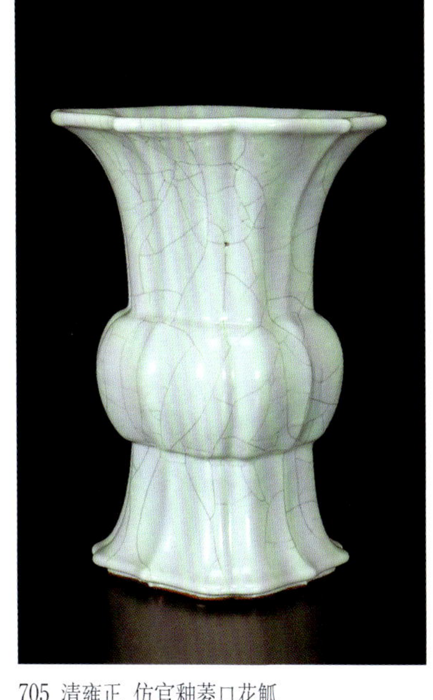

705 清雍正 仿官釉菱口花觚
估　价：RMB 400,000~600,000
成交价：RMB 667,000
高35cm 观唐皕榷 2017-01-12

5868 清雍正 仿官釉盘口尊
“大清雍正年制”款
来源：日本藏家旧藏。
估　价：RMB 2,200,000~3,200,000
成交价：RMB 2,530,000
高33.5cm 北京保利 2017-06-07

3171 清雍正 仿官釉六方垂肩花大瓶
“大清雍正年制”篆书款
估　价：RMB 5,000,000~6,000,000
成交价：RMB 6,440,000
高67cm 北京匡时 2017-12-03

3672 清雍正 仿官釉三足洗
“大清雍正年制”款
估　价：HKD 600,000~800,000
成交价：RMB 2,334,420
长16.8cm 香港苏富比 2017-04-05

1698 清雍正 仿官釉三足洗
“大清雍正年制”款
来源：香港苏富比，1994年11月，Lot106。
估　价：RMB 2,000,000~2,200,000
成交价：RMB 2,070,000
直径21cm 北京荣宝 2017-06-02

553 清雍正 仿官釉鱼篓尊
“大清雍正年制”篆书款
估　价：RMB 1,800,000~2,000,000
成交价：RMB 2,817,500
高35cm 大羿拍卖 2017-12-04

5867 清乾隆 仿官釉八方贯耳壶
“大清乾隆年制”款
备注：壶中居旧藏。
估　价：RMB 1,100,000~1,600,000
成交价：RMB 1,725,000
高24.5cm 北京保利 2017-06-07

2853 清乾隆 仿官釉出戟觚
“大清乾隆年制”篆书款
来源：胡惠春珍藏。
估　价：HKD 2,000,000~3,000,000
成交价：RMB 3,352,940
高20.2cm 佳士得 2017-11-29

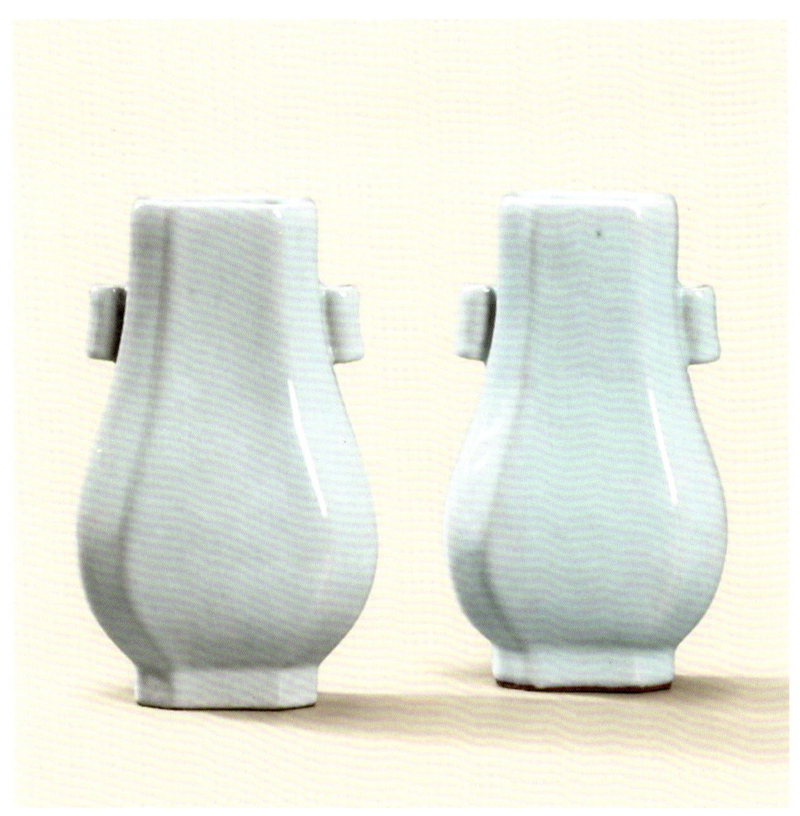

2851 清乾隆 仿官釉八方贯耳瓶（一对）
“大清乾隆年制”篆书款
来源：胡惠春珍藏。
估 价：HKD 1,000,000~1,500,000
成交价：RMB 1,382,875
高14.3cm×2 佳士得 2017-11-29

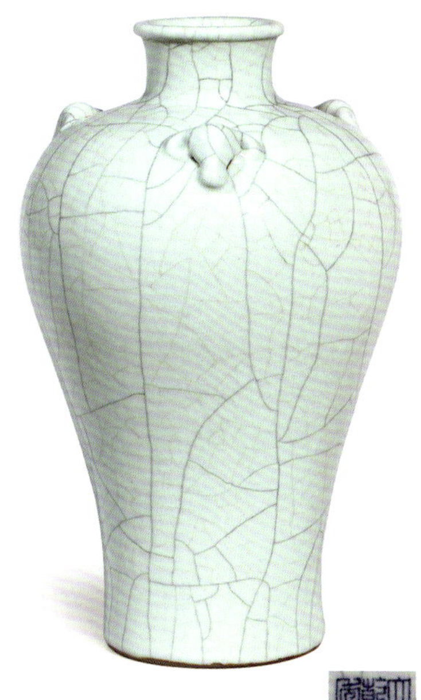

3612 清乾隆 仿官釉三牺尊
“大清乾隆年制”款
估 价：HKD 500,000~700,000
成交价：RMB 881,875
高23.4cm 香港苏富比 2017-10-03

3667 清乾隆 仿官釉双桃洗
“大清乾隆年制”款
来源：1.仇焱之、胡惠春、玫茵堂等收藏；2.纽约苏富比1985年、香港佳士得1996年、香港苏富比2011年等拍卖。
估 价：HKD 2,500,000~3,500,000
成交价：RMB 3,082,860
长21.6cm 香港苏富比 2017-04-05

682 清乾隆 仿官釉三羊尊
“大清乾隆年制”篆书款
来源：1.日本藏家旧藏；2.北京保利，2009年11月23日，编号2041。
估 价：RMB 1,100,000~1,500,000
成交价：RMB 1,265,000
高30cm 保利厦门 2017-06-26

103 清乾隆 仿官釉弦纹五孔方瓶
“大清乾隆年制”篆书款
估　价：RMB 400,000~450,000
成交价：RMB 747,500
高27.6cm 北京中汉 2017-09-01

2852 清乾隆 仿官釉长颈瓶
“大清乾隆年制”篆书款
来源：胡惠春珍藏。
估　价：HKD 2,000,000~3,000,000
成交价：RMB 6,722,900
高22.2cm 佳士得 2017-11-29

2855 清乾隆 仿官釉长颈瓶
“大清乾隆年制”篆书款
来源：胡惠春珍藏。
估　价：HKD 1,600,000~2,400,000
成交价：RMB 4,169,900
高20cm 佳士得 2017-11-29

1236 清光绪 仿官釉贯耳瓶
“大清光绪年制”楷书款
估　价：USD 12,000~18,000
成交价：RMB 242,165
高30.2cm 纽约佳士得 2017-03-17

钧　窑

25 北宋 钧窑天蓝釉托盏（一套）
估　价：HKD 150,000~180,000
成交价：RMB 391,760
盏口径7.2cm；托直径9.5cm
中国嘉德 2017-10-02

1143 北宋/金 钧窑天蓝釉葵口屈卮
估　价：USD 12,000~18,000
成交价：RMB 6,278,993
宽19cm 纽约佳士得 2017-03-17

3202 北宋/金 钧窑天蓝釉紫斑鸡心罐
来源：家适公司，香港，1993年9月30日。
估　价：HKD 300,000~500,000
成交价：RMB 334,125
高9.3cm 香港苏富比 2017-04-05

1148 北宋/金 钧窑天青釉三足炉
估　价：USD 8,000~12,000
成交价：RMB 2,542,733
高9.8cm 纽约佳士得 2017-03-17

1144 宋/金 钧窑绿釉小炉
估　价：USD 8,000~12,000
成交价：RMB 518,925
直径7cm 纽约佳士得 2017-03-17

3055 金 钧窑天蓝釉紫斑碗
来源：1.平野古陶轩，东京Sadao Ogawa，东京；2.纽约苏富比2010年9月15日，编号308；3.埃斯卡纳齐古董行，伦敦。
估　价：HKD 600,000~800,000
成交价：RMB 668,250
直径8.8cm 香港苏富比 2017-04-04

2905 北宋晚期/金早期 钧窑天青釉红斑玉壶春瓶
估　价：HKD 1,500,000~2,500,000
成交价：RMB 4,169,900
高29.2cm 佳士得 2017-11-29

6 宋/金 钧窑月白釉紫斑折沿盘
来源：鸿禧美术馆收藏，台北。
估　价：HKD 4,000,000~6,000,000
成交价：RMB 4,266,200
长18.7cm 香港苏富比 2017-10-03

3 宋-金 钧窑天青釉敛口大碗
估 价：HKD 600,000~800,000
成交价：RMB 830,000
直径22cm 香港苏富比 2017-10-03

3545 元 钧窑大碗（一对）
估 价：RMB 800,000~1,000,000
成交价：RMB 977,500
直径20cm×2 北京荣宝 2017-12-02

1103 金/元 钧窑天蓝釉紫斑双耳连座瓶
来源：1.香港苏富比1994年；2.J.J. Lally & Co.，纽约。
估 价：HKD 2,000,000~3,000,000
成交价：RMB 3,831,300
高17.4cm 香港苏富比 2017-04-05

3221 金/元 钧窑天蓝釉紫斑冲天耳三足炉
来源：安思远，纽约。
估 价：HKD 1,000,000~1,500,000
成交价：RMB 3,296,700
高20.3cm 香港苏富比 2017-04-05

3211 金/元 钧窑月白釉镂空八佛八方供器
来源：安思远，纽约，1999年。
估 价：HKD 800,000~1,200,000
成交价：RMB 4,579,740
直径23.7 cm 香港苏富比 2017-04-05

3544 元 钧窑胆瓶
估 价：RMB 1,600,000~2,200,000
成交价：RMB 2,070,000
高25.5cm 北京荣宝 2017-12-02

3524 元 钧窑梨形壶
估　价：RMB 280,000~380,000
成交价：RMB 322,000
高8.5cm 北京荣宝 2017-12-02

3217 元 钧窑月白釉公道杯
来源：安思远，纽约，1994年以前入藏。
估　价：HKD 300,000~500,000
成交价：RMB 4,365,900
直径10.3cm 香港苏富比 2017-04-05

5129 元 天蓝釉钧窑大碗（一对）
备注：1.日本关东财阀家族购藏；2.藤田美术馆家族旧藏。
估　价：RMB 700,000~1,000,000
成交价：RMB 1,265,000
直径21cm；直径22.9cm 北京保利 2017-12-18

5138 元 钧窑月白釉三足炉
估　价：RMB 200,000~300,000
成交价：RMB 632,500
宽14cm 北京保利 2017-12-18

5183 明初 官钧玫瑰紫釉鼓钉洗
"七"字款
备注：日本藏家旧藏，（传）伊强西条松平家。
估　价：RMB 2,000,000~3,000,000
成交价：RMB 2,300,000
直径19cm 北京保利 2017-06-06

5128 元 钧窑紫斑折沿小碟
估　价：RMB 120,000~180,000
成交价：RMB 552,000
直径10.5cm 北京保利 2017-12-18

2432 钧窑盘
估 价：RMB 300,000~500,000
成交价：RMB 460,000
直径17.5cm 北京翰海 2017-06-04

仿钧釉

118 明初 钧窑玫瑰紫釉鼓钉三足洗
“四”字刻款
估 价：RMB 1,500,000~2,000,000
成交价：RMB 1,725,000
直径21.8cm 北京中汉 2017-06-17

1107 明初 钧窑葡萄紫釉鼓钉三足水仙盆
来源：1.私人收藏；2.伦敦苏富比2003年。
估 价：HKD 8,000,000~12,000,000
成交价：RMB 8,642,700
直径20.3cm 香港苏富比 2017-04-05

5115 明初 官钧玫瑰紫葵花式花盆
“三”字款
备注：1.徐展堂先生旧藏；2.北京保利，2011年。
估 价：RMB 5,000,000~8,000,000
成交价：RMB 5,750,000
宽21cm 北京保利 2017-06-06

1063 明 钧釉甪端熏炉
估 价：HKD 150,000~200,000
成交价：RMB 418,664
高8.5cm 中国嘉德 2017-05-30

10 明初 钧窑天青玫瑰紫釉葵花式三足洗
“七”刻款
来源：1.英国著名收藏家Eskenazi旧藏，编号cs080；2.香港苏富比，1993年。
估　价：RMB 3,800,000~5,000,000
成交价：RMB 8,855,000
直径20.6cm 北京中汉 2017-12-19

仿哥釉

5131 元 哥窑倭角方洗
备注：1.北美重要私人收藏；2.香港苏富比，1986年；3.伦敦苏富比，2003年；4. 关善明先生旧藏。
估　价：RMB 3,000,000~3,500,000
成交价：RMB 26,450,000
宽7.2cm 北京保利 2017-12-18

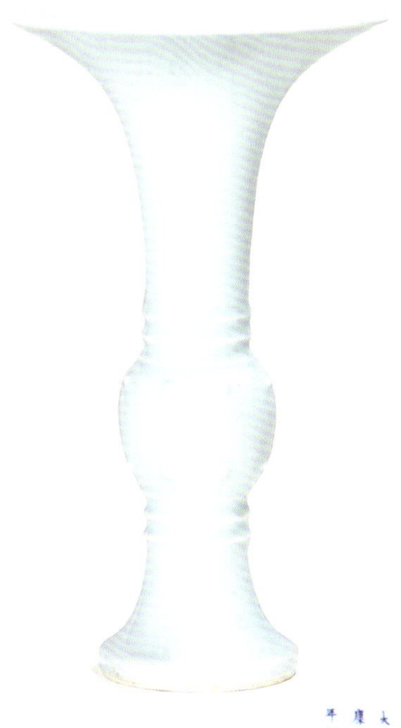

5039 清康熙 月白釉鼓钉花觚
“大清康熙年制”款
备注：1. 庞耐女士旧藏；2.“集珍斋”旧藏。
估　价：RMB 1,000,000~1,500,000
成交价：RMB 2,300,000
高18.5cm 北京保利 2017-06-06

5191 元 哥窑小直颈瓶
估　价：RMB 1,000,000~1,500,000
成交价：RMB 1,437,500
高11cm 北京保利 2017-06-06

5132 元 清宫旧藏乾隆御题哥窑贯耳壶
备注：1.香港苏富比，2008年；2.欧洲私人收藏。
估　价：RMB 8,000,000~12,000,000
成交价：RMB 11,270,000
高18.5cm 北京保利 2017-12-18

849 清雍正 仿哥釉弦纹瓶
"大清雍正年制"篆书款
纪录：1.北京拍卖会，1996年；2.北京诚轩，2010年。
估　价：RMB 2,000,000~2,500,000
成交价：RMB 3,392,500
高18.6cm 北京诚轩 2017-06-20

118 明 仿哥釉四方洗
估　价：RMB 20,000~30,000
成交价：RMB 805,000
长7.1cm 北京中汉 2017-05-21

5001 清雍正 仿哥釉佛手
出版：《玫茵堂中国陶瓷》，康蕊君，伦敦，1994—2010年，卷2，编号880。
估　价：RMB 50,000~80,000
成交价：RMB 575,000
长15.5cm 北京保利 2017-06-06

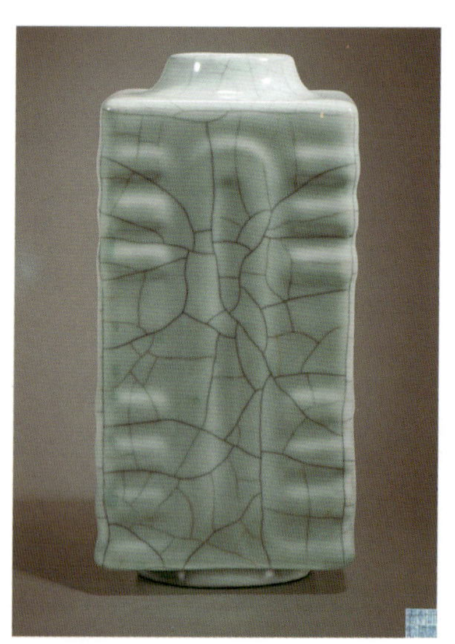

19 清乾隆 仿哥釉八卦琮式瓶
"大清乾隆年制"篆书款
估　价：RMB 500,000~800,000
成交价：RMB 862,500
高23.7cm 北京中汉 2017-05-21

554 清雍正 仿哥釉双螭耳八方抱月瓶
“大清雍正年制”篆书款
来源：叶夫根尼·马克西米利安诺维奇·罗曼诺夫斯基旧藏。
估 价：RMB 4,000,000~6,000,000
成交价：RMB 5,750,000
高49cm 大羿拍卖 2017-12-04

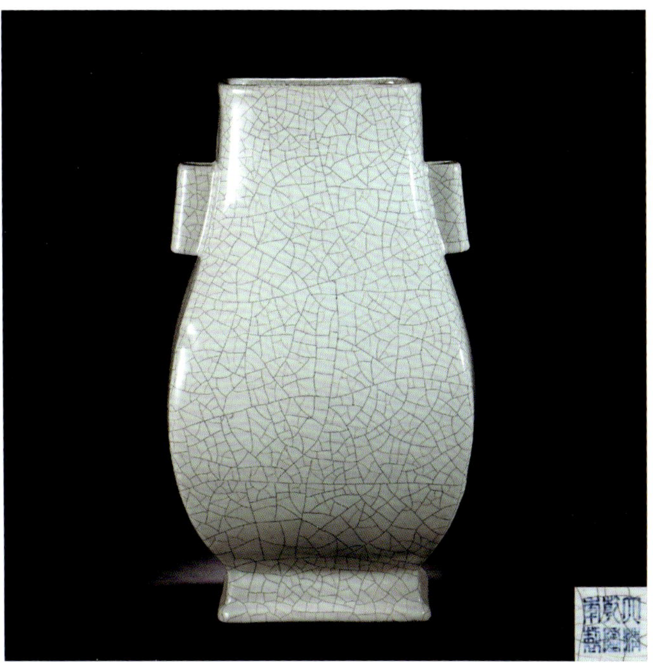

930 清乾隆 仿哥釉贯耳方瓶
“大清乾隆年制”篆书款
估 价：RMB 600,000~800,000
成交价：RMB 1,150,000
高49.5cm 保利厦门 2017-06-25

1113 清乾隆 仿哥釉如意耳尊
“大清乾隆年制”篆书款
估 价：RMB 2,000,000~2,600,000
成交价：RMB 2,530,000
高22cm 华艺国际 2017-05-27

5046 清嘉庆 哥釉八方盘口瓶
“大清嘉庆年制”款
著录：《玫茵堂中国陶瓷》，康蕊君，伦敦，1994–2010年。
估 价：RMB 1,000,000~1,500,000
成交价：RMB 1,955,000
高21.8cm 北京保利 2017-12-18

215 哥釉葵口洗
估　价：RMB 10,000~20,000
成交价：RMB 2,472,500
直径11.6cm 北京中汉 2017-05-21

1330 南宋 龙泉粉青釉纸槌瓶
估　价：RMB 500,000~600,000
成交价：RMB 632,500
高17cm 西泠拍卖 2017-07-15

龙泉窑

1102 五代 龙泉窑五管瓶
估　价：RMB 800,000~1,200,000
成交价：RMB 1,380,000
高40cm 西泠拍卖 2017-07-15

8 北宋 龙泉青釉划牡丹纹梅瓶
来源：鸿禧美术馆收藏，台北。
估　价：HKD 1,200,000~1,800,000
成交价：RMB 4,266,200
高28.6cm 香港苏富比 2017-10-03

3009 南宋 龙泉窑青釉琮式瓶
来源：传日本私人收藏。
估　价：HKD 1,200,000~1,800,000
成交价：RMB 1,336,500
高25.8cm 香港苏富比 2017-04-04

3139 南宋 龙泉青瓷冲天耳三足鼎式炉
估　价：HKD 300,000~500,000
成交价：RMB 443,500
高8cm 佳士得 2017-05-31

5069 南宋/元 龙泉窑蟠龙纹盖瓶
估　价：RMB 200,000~300,000
成交价：RMB 402,500
高20.2cm 北京保利 2017-06-06

409 宋/元 龙泉窑青釉葵花口烛台
估　价：HKD 40,000~60,000
成交价：RMB 306,116
高13.1cm 香港苏富比 2017-06-01

5070 南宋/元 龙泉窑刻海水模印四鱼纹大洗
估　价：RMB 400,000~600,000
成交价：RMB 632,500
直径33cm 北京保利 2017-06-06

386 宋 龙泉窑青釉三足炉
估　价：HKD 50,000~70,000
成交价：RMB 153,058
高9cm 香港苏富比 2017-06-01

1361 宋 龙泉窑仿官窑式鸟食罐
估　价：USD 5,000~7,000
成交价：RMB 172,975
纽约苏富比 2017-03-18

5134 元 龙泉粉青鼓钉洗
估　价：RMB 350,000~550,000
成交价：RMB 402,500
宽22cm 北京保利 2017-12-18

6087 元 龙泉刻花卉觚
估　价：RMB 400,000~600,000
成交价：RMB 460,000
高35.5cm 北京保利 2017-12-19

3007 元 龙泉青釉贴花双龙戏珠纹折沿大盘
估　价：HKD 500,000~700,000
成交价：RMB 554,375
直径42.3cm 佳士得 2017-05-31

5135 元 龙泉窑百条罐
估　价：RMB 450,000~650,000
成交价：RMB 517,500
直径25cm 北京保利 2017-12-18

5062 元 龙泉窑露胎模印婴戏纹大碗及底座
估　价：RMB 600,000~800,000
成交价：RMB 897,000
高15.3cm 北京保利 2017-06-06

5074 元 龙泉窑刻缠枝灵芝龙脑凤浆梅瓶
估　价：RMB 600,000~800,000
成交价：RMB 1,092,500
高30cm 北京保利 2017-06-06

5064 元 龙泉窑露胎文殊骑狮像
估　价：RMB 150,000~200,000
成交价：RMB 287,500
高22cm 北京保利 2017-06-06

5065 元 龙泉窑双鱼洗
估　价：RMB 500,000~800,000
成交价：RMB 805,000
直径21.7cm 北京保利 2017-06-06

908 元 龙泉窑梅子青釉浮雕缠枝牡丹纹花觚
来源：香港苏富比，2011年10月5日 ，编号1998。
估　价：RMB 600,000~1,200,000
成交价：RMB 1,322,500
高48.9cm 保利厦门 2017-06-25

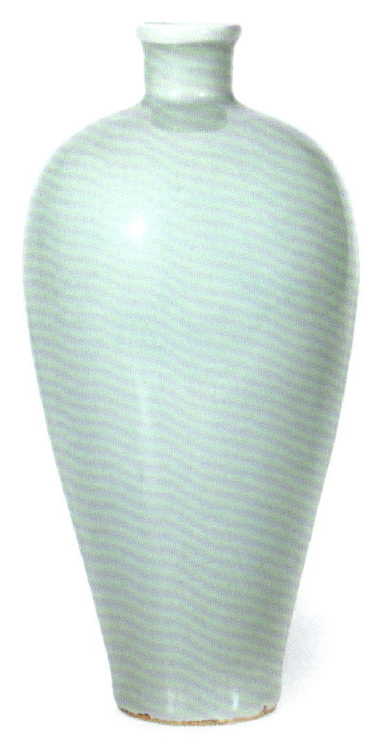

914 元 龙泉窑青釉梅瓶
来源：1.日本毛利氏家族旧藏；2.纽约佳士得，2015年。
估　价：RMB 2,800,000~3,800,000
成交价：RMB 3,565,000
高23.6cm 保利厦门 2017-06-25

3032 元 龙泉窑青釉玉壶春瓶
来源：传日本私人收藏。
估　价：HKD 1,500,000~2,000,000
成交价：RMB 2,441,340
高25.8cm 香港苏富比 2017-04-04

3049 元 龙泉窑剔花卉纹大尊
估　价：HKD 150,000~300,000
成交价：RMB 536,204
高62.5cm 保利香港 2017-04-04

1453 元 龙泉窑弦纹盘口瓶
来源：日本私人旧藏。
估　价：RMB 2,000,000~2,600,000
成交价：RMB 2,760,000
高26.5cm 北京荣宝 2017-04-02

108 元/明 龙泉青釉出戟尊
估　价：HKD 300,000~500,000
成交价：RMB 570,625
高24cm 佳士得 2017-10-02

342 元末 龙泉窑绣墩
估　价：RMB 180,000~240,000
成交价：RMB 207,000
高34cm×2 北京宣石 2017-12-03

2225 元末明初 龙泉窑梨式壶
估　价：RMB 380,000~600,000
成交价：RMB 437,000
高15cm 中贸圣佳 2017-06-18

1492 明初 龙泉缠枝莲纹葵口盏托
估　价：RMB 400,000~600,000
成交价：RMB 460,000
直径17.5cm 西泠拍卖 2017-07-15

502 14世纪 龙泉青釉刻缠枝花纹荷叶盖罐
来源：大阪藤田美术馆珍藏，入藏于1940年前。
估　价：USD 100,000~150,000
成交价：RMB 5,448,713
高32.4cm 纽约佳士得 2017-03-15

2906 明初 龙泉青釉刻菊花纹凤尾尊
估　价：HKD 700,000~900,000
成交价：RMB 744,625
高65.4cm 佳士得 2017-11-29

501 14世纪 龙泉青釉印缠枝牡丹纹凤尾尊
来源：大阪藤田美术馆珍藏，入藏于1940年前。
估　价：USD 200,000~300,000
成交价：RMB 5,033,573
高63.2cm 纽约佳士得 2017-03-15

3009 明初 龙泉青釉拱花缠枝牡丹纹石榴尊
来源：1.日本私人珍藏；2.香港佳士得，2007年；3.埃斯肯纳齐，伦敦，2014年。
估　价：HKD 3,000,000~5,000,000
成交价：RMB 3,459,300
高36cm 佳士得 2017-05-31

8003 明初 龙泉青釉刻牡丹纹大花盆
来源：纽约佳士得，2002年。
估　价：HKD 1,500,000~2,500,000
成交价：RMB 1,914,750
直径61cm 佳士得 2017-11-27

337 明初 龙泉窑刻暗花玉壶春瓶
估　价：HKD 1,400,000~1,600,000
成交价：RMB 1,591,962
高33.5cm 中濠典藏 2017-05-23

1247 明初 龙泉窑菱口大盘
估　价：RMB 1,300,000~1,600,000
成交价：RMB 1,495,000
直径47.5cm 华艺国际 2017-11-25

3003 明洪武 龙泉青釉缠枝莲纹杯托
估　价：HKD 160,000~220,000
成交价：RMB 354,800
直径18.7cm 佳士得 2017-05-31

5063 明洪武 龙泉窑露胎仙人卧榻香插
"大明洪武年制"款，"肇元许"款
估　价：RMB 80,000~120,000
成交价：RMB 437,000
长15.2cm 北京保利 2017-06-06

3002 明洪武 龙泉青釉划花栀子纹玉壶春瓶
来源：Ralph M.Chait Gallery，纽约埃斯肯纳齐，伦敦，2008年。
估　价：HKD 900,000~1,500,000
成交价：RMB 1,862,700
高33cm 佳士得 2017-05-31

3006 明洪武 龙泉青釉菱花式大盘
来源：1.日本黑田家族珍藏；2.茧山龙泉堂，东京；3.埃斯肯纳齐，伦敦，2008年。
估　价：HKD 3,000,000~5,000,000
成交价：RMB 4,310,820
直径62.2cm 佳士得 2017-05-31

910 明早期 龙泉窑青釉刻四季花卉纹碗
来源：1.北京诚轩2014年5月19日春季拍卖会，编号656。
估 价：RMB 300,000~600,000
成交价：RMB 862,500
直径20.5cm 保利厦门 2017-06-25

5075 明洪武 龙泉窑刻划折枝花卉回纹花口大盘
估 价：RMB 550,000~850,000
成交价：RMB 862,500
直径49cm 北京保利 2017-06-06

114 明洪武 龙泉窑刻洞石花卉莲瓣纹执壶
估 价：RMB 800,000~1,200,000
成交价：RMB 943,000
高32cm 中贸圣佳 2017-06-18

551 明永乐 龙泉暗刻折枝花果纹墩式碗
来源：日本藏家“服部来来堂”旧藏。
估 价：RMB 500,000~1,000,000
成交价：RMB 1,012,000
直径22cm 观唐皕榷 2017-01-11

4 明永乐 龙泉梅子青釉浮雕缠枝花卉纹壮罐
估 价：RMB 600,000~800,000
成交价：RMB 1,150,000
高23.4cm 北京中汉 2017-05-21

5076 明永乐 龙泉窑刻缠枝花卉碗
估 价：RMB 300,000~500,000
成交价：RMB 517,500
直径20.2cm 北京保利 2017-06-06

2997 明 龙泉青釉刻花卉纹大碗
估 价：HKD 400,000~600,000
成交价：RMB 425,500
直径36.5cm 佳士得 2017-11-29

3008 明永乐 龙泉青釉大盘
来源：Tony Carter，伦敦，2000年。
估 价：HKD 1,500,000~2,500,000
成交价：RMB 5,375,220
直径58.7cm 佳士得 2017-05-31

5078 明永乐 龙泉窑剔刻缠枝牡丹纹玉壶春瓶
估 价：RMB 800,000~1,200,000
成交价：RMB 1,610,000
高33.5cm 北京保利 2017-06-06

498 明宣德 龙泉青釉开窗折枝花果纹兽耳双系罐
估　价：RMB 180,000
成交价：RMB 460,000
高35cm 浙江佳宝 2017-07-23

503 15世纪 龙泉青釉刻缠枝牡丹纹大瓶
来源：大阪藤田美术馆珍藏，入藏于1940年前。
估　价：USD 100,000~150,000
成交价：RMB 2,044,565
高67.8cm 纽约佳士得 2017-03-15

仿龙泉窑

5061 明宣德 仿龙泉青釉花口盘
“大明宣德年制”款
估　价：RMB 300,000~400,000
成交价：RMB 460,000
直径8.5cm 北京保利 2017-06-06

1076 明 景德镇窑仿龙泉窑青釉琮式瓶
估　价：RMB 250,000~350,000
成交价：RMB 287,500
高23cm 北京荣宝 2017-09-24

5103 清乾隆 仿龙泉青釉宝杵缠枝莲纹洗
“大清乾隆年制”款
备注：1.香港苏富比，2006年；2.日本藏家旧藏。
估　价：RMB 1,000,000~1,500,000
成交价：RMB 1,150,000
直径26cm 北京保利 2017-06-06

景德镇青釉

1449 北宋 影青釉竹节柄深剔牡丹纹桃式壶
估　价：RMB 600,000~800,000
成交价：RMB 920,000
高17cm 西泠拍卖 2017-07-15

3170 金 青釉三足炉
估　价：HKD 350,000~500,000
成交价：RMB 342,790
高15.2cm；直径15.1cm 保利香港 2017-10-02

1580 明永乐 青釉暗刻折枝花果纹墩式碗
估　价：RMB 500,000~800,000
成交价：RMB 575,000
直径20.5cm 中贸圣佳 2017-09-04

1819 元 影青釉观音坐像
估　价：RMB 600,000~800,000
成交价：RMB 690,000
高30cm 北京华辰 2017-06-05

393 宋 青釉三足水丞连水滴
估　价：HKD 30,000~50,000
成交价：RMB 874,617
高10.2cm 香港苏富比 2017-06-01

5059 明成化 冬青釉暗刻宝相花卉纹碗
出版：1.《明清一色釉瓷》，敏求精舍/谭志成，香港，1977；2.《玫茵堂中国陶瓷》，康蕊君，伦敦。
估　价：RMB 2,000,000~3,000,000
成交价：RMB 5,175,000
直径16.5cm 北京保利 2017-06-06

1114 清康熙 东青釉浅浮雕祥云纹马蹄式水盂
“大清康熙年制”款
来源：1.香港苏富比，1981年；2.谢杰玄收藏，新加坡；3.香港苏富比，1988年；4.徐氏艺术馆，香港；5.香港佳士得，1996年；6.香港苏富比，2006年；7. J.J. Lally & Co.，纽约。
估　价：HKD 2,000,000~3,000,000
成交价：RMB 2,655,180
长7.5cm 香港苏富比 2017-04-05

5003 清康熙 豆青釉刻螭龙花卉笔筒
“文章山斗”款
著录：《玫茵堂中国陶瓷》，康蕊君，伦敦，1994—2010年。
估　价：RMB 300,000~500,000
成交价：RMB 517,500
直径18.5cm 北京保利 2017-12-18

1601 清雍正 豆青釉夔龙纹菊瓣盘
“大清雍正年制”款
来源：香港佳士得，2004年。
估　价：RMB 3,000,000~4,000,000
成交价：RMB 4,600,000
直径50cm 北京华辰 2017-12-17

3013 清康熙 冬青釉雕如意云纹马蹄式水丞
“大清康熙年制”楷书款
来源：1.Diana D.Ashcroft 旧藏；2.香港苏富比，2000年。
估　价：HKD 800,000~1,200,000
成交价：RMB 1,756,260
高7.3cm 佳士得 2017-05-31

3021 清雍正 粉青釉茶叶罐
“大清雍正年制”楷书款
估　价：HKD 1,200,000~2,200,000
成交价：RMB 2,252,620
高13cm 保利香港 2017-10-02

518 清雍正 粉青釉大茶叶瓶
“大清雍正年制”款
来源：香港苏富比2006年4月10日，编号1618。
估　价：USD 800,000~1,200,000
成交价：RMB 3,407,608
纽约苏富比 2017-03-15

5041 清雍正 粉青釉灯笼式盖瓶（一对）
“大清雍正年制”款
备注：1.Doris Duke 旧藏；2.购自Y.Laurell于北京，1935年；3.纽约佳士得，2004年。
估　价：RMB 9,000,000~15,000,000
成交价：RMB 19,780,000
高29cm×2 北京保利 2017-06-06

165 清雍正 粉青釉仿古饕餮纹觚
备注：1.欧洲私人收藏；2.伦敦苏富比，1981年及2012年。
估　价：RMB 1,500,000~2,000,000
成交价：RMB 2,587,500
宽14.9cm 保利华谊 2017-12-08

103 清雍正 粉青釉鼓钉式花囊
“大清雍正年制”款
估　价：RMB 2,000,000~3,000,000
成交价：RMB 2,530,000
高20.3cm 中贸圣佳 2017-06-18

3578 清雍正 粉青釉鼓钉式罐
“大清雍正年制”款
估　价：RMB 3,000,000~4,000,000
成交价：RMB 3,335,000
高21cm 北京荣宝 2017-12-02

2802 清雍正 粉青釉刻五福纹碗
估　价：HKD 600,000~800,000
成交价：RMB 478,688
直径15cm 佳士得 2017-11-29

2888 清雍正 粉青釉贴花双龙盘口尊
“大清雍正年制”篆体款。
成交价：RMB 124,658,980
高51.8cm 佳士得 2017-05-31

19 清雍正 粉青釉长颈纸槌瓶
“大清雍正年制”篆书款
估　价：HKD 1,500,000~2,000,000
成交价：RMB 2,252,620
高18.3cm 香港中汉 2017-10-03

5183 清雍正 粉青釉双龙耳贴花壶
“大清雍正年制”款
备注：庆宽家族旧藏。
估　价：RMB 10,000,000~15,000,000
成交价：RMB 41,400,000
高43cm 北京保利 2017-12-18

5024 清雍正 粉青釉印五蝠碗
“大清雍正年制”款
著录：《玫茵堂中国陶瓷》，康蕊君，伦敦，1994—2010年。
估　价：RMB 450,000~650,000
成交价：RMB 977,500
直径19cm 北京保利 2017-12-18

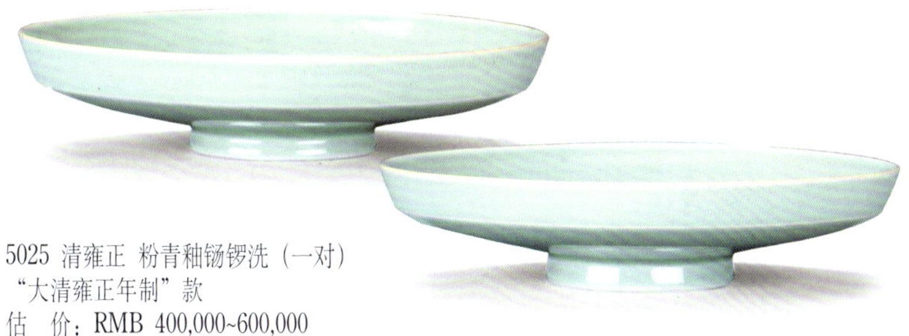

5025 清雍正 粉青釉铋锣洗（一对）
“大清雍正年制”款
估　价：RMB 400,000~600,000
成交价：RMB 713,000
直径15.5cm×2 北京保利 2017-12-18

2203 清雍正 天蓝粉青釉“飞脊”式出戟龙耳六方尊
“大清雍正年制”款
估　价：RMB 650,000~800,000
成交价：RMB 782,000
高20.1cm 中贸圣佳 2017-06-18

118 清雍正 青釉暗刻牡丹纹笔洗
“大清雍正年制”篆书款
估　价：HKD 300,000~400,000
成交价：RMB 1,469,100
直径26cm 中国嘉德 2017-10-02

6136 清乾隆 冬青釉九龙灵芝大缸
估　价：RMB 1,000,000~1,500,000
成交价：RMB 1,840,000
直径68.5cm 北京保利 2017-12-19

2201 清乾隆 冬青釉六孔花插
“乾隆年制”款
估　价：RMB 800,000~1,200,000
成交价：RMB 1,058,000
高16.5cm 中贸圣佳 2017-06-18

5870 清乾隆 冬青釉印夔龙蕉叶纹觚
“大清乾隆年制”款
备注：美国藏家旧藏。
估　价：RMB 1,000,000~1,500,000
成交价：RMB 1,150,000
高24cm 北京保利 2017-06-07

116 清乾隆 豆青釉三孔葫芦瓶
估　价：GBP 20,000~40,000
成交价：RMB 2,191,035
高18.8cm 伦敦佳士得 2017-05-09

1113 清乾隆 豆青釉堆白云鹤纹胆瓶
“大清乾隆年制”款
估　价：RMB 2,300,000~2,600,000
成交价：RMB 2,932,500
高41.5cm 北京东正 2017-06-08

5040 清乾隆 粉青釉八方贯耳瓶
“大清乾隆年制”款
备注：玫茵堂收藏。
估　价：RMB 1,600,000~2,500,000
成交价：RMB 4,370,000
高24cm 北京保利 2017-12-18

227 清乾隆 粉青釉缠枝牡丹纹大碗
“大清乾隆年制”款
估　价：GBP 15,000~20,000
成交价：RMB 313,005
直径26.8cm 伦敦苏富比 2017-05-10

1063 清乾隆 粉青釉仿青铜器三足炉
“陶成”篆书款
估　价：RMB 1,600,000~1,800,000
成交价：RMB 1,840,000
高23cm 上海匡时 2017-11-05

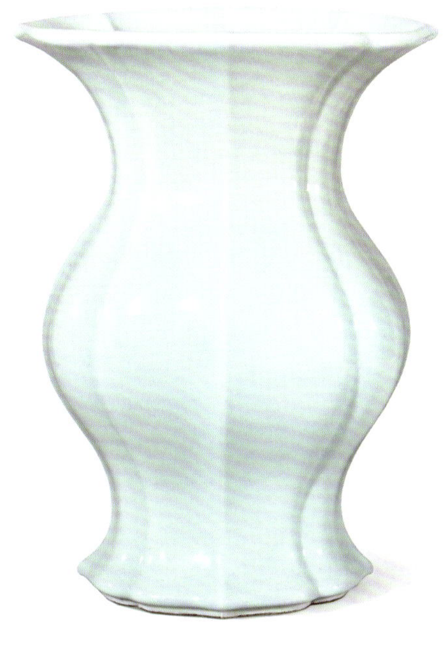

118 清乾隆 粉青釉海棠尊
“大清乾隆年制”篆书款
来源：日本林原美术馆旧藏。
估 价：HKD 7,000,000~8,000,000
成交价：RMB 11,565,180
高38cm 北京匡时 2017-04-03

2820 清乾隆 粉青釉模印夔龙纹贯耳六方瓶
“大清乾隆年制”篆书款
估 价：RMB 3,800,000~5,800,000
成交价：RMB 4,370,000
高45.5cm 中国嘉德 2017-06-20

929 清乾隆 粉青釉葫芦瓶
“大清乾隆年制”篆书款
估 价：RMB 480,000~580,000
成交价：RMB 552,000
高32cm 保利厦门 2017-06-25

5037 清乾隆 粉青釉夔龙纹洗口尊
“大清乾隆年制”款
备注：纽约苏富比，2001年。
估 价：RMB 2,200,000~3,200,000
成交价：RMB 3,680,000
高10cm 北京保利 2017-12-18

5036 清乾隆 粉青釉花觚
“大清乾隆年制”款
著录：《玫茵堂中国陶瓷》，康蕊君，伦敦，1994–2010年。
估 价：RMB 1,300,000~1,800,000
成交价：RMB 2,070,000
高20.9cm 北京保利 2017-12-18

1123 清乾隆 粉青釉弦纹凤耳瓶
来源：1.巴黎苏富比，2009年；2.J.J. Lally & Co.，纽约。
估　价：HKD 500,000~700,000
成交价：RMB 1,336,500
香港苏富比 2017-04-05

5194 清乾隆 青釉雕瓷宝鸭（一对）
估　价：RMB 300,000~500,000
成交价：RMB 345,000
长18.5cm×2 北京保利 2017-12-18

107 清乾隆 粉青釉三足葵花洗
“大清乾隆年制”篆书款
估　价：RMB 300,000~600,000
成交价：RMB 1,219,000
直径12.5cm 北京中汉 2017-05-21

704 清乾隆 粉青釉竹节诗文臂搁
估　价：RMB 300,000~400,000
成交价：RMB 943,000
长16.3cm 北京东正 2017-12-09

1117 清乾隆 唐英制粉青釉蒜头瓶
估　价：RMB 1,500,000~1,800,000
成交价：RMB 2,415,000
高16cm 北京东正 2017-06-08

122 清乾隆 唐英制像生瓷鸭
估 价：HKD 3,000,000~4,000,000
成交价：RMB 3,364,416
长21cm 北京匡时 2017-04-03

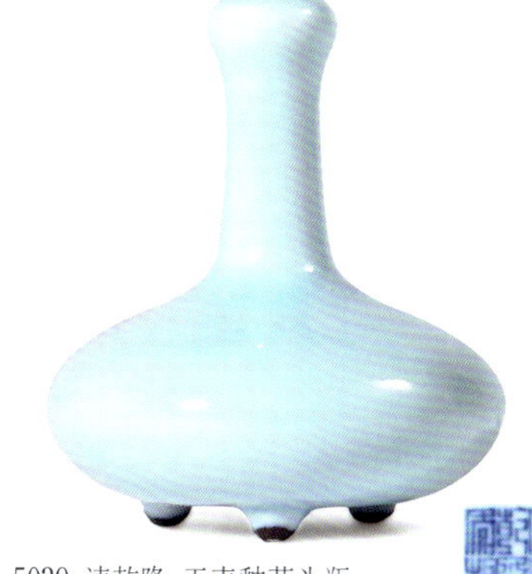

5039 清乾隆 天青釉蒜头瓶
“大清乾隆年制”款
著录：《玫茵堂中国陶瓷》，康蕊君，伦敦，1994—2010年。
估 价：RMB 1,000,000~1,500,000
成交价：RMB 2,070,000
高10cm 北京保利 2017-12-18

348 清嘉庆 豆青釉葫芦瓶
备注：货主当年购于苏富比。
估 价：HKD 350,000
成交价：RMB 1,938,095
高32cm 宝源国际 2017-05-29

593 清嘉庆 粉青釉葫芦瓶
“大清嘉庆年制”篆书款
估 价：RMB 400,000~800,000
成交价：RMB 632,500
高31.5cm 观唐皕榷 2017-01-11

2224 青釉大琮式瓶
来源：1.香港佳士得，2003年；2.：T.T.Tsui Collection。
估 价：RMB 2,000,000~2,500,000
成交价：RMB 2,530,000
高38cm 中贸圣佳 2017-06-18

751 晋 青釉鸡首壶
估 价：HKD 30,000~50,000
成交价：RMB 43,960
高27cm 中国嘉德 2017-05-30

3225 北齐 青釉胡人哨
来源：家适公司，香港，1990年以前。
估 价：HKD 60,000~80,000
成交价：RMB 389,813
高6.8cm 香港苏富比 2017-04-05

3117 北齐/隋 相州窑青瓷宝相花纹盘
估 价：HKD 120,000~180,000
成交价：RMB 354,800
直径10.6cm 佳士得 2017-05-31

707 隋 青釉蒜头口瓶
估 价：HKD 30,000~50,000
成交价：RMB 62,800
高26.2cm 中国嘉德 2017-05-30

107 北宋/金 河南青瓷碗
估 价：HKD 200,000~300,000
成交价：RMB 245,025
直径18.5cm 佳士得 2017-04-04

5021 明万历 欧窑天青釉莲花盘
出处：Bonhams Hong Kong 2011.Nov, Lot 238。
估 价：RMB 600,000~800,000
成交价：RMB 2,875,000
直径19.5cm 北京巨力 2017-06-03

426 唐 长沙窑青釉贴人物花卉纹执壶
估 价：HKD 30,000~50,000
成交价：RMB 45,917
高18.1cm 香港苏富比 2017-06-01

2 北宋/金 耀州青釉牡丹纹盖罐
来源：鸿禧美术馆收藏，台北。
估 价：HKD 1,800,000~2,500,000
成交价：RMB 4,067,000
高13.2cm 香港苏富比 2017-10-03

6070 13世纪（高丽） 青瓷镶嵌玉壶春
估 价：RMB 300,000~500,000
成交价：RMB 345,000
高29.5cm 北京保利 2017-12-19

1101 五代 东窑青釉贴凤凰碗
来源：J.J. Lally & Co.，纽约.
估 价：HKD 300,000~500,000
成交价：RMB 556,875
直径12.7cm 香港苏富比 2017-04-05

白 瓷

定窑白釉

1 北宋 定窑白釉划莲纹葵口大碗
来源：鸿禧美术馆收藏，台北。
估 价：HKD 3,000,000~4,000,000
成交价：RMB 5,561,000
直径25.8cm 香港苏富比 2017-10-03

1456 北宋 定窑“尚药局”款暗刻龙纹圆盖盒
来源：1.姚叔来，卢芹斋旧藏；2.法国贵族（D夫人）旧藏；3.巴黎Drouot拍卖行，1905年。
估 价：RMB 3,500,000~5,000,000
成交价：RMB 6,325,000
高7.2cm；直径8.6cm；盖顶直径6.4cm；足径5.6cm 西泠拍卖 2017-07-15

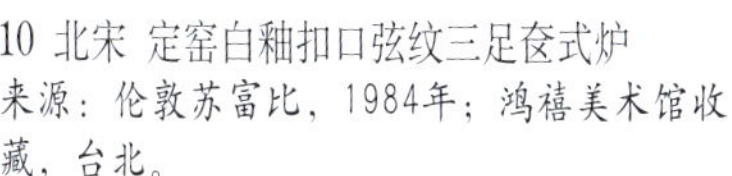

10 北宋 定窑白釉扣口弦纹三足奁式炉
来源：伦敦苏富比，1984年；鸿禧美术馆收藏，台北。
估 价：HKD 2,800,000~3,500,000
成交价：RMB 15,023,000
高13cm 香港苏富比 2017-10-03

715 北宋 定窑白釉执壶
估 价：HKD 300,000~400,000
成交价：RMB 439,597
高21.3cm 中国嘉德 2017-05-30

3218 北宋 定窑刻花牡丹纹长颈瓶
来源：1.艾伦巴罗爵士伉俪收藏；2.伦敦佳士得，1986年；3.沐文堂收藏；4.伦敦苏富比，2003年。
估 价：HKD 8,000,000~12,000,000
成交价：RMB 17,730,900
高25cm 香港苏富比 2017-04-05

4 北宋 定窑黑釉鹧鸪斑葵式盘
来源：1.艾弗瑞．克拉克伉俪收藏；2.伦敦苏富比，1975年；3.出光美术馆藏品，东京；4.纽约佳士得，2002年；5.Francisco Capelo 收藏；6.伦敦苏富比，2010年。
估 价：HKD 6,000,000~8,000,000
成交价：RMB 12,035,000
长19.7cm 香港苏富比 2017-10-03

2987 北宋 定窑系白釉胆瓶
来源：Gerald M. Greenwald及大谷弘旧藏 。
估 价：HKD 800,000~1,200,000
成交价：RMB 4,374,140
高22.6cm 佳士得 2017-11-29

3226 北宋/金 定窑刻萱草纹圆盖盒
估 价：HKD 300,000~400,000
成交价：RMB 612,563
直径10cm 香港苏富比 2017-04-05

397 宋 定窑白釉刻莲纹碗
估 价：HKD 80,000~120,000
成交价：RMB 601,299
直径14.3cm 香港苏富比 2017-06-01

1457 宋 定窑白釉印花螭龙石榴纹洗
来源：1.香港佳士得，1992年；2.伦敦苏富比，2014年；3.日本私人藏家旧藏。
估 价：RMB 280,000~350,000
成交价：RMB 517,500
高2.1cm；直径14cm 西泠拍卖 2017-07-15

1081 宋 定窑刻花碗
估　价：RMB 500,000~600,000
成交价：RMB 575,000
直径15.6cm 上海匡时 2017-11-05

2437 定窑划花卉碗
估　价：RMB 300,000~400,000
成交价：RMB 402,500
直径23cm 北京翰海 2017-06-04

646 元 定窑白釉饕餮纹四足炉
"至元二十二年三月日造"款
来源：1.英国私人收藏；2.伦敦苏富比，1997年；3.Bernadette 及 William M. B. Berger 伉俪收藏。
估　价：USD 20,000~30,000
成交价：RMB 864,875
纽约苏富比 2017-03-15

2139 定窑 白釉执莲童子骑鹅执壶
估　价：RMB 1,800,000~2,000,000
成交价：RMB 2,300,000
高18cm 中拍国际 2017-06-04

3203 金 定窑印花佛狮戏球纹盘
来源：家适公司，香港，1988年。
估　价：HKD 200,000~300,000
成交价：RMB 668,250
直径13.5cm 香港苏富比 2017-04-05

2 金 定窑白釉模印瑞兽穿花纹盘
估　价：RMB 1,300,000~1,800,000
成交价：RMB 1,495,000
直径17.2cm 北京中汉 2017-05-21

3216 金 定窑印花犀牛望月纹盘
估　价：HKD 200,000~300,000
成交价：RMB 779,625
直径13.8 cm 香港苏富比 2017-04-05

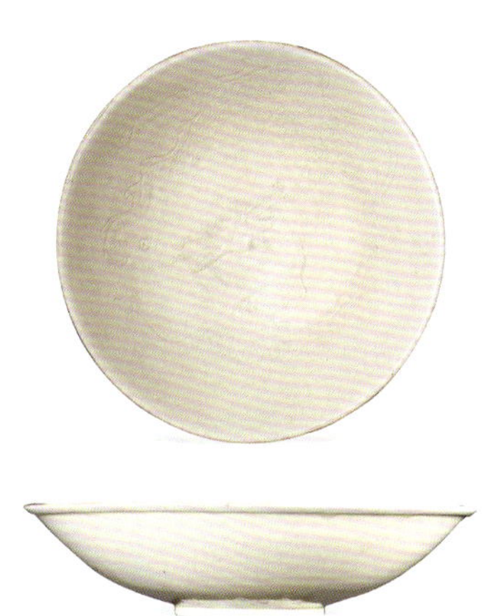

5113 元 定窑刻龙纹大碗
备注：日本藏家旧藏。
估 价：RMB 500,000~800,000
成交价：RMB 897,000
直径25.5cm 北京保利 2017-06-06

5110 元 定窑“定州公用”盏
估 价：RMB 600,000~800,000
成交价：RMB 977,500
直径13.8cm 北京保利 2017-12-18

5122 元 定窑划花花卉纹小盖罐
著录：1.《中国黑与白陶瓷》，J.J.Lally & Co.，纽约，2010；2.《唐与辽陶瓷》，Watson，伦敦，1984；3.《世界上的伟大收藏：东方陶瓷》；4.《卡尔坎普收藏中国陶瓷器》。
估 价：RMB 350,000~450,000
成交价：RMB 690,000
宽7.5cm 北京保利 2017-12-18

5123 元 定窑划花螭龙花卉纹葵口盘
备注：1.北美、欧洲等多位重要私人收藏；2.纽约佳士得、香港佳士得、纽约苏富比等先后拍卖。
估 价：RMB 6,000,000~8,000,000
成交价：RMB 10,925,000
直径24cm 北京保利 2017-12-18

1479 清乾隆 仿定釉兽面纹觥
来源：纽约苏富比，2011年。
估 价：RMB 280,000~350,000
成交价：RMB 322,000
高12.7cm 西泠拍卖 2017-07-15

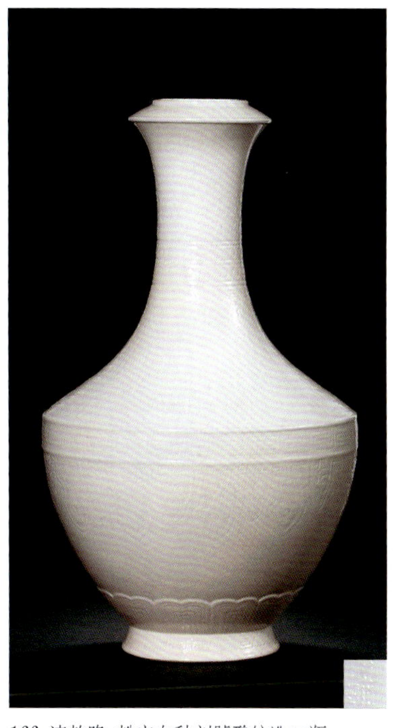

166 清乾隆 粉定白釉刻饕餮纹洗口瓶
备注：1.张宗宪先生旧藏；2.纽约Ralph M.Chait艺廊旧藏；3.香港佳士得，2000年。
估 价：RMB 1,000,000~1,500,000
成交价：RMB 1,150,000
高20.4cm 保利华谊 2017-12-08

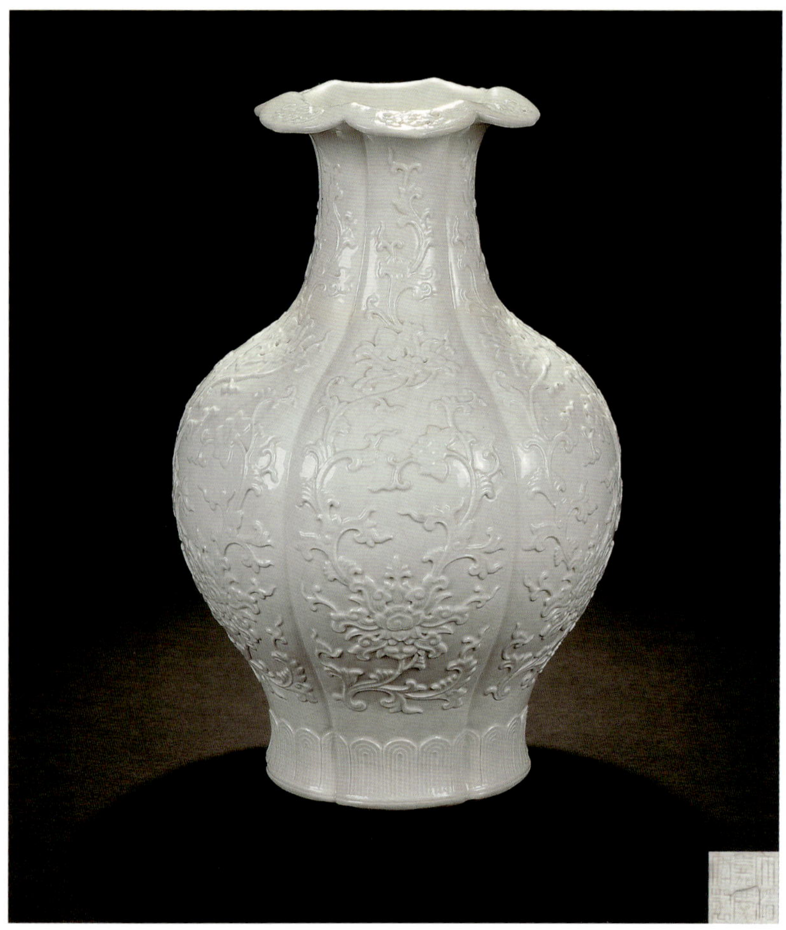

1121 清嘉庆 仿定窑白釉雕西番莲纹云口瓶
“大清嘉庆年制”篆书款
估　价：RMB 1,000,000~1,500,000
成交价：RMB 1,610,000
高23cm 华艺国际 2017-05-27

德化窑

5237 明天启 德化窑环耳丹瓶（一对）
“大明天启年造”款
备注：龚心钊先生旧藏。
估　价：RMB 35,000~55,000
成交价：RMB 184,000
高35cm×2 北京保利 2017-06-06

3596 明 德化窑茶壶
出版：日本《煎茶道具名品集》。
估　价：RMB 250,000~300,000
成交价：RMB 287,500
高10cm 北京荣宝 2017-12-02

磁州窑白釉

1103 宋 磁州窑白釉行炉
来源：1.大都会艺术博物馆旧藏；2.Fletcher基金会旧藏。
估　价：RMB 80,000~120,000
成交价：RMB 172,500
高11.4cm 西泠拍卖 2017-07-15

1447 元 磁州窑“内府”梅瓶
“内府“款元朝。
估　价：RMB 120,000~180,000
成交价：RMB 138,000
高33.5cm 北京荣宝 2017-04-02

3030 明 德化何朝宗制白釉观音
“何朝宗”葫芦印
来源：山中商会，纽约，1943年，编号978。
估　价：HKD 600,000~1,000,000
成交价：RMB 630,828
高37.3cm 保利香港 2017-04-04

5053 明 何朝宗制德化窑文昌帝君像
"何朝宗"款
估 价：RMB 800,000~1,200,000
成交价：RMB 1,150,000
高39.7cm 北京保利 2017-06-06

5051 明末清初 德化窑鹤鹿同春角形杯
出版：《玫茵堂中国陶瓷》，康蕊君，伦敦，1994—2010年，卷2，编号988。
估 价：RMB 60,000~80,000
成交价：RMB 207,000
高8.8cm 北京保利 2017-06-06

749 明末清初 德化"淡泊闲居"龙钮印章
估 价：RMB 5,000~15,000
成交价：RMB 23,000
直径4cm 观唐皕榷 2017-01-12

5052 明末清初 德化窑七孔箫
出版：《玫茵堂中国陶瓷》，康蕊君，伦敦，1994—2010年，卷2，编号997。
估 价：RMB 200,000~300,000
成交价：RMB 368,000
长61cm 北京保利 2017-06-06

8120 16世纪/17世纪 德化白釉渡海观音立像
"何朝宗印"款
估 价：HKD 10,000,000~15,000,000
成交价：RMB 16,424,300
高51.5cm 佳士得 2017-11-27

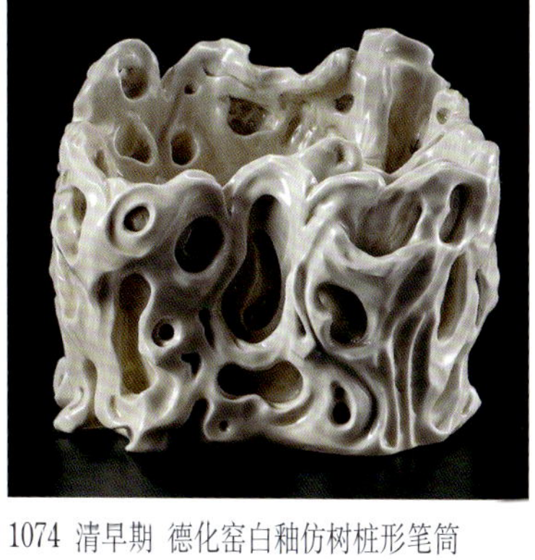

1074 清早期 德化窑白釉仿树桩形笔筒
估 价：RMB 60,000~90,000
成交价：RMB 460,000
高16cm；长19cm 古天一 2017-06-07

620 清康熙 德化白釉堆塑蟠螭纹蒜头瓶
来源：Pierre Saque，巴黎（按标签）；Anthony Carter，伦敦 玛丽·泰瑞莎·L·维勒泰珍藏。
估 价：USD 20,000~30,000
成交价：RMB 518,925
高23.5cm 纽约佳士得 2017-03-16

3611 清晚期 许云麟制德化释迦摩尼
“许云麟”款
出版：1969年唐·纳利著《中国白—福建德化瓷》。
估　价：RMB 800,000~1,000,000
成交价：RMB 943,000
高52.1cm 北京荣宝 2017-12-02

景德镇白釉

1483 北宋 湖田窑狮形枕
估　价：RMB 120,000~150,000
成交价：RMB 172,500
高13cm；长16.5cm 西泠拍卖 2017-07-15

1458 北宋 湖田窑青白釉套钵（1组5件）
估　价：RMB 800,000~1,200,000
成交价：RMB 1,265,000
高7.2cm 高5.4cm 高4.5cm 高4cm 高3.5cm 西泠拍卖 2017-07-15

14 北宋 青白釉瓜棱式注子温碗
估　价：HKD 500,000~700,000
成交价：RMB 985,625
注子通高：22cm；温盌：15.2cm 香港苏富比 2017-10-03

2904 南宋 青白瓷划花卷草纹梅瓶（一对）
估　价：HKD 400,000~600,000
成交价：RMB 744,625
高19cm×2 佳士得 2017-11-29

3219 南宋 湖田窑自在观音
估　价：HKD 600,000~1,000,000
成交价：RMB 841,104
高27.1cm 保利香港 2017-04-04

3520 元 卵白釉暗刻海水龙纹带盖梅瓶（一对）
估　价：RMB 4,000,000~4,800,000
成交价：RMB 3,680,000
高30cm×2 北京荣宝 2017-12-02

86 元 卵白釉印莲纹“枢府”款折腰洗
估　价：HKD 80,000~120,000
成交价：RMB 311,250
直径11.5cm 佳士得 2017-10-02

2968 元 青白釉多穆壶
估　价：RMB 150,000~200,000
成交价：RMB 218,500
高27.8cm 北京匡时 2017-12-03

1455 元 枢府釉六角香炉及台座
来源：1.姚叔来，卢芹斋旧藏；2.法国贵族（D夫人）；3.巴黎Drouot拍卖行，1905年.
估　价：RMB 800,000~1,200,000
成交价：RMB 1,150,000
通高30cm；炉高10.7cm；座高19.3cm；宽24.9cm 西泠拍卖 2017-07-15

22 南宋 青白釉葵花形台盏（一套）
估　价：HKD 800,000~1,000,000
成交价：RMB 1,518,070
盏口径10cm；足径3.9cm；高4.8cm；托直径15.5cm；足径10.3cm；高6.7cm 中国嘉德 2017-10-02

3001 14世纪 青白釉梅花形高足杯
估　价：HKD 80,000~120,000
成交价：RMB 115,652
高8.5cm 保利香港 2017-04-04

2998 明初 白釉宝珠钮盖罐
估　价：HKD 500,000~700,000
成交价：RMB 1,063,750
高33.5cm 佳士得 2017-11-29

5054 明永乐 白釉暗刻缠枝花卉纹菱口盘
备注：香港苏富比，2001年。出版：《玫茵堂中国陶瓷》，康蕊君，伦敦，1994–2010年。
估 价：RMB 1,200,000~2,200,000
成交价：RMB 2,645,000
直径19.5cm 北京保利 2017-06-06

2 明永乐 甜白釉暗花双龙戏珠流云纹盘
估 价：USD 200,000~300,000
成交价：RMB 1,902,725
纽约苏富比 2017-03-15

5055 明永乐 白釉暗刻莲瓣花卉纹碗
出版：《玫茵堂中国陶瓷》，康蕊君，伦敦，1994–2010年。
估 价：RMB 1,000,000~1,500,000
成交价：RMB 1,495,000
直径20.6cm 北京保利 2017-06-06

3 明永乐 甜白釉暗花缠枝牡丹纹梅瓶
来源：纽约佳士得2008年9月17日，编号245。
估 价：USD 2,300,000~2,800,000
成交价：RMB 21,673,768
纽约苏富比 2017-03-15

3187 明永乐 甜白釉暗花一把莲纹大盘
来源：柏林Johann Janssen及家族中流传。
估　价：HKD 600,000~800,000
成交价：RMB 997,875
直径34cm 佳士得 2017-05-31

6053 明永乐 甜白釉暗刻龙纹高足碗
著录：《玫茵堂中国陶瓷》，康蕊君，伦敦，1994–2010年。
估　价：RMB 1,000,000~1,500,000
成交价：RMB 1,610,000
高11.8cm 北京保利 2017-12-19

3669 明永乐 甜白釉暗刻菊瓣纹大碗
估　价：RMB 3,000,000~3,500,000
成交价：RMB 3,450,000
直径20.8cm 北京荣宝 2017-12-02

5056 明永乐 甜白釉暗刻平安颂缠枝莲花纹僧帽壶
来源：伦敦佳士得，1989年。出版：《玫茵堂中国陶瓷》，康蕊君，伦敦，1994–2010年。
估　价：RMB 2,300,000~3,300,000
成交价：RMB 4,600,000
高20.2cm 北京保利 2017-06-06

1629 明永乐 甜白釉暗刻云凤纹大碗
估　价：RMB 4,500,000~5,000,000
成交价：RMB 4,600,000
直径21.5cm 北京荣宝 2017-06-02

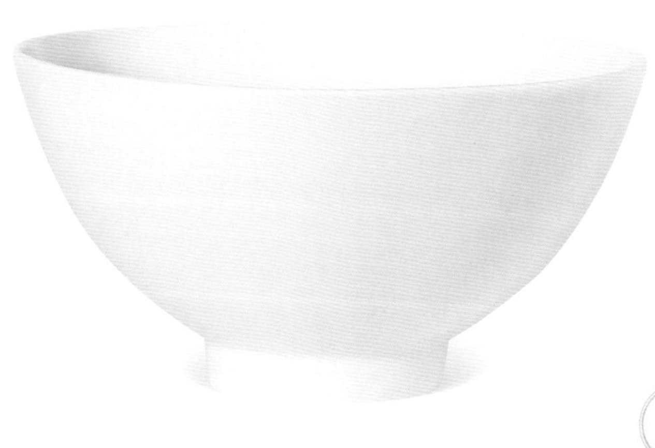

3005 明宣德 白釉暗花莲子碗
“大明宣德年制”楷书款
出版：康蕊君，《玫茵堂中国陶瓷》，伦敦，1994—2010年。
估　价：HKD 1,500,000~2,500,000
成交价：RMB 2,786,157
直径20.8cm 保利香港 2017-04-04

118 明永乐 甜白釉僧帽壶
来源：1.P. McCulloh 伉俪收藏；2.纽约佳士得，2008年。
估　价：GBP 40,000~60,000
成交价：RMB 558,938
高19.5cm 伦敦苏富比 2017-05-10

6054 明永乐 甜白釉双系小罐
著录：《玫茵堂中国陶瓷》，康蕊君，伦敦，1994—2010年。
估　价：RMB 1,200,000~1,800,000
成交价：RMB 2,990,000
宽8cm 北京保利 2017-12-19

5 明宣德 白釉暗花莲瓣纹大莲子碗
“大明宣德年制”款
来源：香港苏富比2009年10月8日，编号1625。
估　价：USD 150,000~250,000
成交价：RMB 1,297,313
纽约苏富比 2017-03-15

5057 明成化/弘治 甜白釉暗刻梵文盏托
出版：《玫茵堂中国陶瓷》，康蕊君，伦敦，1994—2010年。
估　价：RMB 350,000~550,000
成交价：RMB 575,000
直径19.6cm 北京保利 2017-06-06

553 明弘治 甜白釉盘
"大明弘治年制"楷书款
估　价：RMB 280,000~580,000
成交价：RMB 632,500
直径21.5cm 观唐皕榷 2017-01-11

5060 明嘉靖 白釉仰钟式碗
"大明嘉靖年制"款
来源：1.伦敦苏富比，1975年；2.香港苏富比，1989年。出版：《玫茵堂中国陶瓷》，康蕊君，伦敦，1994—2010年。
估　价：RMB 800,000~1,200,000
成交价：RMB 1,725,000
直径17.8cm 北京保利 2017-06-06

5206 明正德 甜白釉十棱洗
"正德年制"款
备注：1.香港佳士得，2001年；2.香港佳士得，2010年。
估　价：RMB 1,600,000~2,600,000
成交价：RMB 2,300,000
宽19.5cm 北京保利 2017-06-06

3258 明嘉靖 甜白釉暗刻凤纹小盘
"大明嘉靖年制"楷书款
来源：LONDON BLUETT SONS。
估　价：RMB 800,000~900,000
成交价：RMB 920,000
直径12.4cm 北京匡时 2017-12-03

6061 明万历 白釉执壶
"大明万历年制"款
著录：《玫茵堂中国陶瓷》，康蕊君，伦敦，1994—2010年。
估　价：RMB 1,000,000~1,500,000
成交价：RMB 1,495,000
高19.9cm 北京保利 2017-12-19

1607 明 白釉堆泥划花高士人物纹罐
估　价：RMB 600,000~800,000
成交价：RMB 805,000
高30cm 北京华辰 2017-12-17

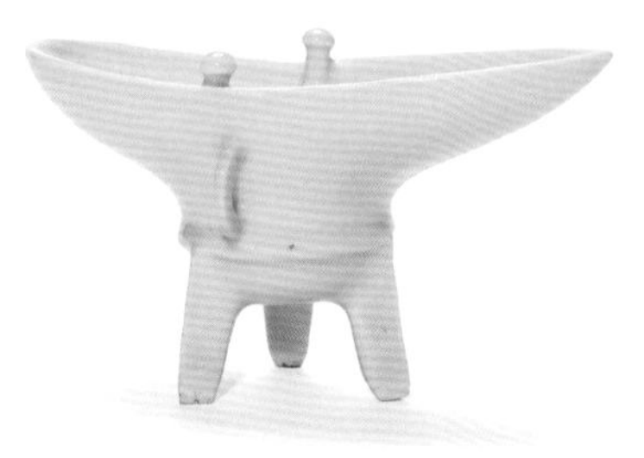

3003 15世纪 白釉爵杯
出版：康蕊君，《玫茵堂中国陶瓷》，伦敦，1994–2010年。
估　价：HKD 650,000~850,000
成交价：RMB 683,397
高8.8cm 保利香港 2017-04-04

5058 15世纪 甜白釉爵杯
估　价：RMB 400,000~600,000
成交价：RMB 552,000
高16.5cm 北京保利 2017-06-06

3004 清康熙 白釉暗刻龙纹碗
"大明宣德年制"楷书款
估　价：RMB 60,000~80,000
成交价：RMB 1,518,000
直径10.7cm 中国嘉德 2017-12-18

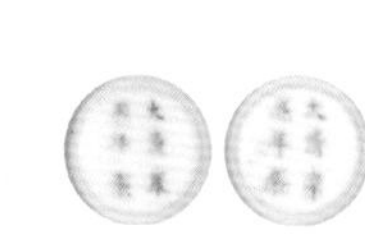

5009 清康熙 白釉暗刻龙纹杯（一对）
"大清康熙年制"款
出版：《玫茵堂中国陶瓷》，康蕊君。
估　价：RMB 350,000~550,000
成交价：RMB 782,000
直径7cm×2 北京保利 2017-06-06

3009 清康熙 白釉暗刻云龙纹碗（一对）
"大清康熙年制"楷书款
来源：玫茵堂旧藏。
估　价：HKD 500,000~800,000
成交价：RMB 1,224,250
直径15.8cm×2 保利香港 2017-10-02

197 清康熙 白釉暗刻龙纹锥把瓶 清雍正 天蓝釉锥把瓶（一对）
白釉为暗刻“朗唫阁制”楷书款，天蓝釉为“朗唫阁制”楷书款
估 价：RMB 1,800,000~2,000,000
成交价：RMB 2,472,500
高11.5cm×2 上海明轩 2017-06-30

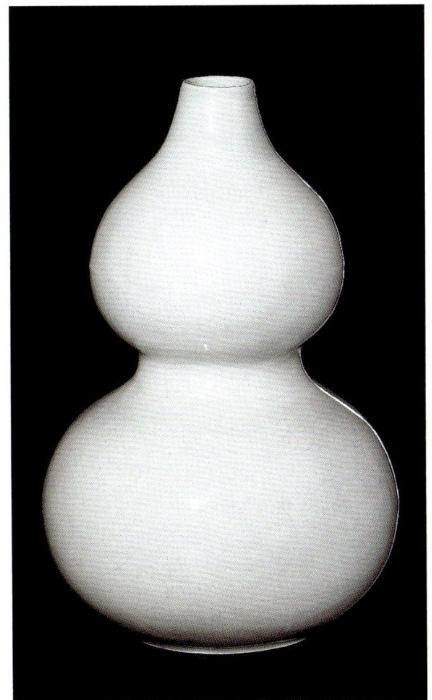

918 16世纪 白釉暗刻缠枝花卉纹葫芦瓶
估 价：RMB 500,000~600,000
成交价：RMB 1,127,000
高25cm 保利厦门 2017-06-25

3605 清康熙或更早 白釉模印菊花盖盒
“大明宣德年制”款
估 价：HKD 500,000~700,000
成交价：RMB 556,875
直径16.2cm 香港苏富比 2017-04-05

3607 清康熙 白釉团螭纹太白尊
“大清康熙年制”款
来源：香港苏富比，1984年。
估 价：HKD 500,000~700,000
成交价：RMB 556,875
直径12.9cm 香港苏富比 2017-04-05

2857 清雍正 白釉暗花夔龙纹三登壶
“大清雍正年制”楷书款
估 价：HKD 800,000~1,200,000
成交价：RMB 1,808,375
高12.3cm 佳士得 2017-11-29

5032 清雍正 白釉橄榄瓶
“大清雍正年制”款
出版：《玫茵堂中国陶瓷》，康蕊君，伦敦，1994—2010年。
估 价：RMB 1,000,000~1,500,000
成交价：RMB 2,070,000
高43cm 北京保利 2017-06-06

520 清雍正 白釉菊瓣盘
"大清雍正年制"款
估　价：USD 50,000~70,000
成交价：RMB 1,643,263
纽约苏富比 2017-03-15

2858 清雍正 白釉双耳长方瓶
来源：胡惠春珍藏。
估　价：HKD 320,000~480,000
成交价：RMB 1,276,500
宽11cm 佳士得 2017-11-29

5026 清雍正 甜白釉莲花口杯
"大清雍正年制"款
估　价：RMB 350,000~450,000
成交价：RMB 1,092,500
直径10.6cm 北京保利 2017-12-18

5027 清雍正 白釉模印菊瓣刻缠枝花卉纹花浇
"大清雍正年制"款
备注：1.Harry Garner爵士；2.伦敦古董商Bluett&Sons；3.仇焱之先生旧藏；4.香港苏富比，2013年。著录：《玫茵堂中国陶瓷》，康蕊君，伦敦，1994—2010年。
估　价：RMB 1,200,000~2,500,000
成交价：RMB 2,875,000
高25cm 北京保利 2017-12-18

18 清雍正 甜白釉暗刻云龙纹杯
"大清雍正年制"楷书款
估　价：HKD 1,000,000~1,500,000
成交价：RMB 979,400
直径6.2cm 香港中汉 2017-10-03

5180 清雍正 甜白釉暗刻云龙小杯
"大清雍正年制"款
估　价：RMB 80,000~120,000
成交价：RMB 1,725,000
直径6.2cm 北京保利 2017-12-18

1284 清雍正 甜白釉印梅花纹碗（一对）
"雍正年制"款
来源：伦敦苏富比，2011年。
估　价：RMB 1,000,000~1,300,000
成交价：RMB 1,150,000
直径10cm×2 北京荣宝 2017-04-02

5031 清乾隆 白釉玲珑瓷暗花西番莲纹碗
"大清乾隆年制"款
著录：《玫茵堂中国陶瓷》，康蕊君，伦敦，1994—2010年。
估　价：RMB 400,000~600,000
成交价：RMB 828,000
直径13cm 北京保利 2017-12-18

3603 清乾隆 白釉雕云龙戏珠纹撇口瓶
"大清乾隆年制"款
估　价：HKD 900,000~1,200,000
成交价：RMB 1,660,000
高28.7cm 香港苏富比 2017-10-03

3659 清乾隆 月白釉蒜头瓶
"大清乾隆年制"款
估　价：HKD 800,000~1,200,000
成交价：RMB 830,000
高13.8cm 香港苏富比 2017-10-03

3012 清乾隆 白釉浆胎印花撇口瓶
"大清乾隆年制"模印篆书款
来源：仇焱之、香港胡惠春、香港Alfred Hopeman III、Eskenazi Ltd.London、玫茵堂等旧藏。纽约苏富比1985年拍卖。
估　价：HKD 800,000~1,200,000
成交价：RMB 1,420,130
高19.7cm 保利香港 2017-10-02

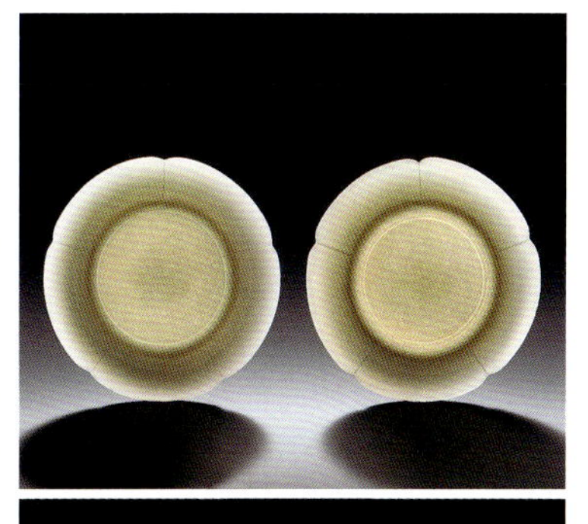

111 清乾隆 甜白釉暗刻云龙纹葵口小碟（一对）
"乾隆年制"篆书款
估　价：HKD 300,000~500,000
成交价：RMB 470,112
直径8cm×2 香港中汉 2017-10-03

其他窑白釉

81 隋 白釉双龙柄壶
估　价：HKD 150,000~200,000
成交价：RMB 146,910
高43cm 中国嘉德 2017-10-02

3303 唐 巩县窑白釉环耳杯
估　价：HKD 60,000~100,000
成交价：RMB 115,652
高5.3cm 保利香港 2017-04-04

3167 唐 邢窑白釉渣斗
估　价：HKD 20,000~50,000
成交价：RMB 19,588
直径14.4cm 保利香港 2017-10-02

28 五代 白釉金钟碗
估　价：HKD 100,000~150,000
成交价：RMB 111,375
直径12cm 佳士得 2017-04-04

3210 五代 邢窑白釉圆盖盒
估　价：HKD 120,000~180,000
成交价：RMB 133,650
直径10.3cm 香港苏富比 2017-04-05

3305 唐 邢窑白釉盖罐
估　价：HKD 50,000~100,000
成交价：RMB 89,367
高28.2cm 保利香港 2017-04-04

101 宋 青白釉太师少师枕
估　价：HKD 120,000~200,000
成交价：RMB 124,500
宽18.4cm 佳士得 2017-10-02

2985 北宋 西村窑白釉凤首执壶
估　价：HKD 280,000~350,000
成交价：RMB 297,850
高19.8cm 佳士得 2017-11-29

422 辽 白釉皮囊壶
估　价：HKD 30,000~40,000
成交价：RMB 65,596
高26.5cm 香港苏富比 2017-06-01

618 北宋/金 白釉孩儿枕
估　价：USD 300,000~400,000
成交价：RMB 2,577,328
宽20.4cm 纽约苏富比 2017-03-14

黑 瓷

黑　釉

419 北宋 磁州窑黑釉白口碗
估　价：HKD 30,000~40,000
成交价：RMB 163,991
直径14.8cm 香港苏富比 2017-06-01

26 北宋 耀州窑黑釉托盏（一套）
估　价：HKD 600,000~800,000
成交价：RMB 930,430
盏口径10.5cm；足径3.2cm；高4cm；托口径5.7cm；足径4.5cm；高7cm 中国嘉德 2017-10-02

31 北宋/金 磁州窑系黑釉白覆轮罗汉碗
估　价：HKD 260,000~400,000
成交价：RMB 501,188
直径12.7cm 佳士得 2017-04-04

190 北宋/金 河南窑黑釉铁锈斑玉壶春瓶
估　价：GBP 10,000~15,000
成交价：RMB 346,541
高22.6cm×2 伦敦苏富比 2017-05-10

24 北宋/金 黑釉刻划花牡丹纹梅瓶
估　价：HKD 600,000~800,000
成交价：RMB 783,520
口径3.2cm；底径8.5cm；高35cm 中国嘉德 2017-10-02

701 北宋/金 黑釉铁锈花花叶纹玉壶春瓶
来源：日本藤井善助及日本东京大须木水寿等收藏。着录：《黑与白——宋磁》，日本学习图书株式会社，2015年.
估　价：HKD 800,000~1,000,000
成交价：RMB 6,355,355
高29.5cm 中国嘉德 2017-05-30

1350 北宋/金 黑釉油滴纹小碗
估　价：USD 5,000~7,000
成交价：RMB 432,438
纽约苏富比 2017-03-18

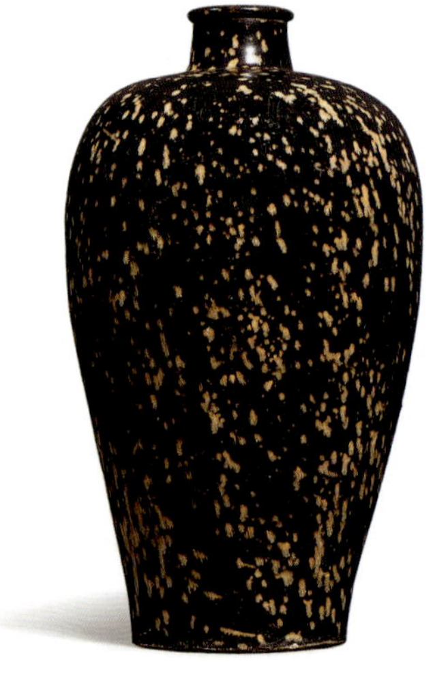

15 南宋 吉州窑鹧鸪釉梅瓶
来源：鸿禧美术馆收藏，台北。
估　价：HKD 1,000,000~1,500,000
成交价：RMB 3,071,000
高35.8cm 香港苏富比 2017-10-03

29 南宋 吉州窑黑釉褐斑盏
估　价：HKD 350,000~450,000
成交价：RMB 342,790
口径16cm 中国嘉德 2017-10-02

12 南宋 建窑黑釉兔毫茶盏
来源：第二代Cunliffe of Headley男爵 Rolf Cunliffe收藏；伦敦邦翰斯，2002年。
估　价：HKD 6,000,000~8,000,000
成交价：RMB 2,871,800
长11.5cm 香港苏富比 2017-10-03

602 南宋 建窑黑釉兔毫纹碗
估　价：USD 500,000~700,000
成交价：RMB 7,559,008
纽约苏富比 2017-03-15

1545 南宋 建窑兔毫斗笠盏
“一”字款
估　价：RMB 200,000~300,000
成交价：RMB 517,500
高5.8cm；口径11.9cm 西泠拍卖 2017-07-15

1102 宋/金 黑釉油滴碗
来源：J.J. Lally & Co.，纽约.
估　价：HKD 600,000~800,000
成交价：RMB 668,250
直径9.3cm 香港苏富比 2017-04-05

9 南宋 建窑黑釉兔毫盏 配13世纪／14世纪朱漆盏托
来源：日本重要家族旧藏。
估　价：HKD 1,800,000~2,200,000
成交价：RMB 2,938,200
口径12.4cm；足径4cm；高6.8cm 中国嘉德 2017-10-02

3326 金 磁州窑双狮枕
“壬辰年冬月，平邑駃宅置”款
估　价：HKD 110,000~200,000
成交价：RMB 252,331
宽25.5cm 保利香港 2017-04-04

31 金 黑釉铁锈花纹小碗
估　价：HKD 100,000~120,000
成交价：RMB 97,940
口径9cm；足径3.8cm；高4.5cm 中国嘉德 2017-10-02

171 金 山西怀仁窑银油滴盏
估　价：RMB 300,000~350,000
成交价：RMB 368,000
高4cm；直径9cm 上海明轩 2017-06-30

3541 元 供御银毫束口盏
估　价：RMB 1,300,000~1,800,000
成交价：RMB 2,300,000
直径12.3cm 北京荣宝 2017-12-02

3083 元 黑釉铁锈斑玉壶春瓶
估　价：RMB 50,000~80,000
成交价：RMB 253,000
高30.2cm 中国嘉德 2017-06-19

876 元 黑釉观音瓶
估　价：RMB 20,000~28,000
成交价：RMB 494,500
高27.2cm 北京诚轩 2017-06-20

104 清乾隆 仿珍珠灵璧石象生瓷研山
估　价：RMB 220,000~380,000
成交价：RMB 4,255,000
19cm×14.5cm 中贸圣佳 2017-06-18

乌金釉

1657 元 乌金釉描银束口盏
来源：日本藏家旧藏。
估　价：RMB 1,000,000~1,500,000
成交价：RMB 1,150,000
直径13cm 北京荣宝 2017-06-02

5018 清康熙 乌金釉葫芦瓶
著录：《玫茵堂中国陶瓷》，康蕊君，伦敦，1994–2010年。
估　价：RMB 200,000~300,000
成交价：RMB 632,500
高44cm 北京保利 2017-12-18

1546 南宋 建窑乌金釉斗笠盏
"七"款
估　价：RMB 250,000~400,000
成交价：RMB 529,000
高8cm；口径19.3 西泠拍卖 2017-07-15

1658 元 乌金釉束口盏
估　价：RMB 600,000~800,000
成交价：RMB 690,000
直径11.8cm 北京荣宝 2017-06-02

彩 瓷

褐　彩

626 北宋/金 磁州窑白地黑褐花折枝花卉纹小口瓶
估　价：USD 15,000~20,000
成交价：RMB 129,731
纽约苏富比 2017-03-14

195 宋 磁州窑黑地褐彩碗
估　价：GBP 6,000~7,000
成交价：RMB 72,662
直径19.2cm 伦敦苏富比 2017-05-10

115 金 磁州窑系白地褐彩花口瓶
估　价：HKD 150,000~200,000
成交价：RMB 146,910
高46.7cm 中国嘉德 2017-10-02

3554 元 白底褐彩线条钵
估 价：RMB 150,000~250,000
成交价：RMB 172,500
直径13.8cm 北京荣宝 2017-12-02

5137 元 磁州窑“清沽美酒”梅瓶
估 价：RMB 600,000~800,000
成交价：RMB 690,000
高34cm 北京保利 2017-12-18

127 元 枢府瓷模印加彩盘
估 价：HKD 200,000~300,000
成交价：RMB 313,408
直径13.5cm 中国嘉德 2017-10-02

725 元 磁州窑白釉褐彩诗文梅瓶
估 价：HKD 30,000~50,000
成交价：RMB 68,033
高31cm 中国嘉德 2017-05-30

5073 元 龙泉点褐彩盘
估 价：RMB 450,000~650,000
成交价：RMB 713,000
直径16cm 北京保利 2017-06-06

青 花

3673 元 青花龙戏珠纹高足碗
估 价：HKD 900,000~1,200,000
成交价：RMB 1,002,375
直径11.9cm 香港苏富比 2017-04-05

2188 元 青花云龙纹小梨壶
估 价：RMB 550,000~800,000
成交价：RMB 828,000
高9.6cm 中贸圣佳 2017-06-18

6052 明洪武 青花缠枝花卉折沿盘
著录：《玫茵堂中国陶瓷》，康蕊君，伦敦，1994—2010年。
估 价：RMB 1,000,000~1,500,000
成交价：RMB 1,897,500
直径19.7cm 北京保利 2017-12-19

1506 元 青花缠枝牡丹纹蹲狮钮盖盒
估　价：RMB 12,000,000~15,000,000
成交价：RMB 20,700,000
直径16.5cm 北京东正 2017-06-08

3002 元 青花荷塘鸳鸯纹菱口盘
来源：Eskenazi Ltd，伦敦。出版：康蕊君，《玫茵堂中国陶瓷》，伦敦，1994-2010年。
估　价：HKD 1,500,000~2,000,000
成交价：RMB 2,102,760
直径29.2cm 保利香港 2017-04-04

3055 明永乐 青花缠枝花卉纹菱口盘
来源：日本藏家旧藏。
估　价：HKD 1,800,000~2,800,000
成交价：RMB 2,105,710
直径34cm 保利香港 2017-10-02

6072 明永乐 青花并蒂莲折沿盘
估　价：RMB 2,600,000~3,600,000
成交价：RMB 3,680,000
直径37.5cm 北京保利 2017-12-19

8002 明永乐 青花缠枝四季花卉纹折沿洗
来源：1.埃斯卡纳齐，伦敦，编号c2179；2.香港佳士得，2006年11月28日，拍品1510号。
著录：《中国艺术品经眼录-埃斯卡纳齐的回忆》，上海，2015。
估　价：HKD 12,000,000~18,000,000
成交价：RMB 12,339,500
直径26.3cm 佳士得 2017-11-27

3611 明永乐 青花缠枝花卉菱式折沿盘
来源：1.Spink & Son，伦敦，1967年；2.F. Gordon 及 Elizabeth Hunter Morrill 伉俪收藏；3.纽约 Doyle's，2003年；4.香港苏富比，2013年。
估　价：HKD 5,000,000~7,000,000
成交价：RMB 5,969,700
直径33.7cm 香港苏富比 2017-04-05

1 明永乐 青花缠枝花卉纹菱口盘
来源：伦敦苏富比，1987年。
估　价：USD 200,000~300,000
成交价：RMB 5,068,168
纽约苏富比 2017-03-15

111 明永乐 青花缠枝四季花卉折枝葡萄纹海浪折沿大盘
估　价：RMB 500,000~1,000,000
成交价：RMB 5,405,000
直径37.5cm 中贸圣佳 2017-06-18

5195 明永乐 青花花卉纹鸡心碗
备注：张逸宸旧藏。
估　价：RMB 3,000,000~5,000,000
成交价：RMB 4,830,000
直径10cm 北京保利 2017-06-06

550 明永乐 青花海水缠枝花卉纹折沿盘
来源：英国私人旧藏。
估　价：RMB 1,600,000~2,600,000
成交价：RMB 2,990,000
直径41cm 观唐皕榷 2017-01-11

5200 明永乐 青花瓜果纹折沿大盘
备注：1.丁福保、丁惠康父子旧藏；2.东正拍卖，2013年。
估　价：RMB 4,500,000~6,500,000
成交价：RMB 5,520,000
直径40.3cm 北京保利 2017-06-06

1506 明永乐 青花缠枝花卉纹菱式盘
估　价：RMB 2,000,000~3,000,000
成交价：RMB 6,210,000
直径38cm 北京东正 2017-12-09

3008 明永乐 青花轮花纹绶带耳葫芦瓶
来源：1.Enrico Maestrini 收藏；2.Eskenazi Ltd，伦敦。出版：康蕊君，《玫茵堂中国陶瓷》，伦敦，1994–2010年。
估　价：HKD 6,500,000~8,500,000
成交价：RMB 8,936,730
高26cm 保利香港 2017-04-04

1109 明永乐 青花一把莲纹盘
估　价：RMB 2,000,000~3,000,000
成交价：RMB 3,220,000
直径31.5cm 华艺国际 2017-05-27

5199 明永乐 青花葡萄纹大盘
备注：日本壶中居旧藏。
估　价：RMB 3,000,000~5,000,000
成交价：RMB 5,175,000
直径37.8cm 北京保利 2017-06-06

3 明永乐 青花折枝月季花菱口盘
来源：传40年代入藏于镰仓私人手，2016年出售于东京美术俱乐部秋季大展中，后被东京著名茶道世家购得。
估 价：RMB 2,000,000~3,000,000
成交价：RMB 2,990,000
直径20cm 北京中汉 2017-05-21

1258 明宣德 青花缠枝莲纹水盂
“大明宣德年制”横款
估 价：RMB 200,000~300,000
成交价：RMB 230,000
直径6.5cm 华艺国际 2017-11-25

3007 明宣德 青花缠枝莲莲瓣纹卧足碗
“大明宣德年制”楷书款
来源：1.洛杉矶苏富比1969年；2.伦敦苏富比1982年；3.佳士得纽约2004年等拍卖。
Bluett, London、(传)仇炎之、Bluett & Sons London (标签) 等旧藏。
估 价：HKD 1,000,000~1,500,000
成交价：RMB 1,787,346
直径15.5cm 保利香港 2017-04-04

3677 明宣德 青花缠枝莲纹大碗
“大明宣德年制”款
估 价：HKD 2,500,000~3,500,000
成交价：RMB 2,672,600
直径29.5cm 香港苏富比 2017-10-03

2828 明宣德 青花缠枝灵芝纹小罐
“大明宣德年制”楷书款
估 价：RMB 1,200,000~2,000,000
成交价：RMB 1,495,000
宽10.5cm 中国嘉德 2017-06-20

112 明宣德 青花缠枝花卉纹大盘
“大明宣德年制”款
估 价：RMB 2,200,000~2,800,000
成交价：RMB 2,645,000
直径38cm 中贸圣佳 2017-06-18

5197 明宣德 青花缠枝芍药内模印笠式碗
“大明宣德年制”款
备注：日本关西藏家旧藏
估 价：RMB 2,000,000~3,000,000
成交价：RMB 5,117,500
直径20.5cm 北京保利 2017-06-06

3301 明宣德 青花缠枝莲托八吉祥合碗
“大明宣德年制”款
出版：《香港苏富比二十周年》，香港，1993年；《香港苏富比三十周年》，香港，2003年。
估　价：HKD 35,000,000~55,000,000
成交价：RMB 42,568,625
总高10.7cm；直径17.8cm 香港苏富比 2017-10-03

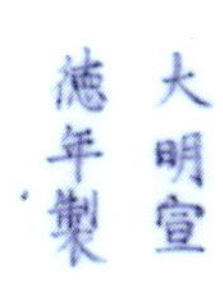

1503 明宣德 青花螭龙纹大罐
“大明宣德年制”款
估　价：RMB 13,000,000~15,000,000
成交价：RMB 18,285,000
高35cm 北京东正 2017-06-08

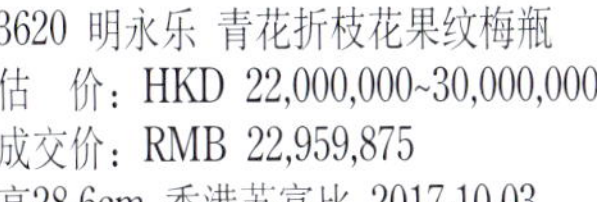

3620 明永乐 青花折枝花果纹梅瓶
估　价：HKD 22,000,000~30,000,000
成交价：RMB 22,959,875
高28.6cm 香港苏富比 2017-10-03

2829 明宣德 青花地拔白卷草纹鱼篓式尊
“大明宣德年制”楷书款
来源：北京藏家旧藏。
成交价：RMB 11,500,000
高13.5cm；腹径21cm 中国嘉德 2017-12-1

101 明宣德 青花夔龙罐
"大明宣德年制"款
出版：Adrian M. Joseph，《Ming Porcelains. Their Origins and Development》，伦敦，1971年，图版33。
估 价：HKD 30,000,000~40,000,000
成交价：RMB 29,496,125
直径19cm 香港苏富比 2017-10-03

3185 明宣德 青花莲瓣纹鸡心碗
"大明宣德年制"楷书款
估 价：RMB 1,500,000~1,800,000
成交价：RMB 1,725,000
直径16cm 北京匡时 2017-12-03

753 明宣德 青花龙纹高足杯
"大明宣德年制"楷书款
估 价：HKD 1,000,000~1,500,000
成交价：RMB 1,762,920
高8.2cm 北京匡时 2017-10-02

6055 明宣德 青花卷草蕉叶纹渣斗
"大明宣德年制"款
备注：Rachel Wright Segelin、胡惠春及其家族、瑞士玫茵堂等收藏。著录：《玫茵堂中国陶瓷》，康蕊君，伦敦，1994—2010年。
估 价：RMB 3,500,000~4,000,000
成交价：RMB 7,130,000
宽9.7cm 北京保利 2017-12-19

101 明宣德 青花鱼藻纹十棱菱口大碗
“大明宣德年制”款
出版：1.藤冈了一，《陶磁大系》，卷42，明の染付，东京，1975年，彩图版17；2.佐藤雅彦，《中国陶磁史》，东京，1978年，页182，图224；3.佐藤雅彦，《中国陶磁史》，纽约及东京，1981年，页164，图237。
成交价：RMB 204,072,413
直径23cm 香港苏富比 2017-04-05

760 明宣德 青花狮子纹碗
“大明宣德年制”楷书款
估　价：HKD 800,000~900,000
成交价：RMB 803,108
直径10.2cm 北京匡时 2017-10-02

8 明宣德 青花云龙纹葵花式洗
“大明宣德年制”款
来源：1.Thomas Arthur Clarke上尉及夫人Emmeline Clarke收藏，Springfort Hall，马罗，科克郡，爱尔兰，此后家族传承；2.Lillian Mabel Hebbert，此后家族传承；3.Patrick Robert Ievers (1940—2015) 中校收藏；4.觉是轩 (Priestly & Ferraro)，伦敦。
估　价：USD 1,500,000~2,500,000
成交价：RMB 11,710,408
直径20.7cm 纽约苏富比 2017-03-15

3102 明成化 青花折枝花卉纹卧足杯
“大明成化年制”款
来源：香港苏富比1981年11月24日，编号69。
估 价：HKD 15,000,000~20,000,000
成交价：RMB 30,160,350
直径7.8cm 香港苏富比 2017-04-05

7 明宣德 青花折枝花果纹花口碗
“大明宣德年制”款
来源：1.日本制药公司收藏；2.香港苏富比，2006年。
估 价：USD 600,000~800,000
成交价：RMB 5,898,448
纽约苏富比 2017-03-15

3952 明宣德 青花折枝花卉纹八方烛台
估 价：RMB 200,000~300,000
成交价：RMB 1,748,000
高14cm 北京匡时 2017-06-04

3010 明宣德 青花瑞果纹投壶式鸟食罐
“大明宣德年制”楷书款
来源：1.Alfred Clark伉俪；2.玫茵堂；3.伦敦苏富比，1996年。
估 价：HKD 1,000,000~1,500,000
成交价：RMB 1,664,980
高5.9cm 保利香港 2017-10-02

5849 明宣德 青花折枝花卉纹贯耳鸟食罐
“大明宣德年制”款
估 价：RMB 650,000~850,000
成交价：RMB 897,000
高6cm 北京保利 2017-12-19

3612 明成化 青花狮子戏球纹大碗
"大明宣德年制"仿款
来源：伦敦佳士得2004年11月12日，编号224。
估 价：HKD 3,000,000~5,000,000
成交价：RMB 13,988,700
直径20.6cm 香港苏富比 2017-04-05

544 明宣德 青花折枝花果纹葵口碗
"大明宣德年制"楷书款
估 价：RMB 7,000,000~9,000,000
成交价：RMB 11,500,000
直径22.5cm 大羿拍卖 2017-12-04

6074 明成化 青花老子出关图瓷板
估 价：RMB 400,000~600,000
成交价：RMB 575,000
28.5cm×23cm 北京保利 2017-12-19

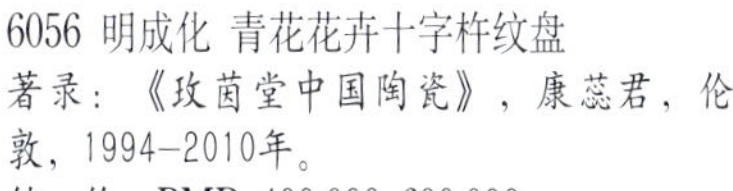

6056 明成化 青花花卉十字杵纹盘
著录：《玫茵堂中国陶瓷》，康蕊君，伦敦，1994–2010年。
估 价：RMB 400,000~600,000
成交价：RMB 3,450,000
直径23.7cm 北京保利 2017-12-19

2 明弘治 黄地青花栀子花盘
"大明弘治年制"款
来源：1.大维德爵士及大维德中国艺术基金会收藏，伦敦；2.伦敦苏富比，1968年；3.Bluett & Sons Ltd，伦敦，1968年；4.罗杰琵金顿收藏；5.茉琳琵金顿收藏。
估 价：HKD 2,500,000~3,500,000
成交价：RMB 10,246,500
直径26.1cm 香港苏富比 2017-04-05

873 明弘治 青花荷塘鱼藻图高足碗
纪录：香港佳士得，1995年10月29日，编号700
估 价：RMB 200,000~280,000
成交价：RMB 483,000
直径14.4cm 北京诚轩 2017-06-20

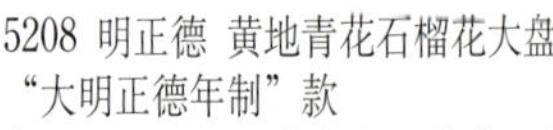

5208 明正德 黄地青花石榴花大盘
"大明正德年制"款
备注：1.法国西南部私人藏家旧藏；2.巴黎苏富比，2011年。
估 价：RMB 4,500,000~6,500,000
成交价：RMB 6,785,000
直径29cm 北京保利 2017-06-06

6058 明正德 青花朵云双龙纹盘
"大明正德年制"款
著录：《玫茵堂中国陶瓷》，康蕊君，伦敦，1994—2010年。
估 价：RMB 1,200,000~2,200,000
成交价：RMB 3,105,000
直径22.5cm 北京保利 2017-12-19

4 明正德 黄地青花栀子花盘
"正德年制"款
来源：1.多位藏家经手收藏；2.伦敦苏富比，1964年；
估 价：HKD 900,000~1,200,000
成交价：RMB 2,655,180
直径21.6cm 香港苏富比 2017-04-05

5198 明宣德 青花折枝花果纹大罐
估 价：RMB 1,200,000~2,200,000
成交价：RMB 1,380,000
高29.8cm 北京保利 2017-06-06

1181 明嘉靖 黄地青花缠枝牡丹纹盘
"大明嘉靖年制"楷书款
估 价：USD 10,000~15,000
成交价：RMB 328,653
直径18cm 纽约佳士得 2017-03-17

5 明嘉靖 黄地青花赶珠云龙纹盘
"大明嘉靖年制"款
来源：1.山中商会；2.Bluett & Sons Ltd；3.R.H.R. Palmer 伉俪；4.伦敦苏富比，1962年；5.罗杰琵金顿；6.茉琳琵金顿等收藏。
估 价：HKD 500,000~700,000
成交价：RMB 1,670,625
直径16.4cm 香港苏富比 2017-04-05

119 明嘉靖 青花八仙云龙戏珠纹大盘
“大明嘉靖年制”款
来源：Charlotte Horstmann & Gerald Godfrey Ltd.，香港，1989年。
估 价：USD 60,000~80,000
成交价：RMB 670,725
直径79cm 伦敦苏富比 2017-05-10

3001 明嘉靖 青花戴胜桃树纹盘
估 价：HKD 400,000~600,000
成交价：RMB 372,313
直径22.5cm 佳士得 2017-11-29

213 明嘉靖 青花凤穿莲纹碗
“大明嘉靖年制”款
估 价：EUR 6,000~8,000
成交价：RMB 105,055
直径36.5cm 巴黎苏富比 2017-06-22

2427 明嘉靖 青花开光人物故事罐
“大明嘉靖年制”楷书款
估 价：RMB 2,000,000~3,000,000
成交价：RMB 2,990,000
高33cm 北京翰海 2017-06-04

1514 明嘉靖 青花高士图围棋罐
“嘉靖癸卯年制”楷书款
估 价：RMB 480,000~550,000
成交价：RMB 552,000
高9.3cm 西泠拍卖 2017-07-15

3103 明嘉靖 青花花卉纹袖珍丹药盘
“大明嘉靖年制”款
来源：香港苏富比，1993年。
估 价：HKD 100,000~150,000
成交价：RMB 612,563
直径5cm 香港苏富比 2017-04-05

7 明嘉靖 青花留白双龙穿花纹经筒
估 价：RMB 200,000~300,000
成交价：RMB 437,000
高15.2cm 北京中汉 2017-05-21

744 明嘉靖 青花十八学士图瓷板
估 价：RMB 200,000~400,000
成交价：RMB 287,500
直径25.5cm 观唐皕槯 2017-01-12

720 明嘉靖 青花龙纹大缸
"大明嘉靖年制"楷书款
估 价：RMB 800,000~1,200,000
成交价：RMB 1,012,000
直径53.5cm 观唐皕槯 2017-01-12

3271 明嘉靖 青花龙凤纹活环双耳瓶（一对）
"大明嘉靖年制"楷书款
来源：龙瓶：纽约苏富比，2011年；凤瓶：香港佳士得，2016年。
估 价：RMB 10,000,000~15,000,000
成交价：RMB 15,640,000
高17.7cm；高16.5cm 北京匡时 2017-12-03

5224 明嘉靖 青花鱼藻纹出戟尊
备注：美国藏家旧藏。
估 价：RMB 1,000,000~1,600,000
成交价：RMB 1,150,000
高21.7cm 北京保利 2017-06-06

8101 明嘉靖 青花龙凤穿花纹浅碗
来源：1.Joe Yuey，旧金山；2.Bluett，伦敦；3.纽约佳士得，2010年。
估 价：HKD 500,000~800,000
成交价：RMB 2,021,125
直径13.8cm 佳士得 2017-11-27

113 明嘉靖 青花龙穿莲纹大缸
"大明嘉靖年制"楷书横款
估 价：HKD 200,000~400,000
成交价：RMB 363,125
直径71cm 佳士得 2017-10-02

168 明嘉靖 青花璎珞缠枝莲纹大罐
“大明嘉靖年制”楷书款
估　价：RMB 1,800,000~2,600,000
成交价：RMB 2,242,500
高51.5cm 北京宣石 2017-05-21

1509 明嘉靖 青花鱼藻暗刻荷塘鹭鸶纹大缸
成交价：RMB 299,000
高35.5cm；直径51.5cm 中贸圣佳 2017-09-04

1184 明嘉靖 青花游龙戏珠纹圆盖盒
“大明嘉靖年制”楷书款
估　价：USD 10,000~15,000
成交价：RMB 172,975
直径20cm 纽约佳士得 2017-03-17

6083 明嘉靖 青花婴戏十六子大罐
“大明嘉靖年制”款
估　价：RMB 1,200,000~1,600,000
成交价：RMB 1,495,000
高33.5cm 北京保利 2017-12-19

15 明嘉靖 青花戏珠龙纹大盘
估　价：GBP 30,000~50,000
成交价：RMB 260,610
直径50.8cm 伦敦佳士得 2017-11-07

129 明嘉靖 青花龙纹六方罐
“大明嘉靖年制”楷书款
估　价：HKD 1,700,000~2,200,000
成交价：RMB 1,909,830
高26cm 中国嘉德 2017-10-02

656 明嘉靖 青花云凤纹罐
“大明嘉靖年制”款
估 价：USD 8,000~12,000
成交价：RMB 69,190
纽约苏富比 2017-03-15

6080 明嘉靖 青花云鹤“风调雨顺、国泰民安”葫芦瓶
“大明嘉靖年制”款
出版：茧山龙泉堂，《嘉靖万历》，2016年。
估 价：RMB 1,600,000~2,600,000
成交价：RMB 2,875,000
高47.5cm 北京保利 2017-12-19

77 明嘉靖 青花云鹤人物图圆盖盒
估 价：GBP 30,000~50,000
成交价：RMB 597,231
直径24.5cm 伦敦佳士得 2017-11-07

3620 明嘉靖 青花云龙纹朝珠盒
“大明嘉靖年制”款
来源：1.徐氏艺术馆，香港；2.纽约佳士得，1997年。
估 价：HKD 2,500,000~3,500,000
成交价：RMB 3,510,540
长39cm 香港苏富比 2017-04-05

2428 明嘉靖 青花云龙纹大缸
“大明嘉靖年制”楷书款
估 价：RMB 3,600,000~5,000,000
成交价：RMB 4,370,000
直径74cm 北京翰海 2017-06-04

657 明嘉靖 青花云龙纹大盘
“大明嘉靖年制”款
估　价：USD 20,000~30,000
成交价：RMB 475,681
纽约苏富比 2017-03-15

3192 明嘉靖 青花折枝花果纹圆盒
估　价：HKD 350,000~550,000
成交价：RMB 498,938
直径17.3cm 佳士得 2017-05-31

1191 明嘉靖/隆庆 青花莲纹高足碗
估　价：USD 6,000~8,000
成交价：RMB 69,190
直径13.2cm 纽约佳士得 2017-03-17

8102 明隆庆 青花双龙戏珠纹缸
来源：1.W.R.Clarke旧藏；2.伦敦佳士得，1970年。
估　价：HKD 1,500,000~2,500,000
成交价：RMB 1,595,625
直径68.5cm 佳士得 2017-11-27

3674 明隆庆 青花婴戏图盘
“大明隆庆年造”款
来源：1.R.H.R. Palmer 伉俪收藏；2.香港佳士得，1989年。
估　价：HKD 400,000~600,000
成交价：RMB 1,113,750
直径12cm 香港苏富比 2017-04-05

3955 明万历 黄地青花云鹤纹大碗
“大明万历年制”楷书款
估　价：RMB 400,000~600,000
成交价：RMB 632,500
高32cm 北京匡时 2017-06-04

10 明万历 青花八卦纹三兽足筒炉
“大明万历年制”楷书款
估 价：RMB 600,000~800,000
成交价：RMB 1,437,500
直径16cm；高12.6cm 北京中汉 2017-05-21

11 明万历 青花穿花龙纹大蒜头瓶
“大明万历年制”款
估 价：USD 300,000~500,000
成交价：RMB 4,237,888
纽约苏富比 2017-03-15

215 明万历 青花梵文莲瓣盘
“大明万历年制”款
估 价：EUR 6,000~8,000
成交价：RMB 57,303
直径19.7cm 巴黎苏富比 2017-06-22

4 明万历 青花梵文莲瓣洗
“大明万历年制”楷书款
估 价：HKD 400,000~500,000
成交价：RMB 587,640
直径19.2cm 香港中汉 2017-10-03

132 明万历 青花凤纹大缸
“大明万历年制”楷书款
来源：日本茧山龙泉堂旧藏。
估 价：HKD 600,000~800,000
成交价：RMB 851,618
高40cm 北京匡时 2017-04-03

2830 明万历 青花福寿康宁大碗
“大明万历年制”楷书款
估 价：RMB 250,000~650,000
成交价：RMB 437,000
直径30cm 中国嘉德 2017-06-20

3264 明万历 青花福寿双全纹印盒
“大明万历年制”楷书款
来源：日本藏家旧藏。
估 价：RMB 200,000~250,000
成交价：RMB 920,000
高5.5cm 北京匡时 2017-12-03

1154 明万历 青花海水龙纹葫芦形壁瓶
“大明万历年制”方框楷书款
估　价：RMB 200,000~300,000
成交价：RMB 322,000
高30.5cm 华艺国际 2017-11-25

3191 明万历 青花瑞兽纹碗
估　价：HKD 700,000~900,000
成交价：RMB 720,688
直径16.6cm 佳士得 2017-05-31

2999 明万历 青花牵牛花纹碗
估　价：HKD 240,000~320,000
成交价：RMB 255,300
直径21cm 佳士得 2017-11-29

5934 明万历 青花龙纹大梅瓶
“大明万历年制”款
估　价：RMB 1,500,000~2,500,000
成交价：RMB 2,070,000
高63.8cm 北京保利 2017-12-19

1125 明万历 青花龙凤呈祥图球形水盂
“大明万历年制”楷书款
估　价：RMB 600,000~800,000
成交价：RMB 977,500
高10cm 华艺国际 2017-05-27

6084 明万历 青花龙凤大方觚
“大明万历年制”款
出版：茧山龙泉堂，《嘉靖万历》，2016年。
估　价：RMB 1,200,000~2,200,000
成交价：RMB 2,875,000
高87cm 北京保利 2017-12-19

1188 明万历 青花麒麟式熏炉
估　价：USD 20,000~30,000
成交价：RMB 224,868
高12.3cm 纽约佳士得 2017-03-17

3188 明万历 青花双龙戏珠花口洗
估　价：HKD 1,200,000~1,800,000
成交价：RMB 1,330,500
直径38.2cm 佳士得 2017-05-31

557 明万历 青花萧何月下追韩信图盘
“大明万历年制”楷书款
估　价：RMB 450,000~650,000
成交价：RMB 598,000
直径23.5cm 观唐皕榷 2017-01-11

5231 明万历 青花四仙献寿图罐
估　价：RMB 1,200,000~2,200,000
成交价：RMB 1,150,000
宽12cm 北京保利 2017-06-06

22 明万历 青花十六子婴戏图大盖盒
“大明万历年制”楷书款
估　价：RMB 1,800,000~2,500,000
成交价：RMB 2,070,000
直径22.5cm 北京中汉 2017-12-19

3675 明万历 青花十六子婴戏图圆盖盒
“大明万历年制”款
估　价：HKD 500,000~700,000
成交价：RMB 2,334,420
直径22cm 香港苏富比 2017-04-05

2814 明万历 青花双龙戏珠纹碗
“大清雍正年制”楷书款
估　价：HKD 300,000~500,000
成交价：RMB 425,500
直径21.1cm 佳士得 2017-11-29

11 明万历 青花贴塑唐王游月云遮月形砚滴
估　价：RMB 200,000~400,000
成交价：RMB 437,000
高9.5cm 北京中汉 2017-05-21

3257 明万历 青花婴戏图八方盖罐
“大明万历年制”楷书款
来源：1.日本茧山龙泉堂；2.香港苏富比，2011年；3.香港佳士得，2002年。著录：《龙泉集芳：创业七十周年纪念》，茧山龙泉堂，东京，1976年。
估　价：RMB 3,600,000~4,000,000
成交价：RMB 4,485,000
高13.3cm 北京匡时 2017-12-03

6081 明万历 青花云龙纹大梅瓶
“大明万历年制”款
估　价：RMB 1,600,000~2,200,000
成交价：RMB 1,840,000
高59.7cm 北京保利 2017-12-19

559 明万历 青花云龙纹捧盒
“大明万历年制”楷书款
来源：东京茧山龙泉堂。
估　价：RMB 600,000~1,200,000
成交价：RMB 1,092,500
直径24.3cm 观唐皕榷 2017-01-11

8013 明万历 青花长命富贵倭角方盒
估　价：HKD 260,000~350,000
成交价：RMB 319,125
长13cm 佳士得 2017-11-27

1431 明崇祯 青花鹿乳奉亲图大笔筒
估　价：RMB 480,000~600,000
成交价：RMB 632,500
高21.5cm 西泠拍卖 2017-07-15

5233 明崇祯 青花人物故事筒瓶
估　价：RMB 450,000~650,000
成交价：RMB 540,500
高48cm 北京保利 2017-06-06

693 明崇祯 青花人物故事图筒瓶
估　价：USD 25,000~35,000
成交价：RMB 389,194
纽约苏富比 2017-03-15

1183 15世纪末/16世纪初 青花缠枝菊纹军持
估 价：USD 5,000~7,000
成交价：RMB 51,619
高12.3cm 纽约佳士得 2017-03-17

258 明末清初 青花山水人物图笔筒
估 价：GBP 10,000~15,000
成交价：RMB 304,045
直径20cm 伦敦佳士得 2017-11-07

144 明崇祯 青花山水人物纹束腰笔筒
来源：陈玉阶先生旧藏；伦敦佳士得2013年春季拍卖 LOT232。
估 价：HKD 400,000~500,000
成交价：RMB 420,552
高16.5cm 北京匡时 2017-04-03

219 明末清初 青花庭园人物图筒瓶
估 价：EUR 15,000~25,000
成交价：RMB 401,119
高48.3cm 巴黎苏富比 2017-06-22

1453 明崇祯 青花文王仿贤笔筒
估 价：RMB 800,000~1,200,000
成交价：RMB 1,380,000
高21.5cm 印千山 2017-07-09

5232 明崇祯 青花十八罗汉大香炉
估 价：RMB 350,000~550,000
成交价：RMB 460,000
宽24cm 北京保利 2017-06-06

216 16世纪 青花云龙纹罐
估　价：EUR 15,000~25,000
成交价：RMB 143,257
高39.1cm 巴黎苏富比 2017-06-22

1105 15世纪早期 青花孔雀牡丹纹大罐
估　价：RMB 2,800,000~3,200,000
成交价：RMB 3,680,000
高37cm 北京东正 2017-06-08

14 16世纪初 青花羽人十字纹执壶
来源：香港苏富比，1979年。
估　价：USD 60,000~80,000
成交价：RMB 778,388
纽约苏富比 2017-03-15

1628 清康熙 蓝釉青花龙凤纹围棋罐（一对）
“大明嘉靖年制”款
来源：苏富比 法国08.PF9017.NO.56。
估　价：RMB 4,000,000~5,000,000
成交价：RMB 4,830,000
直径12.5cm×2 北京荣宝 2017-06-02

658 15世纪 青花方盖
估　价：USD 4,000~6,000
成交价：RMB 103,785
纽约苏富比 2017-03-15

502 清康熙 青花“二月杏花”花神杯
“大清康熙年制”楷书款
估 价：RMB 800,000~1,000,000
成交价：RMB 1,610,000
直径5.5cm 大羿拍卖 2017-12-04

622 清康熙 青花缠枝花卉纹葫芦瓶
估 价：RMB 600,000~800,000
成交价：RMB 690,000
高19.5cm 保利厦门 2017-06-26

2811 清康熙 青花八卦纹铃铛杯（一对）
“大清康熙年制”楷书款
著录：1.《中国嘉德·瓷器家具工艺品》2000年11月6日，Lot 1151；2.《嘉德二十周年精品录·陶瓷卷》页81，图版33；3.北京拍卖会2014年秋，Lot 5010。
估 价：RMB 800,000~1,200,000
成交价：RMB 1,725,000
直径8cm×2 中国嘉德 2017-12-18

562 清康熙 青花缠枝花卉碗（一对）
“大清康熙年制”楷书款
来源：扬州文物商店旧藏。
估 价：RMB 400,000~800,000
成交价：RMB 713,000
直径13cm×2 观唐皕榷 2017-01-11

708 清康熙 青花缠枝牡丹纹碗一对
“大清康熙年制”款
来源：伦敦苏富比，1998年。
估 价：USD 5,000~7,000
成交价：RMB 172,975
纽约苏富比 2017-03-15

130 清康熙 青花缠枝莲纹碗
“大清康熙年制”款
估 价：GBP 8,000~12,000
成交价：RMB 78,251
直径16cm 伦敦苏富比 2017-05-10

2823 清康熙 青花贯套花卉小杯
"大清康熙年制"楷书款
估　价：RMB 350,000~450,000
成交价：RMB 402,500
直径6cm 中国嘉德 2017-06-20

566 清康熙 青花海水异兽图瓶
"大清康熙年制"楷书款
估　价：RMB 1,600,000~2,600,000
成交价：RMB 2,300,000
高26cm 观唐皕榷 2017-01-11

1852 清康熙 青花海水九龙纹缸
估　价：RMB 3,000,000~5,000,000
成交价：RMB 3,680,000
直径56cm 北京华辰 2017-06-05

668 清康熙 青花春夜宴桃李园图诗文笔筒
估　价：USD 10,000~15,000
成交价：RMB 363,248
纽约苏富比 2017-03-15

267 清康熙 青花淡描缠枝莲灵芝纹高足杯
"大明成化年制"楷书款
估　价：RMB 150,000~250,000
成交价：RMB 299,000
高12.2cm 上海明轩 2017-06-30

672 清康熙 青花鹤鹿同春图观音尊
"大明成化年制"仿款
估　价：USD 6,000~8,000
成交价：RMB 86,488
纽约苏富比 2017-03-15

5008 清康熙 青花花蝶图铃铛杯
“大清康熙年制”款
出版：《玫茵堂中国陶瓷》，康蕊君。
估 价：RMB 350,000~550,000
成交价：RMB 1,725,000
高7.5cm 北京保利 2017-06-06

531 清康熙 青花开光携琴访友图瓶
“顾”款
估 价：USD 6,000~8,000
成交价：RMB 155,678
纽约苏富比 2017-03-15

3623 清康熙 青花夔凤纹摇铃尊
“大清康熙年制”款
来源：1.纽约佳士得，1989年；2.玫茵堂收藏；3.香港苏富比，2011年。
估 价：HKD 2,500,000~3,500,000
成交价：RMB 2,869,020
高24cm 香港苏富比 2017-04-05

1138 清康熙 青花龙凤呈祥纹墩式碗（一对）
“大清康熙年制”楷书款
估 价：RMB 150,000~200,000
成交价：RMB 437,000
直径14.9cm×2 华艺国际 2017-11-25

1115 清康熙 青花龙凤碗
“大清康熙年制”款
来源：1.Dudley L. Pickman收藏；2.Charles G. Loring 将军及家族传承；3.J.J. Lally & Co.，纽约。
估 价：HKD 1,000,000~1,500,000
成交价：RMB 1,559,250
直径15cm 香港苏富比 2017-04-05

2812 清康熙 青花前赤壁赋山水人物笔筒
"大明嘉靖年制"楷书款
著录：北京拍卖会，2004年秋拍。
估 价：RMB 400,000~600,000
成交价：RMB 1,380,000
高16.5cm 中国嘉德 2017-12-18

501 清康熙 青花双龙戏珠纹大盘（一对）
"大清康熙年制"款
估 价：USD 30,000~50,000
成交价：RMB 648,656
纽约苏富比 2017-03-15

669 清康熙 青花人物故事图笔筒
估 价：USD 8,000~12,000
成交价：RMB 328,653
纽约苏富比 2017-03-15

584 清康熙 青花松溪高士图杯（一对）
"大明嘉靖年制"仿款
估 价：HKD 50,000~70,000
成交价：RMB 174,923
直径6cm×2 香港苏富比 2017-06-01

553 清康熙 青花狩猎图大花觚
估 价：RMB 100,000~200,000
成交价：RMB 184,000
高43.5cm 北京保利 2017-11-04

565 清康熙 青花饕餮纹罐
“大清康熙年制”楷书款
来源：伦敦古董商Marchant & Son。
估 价：RMB 1,000,000~2,000,000
成交价：RMB 2,185,000
高13cm 观唐皕榷 2017-01-11

5005 清康熙 青花团鹤杯
“大清康熙年制”款
著录：《玫茵堂中国陶瓷》，康蕊君，伦敦，1994–2010年。
估 价：RMB 450,000~650,000
成交价：RMB 1,495,000
直径9.2cm 北京保利 2017-12-18

1053 清康熙 青花云龙纹签筒
“大清康熙年制”楷书款
估 价：RMB 1,200,000~1,300,000
成交价：RMB 1,380,000
高26.5cm 上海匡时 2017-11-05

1202 清康熙 青花鱼藻纹小缸
估 价：USD 8,000~12,000
成交价：RMB 207,570
直径23.5cm 纽约佳士得 2017-03-17

132 清康熙 青花西厢记人物折沿碗
估 价：GBP 2,500~3,000
成交价：RMB 26,829
直径20cm 伦敦苏富比 2017-05-10

1204 清康熙 青花通景封神演义图大棒槌瓶
来源：1.美国圣路易斯博物馆旧藏；2.中国嘉德，2006年秋季拍卖会 ；3.纽约佳士得，2005年春拍。
估 价：RMB 2,000,000~3,000,000
成交价：RMB 2,875,000
高76.5cm 华艺国际 2017-05-27

14 清雍正 仿宣德青花小罐
“大清雍正年制”款
估 价：RMB 2,000,000~3,000,000
成交价：RMB 3,450,000
高13.8cm 北京保利 2017-08-02

1508 清雍正 柠檬黄地青花缠枝莲纹双龙耳扁壶
“大清雍正年制”款
估 价：RMB 7,000,000~9,000,000
成交价：RMB 9,430,000
高37cm 北京东正 2017-06-08

2177 清康熙 乌金釉地堆白加青花魁星点斗图笔筒
估 价：RMB 120,000~180,000
成交价：RMB 402,500
高15cm 中贸圣佳 2017-06-18

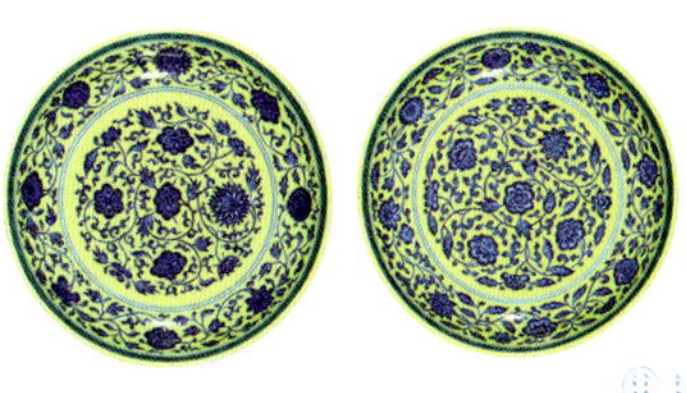

164 清雍正 黄地青花缠枝花卉盘（一对）
备注：日本关西重要私人收藏
估 价：RMB 1,000,000~1,500,000
成交价：RMB 1,840,000
直径21cm×2 保利华谊 2017-12-08

1218 清雍正 黄地青花缠枝莲纹小瓶
“大清雍正年制”楷书款
估 价：USD 30,000~50,000
成交价：RMB 562,169
高9.4cm 纽约佳士得 2017-03-17

727 清雍正 黄地青花蟠龙献寿纹折沿碗
“大清雍正年制”楷书款
估　价：HKD 3,000,000~3,500,000
成交价：RMB 2,938,200
直径26.3cm 北京匡时 2017-10-02

2192 清雍正 青花八鹤同春图碗（一对）
“大清雍正年制”款
估　价：RMB 1,200,000~1,800,000
成交价：RMB 1,380,000
直径14.8cm×2 中贸圣佳 2017-06-18

121 清雍正 青花缠枝花卉纹印泥盒
“大清雍正年制”楷书款
估　价：RMB 400,000~600,000
成交价：RMB 943,000
直径7cm 北京中汉 2017-05-21

3581 清雍正 青花缠枝纹双耳尊
“大清雍正年制”款
来源：1.香港苏富比，1993年；2.益清阁旧藏；3.香港佳士得，2013年。
估　价：RMB 3,500,000~4,500,000
成交价：RMB 3,335,000
直径19.6cm 北京荣宝 2017-12-02

5007 清雍正 青花缠枝花卉纹轴头罐
“大清雍正年制”款
出版：《玫茵堂中国陶瓷》，康蕊君，伦敦，1994—2010年。
估　价：RMB 350,000~550,000
成交价：RMB 3,450,000
高5cm 北京保利 2017-06-06

31 清雍正 青花缠枝四季花卉纹双喜耳抱月瓶
“大清雍正年制”篆书款
估　价：RMB 2,600,000~3,000,000
成交价：RMB 3,335,000
高28.3cm 北京中汉 2017-12-19

6181 清雍正 青花缠枝莲花卉灯笼尊
“大清雍正年制”款
估　价：RMB 1,200,000~1,800,000
成交价：RMB 1,725,000
高25cm 北京保利 2017-12-19

1150 清雍正 青花缠枝莲托八吉祥大盘
“大清雍正年制”款
估　价：RMB 500,000~800,000
成交价：RMB 575,000
直径45cm 北京保利 2017-11-05

1222 清雍正 青花缠枝花卉纹碗
“大清雍正年制”楷书款
估　价：USD 40,000~60,000
成交价：RMB 345,950
直径23.7cm 纽约佳士得 2017-03-17

214 清雍正 青花缠枝莲纹大碗
“大清雍正年制”款
估　价：GBP 30,000~40,000
成交价：RMB 335,363
直径29.5cm 伦敦苏富比 2017-05-10

529 清雍正 青花穿花龙凤纹长颈瓶
估　价：USD 20,000~30,000
成交价：RMB 172,975
纽约苏富比 2017-03-15

5030 清雍正 青花矾红彩海浪纹九龙图大盘
“大清雍正年制”款
备注：1.于1920年代购自英国；2.英国著名私人藏家旧藏；3.埃斯肯纳齐，伦敦。出版：《玫茵堂中国陶瓷》，康蕊君，伦敦，1994—2010年。
估　价：RMB 9,000,000~12,000,000
成交价：RMB 14,950,000
直径47.5cm 北京保利 2017-06-06

3621 清雍正 青花花鸟纹喜上枝头海棠式龙耳扁壶
“大清雍正年制”款
来源：伦敦佳士得1995年11月6日，编号85。
估　价：HKD 500,000~800,000
成交价：RMB 8,549,000
高49.5cm 香港苏富比 2017-10-03

3009 清雍正 青花结带宝杵梵文盘
估　价：HKD 300,000~500,000
成交价：RMB 744,625
直径17.4cm 佳士得 2017-11-29

1219 清雍正 青花九桃图盘
“大清雍正年制”楷书款
估　价：USD 40,000~60,000
成交价：RMB 363,248
直径27.3cm 纽约佳士得 2017-03-17

216 清雍正 青花高士山水图钟式杯
“雍正年制”款
来源：香港佳士得，1996年。
估　价：GBP 5,000~7,000
成交价：RMB 290,648
直径9cm 伦敦苏富比 2017-05-10

16 清雍正 青花龙纹折腰碗
“大清雍正年制”款
估 价：RMB 800,000~1,200,000
成交价：RMB 1,380,000
直径17cm 北京保利 2017-08-02

15 清雍正 青花仿永宣暗刻龙纹碗
“大清雍正年制”款
估 价：RMB 1,200,000~2,200,000
成交价：RMB 2,300,000
直径14.5cm 北京保利 2017-08-02

1142 清雍正 青花瑞果纹抱月瓶
估 价：RMB 300,000~400,000
成交价：RMB 632,500
高33.5cm 华艺国际 2017-11-25

1119 清雍正 青花三友报喜笔筒
来源：1.法国私人收藏；2.J.J. Lally & Co.，纽约。
估 价：HKD 300,000~500,000
成交价：RMB 556,875
高14cm 香港苏富比 2017-04-05

5043 清雍正 青花寿石花蝶图盘（一对）
“大清雍正年制”款
出版：《玫茵堂中国陶瓷》，康蕊君。
估 价：RMB 1,000,000~1,500,000
成交价：RMB 2,530,000
直径21cm×2 北京保利 2017-06-06

528 清雍正 青花瑞兽图铺首耳衔环瓶
估 价：USD 8,000~12,000
成交价：RMB 207,570
纽约苏富比 2017-03-15

2187 清雍正 青花云龙纹盖钵
“雍正年制”款
估 价：RMB 1,600,000~2,000,000
成交价：RMB 2,070,000
高10.6cm 中贸圣佳 2017-06-18

194 清雍正 青花双凤纹盘
估 价：GBP 6,000~10,000
成交价：RMB 325,763
直径16.2cm 伦敦佳士得 2017-11-07

3008 清雍正 青花团花纹碗
估 价：HKD 600,000~800,000
成交价：RMB 744,625
直径11.4cm 佳士得 2017-11-29

3007 清雍正 青花双龙赶珠纹碗
来源：伦敦邦瀚斯，2012年。
估 价：HKD 700,000~900,000
成交价：RMB 744,625
直径9.5cm 佳士得 2017-11-29

17 清雍正 青花松竹梅小罐
“大清雍正年制”款
估 价：RMB 750,000~1,200,000
成交价：RMB 1,150,000
高5cm 北京保利 2017-08-02

1246 清乾隆 黄地青花花卉纹折沿碗
“大清乾隆年制”篆书款
估 价：USD 100,000~150,000
成交价：RMB 1,380,341
直径26cm 纽约佳士得 2017-03-17

5854 清雍正 青花折枝三多茶叶瓶
“大清雍正年制”款
备注：瑞典私人藏家收藏。
估 价：RMB 2,800,000~3,800,000
成交价：RMB 3,220,000
高25.5cm 北京保利 2017-06-07

149 清乾隆 青花缠枝花卉海浪纹折肩贯耳尊
“大清乾隆年制”篆书款
估 价：RMB 4,500,000~7,000,000
成交价：RMB 5,175,000
高51.1cm 北京中汉 2017-06-17

191 清雍正 御窑青花缠枝莲纹印盒
“大清雍正年制”楷书
记录：香港苏富比1992年、2014年拍卖会等。
估 价：RMB 900,000~1,300,000
成交价：RMB 1,495,000
直径7cm 上海明轩 2017-06-30

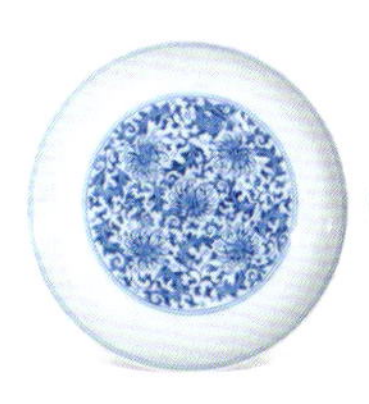

1139 清雍正 青花西番莲纹盘（一对）
“大清雍正年制”楷书款
估 价：RMB 200,000~250,000
成交价：RMB 460,000
直径15cm×2 华艺国际 2017-11-25

3686 清乾隆 青花缠枝花卉纹贯耳瓶
“大清乾隆年制”款
估 价：HKD 1,200,000~1,500,000
成交价：RMB 1,245,000
高19.3cm 香港苏富比 2017-10-03

570 清乾隆 青花缠枝花卉双耳瓶
“大清乾隆年制”篆书款
来源：北京光华路5号艺术馆旧藏。
估 价：RMB 4,500,000~6,500,000
成交价：RMB 6,900,000
高22.5cm 观唐皕榷 2017-01-11

1505 清乾隆 青花缠枝夔凤纹天球瓶
“大清乾隆年制”款
估 价：RMB 6,800,000~7,500,000
成交价：RMB 8,625,000
高59.2cm 北京东正 2017-06-08

1221 清乾隆 青花缠枝花卉纹奓斗
“大清乾隆年制”篆书款
估 价：USD 60,000~80,000
成交价：RMB 518,925
高8.5cm 纽约佳士得 2017-03-17

1074 清乾隆 青花缠枝花卉纹贯耳方壶
“大清乾隆年制”篆书款
估 价：RMB 7,000,000~8,000,000
成交价：RMB 8,050,000
高39cm 上海匡时 2017-11-05

310 清乾隆 青花缠枝花卉铺首尊
估 价：HKD 1,000,000~1,250,000
成交价：RMB 88,766
高25.5cm 中濠典藏 2017-05-23

3684 清乾隆 青花缠枝莲梵文高足碗
“大清乾隆年制”款
估 价：HKD 200,000~300,000
成交价：RMB 332,000
直径16cm 香港苏富比 2017-10-03

3610 清乾隆 青花缠枝莲双龙耳扁壶
“大清乾隆年制”款
估 价：HKD 20,000,000~30,000,000
成交价：RMB 20,003,000
高44.5cm 香港苏富比 2017-10-03

215 清乾隆 青花缠枝莲纹杏圆开光福寿图双耳扁壶
“大清乾隆年制”款
来源：伦敦苏富比，2000年。
估 价：GBP 40,000~60,000
成交价：RMB 558,938
高24cm 伦敦苏富比 2017-05-10

6182 清乾隆 青花缠枝莲纹双耳扁壶
“大清乾隆年制”款
估 价：RMB 1,600,000~2,600,000
成交价：RMB 2,530,000
高51cm 北京保利 2017-12-19

3941 清乾隆 青花缠枝莲纹六方贯耳瓶
“大清乾隆年制”篆书款
来源：原瑞典海军少将家族旧藏。
估 价：RMB 2,000,000~2,200,000
成交价：RMB 2,645,000
高45.8cm 北京匡时 2017-06-04

2942 清乾隆 青花缠枝莲纹夔龙耳抱月瓶
估 价：RMB 800,000~1,000,000
成交价：RMB 1,610,000
高46cm 中国嘉德 2017-12-18

3618 清乾隆 青花穿莲龙纹长颈胆瓶
“大清乾隆年制”款
来源：1.Christian Holmes 夫人；2.William H. Wolff, Inc.，纽约，1966年1月；3.Evelyn Annenberg-Hall，纽约；4.纽约佳士得，2006年；5.香港苏富比，2011年。
估　价：HKD 35,000,000~45,000,000
成交价：RMB 43,692,413
高46cm 香港苏富比 2017-04-05

713 清乾隆 青花净瓶观音立像
估　价：RMB 200,000~300,000
成交价：RMB 483,000
高50cm 北京东正 2017-12-09

5187 清乾隆 青花夔凤五蝠模印莲花尊
“大清乾隆年制”款
备注：法国藏家旧藏。
估　价：RMB 3,000,000~5,000,000
成交价：RMB 4,370,000
高32cm 北京保利 2017-12-18

240 清乾隆 青花缠枝莲纹杏圆开光式福寿双耳扁壶
“大清乾隆年制”款
估　价：GBP 3,000~5,000
成交价：RMB 122,966
高24cm 伦敦苏富比 2017-05-10

1141 清乾隆 青花开光折枝花果纹执壶
“大清乾隆年制”篆书款
估　价：RMB 1,500,000~2,000,000
成交价：RMB 2,185,000
高26cm 华艺国际 2017-11-25

133 清乾隆 青花人物山水图碗
来源：阿姆斯特丹佳士得，1986年。
估　价：GBP 4,000~6,000
成交价：RMB 44,715
直径19cm 伦敦苏富比 2017-05-10

3614 清乾隆 青花龙凤云蝠纹鸠耳方壶
“大清乾隆年制”款
来源：松山收藏（卷标）。
估　价：HKD 30,000,000~40,000,000
成交价：RMB 39,682,913
宽37.3cm 香港苏富比 2017-04 05

706 清乾隆 青花十八学仕/八仙过海图双龙耳方瓶
估　价：RMB 800,000~1,200,000
成交价：RMB 1,322,500
高52.5cm 观唐皕榷 2017-01-12

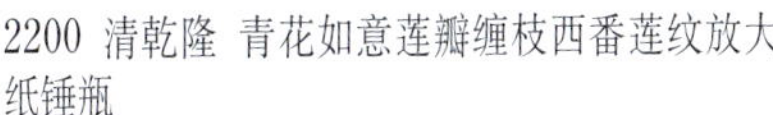

2200 清乾隆 青花如意莲瓣缠枝西番莲纹放大纸锤瓶
“大清乾隆年制”款
估　价：RMB 2,200,000~2,800,000
成交价：RMB 5,807,500
高61.5cm 中贸圣佳 2017-06-18

10 清乾隆 青花柠檬黄地暗刻莲托八吉祥纹双如意耳尊
“大清乾隆年制”篆书款
估　价：HKD 3,000,000~5,000,000
成交价：RMB 5,435,670
高32.1cm 香港中汉 2017-10-03

569 清乾隆 青花双龙饮弦纹瓶
“大清乾隆年制”篆书款
估　价：RMB 2,200,000~4,200,000
成交价：RMB 3,795,000
高30.5cm 观唐皕榷 2017-01-11

11 清乾隆 青花西番寿莲纹双如意耳葫芦瓶
“大清乾隆年制”篆书款
估　价：HKD 7,000,000~10,000,000
成交价：RMB 6,855,800
高23.2cm 香港中汉 2017-10-03

2955 清乾隆 青花松石寿鹿图大橄榄瓶
“大清乾隆年制”篆书款
来源：北京藏家旧藏。
估　价：RMB 1,000,000~3,000,000
成交价：RMB 3,450,000
高67.2cm 中国嘉德 2017-12-18

3689 清乾隆 青花岁寒三友盘（一对）
“大清乾隆年制”款
估　价：HKD 200,000~300,000
成交价：RMB 404,625
高18cm×2 香港苏富比 2017-10-03

238 清乾隆 青花岁寒三友纹盘（一对）
“大清乾隆年制”款
估　价：GBP 10,000~15,000
成交价：RMB 111,788
直径18.2cm×2 伦敦苏富比 2017-05-10

924 清乾隆 青花应龙穿花纹大盘
“大清乾隆年制”篆书款
估　价：RMB 1,800,000~2,800,000
成交价：RMB 2,185,000
直径50.8cm 保利厦门 2017-06-25

3031 清乾隆 青花折枝花果纹六方大瓶
“大清乾隆年制”篆书款
估　价：HKD 7,000,000~9,000,000
成交价：RMB 11,752,800
高66.5cm 保利香港 2017-10-02

3614 清乾隆 青花折枝花果纹六方瓶
“大清乾隆年制”款
估　价：HKD 6,000,000~8,000,000
成交价：RMB 9,047,000
高65cm 香港苏富比 2017-10-03

743 清乾隆 青花云龙吐珠台
估　价：HKD 600,000~800,000
成交价：RMB 665,992
板71.8cm × 38cm；枱80.7cm × 46.5cm；高49.2cm 北京匡时 2017-10-02

3681 清乾隆 青花云龙戏珠纹折沿盆
估　价：HKD 800,000~1,000,000
成交价：RMB 830,000
直径40.4cm 香港苏富比 2017-10-03

506 清乾隆 青花云龙纹碗（一对）
“大清乾隆年制”款
估　价：USD 8,000~12,000
成交价：RMB 259,463
纽约苏富比 2017-03-15

526 清乾隆 青花云龙纹盖盒
来源：香港苏富比，1995年。
估　价：RMB 1,400,000~1,600,000
成交价：RMB 1,725,000
直径34cm 大羿拍卖 2017-12-04

568 清乾隆 青花折枝花果纹梅瓶
“大清乾隆年制”篆书款
来源：仇焱之家族旧藏。
估　价：RMB 2,600,000~4,600,000
成交价：RMB 4,887,500
高31.5cm 观唐皕榷 2017-01-11

306 清乾隆 青花折枝花果纹六方尊
“大清乾隆年制”篆书款
估　价：RMB 8,000,000~9,000,000
成交价：RMB 14,375,000
高67cm 大羿拍卖 2017-12-04

3025 清嘉庆 青花缠枝八吉祥番莲纹三足炉
估　价：HKD 600,000~900,000
成交价：RMB 638,250
直径22.5cm 佳士得 2017-11-29

202 清嘉庆 青花婴戏图碗（一对）
估　价：GBP 12,000~18,000
成交价：RMB 347,480
直径15.5cm×2 伦敦佳士得 2017-11-07

117 清道光 青花缠枝花卉纹双戟耳撇口瓶
“大清道光年制”篆书款
估　价：RMB 60,000~80,000
成交价：RMB 414,000
高28.5cm 北京中汉 2017-09-01

5853 清嘉庆 青花三清御题茶碗
“大清嘉庆年制”款
估　价：RMB 350,000~450,000
成交价：RMB 402,500
直径11cm 北京保利 2017-06-07

5105 清乾隆 御制青花八吉祥缠枝莲纹烛台（一对）
备注：Woolley & Wallis，2013.11.13，Lot169。
估　价：RMB 3,500,000~5,500,000
成交价：RMB 4,025,000
高63cm×2 北京保利 2017-06-06

2820 清乾隆丁巳年（1737） 青花般若波罗蜜多心经罗汉盖钵
估　价：HKD 1,500,000~2,500,000
成交价：RMB 1,649,820
宽19cm 佳士得 2017-05-31

4965 清乾隆早期 唐英自用青花缠枝花卉纹烛台
来源：丹麦收藏家索弗斯·布莱克（Sophus Black）旧藏。
估　价：RMB 350,000~550,000
成交价：RMB 862,500
高18.8cm 中国嘉德 2017-03-31

1517 清嘉庆 豆青釉青花彝
估　价：RMB 80,000~100,000
成交价：RMB 92,000
直径40cm 北京华辰 2017-12-17

696 清道光 青花八仙过海图碗
“大清道光年制”款
估　价：HKD 50,000~70,000
成交价：RMB 109,327
直径10.8cm 香港苏富比 2017-06-01

618 清乾隆 青花竹石芭蕉纹玉壶春瓶
“大清乾隆年制”篆书款
来源：佳士得1996年。
估　价：RMB 1,600,000~2,600,000
成交价：RMB 1,840,000
高28.5cm 保利厦门 2017-06-26

2604 清道光 青花缠枝莲纹盖罐
"大清道光年制"篆书款
估 价：RMB 2,300,000~3,000,000
成交价：RMB 2,990,000
高52cm 北京翰海 2017-06-04

690 清同治 青花缠枝莲纹盘（一对）
"大清同治年制"款
估 价：HKD 30,000~50,000
成交价：RMB 32,798
直径15.7cm×2 香港苏富比 2017-06-01

3690 清道光 青花串枝花纸槌瓶
"大清道光年制"款
估 价：HKD 300,000~400,000
成交价：RMB 518,750
高30.4cm 香港苏富比 2017-10-03

33 清道光 青花缠枝莲赏瓶
"大清道光年制"款
估 价：RMB 1,000,000~1,600,000
成交价：RMB 1,725,000
高37.5cm 北京保利 2017-08-02

133 清道光 青花九龙呈瑞纹葫芦瓶
"大清道光年制"篆书款
估 价：HKD 500,000~800,000
成交价：RMB 1,567,040
高29.5cm 香港中汉 2017-10-03

3905 清道光 青花岁寒三友纹水仙盆（一对）
"大清道光年制"篆书款
估 价：RMB 300,000~400,000
成交价：RMB 506,000
26.4cm×13.9cm×8cm×2 北京匡时 2017-06-04

688 清同治 青花缠枝莲纹碗（一对）
“大清同治年制”款
成交价：RMB 60,130
直径16.8cm×2 香港苏富比 2017-06-01

3220 清道光 青花折枝花果纹蒜头瓶（一对）
来源：Adria Farley家族、Dr.Jacob Harsen、Marchant & Sons等欧洲藏家珍藏。
估 价：HKD 1,200,000~1,800,000
成交价：RMB 2,394,900
高28.1cm×2 佳士得 2017-05-31

692 清咸丰 青花缠枝莲纹盘
“大清咸丰年制”款
估 价：HKD 25,000~30,000
成交价：RMB 60,130
直径15.5cm 香港苏富比 2017-06-01

1556 清中期 青花百鹤图缸
“大清乾隆年制”款
估 价：RMB 500,000~600,000
成交价：RMB 575,000
口径61cm；高52cm 北京华辰 2017-12-17

699 清道光 青花锦纹小罐
“大清道光年制”款
估 价：HKD 80,000~120,000
成交价：RMB 87,462
香港苏富比 2017-06-01

1015 清同治 青花缠枝莲纹赏瓶
“大清同治年制”款
估 价：RMB 300,000~600,000
成交价：RMB 632,500
高38.5cm 北京荣宝 2017-09-24

711 清同治 青花竹石芭蕉图玉壶春瓶
“大清同治年制”款
估 价：USD 20,000~30,000
成交价：RMB 190,273
纽约苏富比 2017-03-15

694 清光绪 青花缠枝花卉纹赏瓶
“大清光绪年制”款
估 价：HKD 100,000~150,000
成交价：RMB 218,654
高38.3cm 香港苏富比 2017-06-01

691 清光绪 青花十六子婴戏图碗
“大清光绪年制”款
估 价：HKD 20,000~30,000
成交价：RMB 71,063
直径15.8cm 香港苏富比 2017-06-01

689 清宣统 青花团龙纹碗
“宣统庚戌宜春堂制”款
估 价：HKD 20,000~30,000
成交价：RMB 21,865
直径8.3cm 香港苏富比 2017-06-01

5936 清 料彩青山水纹碗
“乾隆年制”款
估 价：RMB 30,000~50,000
成交价：RMB 2,300,000
直径12cm 北京保利 2017-12-19

1471 19世纪 青花缠枝莲纹坐墩（一对）
估 价：USD 3,000~5,000
成交价：RMB 86,488
纽约苏富比 2017-03-18

131 18世纪 青花缠枝莲纹大钵
估 价：GBP 10,000~15,000
成交价：RMB 190,039
直径34cm 伦敦苏富比 2017-05-10

129 18世纪 青花双龙戏珠纹碗
“宣德”托款
估 价：HKD 80,000~150,000
成交价：RMB 332,000
直径21.5cm 佳士得 2017-10-02

2883 程门 清晚 青花山水象耳尊
钤印：雪笠
估 价：RMB 800,000~1,000,000
成交价：RMB 1,265,000
高35cm 北京匡时 2017-12-03

754 清 程门 青花山水人物瓷板
来源：1.Anthony Evans 旧藏；2.Peter Wain少校旧藏。
估 价：RMB 600,000~900,000
成交价：RMB 862,500
长63.5cm；宽53cm 观唐皕榷 2017-01-12

3698 吕金泉 童年 青花瓷瓶
钤印：金泉
估 价：RMB 80,000~100,000
成交价：RMB 747,500
高45cm 中国嘉德 2017-06-20

1438 民国 王步绘青花人物瓶
“大清乾隆年制”篆书款
估 价：RMB 100,000~150,000
成交价：RMB 1,058,000
高27cm 西泠拍卖 2017-07-15

2651 民国 王步青花花鸟瓷板
王步。
估 价：RMB 800,000~1,200,000
成交价：RMB 3,450,000
25cm×17.6cm 中贸圣佳 2017-09-03

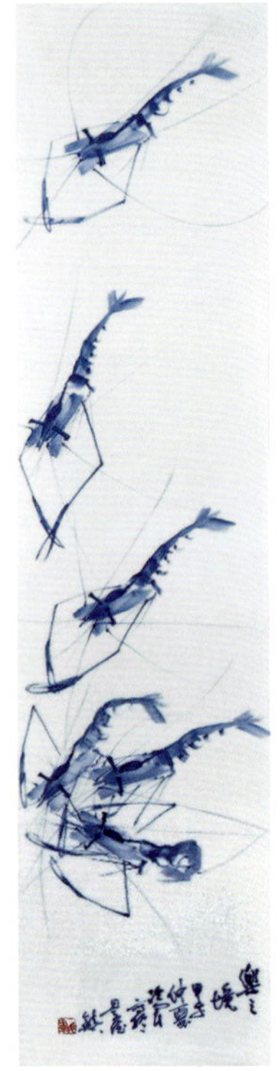

3713 冷军 乐之境 青花瓷板
钤印：冷军
估 价：RMB 1,000,000~1,500,000
成交价：RMB 1,725,000
110cm×28cm 中国嘉德 2017-06-20

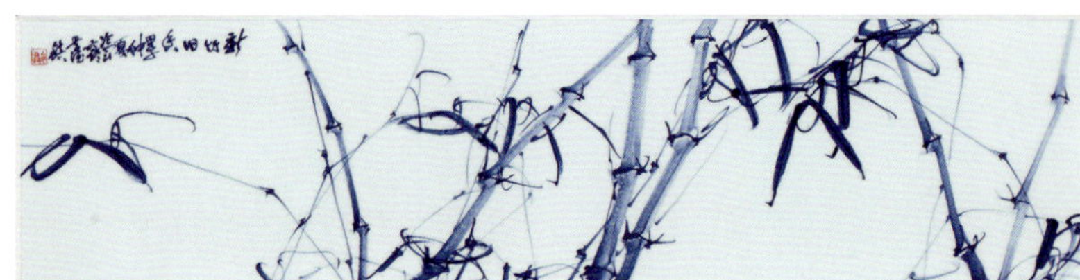

3703 冷军 新竹旧香 青花瓷板
钤印：冷军
估 价：RMB 1,000,000~1,300,000
成交价：RMB 1,380,000
110cm×28cm 中国嘉德 2017-12-21

2876 王步 民国 青花文人垂钓会友图（一组三件）
钤印：王步、愿闻吾过之斋
估 价：RMB 9,000,000~10,000,000
成交价：RMB 11,500,000
37.5cm×24cm；42cm×13cm×2
北京匡时 2017-12-03

釉里红

3663 元 洒釉里红弦纹玉壶春瓶
估 价：HKD 1,500,000~2,500,000
成交价：RMB 1,670,625
高20.9cm 香港苏富比 2017-04-05

8001 明洪武 釉里红缠枝花卉纹菱口盏托
来源：万野美术馆，编号427；香港佳士得，2002年10月28日，拍品528号。
估 价：HKD 500,000~700,000
成交价：RMB 2,127,500
直径20cm 佳士得 2017-11-27

3004 明洪武 釉里红缠枝牡丹纹大碗
来源：1.纽约苏富比，1991。出版：康蕊君，《玫茵堂中国陶瓷》，伦敦，1994-2010年。
估 价：HKD 1,800,000~2,800,000
成交价：RMB 2,996,433
直径21cm 保利香港 2017-04-04

6051 明洪武 釉里红缠枝牡丹纹折沿盘
估 价：RMB 600,000~800,000
成交价：RMB 690,000
直径19.6cm 北京保利 2017-12-19

1112 清康熙 豆青釉里红荷叶洗
估 价：RMB 450,000~500,000
成交价：RMB 575,000
高30cm 北京东正 2017-06-08

49 清康熙 仿洪武釉里红缠枝莲纹碗
估 价：RMB 20,000~30,000
成交价：RMB 112,700
直径22.1cm 北京中汉 2017-09-01

5036 清康熙 蓝釉地釉里红龙纹碗
"大清康熙年制"款
出版：《玫茵堂中国陶瓷》，康蕊君。
估 价：RMB 650,000~850,000
成交价：RMB 943,000
直径15.8cm 北京保利 2017-06-06

690 清康熙 洒蓝地釉里红赶珠龙纹盘
"大明成化年制"仿款
估 价：USD 7,000~9,000
成交价：RMB 77,839
纽约苏富比 2017-03-15

3664 清康熙 釉里红团凤纹碗
"大清康熙年制"款
估 价：RMB 300,000~350,000
成交价：RMB 345,000
直径10cm 北京荣宝 2017-12-02

2952 清康熙 釉里红福禄万代葫芦瓶
来源：北京保利，2011年。
估　价：RMB 4,000,000~4,500,000
成交价：RMB 4,945,000
高18cm 北京匡时 2017-12-03

1624 清康熙 釉里红团龙纹碗
“大清康熙年制”款
出版：《玫茵堂藏中国瓷器1994—2010》（Regina Krahl着，伦敦）第二卷第732号。
估　价：RMB 250,000~350,000
成交价：RMB 2,185,000
直径14.6cm 北京荣宝 2017-06-02

3692 清康熙 釉里红云龙戏珠纹碗
“大清康熙年制”款
估　价：HKD 280,000~380,000
成交价：RMB 539,500
直径14.8cm 香港苏富比 2017-10-03

2451 清康熙 釉里红万寿笔筒
“大清康熙年制”楷书款
估　价：RMB 300,000~400,000
成交价：RMB 402,500
高14cm 北京翰海 2017-06-04

5028 清康熙 釉里红瑞兽油锤瓶
出版：《玫茵堂中国陶瓷》，康蕊君。
估　价：RMB 500,000~800,000
成交价：RMB 747,500
高40.3cm 北京保利 2017-06-06

1598 清雍正 白釉堆釉里红螭耳尊
“大清雍正年制”款
估　价：RMB 2,000,000~3,000,000
成交价：RMB 2,472,500
直径25cm 北京华辰 2017-12-17

1052 清康熙 釉里红团凤纹杯
"大清康熙年制"楷书款
估 价：RMB 380,000~400,000
成交价：RMB 437,000
高6cm；直径9cm 上海匡时 2017-11-05

1151 清雍正 釉里红三果纹碗（一对）
"大清雍正年制"楷书款
估 价：RMB 450,000~650,000
成交价：RMB 632,500
直径12.2cm×2 华艺国际 2017-11-25

1622 清雍正 冬青釉釉里红三鱼纹大碗
"大清雍正年制"款
估 价：RMB 1,200,000~1,600,000
成交价：RMB 1,380,000
直径19.7cm 北京荣宝 2017-06-02

1524 清乾隆 釉里红螭龙穿花双系小尊
"大清乾隆年制"款
来源：北京保利，2011年6月5日，编号7274。
估 价：RMB 6,000,000~8,000,000
成交价：RMB 9,200,000
高10cm 北京华辰 2017-12-17

916 清乾隆 釉里红宝相花纹水盂
"大清乾隆年制"篆书款
估 价：RMB 1,200,000~1,600,000
成交价：RMB 1,840,000
直径6.5cm 保利厦门 2017-06-25

3198 清乾隆 釉里红九龙纹直口瓶
估 价：HKD 600,000~800,000
成交价：RMB 887,000
高30.3cm 佳士得 2017-05-31

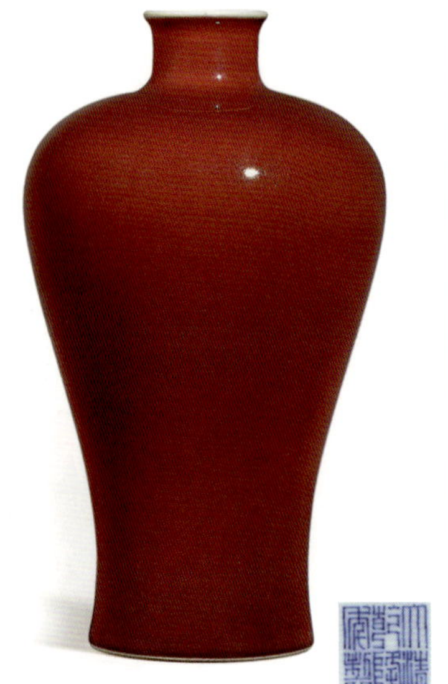

3666 清乾隆 釉里红梅瓶
“大清乾隆年制”款
估　价：HKD 700,000~900,000
成交价：RMB 1,002,375
高29cm 香港苏富比 2017-04-05

1251 18世纪/19世纪 釉里红如意花卉纹蒜头瓶
估　价：USD 10,000~15,000
成交价：RMB 240,888
高19.7cm 纽约佳士得 2017-03-17

380 清乾隆 釉里红三多纹梅瓶
估　价：RMB 280,000
成交价：RMB 368,000
高22.6cm 太平洋 2017-09-10

218 清乾隆 釉里红团凤纹碗
“大清乾隆年制”款
来源：香港苏富比，1996年。
估　价：GBP 10,000~15,000
成交价：RMB 190,039
直径14.6cm 伦敦苏富比 2017-05-10

3654 清乾隆 釉里红玉壶春瓶
“大清乾隆年制”款
估　价：HKD 300,000~500,000
成交价：RMB 498,000
高30cm 香港苏富比 2017-10-03

青花釉里红

1473 清康熙 青花釉里红“醉翁亭记”诗文笔筒
钤印：“吉羊”，“翰墨因缘”
估　价：RMB 800,000~1,000,000
成交价：RMB 1,265,000
高18cm；直径20cm 西泠拍卖 2017-07-15

194 清康熙 青花釉里红海水江牙大龙缸
估　价：RMB 200,000~300,000
成交价：RMB 920,000
高46cm；直径56cm 上海明轩 2017-06-30

106 清康熙 青花釉里红荷塘游鱼纹卷缸
估 价：RMB 2,500,000~3,000,000
成交价：RMB 2,875,000
直径41.8cm 中贸圣佳 2017-06-18

1909 清康熙 青花釉里红鱼藻纹缸
估 价：RMB 3,000,000~5,000,000
成交价：RMB 4,025,000
直径43cm 北京华辰 2017-06-05

719 清康熙 青花釉里红鱼藻纹大缸
估 价：RMB 600,000~1,200,000
成交价：RMB 1,380,000
高43cm；直径45cm 观唐皕榷 2017-01-12

724 清康熙 青花釉里红鱼藻纹大碗
“大明宣德年制”楷书款
估 价：RMB 300,000~500,000
成交价：RMB 437,000
直径22cm 观唐皕榷 2017-01-12

21 清乾隆 青花釉里红八仙大碗
“大清乾隆年制”款
估 价：RMB 250,000~350,000
成交价：RMB 460,000
直径22.7cm 北京保利 2017-08-02

2941 清乾隆 青花釉里红八仙纹盖碗
“庆宜堂制”楷书款
估　价：RMB 400,000~500,000
成交价：RMB 460,000
直径17.3cm 北京匡时 2017-12-03

5029 清雍正 青花釉里红八卦太极海浪纹莱菔尊
“大清雍正年制”款
出版：《玫茵堂中国陶瓷》，康蕊君。
估　价：RMB 800,000~1,200,000
成交价：RMB 2,530,000
高17.6cm 北京保利 2017-06-06

1623 清雍正 青花釉里红瑞果纹高足碗
“大清雍正年制”款
估　价：RMB 300,000~500,000
成交价：RMB 1,437,500
直径16.6cm；高11.8cm 北京荣宝 2017-06-02

2908 清雍正 青花釉里红太极八卦纹三弦莱菔尊
来源：1.20世纪60年代购于欧洲；2.香港苏富比，2009年4月8日，拍品1602号。
估　价：HKD 15,000,000~18,000,000
成交价：RMB 20,509,100
高18cm 佳士得 2017-11-29

1059 清雍正 青花釉里红缠枝莲纹如意耳尊
“大清雍正年制”楷书款
估　价：RMB 10,000,000~12,000,000
成交价：RMB 11,500,000
高18.1cm 上海匡时 2017-11-05

925 清乾隆 青花釉里红缠枝莲纹梅瓶
“大清乾隆年制”篆书款
来源：1.苏富比伦敦，1999年；2.佳士得伦敦，2011年。
成交价：RMB 16,100,000
高36.5cm 保利厦门 2017-06-25

89 清乾隆 青花釉里红狮子滚绣球纹天球瓶
估　价：RMB 150,000~300,000
成交价：RMB 782,000
高41cm 北京中汉 2017-09-01

5188 清乾隆 青花釉里红狮子绣球蒜头瓶
“大清乾隆年制”款
估　价：RMB 1,800,000~2,500,000
成交价：RMB 2,300,000
高45.3cm 北京保利 2017-12-18

307 清乾隆 青花釉里红狮子绣球天球瓶
“大清乾隆年制”篆书款
估　价：RMB 5,000,000~6,000,000
成交价：RMB 16,100,000
高28cm 大羿拍卖 2017-12-04

5189 清乾隆 唐英 “陶成堂”青花釉里红鹿鹤同春书法瓶
估　价：RMB 600,000~800,000
成交价：RMB 1,437,500
高41.2cm 北京保利 2017-12-18

1096 清 青花釉里红缠枝牡丹纹鹿头尊
“大清乾隆年制”仿款
估　价：USD 12,000~18,000
成交价：RMB 129,731
纽约苏富比 2017-03-18

1250 18世纪 青花釉里红缠枝莲纹瓶
估　价：USD 8,000~12,000
成交价：RMB 120,444
高31.8cm 纽约佳士得 2017-03-17

青花加彩

3683 18世纪 青花釉里红牡丹双凤纹方壶
来源：1.Robert C. Bruce；2.伦敦苏富比，1953年；3.W.A. Evill ；4.伦敦苏富比，1980年；5.香港苏富比，1989年；6.香港苏富比，2006年。
估 价：HKD 800,000~1,200,000
成交价：RMB 1,336,500
高15.5cm 香港苏富比 2017-04-05

521 18世纪/19世纪初 青花釉里红八仙过海纹葫芦形套壶
“庆宜堂制”款
成交价：RMB 258,371
纽约苏富比 2017-03-15

3619 明嘉靖 青花地红黄彩穿芝龙纹倭角方盖盒
“大明嘉靖年制”款
来源：1.胡惠春收藏；2.纽约苏富比，1985年。
估 价：HKD 4,000,000~6,000,000
成交价：RMB 7,038,900
长16cm 香港苏富比 2017-04-05

130 明嘉靖 青花红彩荷塘纹罐
“大明嘉靖年制”楷书款
估 价：HKD 60,000~80,000
成交价：RMB 93,043
高16cm 中国嘉德 2017-10-02

2168 明隆庆 青花五彩莲池鸳鸯满池娇纹碗
“大明隆庆年造”款
估 价：RMB 720,000~900,000
成交价：RMB 828,000
直径22.5cm 中贸圣佳 2017-06-18

1107 明嘉靖 青花地红黄彩龙穿灵芝纹倭脚四方盖盒
“大明嘉靖年制”楷书款
估 价：RMB 20,000~30,000
成交价：RMB 103,500
直径16cm 上海匡时 2017-11-05

3733 明万历 青花矾红彩九龙碗（一对）
“大明万历年制”款
估 价：HKD 400,000~600,000
成交价：RMB 747,000
直径12.2cm×2 香港苏富比 2017-10-03

36 明万历 青花五彩缠枝花卉纹蒜头瓶
估 价：RMB 20,000~30,000
成交价：RMB 143,750
高38cm 北京中汉 2017-09-01

109 明万历 青花五彩荷塘游龙纹出戟花觚
“大明万历年制”款
来源：日本山中商会旧藏
估 价：RMB 300,000~600,000
成交价：RMB 2,472,500
高18.1cm 中贸圣佳 2017-06-18

3253 明万历 青花五彩人物纹碗
“大明万历年制”楷书款
估 价：RMB 150,000~200,000
成交价：RMB 690,000
直径10cm 北京匡时 2017-12-03

1126 明万历 青花五彩团龙纹碗
“大明万历年制”楷书款
估 价：RMB 500,000~700,000
成交价：RMB 747,500
直径11cm 华艺国际 2017-05-27

8 明万历 青花五彩龙凤纹碗
“大明万历年制”楷书款
估 价：RMB 600,000~800,000
成交价：RMB 2,185,000
直径15cm 北京中汉 2017 05 21

3016 明万历 青花五彩婴戏纹罐
“大明万历年制”楷书款
估 价：HKD 250,000~350,000
成交价：RMB 473,121
高13.1cm 保利香港 2017-04-04

6095 明万历 青花五彩云龙花卉长方文具盒
“大明万历年制”款
估　价：RMB 1,200,000~1,800,000
成交价：RMB 1,725,000
34.5cm × 12cm 北京保利 2017-12-19

6096 明万历 青花五彩雉鸡牡丹花口洗
“大明万历年制”款
估　价：RMB 1,200,000~2,200,000
成交价：RMB 2,760,000
直径27.7cm 北京保利 2017-12-19

3919 清康熙 黄地青花斗彩双龙赶珠纹碗
“大清康熙年制”楷书款
来源：中国嘉德，2002年。
估　价：RMB 600,000~800,000
成交价：RMB 690,000
直径11cm 北京匡时 2017-06-04

6097 明万历 御制青花五彩龙纹三层盖盒及格碟
估　价：RMB 1,000,000~1,500,000
成交价：RMB 2,990,000
高20.2cm 北京保利 2017-12-19

1106 明 青花矾红缠枝莲花盆
“大明宣德年制”款
估　价：RMB 180,000~300,000
成交价：RMB 529,000
直径43cm 北京保利 2017-11-05

176 清康熙 青花暗刻江崖海水绿彩云龙纹大碗
“大清康熙年制”楷书款
估　价：RMB 300,000~400,000
成交价：RMB 345,000
直径21.7cm 北京中汉 2017-05-21

502 清康熙 青花地五彩赶珠云龙纹碗
“大清康熙年制”款
估　价：USD 5,000~7,000
成交价：RMB 77,839
纽约苏富比 2017-03-15

3678 清康熙 青花矾红海水九龙纹碗（一对）
“大清康熙年制”款
估 价：HKD 600,000~800,000
成交价：RMB 1,782,000
直径18.8cm×2 香港苏富比 2017-04-05

1578 清康熙 青花绿彩双龙戏珠纹大盘（一对）
“大清康熙年制”款
估 价：RMB 2,000,000~3,000,000
成交价：RMB 2,300,000
直径36.5cm×2 北京华辰 2017-12-17

61 清康熙 青花五彩桐叶封弟图蒜头瓶
“大明成化年制”楷书款
估 价：RMB 60,000~80,000
成交价：RMB 94,300
高28.5cm 北京中汉 2017-09-01

1333 清康熙 青花五彩鱼藻纹盘
“大明嘉靖年制”楷书款
估 价：RMB 500,000~800,000
成交价：RMB 747,500
直径21cm 西泠拍卖 2017-07-15

2961 清康熙 青花五彩龙纹题诗方碗
“大清康熙年制”楷书款
估 价：RMB 80,000~100,000
成交价：RMB 92,000
高9cm 北京匡时 2017-12-03

12 清康熙 青花五彩灵芝百蝠盘
描金团寿款
估 价：RMB 400,000~600,000
成交价：RMB 667,000
直径20.5cm 北京中汉 2017-05-21

689 清康熙 五彩仕女图青花花卉纹葫芦瓶（两件）
估 价：USD 6,000~8,000
成交价：RMB 64,866
纽约苏富比 2017-03-15

3168 清雍正 青花斗彩云龙纹盘
“大清雍正年制”篆书款
估 价：RMB 500,000~600,000
成交价：RMB 701,500
直径17.3cm 北京匡时 2017-12-03

707 清雍正 珊瑚红地青花缠枝百合纹碗
“大清雍正年制”款
估 价：USD 20,000~30,000
成交价：RMB 259,463
纽约苏富比 2017-03-15

3928 清雍正 青花矾红“水波云龙”纹折沿大盘
“大清雍正年制”楷书款
来源：George and Cornelia Wingfield Digby 旧藏
估 价：RMB 4,000,000~5,000,000
成交价：RMB 4,945,000
直径47.5cm 北京匡时 2017-06-04

3897 清乾隆 黄地青花缠枝莲开光矾红万寿无疆盘
“彩华堂制”款
估 价：RMB 30,000~50,000
成交价：RMB 105,800
直径17.6cm 中国嘉德 2017-09-02

3025 清雍正 青花矾红游龙戏珠纹直颈瓶
“大清雍正年制”楷书款
来源：香港苏富比，1979年5月21–22日，拍品225号。
估 价：HKD 6,000,000~8,000,000
成交价：RMB 7,504,020
高29.5cm 佳士得 2017-05-31

700 清乾隆 青花矾红彩海水龙纹盘
“大清乾隆年制”款
估　价：HKD 60,000~80,000
成交价：RMB 142,125
直径17.6cm 香港苏富比 2017-06-01

603 清乾隆 青花矾红御题诗文青花碗
“大清乾隆年制”篆书款
估　价：RMB 280,000~380,000
成交价：RMB 322,000
直径11cm 保利厦门 2017-06-26

3734 清乾隆 青花矾红彩海水游龙纹盘（一对）
“大清乾隆年制”款
估　价：HKD 400,000~600,000
成交价：RMB 415,000
直径17.9cm×2 香港苏富比 2017-10-03

128 清乾隆 青花矾红海水游龙纹盘（一对）
“大清乾隆年制”款
来源：伦敦苏富比，1972年（260英镑）。
估　价：GBP 30,000~50,000
成交价：RMB 391,256
直径17.5cm×2 伦敦苏富比 2017-05-10

688 清嘉庆 青花矾红海八怪大碗
“大清嘉庆年制”篆书款
估　价：RMB 300,000~500,000
成交价：RMB 402,500
直径21cm 观唐皕榷 2017-01-12

229 清嘉庆 青花矾红海水云龙纹盘
“大清嘉庆年制”款
估　价：GBP 6,000~8,000
成交价：RMB 134,145
直径17.8cm 伦敦苏富比 2017-05-10

135 清嘉庆 青花矾红海水龙纹盘
“大清嘉庆年制”篆书款
估　价：HKD 80,000~120,000
成交价：RMB 176,292
直径17.5cm 中国嘉德 2017-10-02

2321 清乾隆 青花海水红彩九龙纹天球瓶
“大清乾隆年制”篆书款
估　价：RMB 500,000~700,000
成交价：RMB 690,000
高47.5cm 北京翰海 2017-12-16

522 清嘉庆 青花加彩福寿莲花纹如意耳瓶
“大清嘉庆年制”篆书款
估 价：RMB 1,500,000~2,000,000
成交价：RMB 2,300,000
高18cm 大羿拍卖 2017-12-04

695 清道光 青花矾红彩赶珠云龙纹马蹄碗（一对）
“慎德堂制”款
估 价：HKD 60,000~80,000
成交价：RMB 174,923
直径15.5cm×2 香港苏富比 2017-06-01

3706 清道光 青花胭脂红八仙过海纹碗
“大清道光年制”款
估 价：HKD 180,000~250,000
成交价：RMB 200,475
直径22.1cm 香港苏富比 2017-04-05

260 清咸丰 青花矾红彩九龙纹盖碗
估 价：GBP 5,000~8,000
成交价：RMB 97,729
直径18.8cm 伦敦佳士得 2017-11-07

333 清嘉庆 青花描金盖瓶
估 价：USD 12,000~18,000
成交价：RMB 102,779
高43.1cm 纽约佳士得2017.1.18 2017-01-18

6185 清道光 青花加粉彩宝相花寿字象耳大瓶
“大清道光年制”款
估 价：RMB 550,000~850,000
成交价：RMB 1,035,000
高63cm 北京保利 2017-12-19

1277 18世纪/19世纪 青花矾红苍龙教子带钩
估　价：USD 6,000~8,000
成交价：RMB 94,634
长10.5cm 纽约佳士得 2017-03-17

262 王步作 青花粉彩九桃瓶
来源：德国私人珍藏；伦敦Phillips 2001年拍卖；伦敦学者Peter Wain旧藏。
估　价：GBP 300,000~500,000
成交价：RMB 6,330,651
高37cm 伦敦佳士得 2017-11-07

斗　彩

3101 明成化 斗彩月季花高足杯
“大明成化年制”款
来源：传Tuckenheim先生收藏。
估　价：HKD 8,000,000~12,000,000
成交价：RMB 11,850,300
直径7.7cm 香港苏富比 2017-04-05

5205 明成化 斗彩花卉纹天字罐
“天”字款
备注：美国藏家旧藏。
估　价：RMB 1,000,000~1,500,000
成交价：RMB 2,415,000
高9cm 北京保利 2017-06-06

761 明成化 斗彩花卉纹高足杯
"大明成化年制"楷书款
估 价：HKD 2,200,000~2,800,000
成交价：RMB 3,819,660
高5.8cm 北京匡时 2017-10-02

656 明嘉靖 斗彩鸳鸯莲荷纹盘
估 价：HKD 250,000~350,000
成交价：RMB 783,520
直径12.7cm 中国嘉德 2017-10-02

527 清康熙 斗彩穿花龙凤纹盘一对
"大明成化年制"仿款
估 价：USD 6,000~8,000
成交价：RMB 51,893
纽约苏富比 2017-03-15

181 明万历 斗彩开光瑞果纹大碗
"大明万历年制"楷书款
记录：香港佳士得，2013年5月29日，编号2128。
估 价：RMB 300,000~500,000
成交价：RMB 1,897,500
直径22.8cm 北京中汉 2017-05-21

853 清康熙 斗彩缠枝芝桃寿字纹碗
"大清康熙年制"楷书款
估 价：RMB 550,000~650,000
成交价：RMB 632,500
直径17.8cm×2 北京诚轩 2017-06-20

2807 清康熙 斗彩荷塘清趣小杯
"大清康熙年制"楷书款
估 价：RMB 800,000~1,200,000
成交价：RMB 1,035,000
直径6cm 中国嘉德 2017-06-20

850 清康熙 斗彩海水龙纹盘
"大清康熙年制"楷书款
纪录：香港苏富比，1983年。
估 价：RMB 100,000~120,000
成交价：RMB 805,000
直径21.3cm 北京诚轩 2017-06-20

1147 清康熙 斗彩团花纹小杯（一对）
"大明成化年制"楷书款
估 价：RMB 200,000~250,000
成交价：RMB 230,000
直径7.2cm × 2 华艺国际 2017-11-25

5890 清康熙 仿成化斗彩鸡缸杯
"大明成化年制"款
估 价：RMB 200,000~300,000
成交价：RMB 322,000
直径7cm 北京保利 2017-06-07

222 清康熙 斗彩花蝶纹小罐（一对）
来源：欧洲私人收藏。
估 价：GBP 20,000~30,000
成交价：RMB 1,844,494
高13cm × 2 伦敦苏富比 2017-05-10

125 清康熙 斗彩加五彩海水红龙一统江山纹盘
"大清康熙年制"楷书款
估 价：HKD 200,000~300,000
成交价：RMB 381,966
直径21.2cm 香港中汉 2017-10-03

525 清康熙 斗彩羲之观鹅图小杯（一对）
"大明成化年制"仿款
估 价：USD 15,000~20,000
成交价：RMB 389,194
纽约苏富比 2017-03-15

532 清康熙 洒蓝地斗彩人物故事图棒槌瓶
估 价：USD 4,000~6,000
成交价：RMB 138,380
纽约苏富比 2017-03-15

1213 清康熙/雍正 斗彩亭台仕女图瓶
估 价：USD 30,000~50,000
成交价：RMB 821,631
高39cm 纽约佳士得 2017-03-17

106 清雍正 斗彩八吉祥团龙纹罐
“大清雍正年制”楷书款
估 价：HKD 1,800,000~2,200,000
成交价：RMB 1,945,053
高18.5cm 北京匡时 2017-04-03

5857 清雍正 斗彩暗八仙福寿碗（一对）
“大清雍正年制”款
估 价：RMB 2,000,000~3,000,000
成交价：RMB 2,415,000
直径13.2cm×2 北京保利 2017-06-07

3023 清康熙/雍正 斗彩鸡缸小杯
估 价：HKD 1,200,000~1,800,000
成交价：RMB 1,436,940
直径6cm 佳士得 2017-05-31

1215 清雍正 斗彩缠枝番莲纹盘一对
“大清雍正年制”楷书款
估 价：USD 80,000~120,000
成交价：RMB 691,900
直径20.2cm×2 纽约佳士得 2017-03-17

3013 清雍正 斗彩缠枝花卉纹碗
估 价：HKD 700,000~900,000
成交价：RMB 744,625
直径11.8cm 佳士得 2017-11-29

3601 清雍正 斗彩穿花龙凤纹梅瓶
估 价：HKD 1,000,000~1,500,000
成交价：RMB 2,274,200
高46.3cm 香港苏富比 2017-10-03

5856 清雍正 斗彩福禄绵绵大盘
“大清雍正年制”款
估 价：RMB 1,000,000~1,500,000
成交价：RMB 1,840,000
直径27cm 北京保利 2017-06-07

1118 清雍正 斗彩缠枝郁金花卉纹碗
“大清雍正年制”楷书款
估 价：RMB 1,000,000~1,600,000
成交价：RMB 1,725,000
直径14.9cm 华艺国际 2017-05-27

2909 清雍正 斗彩缠枝莲纹瓜棱式小瓶（一对）
著录：巴尔，《中国古瓷美术谱》，伦敦，1911年。
估 价：HKD 8,000,000~12,000,000
成交价：RMB 8,254,700
高10.2cm×2 佳士得 2017-11-29

2804 清雍正 斗彩洞石牡丹纹盘（一对）
“大清雍正年制”楷书款
估 价：RMB 1,600,000~3,600,000
成交价：RMB 3,795,000
直径21cm×2 中国嘉德 2017-12-18

576 清雍正 斗彩赶珠龙纹水盂
“大清雍正年制”楷书款
来源：日本私人旧藏。
估　价：RMB 600,000~1,000,000
成交价：RMB 1,150,000
高4.5cm 观唐皕榷 2017-01-11

5044 清雍正 斗彩花卉寿桃福寿纹碗
“大清雍正年制”款
备注：1.Dr. Robert Barron旧藏，新奥尔良，洛杉矶；2.J.J. Lally & Co旧藏，纽约。出版：《玫茵堂中国陶瓷》，康蕊君，伦敦，1994–2010年，卷4，编号1746。
估　价：RMB 1,600,000~2,600,000
成交价：RMB 3,795,000
直径14.3cm 北京保利 2017-06-06

2809 清雍正 斗彩花石纹盘（一对）
“大清雍正年制”楷书款
来源：Frank Caro，卢芹斋继承人，纽约，20世纪60年代。
估　价：HKD 6,000,000~8,000,000
成交价：RMB 7,846,220
直径21cm×2 佳士得 2017-11-29

2810 清雍正 斗彩海屋添筹图盘
“大清雍正年制”楷书款
来源：1.Avery Brundage（据传）；2.梅英明艺廊，芝加哥，入藏于1969年。
估　价：HKD 1,000,000~2,000,000
成交价：RMB 2,740,220
直径21.1cm 佳士得 2017-11-29

1212 清雍正 斗彩花蝶纹杯
“大清雍正年制”楷书款
估　价：USD 20,000~30,000
成交价：RMB 605,413
直径9.2cm 纽约佳士得 2017-03-17

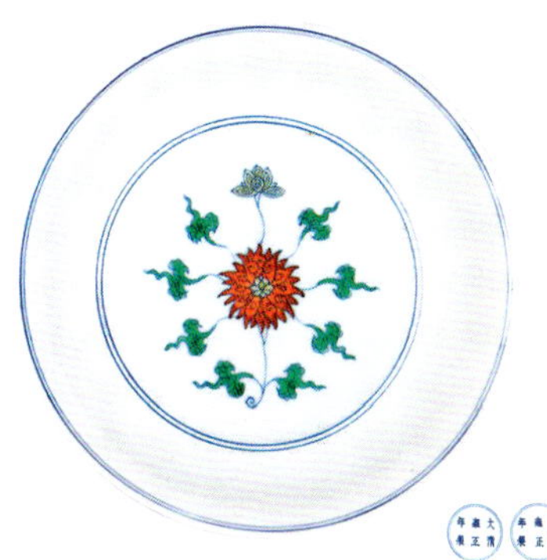

1283 清雍正 斗彩莲花纹盘（一对）
来源：1.日本女士旧藏；2.伦敦苏富比，2011年。
估　价：RMB 1,000,000~1,300,000
成交价：RMB 1,150,000
直径15cm×2 北京荣宝 2017-04-02

707 清雍正 斗彩开光花卉团蝶纹斗笠碗
估　价：RMB 800,000~1,000,000
成交价：RMB 920,000
直径22.5cm 北京东正 2017-12-09

3106 清雍正 斗彩鸡缸杯
"大清雍正年制"款
来源：1.香港苏富比，1977年；2.香港苏富比，1994年；3.香港苏富比，1999年；4.香港佳士得，2008年。
估　价：HKD 7,000,000~9,000,000
成交价：RMB 10,781,100
直径8.2cm 香港苏富比 2017-04-05

805 清雍正 御制斗彩"五色庆云 光灿捧日"圣寿如日方中高足杯
"大清雍正年制"款
来源：1.香港中文大学文物馆旧藏；2.Roger Lam 旧藏；3.伦敦苏富比，1974年；4.香港苏富比，2005年；5.香港苏富比，2007年。
估　价：RMB 8,000,000~ 12,000,000
成交价：RMB 9,200,000
高8.6cm 中贸圣佳 2017-12-20

903 清雍正 斗彩鸡缸杯（一对）
"雪溪草堂珍赏"楷书款
来源：香港苏富比，1995年。
估　价：RMB 800,000~1,600,000
成交价：RMB 2,012,500
直径6cm；高3cm×2 保利厦门 2017-06-25

574 清雍正 斗彩灵仙祝寿盘（一对）
“大清雍正年制”楷书款
来源：扬州文物商店旧藏。
估 价：RMB 4,800,000~8,800,000
成交价：RMB 7,475,000
直径20.8cm×2 观唐皕榷 2017-01-11

573 清雍正 斗彩灵仙祝寿纹碗
“大清雍正年制”楷书款
来源：扬州文物商店旧藏。
估 价：RMB 1,600,000~3,600,000
成交价：RMB 3,335,000
直径14.5cm 观唐皕榷 2017-01-11

2808 清雍正 斗彩三多纹小杯（一对）
“大清雍正年制”楷书款
估 价：RMB 1,200,000~1,500,000
成交价：RMB 1,610,000
直径7.1cm×2 中国嘉德 2017-06-20

3579 清雍正 斗彩龙纹水盂
“大清雍正年制”款
估 价：RMB 1,000,000~1,200,000
成交价：RMB 1,265,000
高5cm 北京荣宝 2017-12-02

303 清雍正 斗彩灵芝纹杯（一对）
“人清雍正年制”楷书款
估 价：RMB 4,000,000~5,000,000
成交价：RMB 5,175,000
直径7.8cm×2 大羿拍卖 2017-12-04

575 清雍正 斗彩灵芝纹杯（一对）
“大清雍正年制”楷书款
来源：二战时期购于伦敦古董商John Sparks。
估 价：RMB 2,200,000~4,200,000
成交价：RMB 4,830,000
直径7cm×2 观唐皕榷 2017-01-11

1146 清雍正 斗彩双清图盘（一对）
“大清雍正年制”楷书款
估 价：RMB 200,000~300,000
成交价：RMB 345,000
直径20.5cm×2 华艺国际 2017-11-25

926 清雍正 斗彩灵芝云纹杯（一对）
“大清雍正年制”楷书款
来源：一只来自英国威立士拍卖，2015年（41.48万英镑）；另一只原为英国贵族以5万英镑收藏。
估 价：RMB 2,800,000~3,800,000
成交价：RMB 3,622,500
直径10cm×2 保利厦门 2017-06-25

5040 清雍正 斗彩牡丹纹小尊
“大清雍正年制”款
出版：《中国历代陶瓷选集》，鸿禧美术馆，1990年，图138。
估 价：RMB 3,000,000~5,000,000
成交价：RMB 5,175,000
高9.6cm 北京保利 2017-06-06

1149 清雍正 斗彩水仙灵芝纹碗
“大清雍正年制”楷书款
估 价：RMB 3,200,000~3,600,000
成交价：RMB 3,680,000
直径14.5cm 华艺国际 2017-11-25

2807 清雍正 斗彩团花纹洗（一对）
来源：Frank Caro，卢芹斋继承人，纽约，20世纪60年代。
估　价：HKD 1,200,000~2,800,000
成交价：RMB 7,744,100
直径15.6cm×2 佳士得 2017-11-29

6143 清雍正 斗彩团龙八吉祥罐
“大清雍正年制”款
估　价：RMB 1,000,000~1,500,000
成交价：RMB 2,990,000
高18.2cm 北京保利 2017-12-19

4874 清雍正 仿成化斗彩开光折枝莲纹罐
“大明成化年制”款
估　价：RMB 180,000~280,000
成交价：RMB 345,000
高12.5cm 中国嘉德 2017-03-31

1214 清乾隆 斗彩暗八仙纹盘
“大清乾隆年制”篆书款
估　价：USD 30,000~50,000
成交价：RMB 276,760
直径20.1cm 纽约佳士得 2017-03-17

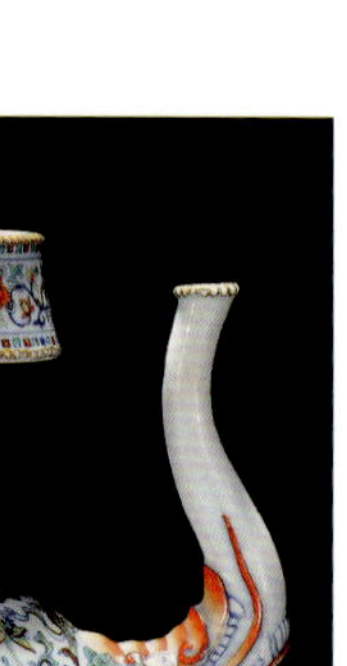

1623 清乾隆 斗彩八宝纹贲巴壶
“大清乾隆年制”款
估　价：RMB 4,000,000~6,000,000
成交价：RMB 4,600,000
高19cm 北京华辰 2017-12-17

1022 清乾隆 斗彩缠枝莲纹洗
估　价：RMB 80,000~150,000
成交价：RMB 345,000
直径15cm 华艺国际 2017-08-27

1120 清乾隆 斗彩螭龙莲托八宝纹大瓶
“大清乾隆年制”篆书款
估　价：RMB 950,000~1,500,000
成交价：RMB 1,150,000
高62cm 华艺国际 2017-05-27

523 清乾隆 斗彩赶珠云龙纹罐
“大清乾隆年制”款
估　价：USD 30,000~50,000
成交价：RMB 691,900
纽约苏富比 2017-03-15

3025 清乾隆 斗彩宝相团花纹盘口瓶
“大清乾隆年制”篆书款
来源：1.香港苏富比，1982年；2.香港苏富比，2003年。
估　价：HKD 3,000,000~3,800,000
成交价：RMB 3,364,416
高22cm 保利香港 2017-04-04

3615 清乾隆 斗彩福寿开光题诗粉彩秋芳图扁壶
“乾”、“隆”印
估　价：HKD 12,000,000~18,000,000
成交价：RMB 12,035,000
高31.8cm 香港苏富比 2017-10-03

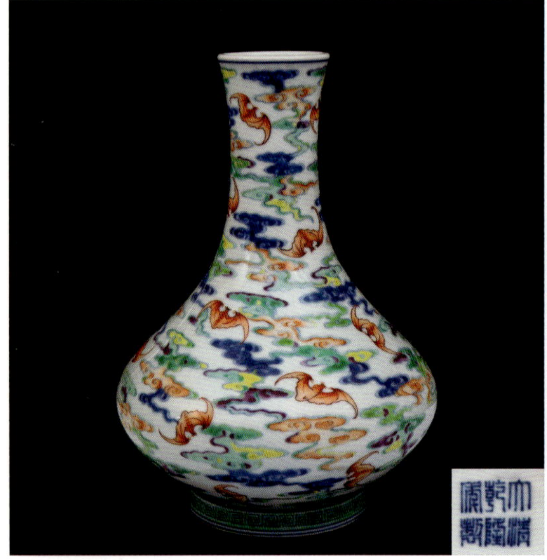

3582 清乾隆 斗彩加彩云蝠纹荸荠瓶
“大清乾隆年制”款
来源：伦敦佳士得，2011年。
估　价：RMB 9,000,000~12,000,000
成交价：RMB 10,350,000
高20.5cm 北京荣宝 2017-12-02

3585 清乾隆 斗彩团花卷缸
来源：欧洲旧藏。
估　价：RMB 3,600,000~5,000,000
成交价：RMB 4,082,500
直径33.5cm 北京荣宝 2017-12-02

524 清乾隆 斗彩桃芝祝寿图小盘
“大清乾隆年制”款
估　价：USD 20,000~30,000
成交价：RMB 276,760
纽约苏富比 2017-03-15

16 清乾隆 斗彩团菊纹盖罐
“大清乾隆年制”篆书款
估　价：RMB 1,000,000~1,500,000
成交价：RMB 1,725,000
高12.3cm 北京中汉 2017-05-21

526 清乾隆 斗彩海屋添寿图盘
“大清乾隆年制”款
估　价：USD 20,000~30,000
成交价：RMB 172,975
纽约苏富比 2017-03-15

1152 清乾隆 斗彩六如宝相花卉纹折腰盘（一对）
“大清乾隆年制”篆书款
估　价：RMB 300,000~400,000
成交价：RMB 437,000
直径22cm×2 华艺国际 2017-11-25

3945 清乾隆 斗彩加粉彩婴戏图小瓶
“乾隆年制”篆书款
估　价：RMB 600,000~700,000
成交价：RMB 690,000
高8cm 北京匡时 2017-06-04

509 清道光 斗彩并蒂莲纹鸡心碗（一套十二只）
“大清道光年制”篆书款
来源：美国比弗利山庄旧藏。
估　价：RMB 2,000,000~2,400,000
成交价：RMB 3,220,000
直径12.2cm×12 大羿拍卖 2017-12-04

红绿彩

721 北宋/金 磁州窑红绿彩持莲童子立像
估　价：HKD 150,000~200,000
成交价：RMB 156,999
高27cm 中国嘉德 2017-05-30

533 清 粉彩十八罗汉图罐
来源：1Heber R. Bishop收藏；2.American Art Association，纽约，1906年；3.Harriet Bishop Lanier及家族传承。
估　价：USD 4,000~6,000
成交价：RMB 172,975
纽约苏富比 2017-03-15

522 18世纪 斗彩缠枝番莲纹长颈瓶
估　价：USD 8,000~12,000
成交价：RMB 242,165
纽约苏富比 2017-03-15

3219 金 磁州窑红绿彩年年有余碗
来源：1.Eugene Bemat 收藏；2.纽约苏富比，1980年；3.伦敦苏富比，2011年。
估　价：HKD 150,000~200,000
成交价：RMB 245,025
直径17.8cm 香港苏富比 2017-04-05

223 清道光 斗彩荷塘鸳鸯纹卧足碗（一对）
“大清道光年制”款
来源：John Sparks Ltd.，伦敦（标签）。
估　价：GBP 50,000~70,000
成交价：RMB 804,870
直径16.5cm×2 伦敦苏富比 2017-05-10

1596 明嘉靖 红绿彩凤纹小罐
"大明嘉靖年制"篆书款
估 价：RMB 30,000~50,000
成交价：RMB 34,500
直径6.1cm 西泠拍卖 2017-07-15

704 明 红绿彩梅瓶
估 价：RMB 500,000~600,000
成交价：RMB 575,000
高42cm 上海嘉禾 2017-04-30

五彩

3270 明嘉靖 五彩灵芝寿字纹盘
"大明嘉靖年制"楷书款
来源：1.香港苏富比，1980年；2.伦敦苏富比，2005年；3.香港邦瀚斯，2012年。
估 价：RMB 800,000~900,000
成交价：RMB 1,380,000
直径14.3cm 北京匡时 2017-12-03

8005 明嘉靖 五彩婴戏图罐
来源：1.伦敦苏富比，1984年；2.东亚私人珍藏；3.香港苏富比，2004年。
估 价：HKD 2,000,000~3,000,000
成交价：RMB 3,761,420
高14cm 佳士得 2017-11-27

869 明嘉靖 五彩桃禽图大盘
"大明嘉靖年制"楷书款
估 价：RMB 200,000~280,000
成交价：RMB 1,380,000
直径31.9cm 北京诚轩 2017-06-20

3005 明嘉靖 五彩鱼藻纹大罐
"大明嘉靖年制"楷书款
估 价：RMB 1,600,000~2,600,000
成交价：RMB 1,840,000
直径42cm 中国嘉德 2017-06-19

12 明万历 五彩百鹿尊
"大明万历年制"款
来源：1.英国私人收藏；2.伦敦邦瀚斯，2005年。
估 价：USD 800,000~1,200,000
成交价：RMB 6,562,672
纽约苏富比 2017-03-15

8008 明万历 五彩凤纹葫芦式壁瓶
来源：1.徐展堂珍藏；2.香港佳士得，1995年；3.香港苏富比，2006年。
估　价：HKD 1,000,000~1,500,000
成交价：RMB 1,914,750
高31cm 佳士得 2017-11-27

2812 明万历 五彩丰盛连年图小盘
“大清雍正年制”楷书款
估　价：HKD 100,000~260,000
成交价：RMB 340,400
直径12.5cm 佳士得 2017-11-29

8006 明嘉靖 五彩鱼藻纹盖罐
著录：1.Helen D. Ling及仇焱之，《暂得楼珍藏历代名瓷影谱》，第一册，香港，1950年；2.《香港苏富比三十周年》，香港，2003年。
成交价：RMB 181,986,350
高46cm 佳士得 2017-11-27

13 明万历 五彩缠枝莲纹三足熏炉
“大明万历年制”款
来源：1.Emil Hultmark收藏，斯德哥尔摩，瑞典；2.香港苏富比，1990年；3.纽约佳士得，2002年。
估　价：USD 40,000~60,000
成交价：RMB 345,950
纽约苏富比 2017-03-15

558 明万历 五彩龙凤纹盘
“大明万历年制”楷书款
来源：仇焱之、徐展堂旧藏；香港苏富比1981年、纽约佳士得1998年、香港佳士得2013年等拍卖。
估　价：RMB 500,000~1,000,000
成交价：RMB 1,012,000
直径21.9cm 观唐皕榷 2017-01-11

680 明万历 五彩人物图碗
“大明万历年制”楷书款
估　价：RMB 250,000~350,000
成交价：RMB 322,000
直径10cm 观唐皕榷 2017-01-12

3004 明万历 五彩云龙纹八棱盒
来源：平野古陶轩，东京；日本私人珍藏。
估　价：HKD 500,000~700,000
成交价：RMB 1,489,250
宽14.5cm 佳士得 2017-11-29

5833 明 五彩鱼藻纹渣斗
估　价：RMB 20,000~30,000
成交价：RMB 2,012,500
直径14.4cm 北京保利 2017-06-07

691 清顺治 五彩八仙祝寿图花觚
估　价：USD 7,000~9,000
成交价：RMB 69,190
纽约苏富比 2017-03-14

3188 明 五彩开光阿拉伯文筒式炉
估　价：RMB 100,000~150,000
成交价：RMB 356,500
直径15cm 北京匡时 2017-12-03

670 清康熙 米黄地五彩梅花图盘
估　价：USD 5,000~7,000
成交价：RMB 43,244
纽约苏富比 2017-03-15

5023 清康熙 五彩八月桂花花神杯
“大清康熙年制”款
出版：《玫茵堂中国陶瓷》，康蕊君。
估　价：RMB 1,000,000~1,500,000
成交价：RMB 1,955,000
直径6.6cm 北京保利 2017-06-06

5017 清康熙 五彩二月杏花花神杯
"大清康熙年制"款
出版：《玫茵堂中国陶瓷》，康蕊君。
估　价：RMB 600,000~800,000
成交价：RMB 2,070,000
直径6.5cm 北京保利 2017-06-06

3872 清康熙 五彩刀马人物纹天圆地方瓶
估　价：RMB 30,000~50,000
成交价：RMB 94,300
高48.4cm 中国嘉德 2017-09-02

3104 清康熙 五彩蝶恋花卧足杯
"大清康熙年制"款
来源：1.John Kenny，澳洲；2.香港苏富比，2004年。
估　价：HKD 1,200,000~1,800,000
成交价：RMB 3,189,780
高6.3cm 香港苏富比 2017-04-05

678 清康熙 五彩佛狮戏绣球纹大长颈瓶
估　价：USD 40,000~60,000
成交价：RMB 345,950
纽约苏富比 2017-03-15

696 清康熙 五彩佛狮戏绣球纹长颈瓶
估　价：USD 20,000~30,000
成交价：RMB 172,975
纽约苏富比 2017-03-15

564 清康熙 五彩荷塘秋禽图碗
记录：香港苏富比，2012年4月4日，编号3171。
估　价：RMB 500,000~1,000,000
成交价：RMB 1,092,500
直径17cm 观唐皕榷 2017-01-11

3689 清康熙 五彩福寿灵芝纹盘
“寿”字款
估　价：HKD 80,000~120,000
成交价：RMB 946,688
直径20.5cm 香港苏富比 2017-04-05

3665 清康熙 五彩花神杯
“大清康熙年制”款
估　价：RMB 1,800,000~2,000,000
成交价：RMB 2,070,000
直径6.7cm 北京荣宝 2017-12-02

694 清康熙 五彩开光花篮纹棒槌瓶
估　价：USD 12,000~15,000
成交价：RMB 103,785
纽约苏富比 2017-03-15

1116 清康熙 五彩加粉彩五伦图棒槌瓶
来源：圣塔巴巴拉艺术博物馆。
估　价：HKD 4,000,000~6,000,000
成交价：RMB 4,365,900
高74.7cm 香港苏富比 2017-04-05

5009 清康熙 五彩龙凤呈祥碗（一对）
“大清康熙年制”款
估 价：RMB 800,000~1,200,000
成交价：RMB 1,725,000
直径12cm×2 北京保利 2017-12-18

228 清康熙 五彩龙凤呈祥纹碗
“大清康熙年制”款
估 价：GBP 15,000~25,000
成交价：RMB 391,256
直径13.1cm 伦敦苏富比 2017-05-10

217 清康熙 五彩龙凤呈祥纹碗
“大清康熙年制”款
估 价：GBP 12,000~18,000
成交价：RMB 223,575
直径13.1cm 伦敦苏富比 2017-05-10

1626 清康熙 五彩龙凤呈祥纹盘
“大清康熙年制”款
估 价：RMB 1,400,000~1,800,000
成交价：RMB 1,610,000
直径32cm 北京荣宝 2017-06-02

5012 清康熙 五彩驴背诗思图碗
“大明成化年制”款
出版：《玫茵堂中国陶瓷》，康蕊君。
估 价：RMB 350,000~550,000
成交价：RMB 632,500
直径11.2cm 北京保利 2017-06-06

12 清康熙 五彩龙凤纹茶圆
“大清康熙年制”楷书款
估 价：HKD 500,000~700,000
成交价：RMB 1,811,890
直径10.2cm 香港中汉 2017-10-03

679 清康熙 五彩描金人物图方瓶
来源：伦敦佳士得，1989年。
估　价：USD 20,000~30,000
成交价：RMB 242,165
纽约苏富比 2017-03-15

129 清康熙 五彩穆桂英大破天门阵故事图大凤尾尊
记录：纽约佳士得，2000年。
估　价：RMB 500,000~800,000
成交价：RMB 598,000
高61cm 北京中汉 2017-06-17

5022 清康熙 五彩七月兰花花神杯
“大清康熙年制”款
备注：1.H.M.Knight旧藏；2.伦敦Eskenazi旧藏。出版：康蕊君，《玫茵堂中国陶瓷》，伦敦，1994–2010年。
估　价：RMB 1,000,000~1,500,000
成交价：RMB 2,357,500
直径6.5cm 北京保利 2017-06-06

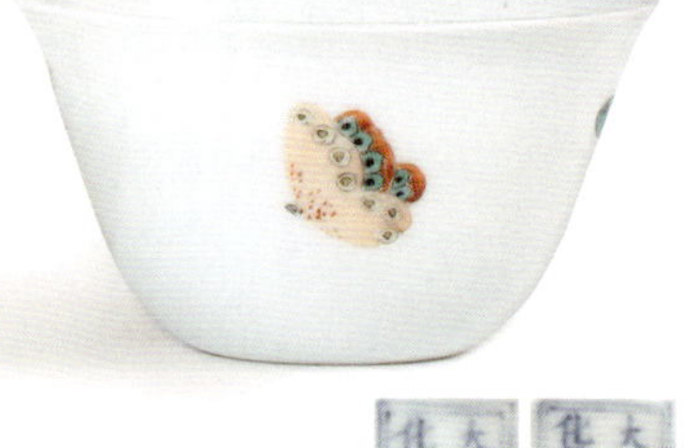

5013 清康熙 五彩枇杷花蝶卧足杯（一对）
“大明成化年制”款
出版：《玫茵堂中国陶瓷》，康蕊君，伦敦，1994–2010年。
估　价：RMB 500,000~800,000
成交价：RMB 1,725,000
高3.7cm×2 北京保利 2017-06-06

3006 清康熙 五彩人物盘（一对）
“大明成化年制”楷书款
估　价：HKD 300,000~400,000
成交价：RMB 293,820
直径17.2cm 保利香港 2017-10-02

5031 清康熙 五彩三多纹玉壶春瓶
出版：《玫茵堂中国陶瓷》，康蕊君。
估　价：RMB 1,000,000~1,500,000
成交价：RMB 2,185,000
高23.5cm 北京保利 2017-06-06

5018 清康熙 五彩三月桃花花神杯
“大清康熙年制”款
出版：康蕊君，《玫茵堂中国陶瓷》，伦敦，1994—2010年。
估　价：RMB 1,200,000~1,800,000
成交价：RMB 2,760,000
直径6.6cm 北京保利 2017-06-06

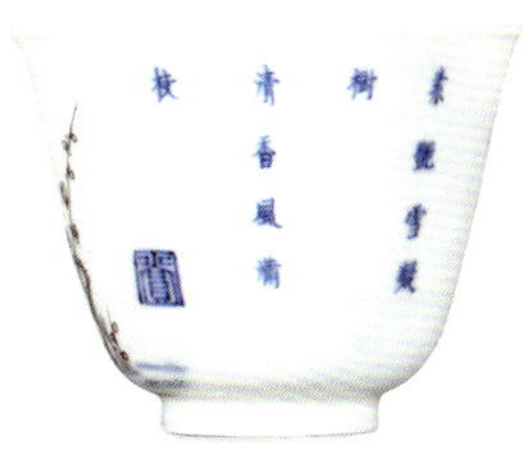

5026 清康熙 五彩十一月梅花花神杯
“大清康熙年制”款
出版：康蕊君，《玫茵堂中国陶瓷》，伦敦，1994—2010年。
估　价：RMB 1,200,000~1,800,000
成交价：RMB 2,702,500
直径6.7cm 北京保利 2017-06-06

530 清康熙 五彩仕女图大盘
“大清康熙年制”款
估　价：USD 3,000~5,000
成交价：RMB 64,866
纽约苏富比 2017-03-15

1210 清康熙 五彩双龙戏珠纹盘
“大清康熙年制”楷书款
估　价：USD 6,000~8,000
成交价：RMB 103,785
直径14.6cm 纽约佳士得 2017-03-17

563 清康熙 五彩云龙凤纹碗（一对）
“大清康熙年制”楷书款
来源：汤普森夫妇旧藏，伦敦苏富比2012年拍卖。
估　价：RMB 500,000~1,000,000
成交价：RMB 1,127,000
直径13cm×2 观唐皕榷 2017-01-11

234 清康熙 五彩云龙赶珠纹碗（一对）
估　价：GBP 8,000~12,000
成交价：RMB 313,005
直径18.8cm×2 伦敦苏富比 2017-05-10

841 清雍正 金地五彩缠枝花卉纹盘（一对）
估　价：RMB 100,000~120,000
成交价：RMB 483,000
直径13.8cm×2 北京诚轩 2017-06-20

5019 清康熙 五彩四月牡丹花神杯
“大清康熙年制”款
备注：1.香港苏富比，2001年；2.伦敦Eskenazi旧藏。出版：康蕊君，《玫茵堂中国陶瓷》，伦敦，1994—2010年。
估　价：RMB 1,000,000~1,500,000
成交价：RMB 2,300,000
直径6.6cm 北京保利 2017-06-06

78 清雍正 墨地五彩花卉纹观音瓶
估　价：RMB 10,000~20,000
成交价：RMB 149,500
高18.3cm 北京中汉 2017-12-19

3212 清乾隆 五彩龙凤呈祥纹碗（一对）
"大清乾隆年制"篆书款
估 价：HKD 500,000~800,000
成交价：RMB 609,813
直径13cm×2 佳士得 2017-05-31

294 清乾隆 五彩龙凤纹碗
"大清乾隆年制"篆书款
估 价：GBP 6,000~8,000
成交价：RMB 152,023
直径15.5cm 伦敦佳士得 2017-11-07

525 清雍正 五彩外山水人物纹内鱼藻纹缸
"大清雍正年制"篆书款
估 价：RMB 2,000,000~2,500,000
成交价：RMB 3,450,000
直径33cm 大羿拍卖 2017-12-04

508 清嘉庆 珊瑚红地描金五彩婴戏图碗
"大清嘉庆年制"篆书款
估 价：RMB 1,200,000~1,500,000
成交价：RMB 1,380,000
直径21cm 大羿拍卖 2017-12-04

3736 清道光 五彩龙凤呈祥图碗
"大清道光年制"款
估 价：HKD 150,000~250,000
成交价：RMB 155,625
直径15cm 香港苏富比 2017-10-03

281 清雍正 五彩盘
估 价：USD 3,000~5,000
成交价：RMB 111,343
直径22.6cm 纽约佳士得2017.1.18 2017-01-18

1211 清乾隆 五彩龙凤纹碗
"大清乾隆年制"篆书款
估 价：USD 5,000~7,000
成交价：RMB 129,731
直径13cm 纽约佳士得 2017-03-17

5048 清嘉庆 珊瑚描金五彩婴戏大碗
"大清嘉庆年制"款
著录：《玫茵堂中国陶瓷》，康蕊君，伦敦，1994-2010年。
估 价：RMB 1,600,000~3,000,000
成交价：RMB 3,220,000
直径20.8cm 北京保利 2017-12-18

1105 清光绪 五彩刀马人棒槌瓶
估　价：RMB 100,000~150,000
成交价：RMB 207,000
高79cm 华艺国际 2017-08-27

708 清宣统 五彩十二月水仙花神杯
“大清宣统年制”款
估　价：HKD 20,000~30,000
成交价：RMB 52,477
直径4.7cm 香港苏富比 2017-06-01

134 18世纪 五彩喜上梅梢纹长颈瓶
估　价：GBP 3,000~5,000
成交价：RMB 39,126
高19.5cm 伦敦苏富比 2017-05-10

225 清晚期 黑地五彩缠枝花纹长颈瓶（一对）
估　价：EUR 20,000~30,000
成交价：RMB 429,770
高23.2cm，高23.5cm 巴黎苏富比 2017-06-22

5885 18世纪 五彩荷塘鹭鸶大缸
估　价：RMB 320,000~520,000
成交价：RMB 437,000
直径66cm 北京保利 2017-06-07

330 清 五彩花鸟花觚
估　价：RMB 150,000
成交价：RMB 345,000
高47cm 北京翰海 2017-09-13

三 彩

3118 辽 三彩贴宝相花猴耳提梁壶
来源：1.埃斯肯纳齐，伦敦，2001年；2.Benjamin J.Fernandes珍藏。
估 价：HKD 220,000~280,000
成交价：RMB 332,625
高16.3cm 佳士得 2017-05-31

705 辽 三彩鱼形壶
估 价：HKD 200,000~300,000
成交价：RMB 209,332
高15.2cm 中国嘉德 2017-05-30

427 辽 三彩碗（两件）
估 价：HKD 60,000~80,000
成交价：RMB 76,529
直径24.3cm，直径27.6cm 香港苏富比 2017-06-01

3193 清康熙 白地素三彩暗龙花蝶纹碗
“大清康熙年制”楷书款
来源：1999年购于壶中居，东京。
估 价：HKD 200,000~300,000
成交价：RMB 421,325
直径14.8cm 佳士得 2017-05-31

2179 明 三彩观音坐像
估 价：RMB 30,000~80,000
成交价：RMB 184,000
高38.5cm 中贸圣佳 2017-06-18

670 清康熙 虎皮三彩小杯（一对）
估 价：HKD 15,000~20,000
成交价：RMB 19,679
直径6.3cm×2 香港苏富比 2017-06-01

430 清康熙 素三彩镂空花卉纹香熏
估 价：HKD 20,000~30,000
成交价：RMB 81,995
高8.5cm 香港苏富比 2017-06-01

136 清康熙 素三彩暗花龙纹花蝶图碗
“大清康熙年制”款
估 价：GBP 3,000~5,000
成交价：RMB 55,894
直径15cm 伦敦苏富比 2017-05-10

2599 清康熙 黄釉赭绿龙四季花卉折沿大盘
“大清康熙年制”楷书款
估 价：RMB 2,800,000~3,800,000
成交价：RMB 4,025,000
直径40.6cm 北京翰海 2017-06-04

140 清康熙 素三彩关公立像
估 价：GBP 3,000~5,000
成交价：RMB 152,023
高28.5cm 伦敦佳士得 2017-11-07

684 清康熙 素三彩送子观音坐像
估 价：USD 8,000~12,000
成交价：RMB 77,839
纽约苏富比 2017-03-15

1195 清康熙 釉下三彩山水纹棒槌瓶
估 价：RMB 180,000~250,000
成交价：RMB 207,000
高26cm 华艺国际 2017-03-19

3078 清康熙 釉下三彩山水纹笔筒
“大明成化年制”款
估 价：RMB 40,000~60,000
成交价：RMB 207,000
高12.8cm 中国嘉德 2017-09-02

217 清康熙 釉里三彩题诗山水图大碗
“大清康熙年制”款
估 价：EUR 800~1,200
成交价：RMB 27,696
直径21.2cm 巴黎苏富比 2017-06-22

15 清乾隆 黄地素三彩莲托八吉祥纹五福万寿折沿大盘
“大清乾隆年制”篆书款
估 价：HKD 4,500,000~5,500,000
成交价：RMB 6,366,100
直径40.8cm 香港中汉 2017-10-03

1460 清乾隆 绿地褐彩龙纹碗
“大清乾隆年制”款
估 价：RMB 85,000~120,000
成交价：RMB 227,000
径11cm 印千山 2017-07-09

697 清道光 黄地素三彩双龙戏珠云鹤纹盘（一对）
“大清道光年制”篆书款
估 价：RMB 220,000~320,000
成交价：RMB 287,500
直径14.2cm×2 观唐皕榷 2017-01-12

723 清 黄地紫绿彩双龙戏珠纹盘
“大清康熙年制”仿款
估　价：HKD 10,000~15,000
成交价：RMB 32,798
直径26.4cm 香港苏富比 2017-06-01

粉 彩

355 清雍正 粉彩将军罐
估　价：USD 25,000~35,000
成交价：RMB 387,132
高81.3cm 纽约佳士得 2017-01-18

127 清康熙 彩绘开光花卉纹茶壶（两件）
估　价：GBP 4,000~6,000
成交价：RMB 59,723
高15cm 伦敦佳士得 2017-11-07

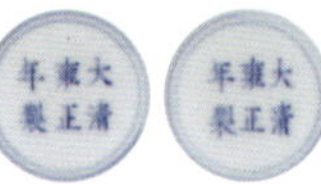

3633 清雍正 粉彩鹿鹤同春碗（一对）
“大清雍正年制”款
来源：1.传英国军官收藏；2.伦敦邦翰斯，2010年。
估　价：HKD 1,200,000~1,500,000
成交价：RMB 1,336,500
直径9.3cm×2 香港苏富比 2017-04-05

3028 清雍正 粉彩果纹盘（一对）
“大清雍正年制”楷书款
来源：伦敦苏富比，2008年5月14日，拍品706号。
估　价：HKD 2,400,000~3,500,000
成交价：RMB 2,607,780
直径20cm×2 佳士得 2017-05-31

3194 清雍正 粉彩山水人物图墨床
估　价：HKD 200,000~300,000
成交价：RMB 1,490,160
长21.4cm 佳士得 2017-05-31

301 清雍正 粉彩狩猎盘
估　价：USD 20,000~30,000
成交价：RMB 822,819
直径53.3cm 纽约佳士得 2017-01-18

3015 清雍正 粉彩没骨蝶恋花小碗
估　价：HKD 2,000,000~3,000,000
成交价：RMB 2,535,980
直径9.2cm 佳士得 2017-11-29

3030 清雍正 珊瑚红地洋彩牡丹纹浅碗
"雍正年制"双框楷书款
来源：佳士得香港，2011年。
估　价：HKD 1,200,000~1,800,000
成交价：RMB 1,175,280
直径11.8cm 保利香港 2017-10-02

275 清雍正 粉彩玉堂富贵盘
"大清雍正年制"楷书款
估　价：GBP 80,000~120,000
成交价：RMB 1,737,400
直径20.8cm 伦敦佳士得 2017-11-07

5015 清雍正 洋彩鸡缸杯（一对）
"大清雍正年制"款
来源：1.香港苏富比，2003年；2.出版：康蕊君，《玫茵堂中国陶瓷》，伦敦，1994–2010年。
估　价：RMB 2,600,000~3,600,000
成交价：RMB 4,600,000
直径9.2cm×2 北京保利 2017-06-06

345 清康熙 粉彩花瓶
估　价：USD 30,000~50,000
成交价：RMB 359,725
高71.1cm 纽约佳士得 2017-01-18

2808 清雍正 御制粉彩过枝福寿双全盘
“大清雍正年制”双方框楷书款
来源：1.贺璧理旧藏；2.纽约安德森艺廊，1925年拍卖；3.Frank Caro，卢芹斋继承人，纽约，20世纪60年代。
估 价：HKD 7,000,000~9,000,000
成交价：RMB 11,828,900
直径20.5cm 佳士得 2017-11-29

2806 清雍正 御制粉彩过枝虞美人碗（一对）
来源：Frank Caro，卢芹斋继承人，纽约，20世纪60年代。
估 价：HKD 15,000,000~20,000,000
成交价：RMB 22,551,500
直径13.4cm×2 佳士得 2017-11-29

107 清乾隆 东青釉洋彩缠枝西番莲福寿吉庆如意翻口双瑞兽耳折肩大瓶
“大清乾隆年制”篆书款
记录：纽约苏富比，2013年9月17—18日，编号358（封面拍品）。
估 价：RMB 500,000~800,000
成交价：RMB 2,300,000
高47cm 北京中汉 2017-06-17

1702 清乾隆 仿生灵芝如意
“宗元”款
估 价：RMB 35,000~50,000
成交价：RMB 48,300
长24cm 北京荣宝 2017-06-02

277 清乾隆 仿红雕漆粉彩梅花纹圆盖盒
“大清乾隆年制”篆书款
估 价：GBP 8,000~12,000
成交价：RMB 412,633
直径8.1cm 伦敦佳士得 2017-11-07

1252 清乾隆 白地粉彩莲托八吉祥纹觚式瓶（一对）
“大清乾隆年制”单行篆书款
估 价：USD 60,000~80,000
成交价：RMB 518,925
高27cm×2 纽约佳士得 2017-03-17

301 清雍正 洋彩镂空八仙福寿图如意
估　价：RMB 2,000,000~4,000,000
成交价：RMB 9,200,000
长45cm 大羿拍卖 2017-12-04

1631 清乾隆 白地粉彩花纹舍利塔
来源：伦敦佳士得，2011年。
估　价：RMB 2,200,000~2,800,000
成交价：RMB 2,530,000
高27cm 北京荣宝 2017-06-02

536 清乾隆 粉彩八宝莲花台
“大清乾隆年制”款
估　价：USD 20,000~30,000
成交价：RMB 172,975
纽约苏富比 2017-03-15

2834 清乾隆 仿古铜釉粉彩海螺足敞口尊
“大清乾隆年制”篆书款
来源：英国藏家得自苏格兰霍普（Hope）家族（传）。
成交价：RMB 19,550,000
宽18.2cm；高11cm 中国嘉德 2017-06-20

1237 清乾隆 粉彩百鹿尊
估　价：USD 300,000~500,000
成交价：RMB 2,376,677
高44.5cm 纽约佳士得 2017-03-17

702 清乾隆 粉彩缠枝莲纹铃铛（一对）
估　价：RMB 20,000~30,000
成交价：RMB 172,500
尺寸不一 北京东正 2017-12-09

95 清乾隆 粉彩大象瓶
估　价：GBP 50,000~80,000
成交价：RMB 2,512,983
高27.3cm 伦敦佳士得 2017-05-09

1162 清乾隆 粉彩镂空玲珑帽架
估　价：RMB 1,800,000~2,800,000
成交价：RMB 2,415,000
高27.8cm 华艺国际 2017-11-25

3628 清乾隆 粉彩矾红御制三清茶诗茶壶
"大清乾隆年制"款
来源：1.巴黎私人收藏；2.香港苏富比，2007年。
估　价：HKD 5,000,000~7,000,000
成交价：RMB 5,435,100
通宽14.8cm 香港苏富比 2017-04-05

2810 清乾隆 粉彩过枝芙蓉花蜻蜓小盘
"大清乾隆年制"篆书款
估　价：RMB 7,000,000~10,000,000
成交价：RMB 8,050,000
直径13.6cm 中国嘉德 2017-06-20

99 清乾隆 粉彩花蝶如意耳尊
来源：香港佳士得，2000.4.3 编号589。（HK3304.5万）
成交价：RMB 131,685,675
高23cm 伦敦佳士得 2017-05-09

1156 清乾隆 粉彩画轧道开光婴戏图方形壁插
"大清乾隆年制"篆书款
纪录：1.香港苏富比1999年；2 香港苏富比2006年等拍卖。
估　价：RMB 1,000,000~2,000,000
成交价：RMB 2,415,000
12cm×10cm 华艺国际 2017-11-25

3591 清乾隆 粉彩莲托八宝小朝冠耳炉
估　价：RMB 2,000,000~2,800,000
成交价：RMB 2,300,000
高15.5cm 北京荣宝 2017-12-02

6189 清乾隆 粉彩群仙祝寿瓷板插屏
估　价：RMB 800,000~1,200,000
成交价：RMB 1,380,000
56.5cm×29.5cm×89cm 北京保利 2017-12-19

3944 清乾隆 粉彩九桃天球瓶
“大清乾隆年制”篆书款
来源：1.纽约佳士得，2001年；2.香港佳士得，2004年。
成交价：RMB 42,550,000
高51cm 北京匡时 2017-06-04

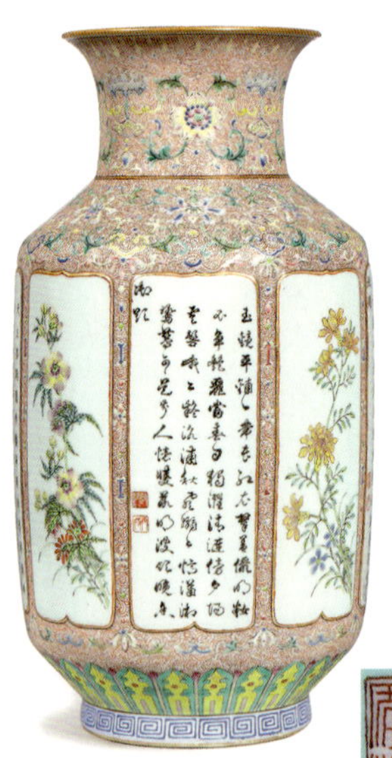

3626 清乾隆 粉彩开光题御制诗花卉纹撇口瓶
“大清乾隆年制”款
估 价：HKD 18,000,000~25,000,000
成交价：RMB 19,334,700
高40cm 香港苏富比 2017-04-05

3594 清乾隆 粉彩龙纹佛塔
来源：纽约苏富比，2011年秋拍，Lot 293。
估 价：RMB 4,500,000~5,500,000
成交价：RMB 5,175,000
高42cm 北京荣宝 2017-12-02

303 清乾隆 粉彩碗
估 价：USD 20,000~30,000
成交价：RMB 137,038
直径38.1cm 纽约佳士得 2017-01-18

3714 清乾隆 粉彩无量寿佛坐像
"十"、"二"字款
估 价：HKD 1,800,000~2,500,000
成交价：RMB 1,867,500
高28.8cm 香港苏富比 2017-10-03

519 清乾隆 粉彩珊瑚红地开光牡丹纹碗
"大清乾隆年制"款
来源：Sybil Luna Moses 及 Maurice Dangoor 伉俪收藏，上海，此后家族传承。
估 价：USD 80,000~120,000
成交价：RMB 1,297,313
纽约苏富比 2017-03-15

1160 清乾隆 粉彩松石绿地宝相花盆奁
"大清乾隆年制"篆书金款
估 价：RMB 300,000~400,000
成交价：RMB 437,000
直径19.5cm 华艺国际 2017-11-25

3624 清乾隆 粉彩山水人物图双螭耳尊
"大清乾隆年制"款
来源：纽约佳士得2004年3月24日，编号251。
估 价：HKD 15,000,000~20,000,000
成交价：RMB 16,127,100
高45cm 香港苏富比 2017-04-05

3030 清乾隆 粉彩婴戏图罐
"大清乾隆年制"篆书款
来源：阿姆斯特丹佳士得，2001年11月20日，拍品199号。
估 价：HKD 6,000,000~8,000,000
成交价：RMB 12,826,020
高15.3cm 佳士得 2017-05-31

2825 清乾隆 粉彩御题诗鸡缸杯
“大清乾隆年制”篆书款
估 价：RMB 900,000~1,500,000
成交价：RMB 1,610,000
直径8.2cm 中国嘉德 2017-12-18

3765 清乾隆 黄地洋彩“万寿无疆”碗（一对）
“大清乾隆年制”款
估 价：RMB 1,500,000~1,800,000
成交价：RMB 1,725,000
直径19cm；高8cm×2 北京荣宝 2017-12-02

113 清乾隆 粉地洋彩缠枝莲八宝纹贲巴壶
“大清乾隆年制”篆书款
估 价：HKD 1,500,000~1,800,000
成交价：RMB 1,629,639
高20cm 北京匡时 2017-04-03

5195 清乾隆 黄地粉彩描金“大吉”葫芦瓷板挂屏
备注：1.英国藏家旧藏；2.伦敦苏富比，2013年。
估 价：RMB 1,200,000~2,200,000
成交价：RMB 2,185,000
长65cm；宽47cm 北京保利 2017-12-18

5033 清乾隆 黄地粉彩开光富贵牡丹壁瓶
“乾隆年制”款
估 价：RMB 700,000~900,000
成交价：RMB 1,380,000
高20cm 北京保利 2017-12-18

1155 清乾隆 粉红地粉彩宝相花壁挂花插
“大清乾隆年制”楷书横款
估 价：RMB 300,000~500,000
成交价：RMB 517,500
长18.5cm 华艺国际 2017-11-25

3628 清乾隆 蓝地描金开光粉彩山水图狮首衔环耳四棱小盖罐（一对）
“大清乾隆年制”款
估　价：HKD 2,500,000~3,000,000
成交价：RMB 4,565,000
直径10.5cm×2 香港苏富比 2017-10-03

1161 清乾隆 米黄地粉彩通景山水纹灯笼瓶
“乾隆年制”篆书款
记录：伦敦佳士得
估　价：RMB 2,000,000~3,000,000
成交价：RMB 2,990,000
高24cm 华艺国际 2017-11-25

3608 清乾隆 蓝地洋彩轧道花卉纹盖钟
“大清乾隆年制”款
估　价：HKD 5,000,000~7,000,000
成交价：RMB 5,561,000
直径9.8cm 香港苏富比 2017-10-03

3024 清乾隆 黄地洋彩花卉纹碗
“大清乾隆年制”双框楷书款
估　价：HKD 800,000~1,200,000
成交价：RMB 1,072,408
直径14.9cm 保利香港 2017-04-04

1169 清乾隆 酱地描金粉彩开光人物图瓶
“乾隆年制”篆书款
估　价：RMB 600,000~800,000
成交价：RMB 805,000
高28cm 华艺国际 2017-11-25

130 清乾隆 秋葵绿地洋彩缠枝花卉纹六方盆奁成套
估　价：HKD 500,000~700,000
成交价：RMB 489,700
奁长19.5cm；盆长16.7cm 香港中汉 2017-10-03

1699 清乾隆 珊瑚红地粉彩凤穿花卉纹花盆（一套）
来源：英国重要古董商Marchant旧藏。
估　价：RMB 1,800,000~2,200,000
成交价：RMB 1,840,000
长18cm 北京荣宝 2017-06-02

733 清乾隆 青花粉彩宝相花纹贯耳尊
“大清乾隆年制”篆书款
估　价：HKD 500,000~600,000
成交价：RMB 665,992
高14cm 北京匡时 2017-10-02

125 清乾隆 珊瑚红地粉彩描金太平有象（一对）
来源：香港佳士得2006年春季拍卖 Lot1461；张宗宪先生旧藏。
估　价：HKD 700,000~800,000
成交价：RMB 735,966
高20cm×2 北京匡时 2017-04-03

580 清乾隆 青花粉彩双龙捧寿纹抱月瓶
“大清乾隆年制”篆书款
来源：欧洲私人旧藏。
估　价：RMB 2,200,000~4,200,000
成交价：RMB 3,565,000
高22cm 观唐皕榷 2017-01-11

275 清乾隆 青花矾红粉彩四季花卉御制诗文瓶
“大清乾隆年制”款
估　价：RMB 600,000~800,000
成交价：RMB 2,047,000
高45cm 北京保利 2017-04-16

3602 清乾隆 松绿地粉彩云龙纹撇口橄榄瓶
"大清乾隆年制"款
估　价：HKD 800,000~1,200,000
成交价：RMB 3,071,000
香港苏富比 2017-10-03

591 清乾隆 松石绿地粉彩螭龙番莲纹长方花盆（一对）
"大清乾隆年制"篆书款
记录：1.香港佳士得，2004年；2.香港佳士得，2008年；3.北京嘉德，2014年。
估　价：RMB 2,200,000~4,200,000
成交价：RMB 4,370,000
宽25.3cm×2 观唐皕榷 2017-01-11

1885 清乾隆 松石绿地描金粉彩花卉纹折沿洗
估　价：RMB 800,000~1,200,000
成交价：RMB 1,495,000
直径34cm 北京华辰 2017-06-05

1073 清乾隆 松石绿地洋彩缠枝莲纹螭龙耳四方壁瓶
"大清乾隆年制"篆书款
估　价：RMB 1,500,000~1,700,000
成交价：RMB 2,185,000
高20cm 上海匡时 2017-11-05

729 清乾隆 松石绿地粉彩百花争瑞图罐
"大清乾隆年制"篆书款
估　价：RMB 350,000~550,000
成交价：RMB 483,000
高32cm 观唐皕榷 2017-01-12

62 清乾隆 松石绿地洋彩描金福寿吉庆纹螭龙耳大尊
"大清乾隆年制"篆书款
估　价：RMB 2,200,000~3,000,000
成交价：RMB 4,232,000
高73.5cm 北京中汉 2017-12-19

305 清乾隆 松石绿地洋彩描金莲托八宝纹天球瓶
“大清乾隆年制”篆书款
估　价：RMB 10,000,000~12,000,000
成交价：RMB 19,550,000
高52.5cm 大羿拍卖 2017-12-04

5193 清乾隆 唐英制“陶珍”款粉彩花鸟题诗瓷板
“陶珍”款
估　价：RMB 1,000,000~1,500,000
成交价：RMB 1,150,000
80cm×27cm 北京保利 2017-12-18

1662 清乾隆 唐英制粉彩荔枝
估　价：RMB 200,000~300,000
成交价：RMB 345,000
长7.5cm 北京华辰 2017-12-17

927 清乾隆 洋彩百花不落地盖碗
“大清乾隆年制”篆书款
来源：法国藏家旧藏。
估　价：RMB 800,000~1,200,000
成交价：RMB 1,035,000
直径10cm 保利厦门 2017-06-25

579 清乾隆 万花不落地花觚
“大清乾隆年制”篆书款
估　价：RMB 400,000~800,000
成交价：RMB 667,000
高27cm 观唐皕榷 2017-01-11

5191 清乾隆 唐英制洋彩洋人献宝笔筒
“榷陶”款
备注：1.苏格兰贵族旧藏；2.河洛山房递藏。
估　价：RMB 2,200,000~3,200,000
成交价：RMB 3,680,000
高13.8cm 北京保利 2017-12-18

5878 清乾隆 洋彩镂空花卉盘
“大清乾隆年制”款
估　价：RMB 600,000~800,000
成交价：RMB 805,000
直径28.6cm 北京保利 2017-06-07

524 清乾隆 洋彩松绿地福寿吉庆桃花迎春如意祥云纹一统尊
“大清乾隆年制”篆书款
估　价：RMB 1,600,000~2,000,000
成交价：RMB 3,105,000
高34cm 大羿拍卖 2017-12-04

1051 清乾隆 洋彩花卉书灯（一对）
“大清乾隆年制”
估　价：RMB 800,000~1,200,000
成交价：RMB 920,000
高12cm×2 北京荣宝 2017-09-24

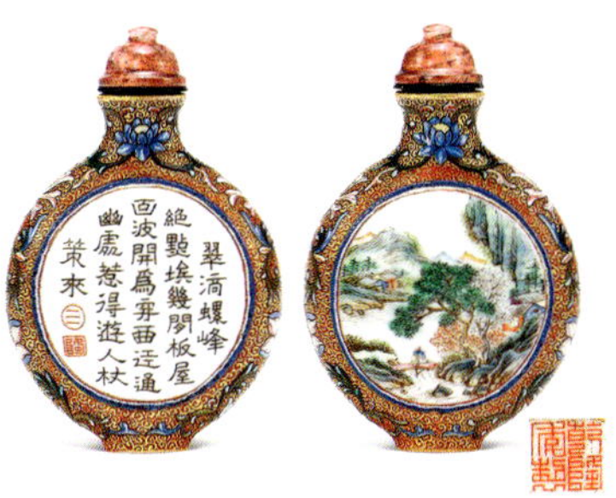

3175 清乾隆 洋彩开光山水纹御制诗鼻烟壶
“乾隆年制”楷书款
估　价：RMB 600,000~800,000
成交价：RMB 1,265,000
高8.5cm 北京匡时 2017-12-03

5184 清乾隆 洋彩花卉纹鼓墩式迎手
备注：1.英国Valerie Finnis Scott夫人旧藏；2.香港苏富比，2008年、2014年。
估　价：RMB 1,550,000~2,050,000
成交价：RMB 2,070,000
高20.8cm 北京保利 2017-12-18

1507 清乾隆 洋彩塑果高足供盘（一对）
估 价：RMB 8,000,000~12,000,000
成交价：RMB 16,100,000
底座高16.5cm×2；桃高7cm；石榴高8cm 北京东正 2017-06-08

304 清乾隆 洋彩通景山水耕织图双蝠衔枝耳瓶
“大清乾隆年制”篆书款
来源：通运公司（Ton-Ying & Company）旧藏。
估 价：RMB 20,000,000~25,000,000
成交价：RMB 46,000,000
高36cm 大羿拍卖 2017-12-04

583 清乾隆 洋彩万花献瑞图大吉瓶
“大清乾隆年制”篆书款
来源：1.英国“放山居”旧藏；2.伦敦苏富比，1968年；3.伦敦佳士得，2003年。
成交价：RMB 22,425,000
高58cm 观唐皕榷 2017-01-11

5034 清乾隆 洋彩胭脂红八吉祥仿古双兽耳壶
“大清乾隆年制”款
著录：《玫茵堂中国陶瓷》，康蕊君，伦敦，1994-2010年。
估 价：RMB 1,200,000~1,600,000
成交价：RMB 2,300,000
高23.6cm 北京保利 2017-12-18

5106 清乾隆 洋彩胭脂紫地轧道花卉御题三清茶诗茶盅
“大清乾隆年制”款
备注：法国巴黎列斐伏尔（Lefebvre）家族旧藏。
估 价：RMB 2,600,000~3,600,000
成交价：RMB 8,395,000
直径10.8cm 北京保利 2017-06-06

3107 清乾隆 洋彩月白地锦上添花开光篮花图茶碗
“大清乾隆年制”款
来源：1.Caid Osman收藏，法国；2.。Cabinet Portier & Associes，巴黎，2013年。
估 价：HKD 7,000,000~9,000,000
成交价：RMB 7,573,500
直径9.8cm 香港苏富比 2017-04-05

1218 清乾隆 洋彩云龙纹斗笔
“大清乾隆年制”篆书款
估 价：RMB 600,000~700,000
成交价：RMB 724,500
长16.8cm 华艺国际 2017-11-25

1504 清乾隆 御窑松石绿地洋彩九龙纹天球瓶
“大清乾隆年制”款
来源：香港苏富比，2010年。
估 价：RMB 20,000,000~25,000,000
成交价：RMB 11,500,000
高50.8cm 北京东正 2017-12-09

5186 清乾隆 御制胭脂红地洋彩八吉祥贲巴瓶（一对）
“大清乾隆年制”款
备注：国有文物商店旧藏。
估 价：RMB 15,000,000~20,000,000
成交价：RMB 28,750,000
高26cm×2 北京保利 2017-12-18

537 清乾隆/嘉庆 粉彩地藏菩萨坐像两尊
来源：帝国东方艺术，纽约。
估　价：USD 150,000~250,000
成交价：RMB 3,407,608
纽约苏富比 2017-03-15

3181 清嘉庆 白地洋彩龙穿花纹螭龙耳瓶
“大清嘉庆年制”篆书款
来源：M.H SOAMES旧藏。
估　价：RMB 700,000~800,000
成交价：RMB 1,495,000
高33.5cm 北京匡时 2017-12-03

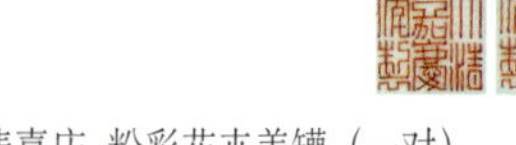

3178 清嘉庆 粉彩花卉盖罐（一对）
“大清嘉庆年制”篆书款
来源：伦敦佳士得，2014年5月13日封面
估　价：RMB 1,500,000~1,800,000
成交价：RMB 2,012,500
高18.5cm×2 北京匡时 2017-12-03

1078 清嘉庆 粉彩龙凤纹罐
“大清嘉庆年制”篆书款
估　价：RMB 800,000~1,000,000
成交价：RMB 1,092,500
高26.9cm 上海匡时 2017-11-05

5940 清嘉庆 粉彩九桃盘（一对）
“大清嘉庆年制”款
估　价：RMB 800,000~1,200,000
成交价：RMB 1,092,500
直径19.5cm×2 北京保利 2017-12-19

3718 清嘉庆 粉彩百子碗（一对）
“大清嘉庆年制”款
估　价：HKD 1,200,000~1,800,000
成交价：RMB 1,245,000
直径11.7cm×2 香港苏富比 2017-10-03

3630 清嘉庆 粉彩江西十景碗（1套10件）
“大清嘉庆年制”款“浔阳九派”、“藤阁高风”、“徐亭烟柳”、“百花春晓”、“上清胜境”、“麻姑仙坛”、“庐山瀑布”、“西山叠翠”、“庾岭积雪”、“南浦飞云”
来源：1.传1936年以前购于中国；2.香港佳士得，1989年；3.香港佳士得，2001年；4.玫茵堂收藏；5.香港苏富比，2011年。
估 价：HKD 8,000,000~12,000,000
成交价：RMB 10,246,500
14.5cm×14.7cm×10 香港苏富比 2017-04-05

1511 清嘉庆 粉彩胭脂紫地轧道开光花卉图碗
“大清嘉庆年制”篆书款
估 价：RMB 450,000~550,000
成交价：RMB 517,500
直径17.1cm 西泠拍卖 2017-07-15

3587 清嘉庆 九秋同庆图双耳大瓶（一对）
“大清嘉庆年制”款
估 价：RMB 8,000,000~10,000,000
成交价：RMB 9,430,000
高74cm×2 北京荣宝 2017-12-02

2960 清嘉庆 粉彩婴戏图撇口大瓶
“大清嘉庆年制”篆书款
估 价：RMB 2,800,000~3,800,000
成交价：RMB 3,335,000
高51cm 中国嘉德 2017-06-19

5938 清嘉庆 蓝地轧道开光牛郎织女碗
“大清嘉庆年制”款
估 价：RMB 100,000~150,000
成交价：RMB 138,000
直径15cm 北京保利 2017-12-19

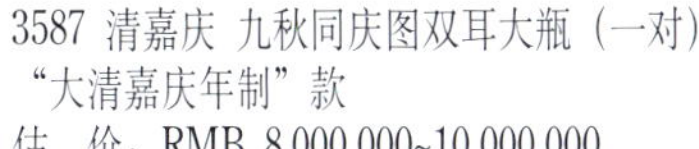

108 清嘉庆 黄地洋彩福寿番莲开光花卉御制诗文四方尊
“大清嘉庆年制”款
估 价：RMB 3,800,000~6,000,000
成交价：RMB 4,370,000
高17.5cm 中贸圣佳 2017-06-18

6190 清嘉庆 松石绿地粉彩加金双吉福寿太白罐
估 价：RMB 650,000~850,000
成交价：RMB 897,000
高25cm 北京保利 2017-12-19

132 清嘉庆 洋彩缠枝莲托八吉祥纹贲巴壶
“大清嘉庆年制”篆书款
估 价：HKD 1,500,000~2,500,000
成交价：RMB 2,448,500
高19.2cm 香港中汉 2017-10-03

689 清嘉庆 珊瑚红地描金粉彩婴戏图碗
“大清嘉庆年制”篆书款
估 价：RMB 450,000~650,000
成交价：RMB 724,500
直径21cm 观唐皕榷 2017-01-12

1168 清嘉庆 胭脂紫地粉彩蕃莲纹镂空折沿供盘
“大清嘉庆年制”篆书款
记录：香港苏富比2006年4月10日LOT.1741。
估 价：RMB 1,500,000~2,200,000
成交价：RMB 1,840,000
直径39cm 华艺国际 2017-11-25

2910 清嘉庆 珊瑚红地粉彩描金缠枝莲纹瓶（一对）
估 价：HKD 3,000,000~5,000,000
成交价：RMB 5,701,700
高33.5cm×2 佳士得 2017-11-29

107 清嘉庆 洋彩御制诗文盖碗（一对）
“大清嘉庆年制”款
来源：1.国营文物商店旧藏；2.薛贵笙旧藏。
估 价：RMB 5,000,000~8,000,000
成交价：RMB 5,865,000
直径11cm×2 中贸圣佳 2017-06-18

704 清道光 粉彩暗八仙纹碗（一对）
“大清道光年制”款
估 价：HKD 50,000~70,000
成交价：RMB 153,058
直径14.1cm×2 香港苏富比 2017-06-01

595 清道光 绿地粉彩缠枝莲花托寿喜纹双耳瓶
“大清道光年制”篆书款
记录：中国嘉德，2001年。
估 价：RMB 1,000,000~2,000,000
成交价：RMB 1,667,500
高28.2cm 观唐皕榷 2017-01-11

3641 清嘉庆 紫地粉彩番莲八吉祥纹贲巴壶
“大清嘉庆年制”款
来源：1.Loch 勋爵；2.Alfred Morrison；3.放山居 Margadale 勋爵；4.伦敦佳士得，1971年；5.S. Marchant & Son Ltd，伦敦，2009年。
估 价：HKD 3,000,000~5,000,000
成交价：RMB 3,296,700
高26cm 香港苏富比 2017-04-05

1501 清嘉庆 御窑黄地粉彩瓜瓞绵绵纹盖罐（一对）
“大清嘉庆年制”款
来源：1.莫里森家族，放山居旧藏；2.伦敦佳士得，2004年。
估 价：RMB 8,000,000~10,000,000
成交价：RMB 10,695,000
高31cm×2 北京东正 2017-12-09

235 清道光 粉彩瓜瓞绵绵纹杯
“大清道光年制”款
来源：1.养志堂收藏；2.新加坡佳士得1997年3月13日，编号248（一对之其一）。
估　价：GBP 20,000~30,000
成交价：RMB 357,720
直径7cm 伦敦苏富比 2017-05-10

5124 清道光 粉彩河清海晏太平尊
“慎德堂制”款
记录：伦敦佳士得，2011.05.11，Lot296
估　价：RMB 1,800,000~2,800,000
成交价：RMB 2,070,000
高29.5cm 北京保利 2017-06-06

122 清道光 粉彩描金十八罗汉图碗
“慎德堂制”楷书款
估　价：RMB 400,000~600,000
成交价：RMB 943,000
直径17.3cm 北京中汉 2017-09-01

534 清道光 粉彩松石绿地缠枝莲纹长颈瓶
“大清道光年制”款
估　价：USD 8,000~12,000
成交价：RMB 138,380
纽约苏富比 2017-03-15

129 清道光 粉彩胭脂红地轧道锦地开光清供图碗（一对）
“大清道光年制”款
来源：S. Marchant & Son，伦敦（标签）。
成交价：RMB 806,513
直径14.7cm×2 伦敦苏富比 2017-05-10

135 清道光 粉彩三多纹碗（一对）
“大清道光年制”款
估　价：GBP 5,000~7,000
成交价：RMB 89,430
直径15.2cm×2 伦敦苏富比 2017-05-10

714 清道光 粉彩胭脂紫地轧道开光山水人物图碗
估　价：USD 7,000~9,000
成交价：RMB 155,678
纽约苏富比 2017-03-15

705 清道光 粉彩胭脂紫地轧道开光五谷丰登图碗
“大清道光年制”款
估　价：HKD 20,000~30,000
成交价：RMB 65,596
直径14.8cm 香港苏富比 2017-06-01

1171 清道光 胭脂红地宝相花纹盖瓶
“慎德堂制”楷书款
估　价：RMB 200,000~300,000
成交价：RMB 287,500
高25cm 华艺国际 2017-11-25

3722 清道光 紫地轧道粉彩开光清供图碗
“大清道光年制”款
估　价：HKD 300,000~500,000
成交价：RMB 311,250
直径14.8cm 香港苏富比 2017-10-03

5050 清道光 粉彩福庆连绵双耳莲花口瓶（一对）
“大清道光年制”款
备注：1. The James H. Kelley 旧藏；2. 纽约佳士得，2009年；3. 玫茵堂收藏。
估　价：RMB 3,500,000~6,500,000
成交价：RMB 7,820,000
高31cm×2 北京保利 2017-12-18

6408 清中期 粉彩菊花铺首尊
“大清雍正年制”款
备注：日本藏家旧藏
估　价：RMB 100,000~150,000
成交价：RMB 2,300,000
高20cm 北京保利 2017-06-08

1148 清道光 胭脂紫地粉彩缠枝莲纹双螭耳瓶
“大清道光年制”篆书款
估　价：RMB 600,000~1,200,000
成交价：RMB 2,702,500
高29cm 广东崇正 2017-06-15

5886 清中期 黑地洋彩花卉小杯（一对）
“雍正年制”款
估　价：RMB 800,000~1,200,000
成交价：RMB 1,495,000
直径7cm×2 北京保利 2017-06-07

743 清同治 粉彩花卉捧盒（一对）
“同治年制”楷书款
估　价：RMB 650,000~950,000
成交价：RMB 943,000
直径33cm×2 观唐皕榷 2017-01-12

896 清光绪 粉彩龙凤纹罐
“大清嘉庆年制”篆书款
估　价：HKD 50,000~70,000
成交价：RMB 418,664
高27cm 中国嘉德 2017-05-30

715 清光绪 粉青地粉彩子孙万代纹琮式瓶
“大清光绪年制”款
估　价：USD 8,000~12,000
成交价：RMB 276,760
纽约苏富比 2017-03-15

6193 清同治 粉彩百蝶双喜团福折沿大洗
“福”款
估　价：RMB 250,000~350,000
成交价：RMB 287,500
直径40.5cm 北京保利 2017-12-19

703 清同治 粉彩花卉图碗（一对）
“大清同治年制”款
估　价：HKD 70,000~90,000
成交价：RMB 120,260
直径15.4cm×2 香港苏富比 2017-06-01

1167 清光绪 粉彩“寿山福海”图宝珠钮盖罐（一对）
“大清光绪年制”楷书款
估　价：RMB 200,000~300,000
成交价：RMB 402,500
高32cm×2 华艺国际 2017-11-25

1318 清光绪 黄地粉彩花卉蝴蝶葫芦瓶
“永庆长春”款
来源：香港佳士得，2004年。
估　价：RMB 950,000~1,250,000
成交价：RMB 1,150,000
高22.5cm 北京荣宝 2017-04-02

3215 18世纪 绿地粉彩西洋人物图琮式瓶
估　价：HKD 1,500,000~2,600,000
成交价：RMB 3,033,540
高22cm 佳士得 2017-05-31

336 19世纪 粉彩花盆
估　价：USD 6,000~9,000
成交价：RMB 128,473
直径33cm 纽约佳士得2017.1.18 2017-01-18

722 清宣统 粉彩赶珠云龙纹玉壶春瓶（一对）
“大清宣统年制”款
估　价：HKD 80,000~120,000
成交价：RMB 273,318
高13.4cm×2 香港苏富比 2017-06-01

233 清宣统 粉彩鸟语花香纹碗（一对）
“大清宣统年制”款
估　价：GBP 5,000~7,000
成交价：RMB 167,681
直径11.9cm×2 伦敦苏富比 2017-05-10

5937 清 瓷胎加洋彩三多碗
“大清雍正年制”款
估　价：RMB 400,000~600,000
成交价：RMB 862,500
直径15cm 北京保利 2017-12-19

716 19世纪 粉彩莲花盖碗
“慎德堂制”款
估　价：HKD 30,000~50,000
成交价：RMB 163,991
直径10.7cm 香港苏富比 2017-06-01

907 民国 邓碧珊画 人物故事图瓷板一堂
来源：香港重要私人家族珍藏。
估 价：HKD 200,000~300,000
成交价：RMB 3,820,309
高74cm 中国嘉德 2017-05-30

178 民国 何金梅款粉彩四季图紫坛框挂屏（一堂）
估 价：HKD 400,000~600,000
成交价：RMB 979,400
高95cm 中国嘉德 2017-10-02

2557 民国 刘雨岑粉彩花鸟瓶
估 价：RMB 450,000~550,000
成交价：RMB 747,500
高25cm 中贸圣佳 2017-09-03

360 民国 何许人 1927年 粉彩山水图方印（一对）
估 价：GBP 30,000~50,000
成交价：RMB 1,976,403
高9.2cm×2 伦敦佳士得 2017-05-12

2867 民国 何许人风格 粉彩万年如意尊
“大清乾隆年制”款
估 价：RMB 1,600,000~1,800,000
成交价：RMB 2,093,000
高31.5cm 北京匡时 2017-12-03

2650 民国 何许人粉彩雪景印盒
估 价：RMB 280,000~320,000
成交价：RMB 368,000
直径8.5cm 中贸圣佳 2017-09-03

712 民国 粉彩红梅图诗文洗
“荒园老梅鹤仙”款、“古石”款
估 价：HKD 15,000~20,000
成交价：RMB 349,847
直径21.5cm 香港苏富比 2017-06-01

2672 民国 田鹤仙粉彩山水瓶
印文：古石 鹤仙
估 价：RMB 600,000~800,000
成交价：RMB 1,012,000
高23cm 中贸圣佳 2017-09-03

4595 民国 汪晓棠绘竹报平安三多四美图胆瓶
钤印“汪印”、“晓棠”、“彤云山房”款。
估　价：RMB 300,000~500,000
成交价：RMB 598,000
高38.3cm 中国嘉德 2017-03-31

2568 民国 汪野亭粉彩山水文房（一套）
“洪宪年制”款
估　价：RMB 400,000~500,000
成交价：RMB 632,500
尺寸不一 中贸圣佳 2017-09-03

1289 民国 袖珍粉彩花鸟图瓶（一对）
估　价：USD 3,000~5,000
成交价：RMB 95,136
高8.1cm×2 纽约佳士得 2017-03-17

2635 民国 徐仲南粉彩人物瓶（一对）
估　价：RMB 1,600,000~1,800,000
成交价：RMB 1,955,000
高15.5cm×2 中贸圣佳 2017-09-03

755 民国 王琦 粉彩四爱图四条屏
估　价：RMB 3,800,000~5,800,000
成交价：RMB 5,405,000
75cm×20cm 观唐皕榷 2017-01-12

162 民国 胭脂红黄地轧道粉彩花卉纹双联瓶
估　价：HKD 30,000~50,000
成交价：RMB 311,850
高24.1cm 佳士得 2017-04-04

3668 郭文连 云雾林间神驹图 粉彩瓷板 六条屏
钤印：郭氏、文连之印、南山居士、郭文连
估　价：RMB 8,000,000~10,000,000
成交价：RMB 11,270,000
113cm×57cm×6 中国嘉德 2017-06-20

753 王大凡 民国 粉彩仕女图瓶（一对）
“古松斋制”篆书款
估　价：RMB 600,000~900,000
成交价：RMB 977,500
高35.5cm×2 观唐皕榷 2017-01-12

2909 徐仲南 民国 粉彩四方笔筒
“仲南”篆书款
估　价：RMB 350,000~450,000
成交价：RMB 402,500
高16.2cm 中国嘉德 2017-06-19

2671 民国（1929年）作 王琦粉彩人物瓶
印文：琦、匋匋斋
估　价：RMB 1,400,000~1,600,000
成交价：RMB 1,955,000
高16.5cm 中贸圣佳 2017-09-03

2875 汪晓棠 民国 粉彩人物故事瓷板（一组两件）
钤印：汪隶、四如居士、汪氏、晓棠
估　价：RMB 800,000~1,000,000
成交价：RMB 1,552,500
75cm×20.5cm×2 北京匡时 2017-12-03

2845 王锡良 当代 粉彩影青刻花开光庐山二景图双耳瓶
钤印：一九七三、锡、景德镇陶瓷研究所制
估　价：RMB 1,800,000~2,000,000
成交价：RMB 2,300,000
长50cm 北京匡时 2017-12-03

珐琅彩

3607 清雍正 珐琅彩万花锦纹碗
“雍正年制”蓝料款
出版：《香港苏富比二十周年》，香港，1993年，编号231。
估　价：HKD 8,000,000~10,000,000
成交价：RMB 15,521,000
直径10.1cm 香港苏富比 2017-10-03

419 清乾隆 珐琅彩狩猎图大碗
估　价：USD 20,000~30,000
成交价：RMB 171,298
直径50.8cm 纽约佳士得 2017-01-18

581 清乾隆 珐琅彩太平有象六角香熏
“乾隆年制”篆书款
估　价：RMB 2,800,000~4,800,000
成交价：RMB 4,600,000
高16.8cm 观唐皕榷 2017-01-11

5161 清康熙 御制珐琅彩胭脂紫地牡丹碗
“康熙御制”款
备注：香港苏富比，2002年。
著录：《香港苏富比三十周年》图306。
估　价：RMB 16,000,000~26,000,000
成交价：RMB 35,650,000
直径14.3cm 北京保利 2017-12-18

5030 清雍正 玫茵堂典藏珐琅彩粉彩“平安春信”图碗
“大清雍正年制”款
备注：1.Bois家族旧藏；2.蒙特信托收藏创始人Vivian Bulkeley-Johnson先生及蒙特信托基金会旧藏。
著录：《中国陶艺》，Margaret Medley，纽约；《玫茵堂中国陶瓷》，康蕊君，伦敦，1994-2010年。
估　价：RMB 12,000,000~20,000,000
成交价：RMB 46,000,000
直径11.9cm 北京保利 2017-12-18

307 清雍正 珐琅彩大碗
估　价：USD 12,000~18,000
成交价：RMB 256,946
直径33.9cm 纽约佳士得 2017-01-18

2319 清雍正 御制瓷胎洋彩珐琅春风碧桃图胆瓶
估 价：RMB 3,500,000~5,000,000
成交价：RMB 10,695,000
高38.5cm 中贸圣佳 2017-12-20

1051 民国 珐琅彩花鸟诗文盘
“雍正年制”楷书款
估 价：RMB 20,000~30,000
成交价：RMB 345,000
直径17.3cm 上海匡时 2017-11-05

5944 民国 珐琅彩题诗教子图四方笔筒
“乾隆年制”款
估 价：RMB 400,000~600,000
成交价：RMB 575,000
高16cm 北京保利 2017-12-19

广 彩

3398 清中期 广彩人物纹瓷板
估 价：RMB 1,000~2,000
成交价：RMB 11,500
直径39.7cm 中国嘉德 2017-09-03

1319 19世纪/20世纪 广彩开光人物图狮耳大瓶（一对）
估 价：USD 4,000~6,000
成交价：RMB 34,595
纽约苏富比 2017-03-18

1318 19世纪中期 广彩人物图坐墩（一对）
估 价：USD 5,000~7,000
成交价：RMB 43,244
纽约苏富比 2017-03-18

1256 18世纪 广彩洛克菲勒式人物故事纹盘（八件）
估 价：RMB 100,000~200,000
成交价：RMB 356,500
直径25cm 广东崇正 2017-12-13

珐华彩

3186 明中期 珐华莲池纹梅瓶
估 价：HKD 300,000~500,000
成交价：RMB 388,063
高28cm 佳士得 2017-05-31

293 明万历 珐花罗汉坐像
估 价：GBP 5,000~8,000
成交价：RMB 424,793
高46cm 伦敦佳士得 2017-05-12

1030 明 珐华彩洞石仙人摆件
估 价：RMB 50,000~80,000
成交价：RMB 57,500
高40cm 华艺国际 2017-08-27

1031 明 珐华彩罐
成交价：RMB 57,500
高15cm 华艺国际 2017-08-27

379 明 珐华彩携琴访友图梅瓶
估 价：RMB 50,000
成交价：RMB 66,700
高30.6cm 太平洋 2017-09-10

655 明 珐华镂空八仙祝寿图罐
估 价：USD 20,000~30,000
成交价：RMB 103,785
纽约苏富比 2017-03-15

1179 明 珐华人物故事图罐
估 价：USD 4,000~6,000
成交价：RMB 56,217
高36.2cm 纽约佳士得 2017-03-17

1182 16世纪 珐华镂雕牡丹纹三足炉
估 价：USD 30,000~50,000
成交价：RMB 242,165
直径27cm 纽约佳士得 2017-03-17

654 16世纪 珐华携琴访友图梅瓶
估 价：USD 20,000~30,000
成交价：RMB 389,194
纽约苏富比 2017-03-15

浅绛彩

2552 金品卿浅绛山水花鸟兽耳方瓶
印文：金氏、品卿、臣诰
估 价：RMB 600,000~800,000
成交价：RMB 1,127,000
高59cm 中贸圣佳 2017-09-03

326 清光绪 浅绛彩花鸟山水双耳海棠式瓶
估 价：RMB 30,000
成交价：RMB 1,322,500
高30cm 北京翰海 2017-09-13

2681 清光绪4年（1878年）作 程门浅绛琮式瓶
钤印：笠翁。雪笠。笠道人。程、门。
估 价：RMB 250,000~280,000
成交价：RMB 345,000
高30cm 中贸圣佳 2017-09-03

327 清光绪 浅绛彩人物双耳海棠式瓶
估 价：RMB 20,000
成交价：RMB 632,500
高30cm 北京翰海 2017-09-13

2860 清光绪 浅绛彩香山九老瓷板
“程门”款
估 价：RMB 20,000
成交价：RMB 437,000
40.5cm×26cm 北京翰海 2017-01-08

2620 清光绪八年（1882年）作 胡孔规浅绛方帽筒（一对）
估　价：RMB 450,000~550,000
成交价：RMB 667,000
高27.5cm×2 中贸圣佳 2017-09-03

2882 清晚期 程门 浅绛山水瓶
钤印：筱园珍藏
估　价：RMB 160,000~180,000
成交价：RMB 253,000
高25.7cm 北京匡时 2017-12-03

2623 清 程门浅绛山水尊
印文：臣门
估　价：RMB 720,000~800,000
成交价：RMB 1,012,000
高44cm 中贸圣佳 2017-09-03

2880 清晚期 金品卿 浅绛花鸟秋韵瓷板
钤印：金诰
估　价：RMB 600,000~800,000
成交价：RMB 690,000
31.5cm×42cm 北京匡时 2017-12-03

1445 清 程门绘浅绛彩四季山水挂屏（一套四件）
钤印：程门
估　价：RMB 450,000~550,000
成交价：RMB 632,500
43cm×29cm 西泠拍卖 2017-07-15

红　彩

5209 明正德 矾红阿拉伯文盘
估　价：RMB 100,000~150,000
成交价：RMB 575,000
直径20.8cm 北京保利 2017-06-06

3158 清康熙 矾红彩暗刻龙纹洪福齐天折沿盘
“大清康熙年制”楷书款
来源：香港苏富比，1986年。出版：康蕊君，《玫茵堂中国陶瓷》，伦敦，1994—2010年。
估　价：HKD 500,000~700,000
成交价：RMB 609,800
直径19.5cm 保利香港 2017-04-04

692 清康熙 绿地矾红彩赶珠龙纹盘
“大清康熙年制”款
估　价：USD 15,000~25,000
成交价：RMB 129,731
纽约苏富比 2017-03-15

555 明嘉靖 黄地矾红八卦仙鹤纹盖盒
“大明嘉靖年制”楷书款
来源：东京浦上苍穹堂。
估　价：RMB 600,000~900,000
成交价：RMB 920,000
高7.2cm；长12.8cm；宽10.5cm 观唐皕榷 2017-01-11

3005 清康熙 矾红青花海水龙纹碗（一对）
估　价：HKD 600,000~800,000
成交价：RMB 797,813
直径18.7cm×2 佳士得 2017-11-29

3157 清康熙 矾红彩云龙纹碗
“大明成化年制”楷书款
来源：1.H.M.Knight 旧藏；2.伦敦古董商 Bluett & Sons Ltd（标签）。出版：康蕊君，《玫茵堂中国陶瓷》，伦敦，1994—2010年。
估　价：HKD 300,000~400,000
成交价：RMB 420,552
直径19.2cm 保利香港 2017-04-04

3263 明嘉靖 绿地矾红葫芦瓶
“大明嘉靖年制”楷书款
来源：纽约佳士得，2005年。
估　价：RMB 800,000~900,000
成交价：RMB 920,000
高19cm 北京匡时 2017-12-03

3167 清康熙 青釉矾红三鱼纹瓶
估　价：RMB 15,000~25,000
成交价：RMB 92,000
高13cm 中国嘉德 2017-09-02

5012 清康熙 洒蓝描金矾红彩连年有余瓶
著录：《私人收藏17–18世纪中国陶瓷》，K. Rizk and C. Mahony，中国陶瓷公司，2000年。
估　价：RMB 600,000~800,000
成交价：RMB 1,092,500
高45cm 北京保利 2017-12-18

2843 清乾隆 矾红彩花卉藏草瓶
估　价：RMB 320,000~400,000
成交价：RMB 368,000
高22.5cm 中国嘉德 2017-06-20

1253 清乾隆 白地胭脂红彩莲托八吉祥纹朝冠耳三足炉
“大清乾隆年制”篆书款
估　价：USD 15,000~20,000
成交价：RMB 190,273
高36.5cm 纽约佳士得 2017-03-17

6184 清乾隆 矾红彩酱釉瓷塑佛像
估　价：RMB 600,000~800,000
成交价：RMB 690,000
高27cm 北京保利 2017-12-19

907 清雍正 胭脂地开光线描花卉纹杯
“雍正御制”楷书款
来源：英国古董商旧藏。
估　价：RMB 300,000~600,000
成交价：RMB 1,092,500
高4cm；直径6.5cm 保利厦门 2017-06-25

511 清雍正 矾红夔凤纹水丞
“大清雍正年制”楷书款
来源：1.仇炎之旧藏；2.香港苏富比，1980年。
估　价：RMB 1,400,000~1,610,000
成交价：RMB 1,610,000
高5.5cm 大羿拍卖 2017-12-04

1254 清乾隆 矾红彩双龙赶珠纹高足盖碗（一对）
“大清乾隆年制”双方框篆书款
估　价：USD 20,000~30,000
成交价：RMB 172,975
直径15.5cm×2 纽约佳士得 2017-03-17

3567 清乾隆 矾红彩云龙纹杯（一套十件）
“大清乾隆年制”款
来源：1.德国私人旧藏；2.德国纳高，2013年5月拍卖。
估　价：RMB 3,000,000~4,000,000
成交价：RMB 3,450,000
直径4.6cm 北京荣宝 2017-12-02

598 清道光 矾红暗刻海水龙纹盘
“大清道光年制”篆书款
估　价：RMB 200,000~400,000
成交价：RMB 345,000
直径18cm 观唐皕榷 2017-01-11

1571 清乾隆 矾红龙纹太白罐
“大清乾隆年制”款
估　价：RMB 1,200,000~1,500,000
成交价：RMB 1,380,000
高19cm 北京华辰 2017-12-17

718 清道光 矾红彩五福有余图盘（一对）
“大清道光年制”款
估　价：HKD 90,000~120,000
成交价：RMB 131,193
直径18cm×2 香港苏富比 2017-06-01

128 清乾隆 矾红御题诗三清图碗
“大清乾隆年制”篆书款
估　价：HKD 60,000~80,000
成交价：RMB 107,734
直径10.6cm 香港中汉 2017-10-03

5032 清乾隆 粉彩轧道海水矾红云龙纹茶盅
“大清乾隆年制”款
著录：《玫茵堂中国陶瓷》，康蕊君，伦敦，1994—2010年。
估　价：RMB 1,500,000~2,000,000
成交价：RMB 2,185,000
直径11cm 北京保利 2017-12-18

206 清光绪 矾红描金双龙戏珠纹大盘（一对）
估 价：GBP 8,000~12,000
成交价：RMB 597,231
直径50.5cm×2 伦敦佳士得 2017-11-07

719 清光绪 矾红彩赶珠龙纹杯
“大清光绪年制”款
估 价：HKD 10,000~15,000
成交价：RMB 26,239
直径6cm 香港苏富比 2017-06-01

739 清道光 矾红云龙纹杯（一对）
“大清道光年制”篆书款
估 价：RMB 220,000~320,000
成交价：RMB 287,500
直径5.9cm×2 观唐皕榷 2017-01-12

219 清道光 矾红彩万福庆寿纹碗（一对）
“大清道光年制”款
来源：香港苏富比，1996年。
估 价：GBP 15,000~20,000
成交价：RMB 223,575
直径12.5cm，直径12.3 cm 伦敦苏富比 2017-05-10

120 清乾隆 胭脂红料苍龙教子图撇口瓶
“大清乾隆年制”篆书款
估 价：HKD 1,800,000~2,600,000
成交价：RMB 3,469,554
高40cm 北京匡时 2017-04-03

黄 彩

3954 明嘉靖 红地黄彩龙穿花纹盘
“大明嘉靖年制”楷书款
成交价：RMB 690,000
直径22cm 北京匡时 2017-06-04

3261 明嘉靖 绿地黄彩暗刻赶珠云龙纹盘
“大明嘉靖年制”楷书款
来源：伦敦苏富比，2011年。
成交价：RMB 2,300,000
直径19.8cm 北京匡时 2017-12-03

92 明中期 绿地黄彩开光云龙纹罐
估 价：RMB 600,000~800,000
成交价：RMB 747,500
高35cm；直径33cm 北京宣石 2017-05-21

3267 明万历 黄彩描矾红赶珠云龙纹碗
“大明万历年制”楷书款
来源：香港苏富比，2010年。
估 价：RMB 3,600,000~4,000,000
成交价：RMB 4,140,000
直径15cm；高9cm 北京匡时 2017-12-03

5848 清康熙 蓝地黄彩龙纹盘
“大清康熙年制”款
估 价：RMB 850,000~1,050,000
成交价：RMB 1,035,000
直径25cm 北京保利 2017-06-07

1581 清康熙 蓝地黄彩云龙纹盘
“大清康熙年制”款
估 价：RMB 380,000~480,000
成交价：RMB 437,000
直径42.2cm 北京华辰 2017-12-17

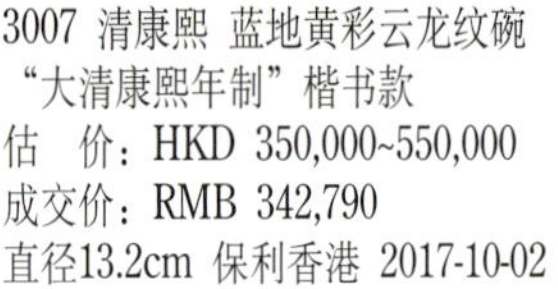

3007 清康熙 蓝地黄彩云龙纹碗
“大清康熙年制”楷书款
估 价：HKD 350,000~550,000
成交价：RMB 342,790
直径13.2cm 保利香港 2017-10-02

84 清乾隆 蓝地黄彩云龙戏珠纹盘
估 价：GBP 40,000~60,000
成交价：RMB 868,700
直径25cm 伦敦佳士得 2017-11-07

102 清咸丰 青花地黄彩云龙纹碗
“大清咸丰年制”楷书款
估 价：HKD 20,000~50,000
成交价：RMB 342,790
直径10.2cm 香港中汉 2017-10-03

绿 彩

3010 明弘治 白釉绿彩云龙纹盘
"大明弘治年制"楷书款
出版：康蕊君，《玫茵堂中国陶瓷》，伦敦，1994—2010年，卷2，编号693。
估 价：HKD 800,000~1,000,000
成交价：RMB 1,209,087
直径19.8cm 保利香港 2017-04-04

9 明正德 白地暗刻海水绿彩龙纹碗
"大明正德年制"款
来源：1.玫茵堂收藏；2.香港苏富比，2012年。
估 价：USD 250,000~350,000
成交价：RMB 2,909,440
纽约苏富比 2017-03-15

1501 明正德 白釉暗刻海水绿龙纹盘
"大明正德年制"款
估 价：RMB 1,300,000~1,500,000
成交价：RMB 1,840,000
直径19.5cm 北京东正 2017-06-08

3262 明嘉靖 矾红底绿彩婴戏盘
"大明嘉靖年制"楷书款
来源：伦敦佳士得，2006年。
估 价：RMB 600,000~800,000
成交价：RMB 1,472,000
直径15.5cm 北京匡时 2017-12-03

3 明正德 黄地绿彩赶珠云龙纹渣斗
"正德年制"款
来源：1.Derek Ide；2.Bluett & Sons Ltd，伦敦，1964年；3.罗杰琵金顿；4.茉琳琵金顿收藏。
估 价：HKD 700,000~900,000
成交价：RMB 1,893,375
直径14.8cm 香港苏富比 2017-04-05

6094 明正德 黄地绿龙暗刻云纹大碗
"正德年制"款
估 价：RMB 600,000~800,000
成交价：RMB 690,000
直径21.3cm 北京保利 2017-12-19

3730 明嘉靖 黄地绿彩刻云龙纹盘
“大明嘉靖年制”款
估　价：HKD 200,000~300,000
成交价：RMB 228,250
直径13.3cm 香港苏富比 2017-10-03

3156 清康熙 暗刻绿彩龙纹梅瓶
来源：纽约拉尔夫蔡特画廊旧藏。
估　价：HKD 350,000~550,000
成交价：RMB 609,800
高39.5cm 保利香港 2017-04-04

3013 明嘉靖 黄釉涩胎填绿彩龙纹碗
“大明嘉靖年制”楷书款
来源：1.伦敦苏富比，1974年；2.伦敦佳士得，1977年；3.伦敦佳士得，1986年；4.(传)仇炎之旧藏。出版：康蕊君，《玫茵堂中国陶瓷》，伦敦，1994—2010年。
估　价：HKD 800,000~1,200,000
成交价：RMB 1,261,656
直径17.1cm 保利香港 2017-04-04

2836 清雍正 黄地绿彩暗刻婴戏图碗（一对）
“大清雍正年制”楷书款
估　价：RMB 1,500,000~3,000,000
成交价：RMB 1,725,000
直径15cm 中国嘉德 2017-06-20

103 清康熙 黄地绿彩龙纹碗
“大清康熙年制”楷书款
估　价：HKD 400,000~500,000
成交价：RMB 420,552
直径14.5cm 北京匡时 2017-04-03

556 清雍正 黄地绿彩暗刻皇八子碗
“大清雍正年制”篆书款
估　价：RMB 800,000~1,200,000
成交价：RMB 920,000
直径15cm 大羿拍卖 2017-12-04

2811 清雍正 黄地绿彩海水白鹤纹碗
"大清雍正年制"楷书款
来源：Frank Caro，卢芹斋继承人，纽约，20世纪60年代。
估 价：HKD 500,000~700,000
成交价：RMB 1,063,750
直径15cm 佳士得 2017-11-29

2806 清雍正 墨地绿彩花卉草虫纹盘（一对）
"大清雍正年制"楷书款
著录：1.Christie' s，London，6 Nov. 2007，Lot 180；2.With John Sparks Ltd.，London，2nd May 1972。
估 价：RMB 7,000,000~9,000,000
成交价：RMB 8,050,000
直径19.8cm；直径19.5cm 中国嘉德 2017-12-18

1875 清雍正 黄地绿彩莲托八宝纹碗
"大清雍正年制"款
估 价：RMB 800,000~1,200,000
成交价：RMB 1,012,000
直径15.5cm 北京华辰 2017-06-05

3021 清雍正 黄地绿彩婴戏图碗
估 价：HKD 400,000~500,000
成交价：RMB 1,063,750
直径14.9cm 佳士得 2017-11-29

717 清乾隆 白地绿彩龙纹盘
"大清乾隆年制"篆书款
估 价：RMB 120,000~220,000
成交价：RMB 195,500
直径17.5cm 观唐皕榷 2017-01-12

104 清雍正 黄地绿彩西番莲纹盘（一对）
"大清雍正年制"楷书款
估 价：HKD 350,000~400,000
成交价：RMB 420,552
直径11.3cm×2 北京匡时 2017-04-03

4464 清乾隆 墨地绿彩缠枝莲纹盘
"大清乾隆年制"款
来源：1.英国女政治家艾达·科普兰伉俪旧藏；2.伦敦佳士得，2012年。
估 价：RMB 15,000~25,000
成交价：RMB 20,700
直径20.4cm 中国嘉德 2017-03-31

726 清道光 绿彩刻海水赶珠龙纹盘
“大清道光年制”款
估　价：HKD 30,000~40,000
成交价：RMB 60,130
直径18.1cm 香港苏富比 2017-06-01

1061 清同治 白釉暗刻绿彩海水龙纹盘（一对）
“大清同治年制”
估　价：RMB 50,000~80,000
成交价：RMB 69,000
直径18.5cm×2 北京荣宝 2017-09-24

6 清雍正 黄地绿彩福运绵绵纹碗
“大清雍正年制”款
来源：1.伦敦苏富比，1962年；2.Bluett & Sons Ltd ，伦敦，1962年；3.罗杰琵金顿收藏；4.茉琳琵金顿收藏。
估　价：HKD 400,000~600,000
成交价：RMB 1,447,875
直径15cm 香港苏富比 2017-04-05

724 清光绪 黄地绿彩赶珠云龙纹碗（一对）
“大清光绪年制”款
估　价：HKD 50,000~70,000
成交价：RMB 71,063
直径10.1cm×2 香港苏富比 2017-06-01

蓝　彩

3934 清乾隆 红釉加彩包袱梅瓶
估　价：RMB 1,800,000~2,000,000
成交价：RMB 2,070,000
高31.5cm 北京匡时 2017-06-04

赭　彩

6 清康熙 绿地赭彩云龙纹茶碗（一对）
“大清康熙年制”楷书款
估　价：RMB 1,000~2,000
成交价：RMB 103,500
直径11.2cm×2 北京中汉 2017-09-01

紫彩

535 清乾隆 胭脂紫彩八吉祥缠枝莲纹烛台
“大清乾隆年制”款
估 价：USD 4,000~6,000
成交价：RMB 112,434
纽约苏富比 2017-03-15

金彩

6060 明嘉靖 矾红描金莲花纹高足碗
著录：《玫茵堂中国陶瓷》，康蕊君，伦敦，1994–2010年。
估 价：RMB 350,000~550,000
成交价：RMB 483,000
直径13.3cm 北京保利 2017-12-19

3015 明嘉靖 矾红描金莲花纹碗
“长命富贵”楷书款
估 价：HKD 80,000~120,000
成交价：RMB 147,193
直径12cm 保利香港 2017-04-04

1389 16世纪 矾红地描金杏圆开光孔雀牡丹图执壶
“富贵佳器”款
估 价：USD 4,000~6,000
成交价：RMB 73,514
纽约苏富比 2017-03-18

6180 清光绪 祭蓝皮球花赏瓶
“大清光绪年制”款
估 价：RMB 20,000~30,000
成交价：RMB 28,750
高38.5cm 北京保利 2017-06-08

3223 清康熙 洒蓝地矾红描金鱼藻龙纹棒槌瓶
估 价：HKD 400,000~600,000
成交价：RMB 554,375
高47cm 佳士得 2017-05-31

1117 清康熙 洒蓝地描金云凤纹长颈瓶
来源：1.J. Pierpont Morgan收藏；2.J.J. Lally & Co.，纽约。
估 价：HKD 300,000~400,000
成交价：RMB 467,775
高41.9cm 香港苏富比 2017-04-05

3592 清乾隆 豆青地描金贲巴壶
估　价：RMB 3,800,000~4,500,000
成交价：RMB 4,370,000
高19.8cm 北京荣宝 2017-12-02

5869 清乾隆 豆青釉描金御题诗瓜棱水丞
备注：1.英国藏家旧藏；2.伦敦佳士得，2012年。
成交价：RMB 920,000
高8.7cm 北京保利 2017-06-07

3593 清乾隆 金彩法轮
成交价：RMB 3,220,000
高27.2cm 北京荣宝 2017-12-02

582 清乾隆 豆青釉描金莲托八宝纹烛台（一对）
“大清乾隆年制”篆书款
记录：伦敦苏富比，2003年3月6日，编号103。
成交价：RMB 14,950,000
高28cm×2 观唐皕榷 2017-01-11

1556 清乾隆 霁蓝釉描金宝相花四系瓶
估　价：RMB 800,000~1,200,000
成交价：RMB 920,000
高11.5cm 北京东正 2017-06-08

3573 清乾隆 蓝釉洋金彩鸠耳尊
"大清乾隆年制"款
估 价：RMB 10,000,000~15,000,000
成交价：RMB 10,925,000
高33cm 北京荣宝 2017-12-02

1471 清乾隆 松石绿地矾红金彩福寿纹如意
估 价：RMB 280,000~350,000
成交价：RMB 322,000
长45cm 西泠拍卖 2017-07-15

592 清嘉庆 豆青釉描金缠枝花卉凤蝶纹蒜头瓶
"大清嘉庆年制"篆书款
估 价：RMB 1,200,000~2,200,000
成交价：RMB 1,840,000
高31cm 观唐皕榷 2017-01-11

1499 清乾隆 御制霁蓝釉描金开光诗文扁瓶（一对）
"大清乾隆年制"款
估 价：RMB 600,000~1,000,000
成交价：RMB 2,530,000
高约20cm×2 上海匡时 2017-11-05

1927 清乾隆/民国 珊瑚红釉洒金堆龙罐（一对）
"大清乾隆年制"款
来源：戴福葆旧藏。
估 价：RMB 800,000~1,200,000
成交价：RMB 5,635,000
高17.5cm×2 北京华辰 2017-06-05

5196 清嘉庆 御制蓝料地金彩云龙贲巴壶
“大清嘉庆年制”款
备注：1.北京翰海，1995年；2.北京翰海，2004年。
估 价：RMB 6,500,000~8,280,000
成交价：RMB 8,280,000
高19.5cm 北京保利 2017-12-18

5047 清嘉庆 珊瑚红地描金万寿连绵葫芦瓶
“大清嘉庆年制”款
估 价：RMB 1,000,000~1,500,000
成交价：RMB 1,380,000
高20.3cm 北京保利 2017-12-18

413 清道光 冬青釉描金云龙纹抱月瓶
“睿邸退思堂制”款
估 价：RMB 50,000
成交价：RMB 184,000
高28cm 太平洋 2017-09-10

1567 清嘉庆 御制珊瑚红釉描金西番莲纹葫芦瓶
“大清嘉庆年制”款
来源：欧洲私人旧藏。
估 价：RMB 3,000,000~4,000,000
成交价：RMB 3,565,000
高20.5cm 北京华辰 2017-12-17

306 清道光 珊瑚地描金缠枝莲纹瓶
“大清道光年制”篆书款
来源：纽约佳士得，2005年9月20日秋拍，Lot358。
估 价：HKD 800,000~1,200,000
成交价：RMB 1,068,480
高29cm 中濠典藏 2017-11-29

3586 清道光 慎德堂祭蓝描金盖罐（一对）
“慎德堂制”款
估 价：RMB 2,300,000~3,300,000
成交价：RMB 2,645,000
高29cm×2 北京荣宝 2017-12-02

594 清道光 珊瑚红描金宝相花寿字纹瓶
“大清道光年制”篆书款
记录：纽约佳士得，2005年。
估 价：RMB 1,000,000~2,000,000
成交价：RMB 1,380,000
高28.7cm 观唐皕榷 2017-01-11

1268 清光绪 蓝釉描金团花纹赏瓶（一对）
描金长方框楷书款
估 价：USD 35,000~45,000
成交价：RMB 475,681
盒高38cm×2 纽约佳士得 2017-03-17

112 清 点金鼎式炉
估 价：RMB 180,000~250,000
成交价：RMB 207,000
上海嘉禾 2017-07-01

白 花

33 唐 蓝釉白斑圆盖盒
估 价：HKD 60,000~80,000
成交价：RMB 49,800
直径6.3cm 佳士得 2017-10-02

6 明宣德 蓝地白花牡丹花果纹大盘
“大明宣德年制”款
来源：1.Guy de Villelume男爵，法国；2.法国私人收藏。
估 价：USD 1,000,000~1,500,000
成交价：RMB 15,031,528
纽约苏富比 2017-03-15

3256 明嘉靖 蓝地留白龙纹碗
“大明嘉靖年制”楷书款
来源：日本藏家旧藏。
估　价：RMB 700,000~800,000
成交价：RMB 1,207,500
直径17cm 北京匡时 2017-12-03

3021 清乾隆 珊瑚红地白花牡丹纹碗
“大清乾隆年制”篆书款
来源：20世纪90年代购于香港拍卖行。
估　价：HKD 130,000~180,000
成交价：RMB 136,679
直径13cm 保利香港 2017-04-04

3565 清雍正 洒蓝地白花碗
“大清雍正年制”款
估　价：RMB 350,000~550,000
成交价：RMB 920,000
直径19.6cm 北京荣宝 2017-12-02

231 清嘉庆 珊瑚红留白缠枝莲花纹碗
“大清嘉庆年制”款
估　价：GBP 10,000~15,000
成交价：RMB 145,324
直径12.7cm 伦敦苏富比 2017-05-10

230 清道光 珊瑚红留白修竹纹碗
“大清道光年制”款
估　价：GBP 12,000~18,000
成交价：RMB 178,860
直径13.1cm 伦敦苏富比 2017-05-10

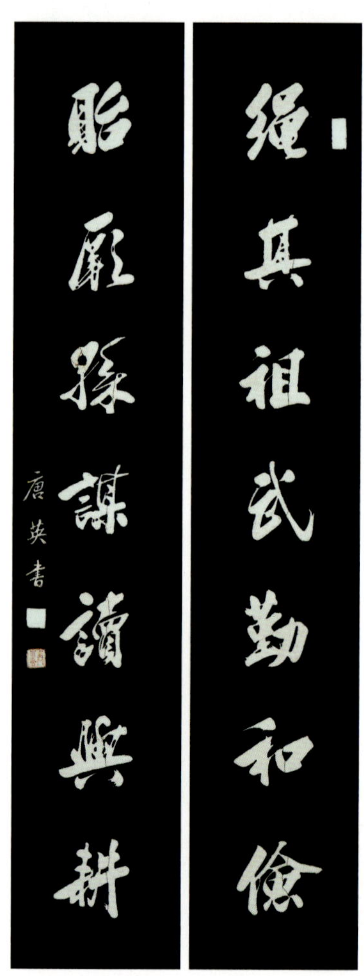

5192 清乾隆 唐英制嵌瓷板对联
“隽公”款
估　价：RMB 800,000~1,200,000
成交价：RMB 920,000
141cm×26.8cm 北京保利 2017-12-18

597 清道光 松绿地白彩缠枝莲纹寿字长颈瓶
“大清道光年制”篆书款
估　价：RMB 600,000~1,000,000
成交价：RMB 977,500
高31cm 观唐皕榷 2017-01-11

6191 清道光 松石绿加白福寿双耳瓶
估　价：RMB 1,000,000~1,500,000
成交价：RMB 2,415,000
高26.5cm 北京保利 2017-12-19

596 清道光 松石绿釉堆白缠枝莲纹喜字双耳瓶
“大清道光年制”篆书款
来源：1.五台山人旧藏；2.伦敦苏富比，2002年；3.北京瀚海，2005年、2007年。
估　价：RMB 1,000,000~2,000,000
成交价：RMB 1,380,000
高28.5cm 观唐皕榷 2017-01-11

230 清道光 珊瑚红留白修竹纹碗
“大清道光年制”款
估　价：GBP 12,000~18,000
成交价：RMB 178,860
直径13.1cm 伦敦苏富比 2017-05-10

1100 19世纪 蓝地堆白花卉纹坐墩（一对）
估　价：USD 3,000~5,000
成交价：RMB 47,568
纽约苏富比 2017-03-18

墨 彩

3201 北宋 磁州窑白地黑彩花卉纹罐
来源：家适公司，香港，1992年以前。
估 价：HKD 150,000~200,000
成交价：RMB 334,125
高13.1cm 香港苏富比 2017-04-05

729 北宋 磁州窑白釉黑彩划花牡丹纹瓶
估 价：HKD 900,000~1,200,000
成交价：RMB 1,098,993
高24.2cm 中国嘉德 2017-05-30

1 南宋 吉州窑釉下墨彩花鸟纹小长颈瓶
估 价：HKD 15,000~25,000
成交价：RMB 58,764
高10.8cm 中国嘉德 2017-10-02

417 宋 磁州窑白地黑花玉壶春瓶
估 价：HKD 40,000~60,000
成交价：RMB 71,063
高19.5cm 香港苏富比 2017-06-01

5 金 白地赭彩黑彩花鸟纹卧女枕
估 价：HKD 200,000~250,000
成交价：RMB 274,232
长42cm 中国嘉德 2017-10-02

418 宋 磁州窑白地黑花折枝牡丹纹梅瓶
估 价：HKD 80,000~120,000
成交价：RMB 87,462
高37.3cm 香港苏富比 2017-06-01

3123 金 磁州窑白地铁绘草叶纹梅瓶
来源：德馨书屋珍藏。
估 价：HKD 400,000~600,000
成交价：RMB 942,438
高42.5cm 佳士得 2017-05-31

6069 元 磁州窑白地黑花花卉梅瓶
估 价：RMB 600,000~800,000
成交价：RMB 782,000
高48cm 北京保利 2017-12-19

25 金 磁州窑白釉黑彩赭花纹盖盒
“任家造”款
估 价：HKD 60,000~80,000
成交价：RMB 249,000
直径12cm 佳士得 2017-10-02

587 元 磁州窑白地黑彩云龙纹罐
成交价：RMB 78,352
高41cm 中国嘉德 2017-10-02

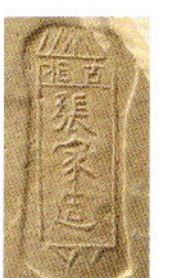

90 元 磁州窑白地黑花绘杂剧人物故事图长方枕
“古相张家造”楷书款。
估 价：HKD 80,000~120,000
成交价：RMB 211,613
长38.8cm 佳士得 2017-04-04

1174 元 磁州窑白地黑花开光人物纹罐
估 价：USD 30,000~40,000
成交价：RMB 475,681
直径135cm 纽约佳士得 2017-03-17

1666 元 磁州窑白地黑绘花鸟纹矮梅瓶
估　价：RMB 800,000~1,000,000
成交价：RMB 920,000
高22.2cm 北京荣宝 2017-06-02

1281 元 磁州窑白地黑绘竹雀图诗文枕
“张家造”
估　价：RMB 190,000~290,000
成交价：RMB 218,500
31cm×14.5cm×12.5cm 北京荣宝 2017-09-24

1665 元 磁州窑白地黑绘吕洞宾戏牡丹纹瓷枕
“滏源王家造款
估　价：RMB 600,000~800,000
成交价：RMB 690,000
42.6cm×17.8cm×15cm 北京荣宝 2017-06-02

6374 元 磁州窑绘人物图大罐
估　价：RMB 150,000~250,000
成交价：RMB 172,500
高30cm 北京保利 2017-12-20

1451 元 磁州窑如意形鱼藻纹瓷枕
估　价：RMB 150,000~250,000
成交价：RMB 172,500
29.4cm×22cm×11.5cm 北京荣宝 2017-04-02

1238 元/明 磁州窑观音坐像
估　价：RMB 120,000~180,000
成交价：RMB 149,500
高31.5cm 西泠拍卖 2017-07-15

1217 清雍正 矾红墨彩石榴瓜果诗文图碗（一对）
估　价：USD 7,000~9,000
成交价：RMB 51,893
直径9.9cm×2 纽约佳士得 2017-03-17

3024 清雍正 墨彩缠枝菊纹茶圆
“大清雍正年制”楷书款
估　价：HKD 1,800,000~2,800,000
成交价：RMB 7,504,020
直径8.9cm 佳士得 2017-05-31

3105 清雍正 墨彩独钓观瀑图小杯（一对）
“大清雍正年制”款
来源：1.Alfred E. Hippisley、Anderson Galleries、Mary Cunningham Bishop Peabody、James Bishop Peabody等收藏，此后家族传承至James Bishop Peabody夫人；2.纽约佳士得，2014年。
估　价：HKD 2,000,000~3,000,000
成交价：RMB 2,227,500
直径5.4cm×2 香港苏富比 2017-04-05

1957 清雍正 木纹釉墨彩山水粉彩高士书卷菱形笔筒
来源：北京保利十周年秋季拍卖会。
估　价：RMB 600,000~800,000
成交价：RMB 1,610,000
高13.8cm 北京荣宝 2017-06-02

513 清雍正 墨彩山水图碗
“大清雍正年制”款
估　价：USD 20,000~30,000
成交价：RMB 821,631
纽约苏富比 2017-03-15

1900 清乾隆 墨彩松竹梅纹墨床
“乾隆年制”款
估　价：RMB 800,000~1,200,000
成交价：RMB 920,000
长14.5cm 北京华辰 2017-06-05

302 清乾隆 墨彩御题咏花卉诗纹六方笔筒
“大清乾隆年制”篆书款
估 价：RMB 5,000,000~6,000,000
成交价：RMB 10,925,000
长45cm 大羿拍卖 2017-12-04

5190 清乾隆 唐英制墨彩诗文笔筒
“陶铸”、“半山”款
估 价：RMB 1,200,000~1,800,000
成交价：RMB 1,380,000
高10.5cm 北京保利 2017-12-18

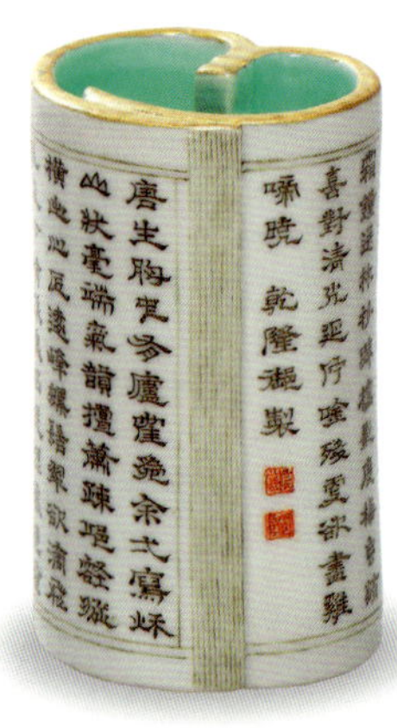

3210 清乾隆 墨彩御制诗笔筒
方框篆书款
估 价：HKD 600,000~800,000
成交价：RMB 665,250
高9.5cm 佳士得 2017-05-31

3155 清乾隆 唐英制粉青釉墨彩诗文荷叶杯
估 价：RMB 20,000~30,000
成交价：RMB 483,000
高5.5cm 北京匡时 2017-12-03

2803 清乾隆 唐英制墨彩踏雪寻梅笔筒
估 价：RMB 500,000~600,000
成交价：RMB 575,000
高9cm 中国嘉德 2017-06-20

705 清乾隆 袁昆墨彩隶书米芾《净名斋记》笔筒
估 价：RMB 400,000~500,000
成交价：RMB 943,000
高11.5cm 北京东正 2017-12-09

1564 清光绪 “大雅斋”蓝地墨彩花鸟纹水仙盆（一对）
“永庆长春”款
估 价：RMB 200,000~300,000
成交价：RMB 230,000
长22cm×2 北京华辰 2017-12-17

3951 清光绪 绿底大雅斋花卉图缸
“永庆长春”楷书款
估 价：RMB 350,000~400,000
成交价：RMB 402,500
直径27cm；高28.5cm 北京匡时 2017-06-04

1569 清 松石绿地墨彩花鸟纹缸（一对）
估 价：RMB 1,500,000~2,500,000
成交价：RMB 1,725,000
直径51.5cm×2 北京东正 2017-06-08

709 民国 松石绿釉雕瓷鹿鹤同春图洗
“王炳荣作”款
估 价：HKD 40,000~60,000
成交价：RMB 65,596
直径12.1cm 香港苏富比 2017-06-01

1955 汪野亭 墨彩山水纹瓷板
估 价：RMB 20,000~30,000
成交价：RMB 345,000
长38cm 北京华辰 2017-06-05

490 清 仿木纹釉墨彩诗文笔筒
“大清乾隆年制”款
成交价：RMB 129,950
高9.2cm 太平洋 2017-09-10

2871 汪野亭 民国 墨彩桃柳喜风山水瓷板
钤印：野亭
估 价：RMB 500,000~600,000
成交价：RMB 575,000
36.5cm×24cm 北京匡时 2017-12-03

刻剔彩

13 北宋 磁州窑白釉剔缠枝牡丹纹梅瓶
来源：鸿禧美术馆收藏，台北。
估　价：HKD 6,000,000~8,000,000
成交价：RMB 5,561,000
高34.7cm 香港苏富比 2017-10-03

109 南宋 吉州窑黑釉剔花折枝梅纹梅瓶
估　价：HKD 400,000~600,000
成交价：RMB 1,603,800
高22.8cm 佳士得 2017-04-04

3213 北宋 磁州窑黑地刻白花牡丹莲纹梅瓶
来源：杨永德收藏。
估　价：HKD 200,000~300,000
成交价：RMB 534,600
高38.6cm 香港苏富比 2017-04-05

1482 宋 登封窑鹿纹瓷枕
估　价：RMB 150,000~200,000
成交价：RMB 195,500
长22.9cm 西泠拍卖 2017-07-15

32 北宋 磁州窑系白釉珍珠地刻花钵式碗
估　价：HKD 300,000~500,000
成交价：RMB 612,563
直径15.6cm 佳士得 2017-04-04

392 北宋/金 磁州窑白釉剔缠枝花卉纹洗
估　价：HKD 120,000~180,000
成交价：RMB 295,183
直径13cm 香港苏富比 2017-06-01

127 宋 定窑刻花梅瓶
估 价：HKD 4,000,000~5,000,000
成交价：RMB 5,256,900
高24cm 北京匡时 2017-04-03

2223 白地（黑搔落）剔绘仙人图如意式枕
估 价：RMB 300,000~500,000
成交价：RMB 1,207,500
长34.3cm 中贸圣佳 2017-06-18

198 宋/金 磁州窑白地褐彩剔牡丹纹罐
来源：伦敦苏富比，2006年。
估 价：GBP 20,000~30,000
成交价：RMB 268,290
高29.3cm 伦敦苏富比 2017-05-10

1448 元 磁州窑白剔花黑梅瓶
估 价：RMB 350,000~450,000
成交价：RMB 402,500
高24cm 北京荣宝 2017-04-02

5136 元 磁州窑黑釉剔花莲花纹梅瓶
估 价：RMB 250,000~350,000
成交价：RMB 437,000
高33cm 北京保利 2017-12-18

其他彩瓷及现当代瓷器

3916 清康熙 内模印龙纹外嵌螺钿山水人物纹小碗（一对）
估 价：RMB 20,000~30,000
成交价：RMB 161,000
直径9.5cm×2 北京匡时 2017-06-04

2833 戴荣华 近现代（2005年） 古彩白蛇传人物瓶
钤印：戴荣华制、戴
估 价：RMB 1,000,000~1,200,000
成交价：RMB 1,265,000
高33cm 北京匡时 2017-12-03

3541 程意亭 刘雨岑 毕伯涛 何许人 王大凡 邓碧珊 汪野亭 王琦 珠山八友釉上彩瓷板（1组8件）
估 价：RMB 1,600,000~1,800,000
成交价：RMB 1,840,000
尺寸不一 北京匡时 2017-06-04

1568 清道光 珊瑚红地梅竹纹瓶
"大清道光年制"款
估 价：RMB 600,000~800,000
成交价：RMB 747,500
高32cm 北京华辰 2017-12-17

3586 大泽人 远古的足音 釉下彩箭筒
钤印：羊 犇
估 价：RMB 150,000~200,000
成交价：RMB 322,000
高91cm 中国嘉德 2017-12-21

2330 当代 建盏
估 价：RMB 150,000~180,000
成交价：RMB 172,500
直径11.3cm 北京匡时 2017-06-03

175 高振宇 2016年作 柴窑花器
估 价：RMB 60,000~80,000
成交价：RMB 102,000
8cm×33cm 佳士得（上海） 2017-09-24

95 何志隆 翡翠青瓷-梅瓶
估 价：HKD 800,000~1,300,000
成交价：RMB 2,506,320
高39.5cm 中濠典藏 2017-05-22

3638 黄焕义 祥和 青花釉里红瓷瓶
钤印：黄
估 价：RMB 650,000~800,000
成交价：RMB 1,380,000
高66cm 中国嘉德 2017-06-20

2824 李峻 当代（2011年） 釉上彩米公拜石图瓷板
钤印：峻
估 价：RMB 380,000~450,000
成交价：RMB 437,000
66.5cm×43.5cm 北京匡时 2017-12-03

6627 李砚祖 陶瓷“富贵天仙”瓶
估 价：RMB 380,000~480,000
成交价：RMB 437,000
高49.5cm 北京保利 2017-12-20

1439 近代 涂菊青绘“迎亲人”大盘
钤印：“涂甫”，“菊清”
估 价：RMB 120,000~150,000
成交价：RMB 552,000
直径47.5cm 西泠拍卖 2017-07-15

3691 李砚祖 钟进士招福 高温颜色釉瓷瓶
钤印：李 吉
估 价：RMB 500,000~800,000
成交价：RMB 575,000
高48cm 中国嘉德 2017-12-21

7739 立冬·茶席
估 价：RMB 800,000~1,000,000
成交价：RMB 1,357,000
高23cm；直径6cm 北京保利 2017-12-19

2850 文革时期 釉上彩描金知青支农支边图瓶
估 价：RMB 300,000~500,000
成交价：RMB 345,000
高61cm 北京匡时 2017-12-03

3663 易查理 南无观自在菩萨 釉下五彩瓷板
钤印：查理 富贵
估 价：RMB 100,000~300,000
成交价：RMB 322,000
113cm×68cm 中国嘉德 2017-06-20

2873 潘匋宇 民国 釉上彩梅鹤图长条瓷板
钤印：匋宇
估 价：RMB 450,000~500,000
成交价：RMB 517,500
74cm×18cm 北京匡时 2017-12-03

色釉瓷

红 釉

2218 元 朱漆盏托
估 价：RMB 60,000~100,000
成交价：RMB 138,000
直径15.5cm 中贸圣佳 2017-06-18

3919 清康熙 仿宣德牛血红釉笔筒
“大清康熙年制”款
估 价：RMB 30,000~50,000
成交价：RMB 105,800
直径11.2cm 中国嘉德 2017-09-02

6433 清康熙 红釉大碗
“大清康熙年制”款
估 价：RMB 160,000~180,000
成交价：RMB 322,000
直径22.7cm 北京保利 2017-06-08

3844 清康熙 红釉尊
“大清康熙年制”款
估 价：RMB 250,000~350,000
成交价：RMB 425,500
高19.6cm 中国嘉德 2017-09-02

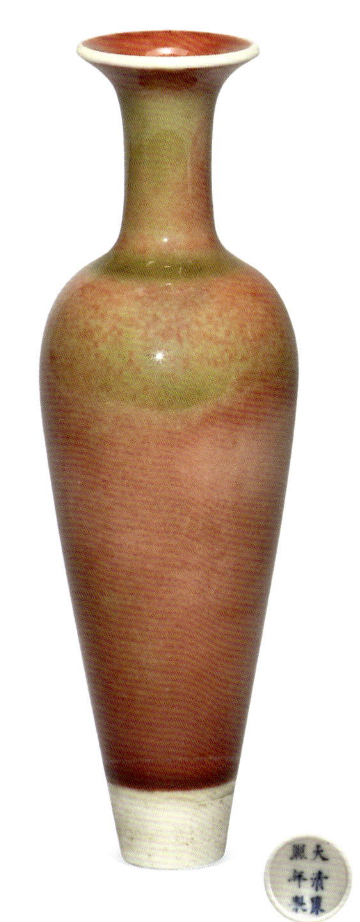

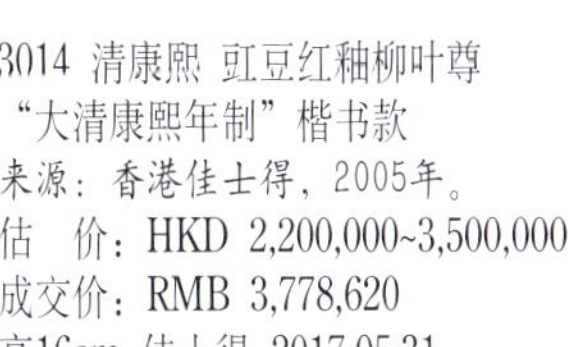

3014 清康熙 豇豆红釉柳叶尊
“大清康熙年制”楷书款
来源：香港佳士得，2005年。
估 价：HKD 2,200,000~3,500,000
成交价：RMB 3,778,620
高16cm 佳士得 2017-05-31

1113 清康熙 豇豆红釉暗团龙纹太白尊
“大清康熙年制”款
来源：1.Dudley L. Pickman；2.Charles G. Loring 将军及家族收藏；3.J.J. Lally & Co.，纽约。
估 价：HKD 2,000,000~3,000,000
成交价：RMB 3,082,860
直径12.7cm 香港苏富比 2017-04-05

108 清康熙 豇豆红釉太白尊
“大清康熙年制”楷书款
估　价：HKD 600,000~800,000
成交价：RMB 587,640
直径12.8cm 香港中汉 2017-10-03

911 清康熙 豇豆红釉镗锣洗
“大清康熙年制”楷书款
来源：1.ESKENAZI旧藏；2.赵从衍旧藏；3.马前特旧藏；4.香港苏富比，1987年 。
估　价：RMB 800,000~1,600,000
成交价：RMB 2,472,500
直径11.5cm 保利厦门 2017-06-25

2801 清康熙 豇豆红釉印盒
来源：Frank Caro，卢芹斋继承人，纽约，20世纪60年代。
估　价：HKD 300,000~500,000
成交价：RMB 1,808,375
直径7.2cm 佳士得 2017-11-29

3037 清康熙 豇豆红釉镗锣洗
“大清康熙年制”楷书款
估　价：HKD 1,800,000~2,800,000
成交价：RMB 1,762,920
直径8.5cm 保利香港 2017-10-02

3012 清康熙 豇豆红釉团龙纹太白尊
“大清康熙年制”楷书款
来源：1.纽约佳士得，1985年；2.米兰私人珍藏；3.欧洲私人收藏；4.香港佳士得，2011年。
估　价：HKD 800,000~1,200,000
成交价：RMB 1,809,480
直径12.5cm 佳士得 2017-05-31

697 清康熙 豇豆红釉印泥盒
“大清康熙年制”款
估　价：USD 15,000~25,000
成交价：RMB 363,248
纽约苏富比 2017-03-15

189 清康熙 郎窑红釉卷缸
估　价：RMB 120,000~180,000
成交价：RMB 1,058,000
高18.4cm 上海明轩 2017-06-30

5014 清康熙 郎红釉橄榄瓶
"大清康熙年制"款
著录：《玫茵堂中国陶瓷》，康蕊君，伦敦，1994 2010年。
估 价：RMB 600,000~800,000
成交价：RMB 690,000
高18cm 北京保利 2017-12-18

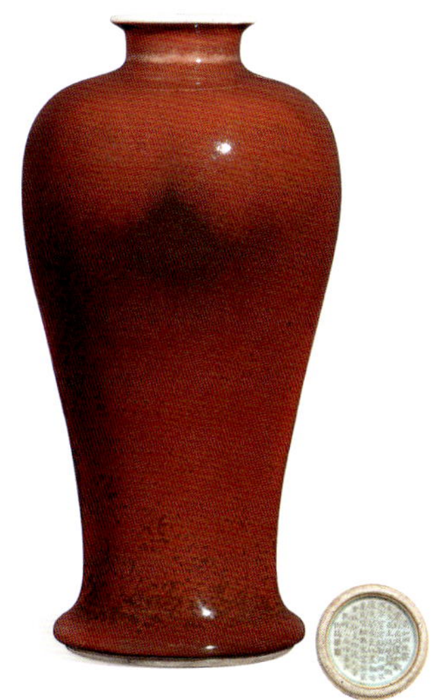

3670 清康熙 郎窑红釉刻乾隆御题诗梅瓶
"乾隆乙未仲春月御题"款"比德"、"朗润"印
估 价：HKD 1,500,000~2,500,000
成交价：RMB 1,670,625
高25.7cm 香港苏富比 2017-04-05

1526 清康熙 郎窑红釉小渣斗
估 价：RMB 50,000~80,000
成交价：RMB 253,000
高6cm 西泠拍卖 2017-07-15

3926 清雍正 红釉高足碗
"大清雍正年制"款
著录：香港苏富比，2003年。
估 价：RMB 30,000~50,000
成交价：RMB 138,000
直径18.5cm 中国嘉德 2017-09-02

516 清雍正 红釉高足碗
"大清雍正年制"款
估 价：USD 20,000~30,000
成交价：RMB 363,248
纽约苏富比 2017-03-15

1232 清雍正 红釉小杯
"大清雍正年制"楷书方章款
估 价：RMB 200,000~300,000
成交价：RMB 402,500
直径7.3cm 华艺国际 2017-11-25

3027 清雍正 霁红釉橄榄瓶
"大清雍正年制"楷书款
估 价：HKD 1,200,000~1,500,000
成交价：RMB 1,371,160
高21.2cm 保利香港 2017-10-02

5033 清雍正 霁红釉胆瓶
“大清雍正年制”款
出版：《玫茵堂中国陶瓷》，康蕊君，伦敦，1994—2010年。
估 价：RMB 1,200,000~2,200,000
成交价：RMB 3,565,000
高21cm 北京保利 2017-06-06

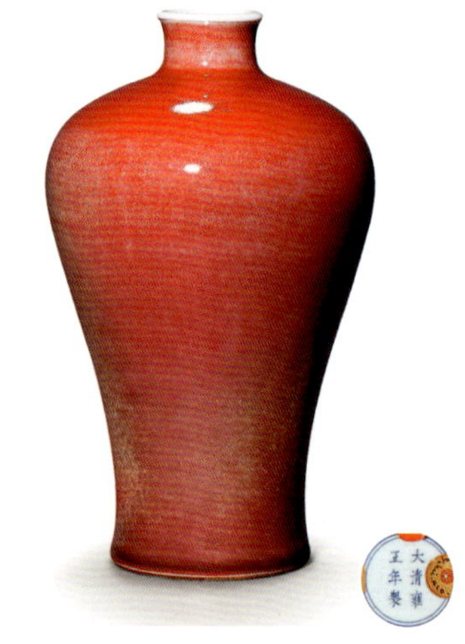

5015 清雍正 豇豆红釉梅瓶
“大清雍正年制”款
来源：1.美国重要私人收藏；2.纽约佳士得，2012年。
估 价：RMB 1,200,000~2,200,000
成交价：RMB 3,335,000
高23cm 北京保利 2017-12-18

3039 清雍正 霁红釉蒜头瓶
“大清雍正年制”楷书款
来源：香港知名藏家旧藏。
估 价：HKD 2,800,000~3,800,000
成交价：RMB 3,049,002
高28.5cm 保利香港 2017-04-04

1235 清雍正 胭脂红菊瓣折沿盘
“大清雍正年制”楷书款
估 价：RMB 1,200,000~2,200,000
成交价：RMB 1,610,000
直径17.2cm 华艺国际 2017-11-25

110 清雍正 胭脂红釉暗刻云龙纹碗
“雍正年制”楷书款
估 价：HKD 600,000~800,000
成交价：RMB 587,640
直径9.6cm 香港中汉 2017-10-03

3284 清雍正 胭脂红釉小高足杯
“大清雍正年制”青花楷书款
估 价：RMB 2,000,000~3,000,000
成交价：RMB 3,450,000
直径4.7cm 北京匡时 2017-12-03

3015 清雍正 外胭脂红内粉彩梅纹茶圆
"大清雍正年制"楷书款
估　价：HKD 1,500,000~2,500,000
成交价：RMB 3,352,860
直径9.8cm 佳士得 2017-05-31

1114 清雍正 外胭脂红釉内洋彩果纹茶碗
"大清雍正年制"楷书款
出版：《玫茵堂藏中国瓷器》，1994–2010年。
估　价：RMB 4,000,000~5,000,000
成交价：RMB 5,175,000
直径9.2cm 华艺国际 2017-05-27

3283 清雍正 胭脂水釉菊瓣盘（一对）
"大清雍正年制"楷书款
来源：1.美国新泽西州RANNY SCHOOL旧藏；
2.纽约佳士得，1989年。
估　价：RMB 2,000,000~3,000,000
成交价：RMB 7,130,000
直径16cm×2 北京匡时 2017-12-03

193 清雍正 御窑霁红釉鸡心水丞
"大清雍正年制"楷书
估　价：RMB 1,200,000~1,500,000
成交价：RMB 1,748,000
高6.3cm 上海明轩 2017-06-30

348 清乾隆 仿红珊瑚像生瓷水盂
估　价：HKD 60,000~80,000
成交价：RMB 84,573
长5.5cm 中濠典藏 2017-05-23

588 清乾隆 红釉荸荠瓶
“大清乾隆年制”篆书款
记录：香港佳士得，2013年。
估 价：RMB 900,000~1,800,000
成交价：RMB 2,185,000
高22cm 观唐皕榷 2017-01-11

587 清乾隆 红釉梅瓶
“大清乾隆年制”篆书款
记录：香港佳士得，2006年。
估 价：RMB 600,000~1,200,000
成交价：RMB 1,667,500
高23cm 观唐皕榷 2017-01-11

721 清乾隆 红釉盘
“大清乾隆年制”款
估 价：HKD 30,000~50,000
成交价：RMB 43,731
直径20.5cm 香港苏富比 2017-06-01

515 清乾隆 红釉盘
“大清乾隆年制”款
来源：伦敦苏富比，1998年。
估 价：USD 3,000~5,000
成交价：RMB 64,866
纽约苏富比 2017-03-15

740 清乾隆 红釉玉壶春瓶
“大清乾隆年制”篆书款
估 价：HKD 800,000~1,200,000
成交价：RMB 803,108
高28cm 北京匡时 2017-10-02

915 清乾隆 祭红釉鸡心碗（一对）
“大清乾隆年制”篆书款
估 价：RMB 600,000~1,200,000
成交价：RMB 805,000
高7cm×2 保利厦门 2017-06-25

5862 清乾隆 祭红釉长颈瓶
“大清乾隆年制”款
估 价：RMB 1,000,000~1,500,000
成交价：RMB 1,955,000
高22.4cm 北京保利 2017-06-07

3026 清乾隆 珊瑚红釉瓜形盖罐（一对）
估 价：HKD 350,000~400,000
成交价：RMB 372,313
高12.5cm×2 佳士得 2017-11-29

3707 清道光 霁红釉长颈瓶
“大清道光年制”款
估 价：HKD 150,000~200,000
成交价：RMB 356,400
高29.7cm 香港苏富比 2017-04-05

3023 清乾隆 霁红釉梅瓶
“大清乾隆年制”篆书款
估 价：HKD 1,100,000~1,800,000
成交价：RMB 2,056,740
高23.7cm 保利香港 2017-10-02

845 清乾隆 霁红釉瓶
“大清乾隆年制”篆书款
估 价：HKD 1,800,000~2,200,000
成交价：RMB 1,883,988
高22.9cm 中国嘉德 2017-05-30

17 清乾隆 珊瑚红釉曲波纹盖豆
“大清乾隆年制”篆书款
来源：传日本名古屋重要茶道家族旧藏。
估 价：RMB 500,000~800,000
成交价：RMB 1,725,000
高26.8cm 北京中汉 2017-05-21

225 18世纪 红釉玉壶春瓶
估 价：GBP 3,000~5,000
成交价：RMB 95,019
高30cm 伦敦苏富比 2017-05-10

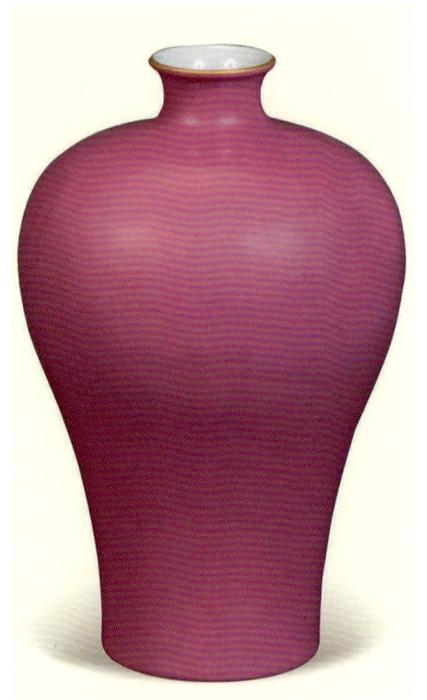
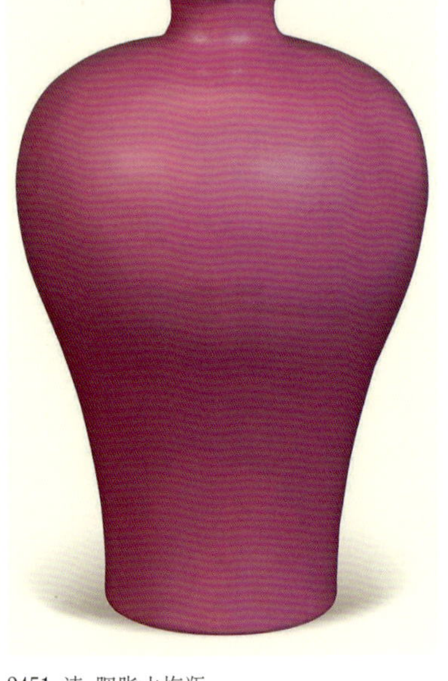

2451 清 胭脂水梅瓶
估 价：RMB 3,000
成交价：RMB 14,950
高20cm 北京翰海 2017-01-08

黄 釉

1563 南宋 龙泉窑米黄釉莲瓣洗
估 价：RMB 50,000~80,000
成交价：RMB 57,500
直径12.8cm 西泠拍卖 2017-07-15

428 辽 褐黄釉划花蝶纹香插
估 价：HKD 20,000~30,000
成交价：RMB 21,865
高9.5cm 香港苏富比 2017-06-01

685 18世纪 郎窑红釉罐
来源：1.Anthony Carter，伦敦；2.玛丽·泰瑞莎·L·维勒泰珍藏。
估 价：USD 5,000~7,000
成交价：RMB 129,731
直径23.5cm 纽约佳士得 2017-03-16

1663 元 黄釉刻人物祥云纹四系罐
估 价：RMB 50,000~80,000
成交价：RMB 57,500
高21.3cm 北京荣宝 2017-06-02

1 明成化 黄釉撇口盘
“大明成化年制”款
来源：1.H.R.N. Norton ；2.伦敦苏富比，1963年；3.John Sparks Ltd，伦敦；4.伦敦苏富比，1964年；5.Bluett & Sons Ltd，伦敦，1964年；6.罗杰琵金顿，1964年；7.茉琳琵金顿收藏。
估　价：HKD 2,000,000~3,000,000
成交价：RMB 9,177,300
直径14.8cm 香港苏富比 2017-04-05

3658 明弘治 黄釉盘
“大明弘治年制”款
估　价：HKD 1,500,000~2,500,000
成交价：RMB 1,556,250
直径21.6cm 香港苏富比 2017-10-03

125 明正德 黄釉盘（一对）
“大明正德年制”款
来源:：伦敦苏富比，1972年，（2,600英镑）。
估　价：GBP 50,000~70,000
成交价：RMB 614,831
直径15.3cm×2 伦敦苏富比 2017-05-10

3012 明正德 黄釉盘
“大明正德年制”楷书款
出版：康蕊君，《玫茵堂中国陶瓷》，伦敦，1994—2010年。
估　价：HKD 600,000~800,000
成交价：RMB 788,535
直径17.5cm 保利香港 2017-04-04

107 明成化 娇黄釉撇口盘
“大明成化年制”楷书款
估　价：HKD 1,200,000~2,000,000
成交价：RMB 5,876,400
高4.1cm；直径19.9cm；直径12.5cm 香港中汉 2017-10-03

1108 明嘉靖 黄釉撇口杯
大明嘉靖年制”款
来源：1.Samuel C. Davis收藏；2.Samuel Davis Weaver；3.Greenwich 收藏，康涅狄格，此后家族传承；4.J.J. Lally & Co.，纽约。
估 价：HKD 2,000,000~3,000,000
成交价：RMB 3,831,300
直径8.2cm 香港苏富比 2017-04-05

10 明嘉靖 黄釉印云龙纹高足碗
“大明嘉靖年制”款
来源：C. Philip Cardeiro收藏，加州。
估 价：USD 60,000~80,000
成交价：RMB 1,037,850
纽约苏富比 2017-03-15

103 清康熙 娇黄釉茶圆
“大清康熙年制”楷书款
估 价：RMB 20,000~40,000
成交价：RMB 172,500
直径10.8cm 北京中汉 2017-05-21

556 明嘉靖 娇黄釉金钟杯
“大明嘉靖年制”楷书款
来源：日本关东私人旧藏。
估 价：RMB 800,000~1,600,000
成交价：RMB 2,012,500
高8cm 观唐皕榷 2017-01-11

2844 清康熙 御制浇黄釉大碗
"大清康熙年制"楷书款
估　价：RMB 700,000~1,500,000
成交价：RMB 805,000
直径31.2cm 中国嘉德 2017-12-18

3509 清雍正 黄釉杯
"大清雍正年制"款
估　价：RMB 12,000~22,000
成交价：RMB 276,000
直径8.2cm 中国嘉德 2017-09-03

506 清雍正 黄釉杯（一对）
"大清雍正年制"篆书款
估　价：RMB 1,300,000~1,800,000
成交价：RMB 1,495,000
直径6cm×2 大羿拍卖 2017-12-04

921 明嘉靖 娇黄釉梨形带盖执壶
"大明嘉靖年制"楷书款
来源：1.原日本私人收藏；2.Eskenazi收藏。
出版：有三处境外出版物记载。
成交价：RMB 15,525,000
高14.5cm 保利厦门 2017-06-25

638 清雍正 黄釉杯
"大清雍正年制"楷书款
来源：1.伦敦佳士得，2004年；2.伦敦，玛丽·泰瑞莎·L·维勒泰 珍藏。
估　价：USD 30,000~50,000
成交价：RMB 1,878,509
直径9.5cm 纽约佳士得 2017-03-16

706 清雍正 柠檬黄釉菊瓣盘
“大清雍正年制”款
估 价：RMB 600,000~800,000
成交价：RMB 1,725,000
直径16cm 北京东正 2017-12-09

2804 清雍正 柠檬黄釉菊瓣盘
来源：Frank Caro，卢芹斋继承人，纽约，20世纪60年代。
估 价：HKD 1,800,000~2,800,000
成交价：RMB 4,680,500
直径16.3cm 佳士得 2017-11-29

1223 清雍正 柠檬黄釉杯
“大清雍正年制”楷书款
估 价：RMB 800,000~1,200,000
成交价：RMB 1,207,500
直径6cm 华艺国际 2017-11-25

220 清雍正 黄釉碗
“大清雍正年制”款
来源：纽约苏富比2000年3月22日，编号115。
估 价：GBP 8,000~12,000
成交价：RMB 357,720
直径11.4cm 伦敦苏富比 2017-05-10

5023 清雍正 柠檬黄釉小杯
“大清雍正年制”款
著录：1.《康熙、雍正、乾隆御窑瓷》，S.Marchant & Son，1996；2.《玫茵堂中国陶瓷》，康蕊君，伦敦，1994—2010年。
估 价：RMB 600,000~800,000
成交价：RMB 1,725,000
高6.6cm 北京保利 2017-12-18

5011 清雍正 柠檬黄釉杯（一对）
“大清雍正年制”款
备注：1.美国芝加哥著名藏家Stephen Junkunc三世旧藏；2.纽约佳士得，2010年。出版：《玫茵堂中国陶瓷》，康蕊君，伦敦，1994—2010年。
估 价：RMB 1,000,000~1,500,000
成交价：RMB 4,082,500
高5cm×2 北京保利 2017-06-06

78 清雍正 柠檬黄釉小盘
估 价：GBP 20,000~30,000
成交价：RMB 814,406
直径8.9cm 伦敦佳士得 2017-11-07

841 清雍正 柠檬黄釉菊瓣盘
“大清雍正年制”楷书款
来源：1.法国De Ganay 家族旧藏；2.Marchant，伦敦，2009；3.欧洲重要私人珍藏。
估 价：HKD 1,500,000~2,000,000
成交价：RMB 1,569,990
直径17.5cm 中国嘉德 2017-05-30

1111 清乾隆 黄釉暗刻龙纹墩式碗
“大清乾隆年制”楷书款
估 价：RMB 280,000~300,000
成交价：RMB 322,000
直径14.1cm 上海匡时 2017-11-05

1122 清雍正 柠檬黄釉菊瓣盘
“大清雍正年制”楷书款
估 价：RMB 2,800,000~3,800,000
成交价：RMB 4,197,500
直径17.5cm 华艺国际 2017-05-27

1122 清雍正 柠檬黄釉小盘（一对）
“大清雍正年制”款
来源：1.E.T. Hall 教授收藏；2.伦敦佳士得，2004年；3.J.J. Lally & Co.，纽约。
估 价：HKD 800,000~1,000,000
成交价：RMB 1,447,875
直径7.8cm×2 香港苏富比 2017-04-05

1113 清道光 黄釉雕瓷岁寒三友纹笔筒
“大清道光年制”篆书款
估 价：RMB 250,000~300,000
成交价：RMB 287,500
高14.3cm 上海匡时 2017-11-05

738 清乾隆 柠檬黄釉盘
“大清乾隆年制”篆书款
估 价：RMB 400,000~800,000
成交价：RMB 632,500
直径11.3cm 观唐皕榷 2017-01-12

3942 清乾隆 柠檬黄釉碗
“大清乾隆年制”篆书款
来源：香港佳士得2002年、香港苏富比2006年、香港苏富比2008年等拍卖。
估 价：RMB 500,000~600,000
成交价：RMB 805,000
直径11.2cm 北京匡时 2017-06-04

104 清乾隆 柠檬黄釉小盘
“大清乾隆年制”篆书款
估 价：HKD 30,000~50,000
成交价：RMB 372,172
直径8.8cm 香港中汉 2017-10-03

2826 清乾隆 柠檬黄釉折腰小盘（一对）
“大清乾隆年制”篆书款
估　价：RMB 700,000~900,000
成交价：RMB 828,000
直径11.5cm×2 中国嘉德 2017-12-18

123 清晚期 李裕成款黄釉雕瓷“安居乐业”图盖盒
“李裕成作”篆书款
估　价：RMB 52,000~80,000
成交价：RMB 80,500
长14.5cm 北京中汉 2017-09-01

1247 18世纪 柠檬黄釉八棱长颈瓶
估　价：USD 2,000~3,000
成交价：RMB 242,165
高14cm 纽约佳士得 2017-03-17

3014 清中期 黄釉梅瓶
“大清乾隆年制”篆书款
估　价：HKD 60,000~80,000
成交价：RMB 137,116
高22.5cm 保利香港 2017-10-02

蓝 釉

3020 清康熙 孔雀蓝釉花口瓶
估　价：HKD 150,000~250,000
成交价：RMB 293,820
高20.2cm 保利香港 2017-10-02

3014 明嘉靖 霁蓝釉盘
“大明嘉靖年制”楷书款
估　价：HKD 300,000~400,000
成交价：RMB 367,983
直径17.3cm 保利香港 2017-04-04

690 明万历 霁蓝釉大碗
“大明万历年制”楷书款
估　价：RMB 280,000~480,000
成交价：RMB 345,000
直径30.5cm 观唐皕榷 2017-01-12

308 清顺治 蓝釉刻双龙游云纹碗
估　价：HKD 50,000~80,000
成交价：RMB 62,250
直径18.5cm 佳士得 2017-10-04

874 元 琉璃蓝釉玉壶春瓶
估 价：RMB 6,000,000~7,000,000
成交价：RMB 8,625,000
高24.4cm 北京诚轩 2017-06-20

5019 清康熙 孔雀蓝釉菊瓣蒜头瓶
著录:《玫茵堂中国陶瓷》，康蕊君，伦敦，1994-2010年。
估 价：RMB 250,000~300,000
成交价：RMB 517,500
高20.1cm 北京保利 2017-12-18

5016 清康熙 天蓝釉柳叶瓶
“大清康熙年制”款
备注：1.香港苏富比，1999年；2.北美重要私人收藏。著录：《香港苏富比三十周年》，页147，图版127。
估 价：RMB 1,600,000~2,500,000
成交价：RMB 13,800,000
高15.8cm 北京保利 2017-12-18

309 明洪武 蓝釉模印云龙纹碗
估 价：RMB 3,300,000~4,000,000
成交价：RMB 6,670,000
直径20.5cm 大羿拍卖 2017-12-04

3161 清康熙 天蓝釉镗锣洗
“大清康熙年制”楷书款
估 价：HKD 450,000~650,000
成交价：RMB 609,800
直径12cm 保利香港 2017-04-04

510 清康熙 天蓝釉长颈瓶
“大清康熙年制”款
来源：1.Ralph M. Chait Galleries，纽约；2.David A. Berg ，纽约；3.纽约佳士得，2000年；4.香港苏富比，2008年。
估 价：USD 200,000~300,000
成交价：RMB 1,556,775
纽约苏富比 2017-03-15

5035 清雍正 霁蓝釉内暗刻龙纹盘
“大清雍正年制”款
出版：《玫茵堂中国陶瓷》，康蕊君，伦敦，1994—2010年。
估　价：RMB 500,000~700,000
成交价：RMB 747,500
直径18cm 北京保利 2017-06-06

1111 清康熙 天蓝釉百条缸
来源：J.J. Lally & Co.，纽约。
估　价：HKD 4,000,000~6,000,000
成交价：RMB 5,221,260
直径26.5cm 香港苏富比 2017-04-05

5874 清雍正 霁蓝釉如意足花盆（一对）
“大清雍正年制”款
备注：上海乐笃周旧藏，20世纪80年代上海博物馆退还。
估　价：RMB 1,200,000~2,200,000
成交价：RMB 1,840,000
直径20cm×2 北京保利 2017-06-07

2856 清雍正 孔雀蓝釉蒜头瓶
“雍正年制”篆书刻款
来源：胡惠春珍藏。
估　价：HKD 6,500,000~7,500,000
成交价：RMB 10,807,700
高26.2cm 佳士得 2017-11-29

134 清康熙 紫蓝彩花纹瓶 枝莲盘及株干盘（1组3件）
估　价：USD 1,000~1,500
成交价：RMB 12,752
The largest 高29.4cm 纽约佳士得 2017-07-13

3632 清雍正 霁蓝釉天鸡钮盖碗
“大清雍正年制”款
来源：香港苏富比，2003年。
估　价：HKD 3,000,000~4,000,000
成交价：RMB 3,296,700
直径18.7cm 香港苏富比 2017-04-05

3016 清雍正 蓝釉杯（一对）
“大清雍正年制”款
估　价：RMB 120,000~220,000
成交价：RMB 253,000
直径7.2cm×2 中国嘉德 2017-09-02

5037 清雍正 天蓝釉碗（一对）
“大清雍正年制”款
出版：《玫茵堂中国陶瓷》，康蕊君，伦敦，1994-2010年。
估　价：RMB 700,000~900,000
成交价：RMB 1,265,000
直径11.9cm×2 北京保利 2017-06-06

3011 清雍正 蓝釉盘
估　价：HKD 180,000~260,000
成交价：RMB 234,025
直径17.5cm 佳士得 2017-11-29

905 清雍正 洒蓝釉广口梅瓶
“大清雍正年制”楷书款
来源：1.Scheinman旧藏；2.纽约佳士得，1986年；3.纽约佳士得，1995年；4.北京东正，2012年。
估　价：RMB 1,200,000~1,800,000
成交价：RMB 2,472,500
高17.5cm 保利厦门 2017-06-25

3924 清雍正 洒蓝釉长方倭角水仙盆
“大清雍正年制”款
估　价：RMB 50,000~80,000
成交价：RMB 782,000
长26cm 中国嘉德 2017-09-02

1476 清乾隆 宝石蓝釉水盂
“七十二鸳鸯吟社制”楷书款
估　价：RMB 180,000~220,000
成交价：RMB 322,000
高11cm 西泠拍卖 2017-07-15

3038 清雍正 天蓝釉团寿心莲花式盏托
“雍正年制”篆书款
来源：1.仇炎之；2.香港苏富比，1980年。
估　价：HKD 3,500,000~4,500,000
成交价：RMB 3,784,968
直径14cm 保利香港 2017-04-04

112 清乾隆 宝石蓝釉太白罐
“大清乾隆年制”篆书款
估　价：HKD 200,000~300,000
成交价：RMB 489,700
高32cm 香港中汉 2017-10-03

105 清雍正 御制天蓝釉六方倭角卷缸式花器
“大清雍正年制”款
来源：香港苏富比，1993年4月28日，Lot.70。
估　价：RMB 5,500,000~8,000,000
成交价：RMB 6,670,000
26.3cm×26.3cm×20.5cm 中贸圣佳 2017-06-18

6135 清乾隆 祭蓝釉大天球瓶
"大清乾隆年制"款
估 价：RMB 1,800,000~2,800,000
成交价：RMB 2,070,000
高56cm 北京保利 2017-12-19

1477 清乾隆 霁蓝釉玉壶春瓶
"大清乾隆年制"篆书款
估 价：RMB 400,000~600,000
成交价：RMB 598,000
高30.5cm 西泠拍卖 2017-07-15

6134 清乾隆 孔雀蓝釉大观音瓶
"大清乾隆年制"款
估 价：RMB 400,000~600,000
成交价：RMB 460,000
高40.5cm 北京保利 2017-12-19

136 清乾隆 蓝釉象耳琮式瓶
"大清乾隆年制"篆书款
估 价：HKD 150,000~200,000
成交价：RMB 207,500
高28.5cm 佳士得 2017-10-02

2803 清乾隆 天蓝釉觚式花插（一对）
来源：Frank Caro，卢芹斋继承人，纽约，20世纪60年代。
估 价：HKD 2,400,000~3,800,000
成交价：RMB 2,331,740
高18cm×2 佳士得 2017-11-29

95 清乾隆 天蓝釉梅瓶
"大清乾隆年制"篆书款
估　价：RMB 800,000~1,200,000
成交价：RMB 1,058,000
高23cm 北京宣石 2017-05-21

693 清光绪 蓝釉赏瓶
"大清光绪年制"款
估　价：HKD 20,000~30,000
成交价：RMB 49,197
高38.6cm 香港苏富比 2017-06-01

1574 孔雀蓝釉缠枝花卉梅瓶
估　价：RMB 70,000~120,000
成交价：RMB 80,500
高23.5cm 中贸圣佳 2017-09-04

699 清嘉庆 蓝釉碗
"大清嘉庆年制"款
估　价：USD 4,000~6,000
成交价：RMB 47,568
纽约苏富比 2017-03-15

2951 清同治 祭蓝釉玉壶春瓶
估　价：RMB 150,000~250,000
成交价：RMB 172,500
高28.5cm 中国嘉德 2017-06-19

116 19世纪 天蓝釉浮雕云龙纹六系铺首大尊
估　价：HKD 120,000~180,000
成交价：RMB 391,760
高78cm 香港中汉 2017-10-03

绿 釉

1386 唐 长沙窑绿釉带盖执壶
估　价：USD 1,500~2,000
成交价：RMB 19,027
纽约苏富比 2017-03-18

1607 五代 绿釉梨形执壶
估 价：HKD 8,000~12,000
成交价：RMB 20,933
高16cm 宝港国际 2017-05-29

343 北宋 定窑绿釉刻宝相花纹如意形枕
估 价：HKD 40,000~80,000
成交价：RMB 67,438
宽24cm 佳士得 2017-10-04

1360 辽 绿釉印花盘
估 价：USD 3,000~4,000
成交价：RMB 82,163
纽约苏富比 2017-03-18

49 北宋 绿釉温器
估 价：HKD 30,000~50,000
成交价：RMB 58,764
高16.5cm 中国嘉德 2017-10-02

1273 元 钧窑绿釉花口盘
估 价：RMB 10,000~20,000
成交价：RMB 23,000
直径15.3cm 北京荣宝 2017-09-24

1227 清康熙 孔雀绿釉暗刻夔龙纹笔筒
“大清康熙年制”楷书刻款
估 价：RMB 80,000~120,000
成交价：RMB 126,500
高14.2cm 华艺国际 2017-11-25

265 清雍正 绿哥釉觯式尊
来源：1.胡惠春，暂得楼旧藏；2.纽约苏富比，1985年。
估 价：RMB 80,000~120,000
成交价：RMB 391,000
高13.5cm 上海明轩 2017-06-30

2895 清康熙 孔雀绿釉六方梅瓶
成交价：RMB 51,750
高22cm 中国嘉德 2017-06-19

3157 清康熙 鱼子绿釉橄榄尊
估 价：RMB 20,000~30,000
成交价：RMB 253,000
高24cm 北京匡时 2017-12-03

141 清雍正 孔雀绿釉三足菱口洗
“大清雍正年制”篆书款
估 价：RMB 300,000~400,000
成交价：RMB 345,000
直径23.2cm 北京中汉 2017-06-17

4879 清雍正 孔雀绿釉花盆
“雍正年制”款
估 价：RMB 80,000~120,000
成交价：RMB 92,000
直径20.5cm 中国嘉德 2017-03-31

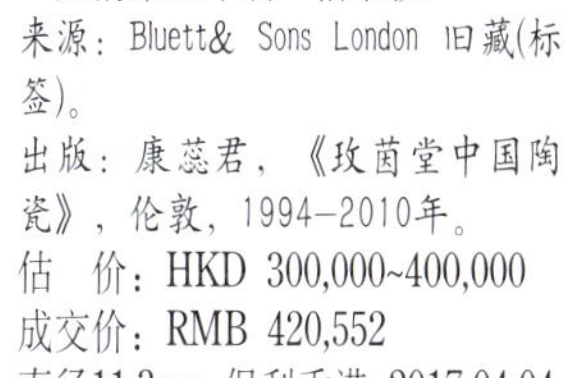

3163 清雍正 绿釉暗刻云龙纹碗
“大清雍正年制”楷书款
来源：Bluett& Sons London 旧藏(标签)。
出版：康蕊君，《玫茵堂中国陶瓷》，伦敦，1994-2010年。
估 价：HKD 300,000~400,000
成交价：RMB 420,552
直径11.3cm 保利香港 2017-04-04

848 清雍正 郎窑绿釉小天球瓶
“大明宣德年制”楷书款
估 价：RMB 10,000~15,000
成交价：RMB 379,500
高22.7cm 北京诚轩 2017-06-20

2805 清雍正 松石绿釉葵式茶钟（一对）
来源：Frank Caro，卢芹斋继承人，纽约，20世纪60年代。
估 价：HKD 600,000~800,000
成交价：RMB 1,914,750
直径11.3cm×2 佳士得 2017-11-29

2833 清乾隆 松石绿釉堆白福寿纹碗
估 价：RMB 180,000~280,000
成交价：RMB 241,500
直径13.3cm 中国嘉德 2017-06-20

5049 清道光 湖水绿釉渣斗（一对）
"慎德堂"款
著录：《玫茵堂中国陶瓷》，康蕊君，伦敦，1994—2010年。
估 价：RMB 350,000~550,000
成交价：RMB 805,000
高8.7cm×2 北京保利 2017-12-18

5043 清乾隆 蛇皮绿釉玉壶春
"大清乾隆年制"款
著录:《玫茵堂中国陶瓷》，康蕊君，伦敦，1994-2010年.
估 价：RMB 400,000~600,000
成交价：RMB 713,000
高30.3cm 北京保利 2017-12-18

2226 定黄绿釉波浪纹凤首执壶
来源：英国伦敦埃斯肯纳齐（Eskenazi）旧藏。
估 价：RMB 800,000~1,500,000
成交价：RMB 1,932,000
高22.2cm 中贸圣佳 2017-06-18

金釉

128 清康熙 金釉提梁壶
记录：1.伦敦苏富比，1981年；2.纽约苏富比，2002年。
估　价：RMB 100,000~150,000
成交价：RMB 230,000
高15cm 北京中汉 2017-05-21

342 清康熙 金釉执壶
成交价：RMB 34,500
高20cm 北京保利 2017-04-16

酱釉

1551 北宋 定窑紫金釉盏托
估　价：RMB 150,000~180,000
成交价：RMB 195,500
直径13cm 西泠拍卖 2017-07-15

401 北宋/金 磁州窑酱釉执壶
估　价：HKD 100,000~150,000
成交价：RMB 382,645
高13.7cm 香港苏富比 2017-06-01

604 北宋/金 耀州窑酱釉瓜棱小罐
估　价：USD 10,000~15,000
成交价：RMB 86,488
纽约苏富比 2017-03-15

621 北宋/金 耀州窑酱釉盏托
估　价：USD 25,000~35,000
成交价：RMB 224,868
纽约苏富比 2017-03-15

38 北宋/金 紫金釉钵
估　价：HKD 100,000~200,000
成交价：RMB 55,688
直径12cm 佳士得 2017-04-04

172 南宋 建窑柿子红釉盏
估　价：RMB 160,000~180,000
成交价：RMB 207,000
高4.5cm；直径9.6cm 上海明轩 2017-06-30

3325 宋 当阳峪窑酱釉花口碟
估　价：HKD 30,000~50,000
成交价：RMB 52,569
直径11.8cm 保利香港 2017-04-04

877 明宣德 酱釉暗刻云龙纹盘
“大明宣德年制”楷书款
估　价：RMB 380,000~450,000
成交价：RMB 437,000
直径13.5cm 北京诚轩 2017-06-20

353 清康熙 紫金酱釉“双龙赶珠”纹大盘
估　价：RMB 180,000~240,000
成交价：RMB 299,000
直径32cm 北京宣石 2017-12-03

421 宋 吉州窑系琥珀釉碗
估　价：HKD 20,000~30,000
成交价：RMB 120,260
直径12.2cm 香港苏富比 2017-06-01

3204 宋 定窑酱釉盏托
估　价：HKD 300,000~500,000
成交价：RMB 334,125
长12cm 香港苏富比 2017-04-05

13 明宣德 紫金釉撇口碗
“大明宣德年制”楷书款
记录：纽约佳士得，1980年。
估　价：RMB 500,000~800,000
成交价：RMB 1,380,000
直径10.4cm 北京中汉 2017-12-19

25 清乾隆 酱釉折腰高足碗
“大清乾隆年制”款
估　价：RMB 100,000~200,000
成交价：RMB 207,000
直径17.7cm 北京保利 2017-08-02

304 清乾隆 紫金釉琮式瓶
估　价：RMB 15,000~30,000
成交价：RMB 34,500
高36cm 北京保利 2017-04-16

720 清雍正 紫金釉鹦鹉耳扁瓶
“大清雍正年制”篆书款
来源：欧洲收藏家旧藏.
估　价：HKD 5,000,000~7,000,000
成交价：RMB 4,897,000
高22.3cm 北京匡时 2017-10-02

843 清雍正 紫金釉菊瓣盘
“大清雍正年制”楷书款
来源：1.德国私人旧藏；2.Berwald，伦敦，2007；3.欧洲重要私人珍藏。
估　价：HKD 1,500,000~2,000,000
成交价：RMB 1,569,990
直径17.3cm 中国嘉德 2017-05-30

铁锈釉

1172 宋 磁州窑铁锈花白覆轮碗
估 价：RMB 60,000~80,000
成交价：RMB 115,000
直径18cm 西泠拍卖 2017-07-15

164 清乾隆 铁锈花釉双如意耳尊
估 价：RMB 80,000~100,000
成交价：RMB 92,000
直径31cm 北京中汉 2017-06-17

163 18世纪 铁锈花釉梅瓶
估 价：RMB 20,000~30,000
成交价：RMB 46,000
高23cm 北京中汉 2017-06-17

窑变釉

2822 清雍正 窑变釉大鸠耳衔环尊
"雍正年制"二行篆书款
估 价：RMB 8,500,000~10,000,000
成交价：RMB 10,350,000
高35cm 中国嘉德 2017-06-20

1575 清雍正 窑变釉鼓钉洗
估 价：RMB 250,000~300,000
成交价：RMB 287,500
直径18.2cm 西泠拍卖 2017-07-15

5028 清雍正 窑变釉双耳抱月瓶
"雍正年制"款
著录：《玫茵堂中国陶瓷》，康蕊君。
估 价：RMB 2,200,000~3,200,000
成交价：RMB 3,680,000
高33cm 北京保利 2017-12-18

3174 清乾隆 窑变釉达摩人物（一对）
估　价：RMB 500,000~600,000
成交价：RMB 667,000
高47cm×2 北京匡时 2017-12-03

13 清雍正 窑变釉杏圆如意耳抱月瓶
“雍正年制”篆书款
估　价：RMB 1,500,000~2,000,000
成交价：RMB 1,840,000
直径25.3cm 北京中汉 2017-05-21

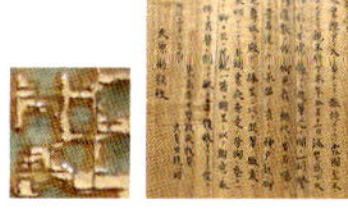

108 清雍正 窑变釉盘口弦纹瓶
“雍正年制”篆书款
估　价：HKD 3,200,000~3,600,000
成交价：RMB 3,416,985
高33.5cm 北京匡时 2017-04-03

3166 清雍正 窑变釉四方水仙盆
“雍正年制”暗刻篆书款
来源：香港苏富比，2000年。出版：康蕊君，《玫茵堂中国陶瓷》，伦敦，1994–2010年。
估　价：HKD 1,200,000~1,600,000
成交价：RMB 1,997,622
长19.5cm 保利香港 2017-04-04

5034 清雍正 窑变釉铺首耳尊
“雍正年制”款
出版：《玫茵堂中国陶瓷》，康蕊君。
估　价：RMB 3,200,000~5,200,000
成交价：RMB 4,830,000
高26cm 北京保利 2017-06-06

585 清乾隆 窑变釉胆瓶
“大清乾隆年制“篆书款
估　价：RMB 800,000~1,800,000
成交价：RMB 1,265,000
高46.5cm 观唐皕榷 2017-01-11

700 清乾隆 窑变釉贯耳方壶
“大清乾隆年制”款
估　价：USD 40,000~60,000
成交价：RMB 302,706
纽约苏富比 2017-03-15

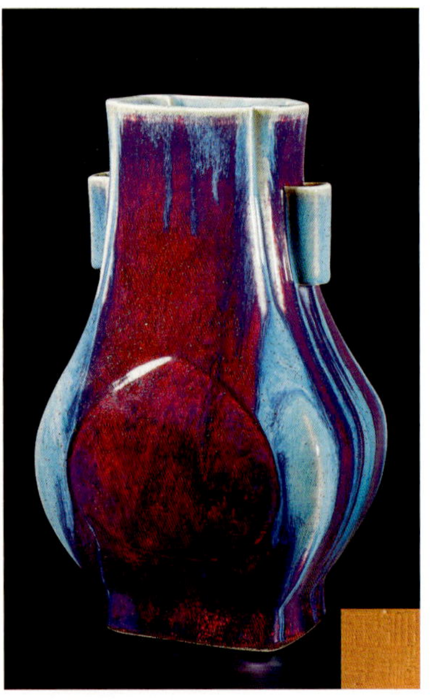

710 清乾隆 窑变釉贯耳瓶
“大清乾隆年制”篆书款
估　价：RMB 650,000~950,000
成交价：RMB 862,500
高30cm 观唐皕榷 2017-01-12

3166 清乾隆 窑变釉花觚
“大清乾隆年制”篆书款
估　价：RMB 700,000~800,000
成交价：RMB 805,000
高27cm 北京匡时 2017-12-03

3013 清乾隆 窑变釉撇口瓶
“大清乾隆年制”暗刻篆书款
出版：康蕊君，《玫茵堂中国陶瓷》，伦敦，1994—2010年。
估 价：HKD 2,200,000~3,200,000
成交价：RMB 2,938,200
高40cm 保利香港 2017-10-02

2603 清雍正 窑变釉镶铜象耳八棱尊
估 价：RMB 2,000,000~2,600,000
成交价：RMB 2,990,000
高52.5cm 北京翰海 2017-06-04

614 清乾隆 窑变釉双耳瓶
“大清乾隆年制”篆书刻款
来源：Johnson Spink伉俪、玛丽·泰瑞莎·L·维勒泰 等珍藏。
估 价：USD 30,000~50,000
成交价：RMB 1,546,397
高22.2cm 纽约佳士得 2017-03-16

708 清乾隆 窑变釉石榴尊
“大清乾隆年制”篆书款
估 价：RMB 300,000~500,000
成交价：RMB 402,500
高18.5cm 观唐皕榷 2017-01-12

2151 清乾隆 窑变釉灵芝花插
成交价：RMB 322,000
高12.1cm 中贸圣佳 2017-06-18

586 清乾隆 窑变釉弦纹蒜头瓶
“大清乾隆年制”篆书款
来源：1.英国 Leonard Cunliffe家族旧藏；2.伦敦邦瀚斯，2013年。
估 价：RMB 3,800,000~5,800,000
成交价：RMB 5,520,000
高29.5cm 观唐皕榷 2017-01-11

101 清乾隆 窑变釉觯式小尊
“大清乾隆年制”款
估 价：RMB 200,000~600,000
成交价：RMB 1,058,000
高14cm 中贸圣佳 2017-06-18

3842 清道光 窑变釉石榴尊
“大清道光年制”款
估 价：RMB 100,000~200,000
成交价：RMB 230,000
高19cm 中国嘉德 2017-09-02

144 清道光 窑变釉贯耳方壶
“大清道光年制”篆书刻款
估 价：HKD 200,000~300,000
成交价：RMB 334,125
高30.3cm 佳士得 2017-04-04

364 清 窑变釉石榴尊
“大清乾隆年制”款
估 价：RMB 80,000~120,000
成交价：RMB 161,000
高20.5cm 北京保利 2017-11-04

701 18世纪/19世纪 窑变釉龙耳瓶
估　价：HKD 100,000~150,000
成交价：RMB 437,308
高35.8cm 香港苏富比 2017-06-01

2659 清雍正 炉钧釉花口椭圆式花盆
“大清雍正年制”篆书款
估　价：RMB 800,000~1,000,000
成交价：RMB 920,000
高10.4cm 北京翰海 2017-06-04

炉钧釉

3282 清雍正 孔雀翎炉钧釉卷缸
“雍正年制”暗刻篆书款
来源：家族传承。
估　价：RMB 2,000,000~3,000,000
成交价：RMB 8,970,000
直径22.5cm 北京匡时 2017-12-03

724 清雍正 孔雀毛炉钧釉弦纹塔式瓶
估　价：HKD 3,800,000~4,200,000
成交价：RMB 4,211,420
高25.8cm 北京匡时 2017-10-02

3569 清乾隆 炉钧釉灯笼瓶
“大清雍正年制”款
估　价：RMB 600,000~800,000
成交价：RMB 977,500
高23cm 北京荣宝 2017-12-02

3025 清雍正 炉钧釉双耳炉
“大清雍正年制”暗刻篆书款
估　价：HKD 400,000~600,000
成交价：RMB 734,550
宽19cm 保利香港 2017-10-02

102 清乾隆 炉钧釉球式尊
“大清乾隆年制”款
记录：伦敦佳士得，1997年。
估　价：RMB 600,000~900,000
成交价：RMB 2,875,000
高12cm；直径15.5cm 中贸圣佳 2017-06-18

6140 清道光 炉钧釉灯笼尊
估　价：RMB 350,000~550,000
成交价：RMB 517,500
高23.3cm 北京保利 2017-12-19

3156 清乾隆 炉钧釉小罐
“大清乾隆年制”篆书款
成交价：RMB 322,000
高6.5cm 北京匡时 2017-12-03

2255 清乾隆 炉钧釉菱形八卦纹瓶
成交价：RMB 126,500
高33.3cm 中贸圣佳 2017-06-18

1524 清乾隆 炉钧釉石榴尊
成交价：RMB 391,000
高28cm 西泠拍卖 2017-07-15

3205 18世纪 炉钧釉葫芦瓶
来源：2004年购自壶中居，东京。
估 价：HKD 200,000~300,000
成交价：RMB 388,063
高32.5cm 佳士得 2017-05-31

仿木釉

2919 清乾隆 仿木纹釉碗
估 价：RMB 30,000~50,000
成交价：RMB 34,500
直径12.3cm 中国嘉德 2017-06-19

272 清乾隆 木釉诗文高足盘
"大清乾隆年制"、"片月"、"陶铸"款
估 价：RMB 60,000~100,000
成交价：RMB 115,000
直径20cm 北京保利 2017-04-16

728 19世纪/20世纪 仿木纹釉桶式花盆（一对）连托盆
估 价：HKD 20,000~30,000
成交价：RMB 92,928
直径12.6cm×2 香港苏富比 2017-06-01

1474 清末 仿木纹釉花盆（一对）
估 价：USD 8,000~12,000
成交价：RMB 95,136
纽约苏富比 2017-03-18

仿古铜釉

3604 清乾隆 仿铜釉饕餮纹出戟大壶（一对）
"大清乾隆年制"款
来源：1.法国私人收藏；2.巴黎佳士得，2012年12月19日，编号104。
估 价：HKD 16,000,000~25,000,000
成交价：RMB 17,196,300
高41.5cm×2 香港苏富比 2017-04-05

3601 清乾隆 仿铜釉双牺尊
“大清乾隆年制”款
估　价：HKD 1,000,000~2,000,000
成交价：RMB 1,782,000
高22.1cm 香港苏富比 2017-04-05

仿石釉

557 清乾隆 槟榔石釉花盆
“大清乾隆年制”篆书款
估　价：RMB 2,800,000~3,500,000
成交价：RMB 3,220,000
高15.5cm 大羿拍卖 2017-12-04

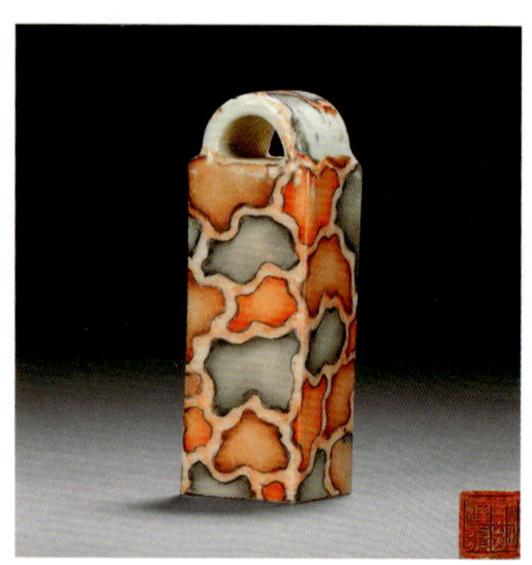

6573 清乾隆 仿石纹釉“勤能补拙”方章
估　价：RMB 300,000~500,000
成交价：RMB 345,000
2.4cm×2.4cm×7.2cm 北京保利 2017-12-20

4197 清中期 仿石釉瓜棱梅瓶
估　价：RMB 25,000~35,000
成交价：RMB 28,750
高12.9cm 中国嘉德 2017-03-31

茄皮紫釉

162 17世纪/18世纪 茄皮紫釉铺首三足炉
估　价：USD 3,000~5,000
成交价：RMB 32,305
宽27.3cm 纽约佳士得 2017-07-13

5020 清康熙 茄皮紫釉牡丹吸杯
著录:《玫茵堂中国陶瓷》，康蕊君，伦敦，1994-2010年。
估　价：RMB 120,000~180,000
成交价：RMB 287,500
长14.6cm 北京保利 2017-12-18

715 清康熙 茄皮紫釉碗
估　价：RMB 50,000~100,000
成交价：RMB 69,000
直径17.5cm 观唐皕榷 2017-01-12

712 清乾隆 茄皮紫釉梅瓶
“大清乾隆年制”篆书款
来源：香港佳士得，2009年。
估　价：RMB 400,000~800,000
成交价：RMB 713,000
高21.5cm 观唐皕榷 2017-01-12

3011 清雍正 茄皮紫釉暗刻石榴纹盘
“大清雍正年制”楷书款
估　价：HKD 200,000~300,000
成交价：RMB 372,172
直径14.7cm 保利香港 2017-10-02

720 清光绪 茄皮紫釉盘（一对）
“大清光绪年制”款
估 价：HKD 20,000~30,000
成交价：RMB 49,197
直径18.3cm×2 香港苏富比 2017-06-01

716 清乾隆 茄皮紫釉三足爵杯
“乾隆年制”篆书款
估 价：RMB 400,000~800,000
成交价：RMB 805,000
直径12.4cm；高12.5cm 观唐皕榷 2017-01-12

1259 清道光 茄皮紫釉刻双龙赶珠纹碗
“大清道光年制”篆书款
估 价：USD 5,000~7,000
成交价：RMB 56,217
盒直径15.5cm 纽约佳士得 2017-03-17

茶叶末釉

3022 清雍正 茶叶末釉花盆及盆托
“雍正年制”模印篆书款
来源：1.Marchant Son, London（盆托）；2.Spink Son Ltd.（花盆）；3.Eskenazi London旧藏；4.佳士得纽约，2001年；5.北美重要私人收藏。
估 价：HKD 1,000,000~1,500,000
成交价：RMB 1,762,920
直径14.1cm；直径12.7cm 保利香港 2017-10-02

3575 清雍正 茶叶末釉灯笼尊
“雍正年制”款
估 价：RMB 3,000,000~4,500,000
成交价：RMB 2,990,000
高27.5cm 北京荣宝 2017-12-02

5182 清雍正 茶叶末釉菱口花盆及托（一套）
“雍正年制”款
备注：晚清天津冯商盘先生旧藏。
估 价：RMB 900,000~1,200,000
成交价：RMB 3,220,000
盆宽22.5cm；托宽20.5cm 北京保利 2017-12-18

168 清乾隆 茶叶末釉双如意耳大葫芦扁瓶
备注：日本关西重要私人收藏。
估 价：RMB 2,600,000~3,600,000
成交价：RMB 4,370,000
高46.8cm 保利华谊 2017-12-08

167 清乾隆 茶叶末小鸠耳尊
备注：台北鸿禧美术馆旧藏。
估 价：RMB 2,200,000~3,200,000
成交价：RMB 3,105,000
高15.8cm 保利华谊 2017-12-08

3665 清乾隆 茶叶末釉荸荠扁瓶
“大清乾隆年制”款
估 价：HKD 800,000~1,200,000
成交价：RMB 1,400,625
高33.8cm 香港苏富比 2017-10-03

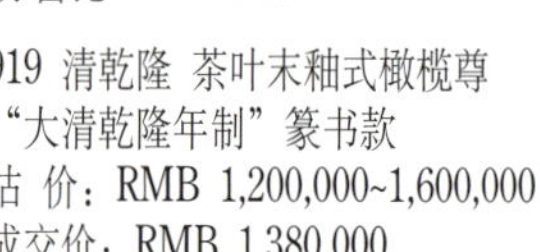

3577 清乾隆 茶叶末贯耳瓶
“大清乾隆年制”款
估 价：RMB 2,500,000~3,200,000
成交价：RMB 2,817,500
高35.5cm 北京荣宝 2017-12-02

1245 清乾隆 茶叶末釉荸荠瓶
“大清乾隆年制”篆书印款
估 价：USD 100,000~150,000
成交价：RMB 1,712,453
高33cm 纽约佳士得 2017-03-17

919 清乾隆 茶叶末釉式橄榄尊
“大清乾隆年制”篆书款
估 价：RMB 1,200,000~1,600,000
成交价：RMB 1,380,000
高13.5cm 保利厦门 2017-06-25

3165 清雍正 鳝鱼黄釉双如意耳尊
“雍正年制”暗刻篆书款
出版：康蕊君，《玫茵堂中国陶瓷》，伦敦，1994–2010年。
估 价：HKD 1,800,000~2,600,000
成交价：RMB 3,784,968
高23cm 保利香港 2017-04-04

741 清乾隆 茶叶末釉绶带耳葫芦瓶
“大清乾隆年制”篆书款
估 价：HKD 1,000,000~1,500,000
成交价：RMB 1,371,160
高24.5cm 北京匡时 2017-10-02

3935 清乾隆 茶叶末釉太白罐
“大清乾隆年制”篆书款
来源：香港重要私人藏家旧藏。
估 价：RMB 1,600,000~1,800,000
成交价：RMB 1,840,000
高31cm 北京匡时 2017-06-04

1116 清乾隆 茶叶末釉鸠耳尊
估 价：RMB 1,600,000~2,200,000
成交价：RMB 2,990,000
高19.5cm 北京东正 2017-06-08

3041 清乾隆 茶叶末釉小撇口瓶
“大清乾隆年制”暗刻篆书款
估 价：HKD 1,500,000~2,000,000
成交价：RMB 1,469,100
高25.2cm 保利香港 2017-10-02

920 清乾隆 茶叶末釉杏圆贯耳瓶
“大清乾隆年制”篆书款
来源：1.原为北京恭王府或庆王府陈设；2.民国初年为日本山中商会购得或代为出售；3.20世纪30年代为日本重要财团家族购藏，收藏至今。
估 价：RMB 2,000,000~2,600,000
成交价：RMB 2,990,000
高35cm 保利厦门 2017-06-25

3568 清乾隆 茶叶末釉双耳葫芦瓶
“大清乾隆年制”款
估 价：RMB 3,200,000~4,000,000
成交价：RMB 3,450,000
高26cm 北京荣宝 2017-12-02

3931 清乾隆 茶叶沫釉鸠耳尊
“大清乾隆年制”篆书款
估 价：RMB 1,000,000~1,200,000
成交价：RMB 1,150,000
高19cm 北京匡时 2017-06-04

1105 清道光 茶叶末釉仿青铜器方瓶
“大清道光年制”篆书款
估 价：RMB 600,000~900,000
成交价：RMB 690,000
高31cm 广东崇正 2017-06-15

738 清乾隆 蟹甲青釉梅瓶
“大清乾隆年制”篆书款
来源：日本重要收藏家旧藏。
估 价：HKD 3,500,000~4,500,000
成交价：RMB 6,561,980
高33cm 北京匡时 2017-10-02

1187 清中期 茶叶末釉水盂
估 价：RMB 100,000~150,000
成交价：RMB 109,250
直径10cm 华艺国际 2017-05-27

931 清乾隆 蟹甲青六方贯耳瓶
“大清乾隆年制”篆书款
来源：1.日本藏家旧藏；2.香港苏富比，2010年。
估 价：RMB 3,500,000~4,500,000
成交价：RMB 4,945,000
高45cm 保利厦门 2017-06-25

反瓷

2510 明 官窑素烧文官像
估 价：RMB 700,000~1,000,000
成交价：RMB 805,000
高13cm 北京保利 2017-06-06

10 元 素胎柳斗罐
估 价：RMB 1,000~2,000
成交价：RMB 71,300
直径7.3cm 北京中汉 2017-03-30

1413 清道光 王炳荣制素胎松鹿纹笔筒
“王炳荣制”篆书款
估 价：RMB 60,000~80,000
成交价：RMB 69,000
高12.4cm 西泠拍卖 2017-07-15

2017瓷器拍卖成交汇总

(成交价RMB：1万元以上)

拍品名称	物品尺寸	成交价RMB	拍卖公司	拍卖日期
陶 器				
文化期 陶器（一组两件）	最高41.5cm	73,455	中国嘉德	2017-10-02
西周 单柄鸭嘴壶	高11.5cm	25,120	宝港国际	2017-05-29
春秋/战国 单柄拉线壶	高16cm	13,607	宝港国际	2017-05-29
战国 彩绘黑漆陶壶	高12.4cm	34,595	纽约佳士得	2017-03-16
战国 硬陶鸡首提梁盉	高21cm	44,073	中国嘉德	2017-10-02
汉 彩绘灰陶鸠鸡（3件）	largest 长26.6cm	13,602	纽约佳士得	2017-07-13
汉 彩绘陶茧形壶	宽29.2cm	12,752	纽约佳士得	2017-07-13
汉 彩绘陶犬	高96.5cm	95,136	纽约佳士得	2017-03-17
汉 灰陶鸮形盖罐	高13.4cm	42,506	纽约佳士得	2017-07-13
汉 鸭形耳杯（3件）	最大的高11cm	26,167	中国嘉德	2017-05-30
北魏 彩绘灰陶龟	长10.8cm	18,703	纽约佳士得	2017-07-13
北魏 灰陶加彩文官立俑（两件）		22,487	纽约苏富比	2017-03-18
北魏 灰陶牛		12,973	纽约苏富比	2017-03-18
西晋 彩绘灰陶三角兽	宽31.6cm	20,403	纽约佳士得	2017-07-13
北齐 陶加彩观音	高22.5cm	21,028	保利香港	2017-04-04
唐 白釉三彩马	宽59cm	274,232	中国嘉德	2017-10-02
唐 彩绘陶骆驼及骑驼俑	高60cm	5,191,100	佳士得	2017-11-29
唐 彩绘陶马	高50.8cm	162,881	伦敦佳士得	2017-11-07
唐 彩绘陶仕女俑	高44.9cm	302,706	纽约佳士得	2017-03-17
唐 彩绘陶天王俑	高64.8cm	29,754	纽约佳士得	2017-07-13
唐 彩绘陶俑	高14cm	20,403	纽约佳士得	2017-07-13
唐 巩县窑白釉盖罐	高28.8cm	52,569	保利香港	2017-04-04
唐 巩县窑白釉人物（两件）	高24.2cm；高26.3cm	220,790	保利香港	2017-04-04
唐 巩县窑黄绿彩弦纹杯（一对）	口径8cm×2	125,599	中国嘉德	2017-05-30
唐 巩县窑双龙瓶	高27.8cm	44,158	保利香港	2017-04-04
唐 黑釉彩斑罐	高40cm	304,045	伦敦佳士得	2017-11-07
唐 绞胎花纹三彩脉枕	高7.8cm	177,932	宝港国际	2017-05-29
唐 蓝釉罐	高26.3cm	531,875	佳士得	2017-11-29
唐 蓝釉三彩仕女坐俑	高30cm	1,063,750	佳士得	2017-11-29
唐 三彩凤首壶	高33cm	609,813	佳士得	2017-05-31
唐 三彩胡人骑马	高40cm	146,532	中国嘉德	2017-05-30
唐 三彩虎枕	宽16.5cm	68,558	中国嘉德	2017-10-02
唐 三彩刻宝相花纹枕 黄釉绞胎枕	宽12.6cm；宽14.3cm	105,806	佳士得	2017-04-04
唐 三彩芦雁纹象形脉枕	12.5cm×8cm×9cm	133,560	中濠典藏	2017-11-29
唐 三彩骆驼	高53cm	111,375	佳士得	2017-04-04
唐 三彩骆驼	高80cm	605,413	纽约佳士得	2017-03-17
唐 三彩骆驼	高42cm	29,382	中国嘉德	2017-10-02
唐 三彩马	宽52cm	195,880	中国嘉德	2017-10-02
唐 三彩马	高31cm	73,455	中国嘉德	2017-10-02
唐 三彩马	长30.5cm	172,975	纽约佳士得	2017-03-17
唐 三彩人物	高30cm	19,588	中国嘉德	2017-10-02
唐 三彩三足炉	宽18.4cm	129,731	纽约佳士得	2017-03-17
唐 三彩仕女	高26.5cm	29,382	中国嘉德	2017-10-02
唐 三彩仕女坐像	高41cm	235,056	中国嘉德	2017-10-02
唐 三彩双耳罐		34,595	纽约苏富比	2017-03-18
唐 三彩水盂	高6.7cm	71,063	香港苏富比	2017-06-01
唐 三彩陶马	高51.4cm	86,870	伦敦佳士得	2017-11-07
唐 三彩天王（一对）	高103cm×2	1,569,990	中国嘉德	2017-05-30
唐 三彩天王像（一对）	高59.5cm	53,867	中国嘉德	2017-10-02
唐 三彩贴花宝相花纹香盒	直径11cm	57,120	上海联合	2017-06-18
唐 三彩贴花唾壶	高10.5cm	30,271	纽约佳士得	2017-03-16
唐 三彩执壶	高20cm	12,560	中国嘉德	2017-05-30
唐 陶彩绘人物像	高33cm	21,547	中国嘉德	2017-10-02
唐 陶加彩马		432,438	纽约苏富比	2017-03-15
唐 陶加彩侍俑		17,298	纽约苏富比	2017-03-18

拍品名称	物品尺寸	成交价RMB	拍卖公司	拍卖日期
唐 陶制马	宽45cm	10,467	中国嘉德	2017-05-30
唐 陶制马球人物（一组）	最大的高20cm	261,665	中国嘉德	2017-05-30
唐 贴金彩绘女木俑	高58.4cm	3,148,700	佳士得	2017-11-29
唐/清 瓷器七件及陶俑		38,919	纽约苏富比	2017-03-18
北宋/金 当阳峪窑绞胎羽毛纹折沿盘	口径18.3cm	366,331	中国嘉德	2017-05-30
北宋/金 绞胎盘	直径17.5cm	228,250	佳士得	2017-10-02
北宋早期 磁州窑系绿釉局部绞胎团花纹枕	宽26.7cm	311,850	佳士得	2017-04-04
宋 磁州绞胎玉壶春瓶	高22.3cm	189,338	香港苏富比	2017-04-04
宋 陶加彩童子俑		1,124,338	纽约苏富比	2017-03-15
金 绞胎盏	直径8.8cm	97,940	保利香港	2017-10-02
元 各式人物动物瓷塑（19件）	最大的宽15.5cm	39,773	中国嘉德	2017-05-30
元 绞胎提梁水注	高21cm	690,000	北京保利	2017-12-18
明万历 欧窑宜钧兽耳折方瓶	高11.3cm	552,000	北京保利	2017-12-19
明 绿釉绞胎盏	径12cm	28,750	印千山	2017-03-30
明 彭城窑寿星像	高23.5cm	23,000	北京保利	2017-06-07
明 宜钧釉天青色胆瓶	高16cm	57,500	上海嘉禾	2017-07-01
明晚期 宜钧天蓝釉荷叶形笔掭	长8cm	195,500	北京保利	2017-06-07
明晚期 宜兴绞釉布袋和尚坐像	宽15.6cm	72,625	佳士得	2017-10-02
明末清初 宜钧月白釉钵	直径14cm	20,700	中贸圣佳	2017-09-04
明末清初 宜兴窑仿钧天蓝古铜釉小蒜头瓶	高14cm	161,000	中贸圣佳	2017-06-18
明末清初 宜兴窑仿钧天蓝釉盏托	直径11cm	161,000	中贸圣佳	2017-06-18
17世纪/18世纪 石湾窑琮式瓶	高20cm	36,633	中国嘉德	2017-05-30
清早期 宜钧天蓝釉小葫芦瓶	高12.1cm	74,750	中贸圣佳	2017-09-04
清早期 宜兴窑仿钧天蓝釉三峰笔山	长6.5cm	172,500	中贸圣佳	2017-06-18
清雍正 宜兴窑天蓝釉贯耳瓶	高30.5cm	161,000	中贸圣佳	2017-06-18
清乾隆 仿绞胎诗文四方倭角笔筒	高14.4cm	11,500	中国嘉德	2017-03-31
清乾隆 宜钧天蓝釉八卦纹琮式瓶	高29cm	63,250	中贸圣佳	2017-09-04
清乾隆 宜钧釉如意足花盆	直径20.5cm	32,200	北京保利	2017-12-20
清乾隆 宜钧釉双耳罍	高27cm	322,000	保利厦门	2017-06-26
清道光 紫砂宝石蓝釉开光粉彩狮纹六方砚盒	长9.3cm	31,780	印千山	2017-07-09
清中期 宜均双兽耳炉	直径11cm	11,500	北京荣宝	2017-09-24
清晚期 宜钧釉竹编提篮	高度含提梁19.3cm×15.5cm	28,750	西泠拍卖	2017-07-16
清 石湾窑哥釉四方鼎式炉	高22cm	115,000	上海嘉禾	2017-07-01
清 宜均鼎式炉	直径9cm	11,500	北京荣宝	2017-09-24
清 宜钧橄榄瓶	高27cm	11,500	北京翰海	2017-04-30
清 宜钧釉枕	长27cm	34,500	北京保利	2017-12-19
清 紫砂吹绿釉折沿洗	长39.8cm	45,400	印千山	2017-07-09
18世纪 宜兴窑米黄釉四方瓶	高16.7cm	34,500	中国嘉德	2017-06-19
19世纪 上釉素烧陶瓷猫	长32.8cm	446,775	佳士得	2017-11-26
19世纪中期 欧陆双耳青花陶瓶	43.5cm	297,850	佳士得	2017-11-26
艾未未 2006年作 裙子	78cm×55cm	289,575	香港苏富比	2017-04-03
艾未未 2006年作 如意	高16cm×80cm	445,500	香港苏富比	2017-04-03
艾未未 2006年作 上色陶瓶（九件作品）		933,750	香港蘇富比	2017-10-01
巴布罗·毕加索 1953年作 骑马斗牛士	24cm×24cm	39,069	香港苏富比	2017-01-19
巴布罗·毕加索 1955年作 女人	30.5cm×12cm	61,394	香港苏富比	2017-01-19
刘也涵 雨过哀劳山 云南紫陶	高13cm	46,000	中国嘉德	2017-06-20
刘也涵 真如 云南紫陶	高9cm	57,500	中国嘉德	2017-06-20
刘颖睿 青釉舞者陶艺雕塑	高84cm	55,200	福建东南	2017-10-29
余乐恩 俯视场景	66cm×44cm	40,250	北京保利	2017-04-27
余乐恩 归途	47.5cm×25cm	49,450	北京保利	2017-04-27

*查看图片请参照凡例4方法

拍品名称	物品尺寸	成交价RMB	拍卖公司	拍卖日期
余乐恩 花儿	77.5cm×20cm	28,750	北京保利	2017-04-27
余乐恩 家山路远	30.8cm×48.4cm	34,500	北京保利	2017-04-27
余乐恩 家山路远2	8cm×36.5cm	13,800	北京保利	2017-04-27
余乐恩 家山路远3	57cm×79cm	46,000	北京保利	2017-04-27
余乐恩 家山路远4	45cm×34.4cm	41,400	北京保利	2017-04-27
余乐恩 渐远的祖母绿	35cm×41.5cm	23,000	北京保利	2017-04-27
余乐恩 仅见树的森林	80cm×420cm	326,600	北京保利	2017-04-27
余乐恩 冷山	28.7cm×35cm	17,250	北京保利	2017-04-27
余乐恩 冷山2	51cm×54cm	34,500	北京保利	2017-04-27
余乐恩 冷山3	57cm×59.8cm	46,000	北京保利	2017-04-27
余乐恩 两度关系	29.2cm×28.6cm	20,700	北京保利	2017-04-27
余乐恩 在金色年代	54cm×45cm	32,200	北京保利	2017-04-27
余乐恩 在云端	38.3cm×19.5cm	25,300	北京保利	2017-04-27
余乐恩 早春	70.7cm×12.5cm	17,250	北京保利	2017-04-27
余乐恩 早春2	56.5cm×37.5cm	40,250	北京保利	2017-04-27
余乐恩 秩序	102cm×58cm	69,000	北京保利	2017-04-27
瓷 器				
青 瓷				
越窑				
西晋 越窑青釉宝鹅纹铺首耳罐	高32.3cm	2,441,340	香港苏富比	2017-04-05
西晋 越窑青釉瑞兽	高8.1cm	835,313	香港苏富比	2017-04-05
西晋 越窑青釉羊形器	高15.5cm	218,654	香港苏富比	2017-06-01
唐 越窑盖盒	直径9.1cm	62,250	佳士得	2017-10-02
唐 越窑刻荷叶纹海棠碗	直径15.2cm	190,273	纽约佳士得	2017-03-17
唐 越窑秘色花口杯	口径10.2cm	149,500	西泠拍卖	2017-07-15
唐/五代 越窑花口盏	口径12.3cm	57,500	西泠拍卖	2017-07-15
唐/五代 越窑秘色香盒及巩县窑白釉香盒（一组两件）	1.高3.4cm；口径9.4cm；2.高4cm；口径6.7cm	149,500	西泠拍卖	2017-07-15
唐晚期 越窑素面水盂	高5.5cm	172,500	浙江佳宝	2017-07-23
唐晚期/五代 越窑秘色青瓷盒	直径17.5cm	1,862,700	佳士得	2017-05-31
五代 越窑秘色鹦鹉纹粉盒	直径10cm	529,000	西泠拍卖	2017-07-15
五代 越窑牡丹纹洗	直径13cm	423,225	佳士得	2017-04-04
五代 越窑南瓜形水滴	直径7.4cm	11,500	西泠拍卖	2017-07-15
五代 越窑皮囊壶	高21.6cm	1,713,950	中国嘉德	2017-10-02
五代 越窑青釉荷叶口碗	长14cm	423,225	佳士得	2017-04-04
五代 越窑青釉划花执壶	高18.5cm	552,000	西泠拍卖	2017-07-15
五代 越窑青釉刻划花卉纹盖盒	直径10.6cm	65,596	香港苏富比	2017-06-01
五代 越窑青釉葵花式碗	直径18.2cm	120,260	香港苏富比	2017-06-01
北宋 越窑缠枝鸳鸯粉盒	直径14cm	460,000	西泠拍卖	2017-07-15
北宋 越窑蕉叶纹双系罐	高11.7cm	115,000	西泠拍卖	2017-07-15
北宋 越窑刻花莲瓣纹盏托	直径14cm	92,000	西泠拍卖	2017-07-15
北宋 越窑刻花牡丹纹盖罐	高10.1cm	435,750	佳士得	2017-10-02
北宋 越窑刻花盘	直径16.7cm	27,423	中国嘉德	2017-10-02
北宋 越窑刻花小罐	高11cm	332,625	佳士得	2017-05-31
北宋 越窑青釉刻花莲瓣纹盏	口径13.3cm	55,200	西泠拍卖	2017-07-15
北宋 越窑青釉刻花鸟图盖盒	直径8.5cm	54,664	香港苏富比	2017-06-01
北宋 越窑青釉刻鹦鹉牡丹纹盒	直径13.1cm	443,500	佳士得	2017-05-31
南宋 寺龙口越窑萱草纹罐	高6.5cm	161,000	浙江佳宝	2017-07-23
宋 越窑大盘	宽26cm	30,602	宝源国际	2017-05-29
宋 越窑青釉刻牡丹纹盒	直径12.4cm	148,925	佳士得	2017-11-29
宋 越窑系青釉莲苞式执壶	高16cm	32,798	香港苏富比	2017-06-01
元 越窑镂空秘色香熏	高14cm	517,500	北京荣宝	2017-12-02
元 越窑青釉大盖盒	直径15.6cm	667,000	北京中汉	2017-05-21
元 越窑青釉划花牡丹纹盖盒	直径14.6cm	3,105,000	北京保利	2017-12-18
元 越窑青釉渣斗	直径18cm	1,035,000	北京宣石	2017-05-21
越窑青釉刻人物故事纹八棱执壶	高22cm	920,000	中拍国际	2017-06-04
越窑青釉印盒、龙泉窑双鼠水丞各一件	直径8cm	25,300	中国嘉德	2017-09-03

拍品名称	物品尺寸	成交价RMB	拍卖公司	拍卖日期
耀州窑				
五代 耀州窑青釉鸭形水注	长10cm；高7cm	29,382	中国嘉德	2017-10-02
五代 耀州窑花口盏	口径13.6cm	80,500	西泠拍卖	2017-07-15
五代 耀州窑青釉缠枝花卉纹盖罐	高10.7cm	334,125	香港苏富比	2017-04-05
五代 耀州窑青釉刻莲纹水注	高20cm	831,563	佳士得	2017-05-31
五代 耀州窑青釉敛口碗	口径13cm	78,500	中国嘉德	2017-05-30
五代 耀州窑三足罐	高6.3cm	410,038	保利香港	2017-04-04
五代或更早 耀州窑青釉坐狮	高15.7 cm	389,813	香港苏富比	2017-04-05
北宋 耀州青釉刻莲瓣纹碗	直径13.5cm	76,011	伦敦佳士得	2017-11-07
北宋 耀州窑盖碗	高10cm	29,382	中国嘉德	2017-10-02
北宋 耀州窑刻花罐	宽12cm	62,800	中国嘉德	2017-05-30
北宋 耀州窑刻花盘	直径15cm	29,382	中国嘉德	2017-10-02
北宋 耀州窑刻花盏	直径12.2cm	39,176	保利香港	2017-10-02
北宋 耀州窑柳斗钵	口径8.1cm	126,500	西泠拍卖	2017-07-15
北宋 耀州窑牡丹纹印花碗	直径17cm	48,970	中国嘉德	2017-10-02
北宋 耀州窑青釉花口折腰盘	口径18cm	146,910	中国嘉德	2017-10-02
北宋 耀州窑青釉花口尊	高12cm	92,928	香港苏富比	2017-06-01
北宋 耀州窑青釉刻碧波游鸭纹盘（一对）		276,760	纽约苏富比	2017-03-15
北宋 耀州窑青釉刻缠枝牡丹纹执壶	高21.5cm	447,150	伦敦苏富比	2017-05-10
北宋 耀州窑青釉刻花缠枝莲纹碗	口径9.5cm	92,000	西泠拍卖	2017-07-15
北宋 耀州窑青釉刻花小盘		64,866	纽约苏富比	2017-03-18
北宋 耀州窑青釉刻莲瓣纹花式碗	直径13.7cm	459,174	香港苏富比	2017-06-01
北宋 耀州窑青釉三足炉	高22.1cm	556,875	香港苏富比	2017-04-05
北宋 耀州窑青釉印缠枝菊花纹碗		56,217	纽约苏富比	2017-03-18
北宋 耀州窑青釉印缠枝菊花纹小碗	直径10cm	54,664	香港苏富比	2017-06-01
北宋 耀州窑青釉印缠枝菊花纹小碗		77,839	纽约苏富比	2017-03-18
北宋 耀州窑青釉印花小碗（1组3件）	口径11.6cm；口径11.2cm；口径9.7cm	156,999	中国嘉德	2017-05-30
北宋 耀州窑青釉印花折枝牡丹纹碗	口径21cm；足径5.6cm；高7.8cm	31,400	中国嘉德	2017-05-30
北宋 耀州窑印缠枝菊纹碗	直径20.5cm	46,688	佳士得	2017-10-02
北宋 耀州窑印花小碗	盒直径10.9cm	38,919	纽约佳士得	2017-03-17
北宋 耀州窑印牧丹纹大观笠式碗耀州窑印凤衔莲纹高家笠式碗	直径12.5cm	144,788	佳士得	2017-04-04
北宋 耀州窑紫金釉罐	高12cm	48,970	保利香港	2017-10-02
北宋/金 耀州窑盖盒	直径10.5cm	127,322	中国嘉德	2017-10-02
北宋/金 耀州窑青釉花式小盘		41,514	纽约苏富比	2017-03-15
北宋/金 耀州窑青釉刻花盖盒	直径8.3cm	491,972	香港苏富比	2017-06-01
北宋/金 耀州窑青釉刻菊纹盘	盒直径18.3cm	64,866	纽约佳士得	2017-03-17
北宋/金 耀州窑青釉刻龙纹小菊瓣盘		56,217	纽约苏富比	2017-03-18
北宋/金 耀州窑青釉瑞兽形灯器		224,868	纽约苏富比	2017-03-15
北宋/金 耀州窑系青釉刻缠枝莲纹小梅瓶		302,706	纽约苏富比	2017-03-18
北宋/金 耀州窑印花牡丹纹碗	直径20.3cm	51,893	纽约佳士得	2017-03-17
宋 奉文堂旧藏耀州窑婴戏纹碗	口径13cm	92,000	西泠拍卖	2017-07-15
宋 耀州窑花口杯及盏托（一套）	杯直径8.3cm；盏托直径13cm	504,662	保利香港	2017-04-04
宋 耀州窑蕉叶纹盖罐	高29cm	792,093	荣盛国际	2017-06-29
宋 耀州窑刻花卉纹碗	高5cm；直径17cm	39,176	保利香港	2017-10-02
宋 耀州窑印花碗	直径13cm	47,011	中国嘉德	2017-10-02
宋 耀州窑印花碗	直径20cm	41,135	中国嘉德	2017-10-02
宋 耀州窑印花碗	直径20.5cm	34,279	中国嘉德	2017-10-02
宋 耀州窑月白釉碗	盒直径14cm	32,865	纽约佳士得	2017-03-17

拍品名称	物品尺寸	成交价RMB	拍卖公司	拍卖日期
宋/金 耀州窑碗四件和耀州窑钵一件	最大的直径14cm	88,966	中国嘉德	2017-05-30
金 耀州窑八棱荷花盘	宽12.3cm	168,221	保利香港	2017-04-04
金 耀州窑放射水波纹碗（一对）	直径15.1cm；直径14.6cm	147,193	保利香港	2017-04-04
金 耀州窑鼓墩盖罐	直径11.8cm	967,270	保利香港	2017-04-04
金 耀州窑开光刻吴牛喘月纹盏	直径13.1cm	48,970	保利香港	2017-10-02
金 耀州窑刻花壶	高12.7cm	262,845	保利香港	2017-04-04
金 耀州窑刻花碗	直径15.3cm	367,983	保利香港	2017-04-04
金 耀州窑刻花碗	直径21.0cm	76,393	中国嘉德	2017-10-02
金 耀州窑刻菊花盘	直径18.5cm	70,517	中国嘉德	2017-10-02
金 耀州窑印花三足炉	直径12cm	367,983	保利香港	2017-04-04
金 耀州窑印花碗	直径20.7cm	195,880	中国嘉德	2017-10-02
金 耀州窑月白釉盘	直径22.8cm	31,341	中国嘉德	2017-10-02
元 耀州窑暗刻花口盏	直径9cm	23,000	北京荣宝	2017-04-02
元 耀州窑刻花玉壶春瓶	高30cm	920,000	北京保利	2017-06-06
元 耀州窑刻牡丹纹葵口盘	宽16.8cm	437,000	北京保利	2017-12-18
元 耀州窑青釉模印缠枝牡丹纹斗笠碗	直径10.7cm	11,500	中国嘉德	2017-09-03
元 耀州窑青釉模印缠枝牡丹纹折沿盘（一对）	直径11cm	43,700	中国嘉德	2017-03-31
元 耀州窑青釉模印婴戏图小碗	直径12.2cm	13,800	中国嘉德	2017-09-03
元 耀州窑青釉狮子	高9.5cm	69,000	北京荣宝	2017-04-02
元 耀州窑剔刻蕉叶纹花口花囊	宽13.3cm	345,000	北京保利	2017-12-18
元 耀州窑碗（三只）	直径13.2cm；直径11.2cm；直径11cm	20,700	中国嘉德	2017-09-03
元 耀州窑印牡丹纹碗	直径16.3cm	40,250	中国嘉德	2017-12-18
元 耀州釉刻海水莲花纹碗	直径13.5cm	28,750	北京保利	2017-06-08
元 耀州月白釉大碗	直径18.7cm	115,000	北京保利	2017-06-07
元-明 耀州窑莲瓣纹碗	直径13.7cm	13,800	北京保利	2017-12-20
明以前 耀州窑缠枝荷塘纹瓶	高16cm	59,800	广东崇正	2017-12-13
明或更早 耀州窑花卉纹壶	高7cm	13,800	华艺国际	2017-03-19
明 耀州狮子托盘	宽11cm	13,800	北京保利	2017-11-04
明 耀州窑出筋纹碗	径12cm	20,700	印千山	2017-03-30
耀州窑青釉刻缠枝莲纹梅瓶	高30cm	920,000	中拍国际	2017-06-04
汝窑				
北宋 汝窑天青釉洗	13cm	244,258,625	香港蘇富比	2017-10-03
宋 临汝窑葵形洗	直径12.2cm	86,250	西泠拍卖	2017-07-15
元 钧窑青釉小三足炉		172,975	纽约苏富比	2017-03-15
元 临汝窑青釉模印花卉纹碗	直径21.5cm	20,700	北京中汉	2017-03-30
仿汝釉				
明 汝釉三足炉	直径17.6cm	17,250	北京保利	2017-04-16
清雍正 仿汝釉鸠耳尊		2,743,384	纽约苏富比	2017-03-15
清雍正 仿汝釉如意耳葫芦尊	高17.5cm	782,000	北京中汉	2017-05-21
清雍正 仿汝釉弦纹瓶	高27cm	5,865,000	印千山	2017-03-30
清雍正 仿汝釉纸槌瓶	高17cm	1,380,000	北京东正	2017-06-08
清雍正/乾隆 仿汝釉琴炉	直径9.2cm	805,000	华艺国际	2017-11-25
清乾隆 仿汝八方瓶	高46.7cm	161,000	北京保利	2017-12-20
清乾隆 仿汝八棱三足洗	直径21.1cm	2,300,000	北京荣宝	2017-12-02
清乾隆 仿汝四方贯耳瓶	高13cm	230,000	北京保利	2017-11-04
清乾隆 仿汝釉八方贯耳瓶	高14.8cm	747,500	北京荣宝	2017-12-02
清乾隆 仿汝釉八方瓶	高33cm	2,185,000	观唐皕榷	2017-01-11
清乾隆 仿汝釉八方瓶	高33.2cm	1,725,000	北京诚轩	2017-06-20
清乾隆 仿汝釉出戟羊耳尊	高26.5cm	18,400,000	北京荣宝	2017-12-02
清乾隆 仿汝釉觚	高20.6cm	2,944,460	佳士得	2017-11-29
清乾隆 仿汝釉瓜棱贯耳瓶	高22.7cm	1,150,000	北京中汉	2017-05-21
清乾隆 仿汝釉贯耳方瓶	高14.5cm	1,058,000	北京保利	2017-12-18
清乾隆 仿汝釉贯耳瓶	高14.5cm	575,000	保利厦门	2017-06-25

拍品名称	物品尺寸	成交价RMB	拍卖公司	拍卖日期
清乾隆 仿汝釉贯耳尊	高52.5cm	448,500	中国嘉德	2017-03-31
清乾隆 仿汝釉汉壶尊	高35.5cm	667,000	北京东正	2017-03-31
清乾隆 仿汝釉花觚	高17cm	2,472,500	保利厦门	2017-06-25
清乾隆 仿汝釉爵杯	高9.7cm；长9.7cm	69,000	西泠拍卖	2017-07-15
清乾隆 仿汝釉葵口三足洗	直径21.4cm	322,000	北京中汉	2017-12-19
清乾隆 仿汝釉盘（一对）	直径11.5cm	287,500	华艺国际	2017-05-27
清乾隆 仿汝釉如意耳瓶	高18cm	368,000	北京诚轩	2017-06-20
清乾隆 仿汝釉双绶带耳汉壶尊	高26cm	3,450,000	北京保利	2017-12-18
清乾隆 仿汝釉水盂	高6cm；宽8cm	460,000	北京保利	2017-06-07
清乾隆 仿汝釉镗锣洗	直径15cm	517,500	北京东正	2017-06-08
清乾隆 仿汝釉镗锣洗	直径11.8cm	460,000	西泠拍卖	2017-07-15
清乾隆 仿汝釉桃形洗	宽25.5cm	2,070,000	北京保利	2017-06-06
清乾隆 仿汝釉委角八方瓶	高33.5cm	1,380,000	华艺国际	2017-05-27
清乾隆 仿汝釉倭角尊	高25.2cm	345,000	北京保利	2017-11-04
清乾隆 仿汝釉小花觚	高12.3cm	40,250	中国嘉德	2017-03-31
清乾隆 仿汝釉杏圆贯耳壶	高42cm	1,969,140	佳士得	2017-05-31
清乾隆 汝窑双耳炉	口径14.6cm	4,526,247	荣盛国际	2017-06-29
清道光 仿汝釉八方瓶	高33.7cm	276,000	中国嘉德	2017-03-31
清 仿汝釉三羊尊	高36cm	13,800	中国嘉德	2017-03-31
清 仿汝釉双耳衔环瓶	高44cm	977,500	北京华辰	2017-06-05
清雍正 仿汝釉贯耳方壶	高26.9cm	4,897,000	保利香港	2017-10-02
清乾隆 仿汝釉贯耳六方壶		3,270,200	香港蘇富比	2017-10-03
清乾隆 仿汝釉七孔四方花插	高31.3cm	2,252,620	香港中汉	2017-10-03
清中期 仿汝釉八卦琮式瓶	高27.5cm	34,500	华艺国际	2017-08-27
官窑				
南宋 官窑渣斗	高8cm	285,614	宝源国际	2017-05-29
南宋/元 官窑葵瓣盘	直径18.5cm	10,781,100	香港苏富比	2017-04-05
宋 官窑笔洗	口径15.1cm	8,590,500	澳门中信	2017-09-11
宋 官窑铁足玉壶春瓶	高17cm	12,217,600	澳门中信	2017-09-11
官窑粉青釉瓜棱长颈瓶	高23.5cm	2,530,000	中拍国际	2017-06-04
官窑粉青釉菊瓣纹盏（一对）	高4cm；口径13.3cm/高4cm；口径12.8cm	1,725,000	中拍国际	2017-06-04
官窑葵口盘	口径17cm；高3cm	1,380,000	中拍国际	2017-06-04
仿官釉				
元 仿官釉梅花笔舔	长15.5cm	69,000	北京宣石	2017-12-03
元 官窑弦纹尊	高15cm	23,000	北京启石	2017-06-25
元 官釉葵口盘	宽14.5cm	782,000	北京保利	2017-12-18
元 官釉小瓶	高9.5cm	32,200	北京荣宝	2017-06-02
元 官釉长颈瓶	高17cm	299,000	中贸圣佳	2017-06-18
元 乾隆御题官窑贯耳小壶	高10cm	4,485,000	北京保利	2017-06-06
元一明 官釉小洗	直径10cm	368,000	保利华谊	2017-12-08
明永乐 龙泉官窑刻牡丹纹大盘	直径54cm	2,242,500	北京保利	2017-06-06
明 仿官鬲式炉	宽24cm	665,250	佳士得	2017-05-31
明 仿官釉双耳炉	宽19.5cm	17,250	北京保利	2017-12-20
明 仿官釉双耳瓶	高20.5cm	92,000	北京荣宝	2017-06-02
明 仿官釉弦纹小瓶	高15.8cm	517,500	中国嘉德	2017-06-19
明 仿官釉小琮式瓶	高12.2cm	69,000	北京保利	2017-12-19
明 哥窑花口洗	直径11.5cm	40,250	北京保利	2017-11-04
明 官釉琮式瓶	高11.8cm	1,725,000	西泠拍卖	2017-07-15
明 官釉鼓式水盂	宽7cm	253,000	北京保利	2017-12-19
明 官釉葵口盘	直径15.7cm	1,207,500	北京保利	2017-06-06
明 官釉纸槌瓶	高17.5cm	13,800	北京保利	2017-11-04
明/清 仿官釉洗（两件）	高5.9cm，高7.1cm	32,798	香港苏富比	2017-06-01
清早期 仿官釉马蹄形水丞	直径9cm	13,800	北京保利	2017-04-17
清雍正 仿官釉荸荠扁瓶	高22cm	1,955,000	北京匡时	2017-12-03
清雍正 仿官釉钵式洗连仿紫铜釉器座	宽19.5cm	7,590,000	北京保利	2017-12-18
清雍正 仿官釉带盖水丞	高7.5cm	1,265,000	北京保利	2017-06-06

拍品名称	物品尺寸	成交价RMB	拍卖公司	拍卖日期
清雍正 仿官釉贯耳大穿带瓶	高50cm	1,265,000	中国嘉德	2017-06-20
清雍正 仿官釉贯耳方瓶	高36.5cm	828,000	北京保利	2017-08-02
清雍正 仿官釉贯耳尊	高56cm	1,035,000	北京宣石	2017-05-21
清雍正 仿官釉汉壶尊	高53cm	7,130,000	北京东正	2017-06-08
清雍正 仿官釉菱口花觚	高35cm	667,000	观唐皕榷	2017-01-12
清雍正 仿官釉六方垂肩花大瓶	高67cm	6,440,000	北京匡时	2017-12-03
清雍正 仿官釉盘口尊	高33.5cm	2,530,000	北京保利	2017-06-07
清雍正 仿官釉三足洗	长16.8cm	2,334,420	香港苏富比	2017-04-05
清雍正 仿官釉三足洗	直径21cm	2,070,000	北京荣宝	2017-06-02
清雍正 仿官釉双耳炉	高29.3cm	25,300	北京保利	2017-04-16
清雍正 仿官釉双龙耳瓶	高50cm	1,411,638	伦敦佳士得	2017-11-07
清雍正 仿官釉桃形洗	长11.5cm	471,500	保利厦门	2017-06-26
清雍正 仿官釉鱼篓尊	高35cm	2,817,500	大羿拍卖	2017-12-04
清雍正 官窑开片盆	直径22cm	10,925	上海大众	2017-06-24
清雍正/乾隆 仿官釉镗锣洗	直径14cm	138,000	中贸圣佳	2017-09-04
清乾隆 仿官粉青釉洗	口径17cm	23,000	中拍国际	2017-06-04
清乾隆 仿官贯耳瓶	径14.5cm	431,300	印千山	2017-07-09
清乾隆 仿官釉八方贯耳壶	高24.5cm	1,725,000	北京保利	2017-06-07
清乾隆仿官釉八方贯耳瓶（一对）	高14.3cm×2	1,382,875	佳士得	2017-11-29
清乾隆 仿官釉八棱贯耳瓶	高48.2cm	264,500	北京中汉	2017-09-01
清乾隆 仿官釉荸荠瓶	高19.4cm	138,380	纽约佳士得	2017-03-17
清乾隆 仿官釉出戟觚	高20.2cm	3,352,940	佳士得	2017-11-29
清乾隆 仿官釉方瓶	高15.5cm	25,300	华艺国际	2017-08-27
清乾隆 仿官釉橄榄尊	高18cm	74,750	中贸圣佳	2017-09-04
清乾隆 仿官釉觚式瓶	高18.4cm	951,363	纽约佳士得	2017-03-17
清乾隆 仿官釉贯耳方壶	高14.5cm	445,500	香港苏富比	2017-04-05
清乾隆 仿官釉贯耳方瓶	高14.5cm	1,058,000	北京保利	2017-12-18
清乾隆 仿官釉贯耳方瓶	高31cm	1,150,000	北京保利	2017-08-02
清乾隆 仿官釉贯耳瓶	高31.5cm	1,150,000	上海匡时	2017-11-05
清乾隆 仿官釉贯耳瓶	高14.2cm	345,000	西泠拍卖	2017-07-15
清乾隆 仿官釉贯耳瓶	高36.5cm	345,000	广东崇正	2017-06-15
清乾隆 仿官釉贯耳瓶	高30.8cm	575,000	大羿拍卖	2017-12-04
清乾隆 仿官釉贯耳瓶	高54cm	1,207,500	北京中汉	2017-03-30
清乾隆 仿官釉海棠双耳瓶	高27cm	149,500	北京匡时	2017-03-30
清乾隆 仿官釉海棠形象耳瓶	高16.5cm	32,200	中国嘉德	2017-03-31
清乾隆 仿官釉花口碗	直径12cm	207,000	八益拍卖	2017-09-24
清乾隆 仿官釉花盆	直径18cm	103,500	北京保利	2017-04-16
清乾隆 仿官釉灵芝笔掭	长11cm	138,000	北京华辰	2017-06-05
清乾隆 仿官釉灵芝三足洗	长18.5cm	34,500	北京华辰	2017-12-17
清乾隆 仿官釉六方贯耳瓶	高30.6cm	1,380,000	大羿拍卖	2017-12-04
清乾隆 仿官釉六方撇口大瓶	高47cm	805,000	北京中汉	2017-12-19
清乾隆 仿官釉三牺尊	高23.4cm	881,875	香港蘇富比	2017-10-03
清乾隆 仿官釉三羊尊	高30cm	1,265,000	保利厦门	2017-06-26
清乾隆 仿官釉双耳尊	高16.5cm	46,000	上海嘉禾	2017-07-01
清乾隆 仿官釉双龙耳方瓶	高31cm	11,500	中国嘉德	2017-12-18
清乾隆 仿官釉双蒲耳鼓钉罐	高15.5cm	86,250	上海敬华	2017-07-01
清乾隆 仿官釉双桃洗	长21.6cm	3,082,860	香港苏富比	2017-04-05
清乾隆 仿官釉碗	直径14.5cm	109,250	十竹斋	2017-01-01
清乾隆 仿官釉倭角长方花盆	高9.6cm	66,700	北京翰海	2017-06-04
清乾隆 仿官釉弦纹五孔方瓶	高27.6cm	747,500	北京中汉	2017-09-01
清乾隆 仿官釉象耳盘口橄榄瓶	高30.2cm	184,000	中国嘉德	2017-03-31
清乾隆 仿官釉小贯耳瓶	高14.5cm	552,000	保利厦门	2017-06-26
清乾隆 仿官釉小口尊	高13cm	46,000	中国嘉德	2017-09-03
清乾隆 仿官釉小水丞	宽8cm	25,300	中国嘉德	2017-12-18
清乾隆 仿官釉长颈瓶	高22.2cm	6,722,900	佳士得	2017-11-29
清乾隆 仿官釉长颈瓶	高20cm	4,169,900	佳士得	2017-11-29
清道光 仿官釉八卦纹琮式瓶	高28.5cm	230,000	中贸圣佳	2017-06-18
清道光 仿官釉琮式瓶	高27.5cm	690,000	北京匡时	2017-12-03

拍品名称	物品尺寸	成交价RMB	拍卖公司	拍卖日期
清中期 仿官釉八方瓶	高22cm	34,500	北京保利	2017-06-08
清中期 仿官釉抱月瓶	高12.2cm	23,000	西泠拍卖	2017-07-15
清中期 仿官釉贯耳穿带瓶	高26.5cm	27,600	华艺国际	2017-08-27
清中期 仿官釉葵口尊	高18.5cm	138,000	北京匡时	2017-12-03
清中期 仿官釉四方鸠耳瓶	高29.4cm	215,468	保利香港	2017-10-02
清咸丰 仿官釉贯耳瓶	高30.5cm	48,300	中国嘉德	2017-03-31
清同治 仿官釉八卦方瓶	高28.3cm	287,500	北京翰海	2017-12-16
清同治 仿官釉八卦纹琮式瓶	高28.5cm	55,200	中国嘉德	2017-03-31
清光绪 仿官釉贯耳瓶	高30.2cm	242,165	纽约佳士得	2017-03-17
清 仿官五孔瓶	直径13.5cm	11,500	北京保利	2017-11-05
清 仿官釉扁瓶	高50cm	48,300	北京翰海	2017-04-30
清 仿官釉观音瓶	高30cm	78,200	北京翰海	2017-09-10
清 仿官釉贯耳小瓶	高11.6cm	94,300	中国嘉德	2017-12-18
清 仿官釉夔龙耳六方瓶	高32.5cm	97,750	广东崇正	2017-06-15
清 仿官釉如意形两用水洗	长11cm	69,000	北京保利	2017-06-08
清 仿官釉小瓶	高5.7cm	13,800	北京保利	2017-12-20
清 仿官釉纸槌瓶	高21.8cm	17,250	中国嘉德	2017-09-03
18世纪 仿官窑双耳三足炉	直径12.2cm	39,126	伦敦佳士得	2017-05-12
18世纪/19世纪 仿官釉灵芝形洗	宽14.5cm	86,870	伦敦佳士得	2017-11-07
仿官釉瓷香炉	直径9cm	14,950	朵云轩	2017-04-21
仿官釉印兽面纹贯耳瓶	高21cm	38,919	纽约佳士得	2017-03-16
钧 窑				
北宋 钧窑天蓝釉盘	直径19.8cm	77,813	佳士得	2017-10-02
北宋 钧窑天蓝釉托盏（一套）	盏口径7.2cm；托直径9.5cm	391,760	中国嘉德	2017-10-02
北宋/金 钧窑青釉盏碗		43,244	纽约苏富比	2017-03-18
北宋/金 钧窑青釉莲苞式水盂	高9.1cm	382,645	香港苏富比	2017-06-01
北宋/金 钧窑青釉小盘		43,244	纽约苏富比	2017-03-18
北宋/金 钧窑青釉小碗		138,380	纽约苏富比	2017-03-18
北宋/金 钧窑青釉小碗		69,190	纽约苏富比	2017-03-18
北宋/金 钧窑双系罐	高12cm	289,575	佳士得	2017-04-04
北宋/金 钧窑天蓝釉葵口屈卮	宽19cm	6,278,993	纽约佳士得	2017-03-17
北宋/金 钧窑天蓝釉浅盘	直径16cm	340,400	佳士得	2017-11-29
北宋/金 钧窑天蓝釉三足炉	高7.8cm	89,100	佳士得	2017-04-04
北宋/金 钧窑天蓝釉小碗	盒直径9.2cm	172,975	纽约佳士得	2017-03-17
北宋/金 钧窑天蓝釉紫斑鸡心罐	高9.3cm	334,125	香港苏富比	2017-04-05
北宋/金 钧窑天蓝釉紫斑葵口盘	直径22.3cm	327,981	香港苏富比	2017-06-01
北宋/金 钧窑天青釉三足炉	高9.8cm	2,542,733	纽约佳士得	2017-03-17
北宋/金 钧窑天青釉碗	直径10.9cm	199,575	佳士得	2017-05-31
北宋或金 钧窑天青釉钵式碗	直径18.3cm	372,172	保利香港	2017-10-02
北宋晚期/金早期 钧窑天青釉红斑玉壶春瓶	高29.2cm	4,169,900	佳士得	2017-11-29
南宋 钧窑茶托盏	高4.5cm	153,008	宝源国际	2017-05-29
宋 钧窑天蓝釉炉	高6cm	94,199	中国嘉德	2017-05-30
宋 钧窑天蓝釉紫斑碗	直径21.8cm	105,138	北京匡时	2017-04-03
宋/金 钧窑绿釉小炉	直径7cm	518,925	纽约佳士得	2017-03-17
宋/金 钧窑天蓝釉碗	直径19cm	134,145	伦敦苏富比	2017-05-10
宋/金 钧窑天蓝釉小碗	直径9.2cm	172,063	纽约佳士得	2017-03-17
宋/元 钧窑天蓝釉紫斑莲子碗	直径10.4 cm	289,575	香港苏富比	2017-04-05
宋-金 钧窑天蓝釉香炉	高9cm；直径9.2cm	116,160	羅芙奧	2017-12-02
宋-金 钧窑天青釉敛口大碗	直径22cm	830,000	香港蘇富比	2017-10-03
宋至金 钧窑月白釉紫斑折沿盘	18.7cm	4,266,200	香港蘇富比	2017-10-03
金 钧窑天蓝釉玫红斑折沿盘	直径19cm	244,850	保利香港	2017-10-02
金 钧窑天蓝釉紫斑盘		69,190	纽约苏富比	2017-03-15
金 钧窑天蓝釉紫斑碗	直径8.8cm	668,250	香港苏富比	2017-04-04
金 钧窑月白釉双系罐	高12.8cm	49,800	佳士得	2017-10-02
金/元 钧窑红斑碗	口径16.2cm	43,700	西泠拍卖	2017-07-15
金/元 钧窑天蓝釉盘	直径19cm	186,750	佳士得	2017-10-02

拍品名称	物品尺寸	成交价RMB	拍卖公司	拍卖日期
金/元 钧窑天蓝釉紫斑冲天耳三足炉	高20.3cm	3,296,700	香港苏富比	2017-04-05
金/元 钧窑天蓝釉紫斑双耳连座瓶	高17.4cm	3,831,300	香港苏富比	2017-04-05
金/元 钧窑天蓝釉紫斑碗	直径19.2cm	207,500	佳士得	2017-10-02
金/元 钧窑月白釉镂空八佛八方供器	直径23.7 cm	4,579,740	香港苏富比	2017-04-05
金/元 钧窑月白釉玉壶春瓶	高25.5cm	284,250	香港苏富比	2017-06-01
元 钧窑笔掭、钧釉小杯	长11cm	71,300	广东崇正	2017-06-15
元 钧窑大碗（一对）	直径20cm×2	977,500	北京荣宝	2017-12-02
元 钧窑胆瓶	高25.5cm	2,070,000	北京荣宝	2017-12-02
元 钧窑豆	高16cm	103,500	北京宣石	2017-05-21
元 钧窑罐	直径20cm	149,500	北京保利	2017-11-04
元 钧窑鸡心茶盏	直径7cm	13,800	北京宣石	2017-12-03
元 钧窑蓝釉玫瑰紫斑盏	直径7cm	210,276	北京匡时	2017-04-03
元 钧窑蓝釉紫斑碗	直径18cm	224,868	纽约佳士得	2017-03-17
元 钧窑梨形壶	高8.5cm	322,000	北京荣宝	2017-12-02
元 钧窑莲子杯	直径6.5cm	184,000	北京荣宝	2017-12-02
元 钧窑十号花盆	直径10cm	63,250	北京启石	2017-06-25
元 钧窑双耳三足炉	高18.8cm	287,500	北京荣宝	2017-12-02
元 钧窑双凤耳尊	高22cm	34,500	北京启石	2017-06-25
元 钧窑双系罐	宽14.5cm	46,000	北京保利	2017-06-07
元 钧窑天蓝釉紫斑盏托	直径12cm	63,250	保利厦门	2017-06-26
元 钧窑天青釉盘	直径22cm	63,250	北京中汉	2017-03-30
元 钧窑天青釉紫斑碗	直径21.6cm	17,250	北京中汉	2017-03-30
元 钧窑碗	直径17.8cm	17,886	伦敦佳士得	2017-05-12
元 钧窑碗	直径18.5cm	13,800	北京保利	2017-11-04
元 钧窑月白釉杯	直径7.2cm	34,500	中国嘉德	2017-03-31
元 钧窑月白釉杯	直径8.6cm	17,250	中国嘉德	2017-09-02
元 钧窑月白釉公道杯	直径10.3cm	4,365,900	香港苏富比	2017-04-05
元 钧窑月白釉三足炉	宽14cm	632,500	北京保利	2017-12-18
元 钧窑紫斑折沿小碟	直径10.5cm	552,000	北京保利	2017-12-18
元 钧釉折沿盘	直径19cm	11,500	北京保利	2017-06-08
元 天蓝釉钧窑大碗（一对）	直径21cm；直径22.9cm	1,265,000	北京保利	2017-12-18
元/明 钧窑天蓝釉鬲式小炉	宽7cm	83,000	佳士得	2017-10-02
元/明 钧窑天蓝釉紫斑碗		51,893	纽约苏富比	2017-03-18
明初 官钧玫瑰紫釉鼓钉洗	直径19cm	2,300,000	北京保利	2017-06-06
明初 钧窑天青釉大花盆	直径26cm	207,000	北京中汉	2017-09-01
明 钧窑蒜头壶	高20cm	17,250	北京保利	2017-11-04
清 钧釉堆塑描金香熏	高24.5cm	20,700	北京保利	2017-12-20
钧窑玫瑰紫斑鬲式炉	直径8.6cm	115,000	北京中汉	2017-03-30
钧窑盘	直径17.5cm	460,000	北京翰海	2017-06-04
仿钧釉				
明以前 钧窑盏托	高4.6cm	23,000	广东崇正	2017-12-13
明初 官钧玫瑰紫葵花式花盆	宽21cm	5,750,000	北京保利	2017-06-06
明初 钧窑玫瑰紫釉鼓钉三足洗	直径21.8cm	1,725,000	北京中汉	2017-06-17
明初 钧窑葡萄紫釉鼓钉三足水仙盆	直径20.3cm	8,642,700	香港苏富比	2017-04-05
明初 钧窑天青玫瑰紫釉葵花式三足洗	直径20.6cm	8,855,000	北京中汉	2017-12-19
明早期 钧窑折沿盘	直径36.5cm	345,000	北京华辰	2017-06-05
明 仿钧梅瓶	高26.5cm	25,300	北京中汉	2017-09-01
明 仿钧窑变釉海棠式四足洗	直径17.8cm	28,750	浙江佳宝	2017-07-23
明 钧窑大碗	直径27cm	207,000	北京翰海	2017-01-08
明 钧窑执壶	高12cm	57,500	广东崇正	2017-12-13
明 钧釉甪端熏炉	高8.5cm	418,664	中国嘉德	2017-05-30
清早期 仿钧釉桃形水丞	长8.5cm	149,500	中国嘉德	2017-03-31
清康熙 月白釉鼓钉花觚	高18.5cm	2,300,000	北京保利	2017-06-06

拍品名称	物品尺寸	成交价RMB	拍卖公司	拍卖日期
清雍正 仿钧玫瑰紫釉仰钟式大花盆	直径30.5cm	322,000	北京中汉	2017-05-21
清雍正 仿钧釉撇口瓶	高33cm	20,700	华艺国际	2017-08-27
清雍正 钧窑水洗	口径14cm	25,300	西泠拍卖	2017-07-15
清乾隆 仿钧窑象耳瓶（一对）	高35cm×2	126,500	北京匡时	2017-03-30
清乾隆 仿钧窑月白釉花觚	高21cm	575,000	北京荣宝	2017-12-02
清乾隆 月白釉四瓣花口杯	高9.2cm	56,217	纽约佳士得	2017-03-17
清中期 仿钧釉杯、仿哥釉钵式杯（三只）	直径8.2cm；直径8.2cm；直径5.9cm	13,800	中国嘉德	2017-09-02
清中期 仿钧釉鼓钉式撇口花囊（附金属胆）	高13.3cm	138,000	上海明轩	2017-06-30
清 仿钧窑贯耳瓶	高30cm	40,250	北京匡时	2017-03-30
清 仿钧釉小碗	直径10.8cm	57,500	北京保利	2017-06-08
哥 窑				
南宋 哥窑贯耳瓶	高19cm	28,289,041	荣盛国际	2017-06-29
宋 哥窑八棱长颈盘口瓶	高23.5cm	20,368,110	荣盛国际	2017-06-29
宋 哥窑三足炉	高7.8cm	3,168,373	荣盛国际	2017-06-29
仿哥釉				
元 哥窑倭角方洗	宽7.2cm	26,450,000	北京保利	2017-12-18
元 哥窑小直颈瓶	高11cm	1,437,500	北京保利	2017-06-06
元 清宫旧藏乾隆御题哥窑贯耳壶	高18.5cm	11,270,000	北京保利	2017-12-18
明或更早 哥窑胆瓶	高13cm	40,250	华艺国际	2017-03-19
明早期 仿哥釉卧足洗	直径12.7cm	17,250	中国嘉德	2017-03-31
明成化 仿哥釉双耳炉	高10.8cm	51,750	中贸圣佳	2017-09-04
明 仿哥釉笔山	长15.7cm	23,000	中国嘉德	2017-03-31
明 仿哥釉钵式洗	直径18cm	69,000	华艺国际	2017-08-27
明 仿哥釉胆式瓶	高14.2cm	34,500	西泠拍卖	2017-07-15
明 仿哥釉方瓶（一对）	高21.8cm	23,000	中贸圣佳	2017-09-04
明 仿哥釉花盆	直径13.5cm	57,500	北京保利	2017-12-20
明 仿哥釉葵口盘	直径15cm	32,200	北京中汉	2017-09-01
明 仿哥釉十棱洗	直径12.5cm	103,500	华艺国际	2017-05-27
明 仿哥釉四方洗	长7.1cm	805,000	北京中汉	2017-05-21
明 哥窑式三足座		103,785	纽约苏富比	2017-03-15
明 哥窑倭角四方杯	直径5.5cm	158,400	羅芙奧	2017-12-02
明 哥釉花口盘	直径14.5cm	13,800	北京保利	2017-04-16
明 哥釉六棱盆洗	宽13.5cm	51,750	北京保利	2017-06-08
明 哥釉四方形洗	长7.6cm；宽7.6cm	36,800	西泠拍卖	2017-07-15
明 哥釉四足花盆	长15cm	48,300	中国嘉德	2017-12-18
明 哥釉纹旋瓶	高23.5cm	46,000	北京启石	2017-06-25
明晚期 哥釉笔筒	高10.5cm	34,500	北京荣宝	2017-04-02
明末清初 仿哥釉小葫芦瓶	高8.6cm	57,500	中贸圣佳	2017-06-18
清初 仿哥釉文房（一组）	长10cm	34,500	华艺国际	2017-11-25
清初 仿宋哥窑觚型瓷尊	高39cm	17,250	福建运通	2017-10-21
清早期 仿哥釉三足炉	直径10cm	25,300	中贸圣佳	2017-09-04
清早期 哥釉方瓶	高22.5cm	17,250	北京保利	2017-11-04
清早期 哥釉水呈	高3.5cm	12,650	北京荣宝	2017-06-02
清早期 哥釉铁锈花冲耳炉	直径13cm	36,800	北京保利	2017-04-17
清早期 黄哥釉象耳炉	长21.5cm	69,000	中贸圣佳	2017-06-18
清康熙 青花《饮中八仙哥·苏晋》杯（一对）	高6.5cm	460,000	北京华辰	2017-12-17
清雍正 仿哥窑葵口形洗	直径20cm	172,500	北京宣石	2017-12-03
清雍正 仿哥釉穿带琮式瓶	高12.4cm	36,800	西泠拍卖	2017-07-15
清雍正 仿哥釉佛手	长15.5cm	575,000	北京保利	2017-06-06
清雍正 仿哥釉贯耳方瓶	高9cm	57,500	西泠拍卖	2017-07-15
清雍正 仿哥釉狮耳几式炉	高6.8cm	184,000	西泠拍卖	2017-07-15
清雍正 仿哥釉双螭耳八方抱月瓶	高49cm	5,750,000	大羿拍卖	2017-12-04
清雍正 仿哥釉铁锈花狮耳衔环盘口瓶	高39.5cm	17,250	中国嘉德	2017-03-31

拍品名称	物品尺寸	成交价RMB	拍卖公司	拍卖日期
清雍正 仿哥釉弦纹瓶	高18.6cm	3,392,500	北京诚轩	2017-06-20
清雍正 仿哥釉小花盆	高11.4cm	34,500	西泠拍卖	2017-07-15
清乾隆 仿哥釉案缸	直径24cm	11,500	中国嘉德	2017-09-02
清乾隆 仿哥釉八方笔掭	长10cm；宽10cm	55,200	西泠拍卖	2017-07-15
清乾隆 仿哥釉八卦琮式瓶	高23.7cm	862,500	北京中汉	2017-05-21
清乾隆 仿哥釉八卦方瓶	高27.8cm	345,000	北京翰海	2017-12-16
清乾隆 仿哥釉八卦纹壁瓶	高29cm	120,750	北京保利	2017-06-08
清乾隆 仿哥釉笔山	长7.8cm	20,700	中国嘉德	2017-03-31
清乾隆 仿哥釉大碗	直径40.8cm	48,300	中国嘉德	2017-09-02
清乾隆 仿哥釉鼓式花插	高17.5cm	230,000	北京保利	2017-12-19
清乾隆 仿哥釉贯耳方瓶	高49.5cm	1,150,000	保利厦门	2017-06-25
清乾隆 仿哥釉贯耳瓶	高24.5cm	667,000	北京匡时	2017-12-03
清乾隆 仿哥釉花口碗	直径11.9cm	69,000	北京东正	2017-03-31
清乾隆 仿哥釉葵口八棱洗	直径15cm	322,000	北京匡时	2017-12-03
清乾隆 仿哥釉如意耳尊	高22cm	2,530,000	华艺国际	2017-05-27
清乾隆 仿哥釉三足洗	口径17.4cm	36,800	西泠拍卖	2017-07-15
清乾隆 仿哥釉三足小炉	高9cm；口径7cm	17,250	西泠拍卖	2017-07-15
清乾隆 仿哥釉双耳瓶（带座）	高18cm	97,750	华艺国际	2017-08-27
清乾隆 仿哥釉小贯耳瓶	高14.8cm	32,200	中国嘉德	2017-09-02
清乾隆 哥釉钵型笔洗	直径21cm	32,200	北京荣宝	2017-06-02
清乾隆 哥釉琮式瓶	高28.2cm	747,500	北京匡时	2017-12-03
清乾隆 哥釉盘口兽耳瓶	高40cm	87,360	上海联合	2017-06-18
清乾隆 哥釉御制诗罐	高21cm	23,000	北京保利	2017-04-16
清乾隆 蓝哥釉小盘（一对）	直径8.4cm	20,700	中贸圣佳	2017-09-04
清乾隆 绿哥釉小花觚	高18.6cm	13,800	中国嘉德	2017-12-18
清嘉庆 哥釉八方盘口瓶	高21.8cm	1,955,000	北京保利	2017-12-18
清道光 仿哥釉八方瓶	高33cm	254,644	香港中汉	2017-10-03
清道光 仿哥釉倭角花口碗	直径12cm	184,000	北京翰海	2017-12-16
清中期 仿哥釉穿带瓶	高19.6cm	69,000	北京中汉	2017-03-30
清中期 仿哥釉方斗	长19cm	28,750	中国嘉德	2017-09-03
清中期 仿哥釉橄榄瓶	高15.4cm	11,500	北京中汉	2017-03-30
清中期 仿哥釉箕式砚	长10cm	23,000	北京中汉	2017-05-21
清中期 仿哥釉如意形格式洗	长16.2cm；宽20.5cm	69,000	保利华谊	2017-12-08
清中期 仿哥釉三足双耳炉	直径16.5cm	103,500	北京中汉	2017-06-17
清中期 仿哥釉小杯	直径7.7cm	11,500	北京中汉	2017-03-30
清中期 仿哥釉纸锤瓶	高23.5cm	23,000	华艺国际	2017-08-27
清中期 哥瓷梅瓶	高14cm	23,000	北京翰海	2017-09-13
清中期 哥釉大天球瓶	高59cm	20,700	北京保利	2017-11-05
清中期 哥釉兽耳方炉	宽11cm	28,750	北京保利	2017-04-16
清同治 仿哥釉贯耳瓶	高30.5cm	253,000	北京翰海	2017-12-16
清光绪 仿哥釉模印八卦纹琮式瓶	高27.7cm	69,000	北京中汉	2017-09-01
清 仿哥釉贯耳瓶	高38cm	36,800	中国嘉德	2017-03-31
清 仿哥釉贯耳瓶	高30cm	13,800	北京保利	2017-04-16
清 仿哥釉炉两只、笔筒、瓶、钧窑小炉、白釉笔架形水滴（一共六件）	尺寸不一	69,000	北京保利	2017-06-08
清 仿哥釉铁锈花狮耳蒜头瓶、仿哥釉器座各一件	高23.1cm；高14.7cm	20,700	中国嘉德	2017-03-31
清 仿哥釉碗·玳瑁釉碗·钧釉盘	尺寸不一	12,650	华艺国际	2017-08-27
清 仿哥釉香炉	直径8.5cm	11,500	广东崇正	2017-06-15
清 哥瓷八卦瓶	高28cm	414,000	北京翰海	2017-09-10
清 哥窑开片琮瓶	高13cm	24,150	上海大众	2017-06-24
清 哥釉盘		10,560	羅芙奧	2017-12-02
清 哥釉纸槌瓶	高10cm	34,500	北京保利	2017-06-08
清 黄哥釉三足小琴炉	宽6.3cm	17,250	北京保利	2017-12-20
18世纪 仿哥釉炉	直径11cm	32,200	中贸圣佳	2017-09-04
18世纪 仿哥釉桥耳炉	直径11cm	71,300	华艺国际	2017-08-27
18世纪 仿哥釉双耳炉	宽14cm	34,500	保利厦门	2017-06-26
18世纪 仿哥釉蒜头瓶	高23.4cm	33,536	伦敦佳士得	2017-05-12

拍品名称	物品尺寸	成交价RMB	拍卖公司	拍卖日期
18世纪 哥釉贯耳瓶	高8.5cm	15,700	中国嘉德	2017-05-30
18世纪 黄哥釉灯笼瓶（带座）	高22.5cm	17,250	华艺国际	2017-08-27
哥釉葵口洗	直径11.6cm	2,472,500	北京中汉	2017-05-21
清 哥瓷八卦方瓶	高28cm	20,700	北京翰海	2017-01-08
清 哥釉兽耳尊	高32cm	46,000	北京翰海	2017-01-08
龙泉窑				
五代 龙泉窑五管瓶	高40cm	1,380,000	西泠拍卖	2017-07-15
北宋 龙泉金村窑刻菊花纹粉盒	直径13cm	138,000	西泠拍卖	2017-07-15
北宋 龙泉青釉划牡丹纹梅瓶	28.6cm	4,266,200	香港蘇富比	2017-10-03
南宋 龙泉粉青釉纸槌瓶	高17cm	632,500	西泠拍卖	2017-07-15
南宋 龙泉青瓷冲天耳三足鼎式炉	高8cm	443,500	佳士得	2017-05-31
南宋 龙泉青釉斗笠式小碗	直径11.9cm	245,025	佳士得	2017-04-04
南宋 龙泉青釉鬲式炉	直径15cm	851,000	佳士得	2017-11-29
南宋 龙泉青釉莲瓣碗	直径13.1cm	221,750	佳士得	2017-05-31
南宋 龙泉青釉莲瓣碗	直径16cm	121,963	佳士得	2017-05-31
南宋 龙泉青釉莲瓣碗	高16.6cm	66,825	佳士得	2017-04-04
南宋 龙泉青釉双鱼洗	直径13.5cm	46,778	佳士得	2017-04-04
南宋 龙泉青釉洗	直径12.4cm	133,650	佳士得	2017-04-04
南宋 龙泉窑粉青釉双鱼洗	口径13.4cm	115,000	西泠拍卖	2017-07-15
南宋 龙泉窑粉青釉长颈瓶	高20cm	172,500	西泠拍卖	2017-07-15
南宋 龙泉窑凤耳瓶（一对）	高18.4cm	92,000	西泠拍卖	2017-07-15
南宋 龙泉窑鬲式炉	高8.1cm	92,000	八益拍卖	2017-04-22
南宋 龙泉窑鬲式香炉	高6.2cm	51,750	八益拍卖	2017-04-22
南宋 龙泉窑莲瓣碗	直径13cm	73,266	中国嘉德	2017-05-30
南宋 龙泉窑青釉琮式瓶	高25.8cm	1,336,500	香港苏富比	2017-04-04
南宋 龙泉窑青釉琮形瓶	高26cm	759,000	北京保利	2017-06-06
南宋 龙泉窑青釉刻莲纹盘	盒直径16.2cm	47,568	纽约佳士得	2017-03-17
南宋 龙泉窑青釉笠式碗		64,866	纽约苏富比	2017-03-18
南宋 龙泉窑青釉笠式碗（一对）		147,029	纽约苏富比	2017-03-18
南宋 龙泉窑青釉莲瓣纹碗		259,463	纽约苏富比	2017-03-15
南宋 龙泉窑青釉莲瓣纹碗		25,946	纽约苏富比	2017-03-18
南宋 龙泉窑青釉鸟食器（两件）		24,217	纽约苏富比	2017-03-18
南宋 龙泉窑青釉贴双鱼折沿盘	直径21.5cm	65,596	香港苏富比	2017-06-01
南宋 龙泉窑青釉洗		259,463	纽约苏富比	2017-03-15
南宋 龙泉窑青釉小碗	直径11.6cm	164,326	纽约佳士得	2017-03-17
南宋 龙泉窑青釉鱼耳瓶	盒高16.2cm	172,975	纽约佳士得	2017-03-17
南宋 龙泉窑双凤耳瓶	高17cm	887,000	佳士得	2017-05-31
南宋 龙泉窑双摩羯耳瓶	高16.7cm	862,500	北京保利	2017-06-06
南宋 龙泉窑贴塑梅花葵口盏	口径16.2cm	40,250	西泠拍卖	2017-07-15
南宋 龙泉窑纸锥瓶	高15cm	83,733	中国嘉德	2017-05-30
南宋/元 龙泉青釉双鱼耳小炉	宽10.8cm	354,800	佳士得	2017-05-31
南宋/元 龙泉青釉洗	12.2cm	289,575	香港苏富比	2017-04-04
南宋/元 龙泉窑刻海水模印四鱼纹大洗	直径33cm	632,500	北京保利	2017-06-06
南宋/元 龙泉窑蟠龙纹盖瓶	高20.2cm	402,500	北京保利	2017-06-06
南宋/元 龙泉窑七弦纹盘口瓶	高28.5cm	517,500	北京保利	2017-06-06
宋 龙泉青釉茶入	口径9.6cm	313,998	宝港国际	2017-05-29
宋 龙泉青釉瓜棱形壶	高8.6cm	167,466	宝港国际	2017-05-29
宋 龙泉青釉笠式碗	16.3cm	245,025	香港苏富比	2017-04-04
宋 龙泉青釉盘	口径27.5cm	156,999	宝港国际	2017-05-29
宋 龙泉青釉双鱼纹盘	直径19.9cm	78,251	伦敦佳士得	2017-05-12
宋 龙泉青釉双鱼纹盘	直径15.9cm	35,772	伦敦佳士得	2017-05-12
宋 龙泉青釉碗 明 青釉刻莲纹碗 清 青釉圆盖盒（一组三件）	直径24cm	119,446	伦敦佳士得	2017-11-07
宋 龙泉青釉洗	口径12.2cm	125,599	宝港国际	2017-05-29
宋 龙泉双鱼盘	直径21cm	690,000	保利华谊	2017-12-08
宋 龙泉双鱼小盘	宽12cm	51,003	宝源国际	2017-05-29
宋 龙泉窑扳手洗	宽11.5cm	19,588	中国嘉德	2017-10-02

拍品名称	物品尺寸	成交价RMB	拍卖公司	拍卖日期
宋 龙泉窑仿官窑式莲瓣纹碗		172,975	纽约苏富比	2017-03-18
宋 龙泉窑仿官窑式鸟食罐		172,975	纽约苏富比	2017-03-18
宋 龙泉窑粉青釉斗笠盏	口径14.8cm	247,250	西泠拍卖	2017-07-15
宋 龙泉窑青釉莲瓣纹大碗		27,676	纽约苏富比	2017-03-14
宋 龙泉窑青釉三足炉	高9cm	153,058	香港苏富比	2017-06-01
宋 龙泉窑青釉三足炉	高8cm	33,536	伦敦苏富比	2017-05-10
宋 香炉（1组4件）	最大的高12cm	54,426	中国嘉德	2017-05-30
宋/元 龙泉窑青釉花式碗	直径9.4cm	131,193	香港苏富比	2017-06-01
宋/元 龙泉窑青釉葵花口烛台	高13.1cm	306,116	香港苏富比	2017-06-01
宋/元 龙泉窑青釉双耳小瓶		432,438	纽约苏富比	2017-03-15
元 龙泉仿官釉花插	高21.5cm	460,000	北京宣石	2017-12-03
元 龙泉仿官釉三足鬲式炉	直径12cm	161,000	北京宣石	2017-12-03
元 龙泉粉青鼓钉洗	宽22cm	402,500	北京保利	2017-12-18
元 龙泉粉青釉小粉盒	直径10.7cm	195,500	北京保利	2017-12-18
元 龙泉鬲式三足炉	直径7cm	25,300	中国嘉德	2017-06-19
元 龙泉菊瓣碗	直径14cm	23,000	北京保利	2017-11-04
元 龙泉刻花弃觚	高35.5cm	460,000	北京保利	2017-12-19
元 龙泉青釉琮式瓶	高27cm	460,000	保利厦门	2017-06-26
元 龙泉青釉灯炉	直径25cm	161,000	北京宣石	2017-12-03
元 龙泉青釉斗笠碗（一对）	直径17cm；高6cm	126,500	北京宣石	2017-05-21
元 龙泉青釉刻荷花纹玉壶春瓶	高24.8cm	155,678	纽约佳士得	2017-03-17
元 龙泉青釉刻花小罐	直径8.8cm	29,040	羅芙奧	2017-12-02
元 龙泉青釉刻锦地纹圆盖盒	直径11.7cm	103,750	佳士得	2017-10-02
元 龙泉青釉敛口碗	直径18.1cm	388,063	佳士得	2017-05-31
元 龙泉青釉梅花杯	直径7.8cm	11,500	中国嘉德	2017-12-18
元 龙泉青釉盘口小瓶	高14.2cm	166,000	佳士得	2017-10-02
元 龙泉青釉双耳三足炉	口径11.5cm	81,639	宝港国际	2017-05-29
元 龙泉青釉贴花双龙戏珠纹折沿大盘	直径42.3cm	554,375	佳士得	2017-05-31
元 龙泉青釉贴花腾龙戏珠纹折沿盘	直径35.7cm	421,325	佳士得	2017-05-31
元 龙泉青釉弦纹瓶	高22.7cm	57,500	北京中汉	2017-09-01
元 龙泉青釉圆砚	直径9.2cm	17,250	中国嘉德	2017-12-18
元 龙泉青釉蔗节洗	口径11.3cm	14,653	宝港国际	2017-05-29
元 龙泉青釉直棱纹荷叶盖罐	直径13.8cm	103,785	纽约佳士得	2017-03-17
元 龙泉窑“绍兴”铭粉青花口盘	直径16cm	287,500	北京保利	2017-12-18
元 龙泉窑八卦香炉	直径15cm	172,500	北京保利	2017-06-08
元 龙泉窑百条罐	直径25cm	517,500	北京保利	2017-12-18
元 龙泉窑缠枝菊花纹盖罐	高29.5cm	97,750	八益拍卖	2017-04-22
元 龙泉窑琮式瓶	高26.5cm	345,000	中国嘉德	2017-12-18
元 龙泉窑琮式塔瓶	高19cm	97,750	西泠拍卖	2017-07-15
元 龙泉窑大盘	口径36.6cm	55,200	西泠拍卖	2017-05-05
元 龙泉窑粉青三足鬲式炉	高13.1cm	529,000	北京中汉	2017-05-21
元 龙泉窑粉青釉簋式炉	宽20.5cm	2,357,500	北京保利	2017-12-18
元 龙泉窑粉青釉莲瓣钵	直径8.5cm	195,500	中国嘉德	2017-09-02
元 龙泉窑高足杯	直径12.5cm	34,500	北京保利	2017-06-08
元 龙泉窑瓜棱执壶	长11.5cm	57,500	西泠拍卖	2017-07-15
元 龙泉窑观音佛龛	高34.5cm	69,000	中国嘉德	2017-06-19
元 龙泉窑荷叶盖罐、葵口香炉	宽7cm；宽12.5cm	25,300	北京保利	2017-12-20
元 龙泉窑刻缠枝灵芝龙脑凤浆梅瓶	高30cm	1,092,500	北京保利	2017-06-06
元 龙泉窑莲瓣碗	直径17cm	23,000	北京保利	2017-06-08
元 龙泉窑莲瓣纹净水杯	直径11.7cm	92,000	北京荣宝	2017-06-02
元 龙泉窑菱口盘	直径31cm	10,925	华艺国际	2017-03-19
元 龙泉窑镂空花弃瓶	高20.5cm	92,000	北京保利	2017-11-04
元 龙泉窑露胎模印婴戏纹大碗及底座	高15.3cm	897,000	北京保利	2017-06-06
元 龙泉窑露胎文殊骑狮像	高22cm	287,500	北京保利	2017-06-06

拍品名称	物品尺寸	成交价RMB	拍卖公司	拍卖日期
元 龙泉窑梅花蕉叶纹瓶	高15.5cm	92,000	北京荣宝	2017-04-02
元 龙泉窑梅子青釉浮雕缠枝牡丹纹花觚	高48.9cm	1,322,500	保利厦门	2017-06-25
元 龙泉窑梅子青釉鬲式炉	直径8.5cm	51,750	北京中汉	2017-03-30
元 龙泉窑梅子青釉刻花莲瓣碗	直径16cm	20,700	北京中汉	2017-03-30
元 龙泉窑梅子青釉弦纹盘口瓶	高26cm	172,500	北京中汉	2017-03-30
元 龙泉窑弥勒坐像	高20cm	85,125	印千山	2017-07-09
元 龙泉窑盘	直径34cm	41,400	华艺国际	2017-03-19
元 龙泉窑盘口瓶	高15cm	40,250	北京保利	2017-06-08
元 龙泉窑麒麟纹砚屏	高18.5cm	13,800	保利厦门	2017-06-26
元 龙泉窑青釉暗刻缠枝牡丹纹大罐	直径28cm	48,300	中国嘉德	2017-09-02
元 龙泉窑青釉暗刻花卉纹大盘	直径35.6cm	17,250	中国嘉德	2017-09-03
元 龙泉窑青釉杯	直径8.4cm	32,200	中国嘉德	2017-09-02
元 龙泉窑青釉杯	直径8.7cm	17,250	中国嘉德	2017-09-03
元 龙泉窑青釉斗笠盏	直径12.2cm	57,500	中国嘉德	2017-09-03
元 龙泉窑青釉仿木桶茶人	高13cm	39,200	浙江佳宝	2017-07-23
元 龙泉窑青釉刻花贴花折沿大盘	直径35.8cm	23,000	北京中汉	2017-09-01
元 龙泉窑青釉刻花贴梅花纹盘		60,541	纽约苏富比	2017-03-18
元 龙泉窑青釉莲瓣小罐	直径8cm	11,500	中国嘉德	2017-09-02
元 龙泉窑青釉镂空器座	直径25cm	40,250	北京中汉	2017-03-30
元 龙泉窑青釉梅瓶	高23.6cm	3,565,000	保利厦门	2017-06-25
元 龙泉窑青釉盘	直径17.5cm	13,800	中国嘉德	2017-09-02
元 龙泉窑青釉人物砚滴	高7.2cm	63,250	西泠拍卖	2017-07-15
元 龙泉窑青釉贴牡丹纹小盖盒	直径7.1cm	109,327	香港苏富比	2017-06-01
元 龙泉窑青釉贴双鱼纹盘	直径14cm	120,260	香港苏富比	2017-06-01
元 龙泉窑青釉贴塑铺首鬲式炉	直径12cm	13,800	北京中汉	2017-03-30
元 龙泉窑青釉弦纹奁式炉	高11.4cm	21,865	香港苏富比	2017-06-01
元 龙泉窑青釉弦纹炉	直径7.6cm	28,750	中国嘉德	2017-03-31
元 龙泉窑青釉玉壶春瓶	高25.8cm	2,441,340	香港苏富比	2017-04-04
元 龙泉窑青釉长颈瓶	高12.5cm	23,000	中国嘉德	2017-03-31
元 龙泉窑青釉蔗段洗	直径10.6cm	156,704	香港中汉	2017-10-03
元 龙泉窑青釉蔗段洗	直径10.6cm	20,700	北京中汉	2017-03-30
元 龙泉窑双摩羯鱼耳瓶	高16.7cm	575,000	北京保利	2017-12-18
元 龙泉窑双鱼洗	直径21.7cm	805,000	北京保利	2017-06-06
元 龙泉窑双鱼折沿洗	直径16.5cm	36,800	北京保利	2017-06-08
元 龙泉窑剔花弃纹大尊	高62.5cm	536,204	保利香港	2017-04-04
元 龙泉窑剔刻花卉纹罐	宽32cm	230,000	北京保利	2017-06-06
元 龙泉窑网纹大盘	直径49.5cm	23,000	中国嘉德	2017-06-19
元 龙泉窑弦纹盘口龙耳瓶	高21.5cm	368,000	北京宣石	2017-12-03
元 龙泉窑弦纹盘口瓶	高26.5cm	2,760,000	北京荣宝	2017-04-02
元 龙泉窑弦纹三足炉	直径8.8cm	32,200	中国嘉德	2017-06-19
元 龙泉窑小胆瓶	高14cm	55,200	中国嘉德	2017-06-19
元 龙泉窑印花弃盘	直径32.5cm	13,800	北京保利	2017-06-08
元 龙泉窑印花折沿盘	直径（口）34cm	56,000	浙江佳宝	2017-07-23
元/明 龙泉青釉出戟尊	高24cm	570,625	佳士得	2017-10-02
元/明 龙泉窑八卦铭文钮钟	高10.8cm	34,500	西泠拍卖	2017-07-15
元/明 龙泉窑青釉印花鱼龙变化图砚屏	长14.8cm；高15.2cm	26,450	浙江佳宝	2017-07-23
元末 龙泉窑绣墩	高34cm×2	207,000	北京宣石	2017-12-03
元末明初 龙泉窑大盘	直径35cm	34,500	北京华辰	2017-12-17
元末明初 龙泉窑梨式壶	高15cm	437,000	中贸圣佳	2017-06-18
元末明初 龙泉窑青釉八卦纹三足炉	直径32cm	42,479	伦敦苏富比	2017-05-10
元末明初 龙泉窑青釉八卦纹三足炉		60,541	纽约苏富比	2017-03-18
元末明初 龙泉窑青釉刻缠枝花卉纹花口碗	高12.5cm；口径26.6cm	92,000	中拍国际	2017-06-04

2017瓷器拍卖成交汇总

(成交价RMB：1万元以上)

拍品名称	物品尺寸	成交价RMB	拍卖公司	拍卖日期
元末明初 龙泉窑青釉刻锦纹三足水仙盆	直径30.7cm	60,130	香港苏富比	2017-06-01
14世纪 龙泉青釉刻缠枝花纹荷叶盖罐	高32.4cm	5,448,713	纽约佳士得	2017-03-15
14世纪 龙泉青釉印缠枝牡丹纹凤尾尊	高63.2cm	5,033,573	纽约佳士得	2017-03-15
14世纪/15世纪 龙泉青釉花卉纹大盘	直径50.2.cm	119,446	伦敦佳士得	2017-11-07
14世纪/15世纪 龙泉青釉莲纹花瓣式大碗	直径29.5cm	76,011	伦敦佳士得	2017-11-07
明以前 龙泉窑斗笠盏	直径13.2cm	57,500	广东崇正	2017-12-13
明以前 龙泉窑玉壶春瓶	高36cm	101,200	广东崇正	2017-12-13
明初 龙泉青釉赶珠龙纹盘	直径35.5cm	81,441	伦敦佳士得	2017-11-07
明初 龙泉缠枝莲纹葵口盏托	直径17.5cm	460,000	西泠拍卖	2017-07-15
明初 龙泉缠枝莲纹葵口盏托	直径17.5cm	276,000	保利厦门	2017-06-25
明初 龙泉刻花卉纹大盘	直径48.5cm	126,500	北京宣石	2017-12-03
明初 龙泉青釉拱花缠枝牡丹纹石榴尊	高36cm	3,459,300	佳士得	2017-05-31
明初 龙泉青釉刻花菱口碗	高32cm	92,000	北京宣石	2017-05-21
明初 龙泉青釉刻菊花纹凤尾尊	高65.4cm	744,625	佳士得	2017-11-29
明初 龙泉青釉刻牡丹纹大花盆	直径61cm	1,914,750	佳士得	2017-11-27
明初 龙泉青釉刻石芭蕉纹玉壶春瓶	高33.5cm	372,313	佳士得	2017-11-29
明初 龙泉窑高足杯	口径12.7cm	34,500	西泠拍卖	2017-07-15
明初 龙泉窑刻暗花玉壶春瓶	高33.5cm	1,591,962	中濠典藏	2017-05-23
明初 龙泉窑菱口大盘	直径47.5cm	1,495,000	华艺国际	2017-11-25
明初 龙泉窑青釉刻花菱口盘	直径25cm	25,300	中贸圣佳	2017-06-18
明早期 龙泉双耳瓶	高16.5cm	17,250	印千山	2017-03-30
明早期 龙泉窑菊瓣形鸡心碗	直径21cm	138,000	中国嘉德	2017-12-18
明早期 龙泉窑青釉暗刻缠枝花卉锦纹大盘	直径34.4cm	28,750	中国嘉德	2017-03-31
明早期 龙泉窑青釉出戟尊	高21.8cm	11,500	北京中汉	2017-09-01
明早期龙泉窑青釉刻四季花卉纹碗	直径20.5cm	862,500	保利厦门	2017-06-25
明洪武 龙泉青釉缠枝莲纹杯托	直径18.7cm	354,800	佳士得	2017-05-31
明洪武 龙泉青釉划花栀子纹玉壶春瓶	高33cm	1,862,700	佳士得	2017-05-31
明洪武 龙泉青釉菱花式大盘	直径62.2cm	4,310,820	佳士得	2017-05-31
明洪武 龙泉窑刻洞石花卉莲瓣纹执壶	高32cm	943,000	中贸圣佳	2017-06-18
明洪武 龙泉窑刻划折枝花卉回纹花口大盘	直径49cm	862,500	北京保利	2017-06-06
明洪武 龙泉窑刻龙纹大盘	直径46.5cm	575,000	中国嘉德	2017-12-18
明洪武 龙泉窑露胎仙人卧榻香插	长15.2cm	437,000	北京保利	2017-06-06
明洪武 龙泉窑青釉暗刻缠枝花卉纹盏托	直径20.9cm	138,000	中国嘉德	2017-03-31
明洪武 龙泉窑青釉玉壶春瓶	高35cm	230,000	中国嘉德	2017-12-18
明永乐 处州龙泉官窑梅瓶	高34.8cm	805,000	北京保利	2017-12-19
明永乐 龙泉暗刻折枝花果纹墩式碗	直径22cm	1,012,000	观唐皕榷	2017-01-11
明永乐 龙泉梅子青釉浮雕缠枝花卉纹壮罐	高23.4cm	1,150,000	北京中汉	2017-05-21
明永乐 龙泉青釉大盘	直径58.7cm	5,375,220	佳士得	2017-05-31
明永乐 龙泉青釉盘	直径28.6cm	89,100	佳士得	2017-04-04
明永乐 龙泉窑粉青釉贯耳瓶	高45cm	115,000	北京荣宝	2017-09-24
明永乐 龙泉窑刻缠枝花卉碗	直径20.2cm	517,500	北京保利	2017-06-06
明永乐 龙泉窑梅子青釉梅瓶	高38.2cm	345,000	北京中汉	2017-09-01
明永乐 龙泉窑青釉暗刻缠枝莲纹梅瓶	高39cm	414,000	北京中汉	2017-12-19

拍品名称	物品尺寸	成交价RMB	拍卖公司	拍卖日期
明永乐 龙泉窑青釉刻花牡丹纹盘	直径（口）33.2cm	56,000	浙江佳宝	2017-07-23
明永乐 龙泉窑剔刻缠枝牡丹纹玉壶春瓶	高33.5cm	1,610,000	北京保利	2017-06-06
明宣德 龙泉处州窑青釉暗刻莲瓣花卉纹莲子大碗	直径21cm	287,500	北京中汉	2017-12-19
明宣德 龙泉青釉开窗折枝花果纹兽耳双系罐	高35cm	460,000	浙江佳宝	2017-07-23
明中期 龙泉窑模印孔雀牡丹兽耳衔环瓶	高26cm	138,000	北京保利	2017-06-06
明中期 龙泉窑青釉模印花卉纹砚屏	高13.6cm	20,700	中国嘉德	2017-09-03
明 龙泉龙纹笔杆	整长21.6cm	23,000	西泠拍卖	2017-07-15
明 龙泉青釉八仙人物梅瓶	高31.8cm	264,500	上海匡时	2017-11-05
明 龙泉青釉刻花卉纹大碗	直径36.5cm	425,500	佳士得	2017-11-29
明 龙泉青釉刻花卉纹坐墩	高38.1cm	46,757	纽约佳士得	2017-07-13
明 龙泉青釉刻花瓶	高22cm	16,600	佳士得	2017-10-02
明 龙泉青釉刻牡丹纹折沿盘	直径25.4cm	25,504	纽约佳士得	2017-07-13
明 龙泉青釉三足鬲式炉	高7cm	43,700	北京荣宝	2017-04-02
明 龙泉青釉蒜头瓶	高34.3cm	35,705	纽约佳士得	2017-07-13
明 龙泉青釉透雕开光花卉纹孔明碗	直径21.3cm	43,244	纽约佳士得	2017-03-17
明 龙泉青釉碗	直径13.3cm	18,703	纽约佳士得	2017-07-13
明 龙泉四方双耳鼎式炉	高10.5cm	10,467	宝港国际	2017-05-29
明 龙泉窑"文武双全"印花瓶	高14.2cm	55,200	北京保利	2017-12-20
明 龙泉窑八卦炉	直径12.8cm	172,500	北京荣宝	2017-12-02
明 龙泉窑杯（六件）	直径6.5cm	20,700	北京保利	2017-11-04
明 龙泉窑琮式瓶	高11.8cm	11,500	北京荣宝	2017-06-02
明 龙泉窑飞青梅瓶	高24cm	63,250	西泠拍卖	2017-07-15
明 龙泉窑鬲式炉	直径14cm	23,000	北京保利	2017-06-08
明 龙泉窑葫芦形执壶	高14.6cm	17,250	广东崇正	2017-06-15
明 龙泉窑花觚	高20cm	17,250	华艺国际	2017-03-19
明 龙泉窑花卉罐	直径22cm	17,250	北京保利	2017-04-16
明 龙泉窑花卉梅瓶	高35cm	13,800	北京保利	2017-06-08
明 龙泉窑花口大盘	直径38cm	17,250	北京保利	2017-04-16
明 龙泉窑金玉满堂罐	直径27.5cm	11,500	北京保利	2017-04-16
明 龙泉窑刻花玉壶春瓶	高27.3cm	57,500	西泠拍卖	2017-07-15
明 龙泉窑刻花执壶	高30.2cm	149,500	西泠拍卖	2017-07-15
明 龙泉窑莲瓣碗	直径14.8cm	97,750	北京荣宝	2017-12-02
明 龙泉窑模印八卦纹四方炉	长12.7cm	20,700	印千山	2017-03-30
明 龙泉窑模印八卦弦纹三足炉	直径19.1cm	11,500	北京中汉	2017-09-01
明 龙泉窑牡丹纹香盘	长20.6cm	34,500	西泠拍卖	2017-07-15
明 龙泉窑牡丹纹玉壶春	高26.5cm	34,500	广东崇正	2017-06-15
明 龙泉窑配云纹银盖香炉	宽7cm	11,500	北京保利	2017-04-16
明 龙泉窑麒麟绣墩	高36.5cm	27,600	北京保利	2017-04-16
明 龙泉窑青瓷划花橄榄瓶	高40cm	172,500	北京宣石	2017-05-21
明 龙泉窑青磁兽足锦纹洗	直径26cm	36,800	北京保利	2017-06-08
明 龙泉窑青釉暗刻花卉纹瓶	高29.4cm	13,800	中国嘉德	2017-09-03
明 龙泉窑青釉墩式碗	口径27cm	103,500	西泠拍卖	2017-07-15
明 龙泉窑青釉觚式花插	高23.1cm	46,000	北京中汉	2017-06-17
明 龙泉窑青釉花卉三足炉	直径12cm	57,500	北京荣宝	2017-09-24
明 龙泉窑青釉花卉纹花口大盘	直径34.5cm	20,700	中国嘉德	2017-09-03
明 龙泉窑青釉刻缠枝莲纹碗	直径20.6cm	54,664	香港苏富比	2017-06-01
明 龙泉窑青釉刻锦纹菱口盘		19,027	纽约苏富比	2017-03-18
明 龙泉窑青釉模印天之美禄小方盘（一对）	长7.5cm	17,250	中国嘉德	2017-09-03
明 龙泉窑青釉弦纹盘口瓶	高13.3cm	65,596	香港苏富比	2017-06-01
明 龙泉窑三足炉	直径26cm	17,250	北京保利	2017-11-05
明 龙泉窑三足桥耳炉	高14cm	11,350	印千山	2017-07-09

拍品名称	物品尺寸	成交价RMB	拍卖公司	拍卖日期
明 龙泉窑双螭耳兽面三足炉	高12cm	46,000	北京荣宝	2017-06-02
明 龙泉窑双云耳瓶	高17.5cm	86,250	北京保利	2017-04-16
明 龙泉窑水滴	高6cm	57,500	北京荣宝	2017-12-02
明 龙泉窑贴塑云鹤纹盘	口径16.7cm	23,000	西泠拍卖	2017-07-15
明 龙泉窑童子捧缸香熏	高10.6cm	46,000	中贸圣佳	2017-09-04
明 龙泉窑香罐	高8.3cm	69,000	北京荣宝	2017-12-02
明 龙泉窑小梅瓶	高10.3cm	11,500	北京荣宝	2017-06-02
明 龙泉窑砚台	长16.2cm	51,750	西泠拍卖	2017-07-15
明 龙泉窑玉壶春	高27.5cm	16,100	北京保利	2017-11-05
明 龙泉窑玉壶春瓶	高20.8cm	28,750	中国嘉德	2017-12-18
明 清香美酒铭龙泉窑缠枝牡丹罐	高24.3cm	379,500	西泠拍卖	2017-07-15
明—清 龙泉窑直颈瓶	高16.5cm	23,000	北京保利	2017-12-20
15世纪 龙泉青釉刻缠枝牡丹纹大瓶	高67.8cm	2,044,565	纽约佳士得	2017-03-15
15世纪 龙泉青釉弦纹盘口瓶	25.1cm	222,750	香港苏富比	2017-04-04
15世纪 龙泉窑青釉刻锦纹大盘		121,083	纽约苏富比	2017-03-14
16世纪/17世纪 龙泉窑青瓷划几何纹觚	高38.2cm	41,544	香港苏富比	2017-06-01
18世纪 仿龙泉青釉洗	直径25cm	11,500	华艺国际	2017-08-27
龙泉窑八卦炉	直径12.5cm	207,000	中贸圣佳	2017-06-18
龙泉窑胆式瓶	高15cm	138,000	中贸圣佳	2017-06-18
龙泉窑刻花卉碗	直径21.3cm	276,000	北京翰海	2017-06-04
龙泉窑莲瓣盘	直径16.7cm	103,500	中贸圣佳	2017-06-18
龙泉窑镂空贯耳瓶	高25.8cm	57,500	北京翰海	2017-06-04
仿龙泉釉				
明宣德 仿龙泉青釉花口盘	直径8.5cm	460,000	北京保利	2017-06-06
明 景德镇窑仿龙泉窑青釉琮式瓶	高23cm	287,500	北京荣宝	2017-09-24
清乾隆 仿龙泉青釉宝杵缠枝莲纹洗	直径26cm	1,150,000	北京保利	2017-06-06
景德镇青釉				
北宋 影青釉竹节柄深剔牡丹纹桃式壶	高17cm	920,000	西泠拍卖	2017-07-15
南宋 青瓷鸟食罐（一组两件）	1.高3.4cm；2.高2.5cm	36,800	西泠拍卖	2017-07-15
宋 青釉笠式碗	直径14.4cm	218,654	香港苏富比	2017-06-01
宋 青釉三足水丞连水滴	高10.2cm	874,617	香港苏富比	2017-06-01
宋 天青釉夔龙耳炉	高6.6cm；口径9cm；耳径12.4cm	287,500	西泠拍卖	2017-07-15
宋/明 青釉瓷器（3件）		60,541	纽约苏富比	2017-03-18
宋/明 青釉器（两件）		32,865	纽约苏富比	2017-03-18
金 青釉三足炉	高15.2cm	342,790	保利香港	2017-10-02
元 青釉仿青铜器炉（一对）	高15cm	11,500	北京保利	2017-06-08
元 青釉刻荷莲纹直口洗	直径21.5cm	20,700	北京荣宝	2017-09-24
元 青釉落花流水纹碗（一对）	直径14cm	207,000	北京荣宝	2017-12-02
元 青釉三足炉	直径17cm	57,500	北京华辰	2017-12-17
元 青釉双羊尊	高26cm	57,500	北京荣宝	2017-09-24
元 影青釉篦纹小盖罐	直径7.5cm	11,500	中国嘉德	2017-09-03
元 影青釉高足碗	直径10.5cm	11,500	中国嘉德	2017-09-03
元 影青釉观音坐像	高30cm	690,000	北京华辰	2017-06-05
元 影青釉花瓣碗（一对）	直径10.7cm	23,000	中国嘉德	2017-09-03
元 影青釉刻花花卉纹花口盘（两只）	直径15.7cm	23,000	中国嘉德	2017-09-03
元影青釉模印花卉纹印盒（两件）	直径7.4cm	11,500	中国嘉德	2017-03-31
明永乐 青釉暗刻缠枝莲纹碗	直径16.3cm	862,500	大羿拍卖	2017-12-04
明永乐 青釉暗刻折枝花果纹墩式碗	直径20.5cm	575,000	中贸圣佳	2017-09-04
明成化 冬青釉暗刻宝相花卉纹碗	直径16.5cm	5,175,000	北京保利	2017-06-06
明嘉靖 回青釉暗刻龙纹盘	直径19.3cm	43,700	北京中汉	2017-03-30

拍品名称	物品尺寸	成交价RMB	拍卖公司	拍卖日期
明 青瓷鸟食罐	口径1.5cm；底足2.5cm；高2.8cm	92,000	北京保利	2017-06-06
明 青釉刻花卉纹碗	直径14cm	17,003	纽约佳士得	2017-07-13
明 影青釉执壶	高17cm	36,800	北京保利	2017-11-04
清初 青釉暗刻龙纹卧足碗	直径14.5cm	20,700	中贸圣佳	2017-09-04
清早期 粉青釉梅瓶	高18cm	34,500	华艺国际	2017-08-27
清康熙 翠青釉广口瓶	高34.5cm	138,000	华艺国际	2017-05-27
清康熙 翠青釉月华锦缎盒	直径7.5cm；高4cm	195,500	观唐皕榷	2017-01-12
清康熙 东青釉浅浮雕祥云纹马蹄式水盂	长7.5cm	2,655,180	香港苏富比	2017-04-05
清康熙 冬青釉雕如意云纹马蹄式水丞	高7.3cm	1,756,260	佳士得	2017-05-31
清康熙 豆青釉暗刻蝶恋花图笔筒	直径9.5cm×高11.9cm	184,000	北京诚轩	2017-06-20
清康熙 豆青釉暗刻花卉笔筒	高12.8cm	17,250	八益拍卖	2017-04-22
清康熙 豆青釉刻螭龙花卉笔筒	直径18.5cm	517,500	北京保利	2017-12-18
清康熙 豆青釉刻花纹笔筒	高13.5cm	20,700	中国嘉德	2017-12-18
清康熙 豆青釉葵式洗	直径13.6cm	34,500	中贸圣佳	2017-09-04
清康熙 豆青釉模印饕餮纹双狮耳琵琶尊	高31.6cm	97,750	北京中汉	2017-09-01
清康熙 豆青釉模印云龙纹三足大笔筒	直径18.2cm	161,000	北京中汉	2017-12-19
清康熙 豆青釉云纹马蹄尊	高7.3cm；直径8cm	230,000	北京保利	2017-12-19
清康熙 粉青釉暗刻凤纹水盂	高7cm	32,200	广东崇正	2017-06-15
清康熙 粉青釉葵口水洗	直径14.2cm	207,000	北京匡时	2017-12-03
清康熙 粉青釉里红荷叶洗	直径23.5cm	172,500	广东崇正	2017-06-15
清康熙 粉青釉兽耳香炉	直径10cm	74,750	北京宣石	2017-12-03
清康熙 青釉暗花缠枝莲纹碗	直径16.3cm	167,681	伦敦佳士得	2017-05-12
清康熙 青釉暗刻缠枝莲纹碗	直径16cm	20,700	中国嘉德	2017-03-31
清康熙 青釉暗刻螭龙穿花纹大笔筒	直径19cm	230,000	北京中汉	2017-05-21
清康熙 青釉暗刻螭龙穿花纹花觚	高49.3cm	253,000	北京中汉	2017-03-30
清康熙 青釉山水龙纹花觚	高40cm	345,000	北京保利	2017-08-02
清康熙 青釉釉里红莲藕水滴	长12.5cm	11,500	北京保利	2017-12-19
清雍正 豆青釉暗刻花卉纹盘	口径14.7cm	115,000	北京华辰	2017-12-17
清雍正 豆青釉夔龙纹菊瓣盘	直径50cm	4,600,000	北京华辰	2017-12-17
清雍正 豆青釉直筒瓶	高26.5cm	230,000	北京保利	2017-11-05
清雍正 粉青釉暗刻灵芝纹盘	直径11cm	126,500	中贸圣佳	2017-09-04
清雍正 粉青釉茶叶罐	高13cm	2,252,620	保利香港	2017-10-02
清雍正 粉青釉大茶叶瓶		3,407,608	纽约苏富比	2017-03-15
清雍正 粉青釉灯笼式盖瓶（一对）	高29cm×2	19,780,000	北京保利	2017-06-06
清雍正 粉青釉仿古饕餮纹觚	宽14.9cm	2,587,500	保利华谊	2017-12-08
清雍正 粉青釉鼓钉式罐	高21cm	3,335,000	北京荣宝	2017-12-02
清雍正 粉青釉鼓钉式花囊	高20.3cm	2,530,000	中贸圣佳	2017-06-18
清雍正 粉青釉刻五福纹碗	直径15cm	478,688	佳士得	2017-11-29
清雍正 粉青釉模印如意云纹大碗	直径23.9cm	264,500	北京中汉	2017-12-19
清雍正 粉青釉模印如意云纹大碗	口径24cm	322,000	北京华辰	2017-12-17
清雍正 粉青釉盘（一对）	直径13cm×2	402,500	北京匡时	2017-06-04
清雍正 粉青釉寿山福海折腰盘	直径20.1cm	778,021	保利香港	2017-04-04
清雍正 粉青釉双龙耳贴花壶	高43cm	41,400,000	北京保利	2017-12-18
清雍正 粉青釉水呈	直径7cm	287,500	北京荣宝	2017-06-02
清雍正 粉青釉锡锣洗（一对）	直径15.5cm×2	713,000	北京保利	2017-12-18
清雍正 粉青釉贴花双龙盘口尊	高51.8cm	124,658,980	佳士得	2017-05-31
清雍正 粉青釉印五蝠碗	直径19cm	977,500	北京保利	2017-12-18
清雍正 粉青釉长颈纸槌瓶	高18.3cm	2,252,620	香港中汉	2017-10-03
清雍正 青釉暗刻缠枝花卉纹盘（一对）	直径11.5cm	115,000	北京华辰	2017-12-17
清雍正 青釉暗刻牡丹纹笔洗	直径26cm	1,469,100	中国嘉德	2017-10-02

拍品名称	物品尺寸	成交价RMB	拍卖公司	拍卖日期
清雍正 青釉双兽耳盖罐	直径19.5cm	23,000	北京保利	2017-04-16
清雍正 青釉印花福禄万代镗锣洗	直径15cm	402,500	北京保利	2017-04-16
清雍正 天蓝粉青釉“飞脊”式出戟龙耳六方尊	高20.1cm	782,000	中贸圣佳	2017-06-18
清雍正 影青釉盘	直径11.5cm	218,500	北京诚轩	2017-06-20
清乾隆 冬青釉拱花罐	宽24cm	21,850	北京保利	2017-06-08
清乾隆 冬青釉九龙灵芝大缸	直径68.5cm	1,840,000	北京保利	2017-12-19
清乾隆 冬青釉六孔花插	高16.5cm	1,058,000	中贸圣佳	2017-06-18
清乾隆 冬青釉柿形水盂	高3.4cm	88,146	保利香港	2017-10-02
清乾隆 冬青釉印夔龙蕉叶纹觚	高24cm	1,150,000	北京保利	2017-06-07
清乾隆 豆青模印团龙纹象耳尊	高30cm	402,500	北京保利	2017-08-02
清乾隆 豆青釉壁瓶	高18.5cm	23,000	中国嘉德	2017-12-18
清乾隆 豆青釉螭龙纹八方水仙盆	宽27cm	195,880	中国嘉德	2017-10-02
清乾隆 豆青釉堆白云鹤纹胆瓶	高41.5cm	2,932,500	北京东正	2017-06-08
清乾隆 豆青釉高足盘	直径17.5cm	184,000	中国嘉德	2017-06-20
清乾隆 豆青釉葫芦瓶	高32cm	1,150,000	大羿拍卖	2017-12-04
清乾隆 豆青釉花觚	高27cm	36,800	北京东正	2017-03-31
清乾隆 豆青釉盘	直径16cm	12,650	华艺国际	2017-03-19
清乾隆 豆青釉日月罐	高19cm	241,500	北京翰海	2017-12-16
清乾隆 豆青釉日月罐	高18.5cm	126,500	北京翰海	2017-12-16
清乾隆 豆青釉三孔葫芦瓶	高18.8cm	2,191,035	伦敦佳士得	2017-05-09
清乾隆 豆青釉三足炉	直径20cm	13,800	中国嘉德	2017-06-19
清乾隆 豆青釉双鸠耳尊	高19cm	48,300	北京保利	2017-04-16
清乾隆 豆青釉水丞	高2.9cm	69,000	华艺国际	2017-05-27
清乾隆 豆青釉印花香盘	31.8cm×21.5cm	17,250	华艺国际	2017-03-19
清乾隆 豆青釉月牙罐	高21.5cm	34,500	广东崇正	2017-12-13
清乾隆 粉青模印云龙纹锥把瓶	高28cm	31,050	北京保利	2017-11-04
清乾隆 粉青釉“喜上眉梢”	高45cm	92,000	北京华辰	2017-12-17
清乾隆 粉青釉暗刻花鸟纹观音瓶	高39.5cm	97,750	广东崇正	2017-06-15
清乾隆 粉青釉暗刻云龙纹天球瓶	高37cm	402,500	保利厦门	2017-06-26
清乾隆 粉青釉八方贯耳瓶	高24cm	4,370,000	北京保利	2017-12-18
清乾隆 粉青釉缠枝牡丹纹大碗	直径26.8cm	313,005	伦敦苏富比	2017-05-10
清乾隆 粉青釉仿青铜器三足炉	高23cm	1,840,000	上海匡时	2017-11-05
清乾隆 粉青釉福禄万代葫芦形洗	长14.5cm	109,250	中贸圣佳	2017-09-04
清乾隆 粉青釉橄榄瓶	高15cm	40,250	北京宣石	2017-12-03
清乾隆 粉青釉贯耳瓶	高18cm	20,700	中国嘉德	2017-09-03
清乾隆 粉青釉海棠水丞	长7.5cm	11,500	北京保利	2017-11-05
清乾隆 粉青釉海棠尊	高38cm	11,565,180	北京匡时	2017-04-03
清乾隆 粉青釉葫芦瓶	高32cm	552,000	保利厦门	2017-06-25
清乾隆 粉青釉葫芦瓶	高33cm	575,000	广东崇正	2017-12-13
清乾隆 粉青釉葫芦瓶		172,975	纽约苏富比	2017-03-14
清乾隆 粉青釉葫芦瓶	高32.8cm	92,000	北京翰海	2017-06-04
清乾隆 粉青釉花觚	高20.9cm	2,070,000	北京保利	2017-12-18
清乾隆 粉青釉花口碗	直径25.7cm	74,750	中贸圣佳	2017-06-18
清乾隆 粉青釉菊瓣鸡心大碗	直径19cm	48,300	中国嘉德	2017-03-31
清乾隆 粉青釉刻花纹洗	26.5cm×18cm	57,500	北京匡时	2017-03-30
清乾隆 粉青釉夔龙纹洗口尊	高10cm	3,680,000	北京保利	2017-12-18
清乾隆 粉青釉模印夔龙纹贯耳六方瓶	高45.5cm	4,370,000	中国嘉德	2017-06-20
清乾隆 粉青釉模印云蝠纹镗锣洗（一对）	直径10.5cm×2	322,000	保利厦门	2017-06-26
清乾隆 粉青釉如意耳小葫芦瓶	高12.4cm	13,800	中国嘉德	2017-09-03
清乾隆 粉青釉如意云纹辟雍砚	直径16cm	46,000	北京东正	2017-03-31
清乾隆 粉青釉三足葵花洗	直径12.5cm	1,219,000	北京中汉	2017-05-21
清乾隆 粉青釉双螭耳方杯	高5.3cm；宽11cm	276,000	北京保利	2017-12-18
清乾隆 粉青釉四方双耳尊	高16.5cm	402,500	北京保利	2017-11-04
清乾隆 粉青釉蒜头壁瓶	高19.3cm	126,500	中国嘉德	2017-03-31
清乾隆 粉青釉碗	直径19.3cm	43,700	华艺国际	2017-05-27

拍品名称	物品尺寸	成交价RMB	拍卖公司	拍卖日期
清乾隆 粉青釉喜鹊登梅纹瓶	高39.5cm	195,880	北京匡时	2017-10-02
清乾隆 粉青釉弦纹凤耳瓶		1,336,500	香港苏富比	2017-04-05
清乾隆 粉青釉弦纹洗	直径13.2cm	415,000	佳士得	2017-10-02
清乾隆 粉青釉小盘	直径16.2cm	152,023	伦敦佳士得	2017-11-07
清乾隆 粉青釉竹节诗文臂搁	长16.3cm	943,000	北京东正	2017-12-09
清乾隆 粉青釉竹纹臂搁	高13cm	43,700	北京宣石	2017-12-03
清乾隆 青釉暗刻缠枝花卉纹案缸	直径18.3cm	13,800	中国嘉德	2017-09-03
清乾隆 青釉暗刻皮球花碗（一对）	直径15cm×2	138,000	大羿拍卖	2017-12-04
清乾隆 青釉雕瓷宝鸭（一对）	长18.5cm×2	345,000	北京保利	2017-12-18
清乾隆 青釉鸠耳尊	高34cm	28,750	中国嘉德	2017-09-03
清乾隆 青釉六方贯耳瓶	高46cm	36,800	北京保利	2017-04-16
清乾隆 青釉双龙耳尊	高23.5cm	25,300	北京保利	2017-11-04
清乾隆 青釉小花觚	高12.5cm	46,000	北京保利	2017-06-08
清乾隆 青釉叶形笔舔	宽9.5cm	17,629	中国嘉德	2017-10-02
清乾隆 青釉月牙罐	高18cm	138,000	北京保利	2017-04-16
清乾隆 唐英制粉青釉蒜头瓶	高16cm	2,415,000	北京东正	2017-06-08
清乾隆 唐英制像生瓷鸭	长21cm	3,364,416	北京匡时	2017-04-03
清乾隆 天青釉葵瓣洗	口径15cm	92,000	北京华辰	2017-12-17
清乾隆 天青釉双龙耳瓶	高35cm	81,604	宝源国际	2017-05-29
清乾隆 天青釉四方倭角花盆	长14.8cm	138,000	北京保利	2017-12-19
清乾隆 天青釉蒜头瓶	高10cm	2,070,000	北京保利	2017-12-18
清乾隆 天青釉弦纹瓶	高28cm	69,363	宝源国际	2017-05-29
清嘉庆 豆青釉葫芦瓶	高32cm	1,938,095	宝源国际	2017-05-29
清嘉庆 豆青釉模印回纹四方洗	长9.7cm；宽9.7cm；高3cm	92,000	西泠拍卖	2017-07-15
清嘉庆 豆青釉模印夔龙纹四方洗	长9.4cm；宽9.4cm	86,250	北京中汉	2017-12-19
清嘉庆 豆青釉盘	直径16.8cm	34,500	中国嘉德	2017-12-18
清嘉庆 粉青釉葫芦瓶	高31.5cm	632,500	观唐皕榷	2017-01-11
清道光 豆青釉描金方形委角洗	12.7cm×5.3cm	115,000	中国嘉德	2017-12-21
清道光 豆青釉盘	直径17.2cm	20,700	北京翰海	2017-06-04
清道光 豆青釉月牙罐（一对）	高21cm	114,873	中濠典藏	2017-05-23
清道光 粉青釉莲花盖碗	直径13.5cm	23,000	北京保利	2017-06-08
清中期 冬青釉鼓钉洗	直径26.3cm	51,750	八益拍卖	2017-09-24
清中期 豆青凤穿牡丹天球瓶	高44cm	172,500	北京翰海	2017-09-13
清中期 豆青印花双耳瓶	高38.5cm	23,000	华艺国际	2017-08-27
清中期 豆青釉八方瓶	高30cm	11,500	华艺国际	2017-08-27
清中期 豆青釉点彩鼓钉花插	高11.5cm	161,000	中国嘉德	2017-09-03
清中期 豆青釉铺首墩式花插（带座）	高9cm	43,700	华艺国际	2017-11-25
清中期 豆青釉鱼形蟠螭龙瓶	高36.5cm	23,000	北京保利	2017-11-05
清中期 粉青釉瘦骨罗汉坐像	高25cm	20,700	中贸圣佳	2017-09-04
清中期 青釉、青花、粉彩瓶（四件）	高12.5cm；高14.5cm；高17.7cm	11,500	北京保利	2017-12-20
清中期 青釉暗刻灵芝云纹纸镇	长16.3cm	78,200	中国嘉德	2017-09-03
清中期 青釉模印缠枝花卉纹赏瓶	高37cm	28,750	中国嘉德	2017-03-31
清中期 青釉双耳瓶（一对）	高17cm	92,000	北京保利	2017-06-08
清同治 粉青釉杏圆四方贯耳瓶	高30.6cm	31,050	北京中汉	2017-03-30
清光绪 豆青釉八卦琮式瓶	高27.5cm	161,000	观唐皕榷	2017-01-12
清光绪 粉青釉八卦琮式瓶	高28cm	172,500	北京匡时	2017-12-03
清光绪 粉青釉八卦琮式瓶（一对）	高28cm	304,045	伦敦佳士得	2017-11-07
清光绪 粉青釉八卦方瓶	高27.6cm	207,000	北京翰海	2017-12-16
清光绪 粉青釉八卦纹琮式瓶	高27.6cm	57,500	西泠拍卖	2017-07-15
清光绪 粉青釉八卦纹琮式瓶		34,595	纽约苏富比	2017-03-18
清光绪 粉青釉琮式瓶	高27.2cm	138,000	中国嘉德	2017-06-19
清光绪 粉青釉贯耳瓶	高31cm	287,500	北京匡时	2017-03-30
清光绪 粉青釉模印如意纹大碗	直径24cm	46,000	北京保利	2017-11-04

拍品名称	物品尺寸	成交价RMB	拍卖公司	拍卖日期
清光绪 粉青釉杏圆贯耳瓶	高31cm	264,500	北京匡时	2017-12-03
清光绪 粉青釉直颈菊瓣瓶	高19.3cm	230,000	北京中汉	2017-12-19
清光绪 青釉八卦琮式瓶	27cm×13cm×13cm	230,000	北京匡时	2017-03-30
清晚期 豆青釉瓶	高16cm	23,000	中国嘉德	2017-06-19
清晚期 青釉刻花卉纹双耳大尊	高42.3cm	17,250	北京保利	2017-06-07
清晚期 青釉盘螭龙花尊	高17cm	13,800	北京保利	2017-06-08
清 冬青釉双耳尊	高26cm	17,250	北京保利	2017-04-16
清 豆青暗刻凤纹鼓式罐	高13cm	20,700	北京翰海	2017-09-13
清 豆青八卦方瓶	高19cm	23,000	北京翰海	2017-09-13
清 豆青八卦菱型瓶	高28cm	57,500	北京翰海	2017-09-13
清 豆青地寿字双耳瓶（一对）	高70cm	20,401	宝源国际	2017-05-29
清 豆青堆粉花卉双耳瓶	高49cm	21,850	北京翰海	2017-04-30
清 豆青梅瓶	高17cm	25,300	北京翰海	2017-09-13
清 豆青狮耳方瓶	高47cm	23,000	北京翰海	2017-09-13
清 豆青石榴耳六方瓶	高24cm	46,000	北京翰海	2017-09-13
清 豆青双耳方瓶	高26cm	11,500	北京保利	2017-04-16
清 豆青釉花盆	13cm×23cm×16.5cm	13,800	北京匡时	2017-03-30
清 仿宣德梅子青釉荷叶式盘		23,000	广东崇正	2017-12-13
清 粉青釉暗刻花卉双耳尊	高48cm	34,500	北京翰海	2017-04-30
清 粉青釉夔龙纹双铺首海棠尊	高37cm	57,500	广东崇正	2017-12-13
清 粉青釉梨形尊	高10.4cm	80,500	广东保利	2017-11-26
清 粉青釉三足炉	高8cm；直径14cm	25,300	中贸圣佳	2017-09-04
清 粉青釉外模印如意纹大碗	直径24cm	23,000	中贸圣佳	2017-09-04
清 浅青釉三联水盂	高9.1cm	218,654	香港苏富比	2017-06-01
清 青瓷柳叶瓶	高12cm	23,000	上海大众	2017-06-24
清 青釉暗刻龙纹撇口碗	直径27cm	69,000	北京宣石	2017-12-03
清 青釉大炉	直径37cm	36,800	中国嘉德	2017-09-02
清 青釉葫芦壁瓶	高20.4cm	11,500	中国嘉德	2017-03-31
清 青釉菊瓣碗	直径18.2cm	11,500	中国嘉德	2017-09-02
清 青釉瓶	高40.5cm	17,250	中国嘉德	2017-09-02
清 青釉桃形水滴	长10.5cm	20,700	北京保利	2017-12-19
清 青釉桃形洗	宽9.5cm	11,500	北京保利	2017-12-20
清 寿桃形倒流壶	长16.5cm	11,500	北京翰海	2017-04-30
清 天青釉螭耳尊	高18cm	92,000	八益拍卖	2017-04-22
清 天青釉兽面纹双耳尊	高25cm	23,000	华艺国际	2017-03-19
18世纪 冬青釉海棠式尊	高21.5cm	109,250	华艺国际	2017-11-25
18世纪 豆青釉刻花大瓶	高61cm	92,000	中国嘉德	2017-06-19
18世纪 粉青釉刻花卉纹盘	直径15.6cm	12,752	纽约佳士得	2017-07-13
18世纪 月白釉三足香插	高11.2cm	55,200	华艺国际	2017-11-25
18世纪/19世纪 粉青釉琮式瓶	高34.9cm	43,244	纽约佳士得	2017-03-16
18世纪/19世纪 粉青釉刻卷叶纹荸荠瓶	高26.2cm	38,919	纽约佳士得	2017-03-17
19世纪 冬青釉镶铜鎏金座花瓶（一对）	高36cm	161,000	北京东正	2017-06-08
19世纪 粉青釉鼓形花插		73,514	纽约苏富比	2017-03-18
19世纪 粉青釉花卉纹三足炉	直径24.8cm	22,487	纽约佳士得	2017-03-16
民国 粉青釉阿拉伯文胆瓶	高29.8cm	126,500	西泠拍卖	2017-07-15
民国 粉青釉仿古花觚	高21.2cm	36,800	北京保利	2017-06-07
民国 天青釉小罐	高9cm	42,842	宝源国际	2017-05-29
民国 天青釉小水盂	高9.5cm	32,642	宝源国际	2017-05-29
仿清乾隆款 天青釉天球瓶	高47cm	230,000	福建东南	2017-10-29
仿清乾隆款 天青釉印模双龙纹扁瓶	高19.5cm	57,500	福建东南	2017-10-29
仿清雍正款 天青釉弦纹盘口瓶	高26cm	23,000	福建东南	2017-10-29
粉青釉印花双耳瓶	高24.5cm	13,800	华艺国际	2017-08-27
刘颖睿 青釉花儿陶艺雕塑	高65cm	23,000	福建东南	2017-10-29
青瓷刻莲瓣纹水注	高7.5cm；长12cm	11,500	中贸圣佳	2017-09-04
青釉大琮式瓶	高38cm	2,530,000	中贸圣佳	2017-06-18

拍品名称	物品尺寸	成交价RMB	拍卖公司	拍卖日期
清 豆青凸雕花卉方瓶	高28cm	18,400	北京翰海	2017-01-08
其他窑青釉				
晋 青釉鸡首壶	高27cm	43,960	中国嘉德	2017-05-30
晋 青釉鸡首壶	高19.5cm	47,100	宝港国际	2017-05-29
北齐 胡人哨	直径5.5cm	103,500	西泠拍卖	2017-07-15
北齐 青釉罐（两件）	最大的高21cm	20,933	中国嘉德	2017-05-30
北齐 青釉胡人哨	高6.8cm	389,813	香港苏富比	2017-04-05
北齐/隋 相州窑青瓷宝相花纹盘	直径10.6cm	354,800	佳士得	2017-05-31
隋 青釉杯、盏、盒和罐（11件）	最大的高6cm	31,400	中国嘉德	2017-05-30
隋青釉高足盘及青白釉杯（两件）	最大的高36cm	10,467	中国嘉德	2017-05-30
隋 青釉水滴状十足辟雍砚	口径24cm	51,286	宝港国际	2017-05-29
隋 青釉蒜头口瓶	高26.2cm	62,800	中国嘉德	2017-05-30
唐 青釉三足盘和三彩高足杯	最大的宽15cm	43,960	中国嘉德	2017-05-30
唐 长沙窑青釉贴人物花卉纹执壶	高18.1cm	45,917	香港苏富比	2017-06-01
唐晚期 高丽瓷青釉军持	高33.5cm	172,500	浙江佳宝	2017-07-23
五代 东窑青釉贴凤凰碗	直径12.7cm	556,875	香港苏富比	2017-04-05
北宋 五脚青釉香炉	高9cm	83,644	宝源国际	2017-05-29
北宋/金 河南青瓷碗	直径18.5cm	245,025	佳士得	2017-04-04
北宋/金 耀州青釉牡丹纹盖罐	13.2cm	4,067,000	香港蘇富比	2017-10-03
北宋/金 耀州窑青釉瓜棱钵式碗	口径13cm；足径5cm；高8cm	39,176	中国嘉德	2017-10-02
12-13世纪 高丽王朝－青瓷画花洗	直径11cm	18,480	羅芙奧	2017-12-02
12世纪/13世纪 高丽青釉印花芙蓉纹碗	盒直径18.8cm	64,866	纽约佳士得	2017-03-17
元 漳州窑弦纹三足炉	高7cm；直径8.4cm	34,500	中拍国际	2017-06-04
13世纪（高丽）青瓷镶嵌玉壶春	高29.5cm	345,000	北京保利	2017-12-19
明万历 欧窑天青釉莲花盘	直径19.5cm	2,875,000	北京巨力	2017-06-03
明 广窑梅瓶	高28cm	11,500	北京翰海	2017-12-16
清雍正 壁裂拼色碟	宽13.5cm	30,602	宝源国际	2017-05-29
高丽 青釉镶嵌云鹤纹大碗	直径23cm	13,800	中国嘉德	2017-03-31
高丽青瓷刻花盏托	直径13cm	57,500	中贸圣佳	2017-06-18
高振宇 2006年作 玉出昆岗青瓷花器	15cm×50cm	180,000	佳士得（上海）	2017-09-24
宋/金 耀州窑青釉刻牡丹纹碗		47,568	纽约苏富比	2017-03-15
白 瓷				
定窑白釉				
唐 定窑“官”款白釉花口盘	高5cm；口径21cm	69,000	西泠拍卖	2017-07-15
北宋 定窑“官”字款莲瓣碗	高7.6cm；口径12cm	66,700	西泠拍卖	2017-07-15
北宋 定窑“尚药局”款暗刻龙纹圆盖盒	高7.2cm；直径8.6cm；盖顶直径6.4cm；足径5.6cm	6,325,000	西泠拍卖	2017-07-15
北宋 定窑白釉划莲纹葵口大碗	25.8cm	5,561,000	香港蘇富比	2017-10-03
北宋 定窑白釉扣口弦纹三足奁式炉	13cm	15,023,000	香港蘇富比	2017-10-03
北宋 定窑白釉小碗		56,217	纽约苏富比	2017-03-18
北宋 定窑白釉执壶	高21.3cm	439,597	中国嘉德	2017-05-30
北宋 定窑黑釉鹧鸪斑葵式盘	19.7cm	12,035,000	香港蘇富比	2017-10-03
北宋 定窑花口小盘	高19.5cm	62,370	佳士得	2017-04-04
北宋 定窑刻花莲纹碟	直径13.3cm	147,029	纽约佳士得	2017-03-17
北宋 定窑刻花莲纹盘	直径17.8cm	242,165	纽约佳士得	2017-03-17
北宋 定窑刻花莲纹盘	18.1cm	167,063	香港苏富比	2017-04-05
北宋 定窑刻花牡丹纹长颈瓶	高25cm	17,730,900	香港苏富比	2017-04-05
北宋 定窑刻莲纹盘	直径12.7cm	114,125	佳士得	2017-10-02
北宋 定窑系白釉胆瓶	高22.6cm	4,374,140	佳士得	2017-11-29
北宋/金 定窑白釉小盖盒		129,731	纽约苏富比	2017-03-15
北宋/金 定窑刻萱草纹圆盖盒	直径10cm	612,563	香港苏富比	2017-04-05
北宋/金 定窑系白釉小玉壶春瓶		34,595	纽约苏富比	2017-03-18
宋 定窑 花棱口洗	口径16.5cm	52,333	宝港国际	2017-05-29

2017瓷器拍卖成交汇总

(成交价RMB：1万元以上)

拍品名称	物品尺寸	成交价RMB	拍卖公司	拍卖日期
宋 定窑 刻饰双摩羯鱼纹曲口盘	口径20cm	910,594	宝港国际	2017-05-29
宋 定窑白釉刻莲纹大碗	直径25.5cm	437,308	香港苏富比	2017-06-01
宋 定窑白釉刻莲纹盘		51,893	纽约苏富比	2017-03-18
宋 定窑白釉刻莲纹碗	直径14.3cm	601,299	香港苏富比	2017-06-01
宋 定窑白釉刻莲纹小碗	直径9.1cm	131,193	香港苏富比	2017-06-01
宋 定窑白釉印花螭龙石榴纹洗	直径14cm	517,500	西泠拍卖	2017-07-15
宋 定窑缠枝莲花卉纹将军罐	高27cm	91,805	宝源国际	2017-05-29
宋 定窑缠枝莲花卉纹梅瓶	高29cm	132,607	宝源国际	2017-05-29
宋 定窑缠枝莲花卉纹梅瓶	高27cm	102,005	宝源国际	2017-05-29
宋 定窑缠枝莲花卉纹玉壶春瓶	高26.5cm	132,607	宝源国际	2017-05-29
宋 定窑刻花碗	直径15.6cm	575,000	上海匡时	2017-11-05
宋 定窑系白釉印花鸟纹碗		77,839	纽约苏富比	2017-03-18
宋 定窑系波浪纹枕	宽23.2cm	20,933	中国嘉德	2017-05-30
宋 定窑印花蝶纹花口小碟	长8cm；宽9.5cm	110,395	保利香港	2017-04-04
宋 定窑印花卉纹碗	直径17.2cm	372,172	保利香港	2017-10-02
宋/金 定窑系白釉印凤凰花卉纹碗		22,487	纽约苏富比	2017-03-18
金 定窑白花穿花凤凰图盘	直径14.7cm	217,175	伦敦佳士得	2017-11-07
金 定窑白釉印缠枝牡丹纹大碗	直径21.4cm	327,981	香港苏富比	2017-06-01
金 定窑花口盘	直径13cm	11,500	北京保利	2017-11-04
金 定窑划花盘	直径13.7cm	14,691	中国嘉德	2017-10-02
元 定窑白釉饕餮纹四足炉		864,875	纽约苏富比	2017-03-15
明 定窑划花卉纹洗	直径16cm	23,000	北京保利	2017-11-05
清中期 仿定窑白釉刻花兽面纹贴螭龙水丞	高6.2cm	34,500	中贸圣佳	2017-09-04
定窑 白釉模印花卉纹花口碗	直径17.7cm	333,500	中贸圣佳	2017-06-18
定窑 白釉执莲童子骑鹅执壶	高18cm	2,300,000	中拍国际	2017-06-04
定窑白釉暗刻莲花纹长颈瓶	高16.8cm	57,500	中国嘉德	2017-03-31
定窑白釉茶碾（一套）	直径17.5cm	230,000	中拍国际	2017-06-04
定窑白釉葵口盘	直径18.2cm	11,500	中国嘉德	2017-09-03
定窑白釉匜	口径14.6cm	207,000	中拍国际	2017-06-04
定窑白釉印花双鱼洗	直径11.8cm	13,800	中国嘉德	2017-09-03
定窑划花卉花口碗	直径22cm	23,000	北京翰海	2017-06-04
定窑划花卉碗	直径23cm	402,500	北京翰海	2017-06-04
仿定釉				
金 定窑白釉模印瑞兽穿花纹盘	直径17.2cm	1,495,000	北京中汉	2017-05-21
金 定窑印花佛狮戏球纹盘	直径13.5cm	668,250	香港苏富比	2017-04-05
金 定窑印花犀牛望月纹盘	直径13.8 cm	779,625	香港苏富比	2017-04-05
金 定窑鱼纹碟	直径12.3cm	20,933	中国嘉德	2017-05-30
元 定窑“定州公用”盏	直径13.8cm	977,500	北京保利	2017-12-18
元 定窑白釉花口碗	直径21cm	46,000	北京宣石	2017-05-21
元 定窑白釉划花小碟	直径9.3cm	17,250	北京中汉	2017-03-30
元 定窑白釉划花小碗	直径11cm；高5cm	115,000	北京宣石	2017-05-21
元 定窑白釉刻龙纹洗	直径14.5cm	287,500	北京宣石	2017-05-21
元 定窑白釉盘	直径13.5cm	57,500	北京宣石	2017-05-21
元 定窑白釉双鱼划花碗	直径9.5cm	161,000	北京宣石	2017-05-21
元 定窑白釉贴塑如意纹水滴	高7.5cm	13,800	北京宣石	2017-12-03
元 定窑白釉玉壶春瓶	高31cm	92,000	北京中汉	2017-06-17
元 定窑盖碗	直径9.8cm	74,750	北京保利	2017-06-08
元 定窑荷叶盖罐	直径15.5cm	195,500	北京宣石	2017-05-21
元 定窑花口盘	直径13.3cm	32,200	中国嘉德	2017-12-18
元 定窑花型小盘	直径8.3cm	23,000	中国嘉德	2017-06-19
元 定窑划花螭龙花卉纹葵口盘	直径24cm	10,925,000	北京保利	2017-12-18
元 定窑划花大碗	直径20.5cm	63,250	北京宣石	2017-05-21
元 定窑划花花卉纹小盖罐	宽7.5cm	690,000	北京保利	2017-12-18
元 定窑刻龙纹大碗	直径25.5cm	897,000	北京保利	2017-06-06
元 定窑莲花大碗	直径19.5cm	57,500	北京保利	2017-12-20
元 定窑双鹅纹盘	直径19.5cm	48,300	广东崇正	2017-06-15
元 定窑剔花罐	直径14cm	74,750	北京宣石	2017-05-21

拍品名称	物品尺寸	成交价RMB	拍卖公司	拍卖日期
元 定窑系白釉模印花卉纹斗笠盏	直径11cm	20,700	北京中汉	2017-03-30
明以前 定窑白釉模印荷塘鸳鸯纹盘	直径20.5cm	63,250	广东崇正	2017-12-13
明 白釉撇口胆瓶	高17.5cm	230,000	北京荣宝	2017-12-02
明 定窑划花盘	直径14.5cm	23,000	北京保利	2017-04-16
明 仿定模印云龙纹贯耳瓶	高33.5cm	115,000	北京中汉	2017-05-21
明 仿定窑白釉云龙纹贯耳瓶	高31.5cm	212,750	北京中汉	2017-05-21
17世纪 仿定白釉模印龙纹双耳葫芦扁瓶	高20.1cm	195,500	北京中汉	2017-12-19
清早期 浆胎仿定釉模印缠枝莲云龙纹盘	直径18.7cm	28,750	中国嘉德	2017-03-31
清雍正 仿定式白釉模印云龙山水纹小水丞	高4.5cm	86,250	中国嘉德	2017-12-18
清乾隆 白釉仿定花觚	高23cm	632,500	北京保利	2017-12-18
清乾隆 仿定窑暗刻花卉纹盘口瓶	高16.5cm	276,000	北京东正	2017-06-08
清乾隆 仿定窑白釉捏塑龙形三足壶	长21.5cm	32,200	北京中汉	2017-03-30
清乾隆 仿定窑石榴形水注	长10cm	21,028	北京匡时	2017-04-03
清乾隆 仿定釉兽面纹觥	高12.7cm	322,000	西泠拍卖	2017-07-15
清乾隆 粉定白釉刻饕餮纹洗口瓶	高20.4cm	1,150,000	保利华谊	2017-12-08
清嘉庆 仿定窑白釉雕西番莲纹云口瓶	高23cm	1,610,000	华艺国际	2017-05-27
清中期 仿定釉双螭水丞	高5.6cm	11,500	中国嘉德	2017-09-03
清 仿定窑荷叶式洗	直径20cm	23,000	北京荣宝	2017-12-02
清 仿定釉暗刻缠枝莲纹石榴尊	高15cm	11,500	中国嘉德	2017-03-31
18世纪 粉定釉模印缠枝花卉纹长颈瓶	高31.5cm	172,063	纽约佳士得	2017-03-17
磁州窑白釉				
宋 磁州窑白釉行炉	高11.4cm	172,500	西泠拍卖	2017-07-15
宋 磁州窑小罐两件及元至明初青花小罐		11,243	纽约苏富比	2017-03-18
金 磁州窑白釉刻花卉纹玉壶春瓶	高32.3cm	72,625	佳士得	2017-10-02
金 磁州窑仿定白釉折腰碗	直径19.8cm	28,958	佳士得	2017-04-04
金/元 磁州窑系磁器（4件）	最大的直径21.7cm	31,400	中国嘉德	2017-05-30
元 磁州窑“内府”梅瓶	高33.5cm	138,000	北京荣宝	2017-04-02
元 磁州窑瓜棱壶、绘人物罐（两件）	高13.5cm；宽13.5cm	11,500	北京保利	2017-06-07
元 磁州窑系白釉线条纹执壶	长12.5cm	28,750	北京中汉	2017-03-30
14世纪 磁州窑罐、碗及瓶（1组3件）	高28.5cm	11,902	纽约佳士得	2017-07-13
德化窑				
明天启 德化窑环耳丹瓶（一对）	高35cm×2	184,000	北京保利	2017-06-06
明 “茴江山人”作德化窑观音立像	高46cm	63,250	中贸圣佳	2017-09-04
明 德化何朝宗制白釉观音	高37.3cm	630,828	保利香港	2017-04-04
明 德化双狮耳炉	直径12.8cm	17,250	华艺国际	2017-08-27
明 德化弦纹香炉	直径17.3cm	161,000	北京巨力	2017-06-03
明 德化窑白釉观音像	高21cm	241,500	北京匡时	2017-12-03
明 德化窑茶壶	高10cm	287,500	北京荣宝	2017-12-02
明 德化窑观音像	高23.5cm	57,500	广东崇正	2017-06-15
明 德化窑荷叶形吸杯	高6.2cm	20,700	中贸圣佳	2017-09-04
明 德化窑铺首耳香炉	直径12cm	23,000	广东崇正	2017-12-13
明 德化窑三足冲天耳式炉	直径6.3cm	23,000	古天一	2017-06-07
明 德化窑三足鼎式炉	高13cm	80,500	北京荣宝	2017-12-02
明 德化窑松竹延年香插	高7.6cm	25,300	西泠拍卖	2017-07-15
明 德化窑弦纹炉	高6.5cm	17,250	北京华辰	2017-12-17
明 何朝宗制德化窑文昌帝君像	高39.7cm	1,150,000	北京保利	2017-06-06
明末 德化窑茶杯（一组）	尺寸不一	11,500	北京巨力	2017-06-04

拍品名称	物品尺寸	成交价RMB	拍卖公司	拍卖日期
明末/18世纪 德化白釉刻螭龙擒芝纹瓶	高34cm	103,785	纽约佳士得	2017-03-17
明晚期 德化白瓷 冲天耳三足炉	高8.1cm	57,500	福建东南	2017-05-21
明晚期 德化白釉暗刻三足炉	直径11cm	16,100	北京保利	2017-04-16
明晚期 德化窑白瓷 饕餮纹冲耳六方炉	11.8cm×12cm	207,000	福建东南	2017-05-21
明晚期 德化窑白釉鹤鹿同春仿犀角形杯	宽10.2cm；高6cm	80,500	浙江佳宝	2017-07-23
明末/清初 德化白釉铺首耳炉	14cm	24,900	佳士得	2017-10-04
明末清初 德化“淡泊闲居”龙钮印章	直径4cm	23,000	观唐皕榷	2017-01-12
明末清初 德化白釉螭龙纹盖壶	高14.5cm	43,435	伦敦佳士得	2017-11-07
明末清初 德化白釉关帝坐像	高36cm	325,763	伦敦佳士得	2017-11-07
明末清初 德化白釉奁式炉	直径10.3cm	36,325	纽约佳士得	2017-03-17
明末清初 德化螭龙纹壶	高15.5cm	86,250	观唐皕榷	2017-01-12
明末清初 德化观音坐像	高21.5cm	368,000	古天一	2017-06-07
明末清初 德化香炉	高15cm	46,000	观唐皕榷	2017-01-12
明末清初 德化窑暗刻仿古铜纹双兽耳尊	高34.5cm	115,000	北京中汉	2017-06-17
明末清初德化窑白瓷瑞象（一对）	宽11.4cm×高8cm×2	149,500	北京诚轩	2017-06-20
明末清初德化窑白釉吉象（一对）	高7.5cm	168,000	上海联合	2017-12-17
明末清初 德化窑布袋和尚立像	高17cm	207,000	西泠拍卖	2017-07-15
明末清初 德化窑鹤鹿同春角形杯	高8.8cm	207,000	北京保利	2017-06-06
明末清初 德化窑七孔箫	长61cm	368,000	北京保利	2017-06-06
16世纪/17世纪 德化白釉渡海观音立像	高51.5cm	16,424,300	佳士得	2017-11-27
17世纪 德化白釉布袋佛坐像	高25.5cm	804,870	伦敦苏富比	2017-05-10
17世纪/18世纪 德化白釉关帝坐像	25cm	167,681	伦敦苏富比	2017-05-10
17世纪/18世纪 德化白釉观音坐像	33cm	61,483	伦敦苏富比	2017-05-10
清初 德化白釉花觚	高21.6cm	51,875	佳士得	2017-10-04
清早期 德华窑双耳炉	长16cm	34,500	十竹斋	2017-01-01
清早期 德化鼎式小炉	高14cm	23,000	北京保利	2017-06-07
清早期 德化双狮耳炉	直径13.5cm	11,500	华艺国际	2017-03-19
清早期 德化窑白瓷 琴鹤杯	12.8cm×10.6cm	46,000	福建东南	2017-05-21
清早期 德化窑白釉仿树桩形笔筒	高16cm；长19cm	460,000	古天一	2017-06-07
清早期 德化窑白釉花蝶纹花形杯（一对）	长6.6cm	20,700	中国嘉德	2017-09-02
清早期 德化窑白釉狮耳炉	高8.5cm；直径（口）9.3cm	17,250	浙江佳宝	2017-07-23
清早期 德化窑白釉双龙耳炉	直径10.8cm	23,000	北京中汉	2017-09-01
清早期 德化窑刻诗文执壶	宽15.5cm	115,000	北京保利	2017-06-08
清早期 德化窑三足炉	直径12.2cm	11,500	中贸圣佳	2017-09-04
清早期 德化窑狮子印	4cm×4cm×6cm	69,000	北京保利	2017-06-08
清早期 德化窑兽耳炉	直径15.5cm	20,700	八益拍卖	2017-09-24
清早期 德化窑兽面方炉	12.2cm×8.2cm	13,800	华艺国际	2017-08-27
清早期 德化窑筒式炉	直径10.5cm	13,800	北京保利	2017-04-17
清早期 德化窑蚰耳炉	口径10.8cm	11,500	西泠拍卖	2017-07-15
清早期 德化蚰耳炉	直径6.8cm	17,250	华艺国际	2017-08-27
清康熙 德化白瓷文昌星坐像	高16cm	11,179	伦敦佳士得	2017-05-12
清康熙 德化白釉堆塑蟠螭纹蒜头瓶	高23.5cm	518,925	纽约佳士得	2017-03-16
清康熙 德化白釉瑞狮形香插（一对）	高19cm	14,452	纽约佳士得	2017-07-13
清康熙 德化窑南瓜形壶	长26cm	172,500	北京保利	2017-08-02
清中期 德化观音	高43cm	28,750	华艺国际	2017-08-27
清中期 德化牧牛童子	高18.5cm	25,501	宝源国际	2017-05-29
清中期 德化山子（带座）	长17cm	23,000	华艺国际	2017-08-27
清中期 德化窑麻姑献寿	高40cm	97,750	北京保利	2017-11-04
清中期 德化窑如意观音坐像	高35cm	23,000	北京保利	2017-04-16
清中期 德化窑释迦牟尼坐像	高22.5cm	63,250	北京荣宝	2017-06-02
清晚期 博及渔人制德化窑观音立像	高40cm	23,000	浙江佳宝	2017-07-23
清晚期 德化观音立像	高48.5cm	92,000	保利厦门	2017-06-26
清晚期 德化观音坐像	高28cm	13,800	北京荣宝	2017-04-02
清晚期 德化窑白瓷观音坐像	高35.5cm	109,250	北京诚轩	2017-06-20
清晚期 德化窑观音像	高50cm	115,000	北京巨力	2017-06-03
清晚期 许云麟制德化释迦摩尼	高52.1cm	943,000	北京荣宝	2017-12-02
清 德化铺首耳瓶	高20.5cm	28,750	广东保利	2017-11-26
清 德化观音	高29cm	11,500	北京保利	2017-11-05
清 德化龙虎佛像杯	宽15cm	14,950	北京保利	2017-11-04
清 德化窑白瓷诗文爵杯	宽14.5cm	11,500	中国嘉德	2017-06-19
清 德化窑白釉夔龙耳簋式炉	宽15.3cm	12,650	浙江佳宝	2017-07-23
清 德化窑白釉筒式炉	直径11.2cm	32,200	中国嘉德	2017-09-03
清 德化窑洞箫	长59cm	69,000	西泠拍卖	2017-07-15
清 德化窑观音立像	高46cm	57,500	北京荣宝	2017-09-24
清 德化窑观音立像	高31cm	17,250	北京保利	2017-12-20
清 德化窑观音像	高20cm	20,430	印千山	2017-07-09
清 德化窑观音像	高27.5cm	17,250	北京保利	2017-06-08
清 德化窑观音坐像	高28cm	97,750	西泠拍卖	2017-07-15
清 德化窑花觚，狮耳香炉（两件）	高25cm；宽15cm	17,250	北京保利	2017-06-08
清 德化窑刻文字套杯（五件）	直径4.5-8.3cm	28,750	北京翰海	2017-12-16
清 德化窑狮吼观音坐像	高40.5cm	152,550	广东崇正	2017-12-13
清 德化窑书卷观音坐像	高23.5cm	46,000	广东崇正	2017-12-13
清 德化窑文殊菩萨骑狮坐像	高22cm；长18cm	57,500	北京荣宝	2017-09-24
清 德化窑香炉·杯（一组）	尺寸不一	12,650	华艺国际	2017-03-19
清 德化窑箫	长67.5cm	32,200	中国嘉德	2017-12-18
清 德化窑压经炉	直径8.5cm	25,300	华艺国际	2017-03-19
清 许云麟款德化窑麻姑献寿造像	高39cm	69,000	广东崇正	2017-06-15
18世纪 /19世纪 德化白釉观音菩萨立像	高39cm	95,505	巴黎苏富比	2017-06-22
18世纪 德化白釉布袋佛立像	30.5cm	95,019	伦敦苏富比	2017-05-10
18世纪 德化白釉观音立像	35cm	122,966	伦敦苏富比	2017-05-10
18世纪 德化白釉观音坐像	高26.5cm	614,831	伦敦苏富比	2017-05-10
18世纪 德化白釉观音坐像	高28cm	558,938	伦敦苏富比	2017-05-10
18世纪 德化白釉观音坐像	27cm	335,363	伦敦苏富比	2017-05-10
18世纪 德化窑文昌像	高31cm	80,500	北京华辰	2017-06-05
18世纪/19世纪 德化白瓷观音立像	高61cm	106,198	伦敦佳士得	2017-05-12
18世纪/19世纪 德化白瓷观音与童子像	高37.1cm	157,707	保利香港	2017-04-04
18世纪/19世纪 德化白釉观音菩萨立像	高94cm	668,532	巴黎苏富比	2017-06-22
18世纪/19世纪 德化白釉观音坐像	高15.7cm	229,587	香港苏富比	2017-06-01
18世纪/19世纪 德化白釉观音坐像	18.3cm	55,894	伦敦苏富比	2017-05-10
18世纪/19世纪 德化白釉千手观音坐像	高37.2cm	103,861	香港苏富比	2017-06-01
19世纪 德化白瓷观音坐像	高38cm	33,536	伦敦佳士得	2017-05-12
19世纪 德化白釉八仙人物像（八件）		51,893	纽约苏富比	2017-03-18
19世纪 德化白釉古文字叶形小花盆		25,946	纽约苏富比	2017-03-18
19世纪 德化白釉如意观音坐像		34,595	纽约苏富比	2017-03-18
19世纪 德化窑观音立像	高30cm	34,500	北京华辰	2017-06-05
民国 德化窑花木兰像	高37.5cm	69,000	广东崇正	2017-12-13

2017瓷器拍卖成交汇总

(成交价RMB：1万元以上)

拍品名称	物品尺寸	成交价RMB	拍卖公司	拍卖日期
德化狮钮瓷方章	长3.2cm；宽3.2cm；高5cm	74,750	荣宝斋（上海）	2017-07-30
德化窑泡嘴壶	长13cm；高9cm	20,700	北京巨力	2017-06-04
清末民初 德化窑 具轮珠壶	宽13.5cm；高8cm	17,250	上海泛华	2017-10-29
清末民初 德化窑白瓷许云麟制千手观音坐像	高38.7cm	402,500	北京诚轩	2017-06-20
景德镇白釉				
隋至唐 白釉杯	直径9.3cm	29,382	保利香港	2017-10-02
唐 白釉罐	高13.5cm	48,970	中国嘉德	2017-10-02
唐/宋 白釉壶及白釉花口碗	高22cm	33,493	中国嘉德	2017-05-30
五代 白釉莲茎钮圆盖盒	直径11.2cm	83,000	佳士得	2017-10-02
五代/宋 白釉脉枕		13,838	纽约苏富比	2017-03-18
北宋 白釉花口台盏（一套）	盏口径9.7cm；足径3.8cm；高5cm；托直径15.8cm；足径9cm；高7.7cm	58,764	中国嘉德	2017-10-02
北宋湖田窑高足盏及盏托（一对）	通高12.5cm	109,250	西泠拍卖	2017-07-15
北宋 湖田窑瓜棱执壶	高15cm	172,500	西泠拍卖	2017-07-15
北宋 湖田窑瓜棱执壶	高17.5cm	48,300	西泠拍卖	2017-07-15
北宋 湖田窑花口注碗	高12.5cm	186,086	中国嘉德	2017-10-02
北宋湖田窑刻花婴戏纹碗（一对）	直径21cm	24,485	中国嘉德	2017-10-02
北宋 湖田窑青白釉套钵（1组5件）	高7.2cm 高5.4cm 高4.5cm 高4cm 高3.5cm	1,265,000	西泠拍卖	2017-07-15
北宋 湖田窑狮形枕	高13cm；长16.5cm	172,500	西泠拍卖	2017-07-15
北宋 青白釉瓜棱式注子温碗	注子通高：22cm；温盌：15.2cm	985,625	香港蘇富比	2017-10-03
北宋 青白釉花口杯连盏托		32,865	纽约苏富比	2017-03-15
北宋 青白釉刻萱草纹花口瓶		172,975	纽约苏富比	2017-03-15
北宋 青白釉莲瓣纹花口炉		86,488	纽约苏富比	2017-03-15
北宋 青白釉梅花式碗及青白釉花式小盖盒		112,434	纽约苏富比	2017-03-18
北宋 青白釉双摩羯枕	长15cm	41,500	佳士得	2017-10-02
北宋/金 白釉梅瓶	高22.5cm	290,500	佳士得	2017-10-02
南宋 湖田窑博山炉式香熏	直径8.4cm	184,000	西泠拍卖	2017-07-15
南宋 湖田窑瓜棱梅瓶	高17.4cm	230,000	西泠拍卖	2017-07-15
南宋 湖田窑花口杯与盘	直径16.5cm	34,279	中国嘉德	2017-10-02
南宋 湖田窑罗汉坐像（一组二件）	1.高21.1cm；2.高22.5cm	161,000	西泠拍卖	2017-07-15
南宋 湖田窑南瓜粉盒	高9.1cm	92,000	西泠拍卖	2017-07-15
南宋 湖田窑青白釉瓜式盖盒	直径（口）11.5cm	69,000	浙江佳宝	2017-07-23
南宋 湖田窑素胎童子立像	高24.2cm	138,000	西泠拍卖	2017-07-15
南宋 湖田窑素胎童子座像	高12cm	46,000	西泠拍卖	2017-07-15
南宋 湖田窑小梅瓶	高9.7cm	40,250	西泠拍卖	2017-07-15
南宋 湖田窑自在观音	高27.1cm	841,104	保利香港	2017-04-04
南宋 青白瓷划花卷草纹梅瓶（一对）	高19cm×2	744,625	佳士得	2017-11-29
南宋 青白瓷狮子钮水注及温碗	高24cm	27,423	中国嘉德	2017-10-02
南宋 青白刻花牡丹纹碗	直径19cm	242,165	纽约佳士得	2017-03-17
南宋 青白刻婴戏纹碗	盒直径19.7cm	36,325	纽约佳士得	2017-03-17
南宋 青白釉螭龙耳杯	直径14.5cm	166,313	佳士得	2017-05-31
南宋 青白釉瓜棱瓶	高20cm	10,467	中国嘉德	2017-05-30
南宋 青白釉刻花连生贵子笠式碗	20.8cm	111,375	香港苏富比	2017-04-05
南宋 青白釉刻卷草纹执壶		47,568	纽约苏富比	2017-03-15
南宋 青白釉刻莲花纹碗	直径19cm	72,394	佳士得	2017-04-04
南宋 青白釉葵花形台盏（一套）	盏口径10cm；足径3.9cm；高4.8cm；托直径15.5cm；足径10.3cm；高6.7cm	1,518,070	中国嘉德	2017-10-02
南宋 青白釉葵式碗	直径14.6cm	234,025	佳士得	2017-11-29

拍品名称	物品尺寸	成交价RMB	拍卖公司	拍卖日期
南宋/元 青白菊瓣盘	直径19cm	95,136	纽约佳士得	2017-03-17
南宋/元 青白釉划花缠枝莲纹带盖梅瓶	高24.7cm	423,225	香港苏富比	2017-04-05
宋 白釉盖罐		25,946	纽约苏富比	2017-03-18
宋 白釉双鱼洗	直径12.7cm	34,500	西泠拍卖	2017-07-15
宋 白釉四系盖罐	高27.7cm	83,000	佳士得	2017-10-02
宋 白釉小罐连盖	直径6.4cm	68,010	纽约佳士得	2017-07-13
宋 白釉执壶	高19.3cm	212,750	佳士得	2017-11-29
宋 湖田窑 观音塑像	高23cm	104,666	宝港国际	2017-05-29
宋 湖田窑 影青刻花娃娃碗	口径19.5cm	45,104	宝港国际	2017-05-29
宋 湖田窑 影青两瑞兽香插	高8.5cm	104,666	宝港国际	2017-05-29
宋 湖田窑暗刻花卉洗	直径13.7cm	20,700	八益拍卖	2017-04-22
宋 湖田窑杯及盏托	高5.5cm	34,500	八益拍卖	2017-04-22
宋 湖田窑博山炉式香熏	高8cm	294,386	保利香港	2017-04-04
宋 湖田窑鼎式炉	宽16cm	14,691	中国嘉德	2017-10-02
宋 湖田窑刻花碟	直径17.2cm	76,393	中国嘉德	2017-10-02
宋 湖田窑香盒及青釉印花印泥盒（一组两件）	1.高5.7cm；直径7cm；2.高3.2cm；直径6.2cm	34,500	西泠拍卖	2017-07-15
宋 湖田窑药仙砚滴	高13.5cm	138,000	西泠拍卖	2017-07-15
宋 湖田窑婴戏碗	口径17.6cm	17,250	西泠拍卖	2017-07-15
宋 湖田影青印花盒	口径6.5cm	14,653	宝港国际	2017-05-29
宋 湖田影青执壶	高17cm	31,400	宝港国际	2017-05-29
宋 青白釉、白釉、黄釉盖盒（一组八件）	最大的直径5.5cm	33,493	中国嘉德	2017-05-30
宋 青白釉篦划水波纹小碟一对及青白釉划花杯	直径9.4cm	22,825	佳士得	2017-10-02
宋 青白釉钵	高6.2cm	36,313	佳士得	2017-10-02
宋 青白釉穿带罐	高13.5cm	43,731	香港苏富比	2017-06-01
宋 青白釉点彩鸳鸯双联粉盒、青瓷点彩鸟形双联粉盒	宽8.5cm	49,800	佳士得	2017-10-02
宋 青白釉瓜棱瓶（一对）	高20.6cm	92,000	西泠拍卖	2017-07-15
宋 青白釉花式盏托	高13.7cm	207,721	香港苏富比	2017-06-01
宋 青白釉划花缠枝花卉纹梅瓶	高29cm	447,150	伦敦苏富比	2017-05-10
宋 青白釉锦纹瓜式盖盒	直径8.5cm	120,260	香港苏富比	2017-06-01
宋 青白釉菊瓣式三层盖盒	高8.2cm	134,875	佳士得	2017-10-02
宋 青白釉刻缠枝花卉纹花口碗（一对）		86,488	纽约苏富比	2017-03-14
宋 青白釉刻缠枝花卉纹花口碗（一对）		69,190	纽约苏富比	2017-03-15
宋 青白釉刻花卉纹盒	高10.8cm	124,500	佳士得	2017-10-02
宋 青白釉刻花三足炉	高11.4	153,058	香港苏富比	2017-06-01
宋 青白釉刻划花碗（1组4件）	最大的直径18cm	57,566	中国嘉德	2017-05-30
宋 青白釉刻莲瓣纹小罐	高7cm	21,865	香港苏富比	2017-06-01
宋 青白釉刻双鱼纹葵口碗	直径19.8cm	21,865	香港苏富比	2017-06-01
宋 青白釉莲瓣纹盖壶（两个）	高9.5cm×2	44,715	伦敦苏富比	2017-05-10
宋 青白釉莲瓣纹小盖罐	口径5cm；足径4.2cm；高5.5cm	15,700	中国嘉德	2017-05-30
宋 青白釉水注（3件）	最大的宽10cm	18,840	中国嘉德	2017-05-30
宋 青白釉碗盘（4件）	最大的直径20.2cm	71,173	中国嘉德	2017-05-30
宋 青白釉折腰洗（一对）	高4cm；口径10.4cm；高4cm；口径10.3cm	32,200	西泠拍卖	2017-07-15
宋 青白釉枕	长23cm	12,560	宝港国际	2017-05-29
宋 青白釉执壶和水注及素胎香熏	最大的高13cm	20,933	中国嘉德	2017-05-30
宋 袖珍釉烧容器（七件）	高10.8cm	22,825	佳士得	2017-10-02
宋 影青唇口大洗	口径22.7cm	136,066	宝港国际	2017-05-29
宋 影青斗笠盏（一对）	口径11.5cm	20,933	宝港国际	2017-05-29
宋 影青花口茶盏与盏托	宽13.5cm	127,322	中国嘉德	2017-10-02
宋 影青刻花娃娃浅碗	口径19.5cm	16,747	宝港国际	2017-05-29

拍品名称	物品尺寸	成交价RMB	拍卖公司	拍卖日期
宋 影青刻娃娃碗	口径19cm	52,333	宝港国际	2017-05-29
宋/金 湖田窑童子	高8cm	31,400	中国嘉德	2017-05-30
宋/元 青白釉双耳衔环瓶		12,973	纽约苏富比	2017-03-18
元 白釉缠枝莲纹镗锣洗	直径17cm	17,250	北京保利	2017-11-04
元 白釉黑花诗文梅瓶	高37cm	46,000	北京荣宝	2017-04-02
元 白釉画花大罐	高36.5cm	322,000	北京荣宝	2017-12-02
元 白釉菊瓣纹盏托	宽19cm	30,271	纽约佳士得	2017-03-17
元 白釉龙纹碗	直径17.3cm	74,750	北京保利	2017-04-16
元 白釉凸唇划线瓶	高19.5cm	17,250	北京宣石	2017-05-21
元 白釉碗	直径13.5cm	23,000	北京中汉	2017-03-30
元 白釉线条大钵	高26cm	80,500	北京保利	2017-06-07
元 湖田窑青白釉葵口折沿盘（一对）	宽11cm	276,000	北京保利	2017-12-18
元 卵白釉暗刻海水龙纹带盖梅瓶（一对）	高30cm×2	3,680,000	北京荣宝	2017-12-02
元 卵白釉印莲纹“枢府”款折腰洗	直径11.5cm	311,250	佳士得	2017-10-02
元 卵白釉印龙纹折腰洗	直径12.5cm	83,000	佳士得	2017-10-02
元 卵白釉印云凤纹碗	直径16cm	87,462	香港苏富比	2017-06-01
元 青白瓷划花碗、白釉粉盒（两件）	直径4.6cm；直径11cm	20,700	北京保利	2017-06-07
元 青白釉暗刻龙纹尊	高34cm	13,800	北京宣石	2017-12-03
元 青白釉多穆壶	高27.8cm	218,500	北京匡时	2017-12-03
元青白釉凸雕花卉花口瓶（两件）	高19cm	34,500	北京翰海	2017-04-30
元 枢府釉菊办盘	口径16.7cm	23,000	西泠拍卖	2017-07-15
元 枢府釉六角香炉及台座	通高30cm；炉高10.7cm；座高19.3cm；宽24.9cm	1,150,000	西泠拍卖	2017-07-15
元 枢府釉模印缠枝莲纹大碗	直径21cm	11,500	中国嘉德	2017-09-02
元 影青雕花小香盒	直径7.3cm	11,500	中国嘉德	2017-06-19
元 影青花卉瓶（一对）	高24cm	9,200	北京保利	2017-11-04
元 影青瑞兽水滴	长7.5cm	23,000	北京保利	2017-06-08
14世纪 青白釉梅花形高足杯	高8.5cm	115,652	保利香港	2017-04-04
明以前 湖田窑钵	直径11cm	71,300	十竹斋	2017-01-01
明以前 湖田窑壶盏	壶宽10cm；高8.5cm；盏直径11.5cm；高5cm	36,800	十竹斋	2017-01-01
明以前 湖田窑青白釉香熏	高7cm；直径6cm	89,700	十竹斋	2017-01-01
明初 白釉宝珠钮盖罐	高33.5cm	1,063,750	佳士得	2017-11-29
明早期 甜白釉暗刻云龙纹盘	直径35.4cm	43,700	北京中汉	2017-03-30
明洪武 白釉刻双龙纹大盘	直径34cm	195,500	北京保利	2017-06-07
明洪武 白釉盘	直径15cm	36,800	北京宣石	2017-05-21
明洪武 白釉印花云龙纹官窑盘	直径（口）13cm	89,600	浙江佳宝	2017-07-23
明永乐 白釉暗刻缠枝花卉纹菱口盘	直径19.5cm	2,645,000	北京保利	2017-06-06
明永乐 白釉暗刻莲瓣花卉纹碗	直径20.6cm	1,495,000	北京保利	2017-06-06
明永乐 白釉暗刻莲花盖罐	高46cm	683,397	保利香港	2017-04-04
明永乐 甜白釉暗花缠枝牡丹纹梅瓶		21,673,768	纽约苏富比	2017-03-15
明永乐 甜白釉暗花双龙戏珠流云纹盘		1,902,725	纽约苏富比	2017-03-15
明永乐 甜白釉暗花碗（一对）	直径22cm	1,610,000	观唐皕榷	2017-01-11
明永乐 甜白釉暗花一把莲纹大盘	直径34cm	997,875	佳士得	2017-05 31
明永乐 甜白釉暗刻缠枝花卉玉壶春瓶	高33cm	920,000	北京启石	2017-06-25
明永乐 甜白釉暗刻花卉纹碗	直径20.5cm	218,500	北京保利	2017-11-04
明永乐 甜白釉暗刻菊瓣纹大碗	直径20.8cm	3,450,000	北京荣宝	2017-12-02
明永乐 甜白釉暗刻龙纹高足碗	高11.8cm	1,610,000	北京保利	2017-12-19
明永乐 甜白釉暗刻平安颂缠枝莲花纹僧帽壶	高20.2cm	4,600,000	北京保利	2017-06-06
明永乐 甜白釉暗刻云凤纹大碗	直径21.5cm	4,600,000	北京荣宝	2017-06-02
明永乐 甜白釉梅瓶	高37.1cm	186,086	保利香港	2017-10-02
明永乐 甜白釉僧帽壶	高19.5cm	558,938	伦敦苏富比	2017-05-10
明永乐 甜白釉僧帽壶	高18.9cm	287,500	北京中汉	2017-09-01
明永乐 甜白釉双系小罐	宽8cm	2,990,000	北京保利	2017-12-19
明宣德 白釉暗花莲瓣纹大莲子碗		1,297,313	纽约苏富比	2017-03-15
明宣德 白釉暗花莲子碗	直径20.8cm	2,786,157	保利香港	2017-04-04
明宣德 白釉暗刻莲瓣纹碗	直径21.2cm	632,500	中国嘉德	2017-12-18
明成化/弘治 甜白釉暗刻梵文盏托	直径19.6cm	575,000	北京保利	2017-06-06
明弘治 甜白釉盘	直径21.5cm	632,500	观唐皕榷	2017-01-11
明正德 白釉露胎划刻云龙纹盘	直径21.1cm	756,994	保利香港	2017-04-04
明正德 甜白釉十棱洗	宽19.5cm	2,300,000	北京保利	2017-06-06
明嘉靖 白釉暗刻龙纹盘	直径21cm	20,700	北京保利	2017-06-08
明嘉靖 白釉仰钟式碗	直径17.8cm	1,725,000	北京保利	2017-06-06
明嘉靖 甜白釉暗刻凤纹小盘	直径12.4cm	920,000	北京匡时	2017-12-03
明嘉靖/万历 白釉暗刻云龙纹四方罐	高24cm	25,300	中国嘉德	2017-03-31
明万历 白釉“益国宗学文庙祭器”盘	直径19cm	11,500	北京保利	2017-06-07
明万历 白釉执壶	高19.9cm	1,495,000	北京保利	2017-12-19
明崇祯 白釉模印芦雁纹碗	直径9.2cm	11,500	北京保利	2017-11-04
明 白釉暗刻龙纹碟	直径17.5cm	29,900	华艺国际	2017-08-27
明 白釉八棱执壶	高17cm	115,000	北京荣宝	2017-12-02
明 白釉斗笠盏	直径14.7cm	287,500	北京荣宝	2017-12-02
明 白釉堆泥划花高士人物纹罐	高30cm	805,000	北京华辰	2017-12-17
明 白釉罐	直径17cm	20,700	北京保利	2017-11-04
明 白釉葫芦形执壶	高23cm	11,500	北京保利	2017-06-08
明 白釉盘口壶	高27cm	69,000	北京荣宝	2017-12-02
明 白釉贴花竹纹提梁壶	高13.8cm	345,000	北京荣宝	2017-12-02
明 白釉弦纹罐	高15cm	13,800	北京保利	2017-11-04
明 白釉弦纹炉	高5.8cm；带座高7cm；口径7.5cm	17,250	西泠拍卖	2017-07-15
明 白釉小盖罐	直径11cm	23,000	北京荣宝	2017-12-02
明 白釉玉壶春瓶	高17.5cm	92,000	北京荣宝	2017-12-02
明 青白釉八角形温壶（一套）	高25.5cm	552,000	北京荣宝	2017-12-02
明 青白釉点彩渣斗	高8.3cm	23,000	北京荣宝	2017-12-02
明 青白釉堆塑龙纹内印花高足杯	高9.5cm	63,250	北京荣宝	2017-12-02
明 青白釉刻花笔舔	直径10.2cm	46,000	北京荣宝	2017-12-02
明 青白釉刻花茶叶盖罐	高11.5cm	149,500	北京荣宝	2017-12-02
明 青白釉刻花斗笠盏	直径18.4cm	138,000	北京荣宝	2017-12-02
明 青白釉刻划花净水钵	直径11.5cm	80,500	北京荣宝	2017-12-02
明 青白釉镂空香熏	直径9.3cm	460,000	北京荣宝	2017-12-02
明 青白釉镂空香熏	直径10cm	368,000	北京荣宝	2017-12-02
明 青白釉琴炉	直径8.5cm	92,000	北京荣宝	2017-12-02
明 青白釉石榴型小盖罐	高13cm	126,500	北京荣宝	2017-12-02
明 青白釉小斗笠盏（一对）	直径13cm	195,500	北京荣宝	2017-12-02
明 青白釉暗刻花卉罐	高19cm	34,500	北京翰海	2017-01-08
明/清 青白釉系印莲塘游鱼纹盘		47,568	纽约苏富比	2017-03-18
明末清初 白釉暗刻龙纹折沿盘	15.3cm	178,200	香港苏富比	2017-04-05
15世纪 白釉爵杯	高8.8cm	683,397	保利香港	2017-04-04
15世纪 甜白釉爵杯	高16.5cm	552,000	北京保利	2017-06-06
15世纪/16世纪 甜白釉暗刻莲纹罐	21.4cm	222,750	香港苏富比	2017-04-05
16世纪 白釉暗刻缠枝花卉纹葫芦瓶	高25cm	1,127,000	保利厦门	2017-06-25
清早期 仿永乐白釉暗刻轮花纹抱月瓶	高31cm	40,250	中国嘉德	2017-03-31
清顺治 白釉暗刻花卉纹小筒瓶	高19.3cm	11,500	中国嘉德	2017-03-31
清顺治 甜白釉罐	高16.6cm	11,500	八益拍卖	2017-04-22

(成交价RMB：1万元以上)

拍品名称	物品尺寸	成交价RMB	拍卖公司	拍卖日期
清康熙 白釉暗花笔筒	高11.6cm	34,500	北京荣宝	2017-06-02
清康熙 白釉暗花双龙逐珠纹碗	直径16cm	335,363	伦敦苏富比	2017-05-10
清康熙 白釉暗刻缠枝莲纹观音瓶	高45cm	20,700	中国嘉德	2017-09-03
清康熙 白釉暗刻龙纹杯（一对）	直径7cm×2	782,000	北京保利	2017-06-06
清康熙 白釉暗刻龙纹碗	直径10.7cm	1,518,000	中国嘉德	2017-12-18
清康熙 白釉暗刻龙纹锥把瓶 清雍正 天蓝釉锥把瓶（一对）	高11.5cm×2	2,472,500	上海明轩	2017-06-30
清康熙 白釉暗刻云龙纹碗（一对）	直径15.8cm×2	1,224,250	保利香港	2017-10-02
清康熙 白釉暗莲纹撇口碗（一对）	9.3cm	311,250	香港蘇富比	2017-10-03
清康熙 白釉堆白刻划云龙纹橄榄式撇口瓶	高43cm	40,250	中贸圣佳	2017-09-04
清康熙 白釉堆塑龙纹观音瓶	高22cm	86,250	八益拍卖	2017-04-22
清康熙 白釉回纹双耳炉	高37cm	13,800	北京荣宝	2017-09-24
清康熙 白釉刻缠枝牡丹纹筒瓶	高26.8cm	30,271	纽约佳士得	2017-03-17
清康熙 白釉刻花小瓶	高13.2cm	20,700	中国嘉德	2017-06-19
清康熙 白釉模印缠枝莲纹钟	高15.5cm	207,000	北京匡时	2017-12-03
清康熙 白釉模印兽面纹龙钮钟	高26cm	322,000	北京中汉	2017-06-17
清康熙 白釉双鱼笔架	长11cm	92,000	北京匡时	2017-12-03
清康熙 白釉凸花龙纹长颈橄榄瓶	高44.3cm	36,800	北京诚轩	2017-06-20
清康熙 白釉团螭纹太白尊	直径12.9cm	556,875	香港苏富比	2017-04-05
清康熙 白釉弦纹三足炉	直径16.8cm	94,300	北京中汉	2017-12-19
清康熙 白釉云纹太白尊	长12cm；高9cm	149,500	北京宣石	2017-05-21
清康熙 仿永乐甜白釉斗笠碗	直径16cm	34,500	北京东正	2017-12-09
清康熙 月白釉刻莲瓣纹橄榄瓶	高25.6cm	552,000	北京保利	2017-12-18
清康熙或更早 白釉模印菊花盖盒	16.2cm	556,875	香港苏富比	2017-04-05
清雍正 白釉暗花夔龙纹三登壶	高12.3cm	1,808,375	佳士得	2017-11-29
清雍正 白釉暗刻缠枝莲纹洗	直径24.5cm	51,750	中国嘉德	2017-06-19
清雍正 白釉八宝纹高足杯	高15.8cm	62,800	中国嘉德	2017-05-30
清雍正 白釉橄榄瓶	高43cm	2,070,000	北京保利	2017-06-06
清雍正 白釉菊瓣盘		1,643,263	纽约苏富比	2017-03-15
清雍正 白釉模印杯（一对）	高10.3cm；高9.1cm	149,500	北京保利	2017-06-06
清雍正 白釉模印螭龙纹盘	直径19.5cm	161,000	华艺国际	2017-11-25
清雍正 白釉模印菊瓣刻缠枝花卉纹花浇	高25cm	2,875,000	北京保利	2017-12-18
清雍正 白釉模印莲形水丞	高8cm	195,500	北京保利	2017-06-06
清雍正 白釉盘	直径16.5cm	40,250	中国嘉德	2017-03-31
清雍正 白釉秋葵式碗及盏托	杯6.8cm；托10.7cm	311,250	香港蘇富比	2017-10-03
清雍正 白釉十棱大碗	宽24cm	345,000	保利厦门	2017-06-26
清雍正 白釉双耳长方瓶	宽11cm	1,276,500	佳士得	2017-11-29
清雍正 甜白釉暗刻云龙纹杯	直径6.2cm	979,400	香港中汉	2017-10-03
清雍正 甜白釉暗刻云龙小杯	直径6.2cm	1,725,000	北京保利	2017-12-18
清雍正 甜白釉莲花口杯	直径10.6cm	1,092,500	北京保利	2017-12-18
清雍正 甜白釉印梅花纹碗（一对）	直径10cm×2	1,150,000	北京荣宝	2017-04-02
清雍正-乾隆 仿定式浆胎白釉模印缠枝牡丹纹瓶	高31.5cm	66,700	中国嘉德	2017-12-18
清乾隆 白釉暗刻缠枝莲高足碗	直径15cm	43,700	北京保利	2017-04-16
清乾隆 白釉雕瓷缠枝莲纹瓶	高37cm	322,000	北京保利	2017-11-04
清乾隆 白釉雕瓷荷蟹笔舔	长11cm	126,500	北京保利	2017-12-18
清乾隆 白釉雕云龙戏珠纹撇口瓶	28.7cm	1,660,000	香港蘇富比	2017-10-03
清乾隆 白釉仿永乐莲瓣鸡心碗	高10.2cm	57,500	广东崇正	2017-06-15
清乾隆 白釉鼓钉水丞	直径8cm；高4.3cm	115,000	观唐皕榷	2017-01-12
清乾隆 白釉浆胎印花撇口瓶	高19.7cm	1,420,130	保利香港	2017-10-02
清乾隆 白釉刻花卉纹花盆	直径21.8cm	32,200	中国嘉德	2017-12-18

拍品名称	物品尺寸	成交价RMB	拍卖公司	拍卖日期
清乾隆 白釉玲珑瓷暗花西番莲纹碗	直径13cm	828,000	北京保利	2017-12-18
清乾隆 白釉米通花卉碗	13.3cm	311,250	香港蘇富比	2017-10-03
清乾隆 白釉模印云龙纹橄榄瓶	高21.3cm	48,300	中国嘉德	2017-03-31
清乾隆 白釉双耳炉	直径15cm	11,500	北京荣宝	2017-09-24
清乾隆 白釉碗	直径16cm	11,500	华艺国际	2017-03-19
清乾隆 甜白釉暗刻云龙纹葵口小碟（一对）	直径8cm×2	470,112	香港中汉	2017-10-03
清乾隆 月白釉蒜头瓶	13.8cm	830,000	香港蘇富比	2017-10-03
清乾隆 月白釉折肩弦纹瓶	高21.5cm	127,322	保利香港	2017-10-02
清中期 白釉刻花纹双耳瓶	高22.6cm	13,800	中国嘉德	2017-06-19
清中期 白釉玄纹炉	高38cm	11,500	北京荣宝	2017-09-24
清咸丰 白釉一把莲折沿大盘 六字楷书款	直径34cm	432,438	纽约佳士得	2017-03-17
清光绪 白釉暗刻海水纹盘	直径18.5cm	23,000	中国嘉德	2017-03-31
清光绪 白釉暗刻龙纹大盘	直径32cm	16,100	北京保利	2017-11-05
清光绪 白釉暗刻双龙戏珠大盘	直径32.5cm	13,800	北京荣宝	2017-04-02
清光绪 白釉暗刻双龙戏珠大盘	直径32.5cm	23,000	北京保利	2017-11-05
清光绪 白釉暗刻云龙纹大盘	直径32.3cm	11,500	中国嘉德	2017-09-02
清光绪 白釉盘	直径18.9cm	11,500	中国嘉德	2017-09-03
清宣统 白釉青花碗（两件）	直径9.5cm	48,300	北京翰海	2017-12-16
清晚期 白釉暗刻缠枝莲纹、团凤纹瓶各一件	高20.5cm；高19.5cm	11,500	中国嘉德	2017-09-02
清晚期 白釉暗刻水仙纹花盆	直径18.7cm	11,500	中国嘉德	2017-03-31
清 白瓷观音立像	高41cm	11,500	西泠拍卖	2017-05-05
清 白釉暗刻龙纹笔筒	直径18cm	20,700	北京荣宝	2017-09-24
清 白釉雕刻饰纹簋	高10cm	69,000	上海嘉禾	2017-07-01
清 白釉豆	高25cm	28,750	北京保利	2017-04-16
清 白釉豆	高26cm	17,250	北京保利	2017-04-16
清 白釉仿青铜器纹豆	高26cm	36,800	广东崇正	2017-12-13
清 白釉鼓钉罐	直径15cm	17,638	佳士得	2017-10-04
清 白釉刻花卉一束莲盘	直径35.5cm	69,000	北京翰海	2017-06-04
清 白釉刻花水丞	高7.5cm	209,332	宝港国际	2017-05-29
清 白釉模印螭龙纹印泥盒 粉彩羲之爱鹅印泥盒（两件）	尺寸不一	35,650	印千山	2017-03-30
清 白釉模印花卉纹扁瓶	高24cm	23,000	北京匡时	2017-12-03
清 白釉模印龙纹碗	直径21cm	23,000	华艺国际	2017-03-19
清 陈国治作白釉雕瓷松桩式水洗	长15cm；高4.7cm	46,000	西泠拍卖	2017-07-15
清 葛明祥制 蓝白釉直形果园瓶	高34cm	25,300	十竹斋	2017-01-01
清 李裕成作白胎雕瓷笔筒	高13.4cm	36,800	中贸圣佳	2017-09-04
清 明式白釉暗花缠枝莲纹净瓶（一对）	高30.2cm	83,000	佳士得	2017-10-02
18世纪 白釉暗花缠枝莲纹罐		86,488	纽约苏富比	2017-03-14
18世纪 白釉暗花赶珠龙纹长颈瓶		86,488	纽约苏富比	2017-03-14
18世纪 白釉暗花龙纹荸荠瓶		82,163	纽约苏富比	2017-03-18
18世纪 白釉抱月瓶	高31cm	40,250	华艺国际	2017-08-27
18世纪 白釉模印夔龙纹碗	直径16.2cm	38,006	伦敦佳士得	2017-11-07
18世纪 白釉模印饕餮纹小罐	直径10.2cm	30,405	伦敦佳士得	2017-11-07
18世纪 白釉模印云龙纹双耳扁壶	高20cm	59,723	伦敦佳士得	2017-11-07
18世纪 白釉瓶（一组两件）	高13.4cm	33,536	伦敦佳士得	2017-05-12
18世纪 白釉小蒜头瓶	高6cm	74,750	北京中汉	2017-03-30
19世纪 白釉模印莲纹盆	直径22.2cm	11,052	纽约佳士得	2017-07-13
白釉双兽耳尊	高25.5cm	20,700	北京保利	2017-04-16
朱乐耕 青白釉顺风陶艺雕塑	高44cm	161,000	福建东南	2017-10-29
其他窑白釉				
隋 白釉双龙柄壶	高43cm	146,910	中国嘉德	2017-10-02
隋 巩县窑白釉弦纹罐	直径11cm	27,423	保利香港	2017-10-02
隋/唐 白釉四繫罐		12,973	纽约苏富比	2017-03-18

拍品名称	物品尺寸	成交价RMB	拍卖公司	拍卖日期
唐 白瓷水盂	高4.2cm	27,423	保利香港	2017-10-02
唐 白釉盖罐	高20cm	112,434	纽约佳士得	2017-03-17
唐 白釉器（两件）		27,676	纽约苏富比	2017-03-18
唐 巩县窑白釉环耳杯	高5.3cm	115,652	保利香港	2017-04-04
唐 邢窑白釉钵	口径11cm	115,000	西泠拍卖	2017-07-15
唐 邢窑白釉盖罐	高28.2cm	89,367	保利香港	2017-04-04
唐 邢窑白釉渣斗	直径14.4cm	19,588	保利香港	2017-10-02
五代 白釉金钟碗	直径12cm	111,375	佳士得	2017-04-04
五代 邢窑白釉璧足碗	直径14.2cm	44,550	佳士得	2017-04-04
五代 邢窑白釉花口碗 耀州窑青釉花口碗	直径21.6cm；直径19.5cm	89,100	佳士得	2017-04-04
五代 邢窑白釉圆盖盒	直径10.3cm	133,650	香港苏富比	2017-04-05
五代 邢窑系刻莲瓣盖罐	直径8.2cm	77,963	佳士得	2017-04-04
五代/宋 白釉袖珍容器四件、青白釉袖珍祭器五件及定窑系袖珍钵一件	高8cm	41,500	佳士得	2017-10-02
北宋 西村窑白釉凤首执壶	高19.8cm	297,850	佳士得	2017-11-29
北宋/金 白釉孩儿枕	宽20.4cm	2,577,328	纽约苏富比	2017-03-14
宋 青白釉太师少师枕	宽18.4cm	124,500	佳士得	2017-10-02
宋/辽 白釉印花四方花口盘	直径12cm	54,664	香港苏富比	2017-06-01
辽 白釉皮囊壶	高26.5cm	65,596	香港苏富比	2017-06-01
辽 白釉印花方碟	宽11.5cm	60,541	纽约佳士得	2017-03-17
元 邢窑“盈”字款小罐	高15.4cm	138,000	北京保利	2017-12-19
元 邢窑白釉碗	直径14cm	27,600	北京中汉	2017-03-30
高丽王朝12/13世纪 青瓷刻朵莲纹长颈瓶	高35cm	212,750	佳士得	2017-11-29
邢窑 白釉执壶	高20.6cm	92,000	中贸圣佳	2017-06-18
唐 青瓷荷叶纹方盘	长3.3cm；高2.6cm	57,500	浙江佳宝	2017-07-23
黑 瓷				
黑釉				
唐 黑釉白里钵（小）	口径7.3cm	176,292	中国嘉德	2017-10-02
唐 黑釉执壶		25,946	纽约苏富比	2017-03-18
北宋 磁州窑黑釉白口碗	直径14.8cm	163,991	香港苏富比	2017-06-01
北宋 磁州窑油滴釉碗	15.3cm	105,806	香港苏富比	2017-04-05
北宋 黑釉油滴盏	口径13.5cm	372,172	中国嘉德	2017-10-02
北宋 吉州窑叶纹盏	直径11cm	78,352	中国嘉德	2017-10-02
北宋 耀州窑黑釉托盏（一套）	盏口径10.5cm；足径3.2cm；高4cm；托口径5.7cm；足径4.5cm；高7cm	930,430	中国嘉德	2017-10-02
北宋/金 白口黑釉印络纹斗	直径11.5cm	62,250	佳士得	2017-10-02
北宋/金 磁州窑黑白釉双色盘		51,893	纽约苏富比	2017-03-18
北宋/金 磁州窑黑釉铁锈斑碗	18.1cm	66,825	香港苏富比	2017-04-05
北宋/金 磁州窑系黑釉白覆轮罗汉碗	直径12.7cm	501,188	佳士得	2017-04-04
北宋/金 玳瑁釉小碗		129,731	纽约苏富比	2017-03-18
北宋/金 河南窑黑釉铁锈斑玉壶春瓶	高22.6cm×2	346,541	伦敦苏富比	2017-05-10
北宋/金 黑釉瓜棱罐		51,893	纽约苏富比	2017-03-18
北宋/金 黑釉褐斑碗	直径12.8cm	56,217	纽约佳士得	2017-03-17
北宋/金 黑釉酱斑大碗	直径18.5cm	16,399	香港苏富比	2017-06-01
北宋/金 黑釉酱斑笠式碗	直径15.4cm	87,462	香港苏富比	2017-06-01
北宋/金 黑釉酱斑碗	直径14.2cm	284,250	香港苏富比	2017-06-01
北宋/金 黑釉刻划花牡丹纹梅瓶	高35cm	783,520	中国嘉德	2017-10-02
北宋/金 黑釉双繫罐		60,541	纽约苏富比	2017-03-14
北宋/金 黑釉铁锈斑盏	直径13cm	88,188	佳士得	2017-10-04
北宋/金 黑釉铁锈花花叶纹玉壶春瓶	高29.5cm	6,355,355	中国嘉德	2017-05-30
北宋/金 黑釉油滴茶盏	直径9cm	423,225	佳士得	2017-04-04

拍品名称	物品尺寸	成交价RMB	拍卖公司	拍卖日期
北宋/金 黑釉油滴纹碗		112,434	纽约苏富比	2017-03-18
北宋/金 黑釉油滴纹小碗		432,438	纽约苏富比	2017-03-18
北宋/金 怀仁窑黑釉金油滴小碗	直径7.9cm	177,400	佳士得	2017-05-31
南宋 吉州窑 豹斑纹花口观音瓶	高20.5cm	209,332	宝港国际	2017-05-29
南宋 吉州窑黑釉褐斑盏	口径16cm	342,790	中国嘉德	2017-10-02
南宋 吉州窑黑釉剪纸贴花朵梅纹盏	口径15cm；足径4cm；高4.5cm	176,292	中国嘉德	2017-10-02
南宋 吉州窑黑釉碗	口径11.6cm	244,850	中国嘉德	2017-10-02
南宋 吉州窑画花碗	直径11cm	88,966	中国嘉德	2017-05-30
南宋 吉州窑剪纸贴花梅花纹碗		11,243	纽约苏富比	2017-03-18
南宋 吉州窑剪纸贴花双凤纹碗	直径14.6cm	34,595	纽约佳士得	2017-03-17
南宋 吉州窑外黑内白刻划花斗笠碗（一对）	口径14cm；足径2.5cm；高3.5cm	29,382	中国嘉德	2017-10-02
南宋 吉州窑鹧鸪釉梅瓶	35.8cm	3,071,000	香港蘇富比	2017-10-03
南宋 建窑“供御”盏	口径11cm	63,250	西泠拍卖	2017-07-15
南宋 建窑包银口兔毫盏	口径12.3cm	28,750	西泠拍卖	2017-07-15
南宋 建窑黑釉兔毫茶盏	11.5cm	2,871,800	香港蘇富比	2017-10-03
南宋 建窑黑釉兔毫纹碗		7,559,008	纽约苏富比	2017-03-15
南宋 建窑黑釉兔毫纹碗		64,866	纽约苏富比	2017-03-18
南宋 建窑黑釉兔毫盏	直径12.2cm	340,400	佳士得	2017-11-29
南宋 建窑黑釉兔毫盏	直径12cm	340,400	佳士得	2017-11-29
南宋 建窑黑釉兔毫盏 配13世纪/14世纪朱漆盏托	口径12.4cm；足径4cm；高6.8cm	2,938,200	中国嘉德	2017-10-02
南宋 建窑鼠皮釉盏	直径13cm	122,513	佳士得	2017-04-04
南宋 建窑兔毫斗笠盏	口径11.9cm	517,500	西泠拍卖	2017-07-15
南宋 建窑兔毫碗	直径11.8cm	72,394	佳士得	2017 04-04
南宋 建窑兔毫盏	口径12.5cm	109,250	西泠拍卖	2017-07-15
南宋 建窑兔毫盏	直径12.7cm	51,008	纽约佳士得	2017-07-13
南宋 建窑兔毫盏	直径13cm	111,375	佳士得	2017-04-04
南宋 建窑兔毫盏	直径12.5cm	57,063	佳士得	2017-10-02
南宋 建窑兔毫盏	直径12.5cm	55,688	佳士得	2017-04-04
南宋 建窑兔毫盏	直径12.5cm	44,550	佳士得	2017-04-04
宋 白覆轮碗	直径11.4cm	47,568	纽约佳士得	2017-03-17
宋 磁州窑黑釉白口笠式碗	直径15cm	43,731	香港苏富比	2017-06-01
宋 磁州窑黑釉铁锈花嘟噜瓶	高23.3cm	62,250	佳士得	2017-10-02
宋 磁州窑系油滴碗	直径11cm	19,588	中国嘉德	2017-10-02
宋 黑釉净瓶	高30cm	207,000	西泠拍卖	2017-07-15
宋 黑釉盏（1组5件）	直径13.4cm	67,073	伦敦佳士得	2017-05-12
宋 黑釉盏（1组5件）	直径12.7cm	50,304	伦敦佳士得	2017-05-12
宋 吉州梅花碗	口径12.2cm	26,167	宝港国际	2017-05-29
宋 吉州窑变小盏	口径9.3cm	83,733	宝港国际	2017-05-29
宋 吉州窑玳瑁纹小胆瓶	高9cm	46,000	西泠拍卖	2017-07-15
宋 吉州窑剪纸贴花纹碗	口径10.9cm	23,000	西泠拍卖	2017-07-15
宋 吉州窑剪纸贴花叶纹碗	直径14.9cm	284,250	香港苏富比	2017-06-01
宋 吉州窑窑变釉剪纸贴花盏	直径（口）11cm	44,800	浙江佳宝	2017-07-23
宋 建窑 黑釉酱毫盏	口径12.2cm	10,467	宝港国际	2017-05-29
宋 建窑 黑釉兔毫盏	口径12.7cm	20,933	宝港国际	2017-05-29
宋 建窑 黑釉盏	口径12.7cm	68,033	宝港国际	2017-05-29
宋 建窑茶叶末釉油滴盏	直径（口）9cm	16,800	浙江佳宝	2017-07-23
宋 建窑黑釉蓝毫斗笠盏	直径（口）12.3cm	44,800	浙江佳宝	2017-07-23
宋 建窑黑釉蓝毫斗笠盏	直径（口）12.2cm	24,640	浙江佳宝	2017-07-23
宋 建窑黑釉兔毫茶盏	直径16.5cm	26,400	羅芙奧	2017-12-02
宋 建窑黑釉兔毫碗	直径12.1cm	218,654	香港苏富比	2017-06-01
宋 建窑黑釉兔毫纹碗	直径10.9cm	19,679	香港苏富比	2017-06-01
宋 建窑兔毫釉盏	直径10.6cm	218,654	香港苏富比	2017-06-01
宋 建窑兔毫盏	直径12.5cm	69,190	纽约佳士得	2017-03-17
宋 建窑碗（两件）	直径12.4cm，直径12.1cm	100,814	伦敦苏富比	2017-05-10

2017瓷器拍卖成交汇总

(成交价RMB：1万元以上)

拍品名称	物品尺寸	成交价RMB	拍卖公司	拍卖日期
宋 建窑碗（十六件）		103,785	纽约苏富比	2017-03-18
宋/金 黑釉油滴碗	直径9.3cm	668,250	香港苏富比	2017-04-05
宋/金 陶瓷碗三件及黑釉执壶		43,244	纽约苏富比	2017-03-18
11世纪/12世纪 黑釉梅瓶	高41.9cm	103,785	纽约佳士得	2017-03-16
金 磁州窑黑釉盏	直径13.8cm	65,186	保利香港	2017-04-04
金 磁州窑双狮枕	宽25.5cm	252,331	保利香港	2017-04-04
金 磁州窑铁锈花瓶	高20cm	34,279	中国嘉德	2017-10-02
金 磁州窑油滴盏	直径13.3cm	189,248	保利香港	2017-04-04
金 河南黑釉铁锈花玉壶春瓶	高30.8cm	53,188	佳士得	2017-11-29
金 黑釉褐斑碗（一组三件）	口径13cm；口径13.2cm；口径13.3cm	313,998	中国嘉德	2017-05-30
金 黑釉绘花卉纹罐	20.6cm	61,256	香港苏富比	2017-04-04
金 黑釉铁锈花纹小碗	口径9cm；足径3.8cm；高4.5cm	97,940	中国嘉德	2017-10-02
金 黑釉小口罐	口径6.8cm；底径13cm；高24.5cm	48,970	中国嘉德	2017-10-02
金 黑釉油滴小碗	口径9.1cm；足径2.8cm；高4.5cm	209,332	中国嘉德	2017-05-30
金 山西怀仁窑银油滴盏	高4cm；直径9cm	368,000	上海明轩	2017-06-30
金 耀州窑黑釉贴花三足炉	口径11cm；底径7cm；高10cm	48,970	中国嘉德	2017-10-02
金/元 黑釉和酱釉罐（1组4件）	最大的宽14.3cm	20,933	中国嘉德	2017-05-30
金/元 黑釉褐斑罐	高33cm	34,279	中国嘉德	2017-10-02
金/元 黑釉褐花纹双系小口瓶	高21cm	22,103	纽约佳士得	2017-07-13
金/元 黑釉酱斑碗		34,595	纽约苏富比	2017-03-18
金/元 黑釉玉壶春瓶	高28cm	32,576	伦敦佳士得	2017-11-07
12世纪/13世纪 西夏黑釉剔花开光花卉纹梅瓶	高35.3cm	83,000	佳士得	2017-10-02
元 白覆轮束口盏	直径11.2cm	11,500	中国嘉德	2017-09-03
元 磁州黑釉长颈瓶	高21.9cm	334,125	佳士得	2017-04-04
元 磁州窑“风花雪月”四系瓶	高28cm	92,000	北京荣宝	2017-04-02
元 磁州窑黑釉高足杯	口径9cm；足径5cm；高9.6cm	20,933	中国嘉德	2017-05-30
元 磁州窑黑釉碗	直径14cm	11,500	北京宣石	2017-05-21
元 磁州窑黑釉窑变长颈瓶	高34cm	57,500	北京荣宝	2017-09-24
元 磁州窑黑釉玉壶春瓶	口径9.2cm；足径9.4cm；高31.7cm	36,633	中国嘉德	2017-05-30
元 供御银毫束口盏	直径12.3cm	2,300,000	北京荣宝	2017-12-02
元 黑釉观音瓶	高27.2cm	494,500	北京诚轩	2017-06-20
元 黑釉酱斑纹执壶	高26.8cm	48,300	北京保利	2017-06-07
元 黑釉酱彩枕	长24.8cm	36,800	北京保利	2017-06-07
元 黑釉刻划鱼水纹梅瓶	高41cm	40,250	北京荣宝	2017-12-02
元 黑釉束口盏	直径12cm	11,500	北京荣宝	2017-06-02
元 黑釉铁锈斑鸡心罐	高10cm	23,000	北京荣宝	2017-12-02
元 黑釉铁锈斑皮囊壶	高13cm	172,500	北京荣宝	2017-12-02
元 黑釉铁锈斑玉壶春瓶	高30.2cm	253,000	中国嘉德	2017-06-19
元 黑釉兔毫盏	直径13cm	97,750	北京保利	2017-06-08
元 黑釉线条罐	高24cm	322,000	北京荣宝	2017-12-02
元 黑釉油滴斗笠盏（一对）	直径13.4cm	368,000	北京荣宝	2017-12-02
元 黑釉油滴盏	直径9.1cm	345,000	北京荣宝	2017-12-02
元 黑釉盏	直径9.5cm	28,750	中国嘉德	2017-09-03
元 吉州窑玳瑁釉茶盏	直径11.6cm	55,200	北京中汉	2017-03-30
元 吉州窑凤纹天目盏及托	直径13cm	138,000	北京保利	2017-12-18
元 吉州窑黑釉划兰花纹罐	高20cm	28,750	北京中汉	2017-03-30
元 吉州窑黑釉盏（两只）	直径13cm；直径12.6cm	11,500	中国嘉德	2017-09-03
元 吉州窑剪纸漏花梅花盏	直径15.5cm	230,000	北京保利	2017-12-18

拍品名称	物品尺寸	成交价RMB	拍卖公司	拍卖日期
元 建窑“供御”款兔毫盏	直径12.5cm	253,000	中国嘉德	2017-12-18
元 建窑兔毫盏	直径11cm	322,000	北京保利	2017-06-06
元 建窑兔毫盏	直径9.1cm	69,000	北京中汉	2017-03-30
元 建窑兔毫盏	直径9cm；高4cm	13,800	北京宣石	2017-05-21
元 建窑兔毫盏	直径12.5cm	44,850	北京华辰	2017-06-05
元 建窑兔毫盏	直径12.2cm	149,500	北京保利	2017-06-06
元 建窑兔毫盏	直径13cm	57,500	北京保利	2017-12-18
元 建窑系灰被天目盏、明初 剔犀屈轮纹盏托（一套）	直径盏12cm；高托7.6cm	759,000	北京中汉	2017-06-17
元 建窑盏	直径12.6cm	345,000	中国嘉德	2017-06-20
元 建窑盏	直径12.5cm	25,300	广东崇正	2017-06-15
元 建窑盏	直径11.5cm	17,250	广东崇正	2017-06-15
元 建盏（两只）	直径10.8cm；直径9.5cm	17,250	中国嘉德	2017-06-19
元 山西黑釉铁斑罐	高16cm	36,800	北京荣宝	2017-12-02
元 铁锈斑嘟噜瓶	高19cm	230,000	北京荣宝	2017-12-02
元 兔毫炉型盏	直径10.5cm	115,000	北京荣宝	2017-12-02
元 兔毫束口盏	直径12cm	184,000	北京荣宝	2017-12-02
元 兔豪撇口盏	直径13cm	345,000	北京荣宝	2017-06-02
元 窑变釉束口毫盏	直径12cm	172,500	北京荣宝	2017-06-02
元 耀州窑油滴盏	直径11.5cm	109,250	北京宣石	2017-05-21
元 油滴盏	直径9cm	345,000	北京保利	2017-06-08
明以前 吉州窑剪纸贴花盏	直径11.2cm	51,750	广东崇正	2017-12-13
明以前 铁锈花玉壶春瓶	高28.5cm	92,000	广东崇正	2017-12-13
明或更早 建窑盏	直径11.5cm	92,000	保利厦门	2017-06-26
明 磁州窑人物故事梅瓶	高36.5cm	115,000	印千山	2017-03-30
明 吉州窑兔毫盏 吉州窑剪纸贴花盏（两件）	长11cm；长11cm	51,750	印千山	2017-03-30
明 建窑兔毫盏	直径12cm；高6cm	57,500	上海嘉禾	2017-07-01
明 铁锈花小罐	高18cm	34,500	北京保利	2017-11-04
明 兔毫盏	直径10.5cm	20,700	北京保利	2017-11-04
明 影青、兔毫盏（五件）	尺寸不一	28,750	北京保利	2017-12-20
清乾隆 仿珍珠灵璧石象生瓷研山	19cm×14.5cm	4,255,000	中贸圣佳	2017-06-18
建窑黑釉银兔毫茶盏	12.5cm×12.5cm	207,000	中贸圣佳	2017-06-18
建窑黑釉油滴白覆轮钵	口径13.5cm	57,500	中拍国际	2017-06-04
建窑黑釉油滴白覆轮盏	高7.2cm	92,000	中拍国际	2017-06-04
建窑黑釉油滴白覆轮盏	高7cm	92,000	中拍国际	2017-06-04
建窑黑釉油滴碗	高8cm；口径14.6cm	69,000	中拍国际	2017-06-04
建窑兔毫盏	高5cm；直径10.9cm	34,500	中拍国际	2017-06-04
建窑盏（一组）	尺寸不一	31,050	华艺国际	2017-03-19
林恭助制曜变天目盏	直径12cm	138,000	中贸圣佳	2017-06-18
油滴黑釉黄釉瓶	高22cm	207,000	中拍国际	2017-06-04
南宋/元 赣州窑褐釉乳钉柳斗纹罐	宽11.6cm	46,778	香港苏富比	2017-04-04
南宋/元 素胎络纹内褐釉小罐	直径11.1cm	55,258	纽约佳士得	2017-07-13
元 磁州窑褐釉碗	直径14.5cm	109,250	北京宣石	2017-05-21
清嘉庆 褐釉碗（一对）	直径9.2cm×2	64,866	纽约佳士得	2017-03-17
乌金釉				
南宋 吉州窑乌金釉叶纹上飘碗	高15.1cm	266,100	佳士得	2017-05-31
南宋 建窑乌金釉斗笠盏	高8cm；口径19.3	529,000	西泠拍卖	2017-07-15
宋 乌金釉束口盏	高6.5cm；直径（口）12cm	95,200	浙江佳宝	2017-07-23
元 乌金釉描银束口盏	直径13cm	1,150,000	北京荣宝	2017-06-02
元 乌金釉深斗盏	直径12cm	276,000	北京荣宝	2017-06-02
元 乌金釉束口盏	直径11.8cm	690,000	北京荣宝	2017-06-02
清康熙 乌金釉笔筒	高13.7cm	40,250	北京保利	2017-06-08
清康熙 乌金釉葫芦瓶	高44cm	632,500	北京保利	2017-12-18

拍品名称	物品尺寸	成交价RMB	拍卖公司	拍卖日期
清康熙 乌金釉琵琶尊	高37.5cm	95,981	中国嘉德	2017-10-02
清道光 胭脂红团寿花盆（两只）	直径16.7cm	23,000	北京保利	2017-06-08
彩 瓷				
褐彩				
北宋/金 磁州窑白地褐花圆盖盒	直径16.7cm	53,460	佳士得	2017-04-04
北宋/金 磁州窑白地褐花圆盖盒	直径11cm	24,900	佳士得	2017-10-02
北宋/金 磁州窑白地黑褐花折枝花卉纹小口瓶		129,731	纽约苏富比	2017-03-14
宋 磁州窑白地褐彩梅瓶		164,326	纽约苏富比	2017-03-18
宋 磁州窑黑地褐彩碗	直径19.2cm	72,662	伦敦苏富比	2017-05-10
金 磁州窑系白地褐彩花口瓶	高46.7cm	146,910	中国嘉德	2017-10-02
元 白底褐彩线条钵	直径13.8cm	172,500	北京荣宝	2017-12-02
元 磁州窑“清沽美酒”梅瓶	高34cm	690,000	北京保利	2017-12-18
元 磁州窑白釉褐彩诗文梅瓶	高31cm	68,033	中国嘉德	2017-05-30
元 洪州窑青釉贴塑飞蛾点褐彩盖盒	直径8.7cm	17,250	北京中汉	2017-03-30
元 龙泉点褐彩盘	直径16cm	713,000	北京保利	2017-06-06
元 枢府瓷模印加彩盘	直径13.5cm	313,408	中国嘉德	2017-10-02
元/明初 磁州窑白釉褐彩菩萨坐像	高25.5cm	108,588	伦敦佳士得	2017-11-07
明 磁州窑白地褐花缠枝花卉纹铺首耳坐墩		172,975	纽约苏富比	2017-03-18
青 花				
元 青花缠枝花卉纹双耳瓶（一对）		32,865	纽约苏富比	2017-03-18
元 青花缠枝菊花纹玉壶春瓶	高29cm	862,500	大羿拍卖	2017-12-04
元 青花缠枝莲纹盘	直径27cm	747,500	北京华辰	2017-12-17
元 青花缠枝牡丹纹蹲狮钮盖盒	直径16.5cm	20,700,000	北京东正	2017-06-08
元 青花缠枝牡丹纹梅瓶	高24cm	345,000	北京华辰	2017-06-05
元 青花缠枝牡丹纹玉壶春瓶	高29.5cm	1,058,000	大羿拍卖	2017-12-04
元 青花荷塘清趣玉壶春	高20.3cm	11,500	北京保利	2017-06-08
元 青花荷塘鸳鸯纹菱口盘	直径29.2cm	2,102,760	保利香港	2017-04-04
元 青花花卉纹小罐（三件）	高8.1cm；高6cm；高6cm	13,800	中国嘉德	2017-09-03
元 青花菊花纹玉壶春瓶	高30.9cm；口径4.4cm；底径9cm	20,999,000	澳门中信	2017-09-11
元 青花连池鸳鸯纹碗	径17.5cm	25,300	印千山	2017-03-30
元 青花龙纹堆塑小瓶	高5.6cm；口径10.1cm；底径8cm	12,408,500	澳门中信	2017-09-11
元 青花龙纹高足碗	口径11.5cm	69,000	北京华辰	2017-12-17
元 青花龙纹人物高足碗	高9cm；口径10.6cm；底径3.8cm	16,226,500	澳门中信	2017-09-11
元 青花龙戏珠纹高足碗	直径11.9cm	1,002,375	香港苏富比	2017-04-05
元 青花人物出戟花觚	高23.8cm；口径13cm；底径9.5cm	21,953,500	澳门中信	2017-09-11
元 青花鱼藻纹大罐	高27.5cm	1,495,000	大羿拍卖	2017-12-04
元 青花云龙纹小梨壶	高9.6cm	828,000	中贸圣佳	2017-06-18
元末明初 青花人物梅瓶	高26cm	17,250	福建运通	2017-10-21
14世纪/15世纪 青花花卉纹水呈	高5.5cm	19,588	中国嘉德	2017-10-02
明或更早 青花龙纹玉壶春瓶	高30cm	345,000	北京翰海	2017-04-30
明早期 青花携琴访友梅瓶	高39cm	283,750	印千山	2017-07-09
明早期 青花云龙纹盘	直径18cm	36,800	北京保利	2017-11-05
明早期 青花花卉三足炉	高12cm	172,500	北京翰海	2017-01-08
明洪武 青花缠枝花卉折沿盘	直径19.7cm	1,897,500	北京保利	2017-12-19
明洪武 青花龙纹盘	直径16.5cm	161,000	北京宣石	2017-05-21
明永乐 青花并蒂莲折沿盘	直径37.5cm	3,680,000	北京保利	2017-12-19
明永乐 青花缠枝花卉菱式折沿盘	直径33.7cm	5,969,700	香港苏富比	2017-04-05
明永乐 青花缠枝花卉纹大盘	直径41cm	632,500	北京启石	2017-06-25

拍品名称	物品尺寸	成交价RMB	拍卖公司	拍卖日期
明永乐 青花缠枝花卉纹鸡心碗	直径16cm	322,000	上海敬华	2017-07-01
明永乐 青花缠枝花卉纹菱口盘		5,068,168	纽约苏富比	2017-03-15
明永乐 青花缠枝花卉纹菱口盘	直径34cm	2,105,710	保利香港	2017-10-02
明永乐 青花缠枝花卉纹菱口盘	直径34cm	1,150,000	北京中汉	2017-03-30
明永乐 青花缠枝花卉纹菱式盘	直径38cm	6,210,000	北京东正	2017-12-09
明永乐 青花缠枝四季花卉纹菱口折沿大盘	直径38cm	529,000	北京中汉	2017-09-01
明永乐 青花缠枝四季花卉纹折沿洗	直径26.3cm	12,339,500	佳士得	2017-11-27
明永乐 青花缠枝四季花卉折枝葡萄纹海浪折沿大盘	直径37.5cm	5,405,000	中贸圣佳	2017-06-18
明永乐 青花飞凤纹竹节把壶	高12.8cm；口径4.9cm；底径17.7cm	20,999,000	澳门中信	2017-09-11
明永乐 青花瓜果纹折沿大盘	直径40.3cm	5,520,000	北京保利	2017-06-06
明永乐 青花海水缠枝花卉纹折沿盘	直径41cm	2,990,000	观唐皕榷	2017-01-11
明永乐 青花海水龙纹大盘	直径47.2cm	2,300,000	北京启石	2017-06-25
明永乐 青花花卉纹鸡心碗	直径10cm	4,830,000	北京保利	2017-06-06
明永乐 青花江崖海水纹方盒	长7cm	172,500	北京翰海	2017-06-04
明永乐 青花菊瓣纹鸡心碗	直径10.3cm	770,500	北京保利	2017-06-06
明永乐 青花鸾凤纹十棱菱口大碗	直径23cm	1,633,000	北京中汉	2017-05-21
明永乐 青花轮花纹绶带耳葫芦瓶	高26cm	8,936,730	保利香港	2017-04-04
明永乐 青花葡萄纹大盘	直径37.8cm	5,175,000	北京保利	2017-06-06
明永乐 青花一把莲纹大盘	宽41cm	290,500	佳士得	2017-10-04
明永乐 青花一把莲纹盘	直径31.5cm	3,220,000	华艺国际	2017-05-27
明永乐 青花一束莲纹盘	直径34cm	2,990,000	上海匡时	2017-11-05
明永乐 青花一束莲纹直口大盘	直径41cm	2,530,000	北京中汉	2017-06-17
明永乐 青花折枝花果纹梅瓶	高28.6cm	22,959,875	香港蘇富比	2017-10-03
明永乐 青花折枝月季花菱口盘	直径20cm	2,990,000	北京中汉	2017-05-21
明宣德 内模印外青花缠枝莲纹斗笠碗	直径20.6cm	368,000	中国嘉德	2017-09-02
明宣德 青花藏文玉壶春瓶	高31cm	6,789,370	荣盛国际	2017-06-29
明宣德 青花缠枝番莲弦纹折腰合碗	直径17.6cm	69,000	北京中汉	2017-09-01
明宣德 青花缠枝花卉纹大盘	直径38cm	2,645,000	中贸圣佳	2017-06-18
明宣德 青花缠枝花卉纹豆	高10cm	230,000	北京匡时	2017-12-03
明宣德 青花缠枝花卉纹碗	直径19.5cm	471,500	十竹斋	2017-01-01
明宣德 青花缠枝花卉纹碗	直径17.1cm	147,029	纽约佳士得	2017-03-17
明宣德 青花缠枝花卉纹小罐	高5.4cm	115,000	中国嘉德	2017-03-31
明宣德 青花缠枝莲莲瓣纹卧足碗	直径15.5cm	1,787,346	保利香港	2017-04-04
明宣德 青花缠枝莲托八吉祥合碗	总高10.7cm；直径17.8cm	42,568,625	香港蘇富比	2017-10-03
明宣德 青花缠枝莲纹大碗	直径29.5cm	2,672,600	香港蘇富比	2017-10-03
明宣德 青花缠枝莲纹水盂	直径6.5cm	230,000	华艺国际	2017-11-25
明宣德 青花缠枝莲纹碗	直径19.5cm	735,966	保利香港	2017-04-04
明宣德 青花缠枝灵芝纹小罐	宽10.5cm	1,495,000	中国嘉德	2017-06-20
明宣德 青花缠枝芍药内模印笠式碗	直径20.5cm	5,117,500	北京保利	2017-06-06
明宣德 青花螭龙纹大罐	高35cm	18,285,000	北京东正	2017-06-08
明宣德 青花地拔白卷草纹鱼篓式尊	高13.5cm；腹径21cm	11,500,000	中国嘉德	2017-12-18
明宣德 青花花卉罐	高16.3cm	59,800	中国嘉德	2017-06-19
明宣德 青花卷草蕉叶纹渣斗	宽9.7cm	7,130,000	北京保利	2017-12-19
明宣德 青花夔龙罐	直径19cm	29,496,125	香港蘇富比	2017-10-03
明宣德 青花莲瓣纹鸡心碗	直径16cm	1,725,000	北京匡时	2017-12-03
明宣德 青花留白云龙纹香熏炉	高29cm	1,074,984	荣盛国际	2017-06-29
明宣德 青花龙纹高足杯	高8.2cm	1,762,920	北京匡时	2017-10-02
明宣德 青花瑞果纹投壶式鸟食罐	高5.9cm	1,664,980	保利香港	2017-10-02

(成交价RMB：1万元以上)

拍品名称	物品尺寸	成交价RMB	拍卖公司	拍卖日期
明宣德 青花狮纹罐	长22cm；高17cm	172,500	印千山	2017-03-30
明宣德 青花狮子纹碗	直径10.2cm	803,108	北京匡时	2017-10-02
明宣德 青花鱼藻纹十棱菱口大碗	直径23cm	204,072,413	香港苏富比	2017-04-05
明宣德 青花云龙纹葵花式洗	直径20.7cm	11,710,408	纽约苏富比	2017-03-15
明宣德 青花折枝花果纹大罐	高29.8cm	1,380,000	北京保利	2017-06-06
明宣德 青花折枝花果纹花口碗		5,898,448	纽约苏富比	2017-03-15
明宣德 青花折枝花果纹葵口碗	直径22.5cm	11,500,000	大羿拍卖	2017-12-04
明宣德 青花折枝花卉纹八方烛台	高14cm	1,748,000	北京匡时	2017-06-04
明宣德 青花折枝花卉纹贯耳鸟食罐	高6cm	897,000	北京保利	2017-12-19
明正统 青花海水波涛纹盘	直径14.9cm	782,000	上海明轩	2017-06-30
明正统 青花携琴访友图梅瓶	高32cm	172,500	印千山	2017-03-30
明天顺—成化 青花三清王母大罐	高35cm	1,035,000	北京保利	2017-12-19
明空白期 青花缠枝花卉纹花口大盘	直径51cm	103,500	中国嘉德	2017-03-31
明空白期 青花狮纹三足炉	直径23.5cm	43,700	中国嘉德	2017-09-02
明空白期 青花仙人楼阁图大罐	高34.5cm	109,250	北京保利	2017-06-07
明空白期 青花鸳鸯水丞	长12.2cm	109,250	中国嘉德	2017-09-02
明成化 青花缠枝花卉纹罐	高9.2cm	552,000	北京保利	2017-12-19
明成化 青花凤纹高足碗	直径9cm	230,000	北京启石	2017-06-25
明成化 青花花卉十字杵纹盘	直径23.7cm	3,450,000	北京保利	2017-12-19
明成化 青花老子出关图瓷板	28.5cm×23cm	575,000	北京保利	2017-12-19
明成化 青花灵芝莲瓣纹卧足碗（一对）	直径12.5cm×2	195,500	大羿拍卖	2017-12-04
明成化 青花人物图大罐	高33cm	575,000	华艺国际	2017-03-19
明成化 青花狮子戏球纹大碗	直径20.6cm	13,988,700	香港苏富比	2017-04-05
明成化 青花折枝花卉纹卧足杯	直径7.8cm	30,160,350	香港苏富比	2017-04-05
明弘治 黄地青花栀子花盘	直径26.1cm	10,246,500	香港苏富比	2017-04-05
明弘治 黄地青花栀子花纹盘	直径26.8cm	290,500	佳士得	2017-10-02
明弘治 青花荷塘鱼藻图高足碗	直径14.4cm	483,000	北京诚轩	2017-06-20
明弘治 青花仙人盘（三只）	直径12.6cm	23,000	北京保利	2017-12-20
明弘治/正德 青花莲托八吉祥纹葫芦瓶	高50cm	322,000	中贸圣佳	2017-06-18
明正德 黄地青花石榴花大盘	直径29cm	6,785,000	北京保利	2017-06-06
明正德 黄地青花栀子花盘	直径21.6cm	2,655,180	香港苏富比	2017-04-05
明正德 青花缠枝莲大碗	直径36cm	172,500	八益拍卖	2017-04-22
明正德 青花穿花云龙纹盘	直径21cm	920,000	北京中汉	2017-12-19
明正德 青花朵云双龙纹盘	直径22.5cm	3,105,000	北京保利	2017-12-19
明正德 青花花卉纹瓷板	35cm×42.5cm	1,012,000	观唐皕榷	2017-01-11
明正德 青花龙穿花纹盘	直径23.2cm	805,000	大羿拍卖	2017-12-04
明正德 青花人物故事莲子罐	高28.5cm	207,000	北京荣宝	2017-12-02
明正德 青花应龙纹双耳瓶	高38cm	19,550	北京保利	2017-11-05
明正德 青花云龙纹坐墩	高36.2cm	103,785	纽约佳士得	2017-03-16
明嘉靖 黄地青花缠枝牡丹纹盘	直径18cm	328,653	纽约佳士得	2017-03-17
明嘉靖 黄地青花赶珠云龙纹盘	直径16.4cm	1,670,625	香港苏富比	2017-04-05
明嘉靖 青花八卦龙凤纹罐	高39cm	172,500	北京翰海	2017-01-08
明嘉靖 青花八仙云龙戏珠纹大盘	直径79cm	670,725	伦敦苏富比	2017-05-10
明嘉靖 青花博古碗	直径13.3cm	13,800	北京保利	2017-04-16
明嘉靖 青花缠枝菊花纹印泥盒	口径5.1cm	25,300	西泠拍卖	2017-07-15
明嘉靖 青花缠枝莲碗	直径11.5cm	69,000	北京保利	2017-04-16
明嘉靖 青花戴胜桃树纹盘	直径22.5cm	372,313	佳士得	2017-11-29
明嘉靖 青花凤穿莲纹碗	直径36.5cm	105,055	巴黎苏富比	2017-06-22
明嘉靖 青花福禄寿纹葫芦瓶	高45.5cm	230,000	大羿拍卖	2017-12-04
明嘉靖 青花高士图围棋罐	高9.3cm	552,000	西泠拍卖	2017-07-15
明嘉靖 青花海水龙纹大罐	高49cm	920,000	大羿拍卖	2017-12-04
明嘉靖 青花洪福齐天圣寿万年龙凤纹罐	高17.1cm	414,000	北京中汉	2017-12-19
明嘉靖 青花花卉纹四方委角盖盒	长12.8cm	195,500	上海明轩	2017-06-30
明嘉靖 青花花卉纹碗	直径13.3cm	23,000	中国嘉德	2017-09-03
明嘉靖 青花花卉纹袖珍丹药盘	直径5cm	612,563	香港苏富比	2017-04-05
明嘉靖 青花花鸟纹五孔花插	宽13cm	402,500	北京保利	2017-12-19
明嘉靖 青花开光人物故事罐	高33cm	2,990,000	北京翰海	2017-06-04
明嘉靖 青花留白双龙穿花纹经筒	高15.2cm	437,000	北京中汉	2017-05-21
明嘉靖 青花龙穿莲纹大缸	直径71cm	363,125	佳士得	2017-10-02
明嘉靖 青花龙凤穿花纹浅碗	直径13.8cm	2,021,125	佳士得	2017-11-27
明嘉靖 青花龙凤纹活环双耳瓶（一对）	高17.7cm；高16.5cm	15,640,000	北京匡时	2017-12-03
明嘉靖 青花龙纹大缸	直径53.5cm	1,012,000	观唐皕榷	2017-01-12
明嘉靖 青花龙纹盖盒	直径20cm	241,500	上海嘉禾	2017-07-01
明嘉靖 青花龙纹罐	高12cm	828,000	北京匡时	2017-12-03
明嘉靖 青花龙纹六方罐	高26cm	1,909,830	中国嘉德	2017-10-02
明嘉靖 青花龙纹梅瓶	高20cm	12,650	华艺国际	2017-03-19
明嘉靖 青花牡丹纹镶鎏金铜嵌宝执壶	27cm	111,788	伦敦苏富比	2017-05-10
明嘉靖 青花人物双兽耳炉	宽20cm	32,200	北京保利	2017-11-04
明嘉靖 青花如意花卉纹折腰盘	直径14.8cm	69,000	北京中汉	2017-05-21
明嘉靖 青花瑞兽花卉纹执壶	高34cm	55,200	北京中汉	2017-03-30
明嘉靖 青花三阳开泰图碗	直径18.1cm	195,500	北京诚轩	2017-06-20
明嘉靖 青花十八学士图瓷板	直径25.5cm	287,500	观唐皕榷	2017-01-12
明嘉靖 青花仕女纹盘	直径14cm	230,000	北京宣石	2017-12-03
明嘉靖 青花双龙罐	高18.6cm	356,500	北京中汉	2017-12-19
明嘉靖 青花四艺图小罐	高12cm	667,000	上海明轩	2017-06-30
明嘉靖 青花松竹梅纹盘	直径19.2cm	34,500	广东崇正	2017-06-15
明嘉靖 青花天马纹罐	高25.2cm	145,324	伦敦佳士得	2017-05-12
明嘉靖 青花团龙花卉纹大罐	高36.5cm	287,500	北京匡时	2017-06-04
明嘉靖 青花团龙纹海棠式耳杯	9cm	189,338	香港苏富比	2017-04-05
明嘉靖 青花戏珠龙纹大盘	直径50.8cm	260,610	伦敦佳士得	2017-11-07
明嘉靖 青花婴戏十六子大罐	高33.5cm	1,495,000	北京保利	2017-12-19
明嘉靖 青花婴戏图罐	高15.7cm	13,800	中国嘉德	2017-03-31
明嘉靖 青花璎珞缠枝莲纹大罐	高51.5cm	2,242,500	北京宣石	2017-05-21
明嘉靖 青花游龙戏珠纹圆盖盒	直径20cm	172,975	纽约佳士得	2017-03-17
明嘉靖 青花鱼藻暗刻荷塘鹭鸶纹大缸	高35.5cm；直径51.5cm	299,000	中贸圣佳	2017-09-04
明嘉靖 青花鱼藻纹出戟尊	高21.7cm	1,150,000	北京保利	2017-06-06
明嘉靖 青花云凤纹罐		69,190	纽约苏富比	2017-03-15
明嘉靖 青花云鹤“风调雨顺、国泰民安”葫芦瓶	高47.5cm	2,875,000	北京保利	2017-12-19
明嘉靖 青花云鹤八卦纹盘	直径19.4cm	48,300	北京中汉	2017-12-19
明嘉靖 青花云鹤人物图圆盖盒	直径24.5cm	597,231	伦敦佳士得	2017-11-07
明嘉靖 青花云鹤纹葫芦瓶	高9.5cm	747,500	北京匡时	2017-12-03
明嘉靖 青花云鹤纹瓶	高23.6cm	23,000	中国嘉德	2017-03-31
明嘉靖 青花云龙纹朝珠盒	长39cm	3,510,540	香港苏富比	2017-04-05
明嘉靖 青花云龙纹大缸	直径74cm	4,370,000	北京翰海	2017-06-04
明嘉靖 青花云龙纹大盘		475,681	纽约苏富比	2017-03-15
明嘉靖 青花云龙纹大碗	直径20cm	138,000	中国嘉德	2017-09-02
明嘉靖 青花折枝花果纹圆盒	直径17.3cm	498,938	佳士得	2017-05-31
明嘉靖 青花折枝花卉罐	高24cm	230,000	北京保利	2017-12-19
明嘉靖 青花云鹤罐	高36cm	115,000	北京翰海	2017-01-08
明嘉靖/隆庆 青花莲纹高足碗	直径13.2cm	69,190	纽约佳士得	2017-03-17
明嘉靖/万历 青花如鱼得水纹玉壶春瓶	32cm	55,894	伦敦苏富比	2017-05-10
明嘉靖/万历 青花状元及第图奁式炉	高15.8cm；直径（口）18.2cm	89,600	浙江佳宝	2017-07-23
明隆庆 青花双龙戏珠纹缸	直径68.5cm	1,595,625	佳士得	2017-11-27
明隆庆 青花婴戏图盘	直径12cm	1,113,750	香港苏富比	2017-04-05
明中期 青花缠枝莲大碗	直径33cm	16,100	北京保利	2017-11-04

拍品名称	物品尺寸	成交价RMB	拍卖公司	拍卖日期
明中期 青花缠枝牡丹纹罐	高15.8cm	23,000	八益拍卖	2017-04-22
明中期 青花龙纹香炉	高21.5cm	69,000	八益拍卖	2017-09-24
明中期 青花人物纹诸葛碗	直径16.8cm	31,400	中国嘉德	2017-05-30
明中期 青花神仙人物纹筒式炉	直径12cm	25,300	中国嘉德	2017-09-03
明中期 青花铁拐李像瓷板	宽29cm×高24.3cm（瓷板）	74,750	北京诚轩	2017-06-20
明中期 青花鸭形洗	长13cm	11,500	印千山	2017-03-30
明中期 青花翼龙大盘	直径34cm	13,800	北京保利	2017-04-16
明万历 黄地青花云鹤纹大碗	高32cm	632,500	北京匡时	2017-06-04
明万历 克拉克瓷青花芦雁图折沿碗（两件）		12,108	纽约苏富比	2017-03-18
明万历 青花"克拉克"式开光花鸟纹军持	高19.5cm；直径（口）3cm	24,150	浙江佳宝	2017-07-23
明万历 青花"萧何月下追韩信"龙凤纹盘	直径24.1cm	17,250	北京中汉	2017-09-01
明万历 青花八卦纹三兽足筒炉	直径16cm	1,437,500	北京中汉	2017-05-21
明万历 青花八卦云鹤出戟尊	高23.4cm	782,000	保利华谊	2017-12-08
明万历 青花八卦云鹤纹出戟尊	高21.7cm	101,200	中国嘉德	2017-09-02
明万历 青花缠枝花卉纹碗	直径21.9cm	34,500	北京中汉	2017-03-30
明万历 青花缠枝莲纹印盒	高7.3cm	356,500	北京匡时	2017-12-03
明万历 青花螭龙穿花纹香盒	直径8.5cm	69,000	大羿拍卖	2017-12-04
明万历 青花穿花龙凤纹花觚	高43.5cm	55,200	北京中汉	2017-09-01
明万历 青花穿花龙纹大蒜头瓶		4,237,888	纽约苏富比	2017-03-15
明万历 青花洞石花卉纹案缸	直径30cm	69,000	中贸圣佳	2017-09-04
明万历 青花梵文莲瓣盘	直径19.7cm	57,303	巴黎苏富比	2017-06-22
明万历 青花梵文莲瓣洗	直径19.2cm	587,640	香港中汉	2017-10-03
明万历 青花梵文莲花供盘	直径21cm	92,000	北京宣石	2017-05-21
明万历 青花凤纹大缸	高40cm	851,618	北京匡时	2017-04-03
明万历 青花福寿康宁大碗	直径30cm	437,000	中国嘉德	2017-06-20
明万历 青花福寿双全纹印盒	高5.5cm	920,000	北京匡时	2017-12-03
明万历 青花高仕图兽足炉	高19cm	46,000	中贸圣佳	2017-06-18
明万历 青花观音坐像	高24.5cm	51,750	北京中汉	2017-09-01
明万历 青花海马璎珞纹罐	高23.8cm	48,300	中国嘉德	2017-03-31
明万历 青花海水龙纹葫芦形壁瓶	高30.5cm	322,000	华艺国际	2017-11-25
明万历 青花海水龙纹盘	直径17.5cm	253,000	北京保利	2017-12-19
明万历 青花海水龙纹狮纽八卦盖炉	长15.5cm；高19cm	552,000	观唐皕榷	2017-01-11
明万历 青花荷塘鸳鸯图罐	高27cm	92,000	中国嘉德	2017-09-03
明万历 青花胡人盘（一对）	径15cm×2	85,125	印千山	2017-07-09
明万历 青花花蝶孔雀纹罐	高13.5cm	483,000	北京保利	2017-12-19
明万历 青花花卉葫芦瓶	高34cm	207,000	八益拍卖	2017-04-22
明万历 青花花卉纹大盘	直径50cm	42,479	伦敦佳士得	2017-05-12
明万历 青花花卉执壶	高31.5cm	68,100	印千山	2017-07-09
明万历 青花花篮纹小盘		17,298	纽约苏富比	2017-03-14
明万历 青花花鸟缠枝莲纹长颈瓶	高26cm	340,400	佳士得	2017-11-29
明万历 青花花鸟图石榴形执壶	高19cm	23,000	中国嘉德	2017-06-19
明万历 青花花鸟纹格盘	直径18cm	13,800	北京中汉	2017-03-30
明万历 青花花鸟纹军持	高16.5cm	25,300	中国嘉德	2017-09-02
明万历 青花花鸟纹军持	高18.5cm	32,200	华艺国际	2017-08-27
明万历 青花花鸟纹器座	长23cm	43,700	中国嘉德	2017-09-02
明万历 青花江崖海水云龙纹葫芦式壁瓶	高30.6cm	437,000	中贸圣佳	2017-06-18
明万历 青花金门待漏图碗	直径18.5cm	46,000	北京中汉	2017-03-30
明万历 青花锦地开光花鸟纹大罐	高41.5cm	46,000	中国嘉德	2017-03-31
明万历 青花开光二十四孝人物故事图带盖矮梅瓶（一对）	高23cm	195,500	中国嘉德	2017-03-31
明万历 青花开光花卉纹军持	高18.8cm	13,800	中国嘉德	2017-09-03
明万历 青花开光龙凤纹提梁壶	高20cm	345,000	北京中汉	2017-05-21

拍品名称	物品尺寸	成交价RMB	拍卖公司	拍卖日期
明万历 青花克拉克式蒜头瓶（一对）	高29cm	25,300	浙江佳宝	2017-07-23
明万历 青花篮花瑞果纹盘口花觚	高33.5cm	155,250	北京中汉	2017-09-01
明万历 青花龙穿花五棱形洗口折沿盘	宽40.5cm	69,000	北京保利	2017-12-20
明万历 青花龙凤呈祥图球形水盂	高10cm	977,500	华艺国际	2017-05-27
明万历 青花龙凤大方觚	高87cm	2,875,000	北京保利	2017-12-19
明万历 青花龙凤飞鹤纹敛口罐	13cm	334,125	香港苏富比	2017-04-05
明万历 青花龙凤纹小杯	直径8.5cm	410,038	北京匡时	2017-04-03
明万历 青花龙凤纹小碗		36,325	纽约苏富比	2017-03-14
明万历 青花龙纹笔架	长14.8cm	40,250	中国嘉德	2017-12-18
明万历 青花龙纹大梅瓶	高63.8cm	2,070,000	北京保利	2017-12-19
明万历 青花龙纹缸	直径54cm;高42cm	575,000	北京匡时	2017-12-03
明万历 青花龙纹罐	高53cm	454,000	印千山	2017-07-09
明万历 青花龙纹水盂	直径8.3cm	437,000	北京保利	2017-06-06
明万历 青花龙纹四足炉	高16cm	146,910	北京匡时	2017-10-02
明万历 青花麒麟式熏炉	高12.3cm	224,868	纽约佳士得	2017-03-17
明万历 青花牵牛花纹碗	直径21cm	255,300	佳士得	2017-11-29
明万历 青花人物故事贯耳瓶	高19cm	20,700	北京荣宝	2017-09-24
明万历 青花瑞狮戏绣球图罐	高12.9cm	97,750	北京诚轩	2017-06-20
明万历 青花瑞兽纹碗	直径16.6cm	720,688	佳士得	2017-05-31
明万历 青花山水海马纹碗	直径20cm	11,500	北京保利	2017-11-05
明万历 青花十六子婴戏图大盖盒	直径22.5cm	2,070,000	北京中汉	2017-12-19
明万历 青花十六子婴戏图圆盖盒	直径22cm	2,334,420	香港苏富比	2017-04-05
明万历 青花双龙戏珠花口洗	直径38.2cm	1,330,500	佳士得	2017-05-31
明万历 青花双龙戏珠纹方炉	长14.5cm	172,975	纽约佳士得	2017-03-17
明万历 青花双龙戏珠纹盘	盒直径16.8cm	69,190	纽约佳士得	2017-03-17
明万历 青花双龙戏珠纹碗	直径21.1cm	425,500	佳士得	2017-11-29
明万历 青花四仙献寿图罐	宽12cm	1,150,000	北京保利	2017-06-06
明万历 青花岁寒三友福寿罐	高18.5cm	46,000	中国嘉德	2017-09-02
明万历 青花贴塑唐王游月云遮月形砚滴	高9.5cm	437,000	北京中汉	2017-05-21
明万历 青花萧何月下追韩信图盘	直径23.5cm	598,000	观唐皕榷	2017-01-11
明万历 青花婴戏图八方盖罐	高13.3cm	4,485,000	北京匡时	2017-12-03
明万历 青花云鹤寿星坐像	高47cm	460,000	北京保利	2017-06-06
明万历 青花云龙纹大梅瓶	高59.7cm	1,840,000	北京保利	2017-12-19
明万历 青花云龙纹捧盒	直径24.3cm	1,092,500	观唐皕榷	2017-01-11
明万历 青花云龙纹四方罐	高20cm	345,000	大羿拍卖	2017-12-04
明万历 青花长命富贵倭角方盒	长13cm	319,125	佳士得	2017-11-27
明万历 青花折枝花卉纹墩式碗	直径15.4cm	34,500	北京中汉	2017-12-19
明万历 青花折枝瑞果纹卧足碗	直径10.8cm	69,000	华艺国际	2017-05-27
明万历 青花雉鸡牡丹纹罐	高40.3cm	63,250	中国嘉德	2017-12-18
明万历 青花竹雀图瓜棱罐（一对）	宽15cm	20,700	北京保利	2017-04-16
明天启 青花八仙庆寿图大碗	直径22.3cm	32,200	中国嘉德	2017-09-02
崇祯 青花人物筒瓶	高48cm	45,902	宝源国际	2017-05-29
明崇祯 青花"片叶寄相思"仕女图笔筒	高18cm	80,500	中国嘉德	2017-09-02
明崇祯 青花八仙贺寿图碗	直径20cm	48,300	保利厦门	2017-06-26
明崇祯 青花八仙祝寿图瓶	高43.8cm	161,000	北京中汉	2017-03-30
明崇祯 青花丙吉问牛图筒瓶	高45cm	172,500	北京中汉	2017-06-17
明崇祯 青花布袋和尚图诗文钵式香炉	直径21.7cm	82,800	北京中汉	2017-03-30
明崇祯 青花刀马人物故事图筒瓶	高38.8cm	69,000	北京中汉	2017-09-01
明崇祯 青花凤凰麒麟图罐	直径21cm	63,250	中国嘉德	2017-03-31
明崇祯 青花高士图笔筒	高17cm	92,000	北京保利	2017-04-16
明崇祯 青花荷塘图八方罐	高31.6cm	32,200	中国嘉德	2017-09-03
明崇祯 青花荷塘图莲子罐	高25.8cm	11,500	中国嘉德	2017-09-03

2017瓷器拍卖成交汇总

(成交价RMB：1万元以上)

拍品名称	物品尺寸	成交价RMB	拍卖公司	拍卖日期
明崇祯 青花花卉开光花鸟纹元宝形罐	高22.5cm	11,500	中国嘉德	2017-03-31
明崇祯 青花花鸟莲子罐	高24cm	276,000	北京宣石	2017-05-21
明崇祯 青花花鸟筒瓶	高27cm	48,300	北京保利	2017-04-16
明崇祯 青花花鸟纹渣斗	高10.3cm；口径10.3cm	172,500	西泠拍卖	2017-07-15
明崇祯 青花鹿乳奉亲图大笔筒	高21.5cm	632,500	西泠拍卖	2017-07-15
明崇祯 青花罗汉传经图小缸	直径13cm；高9cm	149,500	北京荣宝	2017-06-02
明崇祯 青花罗汉图钵式香炉	直径20.7cm	34,500	北京中汉	2017-03-30
明崇祯 青花吕洞宾三度城南柳神仙人物纹笔筒	高18.1cm	241,500	中国嘉德	2017-03-31
明崇祯 青花麒麟芭蕉盖罐	高17cm	17,250	北京保利	2017-04-16
明崇祯 青花人物故事筒瓶	高48cm	540,500	北京保利	2017-06-06
明崇祯 青花人物故事图金钟形笔筒	高19cm	115,000	保利厦门	2017-06-26
明崇祯 青花人物故事图莲子罐	高15cm	18,400	华艺国际	2017-03-19
明崇祯 青花人物故事图筒瓶		389,194	纽约苏富比	2017-03-15
明崇祯 青花人物故事图筒瓶	高45cm	345,000	华艺国际	2017-03-19
明崇祯 青花人物故事图长颈瓶	高37cm	61,483	伦敦佳士得	2017-05-12
明崇祯 青花人物故事纹大筒瓶	高45.5cm	299,000	十竹斋	2017-01-01
明崇祯 青花人物故事纹小缸	直径23.3cm	57,500	中国嘉德	2017-12-18
明崇祯 青花人物花鸟瓶罐（3件）	高16cm；高16.9cm；高15.6cm	43,700	北京中汉	2017-03-30
明崇祯 青花人物莲子罐	高14cm	89,700	中贸圣佳	2017-09-04
明崇祯 青花人物瓶	高34cm	51,750	华艺国际	2017-03-19
明崇祯 青花人物纹笔筒	高15.5cm	13,800	中国嘉德	2017-09-02
明崇祯 青花人物纹高足杯	高12.6cm	69,000	西泠拍卖	2017-07-15
明崇祯 青花人物纹高足罐	高15cm	28,750	中国嘉德	2017-12-18
明崇祯 青花人物纹罐	高18.5cm	11,500	中国嘉德	2017-09-03
明崇祯 青花人物纹葫芦瓶	高33.5cm	69,000	中国嘉德	2017-09-03
明崇祯 青花人物纹莲子罐	高16.5cm	40,250	中国嘉德	2017-03-31
明崇祯 青花人物纹锡包提梁壶	高24cm	34,500	中国嘉德	2017-03-31
明崇祯 青花人物纹粥罐	直径20cm	126,500	中国嘉德	2017-09-02
明崇祯 青花山水人物花觚	高22cm	71,404	宝源国际	2017-05-29
明崇祯 青花山水人物筒瓶	高46cm	34,500	北京保利	2017-11-04
明崇祯 青花山水人物图炉		43,244	纽约苏富比	2017-03-18
明崇祯 青花山水人物纹束腰笔筒	高16.5cm	420,552	北京匡时	2017-04-03
明崇祯 青花神仙人物纹仰钟杯	高11.9cm	13,800	中国嘉德	2017-03-31
明崇祯 青花十八罗汉大香炉	宽24cm	460,000	北京保利	2017-06-06
明崇祯 青花仕女图莲子罐	高13.6cm	28,750	中国嘉德	2017-09-03
明崇祯 青花文王仿贤笔筒	高21.5cm	1,380,000	印千山	2017-07-09
明崇祯 青花羲之爱鹅莲子罐	高15.5cm	126,500	印千山	2017-03-30
明崇祯 青花携琴访友纹莲子罐	高14cm	20,700	中国嘉德	2017-12-18
明崇祯 青花婴戏图花觚	宽44.5cm	115,000	中国嘉德	2017-12-18
明崇祯 青花赵云救主图筒瓶	高43cm	126,166	北京匡时	2017-04-03
明崇祯 青花折枝花卉纹蒜头瓶		60,541	纽约苏富比	2017-03-14
明崇祯 青花折枝花卉纹蒜头瓶		60,541	纽约苏富比	2017-03-18
明崇祯 青花指日高升纹笔筒	高15.4cm	57,500	中国嘉德	2017-12-18
明崇祯 青花钟馗花觚	高33.5cm	23,000	北京保利	2017-11-04
明崇祯 青花竹林七贤炉	直径23cm	63,250	北京保利	2017-04-16
明崇祯 青花竹林七贤图香炉	直径21.5cm	34,500	广东崇正	2017-12-13
明 空白期 携琴访友青花罐	直径27cm	48,300	北京宣石	2017-12-03
明 青花缠枝花卉钵	直径22.5cm	212,440	太平洋	2017-09-10
明 青花缠枝花卉豆	直径10cm	92,000	北京保利	2017-06-08
明 青花缠枝莲开光高士图杏圆执壶	长13.5cm	11,500	中国嘉德	2017-03-31
明 青花缠枝莲纹罐	直径15cm	46,000	北京保利	2017-11-04
明 青花缠枝莲纹葫芦瓶	高52cm	287,500	北京华辰	2017-06-05

拍品名称	物品尺寸	成交价RMB	拍卖公司	拍卖日期
明 青花缠枝莲玉壶春瓶	高45cm	690,000	上海嘉禾	2017-04-30
明 青花凤纹碗（八件）	直径14cm	17,250	北京保利	2017-11-04
明 青花福禄寿喜方罐	宽26cm	11,500	北京保利	2017-04-16
明 青花盖瓶（1组3件）	高12cm；高9.5cm；高16cm	11,500	中国嘉德	2017-06-19
明 青花高士图梅瓶	高27cm	138,000	北京匡时	2017-12-03
明 青花海八怪纹缸	直径12cm	92,000	华艺国际	2017-03-19
明 青花海水龙凤纹梅瓶	高35cm	57,500	北京翰海	2017-06-04
明 青花荷塘图大碗	直径39.6cm	28,750	中国嘉德	2017-03-31
明 青花花卉瓷砖	长20cm	11,500	北京翰海	2017-09-10
明 青花花卉纹胆瓶	高16.5cm	122,406	宝源国际	2017-05-29
明 青花花鸟缸	高40cm	285,614	宝源国际	2017-05-29
明 青花花鸟纹葫芦瓶	高33cm	214,211	宝源国际	2017-05-29
明 青花鎏银龙纹兽耳赏瓶	高34cm	40,250	北京启石	2017-06-25
明 青花龙纹大盘	直径57cm	40,250	北京翰海	2017-04-30
明 青花人物葫芦瓶	高43cm	23,000	北京翰海	2017-04-30
明 青花人物莲子罐	高27cm	76,504	宝源国际	2017-05-29
明 青花山水纹花浇	高24cm	17,025	印千山	2017-07-09
明 青花云龙纹罐	直径38cm	86,250	北京保利	2017-04-16
明 青花折枝花果瓷砚	宽14cm	138,000	北京保利	2017-06-08
明 约1500年 青花四贤图长方瓷板	18.2cm×20.3cm	297,850	佳士得	2017-11-29
明 青花龙凤天圆地方瓶	高34.5cm	23,000	北京翰海	2017-01-08
明 青花四方龙纹大缸	高35cm	23,000	北京翰海	2017-01-08
明晚期 仿永乐青花铁线描莲瓣纹鸡心碗（一对）	直径17.3cm	11,500	中国嘉德	2017-03-31
明晚期 青花八卦云鹤纹金钟碗	直径13.7cm	11,500	中国嘉德	2017-09-03
明晚期 青花缠枝莲纹八方罐	高16.8cm	11,500	中国嘉德	2017-03-31
明晚期 青花凤纹菱口盖盒	宽14cm	55,200	中国嘉德	2017-12-18
明晚期 青花花卉砚	直径17cm	23,000	北京保利	2017-11-04
明晚期 青花人物纹罐	高20.7cm	17,250	中国嘉德	2017-09-02
明晚期 青花山水人物纹长方花盆	长20cm	17,250	中国嘉德	2017-09-03
明末清初 青花“指日高升”笔筒	高15.5cm×7.5cm	57,500	北京荣宝	2017-09-24
明末清初 青花缠枝莲印盒	直径11.3cm	55,200	北京保利	2017-04-16
明末清初 青花蟾宫折桂图笔筒	高16cm	89,100	佳士得	2017-04-04
明末清初 青花花鸟笔筒	高16cm	69,000	北京保利	2017-06-08
明末清初 青花花鸟图笔筒	高14.2cm	36,800	广东崇正	2017-06-15
明末清初 青花花鸟纹围棋罐	直径13cm	172,500	保利华谊	2017-12-08
明末清初 青花魁星点斗纹笔山	高8.7cm	46,000	北京中汉	2017-09-01
明末清初 青花群仙祝寿图大筒瓶	49cm	190,273	纽约佳士得	2017-03-17
明末清初 青花人物故事图葫芦瓶	高34.5cm	76,011	伦敦佳士得	2017-11-07
明末清初 青花人物故事图筒瓶	高45cm	122,966	伦敦佳士得	2017-05-12
明末清初 青花人物故事图碗	直径21.5cm	76,011	伦敦佳士得	2017-11-07
明末清初 青花如意花卉纹筒式炉	直径9.3cm	32,200	中国嘉德	2017-03-31
明末清初 青花山水人物图笔筒	直径20cm	304,045	伦敦佳士得	2017-11-07
明末清初 青花仕女人物纹碗 青花人物罐 青花婴戏盖子（3件）	碗直径21.3cm；罐高16.3cm；盖直径10.8cm	34,500	北京中汉	2017-03-30
明末清初 青花狩猎图水洗	直径14.5cm	115,000	北京荣宝	2017-06-02
明末清初 青花庭园人物图筒瓶	高48.3cm	401,119	巴黎苏富比	2017-06-22
明末清初 青花渔家乐图碗	直径16.2cm	11,500	中国嘉德	2017-03-31
明末清初 青花折枝花卉纹六角高足杯	高11.3cm	15,593	佳士得	2017-04-04
15世纪 青花方盖		103,785	纽约苏富比	2017-03-15
15世纪 青花松下高士图罐	高25.5cm	36,800	华艺国际	2017-08-27
15世纪/16世纪 东南亚洲瓷器（1组8件）	The Sawankelok vase 高22.8cm	68,010	纽约佳士得	2017-07-13
15世纪末/16世纪初 青花缠枝菊纹军持	高12.3cm	51,619	纽约佳士得	2017-03-17

拍品名称	物品尺寸	成交价RMB	拍卖公司	拍卖日期
15世纪末/16世纪初 青花缠枝菊纹军持	高12.3cm	51,893	纽约佳士得	2017-03-17
15世纪早期 青花孔雀牡丹纹大罐	高37cm	3,680,000	北京东正	2017-06-08
16世纪 青花高士图瓷砚	直径11cm	25,300	北京华辰	2017-06-05
16世纪 青花云龙纹罐	高39.1cm	143,257	巴黎苏富比	2017-06-22
16世纪 青花云龙纹洗	直径45.8cm	141,164	伦敦佳士得	2017-11-07
16世纪初 青花羽人十字纹执壶		778,388	纽约苏富比	2017-03-15
17世纪 青花高士图香炉	直径22cm	75,360	中国嘉德	2017-05-30
17世纪 青花荷叶形洗连水滴		36,325	纽约苏富比	2017-03-18
17世纪 青花花卉纹军持	高21.5cm	14,452	纽约佳士得	2017-07-13
17世纪/18世纪 青花松下高士图观音尊及青花仕女图双耳瓶		51,893	纽约苏富比	2017-03-18
清初 青花缠枝莲纹盘	直径32cm	23,000	华艺国际	2017-08-27
清初 青花轮花卉纹碗（一对）	直径11.5cm	69,000	北京中汉	2017-12-19
清早期 青花茶壶、印盒（一组）	尺寸不一	11,500	华艺国际	2017-03-19
清早期 青花缠枝花卉纹碗	直径11.8cm	25,300	北京保利	2017-06-08
清早期 青花花鸟花口盘	直径17cm	57,500	北京翰海	2017-04-30
清早期 青花龙纹盘	直径21.5cm	11,500	华艺国际	2017-03-19
清早期 青花罗汉盘（两件）	直径20.5cm	17,250	北京翰海	2017-09-10
清早期 青花山水纹杯	高7.5cm；直径（口）9cm	14,950	浙江佳宝	2017-07-23
清早期 青花仕女高足碗	直径15.5cm；高11cm	862,500	北京保利	2017-12-19
清早期 青花仕女婴戏图盘、青花赤壁赋人物故事诗文杯（三只）	盘直径15.8cm；杯直径8.7cm	13,800	中国嘉德	2017-09-03
清早期 青花岁寒三友纹花觚	高38.2cm	94,669	佳士得	2017-04-04
清早期 青花蛙钮印	高9.5cm	36,800	北京保利	2017-04-16
清早期 青花压花八宝纹撇口杯连托（十二件）	直径11.7cm；直径7.3cm	23,000	中国嘉德	2017-06-20
清早期 青花鱼藻纹杯（一对）	直径8.5cm×2	40,250	北京荣宝	2017-09-24
清早期 青花云龙纹盘	直径17cm	20,700	中国嘉德	2017-09-02
清早期 青花折枝花卉冰梅纹筒瓶	高44cm	345,000	广东崇正	2017-06-15
清顺治 青花芭蕉麒麟大盘	直径33.5cm	11,500	北京保利	2017-11-05
清顺治 青花缠枝莲鸡心罐	直径8cm	13,800	北京保利	2017-11-05
清顺治 青花花鸟莲子罐	高21cm	36,800	北京保利	2017-11-04
清顺治 青花花鸟纹盖罐	高39cm	69,000	华艺国际	2017-03-19
清顺治 青花花鸟纹筒瓶	高41.6cm	36,800	北京中汉	2017-09-01
清顺治 青花华封三祝神仙人物纹碗	直径14.3cm	13,800	中国嘉德	2017-09-03
清顺治 青花绘麒麟筒瓶、青花花鸟纹花觚（共两件）	高24.5cm；高22cm	40,250	北京保利	2017-12-20
清顺治 青花加官进爵图长颈瓶	高20.8cm	23,000	中国嘉德	2017-03-31
清顺治 青花罗汉图炉	直径22.4cm	13,800	中国嘉德	2017-03-31
清顺治 青花牡丹春燕图罐	高30.5cm	40,250	中国嘉德	2017-09-02
清顺治 青花内高士图外雕瓷锦地开光青花山水人物纹碗	直径15cm	46,000	中国嘉德	2017-09-02
清顺治 青花麒麟斗凤花觚	高42cm	34,500	北京保利	2017-11-04
清顺治 青花人物故事纹花觚	高41cm	345,000	北京华辰	2017-06-05
清顺治 青花山水人物纹笔筒	高15cm	23,000	中国嘉德	2017-03-31
清顺治 青花松竹梅花觚	高41cm	85,125	印千山	2017-07-09
清顺治 青花松竹梅纹小筒瓶	高24cm	20,700	北京华辰	2017-06-05
清顺治 青花岁寒三友图筒瓶	高43.5cm	40,250	中国嘉德	2017-03-31
清顺治 青花西厢记人物故事图花觚	高43cm	17,250	中国嘉德	2017-09-03
清顺治 青花婴戏图杯	直径8.5cm	17,250	中国嘉德	2017-03-31
清顺治 青花婴戏图杯（一对）	直径8.4cm	17,250	中国嘉德	2017-03-31

拍品名称	物品尺寸	成交价RMB	拍卖公司	拍卖日期
清顺治–康熙 青花缠枝莲纹大罐	高45.5cm	32,200	中国嘉德	2017-09-03
清顺治–康熙 青花仕女图盘（一对）	直径16.2cm	460,000	北京保利	2017-12-18
康熙 青花菊花纹小杯（一对）	高5.4cm；口径8cm	25,300	西泠拍卖	2017-07-15
康熙 青花上京赶考图撇口杯（四只）	杯口径7cm	13,800	上海匡时	2017-11-05
康熙 青花仕女图茶叶罐	高9cm	13,800	上海匡时	2017-11-05
清康熙 暗刻花卉纹开光青花花鸟纹大碗	直径36.5cm	28,750	中国嘉德	2017-03-31
清康熙 豆青釉刻螭龙衔芝地开光青花刘海图凤尾尊	高44.3cm	186,750	佳士得	2017-10-02
清康熙 仿宣德青花竹石芭蕉玉壶春瓶	高37.5cm	80,500	北京保利	2017-11-04
清康熙 黄地青花炉	直径22cm	23,000	华艺国际	2017-08-27
清康熙 黄地青花双龙戏珠纹盘	直径20.8cm	138,000	北京诚轩	2017-06-20
清康熙 蓝釉青花龙凤纹围棋罐（一对）	直径12.5cm×2	4,830,000	北京荣宝	2017-06-02
清康熙 内矾红三鱼纹外青花莲瓣纹折腰碗	直径26.8cm	28,750	中国嘉德	2017-09-02
清康熙 青花“阿弥陀佛”碗	直径14.6cm	11,500	北京中汉	2017-03-30
清康熙 青花“二甲传胪”盘	直径26cm	138,000	北京荣宝	2017-09-24
清康熙 青花“二月杏花”花神杯	直径5.5cm	1,610,000	大羿拍卖	2017-12-04
清康熙 青花“赴京赶考”图杯、盘（十两件）	杯直径6.8cm；盘直径11.5cm	17,250	北京保利	2017-12-19
清康熙 青花“虎溪三笑”图卷缸	直径24.3cm	253,000	北京中汉	2017-12-19
清康熙 青花“花果彩蝶”纹大碗	口径20cm	28,750	北京华辰	2017-12-17
清康熙 青花“吕布戏貂蝉”大碗	直径20cm	40,250	北京宣石	2017-05-21
清康熙 青花“送子观音”梅瓶	高20cm	57,500	北京宣石	2017-12-03
清康熙 青花“桃花源记”诗文壮罐	高24.5cm	32,200	北京保利	2017-12-20
清康熙 青花“鱼龙幻化”纹印盒	直径16cm	74,750	北京宣石	2017-12-03
清康熙 青花“玉簪记”故事图观音瓶	高26.8cm	23,000	中贸圣佳	2017-09-04
清康熙 青花阿弥陀佛炉	直径23cm	57,500	北京华辰	2017-12-17
清康熙 青花八宝云鹤纹盘	直径17.2cm	28,750	中国嘉德	2017-12-18
清康熙 青花八卦纹铃铛杯（一对）	直径8cm×2	1,725,000	中国嘉德	2017-12-18
清康熙 青花八骏图斗笠碗	口径17.5cm	11,500	西泠拍卖	2017-07-15
清康熙 青花八骏图盘（一对）	直径16.7cm	20,700	中国嘉德	2017-03-31
清康熙 青花八仙炉	直径21.5cm	32,200	北京保利	2017-11-04
清康熙 青花八仙庆寿图大盘	直径27.8cm	36,800	中国嘉德	2017-09-03
清康熙 青花八仙祝寿碗	直径15cm	21,850	华艺国际	2017-03-19
清康熙 青花八仙祝寿纹碗	直径21cm	103,500	中贸圣佳	2017-09-04
清康熙 青花八音图盘（一组五只）	直径14cm×5	25,300	北京匡时	2017-12-03
清康熙 青花芭蕉仕女图小杯	高3.5cm；直径5cm	34,500	保利厦门	2017-06-26
清康熙 青花百鸟朝凤图碗	直径20cm	141,164	伦敦佳士得	2017-11-07
清康熙 青花百寿瓶	高37cm	244,850	中国嘉德	2017-10-02
清康熙 青花百寿图笔筒	高14cm；直径16cm	17,250	西泠拍卖	2017-05-05
清康熙 青花百寿纹香炉	高15.5cm；直径23cm	43,700	北京匡时	2017-03-30
清康熙 青花百子婴戏图将军罐	高32cm	43,700	中国嘉德	2017-03-31
清康熙 青花棒槌瓶	高45cm	36,800	华艺国际	2017-03-19
清康熙 青花博古图花觚	高43.7cm；直径（口）20cm	402,500	浙江佳宝	2017-07-23
清康熙 青花博古图小棒槌瓶		34,595	纽约苏富比	2017-03-18
清康熙 青花博古纹香插	直径7.7cm	23,000	北京保利	2017-11-04

(成交价RMB：1万元以上)

拍品名称	物品尺寸	成交价RMB	拍卖公司	拍卖日期
清康熙 青花博古纹香炉	高14.5cm；直径25cm	46,000	北京匡时	2017-03-30
清康熙 青花捕鱼图笔筒	高15.5cm	207,000	北京翰海	2017-12-16
清康熙 青花缠枝福寿纹碗	口径17.5cm	138,000	北京华辰	2017-12-17
清康熙 青花缠枝花卉盘	直径15.4cm	28,750	北京翰海	2017-06-04
清康熙 青花缠枝花卉团凤纹碗	直径12cm	28,750	北京中汉	2017-03-30
清康熙 青花缠枝花卉碗（一对）	直径13cm×2	713,000	观唐皕榷	2017-01-11
清康熙 青花缠枝花卉纹钵式洗	高5.1cm	86,250	中贸圣佳	2017-09-04
清康熙 青花缠枝花卉纹大将军罐	高48cm	40,250	北京保利	2017-06-08
清康熙 青花缠枝花卉纹葫芦瓶	高19.5cm	690,000	保利厦门	2017-06-26
清康熙 青花缠枝花卉纹盘	直径20.5cm	43,700	中国嘉德	2017-09-03
清康熙 青花缠枝菊纹印盒	直径5.4cm	11,500	中国嘉德	2017-03-31
清康熙 青花缠枝莲大盖罐	高47cm	36,800	北京保利	2017-04-16
清康熙 青花缠枝莲蕉叶纹渣斗	直径11.8cm	34,500	北京保利	2017-06-08
清康熙 青花缠枝莲托八宝纹斗笠碗	直径20.8cm	11,500	中国嘉德	2017-09-02
清康熙 青花缠枝莲托寿字盘	直径11.5cm	43,700	中国嘉德	2017-09-02
清康熙 青花缠枝莲纹棒槌瓶	高21cm	13,800	北京保利	2017-04-17
清康熙 青花缠枝莲纹荸荠瓶（两件）		47,568	纽约苏富比	2017-03-18
清康熙 青花缠枝莲纹花觚	高28.3cm	25,300	中国嘉德	2017-09-02
清康熙 青花缠枝莲纹卷缸	高33.5cm	92,000	华艺国际	2017-03-19
清康熙 青花缠枝莲纹菱口大盘	直径48.5cm	138,000	中贸圣佳	2017-09-04
清康熙 青花缠枝莲纹盘	直径15.5cm	25,300	中国嘉德	2017-09-02
清康熙 青花缠枝莲纹盘	直径16cm	25,300	中国嘉德	2017-09-03
清康熙 青花缠枝莲纹盘	直径15cm	39,425	佳士得	2017-10-02
清康熙 青花缠枝莲纹盘（一对）	直径15.4cm	74,750	中国嘉德	2017-03-31
清康熙 青花缠枝莲纹瓶	高36.7cm	22,358	伦敦佳士得	2017-05-12
清康熙 青花缠枝莲纹双耳炉	直径12cm	126,500	保利厦门	2017-06-26
清康熙 青花缠枝莲纹碗	直径16cm	78,251	伦敦苏富比	2017-05-10
清康熙 青花缠枝莲纹碗	直径16cm	55,200	中贸圣佳	2017-06-18
清康熙 青花缠枝莲纹碗	直径16.4cm	17,250	中贸圣佳	2017-09-04
清康熙 青花缠枝莲纹碗	直径15.6cm	55,200	广东崇正	2017-06-15
清康熙 青花缠枝莲纹碗	直径16.3cm	20,700	北京荣宝	2017-12-02
清康熙 青花缠枝莲纹碗（一对）	直径16.3cm	195,500	华艺国际	2017-11-25
清康熙 青花缠枝莲纹碗（一对）	直径19.4cm	224,868	纽约佳士得	2017-03-17
清康熙 青花缠枝莲纹碗（一对）	直径16.2cm	128,556	伦敦佳士得	2017-05-12
清康熙 青花缠枝莲纹小罐	高8.6cm	20,700	中国嘉德	2017-09-03
清康熙 青花缠枝莲纹小梅瓶		15,568	纽约苏富比	2017-03-18
清康熙 青花缠枝莲纹小碗	直径10cm	230,000	北京东正	2017-12-09
清康熙 青花缠枝莲纹印盒	直径7.8cm	11,500	中国嘉德	2017-03-31
清康熙 青花缠枝莲纹盏托（一对）	直径11.4cm	20,700	中国嘉德	2017-09-02
清康熙 青花缠枝牡丹水丞	直径8cm	13,800	北京保利	2017-04-17
清康熙 青花缠枝牡丹纹碗	口径19.2cm	172,500	北京华辰	2017-12-17
清康熙 青花缠枝牡丹纹碗	直径19cm	115,000	北京诚轩	2017-06-20
清康熙 青花缠枝牡丹纹碗一对		172,975	纽约苏富比	2017-03-15
清康熙 青花缠枝西番莲纹洗	口径13.8cm	63,250	西泠拍卖	2017-07-15
清康熙 青花缠枝绣球花纹碗		64,866	纽约苏富比	2017-03-18
清康熙 青花蟾宫折桂图罐（一对）	高21cm	94,300	北京中汉	2017-03-30
清康熙 青花螭龙碗	直径19.8cm	13,800	八益拍卖	2017-09-24
清康熙 青花螭龙纹水盂	高5cm	46,000	中贸圣佳	2017-09-04
清康熙 青花螭龙纹小棒槌瓶	高20.7cm	20,700	中国嘉德	2017-09-03
清康熙 青花螭龙纹小长颈瓶	高16.5cm	20,700	中国嘉德	2017-09-03
清康熙 青花赤壁赋大碗	直径19.5cm	23,000	北京保利	2017-11-04
清康熙 青花赤壁赋图文方棒槌瓶	高50.8cm	57,500	北京中汉	2017-09-01
清康熙 青花赤壁图笔海	直径18cm	172,500	华艺国际	2017-08-27

拍品名称	物品尺寸	成交价RMB	拍卖公司	拍卖日期
清康熙 青花穿花螭龙纹大碗	直径21cm	13,800	中国嘉德	2017-09-02
清康熙 青花穿花凤纹大盘	直径20.2cm	20,700	中国嘉德	2017-03-31
清康熙 青花春宫杯	高4.1cm；直径6.3cm	84,110	保利香港	2017-04-04
清康熙 青花春夜宴桃李园图诗文笔筒		363,248	纽约苏富比	2017-03-15
清康熙 青花大富贵亦寿考人物故事图大碗	直径35cm	126,500	中国嘉德	2017-03-31
清康熙 青花淡描“百子嬉春”图印泥盒	直径10.9cm	69,000	北京中汉	2017-12-19
清康熙 青花淡描缠枝莲灵芝纹高足杯	高12.2cm	299,000	上海明轩	2017-06-30
清康熙 青花淡描开光渔乐图粥罐	直径21cm	20,700	中国嘉德	2017-09-03
清康熙 青花淡描人物斗笠碗	直径10.2cm	11,500	北京翰海	2017-12-16
清康熙 青花淡描渔家乐图蒜头瓶	高21.2cm	17,250	中国嘉德	2017-03-31
清康熙 青花淡描竹凤纹折枝斗笠碗（两件）	直径10cm	36,800	北京翰海	2017-12-16
清康熙 青花淡釉过墙“夜游赤壁”盘	直径28cm	51,750	北京宣石	2017-05-21
清康熙 青花刀马人物花口盘（一对）	直径38cm	115,000	北京保利	2017-08-02
清康熙 青花东方朔偷桃花觚	高43cm	92,000	北京保利	2017-04-17
清康熙 青花对弈图笔筒	直径18.5cm；高16cm	115,000	广东崇正	2017-06-15
清康熙 青花梵文盘	直径15cm	43,700	北京中汉	2017-12-19
清康熙 青花仿明龙纹大碗	直径19cm	28,750	北京保利	2017-12-20
清康熙 青花凤纹杯	直径9.5cm	172,500	上海敬华	2017-07-01
清康熙 青花凤纹凤尾尊	高46cm	32,200	华艺国际	2017-08-27
清康熙 青花福禄寿三星寿字纹棒槌瓶	高46.5cm	172,500	北京荣宝	2017-09-24
清康熙 青花赶珠龙凤纹碗		14,703	纽约苏富比	2017-03-18
清康熙 青花高仕图束腰笔筒	高13cm	34,500	北京保利	2017-06-08
清康熙 青花高仕携琴图杯、盘（八件）	直径6.8cm；直径11.2cm	13,800	北京保利	2017-12-19
清康熙 青花观瀑图观音瓶	高43.6cm	66,700	北京中汉	2017-09-01
清康熙 青花贯套花卉小杯	直径6cm	402,500	中国嘉德	2017-06-20
清康熙 青花郭子仪祝寿图笔筒	直径19.5cm；高15.8cm	207,000	广东崇正	2017-12-13
清康熙 青花过墙凤竹纹斗笠盏(一套四只)	直径10.1cm	230,000	中国嘉德	2017-09-02
清康熙 青花海兽纹棒槌瓶	高46.8cm	36,800	中国嘉德	2017-09-02
清康熙 青花海水九龙纹缸	直径56cm	3,680,000	北京华辰	2017-06-05
清康熙 青花海水异兽图瓶	高26cm	2,300,000	观唐皕榷	2017-01-11
清康熙 青花海屋添筹群仙祝寿图盘	口径35cm	207,000	北京华辰	2017-12-17
清康熙 青花寒江独钓图小棒槌瓶	高20.5cm	43,700	中国嘉德	2017-09-03
清康熙 青花荷塘鹭鸶纹罐	高20cm	89,700	中贸圣佳	2017-09-04
清康熙 青花荷塘纹印泥盒	直径9.8cm	23,000	北京荣宝	2017-06-02
清康熙 青花鹤鹿同春图棒槌瓶	高48cm	92,000	中国嘉德	2017-03-31
清康熙 青花鹤鹿同春图凤尾尊	高45.5cm	69,000	中国嘉德	2017-09-03
清康熙 青花鹤鹿同春图观音尊		86,488	纽约苏富比	2017-03-15
清康熙 青花花蝶棒槌瓶	高47cm	345,000	北京保利	2017-08-02
清康熙 青花花蝶图铃铛杯	高7.5cm	1,725,000	北京保利	2017-06-06
清康熙 青花花卉纹大碗	高9.8cm；口径21.2cm	92,000	西泠拍卖	2017-07-15
清康熙 青花花卉纹盖瓶（1组3件）	高29.5cm	24,593	伦敦佳士得	2017-05-12
清康熙 青花花卉纹花浇	高24cm	11,350	印千山	2017-07-09

拍品名称	物品尺寸	成交价RMB	拍卖公司	拍卖日期
清康熙 青花花卉纹鸡心碗	直径15.5cm	74,750	中贸圣佳	2017-09-04
清康熙 青花花卉纹瓶	高19.5cm	34,500	中国嘉德	2017-06-19
清康熙 青花花卉纹提梁方壶	高10.6cm	13,800	中国嘉德	2017-03-31
清康熙 青花花篮纹莲瓣大盘	直径35cm	17,250	中国嘉德	2017-09-03
清康熙 青花花鸟方瓶	高46.5cm	46,000	北京保利	2017-04-16
清康熙 青花花鸟图缸	直径23.6cm	34,595	纽约佳士得	2017-03-17
清康熙 青花花鸟纹蒜头瓶	高26.5cm	13,800	北京匡时	2017-12-03
清康熙 青花花神杯	直径6.6cm	230,000	北京匡时	2017-06-04
清康熙 青花花神杯	直径6.5cm	115,000	北京匡时	2017-12-03
清康熙 青花华封三祝图碗	直径14.3cm	11,500	北京中汉	2017-03-30
清康熙 青花绘“四爱图”大碗	直径19.6cm	20,700	北京保利	2017-12-20
清康熙 青花蕉叶纹花盆（一对）	直径33cm	40,250	北京中汉	2017-03-30
清康熙 青花教子图折沿碗	直径21.2cm	17,250	中国嘉德	2017-03-31
清康熙 青花锦地开光瑞兽纹花觚	高24.1cm	11,500	中国嘉德	2017-03-31
清康熙 青花开光高士图案缸	直径20.5cm	28,750	中国嘉德	2017-09-02
清康熙 青花开光花卉图长颈瓶（两件）		22,487	纽约苏富比	2017-03-18
清康熙 青花开光花卉纹罐	高31.4cm	11,500	中国嘉德	2017-03-31
清康熙 青花开光花卉纹瓶		22,487	纽约苏富比	2017-03-18
清康熙 青花开光花鸟大盘	直径38.8cm	11,500	北京保利	2017-04-16
清康熙 青花开光人物故事图碗		60,541	纽约苏富比	2017-03-14
清康熙 青花开光人物纹出戟尊	高19cm	16,100	华艺国际	2017-03-19
清康熙 青花开光人物纹壶	高21.7cm	25,300	中国嘉德	2017-03-31
清康熙 青花开光山水人物纹缸	直径22cm	195,500	中国嘉德	2017-03-31
清康熙 青花开光山水诗文图方棒槌	55.5cm	222,750	佳士得	2017-04-04
清康熙 青花开光仕女图折沿盘（一对）	直径35.9cm	69,190	纽约佳士得	2017-03-17
清康熙 青花开光携琴访友图瓶		155,678	纽约苏富比	2017-03-15
清康熙 青花开光婴戏图罐	高31cm	138,000	西泠拍卖	2017-07-15
清康熙 青花夔凤纹摇铃尊	高24cm	2,869,020	香港苏富比	2017-04-05
清康熙 青花夔凤纹摇铃尊	高18.8cm	230,000	北京翰海	2017-06-04
清康熙 青花鲤跃龙门盘一对；清道光 缠枝莲纹盘	最大直径16.2cm	41,263	伦敦佳士得	2017-11-07
清康熙 青花龙凤呈祥纹墩式碗（一对）	直径14.9cm×2	437,000	华艺国际	2017-11-25
清康熙 青花龙凤碗	直径15cm	1,559,250	香港苏富比	2017-04-05
清康熙 青花龙凤纹蒜头瓶	高23.3cm	17,250	中国嘉德	2017-03-31
清康熙 青花龙凤云鹤纹罐	高19.2cm	40,250	中国嘉德	2017-09-03
清康熙 青花龙纹缸	直径22.5cm	13,800	北京保利	2017-11-04
清康熙 青花龙纹高足碗	高11cm	149,500	八益拍卖	2017-09-24
清康熙 青花龙纹小罐	高8.5cm	345,000	北京匡时	2017-06-04
清康熙 青花鹿鹤同春花觚	高45cm	138,000	北京保利	2017-11-04
清康熙 青花鹿鹤同春纹凤尾尊	高45.8cm	172,500	北京中汉	2017-09-01
清康熙 青花罗汉图大炉	直径24cm	48,300	中国嘉德	2017-03-31
清康熙 青花落花流水图鼓钉印盒	直径10.7cm	34,500	中国嘉德	2017-03-31
清康熙 青花落花流水鱼纹笠式碗	直径22cm	69,000	北京保利	2017-06-08
清康熙 青花梅竹双清杯连托（六套）	杯口径7.5cm；托口径11.5cm	36,800	上海匡时	2017-11-05
清康熙 青花内麻姑献寿图外雕瓷四季花卉纹碗（一对）	直径18.9cm	32,200	中国嘉德	2017-09-02
清康熙 青花内麻姑献寿图外折枝花卉纹碗	直径19cm	32,200	中国嘉德	2017-03-31
清康熙 青花盆花图大盘	直径20.7cm	20,700	中国嘉德	2017-03-31
清康熙 青花辟雍瓷砚	直径21.5cm	92,000	北京宣石	2017-05-21
清康熙 青花瓶五件		38,919	纽约苏富比	2017-03-18
清康熙 青花麒麟送子图罐	高22.2cm	17,250	中国嘉德	2017-03-31
清康熙 青花千“寿”观音瓶	高47cm	207,000	北京宣石	2017-05-21

拍品名称	物品尺寸	成交价RMB	拍卖公司	拍卖日期
清康熙 青花前赤壁赋山水人物笔筒	高16.5cm	1,380,000	中国嘉德	2017-12-18
清康熙 青花群贤雅集图大盘	48.5cm	26,829	伦敦苏富比	2017-05-10
清康熙 青花人物棒槌瓶	高46cm	138,000	上海敬华	2017-07-01
清康熙 青花人物高足杯	高9.8cm	34,500	华艺国际	2017-08-27
清康熙 青花人物故事大笔筒	直径19.5cm	184,000	十竹斋	2017-01-01
清康熙 青花人物故事凤尾尊	高46cm	138,000	北京荣宝	2017-12-02
清康熙 青花人物故事花觚	高45.8cm	207,000	北京翰海	2017-06-04
清康熙 青花人物故事盘	直径29cm	19,550	北京保利	2017-06-08
清康熙 青花人物故事图笔筒		328,653	纽约苏富比	2017-03-15
清康熙 青花人物故事图凤尾尊	高46cm	152,023	伦敦佳士得	2017-11-07
清康熙 青花人物故事图观音尊		77,839	纽约苏富比	2017-03-14
清康熙 青花人物故事图花觚		112,434	纽约苏富比	2017-03-18
清康熙 青花人物故事图梅瓶	高25cm	69,000	中贸圣佳	2017-09-04
清康熙 青花人物故事图盘（一组两件）	直径35cm	55,894	伦敦佳士得	2017-05-12
清康熙 青花人物故事图瓶（一组两件）	高40.7cm	156,503	伦敦佳士得	2017-05-12
清康熙 青花人物故事纹碗	直径20.5cm	46,000	中国嘉德	2017-06-19
清康熙 青花人物故事折沿碗	直径16.5cm	13,800	北京保利	2017-12-20
清康熙 青花人物罐	高19cm	20,700	八益拍卖	2017-04-22
清康熙 青花人物莲子罐	高17cm	15,301	宝源国际	2017-05-29
清康熙 青花人物图罐	高29cm	26,450	北京华辰	2017-12-17
清康熙 青花人物图盘		17,298	纽约苏富比	2017-03-14
清康熙 青花人物纹故事图笔筒	直径17.5cm	207,000	华艺国际	2017-08-27
清康熙 青花人物纹花觚	高44.5cm	36,800	中国嘉德	2017-03-31
清康熙 青花人物纹花觚	高40.5cm	28,750	华艺国际	2017-03-19
清康熙 青花人物纹花觚	高23cm	34,500	北京华辰	2017-12-17
清康熙 青花人物锥把瓶	高42cm	172,500	北京保利	2017-11-04
清康熙 青花如意莲瓣花卉小蒜头瓶	高7.1cm	57,500	中贸圣佳	2017-06-18
清康熙 青花山水棒槌瓶	高48cm	43,700	北京保利	2017-11-05
清康熙 青花山水放舟图盖罐	高20.7cm	299,000	北京保利	2017-06-06
清康熙 青花山水高士博古图六方瓶		27,676	纽约苏富比	2017-03-18
清康熙 青花山水梅瓶	高22cm	29,900	北京保利	2017-11-05
清康熙 青花山水人物棒槌瓶	高45cm	204,010	宝源国际	2017-05-29
清康熙 青花山水人物博古图葫芦瓶	高26.3cm	46,000	中国嘉德	2017-03-31
清康熙 青花山水人物大笔筒	高15.4cm	322,000	北京中汉	2017-06-17
清康熙 青花山水人物大缸	直径57cm；高50cm	517,500	北京荣宝	2017-12-02
清康熙 青花山水人物花觚	高44cm	63,250	北京保利	2017-04-17
清康熙 青花山水人物诗文笔筒	高12.8cm	43,700	中国嘉德	2017-03-31
清康熙 青花山水人物图炉		25,946	纽约苏富比	2017-03-18
清康熙 青花山水人物图盘	直径39cm	32,576	伦敦佳士得	2017-11-07
清康熙 青花山水人物图长颈瓶	高20.3cm	138,380	纽约佳士得	2017-03-17
清康熙 青花山水人物纹笔筒	直径19.3cm	105,800	中国嘉德	2017-12-18
清康熙 青花山水人物纹笔筒	直径19.5cm	59,800	中国嘉德	2017-12-18
清康熙 青花山水人物纹笔筒	高16cm	17,250	中国嘉德	2017-09-03
清康熙 青花山水人物纹凤尾尊	高44.5cm	97,750	中国嘉德	2017-09-02
清康熙 青花山水人物纹凤尾尊	高42.3cm	368,000	北京匡时	2017-12-03
清康熙 青花山水人物纹高足杯、小花觚各一件	高15.3cm；高11.2cm	13,800	中国嘉德	2017-03-31
清康熙 青花山水人物纹瓶	高50.5cm	46,000	北京中汉	2017-03-30
清康熙 青花山水人物纹小胆瓶	高18.2cm	34,500	中国嘉德	2017-09-02
清康熙 青花山水人物长颈瓶	高26cm	40,250	北京荣宝	2017-12-02
清康熙 青花山水诗文笔筒	高15.5cm	109,250	广东崇正	2017-12-13

拍品名称	物品尺寸	成交价RMB	拍卖公司	拍卖日期
清康熙 青花山水图笔筒	口径18.2cm	207,000	西泠拍卖	2017-07-15
清康熙 青花山水纹笔海（带座）	直径20cm	172,500	华艺国际	2017-08-27
清康熙 青花山水纹笔筒	直径19cm	51,750	华艺国际	2017-03-19
清康熙 青花山水纹花觚	高47cm	184,000	北京荣宝	2017-12-02
清康熙 青花山水纹卷缸	直径23.5cm	57,500	华艺国际	2017-08-27
清康熙 青花商山四皓图大碗	直径19.7cm	40,250	北京中汉	2017-03-30
清康熙 青花神话人物故事观音尊	高27cm	74,750	北京宣石	2017-12-03
清康熙 青花诗文山水碗	直径16.5cm	28,750	八益拍卖	2017-04-22
清康熙 青花狮子戏绣球观音瓶	高44cm	88,550	北京荣宝	2017-09-24
清康熙 青花十八罗汉棒槌瓶	高44cm	713,000	大羿拍卖	2017-12-04
清康熙 青花十八罗汉图笔筒	直径16.8cm	80,500	北京保利	2017-06-08
清康熙 青花十二花神杯（二只）	高5cm；直径6.5cm	517,500	北京巨力	2017-06-03
清康熙 青花仕女对弈图瓶	高19.8cm	40,250	北京中汉	2017-09-01
清康熙 青花仕女花口碗	直径23.5cm	40,250	北京保利	2017-04-16
清康熙 青花仕女束腰笔筒	高14cm	34,500	八益拍卖	2017-09-24
清康熙 青花仕女图莲瓣大碗	直径23.6cm	40,250	中国嘉德	2017-09-03
清康熙 青花仕女图小罐	高13.4cm	13,800	中国嘉德	2017-03-31
清康熙 青花仕女图折沿大盘	直径38cm	184,000	中国嘉德	2017-09-02
清康熙 青花仕女婴戏图大盘	直径27.9cm	11,500	中国嘉德	2017-03-31
清康熙 青花仕女婴戏图盖杯	直径11.9cm	26,450	北京中汉	2017-09-01
清康熙 青花仕女婴戏图罐	高17cm	20,700	中国嘉德	2017-09-03
清康熙 青花仕女婴戏图罐	高16.8cm	11,500	中国嘉德	2017-03-31
清康熙 青花侍女婴戏九子攒盘	长35cm	34,500	北京中汉	2017-09-01
清康熙 青花寿字纹碗	宽15.5cm	15,301	宝源国际	2017-05-29
清康熙 青花狩猎图大花觚	高43.5cm	184,000	北京保利	2017-11-04
清康熙 青花双凤纹盘	直径16.5cm	161,000	北京保利	2017-04-16
清康熙 青花双龙戏珠纹大盘（一对）		648,656	纽约苏富比	2017-03-15
清康熙 青花四妃十六子图罐	高22.7cm	40,250	中国嘉德	2017-03-31
清康熙 青花四凤杯碟（一组十两件）	直径7.2cm（杯）；直径12cm（碟）	20,700	北京匡时	2017-12-04
清康熙 青花松鼠葡萄图碗及青花岁寒三友图碗		38,919	纽约苏富比	2017-03-18
清康熙 青花松溪高士图杯（一对）	直径6cm×2	174,923	香港苏富比	2017-06-01
清康熙 青花松竹梅碗	直径14cm	11,500	北京保利	2017-11-04
清康熙 青花松竹梅纹尊	高17cm	40,250	保利厦门	2017-06-26
清康熙 青花岁朝图棒槌瓶	高48cm	40,250	北京中汉	2017-03-30
清康熙 青花岁寒三友凤尾尊	高45.5cm	82,800	中国嘉德	2017-12-18
清康熙 青花饕餮纹罐	高13cm	2,185,000	观唐皕榷	2017-01-11
清康熙 青花滕王阁序笔筒	直径18.2cm×高14.8cm	80,500	北京诚轩	2017-06-20
清康熙 青花滕王阁序插屏	33cm×33.5cm	17,250	北京保利	2017-06-08
清康熙 青花听宣图观音瓶	高48.1cm	138,000	中国嘉德	2017-09-02
清康熙 青花庭园仕女图大盘（一对）	直径47.5cm	122,513	佳士得	2017-04-04
清康熙 青花庭园竹石纹罐	高22.5cm	230,000	北京华辰	2017-12-17
清康熙 青花庭院人物纹小案缸	高12.5cm	36,800	中贸圣佳	2017-09-04
清康熙 青花庭院婴戏图印盒	直径8.9cm	126,500	北京保利	2017-12-19
清康熙 青花通景封神演义图大棒槌瓶	高76.5cm	2,875,000	华艺国际	2017-05-27
清康熙 青花团凤杯	高9.5cm	125,599	宝港国际	2017-05-29
清康熙 青花团凤纹鼓钉盖盒	直径10.5cm	17,250	中贸圣佳	2017-09-04
清康熙 青花团鹤杯	直径9.2cm	1,495,000	北京保利	2017-12-18
清康熙 青花团龙印牧丹纹尊	高44.8cm	556,875	佳士得	2017-04-04
清康熙 青花团寿纹香炉	直径23cm	11,500	北京保利	2017-04-16

拍品名称	物品尺寸	成交价RMB	拍卖公司	拍卖日期
清康熙 青花文王访贤图水洗	口径15.9cm	92,000	西泠拍卖	2017-07-15
清康熙 青花五灵图大盘	直径33.5cm	57,500	华艺国际	2017-03-19
清康熙 青花五龙图大碗	直径21cm	28,750	中国嘉德	2017-09-02
清康熙 青花西厢记大碗	直径20.5cm	460,000	北京保利	2017-08-02
清康熙 青花西厢记故事纹观音瓶	高29.5cm	69,000	太平洋	2017-09-10
清康熙 青花西厢记人物故事图观音尊		95,136	纽约苏富比	2017-03-18
清康熙 青花西厢记人物故事图菱口盘		12,973	纽约苏富比	2017-03-18
清康熙 青花西厢记人物故事图瓶	高20.5cm	71,300	中国嘉德	2017-03-31
清康熙 青花西厢记人物折沿碗	直径20cm	26,829	伦敦苏富比	2017-05-10
清康熙 青花西厢人物粥罐	高22cm	34,500	北京保利	2017-06-08
清康熙 青花西园雅集图炉	高12.2cm	448,500	中贸圣佳	2017-06-18
清康熙 青花仙人故事图盖盒	直径10.7cm	483,000	北京保利	2017-06-06
清康熙 青花香草龙纹大碗	直径21cm	13,800	北京保利	2017-04-16
清康熙 青花小杯（一对）	高5cm	18,361	宝源国际	2017-05-29
清康熙 青花婴戏盘（一对）	直径16.2cm	517,500	北京保利	2017-08-02
清康熙 青花婴戏水盂	高5.2cm	230,000	北京荣宝	2017-06-02
清康熙 青花婴戏图盖罐（一对）	高20.8cm	28,750	中国嘉德	2017-09-03
清康熙 青花婴戏图小杯（一对）	高5.4cm；直径8.4cm	46,000	中贸圣佳	2017-09-04
清康熙 青花婴戏碗	直径17.3cm	172,500	北京保利	2017-08-02
清康熙 青花游鱼小杯	5.7cm	311,850	香港苏富比	2017-04-05
清康熙 青花釉裹红罗汉图香炉	高9cm	52,333	中国嘉德	2017-05-30
清康熙 青花鱼化龙纹卷缸	直径21.3cm	322,000	北京中汉	2017-05-21
清康熙 青花鱼化龙纹盘	直径16.2cm	20,700	中国嘉德	2017-03-31
清康熙 青花鱼藻纹案缸	直径24cm	23,000	中国嘉德	2017-09-03
清康熙 青花鱼藻纹缸	直径23cm	43,700	北京保利	2017-11-04
清康熙 青花鱼藻纹洒杯	高7.7cm；直径8cm	460,000	保利华宣	2017-12-08
清康熙 青花鱼藻纹十棱菱口大碗	直径34.5cm	632,500	北京中汉	2017-05-21
清康熙 青花鱼藻纹小缸	直径23.5cm	207,570	纽约佳士得	2017-03-17
清康熙 青花渔家乐图折枝花卉纹棒槌瓶	直径15cm	269,750	佳士得	2017-10-02
清康熙 青花月影梅双清图观音瓶	高45cm	184,000	广东崇正	2017-06-15
清康熙 青花云凤纹高足碗		36,325	纽约苏富比	2017-03-18
清康熙 青花云凤纹碗（一对）	15.1cm	378,675	香港苏富比	2017-04-05
清康熙 青花云鹤杂宝纹盘	直径17.4cm	23,000	北京诚轩	2017-06-20
清康熙 青花云龙斗笠碗	直径21.3cm	23,000	北京保利	2017-06-08
清康熙 青花云龙闹海纹碗	直径16cm	163,850	太平洋	2017-09-10
清康熙 青花云龙纹净水碗	直径14.7cm	13,800	中国嘉德	2017-03-31
清康熙 青花云龙纹签筒	高26.5cm	1,380,000	上海匡时	2017-11-05
清康熙 青花云龙纹三足炉	直径20.5cm	17,250	北京中汉	2017-09-01
清康熙 青花云龙纹碗	直径18.8cm	126,500	北京诚轩	2017-06-20
清康熙 青花云龙纹折腰杯（三件）	直径6.7cm	43,700	北京翰海	2017-12-16
清康熙 青花折枝花果纹花口碗	直径23cm	23,000	中贸圣佳	2017-09-04
清康熙 青花栀子花卉纹碗	径15cm	230,000	印千山	2017-03-30
清康熙 洒蓝釉开光青花神仙人物花鸟纹小棒槌瓶	高25cm	36,800	中国嘉德	2017-09-03
清康熙 外祭蓝内青花大碗	直径20.5cm	32,200	中国嘉德	2017-06-19
清康熙 乌金釉地堆白加青花魁星点斗图笔筒	高15cm	402,500	中贸圣佳	2017-06-18
清康熙 青花人物山水笔筒	直径19cm	23,000	北京翰海	2017-01-08
清康熙（约1670年）青花滕王阁图盘	直径33.3cm	41,263	伦敦佳士得	2017-11-07
清康熙、清晚期 青花博古图、云龙纹、荷塘图炉各一件	直径27cm；直径22.3cm；直径17.6cm	13,800	中国嘉德	2017-03-31

拍品名称	物品尺寸	成交价RMB	拍卖公司	拍卖日期
清康熙/乾隆 青花绘荷花、山水楼台图杯	直径7.8cm；直径7.3cm	23,000	北京保利	2017-06-07
清康熙二十九年（1690年）青花折枝花卉诗文砚	直径11.1cm	13,800	中国嘉德	2017-03-31
清康熙二十六年（1687年）青花花虫纹笔筒	高11.7cm	59,800	中国嘉德	2017-03-31
清康熙-嘉庆 青花花卉碗、粉彩龙纹碗（两件）	直径17.5cm；直径17.7cm	13,800	北京保利	2017-11-05
清康熙十二年（1673年）青花般若波罗蜜多心经净水碗	直径21.8cm	40,250	中国嘉德	2017-09-03
清康熙-雍正 青花缠枝花卉纹花觚	高23.5cm	25,300	中贸圣佳	2017-09-04
清康熙-雍正 青花一路连科图大碗	直径21.5cm	57,500	中国嘉德	2017-09-02
清康熙早期 青花八仙庆寿图三足炉	直径14.8cm	253,000	中国嘉德	2017-09-02
清雍正 仿成化青花缠枝花卉纹杯	直径7cm	230,000	中国嘉德	2017-09-02
清雍正 仿宣德青花小罐	高13.8cm	3,450,000	北京保利	2017-08-02
清雍正 黄底青花多子纹双耳瓶	口径6cm；底径8.2cm；高31.5cm	5,657,808	荣盛国际	2017-06-29
清雍正 黄底青花龙纹大盘	口径30cm；底径18cm；高5.6cm	4,299,934	荣盛国际	2017-06-29
清雍正 黄地青花缠枝花卉盘（一对）	直径21cm×2	1,840,000	保利华谊	2017-12-08
清雍正 黄地青花缠枝莲纹小罐	直径8.2cm	189,338	佳士得	2017-04-04
清雍正 黄地青花缠枝莲纹小瓶	高9.4cm	562,169	纽约佳士得	2017-03-17
清雍正 黄地青花蟠龙献寿纹折沿碗	直径26.3cm	2,938,200	北京匡时	2017-10-02
清雍正 明式青花里外缠枝花卉纹钵	直径16cm；高9.5cm	322,000	中贸圣佳	2017-06-18
清雍正 柠檬黄地青花缠枝莲纹双龙耳扁壶	高37cm	9,430,000	北京东正	2017-06-08
清雍正 青花“三国人物”四方贯耳瓶	高34cm	69,000	北京宣石	2017-05-21
清雍正 青花八宝双耳方瓶	高33.5cm	34,500	北京保利	2017-04-16
清雍正 青花八鹤同春图碗（一对）	直径14.8cm×2	1,380,000	中贸圣佳	2017-06-18
清雍正 青花八仙人物碗	宽16cm	28,561	宝源国际	2017-05-29
清雍正 青花宝杵梵纹盘	17.7cm	363,125	香港蘇富比	2017-10-03
清雍正 青花宝相花纹杯（一对）	直径7.2cm	552,000	中贸圣佳	2017-06-18
清雍正 青花并蒂花卉捧寿纹盘	直径15cm	437,000	北京东正	2017-06-08
清雍正 青花博古图大盘	直径41.9cm	11,500	中国嘉德	2017-09-03
清雍正 青花缠枝宝相花纹杯	直径7.2cm	241,500	保利厦门	2017-06-25
清雍正 青花缠枝花卉贯耳瓶	高45cm	218,500	北京保利	2017-11-04
清雍正 青花缠枝花卉碗	直径20.7cm	690,000	北京保利	2017-12-18
清雍正 青花缠枝花卉纹杯	直径7cm	313,408	香港中汉	2017-10-03
清雍正 青花缠枝花卉纹盘	直径15.1cm	189,750	北京中汉	2017-12-19
清雍正 青花缠枝花卉纹盘	直径20.8cm	69,000	北京诚轩	2017-06-20
清雍正 青花缠枝花卉纹水盂	高3.5cm	253,000	北京匡时	2017-06-04
清雍正 青花缠枝花卉纹碗	直径23.7cm	345,950	纽约佳士得	2017-03-17
清雍正 青花缠枝花卉纹印泥盒	直径7cm	943,000	北京中汉	2017-05-21
清雍正 青花缠枝花卉纹折腰碗		172,975	纽约苏富比	2017-03-18
清雍正 青花缠枝花卉纹轴头罐	高5cm	3,450,000	北京保利	2017-06-06
清雍正 青花缠枝葵花纹天字罐	直径21.5cm	23,000	中国嘉德	2017-09-02
清雍正 青花缠枝莲八宝纹碗	直径16cm	525,690	北京匡时	2017-04-03
清雍正 青花缠枝莲花卉灯笼尊	高25cm	1,725,000	北京保利	2017-12-19
清雍正 青花缠枝莲绳耳尊	高20cm	207,000	中贸圣佳	2017-06-18
清雍正 青花缠枝莲托八宝高足碗	直径19cm	28,750	北京保利	2017-04-16
清雍正 青花缠枝莲托八吉祥大盘	直径45cm	575,000	北京保利	2017-11-05
清雍正 青花缠枝莲碗	直径15.6cm	11,500	北京保利	2017-04-16

拍品名称	物品尺寸	成交价RMB	拍卖公司	拍卖日期
清雍正 青花缠枝莲纹杯（一对）	直径7cm×2	575,000	大羿拍卖	2017-12-04
清雍正 青花缠枝莲纹大盘	直径27.5cm	63,250	中国嘉德	2017-03-31
清雍正 青花缠枝莲纹大碗	直径29.5cm	335,363	伦敦苏富比	2017-05-10
清雍正 青花缠枝莲纹罐	径27cm；高17.5cm	287,500	印千山	2017-03-30
清雍正 青花缠枝莲纹盘口瓶	高36.5cm	40,250	华艺国际	2017-08-27
清雍正 青花缠枝莲纹苹果尊	高19cm	28,750	华艺国际	2017-03-19
清雍正 青花缠枝莲纹卧足碗	直径15.3cm	264,500	中国嘉德	2017-09-02
清雍正 青花缠枝莲纹小罐	高8.2cm	35,705	纽约佳士得	2017-07-13
清雍正 青花缠枝莲纹小罐	高11cm	253,000	保利厦门	2017-06-26
清雍正 青花缠枝莲纹小罐（一对）	高11cm×2	504,662	北京匡时	2017-04-03
清雍正 青花缠枝莲纹印盒	直径5.4cm	11,500	中国嘉德	2017-09-02
清雍正 青花缠枝莲纹玉壶春瓶	高34.5cm	17,250	中国嘉德	2017-09-03
清雍正 青花缠枝牡丹纹盘		86,488	纽约苏富比	2017-03-14
清雍正 青花缠枝牵牛花纹四方倭角水盂（倭角尊）	高6cm	40,250	北京中汉	2017-06-17
清雍正 青花缠枝四季花卉纹双喜耳抱月瓶	高28.3cm	3,335,000	北京中汉	2017-12-19
清雍正 青花缠枝团寿西番莲龙凤纹折沿大盘	直径44.5cm	575,000	中贸圣佳	2017-09-04
清雍正 青花缠枝纹双耳尊	直径19.6cm	3,335,000	北京荣宝	2017-12-02
清雍正 青花缠枝西番莲纹盘	直径14.8cm	172,500	北京中汉	2017-05-21
清雍正 青花螭龙捧寿开光山水人物松鹿图砚屏	高23.5cm；宽21cm	851,000	中贸圣佳	2017-06-18
清雍正 青花穿花龙凤纹长颈瓶		172,975	纽约苏富比	2017-03-15
清雍正 青花淡描缠枝菊纹印盒	直径5.5cm	46,000	北京华辰	2017-06-05
清雍正 青花淡描缠枝西番莲纹小盘	直径15.1cm	195,880	香港中汉	2017-10 03
清雍正 青花淡描龙纹盘口瓶	高24.5cm	41,400	华艺国际	2017-03-19
清雍正 青花淡描人物纹莲子罐	高14cm	34,500	中国嘉德	2017-12-18
清雍正 青花淡描团花小碗（5件）	直径6.7cm	1,334,000	北京翰海	2017-06-04
清雍正 青花淡描云龙赶珠纹胆瓶	高19.6cm	17,250	北京中汉	2017-03-30
清雍正 青花矾红彩海浪纹九龙图大盘	直径47.5cm	14,950,000	北京保利	2017-06-06
清雍正 青花梵文碗	直径15.5cm	122,966	伦敦佳士得	2017-05-12
清雍正 青花梵文碗（一对）	直径9cm×2	690,000	大羿拍卖	2017-12-04
清雍正 青花梵文小杯	直径4.5cm	23,000	北京保利	2017-04-16
清雍正 青花仿古铜大壁瓶	高33cm	63,250	保利华谊	2017-12-08
清雍正 青花仿永宣暗刻龙纹碗	直径14.5cm	2,300,000	北京保利	2017-08-02
清雍正 青花凤纹小盘（一对）	直径8.2cm	57,500	中国嘉德	2017-12-18
清雍正 青花高士山水图钟式杯	直径9cm	290,648	伦敦苏富比	2017-05-10
清雍正 青花高仕图撇口瓶	高14cm	17,250	北京保利	2017-12-20
清雍正 青花瓜瓞连绵图瓜棱小瓶	高6.5cm	36,800	中国嘉德	2017-03-31
清雍正 青花海浪穿花飞凤纹夔凤耳大尊	高48.2cm	575,000	北京中汉	2017-12-19
清雍正 青花海水龙纹大碗	直径24.2cm	333,500	华艺国际	2017-08-27
清雍正 青花海水龙纹盘	直径15.7cm	28,750	八益拍卖	2017-04-22
清雍正 青花海水纹小瓶	高9cm	46,000	朵云轩	2017-06-26
清雍正 青花花卉盘（两件）	直径22cm	28,750	北京翰海	2017-01-08
清雍正 青花花卉蒜头瓶	直径17.5cm	230,000	上海敬华	2017-07-01
清雍正 青花花卉碗	直径9cm	28,750	北京翰海	2017-12-16
清雍正 青花花卉纹双系小罐	直径9.5cm	414,000	北京中汉	2017-06-17
清雍正 青花花卉小盘（一对）	直径13cm	92,000	北京保利	2017-12-20
清雍正 青花花鸟纹喜上枝头海棠式龙耳扁壶	高49.5cm	8,549,000	香港蘇富比	2017-10-03
清雍正 青花几何纹开光花卉折肩小罐	高7.5cm	253,000	北京保利	2017-06-07
清雍正 青花结带宝杵梵文盘	直径17.4cm	744,625	佳士得	2017-11-29

拍品名称	物品尺寸	成交价RMB	拍卖公司	拍卖日期
清雍正 青花九桃图盘	直径27.3cm	363,248	纽约佳士得	2017-03-17
清雍正 青花灵芝纹杯（一对）	直径7cm	17,250	华艺国际	2017-08-27
清雍正 青花灵芝纹花口大盘	口径40cm	97,750	西泠拍卖	2017-07-15
清雍正 青花龙凤纹盘	直径16.3cm	23,000	北京中汉	2017-03-30
清雍正 青花龙凤纹水盂	高3cm	43,700	北京匡时	2017-12-03
清雍正 青花龙纹碗	直径16.8cm	345,000	中国嘉德	2017-06-20
清雍正 青花龙纹小杯	直径6.5cm	25,300	华艺国际	2017-03-19
清雍正 青花龙纹折腰碗	直径17cm	1,380,000	北京保利	2017-08-02
清雍正 青花牵牛花纹盘	直径19cm	11,500	北京保利	2017-11-05
清雍正 青花忍冬纹杯	直径6.7cm	230,000	北京中汉	2017-05-21
清雍正 青花忍冬纹小杯	直径6.7cm	184,000	中贸圣佳	2017-06-18
清雍正 青花忍冬纹小杯	直径7.2cm	241,500	北京中汉	2017-12-19
清雍正 青花瑞果纹抱月瓶	高33.5cm	632,500	华艺国际	2017-11-25
清雍正 青花瑞兽图铺首耳衔环瓶		207,570	纽约苏富比	2017-03-15
清雍正 青花三友报喜笔筒	高14cm	556,875	香港苏富比	2017-04-05
清雍正 青花山水大缸	直径60cm	287,500	北京保利	2017-08-02
清雍正 青花山水人物纹小缸	直径22.7cm	71,300	中国嘉德	2017-03-31
清雍正 青花山水人物纹小琵琶尊	高21.3cm	13,800	中国嘉德	2017-09-03
清雍正 青花山水纹钵式小卷缸	高16.5cm	51,750	中贸圣佳	2017-09-04
清雍正 青花绳串铜钱纹大瓶	高50cm	274,232	北京匡时	2017-10-02
清雍正 青花石榴纹葫芦绶带扁壶	高29.5cm	299,000	保利华谊	2017-12-08
清雍正 青花寿山福海图小盘	盒直径10.9cm	77,839	纽约佳士得	2017-03-17
清雍正 青花寿石花蝶图盘（一对）	直径21cm×2	2,530,000	北京保利	2017-06-06
清雍正 青花双凤纹盘	直径16.2cm	325,763	伦敦佳士得	2017-11-07
清雍正 青花双龙赶珠纹碗	直径9.5cm	744,625	佳士得	2017-11-29
清雍正 青花松鹿纹盘	直径12.5cm	184,000	北京匡时	2017-12-03
清雍正 青花松竹梅纹碗	直径11.5cm	17,250	保利厦门	2017-06-26
清雍正 青花松竹梅小罐	高5cm	1,150,000	北京保利	2017-08-02
清雍正 青花岁寒三友笔筒	高13.8cm	74,750	华艺国际	2017-03-19
清雍正 青花岁寒三友笔筒	直径19cm	48,300	北京保利	2017-11-05
清雍正 青花岁寒三友图盘	直径15.6cm	86,250	北京诚轩	2017-06-20
清雍正 青花岁寒三友纹梅瓶	高22cm	977,500	北京华辰	2017-06-05
清雍正 青花岁寒三友纹鸟食罐	直径8.6cm	11,500	北京中汉	2017-06-17
清雍正 青花岁寒三友纹小罐	高7cm	747,500	北京匡时	2017-06-04
清雍正 青花岁寒三友纹小罐	高6.5cm	575,000	北京中汉	2017-05-21
清雍正 青花庭园仕女图岁寒三友纹碗	直径19.2cm	62,250	佳士得	2017-10-02
清雍正 青花庭院仕女大碗	直径18.5cm	34,500	北京保利	2017-11-04
清雍正 青花团花纹碗	直径11.4cm	744,625	佳士得	2017-11-29
清雍正 青花团花卧足碗（两件）	直径12cm	437,000	北京翰海	2017-12-16
清雍正 青花团菊纹罐	高11.3cm	368,000	北京诚轩	2017-06-20
清雍正 青花西番莲纹盘（一对）	直径15cm×2	460,000	华艺国际	2017-11-25
清雍正 青花祥云龙凤纹胆瓶	高46.5cm	32,200	中贸圣佳	2017-06-18
清雍正 青花渔乐图瓶	高23.5cm	17,250	中国嘉德	2017-09-03
清雍正 青花云凤纹盘	直径21cm	34,500	北京华辰	2017-06-05
清雍正 青花云鹤折腰碗	直径9.3cm	184,000	北京翰海	2017-12-16
清雍正 青花云龙纹斗笠碗	直径20.2cm	55,200	中国嘉德	2017-09-03
清雍正 青花云龙纹盖钵	高10.6cm	2,070,000	中贸圣佳	2017-06-18
清雍正 青花云龙纹碗	直径19cm	17,250	北京翰海	2017-12-16
清雍正 青花云龙纹折沿碗	直径26cm	414,000	北京翰海	2017-06-04
清雍正 青花折枝花卉纹碗	径20.3cm	29,900	印千山	2017-03-30
清雍正 青花折枝花卉杂宝纹杯	直径7.8cm	11,500	北京中汉	2017-03-30
清雍正 青花折枝瑞果纹太白尊	高24.5cm	115,000	华艺国际	2017-05-27
清雍正 青花折枝三多茶叶瓶	高25.5cm	3,220,000	北京保利	2017-06-07
清雍正 双圈青花九龙纹酒杯	直径5.6cm	554,375	佳士得	2017-05-31

拍品名称	物品尺寸	成交价RMB	拍卖公司	拍卖日期
清雍正 外青花江崖海水瑞兽内梵文小高足杯	直径8cm	25,300	北京中汉	2017-03-30
清雍正 御窑青花缠枝莲纹印盒	直径7cm	1,495,000	上海明轩	2017-06-30
清雍正 青花花鸟玉壶春瓶	高27cm	78,200	北京翰海	2017-01-08
清雍正/乾隆 青花缠枝莲纹梅瓶	高36.5cm	172,500	中贸圣佳	2017-06-18
清雍正/乾隆 青花缠枝西番莲纹豆	高12.6cm	86,250	中贸圣佳	2017-06-18
清雍正或更晚 青花缠枝莲纹小罐	高4.1cm	78,251	伦敦佳士得	2017-05-12
清雍正-乾隆 青花缠枝莲纹钵	直径15.2cm	149,500	中国嘉德	2017-09-02
清雍正—乾隆 青花反白刻海水龙纹大天球瓶	高60.7cm	460,000	北京保利	2017-12-19
乾隆 青花缠枝莲四系瓶	高21cm	136,200	印千山	2017-07-09
清乾隆 “庆宜堂制”青花胭脂彩云龙纹画轴（一对）	口径4.2cm；高6.3cm	207,000	西泠拍卖	2017-07-15
清乾隆 豆青青花洗	直径23.5cm	17,250	华艺国际	2017-08-27
清乾隆 仿嘉靖青花云龙纹碗	直径14.3cm	66,700	中国嘉德	2017-03-31
清乾隆 仿宣德青花锦纹壮罐	高24.5cm	92,000	八益拍卖	2017-04-22
清乾隆 仿宣德青花婴戏图碗	直径15.2cm	69,000	北京保利	2017-06-08
清乾隆 仿永乐青花花卉纹壮罐	高22.8cm	97,750	中国嘉德	2017-09-02
清乾隆 黄底青花缠枝花卉纹花壶	口径5cm；底径6.2cm；高19cm	3,960,466	荣盛国际	2017-06-29
清乾隆 黄地青花花卉纹折沿碗	直径26cm	1,380,341	纽约佳士得	2017-03-17
清乾隆 黄地青花九桃盘	直径27cm	776,125	佳士得	2017-05-31
清乾隆 黄地青花三多纹花大碗	直径21.4cm	13,800	中国嘉德	2017-03-31
清乾隆 浆胎青花棋子印盒	直径3.4cm	46,000	北京保利	2017-12-19
清乾隆 青花“福禄万代”盘	直径20cm	92,000	北京荣宝	2017-09-24
清乾隆 青花“青白礼贵”鱼藻纹斗笠碗	直径18.2cm	241,500	中国嘉德	2017-09-02
清乾隆 青花安居乐业图兽钮盖盒连托盘	盒长34.5cm；盘长37.5cm	11,500	中国嘉德	2017-09-03
清乾隆 青花暗八仙八宝纹瓶	高40.5cm	32,200	中国嘉德	2017-09-03
清乾隆 青花八宝纹高足碗	口径13cm	92,000	北京华辰	2017-12-17
清乾隆 青花八吉祥纹蚕壶	直径16.5cm	195,500	北京中汉	2017-09-01
清乾隆 青花八吉祥纹双耳扁壶	34.5cm	778,125	香港蘇富比	2017-10-03
清乾隆 青花八吉祥折腰碗	直径19.7cm	25,300	北京保利	2017-06-08
清乾隆 青花八仙过海图碗（一对）	19.5cm；20.3cm	55,894	伦敦苏富比	2017-05-10
清乾隆 青花八仙人物碗	直径15cm	43,700	北京翰海	2017-12-16
清乾隆 青花八仙图小碗	直径10.8cm	63,250	中国嘉德	2017-03-31
清乾隆 青花八仙碗（一对）	直径14.9cm	920,000	北京荣宝	2017-12-02
清乾隆 青花并蒂莲纹罐	高16.7cm	690,000	北京匡时	2017-12-03
清乾隆 青花缠枝番莲纹梵文高足杯（一对）	高9.9cm	144,788	佳士得	2017-04-04
清乾隆 青花缠枝花卉海浪纹折肩贯耳尊	高51.1cm	5,175,000	北京中汉	2017-06-17
清乾隆 青花缠枝花卉铺首尊	高25.5cm	88,766	中濠典藏	2017-05-23
清乾隆 青花缠枝花卉双耳壁瓶	高18cm	11,500	北京保利	2017-11-04
清乾隆 青花缠枝花卉双耳瓶	高22.5cm	6,900,000	观唐皕榷	2017-01-11
清乾隆 青花缠枝花卉纹盖罐（一对）	高12.5cm×2	816,500	北京匡时	2017-12-03
清乾隆 青花缠枝花卉纹贯耳方壶	高39cm	8,050,000	上海匡时	2017-11-05
清乾隆 青花缠枝花卉纹贯耳瓶	高19.3cm	1,245,000	香港蘇富比	2017-10-03
清乾隆 青花缠枝花卉纹六方贯耳瓶	高46cm	218,500	北京华辰	2017-06-05
清乾隆 青花缠枝花卉纹盘（一对）	直径16.3cm	23,000	中国嘉德	2017-03-31
清乾隆 青花缠枝花卉纹盘（一对）	直径19cm	69,000	北京保利	2017-04-17
清乾隆 青花缠枝花卉纹铺首耳壶	高25cm	1,330,500	佳士得	2017-05-31

拍品名称	物品尺寸	成交价RMB	拍卖公司	拍卖日期
清乾隆 青花缠枝花卉纹赏瓶	高37cm	1,725,000	观唐皕榷	2017-01-11
清乾隆 青花缠枝花卉纹水盂	宽9cm	736,000	保利厦门	2017-06-25
清乾隆 青花缠枝花卉纹小盘（一对）	直径7.8cm	20,700	中国嘉德	2017-09-02
清乾隆 青花缠枝花卉纹玉壶春瓶	高24.7cm	46,000	北京华辰	2017-12-17
清乾隆 青花缠枝花卉纹奓斗	高8.5cm	518,925	纽约佳士得	2017-03-17
清乾隆 青花缠枝花卉纹长颈瓶	高17cm	11,500	中拍国际	2017-06-04
清乾隆 青花缠枝花卉纹折沿花盆	直径60cm	253,000	北京中汉	2017-06-17
清乾隆 青花缠枝花小碗（一对）	直径9.8cm	460,000	中国嘉德	2017-12-18
清乾隆 青花缠枝菊纹寿字碗	直径24cm	115,000	北京匡时	2017-12-03
清乾隆 青花缠枝夔凤纹天球瓶	高59.2cm	8,625,000	北京东正	2017-06-08
清乾隆 青花缠枝连蕉叶纹辅首尊	高37cm	78,200	上海大众	2017-06-24
清乾隆 青花缠枝莲梵文高足碗	直径16cm	332,000	香港蘇富比	2017-10-03
清乾隆 青花缠枝莲高足杯	高13.5cm	201,250	北京保利	2017-04-16
清乾隆 青花缠枝莲海水纹高足盘	高9.4cm；直径（口）16.2cm	92,000	浙江佳宝	2017-07-23
清乾隆 青花缠枝莲海水纹壮罐	高28.3cm；口径12.8cm	632,500	西泠拍卖	2017-07-15
清乾隆 青花缠枝莲将军罐	高65cm	115,000	北京保利	2017-11-04
清乾隆 青花缠枝莲六蝠纹镇纸	高9cm；直径12.5cm	103,500	保利厦门	2017-06-26
清乾隆 青花缠枝莲盘口瓶	高37cm	14,950	北京保利	2017-04-16
清乾隆 青花缠枝莲山高水长寿字盘（一对）	直径10.4cm	40,250	中国嘉德	2017-06-19
清乾隆 青花缠枝莲双龙耳扁壶	高44.5cm	20,003,000	香港蘇富比	2017-10-03
清乾隆 青花缠枝莲托八宝盉壶	高27.5cm	460,000	北京东正	2017-06-08
清乾隆 青花缠枝莲托八宝开光万寿无疆大碗	直径18.3cm	115,000	中国嘉德	2017-09-02
清乾隆 青花缠枝莲托八宝碗	直径14.5cm	28,750	北京保利	2017-04-16
清乾隆 青花缠枝莲托八宝万寿无疆纹碗（一对）	直径18cm×2	241,500	北京匡时	2017-06-04
清乾隆 青花缠枝莲托八宝纹大碗	直径25.6cm	36,800	中国嘉德	2017-03-31
清乾隆 青花缠枝莲托八宝纹碗	直径25.5cm	529,000	保利厦门	2017-06-26
清乾隆 青花缠枝莲托八宝纹碗	直径26cm	117,528	北京匡时	2017-10-02
清乾隆 青花缠枝莲托梵文高足杯	高9cm	28,750	中国嘉德	2017-03-31
清乾隆 青花缠枝莲托梵文高足碗	高10.5cm；直径10.5cm	184,000	保利厦门	2017-06-26
清乾隆 青花缠枝莲纹瓷塔（一对）	尺寸不一	253,000	中贸圣佳	2017-09-04
清乾隆 青花缠枝莲纹大盘	直径37cm	63,250	北京保利	2017-04-16
清乾隆 青花缠枝莲纹胆瓶	高39.5cm	40,250	中国嘉德	2017-09-02
清乾隆 青花缠枝莲纹胆瓶	高40.5cm	69,000	西泠拍卖	2017-07-15
清乾隆 青花缠枝莲纹辅首尊	高25cm	230,000	北京保利	2017-11-04
清乾隆 青花缠枝莲纹高足杯	高8.3cm	32,200	华艺国际	2017-08-27
清乾隆 青花缠枝莲纹高足碗	高14.5cm	18,400	华艺国际	2017-08-27
清乾隆 青花缠枝莲纹卷缸	直径40.5cm	80,500	中贸圣佳	2017-09-04
清乾隆 青花缠枝莲纹卷缸	直径22.5cm	28,750	北京宣石	2017-12-03
清乾隆 青花缠枝莲纹夔龙耳抱月瓶	高46cm	1,610,000	中国嘉德	2017-12-18
清乾隆 青花缠枝莲纹六方贯耳瓶	高45.8cm	2,645,000	北京匡时	2017-06-04
清乾隆 青花缠枝莲纹盘	直径15.3cm	28,750	中国嘉德	2017-03-31
清乾隆 青花缠枝莲纹铺首尊	高26cm	333,500	北京华辰	2017-12-17
清乾隆 青花缠枝莲纹赏瓶	高38cm	1,840,000	北京东正	2017-06-08
清乾隆 青花缠枝莲纹赏瓶	高34cm	92,000	北京中汉	2017-09-01
清乾隆 青花缠枝莲纹赏瓶	高38.5cm	138,000	北京保利	2017-06-08
清乾隆 青花缠枝莲纹赏瓶	高37cm	1,150,000	保利厦门	2017-06-26
清乾隆 青花缠枝莲纹赏瓶	高37cm	920,000	保利厦门	2017-06-26
清乾隆 青花缠枝莲纹赏瓶（带座）	高32.5cm	40,250	华艺国际	2017-08-27
清乾隆 青花缠枝莲纹兽首壁瓶	高16.5cm	10,859	伦敦佳士得	2017-11-07
清乾隆 青花缠枝莲纹双耳扁壶	高51cm	2,530,000	北京保利	2017-12-19
清乾隆 青花缠枝莲纹卧足杯（一对）	直径8.3cm×2	109,250	北京诚轩	2017-06-20
清乾隆 青花缠枝莲纹杏圆开光福寿图双耳扁壶	高24cm	558,938	伦敦苏富比	2017-05-10
清乾隆 青花缠枝莲纹杏圆开光式福寿双耳扁壶	高24cm	122,966	伦敦苏富比	2017-05-10
清乾隆 青花缠枝莲纹绣墩	高23.5cm	80,500	北京华辰	2017-12-17
清乾隆 青花缠枝莲纹玉堂春瓶	高38.5cm	322,000	北京中汉	2017-12-19
清乾隆 青花缠枝牡丹双耳尊	高45.5cm	69,000	八益拍卖	2017-09-24
清乾隆 青花螭龙穿花暗八仙纹四方穿带贯耳瓶	高33.4cm	78,200	北京中汉	2017-06-17
清乾隆 青花穿莲龙纹长颈胆瓶	高46cm	43,692,413	香港苏富比	2017-04-05
清乾隆 青花洞石芭蕉纹玉壶春瓶	高29cm	1,380,000	大羿拍卖	2017-12-04
清乾隆 青花对头凤纹盘	直径16.5cm	43,700	北京中汉	2017-06-17
清乾隆 青花矾红海水龙纹盘	口径17.2cm	109,250	北京华辰	2017-12-17
清乾隆 青花梵文八吉祥高足杯（两件）	直径7.8cm	345,000	北京翰海	2017-12-16
清乾隆 青花梵文高足杯	直径10.8cm	69,000	中国嘉德	2017-12-18
清乾隆 青花佛八宝缠枝莲纹贯耳尊	高36cm	74,750	西泠拍卖	2017-07-15
清乾隆 青花福寿碗	直径24.5cm	48,300	北京翰海	2017-12-16
清乾隆 青花福寿纹抱月瓶	高24cm	18,400	华艺国际	2017-08-27
清乾隆 青花赶珠龙纹盘 一对		164,326	纽约苏富比	2017-03-14
清乾隆 青花赶珠龙纹盘（一对）	直径17cm	172,500	上海嘉禾	2017-07-01
清乾隆 青花海八怪碗（一对）	径21cm×2	113,500	印千山	2017-07-09
清乾隆 青花海水福寿碗	直径21.8cm	34,500	八益拍卖	2017-09-24
清乾隆 青花海水龙纹缸	直径21.5cm	1,725,000	北京保利	2017-08-02
清乾隆 青花海水龙纹缸	直径21.5cm	977,500	北京保利	2017-08-02
清乾隆 青花海水龙纹盘	直径17.6cm	11,500	中国嘉德	2017-09-03
清乾隆 青花海水龙纹盘		86,488	纽约苏富比	2017-03-18
清乾隆 青花海水龙纹盘	直径17.2cm	51,750	北京保利	2017-06-08
清乾隆 青花海水纹龙盘	直径17.5cm	80,500	上海嘉禾	2017-07-01
清乾隆 青花海水游龙纹碗（一对）	13.4cm	423,225	香港苏富比	2017-04-05
清乾隆 青花海水云龙纹缸	高13.5cm	230,000	北京翰海	2017-12-16
清乾隆 青花海水云龙纹高足盘	高22.8cm	230,000	朵云轩	2017-06-26
清乾隆 青花花卉八吉祥万寿无疆碗	直径18.3cm	172,500	北京翰海	2017-12-16
清乾隆 青花花卉八吉祥万寿无疆碗	直径18.5cm	74,750	北京翰海	2017-12-16
清乾隆 青花花卉梵文高足杯	直径7cm	25,300	北京翰海	2017-12-16
清乾隆 青花花卉梵文高足杯	直径9.5cm	23,000	北京翰海	2017-12-16
清乾隆 青花花卉九桃纹盘	直径27.3cm	322,000	北京翰海	2017-12-16
清乾隆 青花花卉赏瓶	高37.7cm	31,050	北京保利	2017-04-16
清乾隆 青花花卉纹琮式瓶 青花花瓣型盏（各一）	高15.8cm；宽11cm	48,300	中国嘉德	2017-12-18
清乾隆 青花花卉纹瓶	高14cm	45,607	伦敦佳士得	2017-11-07
清乾隆 青花花鸟纹大盘	直径35.6cm	17,250	中国嘉德	2017-03-31
清乾隆 青花江崖海水云鹤纹爵托	直径16.5cm	103,785	纽约佳士得	2017-03-17
清乾隆 青花锦地纹壮罐	高22.5cm	92,000	保利厦门	2017-06-26
清乾隆 青花净瓶观音立像	高50cm	483,000	北京东正	2017-12-09
清乾隆 青花九桃盘	直径26.3cm	269,750	佳士得	2017-10-02
清乾隆 青花九桃纹盘	直径27cm	184,599	伦敦佳士得	2017-11-07
清乾隆 青花开光折枝花果纹执壶	高26cm	2,185,000	华艺国际	2017-11-25
清乾隆 青花夔凤纹暖盘	口径24.5cm	78,200	西泠拍卖	2017-07-15
清乾隆 青花夔凤五蝠模印莲花尊	高32cm	4,370,000	北京保利	2017-12-18
清乾隆 青花夔龙纹杯（三件）	直径7cm	25,300	北京翰海	2017-12-16
清乾隆 青花莲托八宝纹大碗	直径26cm	69,000	中贸圣佳	2017-09-04

(成交价RMB：1万元以上)

拍品名称	物品尺寸	成交价RMB	拍卖公司	拍卖日期
清乾隆 青花莲托八宝纹高足碗	直径28.5cm	195,500	华艺国际	2017-05-27
清乾隆 青花莲托八宝纹碗	直径14.2cm	11,500	中国嘉德	2017-09-03
清乾隆 青花莲托八宝纹烛台（一对）	高29cm	207,000	北京华辰	2017-06-05
清乾隆 青花莲托八吉祥福禄万代纹碗（一对）	直径17.9cm	322,000	北京中汉	2017-06-17
清乾隆 青花莲托八吉祥内开光"万寿无疆"纹碗	直径18.4cm	57,500	北京中汉	2017-09-01
清乾隆 青花莲托八吉祥纹高足碗（一对）	直径18.4cm	401,554	香港中汉	2017-10-03
清乾隆 青花莲纹盘（一对）	直径16cm	29,382	中国嘉德	2017-10-02
清乾隆 青花灵芝花卉万寿小瓶（一对）	高13.5cm	1,035,000	中国嘉德	2017-12-18
清乾隆 青花留白龙纹盘	直径18cm	34,500	北京保利	2017-12-20
清乾隆 青花留白云龙纹盘	直径25.5cm	69,000	北京保利	2017-06-08
清乾隆 青花留白云龙纹碗	口径13.3cm	115,000	西泠拍卖	2017-07-15
清乾隆 青花龙凤云蝠纹鸠耳方壶	宽37.3cm	39,682,913	香港苏富比	2017-04-05
清乾隆 青花龙纹画轴（一对）	高5cm×2	13,800	北京匡时	2017-03-30
清乾隆 青花龙纹炉	直径21cm	17,250	北京保利	2017-04-16
清乾隆 青花龙纹盘	直径16.8cm	14,950	华艺国际	2017-03-19
清乾隆 青花龙纹盘	直径19.5cm	115,000	北京保利	2017-04-16
清乾隆 青花龙纹碗	直径16.9cm	179,096	中濠典藏	2017-05-23
清乾隆 青花龙纹碗	直径16.7cm	172,500	北京保利	2017-06-08
清乾隆 青花龙纹小碗	直径10.2cm	126,500	中国嘉德	2017-12-18
清乾隆 青花龙纹折腰碗	直径17.2cm	101,200	北京匡时	2017-12-03
清乾隆 青花内岁寒三友图外仕女婴戏图盘（一对）	直径18cm	138,000	中国嘉德	2017-03-31
清乾隆 青花柠檬黄地暗刻莲托八吉祥纹双如意耳尊	高32.1cm	5,435,670	香港中汉	2017-10-03
清乾隆 青花盘	直径16cm	51,750	中国嘉德	2017-06-19
清乾隆 青花人物山水图碗	直径19cm	44,715	伦敦苏富比	2017-05-10
清乾隆 青花如意莲瓣缠枝西番莲纹放大纸锤瓶	高61.5cm	5,807,500	中贸圣佳	2017-06-18
清乾隆 青花三多纹杯（一对）	口径8.5cm；高5cm	23,000	中拍国际	2017-06-04
清乾隆 青花三清诗文茶碗	直径10.7cm	69,000	北京中汉	2017-06-17
清乾隆 青花山水壶	宽16.5cm	34,500	北京保利	2017-04-16
清乾隆 青花山水楼阁图大灯笼瓶	高39.6cm	40,250	中国嘉德	2017-09-02
清乾隆 青花山水人物图卷缸	直径23.8cm	34,500	华艺国际	2017-03-19
清乾隆 青花山水人物纹笔筒	直径18cm	69,000	中国嘉德	2017-12-18
清乾隆 青花狮子纹兽衔环蒜头瓶	高25cm	4,299,934	荣盛国际	2017-06-29
清乾隆 青花十八学仕/八仙过海图双龙耳方瓶	高52.5cm	1,322,500	观唐皕榷	2017-01-12
清乾隆 青花十字宝杵八吉祥纹铴锣洗	直径19.5cm	97,750	北京中汉	2017-06-17
清乾隆 青花寿字斗笠碗	直径18.5cm	17,250	中国嘉德	2017-09-03
清乾隆 青花双凤纹盘	直径16.5cm	13,800	中贸圣佳	2017-09-04
清乾隆 青花双凤纹小盘（一组九件）	直径16.5cm	521,220	伦敦佳士得	2017-11-07
清乾隆 青花双龙捧寿铺首衔环瓶	高38cm	34,500	中国嘉德	2017-06-19
清乾隆 青花双龙饮弦纹瓶	高30.5cm	3,795,000	观唐皕榷	2017-01-11
清乾隆 青花双兽耳衔环方尊	高41cm	184,000	北京保利	2017-11-04
清乾隆 青花松石寿鹿图大橄榄瓶	高67.2cm	3,450,000	中国嘉德	2017-12-18
清乾隆 青花岁寒三友盘（一对）	高18cm×2	404,625	香港蘇富比	2017-10-03
清乾隆青花岁寒三友纹盘（一对）	直径18.2cm×2	111,788	伦敦苏富比	2017-05-10
清乾隆 青花岁寒三友纹盘（一对）	直径18.1cm×2	598,000	北京匡时	2017-06-04
清乾隆 青花太极八卦纹镗锣洗	直径15.6cm	138,000	北京中汉	2017-12-19
清乾隆 青花太极八卦折枝莲纹香盘	直径15.7cm	115,000	中国嘉德	2017-09-02

拍品名称	物品尺寸	成交价RMB	拍卖公司	拍卖日期
清乾隆 青花庭院竹石芭蕉图玉壶春瓶	高28.4cm	207,000	北京中汉	2017-09-01
清乾隆 青花团花马蹄碗	直径15cm	48,300	北京翰海	2017-12-16
清乾隆 青花团花马蹄碗	直径15.5cm	43,700	北京翰海	2017-12-16
清乾隆 青花万寿无疆碗	直径18cm	172,500	北京保利	2017-04-16
清乾隆 青花万寿无疆纹碗	直径18.5cm	109,250	中国嘉德	2017-12-18
清乾隆 青花万寿无疆纹碗	直径18cm	161,000	太平洋	2017-03-30
清乾隆 青花万寿无强铭文碗	直径18.3cm	187,974	中濠典藏	2017-05-23
清乾隆 青花西番寿莲纹双如意耳葫芦瓶	高23.2cm	6,855,800	香港中汉	2017-10-03
清乾隆 青花胭脂红五福纹碗	直径17cm	71,300	北京中汉	2017-12-19
清乾隆 青花一把莲盘	直径15.2cm	259,463	纽约佳士得	2017-03-17
清乾隆 青花一束莲纹小盘	直径11.6cm	34,500	北京中汉	2017-09-01
清乾隆 青花婴戏图碗	直径15.5cm	77,839	纽约佳士得	2017-03-17
清乾隆 青花婴戏碗	高7.5cm	552,000	观唐皕榷	2017-01-12
清乾隆 青花婴戏碗	直径15cm	575,000	北京保利	2017-04-16
清乾隆 青花鹰形壁瓶	长40cm	247,250	上海嘉禾	2017-07-01
清乾隆 青花应龙穿花纹大盘	直径50.8cm	2,185,000	保利厦门	2017-06-25
清乾隆 青花云龙赶珠纹盘	直径16.9cm	59,800	北京中汉	2017-12-19
清乾隆 青花云龙赶珠纹盘	直径16.5cm	48,300	北京中汉	2017-09-01
清乾隆 青花云龙吐珠台	板71.8cm×38cm；枱80.7cm×46.5cm；高49.2cm	665,992	北京匡时	2017-10-02
清乾隆 青花云龙纹盖盒	直径34cm	1,725,000	大羿拍卖	2017-12-04
清乾隆 青花云龙纹缸	直径21.5cm	437,000	观唐皕榷	2017-01-11
清乾隆 青花云龙纹罐	高49.2cm	147,193	保利香港	2017-04-04
清乾隆 青花云龙纹盘	直径16.6cm	36,800	中国嘉德	2017-09-03
清乾隆 青花云龙纹盘	直径16.5cm	51,750	大羿拍卖	2017-12-04
清乾隆 青花云龙纹盘	直径17cm	36,800	保利厦门	2017-06-26
清乾隆 青花云龙纹盘	直径16.8cm	28,750	八益拍卖	2017-09-24
清乾隆 青花云龙纹盘（两件）	直径16cm	34,500	北京翰海	2017-06-04
清乾隆 青花云龙纹碗	直径14cm	69,000	北京匡时	2017-06-04
清乾隆 青花云龙纹碗（一对）		259,463	纽约苏富比	2017-03-15
清乾隆 青花云龙纹印盒	直径7cm	184,000	北京保利	2017-12-19
清乾隆 青花云龙纹锥把瓶	高52cm	977,500	北京翰海	2017-12-16
清乾隆 青花云龙戏珠纹折沿盆	40.4cm	830,000	香港蘇富比	2017-10-03
清乾隆 青花折枝花果纹六方大瓶	高66.5cm	11,752,800	保利香港	2017-10-02
清乾隆 青花折枝花果纹六方瓶	65cm	9,047,000	香港蘇富比	2017-10-03
清乾隆 青花折枝花果纹六方尊	高67cm	14,375,000	大羿拍卖	2017-12-04
清乾隆 青花折枝花果纹梅瓶	高31.5cm	4,887,500	观唐皕榷	2017-01-11
清乾隆 青花折枝花果纹梅瓶	高34.5cm	368,000	中国嘉德	2017-12-21
清乾隆 青花折枝花果纹蒜头瓶	高28.5cm	966,000	北京诚轩	2017-06-20
清乾隆 青花竹石芭蕉图玉壶春瓶	高28.2cm	736,000	北京诚轩	2017-06-20
清乾隆 青花竹石芭蕉纹玉壶春瓶	高28.5cm	1,840,000	保利厦门	2017-06-26
清乾隆 青花竹石芭蕉玉壶春	高28cm	575,000	北京保利	2017-08-02
清乾隆 青花竹石芭蕉玉壶春瓶	高29cm	517,500	北京保利	2017-04-16
清乾隆 青花烛台（一对）	高17.3cm	115,000	中国嘉德	2017-06-19
清乾隆 外青花缠枝花纹内青花釉里红鱼藻纹八棱洗	高2cm；直径7.3cm	83,249	北京匡时	2017-10-02
清乾隆 御制青花八吉祥缠枝莲纹烛台（一对）	高63cm×2	4,025,000	北京保利	2017-06-06
清乾隆、道光、同治 各式青花、粉彩、蓝地描金盘（4件）	尺寸不一	28,750	北京保利	2017-06-08
清乾隆丁巳年（1737）青花般若波罗蜜多心经罗汉盖钵	宽19cm	1,649,820	佳士得	2017-05-31
清乾隆—嘉庆 青花九龙穿花瓷板挂屏	长43cm×44cm	69,000	北京保利	2017-12-20
清乾隆早期 青花八卦云鹤纹碗	直径12cm	138,000	中国嘉德	2017-03-31

拍品名称	物品尺寸	成交价RMB	拍卖公司	拍卖日期
清乾隆早期 唐英自用青花缠枝花卉纹烛台	高18.8cm	862,500	中国嘉德	2017-03-31
清嘉庆 淡描青花夔凤穿花纹盘	直径19cm	74,750	北京中汉	2017-09-01
清嘉庆 豆青釉青花彝	直径40cm	92,000	北京华辰	2017-12-17
清嘉庆 蓝地青花云龙盘	直径25.5cm	57,500	北京保利	2017-06-08
清嘉庆 青花八宝纹烛台	高13cm	97,750	八益拍卖	2017-09-24
清嘉庆 青花八卦云鹤纹碗	直径14.1cm	57,500	北京中汉	2017-05-21
清嘉庆 青花八仙人物纹四方倭角碗（一对）	长20.3cm	17,250	广东崇正	2017-06-15
清嘉庆 青花缠枝八吉祥番莲纹三足炉	直径22.5cm	638,250	佳士得	2017-11-29
清嘉庆 青花缠枝花卉将军罐（一对）	高58cm	69,000	北京保利	2017-04-16
清嘉庆 青花缠枝花卉碗（两件）	直径16.7cm	161,000	北京翰海	2017-12-16
清嘉庆 青花缠枝花卉纹碗（一对）	直径16.5cm	138,000	中国嘉德	2017-06-19
清嘉庆 青花缠枝花卉纹小天球瓶	高9cm	17,250	北京华辰	2017-12-17
清嘉庆 青花缠枝牡丹蝠纹大碗（一对）	直径22.7cm	11,500	中国嘉德	2017-03-31
清嘉庆 青花缠枝苜蓿花纹碗	直径15.4cm	13,800	中国嘉德	2017-03-31
清嘉庆 青花龙纹盘	直径17cm	34,500	中国嘉德	2017-06-19
清嘉庆 青花龙纹盘	口径19.8cm	138,000	西泠拍卖	2017-07-15
清嘉庆 青花人物诗文双系扁壶	高19.8cm	34,500	北京保利	2017-12-20
清嘉庆 青花三清御题茶碗	直径11cm	402,500	北京保利	2017-06-07
清嘉庆 青花山水人物纹托盘	35cm×28cm	57,500	中国嘉德	2017-06-19
清嘉庆 青花双凤纹盘	直径16.3cm	17,250	中国嘉德	2017-03-31
清嘉庆青花岁寒三友纹盘（一对）	直径18cm×2	345,000	北京匡时	2017-06-04
清嘉庆 青花万寿无疆纹碗	口径18cm	46,000	西泠拍卖	2017-07-15
清嘉庆 青花婴戏图碗（一对）	直径15.5cm×2	347,480	伦敦佳士得	2017-11-07
清嘉庆 青花御题诗缠枝莲纹海棠形洗	长16cm	356,500	北京中汉	2017-12-19
清道光 仿嘉靖青花云龙纹碗	直径14.5cm	63,250	中国嘉德	2017-03-31
清道光 仿嘉靖青花云龙纹碗（一对）	直径14.5cm	105,800	中国嘉德	2017-09-02
清道光 仿永乐青花缠枝苜蓿花纹碗（一对）	直径15cm	161,000	中国嘉德	2017-09-02
清道光 青花“一束莲”纹盘（一对）	口径11.3cm	69,000	北京华辰	2017-12-17
清道光 青花暗八仙纹折腰碗		82,163	纽约苏富比	2017-03-18
清道光 青花八宝纹小杯（一对）	直径7.2cm	34,500	八益拍卖	2017-04-22
清道光 青花八寶纹碗（一对）	直径14.2cm	146,910	中国嘉德	2017-10-02
清道光 青花八卦云鹤纹碗	直径13.7cm	89,700	北京翰海	2017-06-04
清道光 青花八仙过海图碗	直径10.8cm	109,327	香港苏富比	2017-06-01
清道光 青花八仙人物碗	直径15cm	63,250	北京翰海	2017-12-16
清道光 青花八仙人物碗（一对）	直径15cm	184,000	北京保利	2017-12-20
清道光 青花八仙人物碗（一对）	直径15cm；高6cm	57,500	北京宣石	2017-05-21
清道光 青花八仙图大碗	直径22.3cm	17,250	中国嘉德	2017-03-31
清道光 青花缠枝花卉碗	直径16.5cm	34,500	北京翰海	2017-12-16
清道光 青花缠枝花卉纹大盘	直径27.3cm	40,250	北京保利	2017-06-08
清道光 青花缠枝花卉纹盘	直径14cm	34,500	北京华辰	2017-06-05
清道光 青花缠枝花卉纹盘	直径15.5cm	32,200	北京保利	2017-06-08
清道光 青花缠枝花卉纹双戟耳撇口瓶	高28.5cm	414,000	北京中汉	2017-09-01
清道光 青花缠枝花卉纹碗	直径16.5cm	28,750	北京保利	2017-12-20
清道光 青花缠枝花卉纹渣斗	高9cm	94,244	佳士得	2017-05-31
清道光 青花缠枝莲蝠纹喜字大碗	直径21cm	32,200	中国嘉德	2017-03-31
清道光 青花缠枝莲铺首尊	高17cm	26,450	北京保利	2017-04-16

拍品名称	物品尺寸	成交价RMB	拍卖公司	拍卖日期
清道光 青花缠枝莲花卉碗	直径16.5cm	34,500	上海嘉禾	2017-07-01
清道光 青花缠枝莲赏瓶	高37.5cm	1,725,000	北京保利	2017-08-02
清道光 青花缠枝莲桃蝠喜字大碗	直径21.2cm	55,200	中国嘉德	2017-09-02
清道光 青花缠枝莲托梵文高足杯	高8.5cm	69,000	北京中汉	2017-12-19
清道光 青花缠枝莲托梵文小酥油灯	直径9.1cm×高9.9cm	74,750	北京诚轩	2017-06-20
清道光 青花缠枝莲纹大盘	直径27.2cm	13,800	中国嘉德	2017-09-03
清道光 青花缠枝莲纹盖罐	高52cm	2,990,000	北京翰海	2017-06-04
清道光 青花缠枝莲纹盘	直径19.7cm	52,122	伦敦佳士得	2017-11-07
清道光 青花缠枝莲纹盘（一组六件）	直径19.4cm	130,305	伦敦佳士得	2017-11-07
清道光 青花缠枝莲纹赏瓶	高36.8cm	97,750	北京保利	2017-06-08
清道光 青花缠枝莲纹碗	直径16.8cm	25,300	中国嘉德	2017-03-31
清道光 青花缠枝莲纹碗	直径16.7cm	23,000	中国嘉德	2017-12-18
清道光 青花缠枝牡丹纹碗		30,271	纽约苏富比	2017-03-18
清道光 青花缠枝寿字盘	直径15.3cm	13,800	中国嘉德	2017-03-31
清道光 青花穿花凤纹大碗	直径23.2cm	17,250	中国嘉德	2017-03-31
清道光 青花穿花夔凤纹大碗	直径23.5cm	34,500	中国嘉德	2017-09-03
清道光 青花串枝花纸槌瓶	高30.4cm	518,750	香港蘇富比	2017-10-03
清道光 青花淡描八宝纹盘	直径22cm	17,250	北京华辰	2017-06-05
清道光 青花淡描花卉纹碗（一对）	直径12.2cm×2	80,500	北京荣宝	2017-09-24
清道光 青花地黄彩云龙纹盘	直径25.1cm	138,000	北京中汉	2017-12-19
清道光 青花地留白云龙赶珠纹盘	直径25.2cm	115,000	北京中汉	2017-09-01
清道光 青花梵文缠枝莲纹高足碗	高8.6cm	55,894	伦敦佳士得	2017-05-12
清道光 青花粉彩荷塘纹碗	直径14.5cm	104,666	中国嘉德	2017-05-30
清道光 青花福寿喜字碗	直径20.8cm	69,000	北京保利	2017-12-20
清道光 青花赶珠龙纹盘		64,866	纽约苏富比	2017-03-18
清道光 青花赶珠龙纹碗		51,893	纽约苏富比	2017-03-18
清道光 青花海水龙纹盘（两件）	直径17.7cm	138,000	北京翰海	2017-12-16
清道光 青花荷塘鸳鸯纹碗	直径16.8cm	205,674	中国嘉德	2017-10-02
清道光 青花花蝶罐	直径11cm	20,700	北京保利	2017-04-16
清道光 青花花卉碗	直径15cm	86,250	北京翰海	2017-12-16
清道光 青花花卉纹碗	直径15.2cm	46,000	北京华辰	2017-06-05
清道光 青花花卉纹碗（一组四件）	直径11.5cm	86,870	伦敦佳士得	2017-11-07
清道光 青花锦地纹壮罐	高22.6cm	143,750	北京中汉	2017-06-17
清道光 青花锦纹小罐		87,462	香港苏富比	2017-06-01
清道光 青花九龙呈瑞纹葫芦瓶	高29.5cm	1,567,040	香港中汉	2017-10-03
清道光 青花开光花卉纹抱月瓶	高23cm	851,250	印千山	2017-07-09
清道光 青花留白云龙纹碗	直径10.5cm	43,960	中国嘉德	2017-05-30
清道光 青花龙纹福寿碗	直径13cm	57,500	中国嘉德	2017-06-19
清道光 青花龙纹盘	直径17cm	66,700	中贸圣佳	2017-09-04
清道光 青花龙纹盘	径26.5cm	65,830	印千山	2017-07-09
清道光 青花龙纹盘	直径17cm	71,300	上海工美	2017-07-23
清道光 青花龙纹水盂	高7cm	138,000	保利华谊	2017-12-08
清道光 青花苜蓿纹碗（一对）	径12.5cm	13,800	印千山	2017-03-30
清道光 青花内外缠枝莲纹碗	直径13.5cm	11,500	华艺国际	2017-08-27
清道光 青花三多碗	直径15.3cm	48,300	北京翰海	2017-12-16
清道光 青花山水缸	直径43.5cm	23,000	北京保利	2017-11-04
清道光 青花山水人物方瓶	高45cm	11,500	北京保利	2017-04-16
清道光 青花山水人物双耳瓶	高39.5cm	11,500	北京保利	2017-12-20
清道光 青花山水人物象耳尊	高46cm	40,250	北京保利	2017-04-17
清道光 青花寿字纹盘（一对）	直径15cm×2	103,500	北京荣宝	2017-09-24
清道光 青花双凤纹大盘	直径25cm	45,607	伦敦佳士得	2017-11-07
清道光 青花双凤纹盘	直径26.8cm	63,250	中贸圣佳	2017-09-04
清道光 青花双凤纹盘	直径27cm	81,441	伦敦佳士得	2017-11-07
清道光 青花双凤纹盘	直径16.4cm	40,250	北京保利	2017-06-08

(成交价RMB：1万元以上)

拍品名称	物品尺寸	成交价RMB	拍卖公司	拍卖日期
清道光 青花双凤纹盘（一组四件）	直径26.7cm	184,599	伦敦佳士得	2017-11-07
清道光 青花双凤纹小盘（一组六件）	直径16.5cm	217,175	伦敦佳士得	2017-11-07
清道光 青花双龙捧寿高足碗	高16cm	32,200	北京保利	2017-04-16
清道光 青花双龙戏珠纹水盂	高5.2cm	80,500	广东崇正	2017-06-15
清道光 青花四季花卉瓶	高19cm	20,700	北京翰海	2017-12-16
清道光 青花岁寒三友纹盘（一对）	直径18cm×2	333,500	北京匡时	2017-06-04
清道光 青花岁寒三友纹水仙盆（一对）	26.4cm×13.9cm×2	506,000	北京匡时	2017-06-04
清道光 青花岁寒三友钟式碗	直径14cm	57,500	北京保利	2017-04-16
清道光 青花万寿无疆碗（一对）	直径18.4cm	293,186	伦敦佳士得	2017-11-07
清道光 青花无双谱诗文花口杯两件	直径8cm	57,500	北京华辰	2017-06-05
清道光 青花喜字碗	直径21cm	57,500	北京保利	2017-04-16
清道光 青花一把莲纹盘	直径11.6cm	57,500	北京中汉	2017-05-21
清道光 青花一束莲纹盘（一对）	直径11.5cm×2	103,500	北京诚轩	2017-06-20
清道光 青花婴戏图碗	口径15.8cm	74,750	西泠拍卖	2017-07-15
清道光 青花婴戏图碗	直径15.5cm	195,500	北京翰海	2017-12-16
清道光 青花婴戏图碗	直径15.6cm	126,500	北京保利	2017-12-20
清道光 青花婴戏图碗（两件）	直径15.7cm	264,500	北京翰海	2017-12-16
清道光 青花云凤纹盘		41,514	纽约苏富比	2017-03-18
清道光 青花云鹤八卦碗	直径13.8cm	57,500	北京翰海	2017-12-16
清道光 青花云龙纹罐	高21cm	80,500	西泠拍卖	2017-07-15
清道光 青花云龙纹海棠形水仙盆	长18.8cm	46,000	中国嘉德	2017-03-31
清道光 青花云龙纹盘	直径16.5cm	28,750	中国嘉德	2017-03-31
清道光 青花云龙纹盘	直径27.1cm	36,800	北京中汉	2017-12-19
清道光 青花云龙纹盘	直径17.5cm	34,500	北京保利	2017-04-16
清道光 青花云龙纹盘	直径17.2cm	32,200	北京保利	2017-06-08
清道光 青花云龙纹碗	直径14.6cm	36,800	北京中汉	2017-09-01
清道光 青花云龙纹碗（两件）	直径14.8cm	184,000	北京翰海	2017-12-16
清道光 青花云龙纹小碗（一对）	直径10.8cm×2	149,500	北京诚轩	2017-06-20
清道光 青花云龙纹折腰碗	直径17cm	54,426	中国嘉德	2017-05-30
清道光 青花折枝花果纹蒜头瓶（一对）	高28.1cm×2	2,394,900	佳士得	2017-05-31
清道光 青花折枝花卉纹纸槌瓶	高30.9cm	172,500	中国嘉德	2017-03-31
清道光 青花折枝灵芝纹花口碗（一对）	直径11.7cm	92,000	北京中汉	2017-03-30
清道光 青花竹石芭蕉玉壶春瓶	高28cm	138,000	太平洋	2017-03-30
清道光 胭脂红地青花八仙过海图碗	高7.9cm；口径21.4cm	34,500	西泠拍卖	2017-07-15
清道光-光绪 青花云龙纹大缸	直径50cm	51,750	中贸圣佳	2017-09-04
清中期 仿永乐青花花卉纹卧足碗（一对）	直径13.4cm	13,800	中国嘉德	2017-03-31
清中期 浆胎青花折枝花卉纹六方笔筒	高10.6cm	28,750	中国嘉德	2017-09-03
清中期 青花百鹤图缸	口径61cm	575,000	北京华辰	2017-12-17
清中期 青花缠枝莲贯耳尊	高43cm	46,000	北京保利	2017-11-05
清中期 青花缠枝莲纹大罐	高37cm	40,250	中国嘉德	2017-09-03
清中期 青花缠枝莲纹高足盘	直径22cm	137,116	中国嘉德	2017-10-02
清中期 青花缠枝莲纹莲型水洗	高16.4cm	11,500	八益拍卖	2017-04-22
清中期 青花缠枝莲纹小赏瓶	高21cm	23,000	中国嘉德	2017-09-02
清中期 青花缠枝牡丹桃纹案缸	直径27.4cm	11,500	中国嘉德	2017-09-02
清中期 青花螭龙寿字瓷板	27.6cm×9cm	11,500	中国嘉德	2017-03-31
清中期 青花仿成化十六子婴戏大碗	直径22cm	19,550	北京保利	2017-12-20

拍品名称	物品尺寸	成交价RMB	拍卖公司	拍卖日期
清中期 青花福禄万代葫芦瓶	高39cm	138,000	中贸圣佳	2017-06-18
清中期 青花瓜果折沿盆	直径46cm	23,000	北京保利	2017-11-05
清中期 青花海兽纹盘	直径15.5cm	11,500	北京保利	2017-04-16
清中期 青花花卉六方瓶	高35cm	40,250	北京保利	2017-11-04
清中期 青花花卉纹各式水盂（4件）	直径9.5cm；直径7.5cm；直径6.6cm；长5cm	34,500	北京中汉	2017-06-17
清中期 青花龙凤棱形双联盒	长20.5cm	17,250	北京保利	2017-06-08
清中期 青花梅花墨床	长8.5cm	20,700	北京保利	2017-04-16
清中期 青花五伦图大瓶	高89.2cm	43,700	中国嘉德	2017-09-03
清中期 青花云龙纹案缸	直径23cm	86,250	中国嘉德	2017-09-02
清中期 青花云龙纹折沿洗	直径50.8cm	1,127,000	观唐皕榷	2017-01-11
清中期 青釉开光青花团凤纹如意耳瓶	高43.5cm	32,200	中国嘉德	2017-09-03
清中期 青釉青花堆白仕女婴戏图象耳盘口瓶	高46.6cm	11,500	中国嘉德	2017-03-31
清中期 铁锈花贴塑兽面开光青花花鸟八仙图缸	直径52cm	11,500	中国嘉德	2017-09-03
清中期/清晚期 各式青花诗文瓷器（1组206件）	尺寸不一	3,450,000	北京保利	2017-04-16
清咸丰 青花八卦云鹤纹碗	直径13.7cm	172,500	北京翰海	2017-06-04
清咸丰 青花缠枝花卉碗	直径11.7cm	138,000	北京翰海	2017-12-16
清咸丰 青花缠枝莲纹盘	直径15.5cm	60,130	香港苏富比	2017-06-01
清咸丰 青花缠枝莲纹盘	直径15.4cm	166,000	佳士得	2017-10-04
清咸丰 青花双凤盘	直径16.5cm	161,000	北京保利	2017-04-16
清咸丰 青花松竹梅图盘	直径18cm	82,800	北京保利	2017-12-20
清咸丰 青花云龙赶珠纹水丞	高5.3cm	210,663	佳士得	2017-05-31
清咸丰 青花竹石芭蕉图玉壶春瓶	高30cm	379,500	北京宣石	2017-05-21
清同治 青花缠枝莲赏瓶	高38cm	25,300	北京保利	2017-04-16
清同治 青花缠枝莲纹大盘（一对）	直径25.3cm	17,250	中国嘉德	2017-09-03
清同治 青花缠枝莲纹盘	直径15.7cm	15,700	中国嘉德	2017-05-30
清同治 青花缠枝莲纹盘	直径15.5cm	21,850	华艺国际	2017-03-19
清同治 青花缠枝莲纹盘（一对）	直径15.7cm×2	32,798	香港苏富比	2017-06-01
清同治 青花缠枝莲纹赏瓶	高38.5cm	632,500	北京荣宝	2017-09-24
清同治 青花缠枝莲纹赏瓶	高37cm	103,500	保利厦门	2017-06-26
清同治 青花缠枝莲纹碗（一对）	直径16.8cm×2	60,130	香港苏富比	2017-06-01
清同治 青花留白云龙纹茶碗	直径10.3cm	23,000	中国嘉德	2017-03-31
清同治 青花龙纹盘	直径16.7cm	15,700	中国嘉德	2017-05-30
清同治 青花龙纹盘	直径16.8cm	34,500	北京保利	2017-12-20
清同治 青花三多纹碗（一对）	直径12.3cm	34,500	中国嘉德	2017-03-31
清同治 青花双凤纹小盘（一对）	直径16.5cm	76,011	伦敦佳士得	2017-11-07
清同治 青花双凤纹小盘（一组三件）	直径16.5cm	103,158	伦敦佳士得	2017-11-07
清同治 青花岁寒三友盘	直径17.5cm	43,960	中国嘉德	2017-05-30
清同治 青花岁寒三友纹盘	直径17.5cm	57,500	广东崇正	2017-12-13
清同治 青花岁寒三友纹盘（一对）	直径17.5cm×2	276,000	北京匡时	2017-06-04
清同治 青花岁寒三友纹盘（一对）	直径17.6cm×2	195,500	北京匡时	2017-06-04
清同治 青花云龙纹碗	直径14cm	23,000	北京保利	2017-11-05
清同治 青花竹石芭蕉图玉壶春瓶		190,273	纽约苏富比	2017-03-15
清光绪 青花花卉大碗	直径19.5cm	11,500	北京翰海	2017-09-10
清光绪 仿嘉靖青花云龙纹碗	直径15cm	17,250	中国嘉德	2017-09-03
清光绪 仿永乐青花内岁寒三友图外仕女婴戏图盘（一对）	直径18cm	69,000	中国嘉德	2017-09-02
清光绪 青花八卦云鹤纹大碗（一对）	直径19.6cm	25,300	中国嘉德	2017-09-03

拍品名称	物品尺寸	成交价RMB	拍卖公司	拍卖日期
清光绪 青花八卦云鹤纹碗	直径13.5cm	31,341	中国嘉德	2017-10-02
清光绪 青花八卦云鹤纹碗	直径13.5cm	28,750	北京华辰	2017-12-17
清光绪 青花八卦云鹤纹碗（一对）	直径13.5cm	57,566	中国嘉德	2017-05-30
清光绪 青花八仙图大碗	直径22.1cm	32,200	中国嘉德	2017-03-31
清光绪 青花八仙图小碗	直径11cm	36,800	中国嘉德	2017-09-03
清光绪 青花冰梅纹将军罐	高45cm	17,250	中国嘉德	2017-03-31
清光绪 青花苍松图盘（一对）	盒直径18.8cm	69,190	纽约佳士得	2017-03-17
清光绪 青花缠枝花卉赏瓶	高38.7cm	264,500	北京翰海	2017-12-16
清光绪 青花缠枝花卉赏瓶	高38.5cm	138,000	北京翰海	2017-06-04
清光绪 青花缠枝花卉赏瓶	高38.8cm	109,250	北京翰海	2017-12-16
清光绪 青花缠枝花卉碗（两件）	直径11.4cm	57,500	北京翰海	2017-06-04
清光绪 青花缠枝花卉纹赏瓶	高38.3cm	218,654	香港苏富比	2017-06-01
清光绪 青花缠枝花卉纹小碗	直径11.6cm	17,250	中国嘉德	2017-03-31
清光绪 青花缠枝莲瓶	高38cm	25,300	北京保利	2017-11-05
清光绪 青花缠枝莲赏瓶	高48.5cm	20,700	北京保利	2017-04-16
清光绪 青花缠枝莲天球瓶	高39cm	61,203	宝源国际	2017-05-29
清光绪 青花缠枝莲托八宝尊	高50cm	57,500	北京保利	2017-11-05
清光绪 青花缠枝莲纹杯（一对）	直径10.8cm	32,200	广东崇正	2017-03-24
清光绪 青花缠枝莲纹辅首尊	高40cm	50,400	蓝天国拍	2017-08-31
清光绪 青花缠枝莲纹盖罐（一对）	高53cm×2	805,000	大羿拍卖	2017-12-04
清光绪 青花缠枝莲纹盘	直径15.2cm	13,800	中国嘉德	2017-09-03
清光绪 青花缠枝莲纹盘	直径15.5cm	16,768	伦敦佳士得	2017-05-12
清光绪 青花缠枝莲纹盘	直径15.5cm	17,250	北京中汉	2017-12-19
清光绪 青花缠枝莲纹盘（一对）	直径13.8cm	24,485	中国嘉德	2017-10-02
清光绪 青花缠枝莲纹盘（一对）	直径14cm	18,400	华艺国际	2017-03-19
清光绪 青花缠枝莲纹赏瓶	高39cm	132,250	太平洋	2017-09-10
清光绪 青花缠枝莲纹赏瓶	高39cm	172,500	北京保利	2017-06-08
清光绪青花缠枝莲纹赏瓶（一对）	高53cm×2	794,500	印千山	2017-07-09
清光绪 青花缠枝莲纹碗（一对）	直径15cm	86,870	伦敦佳士得	2017-11-07
清光绪 青花缠枝莲纹碗（一对）	直径11.4cm	70,582	伦敦佳士得	2017-11-07
清光绪 青花缠枝莲纹碗（一对）	直径12 in	23,889	伦敦佳士得	2017-11-07
清光绪青花缠枝莲纹小盘（一对）	直径11cm	17,250	中国嘉德	2017-03-31
清光绪 青花二龙戏珠纹盘	直径34.5cm	57,500	北京荣宝	2017-09-24
清光绪 青花海八怪碗	直径21cm	74,750	北京翰海	2017-12-16
清光绪 青花海八怪碗	直径21cm	48,300	北京翰海	2017-12-16
清光绪 青花海兽纹碗	直径21cm	74,750	北京诚轩	2017-06-20
清光绪 青花海水龙纹碗	直径14.3cm	23,000	北京翰海	2017-12-16
清光绪 青花花卉盖碗（两件）	直径26.5cm	57,500	北京翰海	2017-06-04
清光绪 青花花卉诗文杯（1组4件）	高4cm；直径6.5cm	13,800	北京荣宝	2017-04-02
清光绪 青花花卉碗（两件）	直径11.5cm	28,750	北京翰海	2017-12-16
清光绪 青花花卉卧足碗	直径8.3cm	11,500	北京翰海	2017-12-16
清光绪 青花花卉云龙纹小盘（三只）	直径8.6cm；直径8.5cm；直径8.3cm	20,700	中国嘉德	2017-03-31
清光绪 青花花鸟碗	直径16cm	13,800	北京翰海	2017-09-10
清光绪 青花花神杯	高5cm	11,500	八益拍卖	2017-09-24
清光绪 青花开光人物方瓶（一对）	高45cm	13,800	北京保利	2017-04-16
清光绪 青花莲池鱼藻纹大碗	直径37cm	100,800	上海联合	2017-06-18
清光绪 青花莲托八吉祥纹碗	直径14.1cm	36,800	北京诚轩	2017-06-20
清光绪 青花灵仙祝寿杯（两件）	直径5.8cm	32,200	北京翰海	2017-12-16
清光绪 青花龙凤纹赏瓶	高39.3cm	575,000	北京荣宝	2017-12-02
清光绪 青花龙凤纹赏瓶	高34.5cm	20,700	北京保利	2017-11-04
清光绪 青花龙纹大盘	直径34.3cm	138,000	北京保利	2017-12-20
清光绪 青花龙纹盖碗（一对）	高10cm	40,250	广东崇正	2017-06-15
清光绪 青花龙纹公道杯	高18cm	11,500	北京保利	2017-06-08
清光绪青花龙纹玲珑瓷盘（一对）	直径14.5cm	20,700	北京保利	2017-12-20

拍品名称	物品尺寸	成交价RMB	拍卖公司	拍卖日期
清光绪 青花龙纹盘	直径16.8cm	16,100	华艺国际	2017-03-19
清光绪 青花龙纹盘	直径17cm	12,650	华艺国际	2017-08-27
清光绪 青花龙纹盘	直径18.5cm	16,100	北京保利	2017-04-17
清光绪 青花龙纹盘（一对）	直径17cm	17,250	华艺国际	2017-08-27
清光绪 青花龙纹盘（一对）	径18.3cm×2	39,725	印千山	2017-07-09
清光绪 青花龙纹赏瓶	直径23cm	23,000	北京保利	2017-04-16
清光绪 青花龙纹碗	直径15.8cm	23,000	北京保利	2017-12-20
清光绪 青花龙纹碗（一对）	直径14cm	11,500	华艺国际	2017-08-27
清光绪 青花龙纹戏珠盘	直径18.5cm	34,500	北京保利	2017-12-20
清光绪 青花内云龙纹外梅兰竹菊四君子图碗（一对）	直径16.5cm	55,200	中国嘉德	2017-09-02
清光绪 青花三多碗	直径15.5cm	40,250	北京翰海	2017-12-16
清光绪 青花三多纹碗	直径15.5cm	41,135	中国嘉德	2017-10-02
清光绪 青花十二生肖图葫芦瓶	高32.5cm	69,000	广东崇正	2017-06-15
清光绪 青花十六子婴戏图碗	直径15.8cm	71,063	香港苏富比	2017-06-01
清光绪 青花寿字斗笠碗	直径11cm	11,500	北京荣宝	2017-04-02
清光绪 青花双凤纹盘	直径18.8cm	11,500	八益拍卖	2017-09-24
清光绪 青花双凤纹盘（一组十四件）	直径27.4cm	412,633	伦敦佳士得	2017-11-07
清光绪 青花双凤纹碗（一对）	直径20.2cm	32,576	伦敦佳士得	2017-11-07
清光绪 青花双凤纹小盘（一对）	直径16.5cm	30,405	伦敦佳士得	2017-11-07
清光绪 青花岁寒三友碗	直径13.5cm	20,700	北京翰海	2017-12-16
清光绪 青花岁寒三友纹盘（一对）	直径17.8cm	161,000	北京匡时	2017-06-04
清光绪 青花团龙纹四方罐（一对）	长19.6cm	48,300	北京中汉	2017-03-30
清光绪 青花文王访贤故事笔筒	高16.5cm	69,000	中国嘉德	2017-06-19
清光绪 青花胭脂水釉八仙碗	直径22cm	126,500	中国嘉德	2017-06-19
清光绪 青花玉壶春	高29.5cm	34,500	北京荣宝	2017-04-02
清光绪 青花云鹤八卦纹碗（两件）	直径13.5cm	63,250	北京翰海	2017-12-16
清光绪 青花云鹤八卦纹小盏和汤匙（各一对）	长14cm	27,423	中国嘉德	2017-10-02
清光绪 青花云龙纹杯（三只）	直径8.8cm	11,500	中国嘉德	2017-09-02
清光绪 青花云龙纹大盘	直径34.5cm	28,750	中国嘉德	2017-09-03
清光绪 青花云龙纹大盘	直径34.3cm	17,250	中国嘉德	2017-09-02
清光绪 青花云龙纹盖杯（一对）	直径10.8cm×2	126,500	北京诚轩	2017-06-20
清光绪青花云龙纹玲珑盘（一对）	直径11cm	20,933	中国嘉德	2017-05-30
清光绪 青花云龙纹盘	直径17.2cm	23,000	中国嘉德	2017-09-03
清光绪 青花云龙纹盘	直径31.8cm	97,750	北京翰海	2017-06-04
清光绪 青花云龙纹盘	直径38.5cm	43,700	北京翰海	2017-12-16
清光绪 青花云龙纹盘（两件）	直径15cm	34,500	北京翰海	2017-06-04
清光绪 青花云龙纹盘（一对）	直径16.5cm	36,633	中国嘉德	2017-05-30
清光绪 青花云龙纹碗（一对）	直径11cm	57,500	北京保利	2017-04-17
清光绪 青花折枝花果纹碗（一对）	直径15.6cm	55,200	北京中汉	2017-12-19
清光绪 青花折枝瑞果纹碗	口径16.5cm	36,800	北京华辰	2017-12-17
清光绪 青花竹石芭蕉玉壶春瓶	高28.7cm	287,500	北京匡时	2017-12-03
清光绪 青花竹石博古图盘（一对）	直径15.1cm	11,500	中国嘉德	2017-03-31
清光绪 外柠檬黄地瑞兽纹内青花五谷丰登纹碗（一对）	直径15.1cm×2	184,000	大羿拍卖	2017-12-04
清光绪/宣统 青花云龙纹寿字壶	长18cm	23,000	中国嘉德	2017-03-31
清光绪及更晚 青花双龙赶珠纹盘及青花鹤鹿同春纹碗（两件一组三件）	直径15cm；16.5cm	20,403	纽约佳士得	2017-07-13
清宣统 内青花外粉彩折沿碗	直径15cm	92,000	华艺国际	2017-03-19
清宣统 青花宝相花纹碗（一对）	直径8cm	16,100	北京保利	2017-04-17

2017瓷器拍卖成交汇总

(成交价RMB：1万元以上)

拍品名称	物品尺寸	成交价RMB	拍卖公司	拍卖日期
清宣统 青花缠枝花卉纹碗		41,514	纽约苏富比	2017-03-18
清宣统 青花缠枝莲托八宝纹碗	直径13.5cm	161,000	观唐皕檽	2017-01-12
清宣统 青花缠枝莲纹大碗	直径44cm	333,500	北京保利	2017-12-20
清宣统 青花缠枝莲纹盘（一对）	直径14.7cm	36,800	中国嘉德	2017-09-02
清宣统 青花团龙纹碗	直径8.3cm	21,865	香港苏富比	2017-06-01
清晚期 青花八宝云龙纹罐（一对）	高22.3cm	40,250	中国嘉德	2017-09-02
清晚期 青花缠枝花卉盘、盖碗、胭脂红碗、矾红小瓶（一共四件）	盘直径15.5cm；盖碗直径11cm；胭脂红碗直径15.3cm；瓶高12cm	28,750	北京保利	2017-12-20
清晚期 青花缠枝莲山水楼阁图六方小鼓墩（一对）	高36cm	17,250	中国嘉德	2017-03-31
清晚期 青花福庆绵长图帽筒	高29cm	20,700	中国嘉德	2017-09-03
清晚期 青花三国演义之辕门射戟人物故事图瓶	高43.7cm	20,700	中国嘉德	2017-03-31
清晚期 青花十八学士图罐（一对）	高24cm	17,250	中国嘉德	2017-03-31
清晚期 青花松竹梅碗	直径13.5cm	17,250	北京保利	2017-06-08
清晚期 青花团螭纹六方瓶	高36cm	23,000	中国嘉德	2017-03-31
清晚期/民国 青花蚕食中国图诗文折腰碗（一对）	直径12.9cm	13,800	中国嘉德	2017-03-31
清晚期/民国 青花竹石芭蕉图玉壶春瓶	高29.8cm	13,800	中国嘉德	2017-03-31
清 程门 青花山水人物瓷板	长63.5cm；宽53cm	862,500	观唐皕檽	2017-01-12
清 大清光绪年制款青花云鹤纹碗	口径13.6cm	34,500	西泠拍卖	2017-05-05
清 丹臣款青花笔筒	高13.7cm	69,000	中贸圣佳	2017-09-03
清 豆青青花花卉六方花盆	直径40.5cm	86,250	北京翰海	2017-09-10
清 豆青青花人物瓶	高62cm	55,200	北京翰海	2017-01-08
清 豆青青花人物瓶（两件）	高47cm	27,600	北京翰海	2017-09-13
清 豆青青花山水双狮耳尊	高42cm	172,500	北京翰海	2017-09-10
清 豆青青花狮耳衔环瓶	高59cm	36,800	北京翰海	2017-09-10
清 仿成化青花万寿盘（一对）	直径15.8cm	17,250	朵云轩	2017-04-21
清 黄地青花龙纹双耳瓶	高29cm	13,800	中贸圣佳	2017-09-04
清 料彩青山水纹碗	直径12cm	2,300,000	北京保利	2017-12-19
清 青花百鹿尊	高34.5cm	299,000	华艺国际	2017-03-19
清 青花冰梅罐	高26cm	18,400	北京翰海	2017-09-10
清 青花冰梅罐	高26cm	17,250	北京翰海	2017-09-10
清 青花缠枝花卉八宝铺首尊	高50cm	253,000	北京翰海	2017-04-30
清 青花缠枝花卉贯耳瓶	高38.5cm	115,000	北京翰海	2017-12-16
清 青花缠枝花卉瓶	高45cm	43,700	北京翰海	2017-09-13
清 青花缠枝花卉双龙耳尊	高43cm	345,000	北京翰海	2017-12-16
清 青花缠枝花卉碗（两件）	直径13.5cm	18,400	北京翰海	2017-09-10
清 青花缠枝花卉纹赏瓶	高29.5cm	3,168,373	荣盛国际	2017-06-29
清 青花缠枝莲双耳炉	宽50.5cm	32,200	北京保利	2017-04-16
清 青花缠枝莲托八宝纹小缸	直径25cm	17,250	中国嘉德	2017-03-31
清 青花缠枝莲纹开光仕女花卉纹缸	高40cm	19,550	印千山	2017-03-30
清 青花缠枝莲纹盘（一对）	直径13cm	13,800	华艺国际	2017-03-19
清 青花缠枝莲纹撇口瓶	高46cm	20,700	华艺国际	2017-03-19
清 青花缠枝莲纹铺首尊	高45.5cm	115,000	北京宣石	2017-12-03
清 青花缠枝莲纹碗（一对）	直径16cm	97,750	中贸圣佳	2017-09-04
清 青花缠枝莲纹绣墩	高24cm	17,250	中国嘉德	2017-03-31
清 青花缠枝莲纹绣墩（一对）	高48cm	23,000	华艺国际	2017-03-19
清 青花瓷器（四件）	尺寸不一	23,000	中国嘉德	2017-09-02
清 青花淡描莲池鸳鸯纹碗	直径16cm	32,200	北京华辰	2017-06-05
清 青花勾莲纹瓶	高32cm	11,500	北京翰海	2017-09-10
清 青花海八怪纹碗	宽21cm	12,241	宝源国际	2017-05-29
清 青花海水龙纹瓶	高43cm	13,800	北京保利	2017-11-05

拍品名称	物品尺寸	成交价RMB	拍卖公司	拍卖日期
清 青花荷塘纹水仙盆	长40cm；宽26.5cm	23,000	中贸圣佳	2017-09-04
清 青花花蝶洗、窑变釉洗、浅绛彩仕女盘（共三件）	尺寸不一	20,700	北京保利	2017-11-05
清 青花花卉鸡心碗	直径20cm	20,700	上海大众	2017-06-24
清 青花花卉盘	直径26cm	18,400	北京保利	2017-11-05
清 青花花卉人物镂空烛台	高31cm	115,000	北京翰海	2017-09-13
清 青花花卉赏瓶	高29cm	11,500	北京翰海	2017-09-10
清 青花花卉碗	直径18.5cm	20,700	北京翰海	2017-09-13
清 青花蕉叶纹双狮耳尊	高30cm	63,250	北京翰海	2017-09-10
清 青花锦地开光笔筒	高16cm	23,000	北京翰海	2017-04-30
清 青花开光人物瓶	高27cm	13,800	北京翰海	2017-09-13
清 青花龙纹盖盒	直径16.5cm	23,000	中贸圣佳	2017-09-04
清 青花龙纹罐	直径20cm	34,500	北京宣石	2017-12-03
清 青花龙纹盘（一对）	直径17.5cm	17,250	朵云轩	2017-04-21
清 青花龙纹筒瓶	高38cm	14,281	宝源国际	2017-05-29
清 青花牡丹纹瓶	高31cm	172,500	北京保利	2017-06-08
清 青花人物瓷板座屏	73.5cm×48.5cm	13,800	北京保利	2017-11-04
清 青花人物大罐	高42cm	55,200	北京翰海	2017-04-30
清 青花人物故事卷缸	高41cm	25,300	印千山	2017-03-30
清 青花人物花觚	高20.5cm	17,250	北京翰海	2017-09-13
清 青花人物纹觚	高46cm	25,300	华艺国际	2017-03-19
清 青花山水筒式瓶	高45cm	172,500	北京翰海	2017-09-13
清 青花山水纹笔筒	高10.6cm	17,250	西泠拍卖	2017-07-15
清 青花十八罗汉茶壶、刀马人物图杯盘（共九件）	盘直径13.5cm；杯直径8.2cm；壶宽20cm	18,400	北京保利	2017-12-19
清 青花仕女梅瓶	高12.5cm	32,200	中贸圣佳	2017-09-03
清 青花双凤葫芦瓶	高34cm	13,800	北京翰海	2017-09-10
清 青花双龙花卉纹箭筒	高59cm	13,800	上海大众	2017-06-24
清 青花松竹梅壮罐	高19cm	13,800	北京保利	2017-11-05
清 青花岁寒三友瓜棱罐	高18cm	16,100	朵云轩	2017-09-17
清 青花微描八仙故事纹碗	宽16cm	12,241	宝源国际	2017-05-29
清 青花无双谱双耳方瓶	高26.5cm	23,000	华艺国际	2017-03-19
清 青花喜字天球瓶	高41cm	17,250	北京翰海	2017-09-10
清 青花渔家乐水盂	直径9cm	12,650	北京保利	2017-11-05
清 青花云龙纹盘（两件）	直径20cm	13,800	北京翰海	2017-06-04
清 青花云龙纹碗	直径18.9cm	11,500	中贸圣佳	2017-09-04
清 青花云龙锥把瓶	高47cm	17,250	北京翰海	2017-09-10
清 青花杂宝纹折腰碗及青花釉里红龙凤戏珠纹碗		12,973	纽约苏富比	2017-03-18
清 青釉青花松竹梅盘口尊	高35cm	51,750	北京保利	2017-12-20
清 慎德堂 青花荷花碗	直径20cm	25,300	上海大众	2017-06-24
清/民国 青花、粉彩壶（十二把）	尺寸不一	23,000	中国嘉德	2017-03-31
18世纪 青花“玉堂富贵”图花形杯	直径7.5cm	86,250	华艺国际	2017-05-27
18世纪 青花缠枝花卉纹大盘		56,217	纽约苏富比	2017-03-14
18世纪 青花缠枝花卉纹盖盒	直径16.3cm	222,750	佳士得	2017-04-04
18世纪 青花缠枝莲吉庆绵长纹大缸（一对）	直径48.5cm；高45cm	437,000	北京东正	2017-12-09
18世纪 青花缠枝莲纹大钵	直径34cm	190,039	伦敦苏富比	2017-05-10
18世纪 青花缠枝莲纹小梅瓶	高18.4cm	103,785	纽约佳士得	2017-03-17
18世纪 青花螭龙纹花口盆托	直径18cm	107,734	中国嘉德	2017-10-02
18世纪 青花拐子太极八卦纹玉壶春瓶	高31cm	82,800	北京中汉	2017-03-30
18世纪 青花龙纹碗	直径15cm	11,500	华艺国际	2017-03-19
18世纪 青花山水图及博古图茶壶（一组两件）	高14.5cm	35,772	伦敦佳士得	2017-05-12

拍品名称	物品尺寸	成交价RMB	拍卖公司	拍卖日期
18世纪 青花双龙戏珠纹碗	直径21.5cm	332,000	佳士得	2017-10-02
18世纪/19世纪 青花穿花凤凰纹贯耳瓶（一对）	高55.8cm	217,175	伦敦佳士得	2017-11-07
18世纪/19世纪 青花九龙贯耳大瓶	高54.6cm	217,175	伦敦佳士得	2017-11-07
18世纪/19世纪 青花山水人物图笔筒	直径18.5cm	46,778	佳士得	2017-04-04
18世纪/19世纪 青花松竹图瓶两件		69,190	纽约苏富比	2017-03-14
19世纪 黄地青花螭龙缠枝花卉纹长颈瓶	高88.5cm	97,729	伦敦佳士得	2017-11-07
19世纪 青花缠枝莲纹葫芦瓶（一对）	高22.2cm	48,864	伦敦佳士得	2017-11-07
19世纪 青花缠枝莲纹坐墩（一对）		86,488	纽约苏富比	2017-03-18
19世纪 青花仿古缠枝莲花铺首尊	高25.9cm	27,204	纽约佳士得	2017-07-13
19世纪 青花仿古饕餮纹蒜头瓶及青花缠枝花卉纹葫芦瓶		21,622	纽约苏富比	2017-03-18
19世纪 青花花卉纹烛台（一对）	高23.5cm	65,153	伦敦佳士得	2017-11-07
19世纪 青花吉祥如意碗	直径12.2cm	28,233	伦敦佳士得	2017-11-07
19世纪 青花龙纹碗	直径20.3cm	16,288	伦敦佳士得	2017-11-07
19世纪 青花仕女婴戏图罐		69,190	纽约苏富比	2017-03-18
19世纪 青花双龙戏珠纹大缸	直径71cm	720,688	佳士得	2017-05-31
19世纪 青花双龙戏珠纹炉		12,973	纽约苏富比	2017-03-18
19世纪/20世纪 青花花鸟纹瓶	高39.8cm	190,039	伦敦佳士得	2017-05-12
20世纪 青花梅瓶	高29.9cm	34,005	纽约佳士得	2017-07-13
民国 各式青花鸟餐具（九件）	尺寸不一	25,300	北京保利	2017-06 08
民国 青花“刘海戏金蟾”摆件	高21cm	172,500	北京巨力	2017-06-03
民国 青花螭龙纹鼓钉洗	直径19cm	40,250	中国嘉德	2017-03-31
民国 青花花卉贯耳方瓶	高33.5cm	57,500	北京翰海	2017-04-30
民国 青花三多六棱瓶	高68cm	25,300	北京翰海	2017-04-30
民国 青花山水风景图扇形瓷板（一对）	长51.5cm；宽19.5cm	105,800	中贸圣佳	2017-09-04
民国 青花山水人物花盆	直径23.5cm	11,500	北京保利	2017-11-05
民国 青花山水人物纹水仙盆	直径19.5cm	13,800	中国嘉德	2017-09-03
民国 青花狮球图桥耳炉	直径20cm	17,250	中国嘉德	2017-09-02
民国青花兽面纹出戟方尊（一对）	高33.7cm	13,800	中国嘉德	2017-03-31
民国 青花婴戏图小瓶	高8.6cm	40,250	中国嘉德	2017-09-03
民国 青花云纹盖碗（两件）	直径11cm	13,800	北京翰海	2017-09-13
民国 王步风格青花芦雁纹笔筒	高16cm	23,000	北京匡时	2017-12-03
民国 王步绘青花人物瓶	高27cm	1,058,000	西泠拍卖	2017-07-15
民国 王步款青花山水花鸟四方笔筒	高14cm；宽18cm	13,800	浙江佳宝	2017-07-23
民国 王步青花花鸟瓷板	25cm×17.6cm	3,450,000	中贸圣佳	2017-09-03
民国（疑似)王步青花钟馗图笔筒	直径15cm	218,500	保利厦门	2017-06-26
曹金兴 年年有鱼 青花瓷瓶	高32cm	23,000	中国嘉德	2017-06-20
曹金兴 十春图 青花瓷板	50cm×40cm	13,800	中国嘉德	2017-06-20
陈向东 大吉祥 釉下彩青花瓷罐	高23cm	57,500	中国嘉德	2017-12-21
陈向东 荷碧万里 釉下彩青花箭筒	高90cm	184,000	中国嘉德	2017-12-21
程门 清晚 青花山水象耳尊	高35cm	1,265,000	北京匡时	2017-12-03
大越国黎王朝 安南青花缠枝牡丹纹盘	直径41.2cm	78,352	中国嘉德	2017-10-02
戴清泉 青花高温颜色釉园林奏乐瓷板	直径55cm	23,000	福建东南	2017-10-29
当代 丁筱芳制 青花竹林七贤赏瓶	高82cm	172,500	保利华谊	2017-12-08
仿清光绪款 青花芭蕉玉壶春瓶	高29.5cm	43,700	福建东南	2017-10-29
仿清康熙款 青花海水怪兽瓶	高17cm	43,700	福建东南	2017-10-29
仿清乾隆款 青花缠枝莲赏瓶	高37cm	32,200	福建东南	2017-10-29
仿清乾隆款 青花缠枝莲腰鼓坛	高20cm	20,700	福建东南	2017-10-29
仿清乾隆款 青花缠枝玉壶春瓶	高28.5cm	43,700	福建东南	2017-10-29

拍品名称	物品尺寸	成交价RMB	拍卖公司	拍卖日期
仿清乾隆款 青花三多蒜头瓶	高29cm	11,500	福建东南	2017-10-29
仿清雍正款 青花缠枝莲灯笼瓶	高25cm	69,000	福建东南	2017-10-29
仿清雍正款 青花黄釉三多瓶	高21cm	112,700	福建东南	2017-10-29
仿元 青花莲叶盘	直径28.5cm	437,000	福建东南	2017-10-29
冯铃 牧牛图 青花印	8.3cm×3.2cm×3.2cm	24,150	西泠拍卖	2017-07-15
过渡期 约1640年 青花加官进爵图长颈瓶		60,541	纽约苏富比	2017-03-14
黄晓红 葡萄小鸟 青花瓷瓶	高48cm	25,300	中国嘉德	2017-06-20
近现代 新彩人物青花女瓷板	长101cm	28,750	中贸圣佳	2017-09-03
景德镇制 青花兰石图水洗（一对）	高10cm	12,241	宝源国际	2017-05-29
康修机 青花平面山水瓷板	直径50cm	20,700	福建东南	2017-10-29
冷军 乐之境 青花瓷板	110cm×28cm	1,725,000	中国嘉德	2017-06-20
冷军 秋韵 青花瓷板	110cm×28cm	1,725,000	中国嘉德	2017-06-20
冷军 我爱我家 青花瓷板	55cm×37cm	805,000	中国嘉德	2017-06-20
冷军 新竹旧香 青花瓷板	110cm×28cm	1,380,000	中国嘉德	2017-12-21
卢伟 高风亮节 青花瓷瓶	高50cm	25,300	中国嘉德	2017-06-20
卢伟 小草 青花瓷瓶	高65cm	59,800	中国嘉德	2017-06-20
陆如 当代（2007年）青花点彩秋菊玉青立柱瓶	高29.7cm	46,000	北京匡时	2017-12-03
吕金泉 童年 青花瓷瓶	高45cm	747,500	中国嘉德	2017-06-20
彭赞宾 青花碧水青山瓷板	35cm×170cm	28,750	福建东南	2017-10-29
青花百鸟朝凤瓶	高39.5cm	322,000	中国嘉德	2017-12-21
青花笔架 天青釉墨床	尺寸不一	40,250	朵云轩	2017-04-21
青花缠枝花卉纹盖碗	直径12.6cm	10,379	纽约佳士得	2017-03-16
青花海水龙纹高足杯	高8.4cm；口径15.6cm	26,726,000	澳门中信	2017-09-11
青花花卉棒槌瓶	高30.9cm	9,354,100	澳门中信	2017-09-11
青花花卉将军罐	高60cm	86,250	北京保利	2017-11-05
青花龙纹敛口瓶	高27.5cm	10,308,600	澳门中信	2017-09-11
青花山水纹笔筒	高10.5cm	17,250	朵云轩	2017-12-15
青花一束莲纹大盘	宽36cm	357,018	宝源国际	2017-05-29
清 青花花卉将军罐（两件）	高50cm	11,500	北京翰海	2017-01-08
清 青花人物笔筒	高15cm	17,250	北京翰海	2017-01-08
清 青花折枝花卉六方瓶	高50.5cm	287,500	北京翰海	2017-01-08
王步 民国 青花文人垂钓会友图（一组三件）	37.5cm×24cm；42cm×13cm×2	11,500,000	北京匡时	2017-12-03
王怀俊 多子多福 青花瓷瓶	高40cm	11,500	中国嘉德	2017-06-20
王怀俊 漓江秀色 青花瓷瓶	高55cm	23,000	中国嘉德	2017-06-20
王铁 春夏秋冬四条屏 青花瓷板	28cm×172cm×4	55,200	中国嘉德	2017-06-20
吴志辉 相依 青花瓷盘	直径30cm	13,800	中国嘉德	2017-06-20
于诗逸 当代 青花鱼樵耕读茶杯	3.6cm	40,250	北京匡时	2017-12-04
约1640年 青花高士赏游图长颈瓶	38cm	89,430	伦敦苏富比	2017-05-10
张婧婧 青花清风瓷瓶	高31.5cm	32,200	福建东南	2017-10-29
张岚军 青花将军罐	高45cm	69,000	中国嘉德	2017-12-21
张岚军 水滴之二 青花瓷瓶	高20cm	34,500	中国嘉德	2017-12-21
张岚军 水滴之一 青花瓷瓶	高16cm	43,700	中国嘉德	2017-12-21
釉里红				
元 洒釉里红弦纹玉壶春瓶	高20.9cm	1,670,625	香港苏富比	2017-04-05
元 釉里红缠枝花纹小罐	盒直径8cm	47,568	纽约佳士得	2017-03-17
元 釉里红玉壶春瓶	高21.5cm	68,033	宝港国际	2017-05-29
明洪武 釉里红缠枝花卉纹菱口盏托	直径20cm	2,127,500	佳士得	2017-11-27
明洪武 釉里红缠枝莲纹玉壶春瓶	高33.5cm	517,500	北京荣宝	2017-12-02
明洪武 釉里红缠枝牡丹纹大碗	直径21cm	2,996,433	保利香港	2017-04-04
明洪武 釉里红缠枝牡丹纹折沿盘	直径19.6cm	690,000	北京保利	2017-12-19
明永乐 釉里红天球瓶	高42cm	3,680,000	北京启石	2017-06-25
明 人物故事纹釉里红玉壶春瓶	高26.5cm	5,657,808	荣盛国际	2017-06-29

拍品名称	物品尺寸	成交价RMB	拍卖公司	拍卖日期
明 釉里红高足杯	高9cm	402,500	观唐皕榷	2017-01-12
清早期 青釉釉里红桃形水滴	长10.3cm	25,300	北京保利	2017-12-19
清康熙 豆青釉里红荷叶洗	高30cm	575,000	北京东正	2017-06-08
清康熙 仿洪武釉里红缠枝莲纹碗	直径22.1cm	112,700	北京中汉	2017-09-01
清康熙 蓝釉地釉里红龙纹碗	直径15.8cm	943,000	北京保利	2017-06-06
清康熙 洒蓝地釉里红赶珠龙纹盘		77,839	纽约苏富比	2017-03-15
清康熙 釉里红福禄万代葫芦瓶	高18cm	4,945,000	北京匡时	2017-12-03
清康熙 釉里红龙纹观音瓶	高21cm	28,750	北京启石	2017-06-25
清康熙 釉里红瑞兽纹油锤瓶	高11.8cm	101,200	广东崇正	2017-12-13
清康熙 釉里红瑞兽油锤瓶	高40.3cm	747,500	北京保利	2017-06-06
清康熙 釉里红三果纹盘	直径17.9cm	17,250	北京中汉	2017-09-01
清康熙 釉里红团凤纹杯	高6cm；直径9cm	437,000	上海匡时	2017-11-05
清康熙 釉里红团凤纹碗	直径10cm	345,000	北京荣宝	2017-12-02
清康熙 釉里红团龙纹碗	直径14.6cm	2,185,000	北京荣宝	2017-06-02
清康熙 釉里红万寿笔筒	高14cm	402,500	北京翰海	2017-06-04
清康熙 釉里红云龙赶珠纹碗	直径15.5cm	115,000	北京中汉	2017-03-30
清康熙 釉里红云龙戏珠纹碗	14.8cm	539,500	香港蘇富比	2017-10-03
清雍正 白釉堆釉里红螭耳尊	直径25cm	2,472,500	北京华辰	2017-12-17
清雍正 冬青釉釉里红三鱼纹大碗	直径19.7cm	1,380,000	北京荣宝	2017-06-02
清雍正 釉里红三多碗（一对）	直径12.2cm；直径12.1cm	967,270	保利香港	2017-04-04
清雍正 釉里红三多纹大碗	直径19cm	920,000	北京荣宝	2017-06-02
清雍正 釉里红三果纹碗（一对）	直径12.2cm×2	632,500	华艺国际	2017-11-25
清雍正 釉里红三鱼纹盘（一对）	直径14.9cm	460,000	上海匡时	2017-11-05
清雍正 釉里红三鱼纹碗		276,760	纽约苏富比	2017-03-15
清乾隆 釉里红『福禄万代』葫芦瓶	高34.8cm	920,000	北京荣宝	2017-06-02
清乾隆 釉里红宝相花纹水盂	直径6.5cm	1,840,000	保利厦门	2017-06-25
清乾隆 釉里红缠枝花卉纹小杯（一对）	直径7.5cm	207,000	北京华辰	2017-06-05
清乾隆 釉里红螭龙穿花双系小尊	高10cm	9,200,000	北京华辰	2017-12-17
清乾隆 釉里红花卉蝴蝶纹瓶	高29.5cm	72,662	伦敦佳士得	2017-05-12
清乾隆 釉里红九龙纹直口瓶	高30.3cm	887,000	佳士得	2017-05-31
清乾隆 釉里红梅瓶	高29cm	1,002,375	香港苏富比	2017-04-05
清乾隆 釉里红三多纹梅瓶	高22.6cm	368,000	太平洋	2017-09-10
清乾隆 釉里红团凤纹碗	直径14.6cm	190,039	伦敦苏富比	2017-05-10
清乾隆 釉里红玉壶春瓶	30cm	498,000	香港蘇富比	2017-10-03
清道光 釉里红“飞鸣宿食”瓶	高35.5cm	13,800	北京保利	2017-06-07
清道光 釉里红团凤纹碗	直径14.3cm	80,311	中国嘉德	2017-10-02
清道光 釉里红团凤纹碗	直径14.6cm	28,750	中国嘉德	2017-03-31
清道光 釉里红团凤纹碗	14.6cm	103,750	香港蘇富比	2017-10-03
清道光 釉里红团凤纹碗（一对）	直径15cm	146,910	中国嘉德	2017-10-02
清道光 釉里红团凤纹碗（一对）	直径14.7cm×2	195,500	北京诚轩	2017-06-20
清中期 吹蓝釉里红龙纹尊	高90cm	68,100	印千山	2017-07-09
清中期 青釉釉里红钵	直径26cm	17,250	中国嘉德	2017-09-03
清中期 釉里红三多长颈瓶	高36.5cm	17,250	北京保利	2017-04-16
清中期 釉里红云龙纹瓶	高32.5cm	115,000	十竹斋	2017-01-01
清 釉里红螭龙直颈瓶	高17cm	23,000	北京保利	2017-12-20
18世纪 粉青釉捏塑釉里红螭龙耳水仙盆	长25.8cm	81,058	北京中汉	2017-03-30
18世纪/19世纪 釉里红如意花卉纹蒜头瓶	高19.7cm	240,888	纽约佳士得	2017-03-17
18世纪/19世纪 釉里红如意花卉纹蒜头瓶	高19.7cm	242,165	纽约佳士得	2017-03-17
陈强 春起翠袖舞 釉里红瓷瓶	高72cm	74,750	中国嘉德	2017-12-21
陈强 书韵瓷缘 釉里红瓷瓶	高25cm	20,700	中国嘉德	2017-12-21
陈向东 大吉之（十一） 釉里红瓷瓶	高38.5cm	86,250	中国嘉德	2017-06-20

拍品名称	物品尺寸	成交价RMB	拍卖公司	拍卖日期
景德镇陶瓷馆1970年代后期仿洪武釉里红菱口盏托	直径22cm	18,400	中国嘉德	2017-12-21
唐承华 五月的风No1 釉里红瓷瓶	高35cm	34,500	中国嘉德	2017-12-21
唐承华 五月的风No2 釉里红瓷瓶	高35cm	34,500	中国嘉德	2017-12-21
王采 松业韵 釉里红斗彩瓷瓶	高17cm	34,500	中国嘉德	2017-12-21
青花釉里红				
清康熙 白釉暗刻缠枝莲开光青花釉里红山水人物纹案缸	直径22.3cm	138,000	中国嘉德	2017-03-31
清康熙 豆青地青花釉里红穆王八骏图凤尾尊	高45.1cm	121,083	纽约佳士得	2017-03-17
清康熙 青花釉里红“醉翁亭记”诗文笔筒	高18cm；直径20cm	1,265,000	西泠拍卖	2017-07-15
清康熙 青花釉里红螭龙纹笔筒、青花山水人物纹撇口笔筒各一件	高14.4cm；高13.7cm	23,000	中国嘉德	2017-03-31
清康熙 青花釉里红堆白喜上眉梢图碗		13,838	纽约苏珠比	2017-03-18
清康熙 青花釉里红凤纹小卷缸	直径21cm	36,800	北京保利	2017-12-20
清康熙 青花釉里红冠上加冠图小瓶	高13.8cm	25,300	中国嘉德	2017-09-02
清康熙 青花釉里红海水江牙大龙缸	高46cm；直径56cm	920,000	上海明轩	2017-06-30
清康熙 青花釉里红荷塘游鱼纹卷缸	直径41.8cm	2,875,000	中贸圣佳	2017-06-18
清康熙 青花釉里红花鸟图盘	直径27cm	65,153	伦敦佳士得	2017-11-07
清康熙 青花釉里红开光花卉纹花盆	直径35.5cm	28,750	中国嘉德	2017-03-31
清康熙 青花釉里红瑞兽图长颈瓶	高39cm	111,788	伦敦佳士得	2017-05-12
清康熙 青花釉里红山水人物龙纹花觚	高45cm	15,301	宝源国际	2017-05-29
清康熙 青花釉里红山水人物纹梅瓶	高18.7cm	69,000	北京匡时	2017-12-03
清康熙 青花釉里红山水人物纹盘	直径22cm	230,000	中国嘉德	2017-09-02
清康熙 青花釉里红山水纹盘、青花花鸟纹莲瓣盘各一只	直径21.7cm；直径23cm	11,500	中国嘉德	2017-03-31
清康熙 青花釉里红寿星图凤尾尊	高45.5cm	43,700	中国嘉德	2017-09-03
清康熙 青花釉里红西厢记故事图盘	直径33.3cm	345,000	北京保利	2017-12-19
清康熙 青花釉里红雅集图笔筒	高14.5cm	425,500	中国嘉德	2017-03-31
清康熙 青花釉里红鱼藻纹大缸	直径45cm	1,380,000	观唐皕榷	2017-01-12
清康熙 青花釉里红鱼藻纹大碗	直径22cm	437,000	观唐皕榷	2017-01-12
清康熙 青花釉里红鱼藻纹缸	直径43cm	4,025,000	北京华辰	2017-06-05
清康熙 青花釉里红岳阳楼记笔筒	直径20cm	345,000	广东崇正	2017-12-13
清康熙 青花釉里红醉翁亭记诗文笔筒	直径19cm；高17cm	230,000	北京匡时	2017-06-04
清康熙 青釉青花釉里红花果纹梅瓶	高16.9cm	46,000	中国嘉德	2017-03-31
清雍正 青花釉里红八卦太极海浪纹莱菔尊	高17.6cm	2,530,000	北京保利	2017-06-06
清雍正 青花釉里红八仙杯（一对）	直径6.5cm	103,500	八益拍卖	2017-04-22
清雍正 青花釉里红八仙人物茶船	长14.5cm	103,500	北京华辰	2017-12-17
清雍正 青花釉里红八仙人物小杯（一对）	直径6.5cm×2	230,000	保利厦门	2017-06-25
清雍正 青花釉里红缠枝莲纹如意耳尊	高18.1cm	11,500,000	上海匡时	2017-11-05
清雍正 青花釉里红瑞果纹高足碗	直径16.6cm；高11.8cm	1,437,500	北京荣宝	2017-06-02

拍品名称	物品尺寸	成交价RMB	拍卖公司	拍卖日期
清雍正 青花釉里红太极八卦纹三弦莱菔尊	高18cm	20,509,100	佳士得	2017-11-29
清乾隆 豆青地印花开光青花釉里红双耳尊	高34cm	40,250	华艺国际	2017-05-27
清乾隆 豆青釉青花釉里红三多纹葫芦瓶	高17.3cm	195,880	保利香港	2017-10-02
清乾隆 蓝上蓝青花釉里红诗文笔筒	径17cm	17,025	印千山	2017-07-09
清乾隆 青花釉里红八仙大碗	直径22.7cm	460,000	北京保利	2017-08-02
清乾隆 青花釉里红八仙过海图碗	直径22.5cm	114,125	佳士得	2017-10-04
清乾隆 青花釉里红八仙纹盖碗	直径17.3cm	460,000	北京匡时	2017-12-03
清乾隆 青花釉里红缠枝莲纹梅瓶	高36.5cm	16,100,000	保利厦门	2017-06-25
清乾隆 青花釉里红福禄寿碗	直径19.6cm	11,500	中国嘉德	2017-09-03
清乾隆 青花釉里红福寿纹双耳瓶	高39.3cm	94,300	北京中汉	2017-12-19
清乾隆 青花釉里红龙纹缸	高27cm	15,301	宝源国际	2017-05-29
清乾隆 青花釉里红盘	直径23.3cm	20,700	中国嘉德	2017-06-19
清乾隆 青花釉里红诗文双联笔筒	高8.3cm	69,000	中国嘉德	2017-09-02
清乾隆 青花釉里红狮子滚绣球纹天球瓶	高41cm	782,000	北京中汉	2017-09-01
清乾隆 青花釉里红狮子戏球盘	直径20.2cm	13,800	北京保利	2017-04-16
清乾隆 青花釉里红狮子绣球蒜头瓶	高45.3cm	2,300,000	北京保利	2017-12-18
清乾隆 青花釉里红狮子绣球天球瓶	高28cm	16,100,000	大羿拍卖	2017-12-04
清乾隆 青花釉里红芝仙祝寿诗文碗	直径20.3cm	14,532	伦敦佳士得	2017-05-12
清乾隆 唐英"陶成堂"青花釉里红鹿鹤同春书法瓶	高41.2cm	1,437,500	北京保利	2017-12-18
清乾隆 天蓝釉青花釉里红天球瓶	高16.8cm	40,250	八益拍卖	2017-04-22
清乾隆-嘉庆 青花釉里红八仙人物云蝠纹注壶	高18.5cm	97,750	北京中汉	2017-12-19
清嘉庆 青花釉里红夔龙纹摇铃尊（一对）	高11.2cm	11,500	八益拍卖	2017-09-24
清道光 青花釉里红瑞兽纹观音尊	高45cm	11,500	北京保利	2017-04-17
清道光 青花釉里红团凤纹碗	直径14.5cm	25,300	中国嘉德	2017-12-18
清中期 青花釉里红龙纹摇铃尊	高29cm	109,250	华艺国际	2017-03-19
清中期 青花釉里红龙纹轴头（一对）	长8cm；直径8.5cm	11,500	北京保利	2017-12-20
清中期 青花釉里红瑞兽海水纹水呈	直径5cm	36,800	北京保利	2017-12-20
清中期 青花釉里红山水人物观音瓶（一对）	高46cm	11,500	北京保利	2017-11-05
清中期 青釉开光青花釉里红花卉双耳瓶	高29cm	23,000	北京保利	2017-04-16
清光绪 青花釉里红团龙纹高足碗	直径18cm	15,302	纽约佳士得	2017-07-13
清 青花釉里红缠枝牡丹纹鹿头尊		129,731	纽约苏富比	2017-03-18
清 青花釉里红海水八卦莱菔瓶	高21.5cm	11,500	北京保利	2017-12-20
清 青花釉里红九龙盘口瓶	高55cm	69,000	中贸圣佳	2017-09-04
清 青花釉里红鹿纹瓶	高22cm	13,800	北京翰海	2017-09-10
清 青花釉里红狮子大盘	直径37cm	17,250	上海大众	2017-06-24
清 青花釉里红仕女大印泥盒（一对）	直径13cm	27,600	北京保利	2017-04-17
清 青花釉里红蒜头瓶	高38cm	28,750	北京翰海	2017-04-30
清 青花釉里红鱼藻纹缸	直径38.2cm	34,500	中国嘉德	2017-03-31
清青花釉里红云龙纹瓷轴（一对）	高8cm	13,800	朵云轩	2017-04-21
18世纪 青花釉里红缠枝莲纹瓶	高31.8cm	120,444	纽约佳士得	2017-03-17
18世纪 青花釉里红牡丹双凤纹方壶	高15.5cm	1,336,500	香港苏富比	2017-04-05

拍品名称	物品尺寸	成交价RMB	拍卖公司	拍卖日期
18世纪 青花釉里红三多纹卷缸	直径23.5cm	23,000	中国嘉德	2017-12-18
18世纪 青花釉里红狮子滚球天球瓶	高56.8cm	289,575	佳士得	2017-04-04
18世纪/19世纪初 青花釉里红八仙过海纹葫芦形套壶		258,371	纽约苏富比	2017-03-15
19世纪 青花釉里红开光瑞兽图双耳大瓶	高55.5cm	54,294	伦敦佳士得	2017-11-07
民国 青花釉里红三多纹双系盖罐	直径11.4cm	13,800	中国嘉德	2017-03-31
陈强 山抹微云 青花釉里红瓷瓶	高33cm	34,500	中国嘉德	2017-12-21
程永安 富贵春光 青花釉里红瓷瓶	高45cm	11,500	中国嘉德	2017-12-21
仿清乾隆款 青花釉里红龙纹双耳扁瓶	高29.5cm	59,800	福建东南	2017-10-29
何勇 抬头见喜 青花釉里红瓷瓶	高72cm	69,000	中国嘉德	2017-12-21
清 青花釉里红龙纹胆瓶	高34cm	18,400	北京翰海	2017-01-08
袁世文 山乡秋韵 青花釉里红瓷瓶	高50cm	23,000	中国嘉德	2017-12-21
袁世文 怡情山水好家园 青花釉里红瓷瓶	高46cm	23,000	中国嘉德	2017-12-21
袁世文 最是一年春好处 青花釉里红瓷瓶	高52cm	23,000	中国嘉德	2017-12-21
张婧婧 青花釉里红绽放瓷瓶	高21cm	17,250	福建东南	2017-10-29
朱斐翡 青花釉里红春福瓷瓶	高34cm	17,250	福建东南	2017-10-29
青花加彩				
明嘉靖 青花地红黄彩穿芝龙纹倭角方盖盒	长16cm	7,038,900	香港苏富比	2017-04-05
明嘉靖 青花地红黄彩龙穿灵芝纹倭脚四方盖盒	直径16cm	103,500	上海匡时	2017-11-05
明嘉靖 青花红彩荷塘纹罐	高16cm	93,043	中国嘉德	2017-10-02
明嘉靖 青花珊瑚红花卉碗（一对）	直径12cm×2	28,750	大羿拍卖	2017-12-04
明嘉靖 青花五彩葡萄纹方盘	直径17cm	253,000	观唐皕榷	2017-01-12
明隆庆 青花五彩莲池鸳鸯满池娇纹碗	直径22.5cm	828,000	中贸圣佳	2017-06-18
明万历 青花矾红彩九龙碗（一对）	直径12.2cm×2	747,000	香港蘇富比	2017-10-03
明万历 青花五彩"福禄寿"大捧盒	直径26.5cm	402,500	北京宣石	2017-05-21
明万历 青花五彩八仙贺寿纹碗	直径17cm	747,500	广东崇正	2017-12-13
明万历 青花五彩缠枝花卉纹蒜头瓶	高38cm	143,750	北京中汉	2017-09-01
明万历 青花五彩道教人物碗	直径17cm	115,000	北京保利	2017-12-20
明万历 青花五彩洞石花卉纹大盘	直径29.3cm	46,000	北京保利	2017-11-05
明万历 青花五彩觚	高4.5cm	41,400	华艺国际	2017-08-27
明万历 青花五彩荷塘游龙纹出戟花觚	高18.1cm	2,472,500	中贸圣佳	2017-06-18
明万历 青花五彩葫芦瓶	高40cm	15,301	宝源国际	2017-05-29
明万历 青花五彩花卉纹格盒	长22cm	69,000	北京中汉	2017-03-30
明万历 青花五彩花卉卧足杯	直径8.5cm	92,000	保利华宜	2017-12-08
明万历 青花五彩龙凤纹碗	直径15cm	2,185,000	北京中汉	2017-05-21
明万历 青花五彩葡萄纹双耳小杯	直径4.5cm	105,138	北京匡时	2017-04-03
明万历 青花五彩秋葵纹碗	直径12.5cm	552,000	北京匡时	2017-12-03
明万历 青花五彩人物纹碗	直径10cm	690,000	北京匡时	2017-12-03
明万历 青花五彩瑞兽纹花觚	高34.3cm	195,500	北京匡时	2017-12-03
明万历 青花五彩神仙人物像	高36cm	63,250	中国嘉德	2017-06-19
明万历 青花五彩寿星图盘	直径26.3cm	210,276	保利香港	2017-04-04
明万历 青花五彩狻猊香熏	高21cm	437,000	西泠拍卖	2017-07-15
明万历 青花五彩团龙纹碗	直径11cm	747,500	华艺国际	2017-05-27
明万历 青花五彩仙人执贡图罐	宽9.8cm	184,000	北京保利	2017-06-08
明万历 青花五彩婴戏图叠盒	高10cm	32,200	中国嘉德	2017-06-19

2017瓷器拍卖成交汇总

(成交价RMB：1万元以上)

拍品名称	物品尺寸	成交价RMB	拍卖公司	拍卖日期
明万历 青花五彩婴戏纹罐	高13.1cm	473,121	保利香港	2017-04-04
明万历 青花五彩云龙花卉长方文具盒	34.5cm×12cm	1,725,000	北京保利	2017-12-19
明万历 青花五彩雉鸡牡丹花口洗	直径27.7cm	2,760,000	北京保利	2017-12-19
明万历 珊瑚红描金开光青花花鸟葫芦瓶	高18cm	20,700	北京保利	2017-04-16
明万历 御制青花五彩龙纹三层盖盒及格碟	高20.2cm	2,990,000	北京保利	2017-12-19
明崇祯 青花矾红彩竹鸟纹带盖双狮耳炉	口径9.3cm；高7.8cm	138,000	西泠拍卖	2017-07-15
明 矾红底青花龙纹天球瓶	口径8.5cm；底径16.5cm；高45cm	2,489,436	荣盛国际	2017-06-29
明 青花矾红缠枝莲花盆	直径43cm	529,000	北京保利	2017-11-05
明 青花五彩穿花龙凤纹盘	直径17.6cm	23,000	中国嘉德	2017-03-31
明晚期 青花五彩梵文八吉祥纹钟	高19.5cm	92,000	北京中汉	2017-09-01
清早期 青花五彩海水瑞兽纹缸	直径27cm	115,000	华艺国际	2017-03-19
清早期 青花五彩花卉四系罐	高33cm	23,000	北京保利	2017-04-16
清早期 青花五彩莲池鸳鸯纹碗	宽19.4cm	23,000	浙江佳宝	2017-07-23
清顺治 青花五彩穿花狮纹小将军罐	高24.2cm	25,300	中国嘉德	2017-03-31
清顺治 青花五彩人物诗纹筒瓶	高49cm	115,000	中国嘉德	2017-12-18
清顺治 青花五彩人物纹花觚	高37.5cm	17,250	中国嘉德	2017-09-03
清顺治 青花五彩神仙人物纹花觚	高38.7cm	20,700	中国嘉德	2017-09-02
清顺治 青花五彩四妃十六子人物故事图大将军罐	高49cm	138,000	中国嘉德	2017-03-31
清顺治 青花五彩铁拐李蓝采和庆寿图筒瓶	高46cm	195,500	北京中汉	2017-03-30
清康熙 仿宣德青花矾红海水龙纹高足碗	直径11.9cm	63,250	中国嘉德	2017-03-31
清康熙 黄地青花斗彩双龙赶珠纹碗	直径11cm	690,000	北京匡时	2017-06-04
清康熙 青花暗刻海水江涯绿彩云龙纹盘	直径19.9cm	230,000	北京中汉	2017-05-21
清康熙 青花暗刻江崖海水绿彩云龙纹大碗	直径21.7cm	345,000	北京中汉	2017-05-21
清康熙 青花地五彩赶珠云龙纹碗		77,839	纽约苏富比	2017-03-15
清康熙 青花斗彩福禄寿棒槌瓶	高47cm	172,500	印千山	2017-03-30
清康熙 青花矾红海水九龙纹碗（一对）	直径18.8cm×2	1,782,000	香港苏富比	2017-04-05
清康熙 青花红绿彩云龙纹碗	直径14.5cm	172,500	北京翰海	2017-06-04
清康熙 青花绿彩双龙戏珠纹大盘（一对）	直径36.5cm×2	2,300,000	北京华辰	2017-12-17
清康熙 青花绿龙大盘	直径32cm	69,000	北京保利	2017-11-05
清康熙 青花描金月兔仕女盘	直径19.8cm	59,800	八益拍卖	2017-04-22
清康熙 青花五彩"昙花记"之郊游点化故事纹罐	高33cm	89,700	广东崇正	2017-12-13
清康熙 青花五彩凤凰牡丹盖罐	高33cm	287,500	北京保利	2017-08-02
清康熙 青花五彩花果纹蟋蟀罐	直径12.8cm	345,000	北京中汉	2017-12-19
清康熙 青花五彩花卉纹盘	直径20.4cm	287,500	北京中汉	2017-12-19
清康熙 青花五彩花鸟纹大碗	直径20cm	34,500	中国嘉德	2017-09-03
清康熙 青花五彩花神杯（一月水仙花）	直径6.4cm	345,000	北京中汉	2017-12-19
清康熙 青花五彩莲池游鱼纹盘	直径20.8cm	71,300	北京中汉	2017-03-30
清康熙 青花五彩灵芝百蝠盘	直径20.5cm	667,000	北京中汉	2017-05-21
清康熙 青花五彩龙凤戏牡丹纹盘	直径32.5cm	713,000	北京华辰	2017-12-17
清康熙 青花五彩龙纹题诗方碗	高9cm	92,000	北京匡时	2017-12-03
清康熙 青花五彩芦雁纹大碗	直径20cm	25,300	北京保利	2017-04-16
清康熙 青花五彩禄享千钟碗	直径14.8cm	20,700	中国嘉德	2017-03-31

拍品名称	物品尺寸	成交价RMB	拍卖公司	拍卖日期
清康熙 青花五彩人物故事莲子罐（一对）	高25.5cm×2	204,300	印千山	2017-07-09
清康熙 青花五彩桐叶封弟图蒜头瓶	高28.5cm	94,300	北京中汉	2017-09-01
清康熙 青花五彩携琴访友图壶	长11.5cm	20,700	中国嘉德	2017-03-31
清康熙 青花五彩饮中八仙诗意图葵瓣大碗	直径21.5cm	36,800	北京中汉	2017-03-30
清康熙 青花五彩鱼藻纹盘	直径21cm	747,500	西泠拍卖	2017-07-15
清康熙 青花五彩鱼藻纹盘（一对）	径20.3cm×2	113,500	印千山	2017-07-09
清康熙 青花五彩折枝石榴诗文小缸	直径6.9cm	34,500	北京中汉	2017-03-30
清康熙 青花釉里三彩山水图罐	直径20.3cm	43,435	伦敦佳士得	2017-11-07
清康熙 五彩仕女图青花花卉纹葫芦瓶（两件）		64,866	纽约苏富比	2017-03-15
清雍正 青花斗彩云龙纹盘	直径17.3cm	701,500	北京匡时	2017-12-03
清雍正 青花矾红"水波云龙"纹折沿大盘	直径47.5cm	4,945,000	北京匡时	2017-06-04
清雍正 青花矾红宝相花纹杯	直径8cm	414,000	北京匡时	2017-06-04
清雍正 青花矾红宝相花纹杯（一对）	直径8.3cm	517,500	中国嘉德	2017-12-18
清雍正 青花矾红宝相花纹碗（一对）	直径8.5cm×2	575,000	北京匡时	2017-12-03
清雍正 青花矾红龙纹盘	直径25cm	12,650	八益拍卖	2017-04-22
清雍正 青花矾红游龙戏珠纹直颈瓶	高29.5cm	7,504,020	佳士得	2017-05-31
清雍正 青花矾红云龙纹茶船	长14cm；高4.5cm	92,000	西泠拍卖	2017-07-15
清雍正 青花海水矾红云龙纹碗	直径21.5cm	55,200	北京中汉	2017-03-30
清雍正 青花五彩"喜上眉梢"纹小盘（一对）	直径10.7cm	195,880	香港中汉	2017-10-03
清雍正 青花五彩花神杯	直径6cm	172,500	北京中汉	2017-06-17
清雍正 青花五彩龙凤纹盘	直径20cm	25,300	北京中汉	2017-12-19
清雍正 青花五彩山水人物瓷板	长32cm；宽26cm	69,000	北京宣石	2017-05-21
清雍正 珊瑚红地青花缠枝百合纹碗		259,463	纽约苏富比	2017-03-15
清乾隆 黄地青花缠枝莲开光矾红万寿无疆盘	直径17.6cm	105,800	中国嘉德	2017-09-02
清乾隆 青花矾红彩海水龙纹盘	直径17.6cm	142,125	香港苏富比	2017-06-01
清乾隆 青花矾红彩海水游龙纹盘（一对）	直径17.9cm×2	415,000	香港蘇富比	2017-10-03
清乾隆 青花矾红福山寿海纹碗	直径14.8cm	575,000	北京匡时	2017-12-03
清乾隆 青花矾红海水龙纹盘	直径17cm	25,300	中国嘉德	2017-09-03
清乾隆 青花矾红海水游龙纹盘（一对）	直径17.5cm×2	391,256	伦敦苏富比	2017-05-10
清乾隆 青花矾红九龙海水纹盘	直径17.5cm	88,188	佳士得	2017-10-02
清乾隆 青花矾红九龙纹盘	直径17.5cm	55,200	华艺国际	2017-11-25
清乾隆 青花矾红描金缠枝莲开光粉彩加官进爵图印盒	长8.5cm	20,700	中国嘉德	2017-09-02
清乾隆 青花矾红御题诗碗	高5.8cm；直径11.1cm	322,000	上海匡时	2017-11-05
清乾隆 青花矾红御题诗文青花碗	直径11cm	322,000	保利厦门	2017-06-26
清乾隆 青花海水红彩九龙纹天球瓶	高47.5cm	690,000	北京翰海	2017-12-16
清乾隆 青花黄彩龙纹碗	直径14cm	161,000	北京保利	2017-04-16
清乾隆 青花黄彩云龙纹大盘	直径25.4cm	32,200	中国嘉德	2017-03-31
清乾隆 青花加胭脂红福寿纹盘	直径16.3cm	32,200	北京中汉	2017-03-30
清乾隆 青花胭脂红缠枝莲福纹调色盘	直径13cm	11,500	中国嘉德	2017-09-03

拍品名称	物品尺寸	成交价RMB	拍卖公司	拍卖日期
清乾隆 青花胭脂红福庆绵长纹调色盘	直径12.8cm	25,300	中国嘉德	2017-03-31
清乾隆 青花胭脂红五蝠捧寿盘	直径16cm	20,700	北京翰海	2017-06-04
清乾隆 青花胭脂水彩五福格盘	直径12.8cm	40,250	中国嘉德	2017-12-18
清嘉庆 青花矾红彩赶珠云龙纹盘		34,595	纽约苏富比	2017-03-18
清嘉庆 青花矾红海八怪大碗	直径21cm	402,500	观唐皕榷	2017-01-12
清嘉庆 青花矾红海水龙纹盘	直径17.5cm	176,292	中国嘉德	2017-10-02
清嘉庆 青花矾红海水云龙纹盘	直径17.8cm	134,145	伦敦苏富比	2017-05-10
清嘉庆 青花粉彩人物图卷形墨床	宽8.9cm	44,715	伦敦佳士得	2017-05-12
清嘉庆 青花黄彩龙纹盘	直径25cm	207,000	北京保利	2017-04-16
清嘉庆 青花加彩福寿莲花纹如意耳瓶	高18cm	2,300,000	大羿拍卖	2017-12-04
清嘉庆 青花加粉彩花鸟瓶	高22cm	36,800	北京保利	2017-04-16
清嘉庆 青花描金盖瓶	高43.1cm	102,779	纽约佳士得	2017-01-18
清道光 青花矾红“红蝠齐天”盘	直径15.3cm	28,750	北京保利	2017-06-08
清道光 青花矾红彩赶珠云龙纹马蹄碗（一对）	直径15.5cm×2	174,923	香港苏富比	2017-06-01
清道光 青花矾红彩海水龙纹盘		112,434	纽约苏富比	2017-03-18
清道光 青花矾红海八怪纹碗	直径18.8cm	63,250	大羿拍卖	2017-12-04
清道光 青花矾红海八怪纹碗	直径19cm	36,800	北京中汉	2017-03-30
清道光 青花矾红海水龙纹盘	直径17.5cm	80,500	上海嘉禾	2017-07-01
清道光 青花矾红海水龙纹盘	直径17.5cm	126,500	北京保利	2017-06-08
清道光 青花矾红海水瑞兽纹大碗	直径21cm	80,500	北京中汉	2017-05-21
清道光 青花矾红龙纹盘	直径17.5cm	172,500	北京保利	2017-06-08
清道光 青花黄彩云龙纹盘	直径25cm	126,500	北京翰海	2017-06-04
清道光 青花加粉彩宝相花寿字象耳大瓶	高63cm	1,035,000	北京保利	2017-12-19
清道光 青花胭脂红八仙过海纹碗	直径22.1cm	200,475	香港苏富比	2017-04-05
清道光 青花胭脂红八仙图碗	直径22.7cm	126,500	中国嘉德	2017-06-20
清咸丰 青花矾红彩九龙纹盖碗	直径18.8cm	97,729	伦敦佳士得	2017-11-07
清咸丰 青花五彩花神杯	直径6cm	55,200	中国嘉德	2017-09-02
清同治 青花矾红云蝠纹碗（一对）	口径11cm	23,000	北京华辰	2017-12-17
清同治 青花红彩蝠纹盘（两件）	直径15cm	48,300	北京翰海	2017-06-04
清同治 青花五彩花神杯（一对）	直径6.8cm×2	23,000	北京匡时	2017-12-03
清同治 青花五彩忍冬纹大盘（一对）	直径21.2cm	34,500	中国嘉德	2017-09-02
清同治 青花五彩水仙洞石图杯（一对）	直径5.7cm×2	57,500	北京匡时	2017-06-04
清光绪 青花矾红“红蝠齐天”盘（一对）	直径15.5cm	26,450	北京保利	2017-06-08
清光绪 青花矾红蝙蝠纹盘（一对）	直径15.5cm	41,135	中国嘉德	2017-10-02
清光绪 青花矾红彩云蝠纹小盘（一对）		19,027	纽约苏富比	2017-03-18
清光绪 青花矾红海兽纹碗	盒直径21.2cm	82,163	纽约佳士得	2017-03-17
清光绪 青花矾红云蝠碗（一对）	8cm×19.5cm×2	59,800	北京荣宝	2017-12-02
清光绪 青花矾红云蝠纹大碗（一对）	直径19.2cm	20,700	中国嘉德	2017-09-03
清光绪 青花矾红云蝠纹盖碗（一对）	直径11.4cm	36,800	北京中汉	2017-03-30
清光绪 青花红彩缠枝莲托八宝纹碗（一对）	直径10.3cm	48,300	中国嘉德	2017-12-18
清光绪 青花红蝠云纹盘（四件）	直径14.5cm	28,750	北京保利	2017-12-20
清光绪 青花黄彩云龙纹大盘	直径25.5cm	71,300	中国嘉德	2017-09-02
清光绪 青花胭脂红八仙图大碗	直径22cm	23,000	中国嘉德	2017-03-31

拍品名称	物品尺寸	成交价RMB	拍卖公司	拍卖日期
清宣统 青花矾红“洪福齐天”盘	直径16.5cm	17,250	华艺国际	2017-08-27
清宣统 青花红蝠碗	直径14.5cm	13,800	北京保利	2017-12-20
清宣统 胭脂红青花海水八仙人物碗	直径22.3cm	172,500	北京翰海	2017-06-04
清宣统二年（1910年）青花矾红折枝莲纹杯	直径8.8cm	28,750	中国嘉德	2017-03-31
清晚期 青花五彩瑞兽诗文香熏	高9.7cm	20,700	中国嘉德	2017-09-03
清 青花、粉彩各式羹匙（十二件）	长15.8-18cm	34,500	北京翰海	2017-06-04
清 青花斗彩罐	高12cm	13,800	北京翰海	2017-09-10
清 青花矾红海水龙纹盘	直径21.2cm	11,500	北京保利	2017-04-16
清 青花矾红云福碗（两件）	直径14cm	25,300	北京翰海	2017-09-10
清 青花矾红云龙小碗	直径16.5cm	17,250	北京翰海	2017-09-10
清 青花粉彩吉祥纹碗（一对）	直径14.5cm	40,250	华艺国际	2017-03-19
清 青花粉彩开光山水人物纹壶	长18cm	43,130	印千山	2017-07-09
清 青花加紫鹤鹿同春瓶	高48cm	32,200	北京翰海	2017-04-30
清 青花加紫鱼纹梅瓶	高22.5cm	46,000	北京翰海	2017-04-30
清 青花绿龙纹盘	直径35cm	23,000	华艺国际	2017-03-19
清 青花胭脂红缠枝莲纹铺首尊	高48cm	17,250	中贸圣佳	2017-09-04
18世纪/19世纪 青花矾红苍龙教子带钩	长10.5cm	94,634	纽约佳士得	2017-03-17
19世纪 青花矾红洪福齐天瓶	高31.8cm	51,875	佳士得	2017-10-02
民国 仿万历青花五彩穿花龙纹兽耳方尊	高35.5cm	20,700	中国嘉德	2017-03-31
民国 青花粉彩人物火锅	高17.5cm	92,000	上海嘉禾	2017-07-01
民国 青花粉彩山水纹铺首瓶	高39.5cm	23,000	广东崇正	2017-06-15
民国 青花矾红龙纹温酒壶	高20cm	20,700	北京翰海	2017-01-08
高常青 林间鸟鸣 青花斗彩瓷瓶	高75cm	11,500	中国嘉德	2017-06-20
青花矾红花鸟纹扁腹绶带葫芦瓶	高32cm	1,326,065	宝源国际	2017-05-29
清 青花绿龙盖罐	高11.8cm	17,250	北京翰海	2017-01-08
王步作 青花粉彩九桃瓶	高37cm	6,330,651	伦敦佳士得	2017-11-07
王采 松下童乐园 青花斗彩瓷瓶	高45cm	34,500	中国嘉德	2017-12-21
圆梧承僖 菊花图 青花加彩瓷板	108cm×55cm	115,000	中国嘉德	2017-12-21
斗彩				
明成化 斗彩缠技花卉碗	直径11cm	57,500	北京启石	2017-06-25
明成化 斗彩海兽纹天字罐	直径10.5cm	57,500	北京保利	2017-04-16
明成化 斗彩花卉纹高足杯	高5.8cm	3,819,660	北京匡时	2017-10-02
明成化 斗彩花卉纹高足碗	口径17.5cm	3,620,997	荣盛国际	2017-06-29
明成化 斗彩花卉纹天字罐	高9cm	2,415,000	北京保利	2017-06-06
明成化 斗彩花卉纹小碟	直径8.5cm	92,000	华艺国际	2017-03-19
明成化 斗彩天字罐	高8.5cm	23,000	北京启石	2017-06-25
明成化 斗彩团花天字罐	高13cm	6,789,370	荣盛国际	2017-06-29
明成化 斗彩月季花高足杯	直径7.7cm	11,850,300	香港苏富比	2017-04-05
明嘉靖 斗彩凤纹葫芦瓶	高23.5cm	207,000	上海敬华	2017-07-01
明嘉靖 斗彩如意云头纹盘	直径14.6cm	609,813	佳士得	2017-05-31
明嘉靖 斗彩鸳鸯莲荷纹盘	直径12.7cm	783,520	中国嘉德	2017-10-02
明万历 斗彩开光瑞果纹大碗	直径22.8cm	1,897,500	北京中汉	2017-05-21
明万历 斗彩龙纹大缸	直径52cm	2,990,000	北京宣石	2017-12-03
明 花草蝴蝶斗彩杯	高5.2cm×6.2cm	69,000	北京启石	2017-06-25
清早期 斗彩鸡缸杯	直径5.8cm	13,800	北京保利	2017-11-04
清早期 斗彩团菊纹罐	高10.5cm	51,750	华艺国际	2017-08-27
清康熙 斗彩“指日高升”图斗笠盏	直径10cm	32,200	华艺国际	2017-03-19
清康熙 斗彩缠枝芝桃寿字纹碗	直径17.8cm×2	632,500	北京诚轩	2017-06-20
清康熙 斗彩缠枝芝桃寿字纹碗	直径17.6cm	80,500	八益拍卖	2017-09-24
清康熙 斗彩穿花龙凤纹盘一对		51,893	纽约苏富比	2017-03-15
清康熙 斗彩凤鸣在竹碗	直径9.8cm	51,750	中贸圣佳	2017-09-04
清康熙 斗彩海水龙纹盘	直径21.3cm	805,000	北京诚轩	2017-06-20

2017瓷器拍卖成交汇总

(成交价RMB：1万元以上)

拍品名称	物品尺寸	成交价RMB	拍卖公司	拍卖日期
清康熙 斗彩海水瑞兽纹摩羯鱼耳尊	高24.5cm	253,000	北京中汉	2017-03-30
清康熙 斗彩荷塘清趣小杯	直径6cm	1,035,000	中国嘉德	2017-06-20
清康熙 斗彩花蝶盖罐	高9.5cm	598,000	北京保利	2017-12-18
清康熙 斗彩花蝶纹小罐（一对）	高13cm×2	1,844,494	伦敦苏富比	2017-05-10
清康熙 斗彩花卉团鹤纹鸡心碗	直径12.5cm	345,000	北京诚轩	2017-06-20
清康熙 斗彩鸡缸杯	直径8.2cm	920,000	中国嘉德	2017-06-20
清康熙 斗彩鸡缸杯	直径6.2cm	172,500	中国嘉德	2017-09-03
清康熙 斗彩鸡缸杯	径6.8cm	207,000	印千山	2017-03-30
清康熙 斗彩鸡缸杯	口径6cm	368,000	北京华辰	2017-12-17
清康熙 斗彩加五彩海水红龙一统江山纹盘	直径21.2cm	381,966	香港中汉	2017-10-03
清康熙 斗彩灵芝杯	直径7.5cm	218,500	北京翰海	2017-12-16
清康熙 斗彩龙纹瓶	高19cm	17,250	北京保利	2017-04-16
清康熙 斗彩描金八吉祥纹折腰盘	直径24cm	55,200	北京中汉	2017-09-01
清康熙 斗彩描金八吉祥纹折腰盘	直径24.8cm	36,800	北京中汉	2017-09-01
清康熙 斗彩描金八吉祥折腰盘	直径26.2cm	1,725,000	北京保利	2017-12-18
清康熙 斗彩寿字盘	直径21.4cm	230,000	北京保利	2017-06-08
清康熙 斗彩松鹤长春图盘	直径32cm	345,000	北京东正	2017-12-09
清康熙 斗彩松鼠葡萄纹杯（1组10只）	直径7.2cm×10	1,265,000	北京匡时	2017-06-04
清康熙 斗彩团花纹小杯（一对）	直径7.2cm×2	230,000	华艺国际	2017-11-25
清康熙 斗彩团龙纹敦式碗	直径14.2cm	138,000	北京中汉	2017-05-21
清康熙 斗彩羲之观鹅图小杯（一对）		389,194	纽约苏富比	2017-03-15
清康熙 斗彩云龙纹碗	直径18cm	207,000	保利厦门	2017-06-26
清康熙 斗彩指日高升纹笔筒	高15cm	218,500	广东崇正	2017-12-13
清康熙 斗彩指日高升纹梅瓶	高17.2cm	57,500	中国嘉德	2017-12-18
清康熙 仿成化斗彩鸡缸杯	直径7cm	322,000	北京保利	2017-06-07
清康熙 蓝地斗彩双龙戏珠纹碗	直径14cm	690,000	华艺国际	2017-05-27
清康熙 洒蓝地斗彩人物故事图棒槌瓶		138,380	纽约苏富比	2017-03-15
清康熙/雍正 斗彩鸡缸小杯	直径6cm	1,436,940	佳士得	2017-05-31
清康熙/雍正 斗彩亭台仕女图瓶	高39cm	821,631	纽约佳士得	2017-03-17
清康熙/雍正 斗彩云龙纹瓶	高25cm	43,700	中贸圣佳	2017-09-04
清康熙-雍正 斗彩喜鹿封侯图碗	直径18.2cm	40,250	中国嘉德	2017-09-02
清雍正 斗彩“囍”字花口碗（一对）	直径11cm；高5cm	40,250	北京宣石	2017-05-21
清雍正 斗彩暗八仙福寿碗（一对）	直径13.2cm×2	2,415,000	北京保利	2017-06-07
清雍正 斗彩八藩进宝图碗	直径8cm	172,500	华艺国际	2017-03-19
清雍正 斗彩八吉祥团龙纹罐	高18.5cm	1,945,053	北京匡时	2017-04-03
清雍正 斗彩八蛮进宝图小碗	直径8.3cm	126,500	北京诚轩	2017-06-20
清雍正 斗彩并蒂莲纹盘	直径15.5cm	552,000	华艺国际	2017-05-27
清雍正 斗彩缠枝番莲纹盘一对	直径20.2cm×2	691,900	纽约佳士得	2017-03-17
清雍正 斗彩缠枝花卉莲瓣纹碗（一对）	直径17.8cm	632,500	中贸圣佳	2017-06-18
清雍正 斗彩缠枝花卉镗锣洗	直径15.8cm	414,000	北京保利	2017-12-20
清雍正 斗彩缠枝花卉纹碗	直径11.8cm	744,625	佳士得	2017-11-29
清雍正 斗彩缠枝花卉小碗	直径10cm	40,250	北京保利	2017-06-08
清雍正 斗彩缠枝莲梵文杯	直径6cm；高4.5cm	667,000	保利厦门	2017-06-25
清雍正 斗彩缠枝莲纹瓜棱式小瓶（一对）	高10.2cm×2	8,254,700	佳士得	2017-11-29
清雍正 斗彩缠枝莲纹小碗（一对）	直径11.9cm	23,000	中国嘉德	2017-03-31
清雍正 斗彩缠枝郁金花卉纹碗	直径14.9cm	1,725,000	华艺国际	2017-05-27
清雍正 斗彩穿花龙凤纹梅瓶	高46.3cm	2,274,200	香港蘇富比	2017-10-03
清雍正 斗彩蝶纹盘	口径22.8cm	837,328	宝港国际	2017-05-29

拍品名称	物品尺寸	成交价RMB	拍卖公司	拍卖日期
清雍正 斗彩洞石牡丹纹盘（一对）	直径21cm×2	3,795,000	中国嘉德	2017-12-18
清雍正 斗彩凤穿花弦纹长颈瓶	高33.8cm	253,000	中贸圣佳	2017-06-18
清雍正 斗彩福禄绵绵大盘	直径27cm	1,840,000	北京保利	2017-06-07
清雍正 斗彩福山寿海落花流水图碗	直径19.3cm	17,250	中国嘉德	2017-03-31
清雍正 斗彩福山寿海图小盘	直径15.6cm	32,200	北京中汉	2017-03-30
清雍正 斗彩福寿纹盘（一对）	直径11.5cm	345,000	中国嘉德	2017-12-18
清雍正 斗彩赶珠龙纹水盂	高4.5cm	1,150,000	观唐皕榷	2017-01-11
清雍正 斗彩高士图瓶	高19.2cm	36,800	中国嘉德	2017-03-31
清雍正 斗彩海水八仙纹碗	直径18.6cm	74,750	北京中汉	2017-06-17
清雍正 斗彩海水云龙纹盘（两件）	直径12cm	69,000	北京翰海	2017-12-16
清雍正 斗彩海屋添筹图盘	直径21.1cm	2,740,220	佳士得	2017-11-29
清雍正 斗彩荷塘鸳鸯图盘		51,893	纽约苏富比	2017-03-18
清雍正 斗彩花蝶纹杯	直径9.2cm	605,413	纽约佳士得	2017-03-17
清雍正 斗彩花卉寿桃福寿纹碗	直径14.3cm	3,795,000	北京保利	2017-06-06
清雍正 斗彩花石纹盘（一对）	直径21cm×2	7,846,220	佳士得	2017-11-29
清雍正 斗彩鸡缸杯	直径8.2cm	10,781,100	香港苏富比	2017-04-05
清雍正 斗彩鸡缸杯	直径6cm	460,000	北京中汉	2017-12-19
清雍正 斗彩鸡缸杯	直径6cm	575,000	北京匡时	2017-06-04
清雍正 斗彩鸡缸杯（一对）	直径6cm；高3cm×2	2,012,500	保利厦门	2017-06-25
清雍正 斗彩鸡缸杯（一对）	口径6.1cm；高3.1cm	80,500	中拍国际	2017-06-04
清雍正 斗彩菊花纹碗	径17.6cm	34,500	印千山	2017-03-30
清雍正 斗彩开光花卉团蝶纹斗笠碗	直径22.5cm	920,000	北京东正	2017-12-09
清雍正 斗彩莲花纹盘（一对）	直径15cm×2	1,150,000	北京荣宝	2017-04-02
清雍正 斗彩莲托八宝纹盖碗	直径10.5cm	57,500	华艺国际	2017-05-27
清雍正 斗彩莲托梵文杯	径8.5cm	368,000	印千山	2017-03-30
清雍正 斗彩灵仙祝寿洞石纹盘	20.7cm	782,000	北京保利	2017-12-18
清雍正 斗彩灵仙祝寿盘（一对）	直径20.8cm×2	7,475,000	观唐皕榷	2017-01-11
清雍正 斗彩灵仙祝寿纹盘	直径20.6cm	759,000	北京中汉	2017-12-19
清雍正 斗彩灵仙祝寿纹碗	直径14.5cm	3,335,000	观唐皕榷	2017-01-11
清雍正 斗彩灵芝纹杯（一对）	直径7.8cm×2	5,175,000	大羿拍卖	2017-12-04
清雍正 斗彩灵芝纹杯（一对）	直径7cm×2	4,830,000	观唐皕榷	2017-01-11
清雍正 斗彩灵芝纹盘（一对）	直径14.1cm	34,500	中国嘉德	2017-03-31
清雍正 斗彩灵芝云纹杯（一对）	直径10cm×2	3,622,500	保利厦门	2017-06-25
清雍正 斗彩龙凤纹盏托（一对）	直径12cm	17,250	北京保利	2017-04-17
清雍正 斗彩龙纹斗笠碗	直径20cm	57,500	北京保利	2017-11-04
清雍正 斗彩龙纹水盂	高5cm	1,265,000	北京荣宝	2017-12-02
清雍正 斗彩梅妻鹤子图纹杯	直径7.6cm	552,000	观唐皕榷	2017-01-12
清雍正 斗彩描金如意捧寿纹盘	直径15.5cm	483,000	北京诚轩	2017-06-20
清雍正 斗彩牡丹纹小尊	高9.6cm	5,175,000	北京保利	2017-06-06
清雍正 斗彩三多纹小杯（一对）	直径7.1cm×2	1,610,000	中国嘉德	2017-06-20
清雍正 斗彩三多纹小碗	高3.5cm；直径7cm	195,880	北京匡时	2017-10-02
清雍正 斗彩寿山福海盘（一对）	直径15.5cm	1,782,500	北京荣宝	2017-12-02
清雍正 斗彩双清图盘（一对）	直径20.5cm×2	345,000	华艺国际	2017-11-25
清雍正 斗彩水仙灵芝纹碗	直径14.5cm	3,680,000	华艺国际	2017-11-25
清雍正 斗彩四季团花纹斗笠碗	直径22.3cm	920,000	华艺国际	2017-05-27
清雍正 斗彩松鼠葡萄纹小杯	直径6.7cm	69,000	北京中汉	2017-12-19
清雍正 斗彩松竹梅“天”字罐	长11cm	161,000	北京宣石	2017-12-03
清雍正 斗彩团花纹墩式碗	直径15cm	23,000	北京宣石	2017-12-03
清雍正 斗彩团花纹洗（一对）	直径15.6cm×2	7,744,100	佳士得	2017-11-29
清雍正 斗彩团菊纹杯（一对）	直径7.5cm	805,000	中国嘉德	2017-12-18
清雍正 斗彩团菊纹盘（一对）	直径11.1cm×2	299,000	北京诚轩	2017-06-20
清雍正 斗彩团菊纹碗	直径14.3cm	184,000	北京中汉	2017-09-01
清雍正 斗彩团菊纹小碟	直径11.3cm	161,000	北京中汉	2017-12-19

拍品名称	物品尺寸	成交价RMB	拍卖公司	拍卖日期
清雍正 斗彩团菊纹小碟	宽11.2cm	306,015	宝源国际	2017-05-29
清雍正 斗彩团龙八吉祥罐	高18.2cm	2,990,000	北京保利	2017-12-19
清雍正 斗彩团龙纹罐	高18cm	483,000	太平洋	2017-03-30
清雍正 斗彩香草龙纹杯	直径19.6cm	667,000	北京荣宝	2017-12-02
清雍正 斗彩婴戏盘	13.8cm	114,125	香港蘇富比	2017-10-03
清雍正 斗彩云蝠纹小碗	直径7cm	57,500	北京中汉	2017-06-17
清雍正 斗彩云龙纹洗	直径27.2cm	11,500	中国嘉德	2017-09-03
清雍正 斗彩折枝花卉五福纹盘（一对）	径15.5cm×2	437,000	印千山	2017-03-30
清雍正 斗彩竹石图盘	直径20.5cm	17,250	中国嘉德	2017-09-03
清雍正 斗彩竹石纹盘口瓶	高29cm	230,000	中拍国际	2017-06-04
清雍正 仿成化斗彩开光折枝莲纹罐	高12.5cm	345,000	中国嘉德	2017-03-31
清雍正 庆宜堂制款斗彩落花流水纹卧足杯（一对）	高3.5cm；口径7cm	575,000	西泠拍卖	2017-07-15
清乾隆 斗彩暗八仙纹盘	直径20.1cm	276,760	纽约佳士得	2017-03-17
清乾隆 斗彩暗八仙折沿盘	直径20cm	264,500	上海嘉禾	2017-07-01
清乾隆 斗彩暗八仙折腰盘	直径20.3cm	345,000	中贸圣佳	2017-06-18
清乾隆 斗彩八宝纹贲巴壶	高19cm	4,600,000	北京华辰	2017-12-17
清乾隆 斗彩八吉祥折腰盘	直径20cm	89,700	北京匡时	2017-12-03
清乾隆 斗彩八吉祥折腰盘	直径20cm	161,000	北京华辰	2017-12-17
清乾隆 斗彩宝相花卉纹盘	直径15.2cm	230,000	八益拍卖	2017-09-24
清乾隆 斗彩宝相团花纹盘口瓶	高22cm	3,364,416	保利香港	2017-04-04
清乾隆 斗彩缠枝花卉八吉祥纹折沿盘	直径19.4cm	25,300	北京中汉	2017-03-30
清乾隆 斗彩缠枝花卉纹茶船	长20cm	20,700	北京匡时	2017-12-03
清乾隆 斗彩缠枝花卉纹卷缸	高43cm	172,500	北京华辰	2017-12-17
清乾隆斗彩缠枝花卉纹盘（一对）	直径16.2cm	92,000	中国嘉德	2017-03-31
清乾隆 斗彩缠枝花卉纹铺首蒜头大尊	高40.7cm	253,000	北京中汉	2017-12-19
清乾隆 斗彩缠枝花卉纹碗	口径14.5cm；高7cm	322,000	西泠拍卖	2017-07-15
清乾隆 斗彩缠枝莲纹大梅瓶	高63.5cm	943,000	华艺国际	2017-11-25
清乾隆 斗彩缠枝莲纹碟（一对）	直径8.4cm	184,599	伦敦佳士得	2017-11-07
清乾隆 斗彩缠枝莲纹洗	直径15cm	345,000	华艺国际	2017-08-27
清乾隆 斗彩缠枝莲折腰碗	直径18.1cm	448,500	北京保利	2017-12-19
清乾隆 斗彩螭龙莲托八宝纹大瓶	高62cm	1,150,000	华艺国际	2017-05-27
清乾隆 斗彩大吉纹小盘	径8cm	80,500	印千山	2017-03-30
清乾隆 斗彩福寿开光题诗粉彩秋芳图扁壶	高31.8cm	12,035,000	香港蘇富比	2017-10-03
清乾隆 斗彩赶珠云龙纹罐		691,900	纽约苏富比	2017-03-15
清乾隆 斗彩高士盖盒	长6cm	34,500	北京保利	2017-11-05
清乾隆 斗彩海屋添寿图盘		172,975	纽约苏富比	2017-03-15
清乾隆 斗彩荷塘鸳鸯纹墩式碗	直径16.5cm	287,500	大羿拍卖	2017-12-04
清乾隆 斗彩花卉暗八仙纹盘	径20cm	11,500	印千山	2017-03-30
清乾隆 斗彩花卉碗	直径10cm	34,500	北京保利	2017-04-16
清乾隆 斗彩花卉碗（两件）	直径12.7cm	184,000	北京翰海	2017-04-30
清乾隆 斗彩鸡缸杯	直径6.2cm	345,000	中国嘉德	2017-12-18
清乾隆 斗彩加彩云蝠纹荸荠瓶	高20.5cm	10,350,000	北京荣宝	2017-12-02
清乾隆 斗彩加粉彩婴戏图小瓶	高8cm	690,000	北京匡时	2017-06-04
清乾隆 斗彩菊花纹碗	直径15cm	215,468	北京匡时	2017-10-02
清乾隆 斗彩夔凤盘	直径19cm	172,500	北京保利	2017-08-02
清乾隆 斗彩夔龙纹四方洗	长19.9cm；宽19.5cm；高16.8cm	80,500	西泠拍卖	2017-07-15
清乾隆 斗彩六如宝相花卉纹折腰盘（一对）	直径22cm×2	437,000	华艺国际	2017-11-25
清乾隆 斗彩龙纹尊	高17cm	17,250	印千山	2017-03-30
清乾隆 斗彩绿龙纹罐	高19.8cm	368,000	北京诚轩	2017-06-20

拍品名称	物品尺寸	成交价RMB	拍卖公司	拍卖日期
清乾隆 斗彩忍冬纹大盘	直径21.4cm	138,000	中国嘉德	2017-03-31
清乾隆 斗彩忍冬纹盘	直径21cm	43,700	华艺国际	2017-03-19
清乾隆 斗彩忍冬纹盘	直径21cm	126,500	大羿拍卖	2017-12-04
清乾隆 斗彩如意捧寿纹盘	直径20.7cm	94,300	北京诚轩	2017-06-20
清乾隆 斗彩寿字盘	直径15.3cm	69,000	北京翰海	2017-12-16
清乾隆 斗彩寿字忍冬纹盘	直径21cm	289,575	佳士得	2017-04-04
清乾隆 斗彩寿字纹盘	直径20.5cm	69,000	中国嘉德	2017-06-19
清乾隆 斗彩四季花卉纹盘（一对）	直径11.8cm	80,500	八益拍卖	2017-09-24
清乾隆 斗彩桃芝祝寿图小盘		276,760	纽约苏富比	2017-03-15
清乾隆 斗彩桃枝祝寿纹盘	口径14.7cm	172,500	西泠拍卖	2017-07-15
清乾隆 斗彩团花卷缸	直径33.5cm	4,082,500	北京荣宝	2017-12-02
清乾隆 斗彩团花碗	直径15cm	32,200	华艺国际	2017-08-27
清乾隆 斗彩团菊盖罐	高12.3cm	402,500	北京保利	2017-12-19
清乾隆 斗彩团菊纹盖罐	高12.3cm	1,725,000	北京中汉	2017-05-21
清乾隆 斗彩团菊纹罐	高11.5cm	161,000	华艺国际	2017-11-25
清嘉庆 斗彩海兽八卦纹折腰盘（两件）	直径15.8cm	40,250	北京翰海	2017-06-04
清嘉庆 斗彩花卉碗	直径15cm	149,500	北京保利	2017-04-16
清嘉庆 斗彩莲池鸳鸯纹小碗（一对）	直径8cm	17,250	北京保利	2017-11-04
清嘉庆 斗彩团菊纹罐	高11.1cm	322,000	北京诚轩	2017-06-20
清道光 斗彩八吉祥纹折腰盘	直径20.2cm	48,300	中国嘉德	2017-12-18
清道光 斗彩宝相花碗	10.2cm	111,375	香港苏富比	2017-04-05
清道光 斗彩并蒂莲纹鸡心碗（一套十二只）	直径12.2cm×12	3,220,000	大羿拍卖	2017-12-04
清道光 斗彩缠枝花卉八吉祥折腰盘（两件）	直径20cm	632,500	北京翰海	2017-12-16
清道光 斗彩缠枝花卉夔凤纹盘	直径19cm	74,750	北京翰海	2017-12-16
清道光 斗彩缠枝花卉纹鸡心碗	直径12cm	86,250	华艺国际	2017-03-19
清道光 斗彩缠枝莲纹碗	直径14.4cm	89,100	佳士得	2017-04-04
清道光 斗彩缠枝牡丹纹罐	直径11.5cm	63,250	北京保利	2017-04-17
清道光 斗彩缠枝寿字盘（一对）	直径14.6cm	253,000	中国嘉德	2017-03-31
清道光 斗彩贯套花卉碗	直径14.7cm	48,300	北京保利	2017-06-08
清道光 斗彩贯套花卉纹碗	直径14.5cm	92,000	保利厦门	2017-06-26
清道光 斗彩荷塘鸳鸯图卧足碗	直径16.5cm	126,500	中国嘉德	2017-03-31
清道光 斗彩荷塘鸳鸯纹卧足碗	直径15.2cm	115,000	中国嘉德	2017-12-18
清道光 斗彩荷塘鸳鸯纹卧足碗	16.4cm	267,300	香港苏富比	2017-04-05
清道光 斗彩荷塘鸳鸯纹卧足碗（一对）	直径16.5cm×2	804,870	伦敦苏富比	2017-05-10
清道光 斗彩花卉纹碗	15.1cm	200,475	香港苏富比	2017-04-05
清道光 斗彩夔凤纹盘	直径19.3cm	149,500	北京保利	2017-06-08
清道光 斗彩夔龙纹豆	高23cm	230,000	北京华辰	2017-12-17
清道光 斗彩灵芝杯	直径7.5cm	115,000	北京翰海	2017-12-16
清道光 斗彩灵芝纹杯（一对）	直径7.2cm×2	287,500	大羿拍卖	2017-12-04
清道光 斗彩内暗八仙纹外缠枝花卉纹折腰碗	直径20.1cm	17,250	中国嘉德	2017-09-03
清道光 斗彩忍冬寿字纹盘	直径21cm	40,250	北京中汉	2017-09-01
清道光 斗彩寿字贯套纹盘	直径21cm	117,528	中国嘉德	2017-10-02
清道光 斗彩寿字贯套纹盘（一对）	直径21cm	261,665	中国嘉德	2017-05-30
清道光 斗彩寿字盘（一对）	直径14.3cm	126,500	北京保利	2017-04-16
清道光 斗彩寿字纹碗	口径13cm	63,250	西泠拍卖	2017-07-15
清道光 斗彩团菊纹罐	高11cm	103,500	大羿拍卖	2017-12-04
清道光 斗彩云龙纹罐	高20.5cm	207,000	北京保利	2017-06-08
清道光 斗彩折枝花卉纹碗	直径12.3cm	40,250	中国嘉德	2017-09-03
清道光 仿成化斗彩荷塘鸳鸯图小碗	直径10.2cm	82,800	中国嘉德	2017-03-31

2017瓷器拍卖成交汇总

(成交价RMB：1万元以上)

拍品名称	物品尺寸	成交价RMB	拍卖公司	拍卖日期
清道光 仿成化斗彩荷塘鸳鸯图小碗	直径10.3cm	51,750	中国嘉德	2017-03-31
清道光 荷塘鸳鸯小碗（一对）	直径10cm×2	23,000	北京荣宝	2017-09-24
清中期 斗彩八宝纹双龙耳大尊	高60.7cm	230,000	中国嘉德	2017-12-18
清中期 斗彩缠枝花卉瓶	高23cm	43,700	十竹斋	2017-01-01
清中期 斗彩缠枝莲纹斗笠碗（一对）	直径11.9cm	20,700	中国嘉德	2017-09-02
清中期 斗彩荷塘水鸟小缸	直径18.4cm	46,000	北京保利	2017-06-08
清中期 斗彩夔凤纹方瓶（一对）	高21.6cm	92,000	中国嘉德	2017-03-31
清中期 斗彩如意花卉纹卷缸	宽21cm	23,000	中国嘉德	2017-12-18
清中期 斗彩团龙纹碗（一对）	直径15cm	20,700	中国嘉德	2017-09-02
清中期 斗彩龙纹盖盒	直径8cm	12,650	北京翰海	2017-01-08
清同治 斗彩暗八宝折腰盘	直径21cm	184,000	十竹斋	2017-01-01
清同治 斗彩缠枝花卉碗	直径14.3cm	92,000	北京翰海	2017-06-04
清同治 斗彩灵仙祝寿杯（两件）	直径5.7cm	74,750	北京翰海	2017-12-16
清同治 斗彩描金缠枝莲纹盘	直径20cm	20,700	保利厦门	2017-06-26
清同治 斗彩忍冬纹盘	高21.2cm	34,500	大羿拍卖	2017-12-04
清同治 斗彩水仙杯	直径4.5cm	10,925	华艺国际	2017-03-19
清同治 斗彩水仙花石纹酒杯（一对）	直径5.5cm	178,200	佳士得	2017-04-04
清光绪 斗彩暗八仙纹折腰盘	直径20.7cm	66,700	北京诚轩	2017-06-20
清光绪 斗彩荷莲鸳鸯碗	直径10.5cm	34,500	北京翰海	2017-12-16
清光绪 斗彩兰花杯（两件）	直径5.3cm	46,000	北京翰海	2017-06-04
清光绪 斗彩莲塘纹碗	直径17cm	32,200	华艺国际	2017-08-27
清光绪 斗彩莲塘鸳鸯纹杯（一对）	直径9.1cm	23,000	北京荣宝	2017-04-02
清光绪 斗彩莲塘鸳鸯纹碗（一对）	直径12.5cm×2	34,500	北京荣宝	2017-09-24
清光绪 斗彩如意耳龙纹扁瓶	高18cm	23,000	北京保利	2017-11-04
清光绪 斗彩外缠枝花卉内暗八仙纹束腰盘	直径20.6cm	34,500	北京中汉	2017-09-01
清光绪 斗彩西番莲团菊纹罐	高11.5cm	92,000	浙江佳宝	2017-07-23
清光绪 斗彩云福纹荸荠	高30cm	345,000	北京荣宝	2017-12-02
清晚期 斗彩缠枝花卉纹双龙耳尊	高51.5cm	80,500	中国嘉德	2017-12-18
清晚期 斗彩荷塘鸳鸯图碗	直径11.3cm	13,800	中国嘉德	2017-09-02
清晚期 斗彩荷塘鸳鸯图碗（一对）	直径12.7cm	32,200	中国嘉德	2017-03-31
清晚期 斗彩荷塘鸳鸯图小盘（一对）	直径7.4cm	13,800	中国嘉德	2017-09-02
清 大清同治年制款斗彩花卉盘	口径13.6cm	34,500	西泠拍卖	2017-05-05
清 斗彩罐	高20cm	17,250	北京翰海	2017-04-30
清 斗彩荷塘鸳鸯碗（一对）	直径10cm	17,250	北京保利	2017-11-04
清 斗彩花蝶罐	高33cm	17,250	北京保利	2017-11-05
清 斗彩花卉碗	直径10cm	13,800	北京翰海	2017-04-30
清 斗彩花卉纹杯（一对）	直径7.4cm	197,125	佳士得	2017-10-04
清 斗彩花卉长颈瓶	高24cm	36,722	宝源国际	2017-05-29
清 斗彩落花流水碗	直径16cm	11,500	北京翰海	2017-06-04
清 斗彩人物杯（两件）	直径6.5cm	368,000	北京翰海	2017-12-16
清 斗彩喜鹊纹小盘	直径10.5cm	23,000	北京保利	2017-11-05
清 斗彩仙鹤爵杯	高11cm	11,500	八益拍卖	2017-09-24
清 斗彩小罐	直径10cm	23,000	北京翰海	2017-04-30
清 斗彩云福扁瓶	高31cm	43,700	北京翰海	2017-04-30
清 粉彩十八罗汉图罐		172,975	纽约苏富比	2017-03-15
清 周庆基旧藏斗彩折枝花果纹小罐	高8.7cm	25,300	西泠拍卖	2017-07-15
18世纪 斗彩缠枝香莲纹长颈瓶		242,165	纽约苏富比	2017-03-15
18世纪 斗彩开光花卉纹鼓式罐	高17.5cm	29,900	北京中汉	2017-09-01
18世纪 斗彩三多纹碗	直径9.1cm	14,532	伦敦佳士得	2017-05-12

拍品名称	物品尺寸	成交价RMB	拍卖公司	拍卖日期
18世纪 斗彩团花福寿如意翻口大瓶	高43.5cm	74,750	北京中汉	2017-09-01
19世纪 斗彩荷塘图鼓形罐（一对）	高16.7cm	83,841	伦敦佳士得	2017-05-12
19世纪 斗彩花卉纹盖罐（一对）	高12.1cm	81,441	伦敦佳士得	2017-11-07
19世纪 斗彩石榴树纹小盘（1组4件）	直径15.8cm	35,705	纽约佳士得	2017-07-13
戴荣华 近现代（1991年）斗彩月是故乡明瓶	高36.5cm	155,250	北京匡时	2017-12-03
清 斗彩寿字纹碗	直径14cm	12,650	北京翰海	2017-01-08
虞锋波 斗彩夏远瓷板	79cm×43cm	46,000	北京匡时	2017-06-04
红绿彩				
北宋/金 磁州窑红绿彩持莲童子立像	高27cm	156,999	中国嘉德	2017-05-30
金 磁州窑红绿彩年年有余碗	直径17.8cm	245,025	香港苏富比	2017-04-05
金 红绿彩花卉高足杯	直径9.5cm	10,560	羅芙奧	2017-12-02
明正德 红绿彩缠枝花卉大碗	直径21cm	34,500	十竹斋	2017-01-01
明正德 红绿彩龙纹盘	口径21cm	23,000	西泠拍卖	2017-07-15
明嘉靖 红绿彩凤纹小罐	直径6.1cm	34,500	西泠拍卖	2017-07-15
明中期 白地红绿彩海水龙纹盘	直径35cm	253,000	北京华辰	2017-12-17
明 红绿彩梅瓶	高42cm	575,000	上海嘉禾	2017-04-30
朱乐耕 红绿彩万马奔腾瓷板	80cm×80cm	1,092,500	福建东南	2017-10-29
五彩				
明宣德 沥粉缠枝花卉纹玉壶春瓶	口径5.5cm；底径6.8cm；高19cm	4,752,559	荣盛国际	2017-06-29
明嘉靖 五彩凤穿花纹大盘	直径38.5cm	48,300	中贸圣佳	2017-06-18
明嘉靖 五彩高士图纹碗	直径17.2cm	138,000	北京中汉	2017-05-21
明嘉靖 五彩花鸟图茶碗（一对）	直径9cm	55,200	华艺国际	2017-11-25
明嘉靖 五彩灵芝寿字纹盘	直径14.3cm	1,380,000	北京匡时	2017-12-03
明嘉靖 五彩四妃十六子图罐	高29.5cm	230,000	北京保利	2017-06-06
明嘉靖 五彩桃禽图大盘	直径31.9cm	1,380,000	北京诚轩	2017-06-20
明嘉靖 五彩婴戏图罐	高14cm	3,761,420	佳士得	2017-11-27
明嘉靖 五彩鱼藻纹大罐	直径42cm	1,840,000	中国嘉德	2017-06-19
明嘉靖 五彩鱼藻纹盖罐	高46cm	181,986,350	佳士得	2017-11-27
明万历 五彩百鹿尊		6,562,672	纽约苏富比	2017-03-15
明万历 五彩缠枝莲纹三足熏炉		345,950	纽约苏富比	2017-03-15
明万历 五彩丰盛连年图小盘	直径12.5cm	340,400	佳士得	2017-11-29
明万历 五彩凤纹葫芦式壁瓶	高31cm	1,914,750	佳士得	2017-11-27
明万历 五彩花卉四方杯	宽6.5cm	52,900	北京保利	2017-06-08
明万历 五彩龙凤纹笔	长22cm	92,000	中国嘉德	2017-06-19
明万历 五彩龙凤纹盘	直径21.9cm	1,012,000	观唐皕榷	2017-01-11
明万历 五彩龙凤纹盘	直径30.2cm	115,000	北京保利	2017-06-06
明万历 五彩龙凤纹小罐	宽10cm	25,300	北京保利	2017-12-20
明万历 五彩龙纹盘	直径14.1cm	115,000	保利华谊	2017-12-08
明万历 五彩龙纹围棋罐	高13cm	17,250	北京翰海	2017-01-08
明万历 五彩人物龙虎纹小碗	直径10.2cm	34,500	北京保利	2017-12-20
明万历 五彩人物图碗	直径10cm	322,000	观唐皕榷	2017-01-12
明万历 五彩瑞兽纹小碟	直径10.9cm	43,700	中国嘉德	2017-12-18
明万历 五彩婴戏纹小碗	直径10.5cm	529,000	北京匡时	2017-12-03
明万历 五彩元宵宫灯图小盘	直径12.7cm	297,850	佳士得	2017-11-29
明万历 五彩云龙纹八棱盒	宽14.5cm	1,489,250	佳士得	2017-11-29
明天启 五彩松梅纹碗	直径14.4cm	31,050	观唐皕榷	2017-01-12
明 五彩开光阿拉伯文筒式炉	直径15cm	356,500	北京匡时	2017-12-03
明 五彩鱼藻纹渣斗	直径14.4cm	2,012,500	北京保利	2017-06-07
明晚期 五彩锦地开光高士图铺首罐	长22cm	11,500	中国嘉德	2017-03-31
16世纪 五彩抚琴图罐	高16.5cm	24,593	伦敦佳士得	2017-05-12
16世纪 五彩云龙戏珠纹罐	高21cm	50,304	伦敦佳士得	2017-05-12

拍品名称	物品尺寸	成交价RMB	拍卖公司	拍卖日期
17世纪 五彩花卉纹大盘		20,757	纽约苏富比	2017-03-18
17世纪 五彩锦地花卉纹大盘		17,298	纽约苏富比	2017-03-18
清早期 五彩锦地花卉纹大盘	直径37.5cm	17,250	中国嘉德	2017-09-03
清早期 五彩仕女婴戏图盘	直径28.7cm	69,000	北京中汉	2017-09-01
清顺治 五彩八仙祝寿图花觚		69,190	纽约苏富比	2017-03-14
清顺治 五彩花卉纹盖罐	高37.5cm	20,700	北京中汉	2017-03-30
清顺治-康熙 五彩仕女婴戏图粥罐	直径18cm	43,700	中国嘉德	2017-09-03
清康熙 暗刻花卉纹五彩缠枝莲开光荷塘图粥罐	直径19.7cm	25,300	中国嘉德	2017-03-31
清康熙 彩绘开光山水花鸟纹盖瓶（一对）	高71.1cm	134,145	伦敦佳士得	2017-05-12
清康熙 彩绘瑞狮花卉纹盘	直径35.3cm	22,358	伦敦佳士得	2017-05-12
清康熙 彩绘仕女图盘（一组两件）	直径24cm	122,966	伦敦佳士得	2017-05-12
清康熙 彩绘文官立像（一对）	高24.3cm	25,504	纽约佳士得	2017-07-13
清康熙 彩绘西厢记盘	直径39.1cm	44,715	伦敦佳士得	2017-05-12
清康熙 矾红五彩群仙祝寿碗	直径21cm	414,000	北京保利	2017-08-02
清康熙 黄地五彩蝶恋花卉纹盘	直径26.5cm	34,500	华艺国际	2017-08-27
清康熙 米黄地五彩梅花图盘		43,244	纽约苏富比	2017-03-15
清康熙 洒蓝釉五彩开光仕女图棒槌瓶	高44.5cm	147,029	纽约佳士得	2017-03-17
清康熙 五彩“魁星点斗”瓶、青花人物故事瓶（两件）	高23cm；高19.5cm	71,300	北京保利	2017-12-20
清康熙 五彩“止月梅花”花神杯	直径5.6cm	483,000	大羿拍卖	2017-12-04
清康熙 五彩八月桂花花神杯	直径6.6cm	1,955,000	北京保利	2017 06-06
清康熙 五彩博古图壁瓶（一对）		56,217	纽约苏富比	2017-03-18
清康熙 五彩博古图大盘		17,298	纽约苏富比	2017-03-18
清康熙 五彩博古图罐	高26cm	66,700	北京东正	2017-03-31
清康熙 五彩缠枝花卉纹葫芦瓶	高17.8cm	43,700	北京匡时	2017-12-03
清康熙 五彩缠枝团花纹长颈瓶		56,217	纽约苏富比	2017-03-14
清康熙 五彩穿花龙凤纹大盘	直径32cm	345,000	北京中汉	2017-05-21
清康熙 五彩刀马人物纹斗笠碗	直径27cm	97,750	北京华辰	2017-06-05
清康熙 五彩刀马人物纹天圆地方瓶	高48.4cm	94,300	中国嘉德	2017-09-02
清康熙 五彩蝶恋花卧足杯	高6.3cm	3,189,780	香港苏富比	2017-04-05
清康熙 五彩东方朔偷桃图小盘	直径15.5cm	11,500	中贸圣佳	2017-09-04
清康熙 五彩二月杏花花神杯	直径6.5cm	2,070,000	北京保利	2017-06-06
清康熙 五彩矾红描金鲤鱼纹碗	直径19.2cm	575,000	北京保利	2017-06-06
清康熙 五彩佛狮戏绣球纹大长颈瓶		345,950	纽约苏富比	2017-03-15
清康熙 五彩佛狮戏绣球纹长颈瓶		172,975	纽约苏富比	2017-03-15
清康熙 五彩福寿灵芝纹盘	直径20.5cm	946,688	香港苏富比	2017-04-05
清康熙 五彩高士图盘	直径15.1cm	322,000	中国嘉德	2017-03-31
清康熙 五彩高仕图盘	直径15.5cm	920,000	北京荣宝	2017-06-02
清康熙 五彩枸杞花蝶纹盘	直径15.5cm	34,500	中国嘉德	2017-12-18
清康熙 五彩枸杞花卉纹杯	直径6.2cm	97,750	中国嘉德	2017-12-18
清康熙 五彩枸杞花纹盘	直径15.5cm	25,300	华艺国际	2017-08-27
清康熙 五彩郭子仪拜寿图罐	高29.5cm	32,200	北京中汉	2017-03-30
清康熙 五彩郭子仪祝寿图观音瓶	高45.8cm	172,500	北京匡时	2017-06-04
清康熙 五彩过枝樱桃纹盘（一对）	直径13cm×2	109,250	北京匡时	2017-03-30
清康熙 五彩荷塘花盆	直径32cm	23,000	北京保利	2017-04-16
清康熙 五彩荷塘秋禽图碗	直径17cm	1,092,500	观唐皕榷	2017-01-11
清康熙 五彩荷塘雅趣碗	高8cm；宽18.7cm；底8.5cm	193,810	宝源国际	2017-05-29
清康熙 五彩鹤鹿同春图大盘		60,541	纽约苏富比	2017-03-14
清康熙 五彩鹤鹿同春图大盘	38.5cm	22,358	伦敦苏富比	2017-05-10
清康熙 五彩红拂记人物故事诗文棒槌瓶	高22.2cm	28,750	中国嘉德	2017-09-02

拍品名称	物品尺寸	成交价RMB	拍卖公司	拍卖日期
清康熙 五彩红拂记人物故事图莱菔瓶	高25.5cm	34,500	中国嘉德	2017-03-31
清康熙 五彩花蝶诗文斗笠碗	直径20.8cm	34,500	北京中汉	2017-03-30
清康熙 五彩花蝶纹大盘（两只）	直径34.8cm；直径34.7cm	20,700	中国嘉德	2017-09-03
清康熙 五彩花蝶纹盘	直径21cm	13,800	八益拍卖	2017-09-24
清康熙 五彩花卉开光人物诗文大碗	直径20.6cm	13,800	中国嘉德	2017-09-03
清康熙 五彩花卉开光人物诗文碗	直径19.4cm	43,700	中国嘉德	2017-03-31
清康熙 五彩花卉开光山水人物纹、一鹭连科图笔筒	高12cm	20,700	中国嘉德	2017-03-31
清康熙 五彩花卉纹葫芦瓶、青花花卉纹瓶各一件	高25.2cm；高22cm	32,200	中国嘉德	2017-09-02
清康熙 五彩花卉纹盘（一对）		20,757	纽约苏富比	2017-03-18
清康熙 五彩花卉纹提梁壶	高16cm	40,250	中国嘉德	2017-03-31
清康熙 五彩花卉纹小杯	径6cm	51,075	印千山	2017-07-09
清康熙 五彩花卉竹石图杯	高10.7cm	17,250	中国嘉德	2017-03-31
清康熙 五彩花口碗	直径21.8cm	51,893	纽约佳士得	2017-03-17
清康熙 五彩花篮纹三节葫芦瓶两件		51,893	纽约苏富比	2017-03-14
清康熙 五彩花鸟诗文盘	直径27.2cm	17,250	北京中汉	2017-09-01
清康熙 五彩花鸟图八方盘		17,298	纽约苏富比	2017-03-18
清康熙 五彩花鸟纹杯（一对）	直径9.5cm	20,700	中国嘉德	2017-12-18
清康熙 五彩花鸟纹笔筒	高12.4cm	36,800	中国嘉德	2017-09-03
清康熙 五彩花鸟纹观音瓶	高45.2cm	94,300	北京中汉	2017-09-01
清康熙 五彩花鸟纹花盆（一对）	直径33.2cm	230,000	中国嘉德	2017-09-03
清康熙 五彩花鸟纹小棒槌瓶	高20.9cm	11,500	中国嘉德	2017-03-31
清康熙 五彩花神杯	直径6.7cm	2,070,000	北京荣宝	2017-12-02
清康熙 五彩花神杯（一对）	直径6.6cm	587,640	北京匡时	2017-10-02
清康熙 五彩加粉彩五伦图棒槌瓶	高74.7cm	4,365,900	香港苏富比	2017-04-05
清康熙 五彩教子图铃铛杯	高11.6cm	46,000	中国嘉德	2017-03-31
清康熙 五彩锦鸡花卉花觚	高46cm	74,750	北京保利	2017-11-04
清康熙 五彩九月菊花花神杯	直径6.6cm	2,185,000	北京保利	2017-06-06
清康熙 五彩开光花篮纹棒槌瓶		103,785	纽约苏富比	2017-03-15
清康熙 五彩开光镂空花卉纹提篮		25,946	纽约苏富比	2017-03-18
清康熙 五彩开光山水花鸟图觚式瓶（一对）	高29.2cm；高28.9cm	36,325	纽约佳士得	2017-03-17
清康熙 五彩六月荷花花神杯	直径6.5cm	517,500	北京保利	2017-06-06
清康熙 五彩龙凤呈祥碗（一对）	直径12cm×2	1,725,000	北京保利	2017-12-18
清康熙 五彩龙凤呈祥纹盘	直径32cm	1,610,000	北京荣宝	2017-06-02
清康熙 五彩龙凤呈祥纹碗	直径13.1cm	391,256	伦敦苏富比	2017-05-10
清康熙 五彩龙凤呈祥纹碗	直径13.1cm	223,575	伦敦苏富比	2017-05-10
清康熙 五彩龙凤碗	直径14.2cm	115,000	北京保利	2017-06-08
清康熙 五彩龙凤纹茶圆	直径10.2cm	1,811,890	香港中汉	2017-10-03
清康熙 五彩龙凤纹碗	直径10.3cm	747,500	北京匡时	2017-12-03
清康熙 五彩龙凤纹小碗	直径10.3cm	172,500	北京中汉	2017-05-21
清康熙 五彩龙纹盘	直径29.5cm	20,700	华艺国际	2017-03-19
清康熙 五彩驴背诗思图碗	直径11.2cm	632,500	北京保利	2017-06-06
清康熙 五彩梅花诗文杯（两件）	直径6.5cm	483,000	北京翰海	2017-06-04
清康熙 五彩梅花诗文碗	直径10.5cm	17,250	北京保利	2017-11-04
清康熙 五彩描金花蝶纹攒盘（一对）	长16.3cm	36,800	北京中汉	2017-12-19
清康熙 五彩描金花鸟图小碗	直径9.5cm	97,750	北京诚轩	2017-06-20
清康熙 五彩描金开光寿字纹瓶	高28.5cm	11,500	北京中汉	2017-03-30
清康熙 五彩描金人物图方瓶		242,165	纽约苏富比	2017-03-15
清康熙 五彩穆桂英大破天门阵故事图大凤尾尊	高61cm	598,000	北京中汉	2017-06-17

拍品名称	物品尺寸	成交价RMB	拍卖公司	拍卖日期
清康熙 五彩枇杷花蝶卧足杯（一对）	高3.7cm×2	1,725,000	北京保利	2017-06-06
清康熙 五彩七月兰花花神杯	直径6.5cm	2,357,500	北京保利	2017-06-06
清康熙 五彩人物故事笔筒	高12cm	25,300	北京荣宝	2017-06-02
清康熙 五彩人物故事笔筒	高15.3cm	172,500	北京翰海	2017-06-04
清康熙 五彩人物故事瓷板	连框直径35cm	11,500	北京荣宝	2017-09-24
清康熙 五彩人物故事图棒槌瓶	高25.4cm	92,000	西泠拍卖	2017-07-15
清康熙 五彩人物盘	直径23.3cm	20,700	中国嘉德	2017-06-19
清康熙 五彩人物盘（一对）	直径17.2cm	293,820	保利香港	2017-10-02
清康熙 五彩人物纹大盘	直径35.5cm	55,200	中国嘉德	2017-09-03
清康熙 五彩人物纹将军罐	高35.5cm	172,500	北京华辰	2017-12-17
清康熙 五彩人物纹碗	直径17.5cm	63,250	华艺国际	2017-08-27
清康熙 五彩三多纹玉壶春瓶	高23.5cm	2,185,000	北京保利	2017-06-06
清康熙 五彩三国演义之孟德献刀人物故事图盘	直径23.5cm	32,200	中国嘉德	2017-03-31
清康熙 五彩三英战吕布将军罐	高34.5cm	25,300	北京保利	2017-04-17
清康熙 五彩三月桃花花神杯	直径6.6cm	2,760,000	北京保利	2017-06-06
清康熙 五彩山水人物笔筒	直径18cm	23,000	北京荣宝	2017-06-02
清康熙 五彩狮钮印	高8.5cm	23,000	北京保利	2017-11-04
清康熙 五彩狮子绣球砚滴	长8.5cm	40,250	北京中汉	2017-09-01
清康熙 五彩十二月水仙花神杯	直径6.5cm	1,150,000	北京保利	2017-06-06
清康熙 五彩十一月梅花花神杯	直径6.7cm	2,702,500	北京保利	2017-06-06
清康熙 五彩十月月季花神杯	直径6.7cm	2,070,000	北京保利	2017-06-06
清康熙 五彩仕女童子图盘		51,893	纽约苏富比	2017-03-14
清康熙 五彩仕女图大盘		64,866	纽约苏富比	2017-03-15
清康熙 五彩仕女图盘	直径27.5cm	115,000	中国嘉德	2017-06-19
清康熙 五彩仕女婴戏图洗	直径20cm	57,500	中国嘉德	2017-09-03
清康熙 五彩仕女婴戏图小棒槌瓶	高23.7cm	11,500	北京中汉	2017-03-30
清康熙 五彩寿桃盘（一对）	直径9.5cm×2	598,000	上海明轩	2017-06-30
清康熙 五彩寿桃纹高足碗	直径15.7cm	747,500	北京保利	2017-12-19
清康熙 五彩兽面纹捏塑螭龙鋬匜	长11.1cm	66,700	北京中汉	2017-06-17
清康熙 五彩双龙赶珠花卉纹筒瓶		43,244	纽约苏富比	2017-03-14
清康熙 五彩双龙戏珠纹盘	直径14.6cm	103,785	纽约佳士得	2017-03-17
清康熙 五彩水景图花式盆（一对）		56,217	纽约苏富比	2017-03-18
清康熙 五彩四妃十六子将军罐	高30cm	69,000	北京中汉	2017-12-19
清康熙 五彩四月牡丹花神杯	直径6.6cm	2,300,000	北京保利	2017-06-06
清康熙 五彩隋唐演义三星图凤尾尊	高47cm	13,800	中国嘉德	2017-03-31
清康熙 五彩通景山水诗文将军罐	高46cm	161,000	八益拍卖	2017-09-24
清康熙 五彩五月石榴花神杯	直径6.7cm	2,300,000	北京保利	2017-06-06
清康熙 五彩西厢记人物故事图碗	直径17.2cm	57,500	北京中汉	2017-09-01
清康熙 五彩喜鹊登梅图笔筒	高14cm	66,700	华艺国际	2017-05-27
清康熙 五彩萧何月下追韩信人物故事图笔筒	高12.4cm	71,300	中国嘉德	2017-09-03
清康熙 五彩杏花花神杯	直径6.6cm	122,966	伦敦佳士得	2017-05-12
清康熙 五彩摇铃尊	高12.5cm	34,500	华艺国际	2017-03-19
清康熙 五彩一月迎春花花神杯	直径6.5cm	1,552,500	北京保利	2017-06-06
清康熙 五彩璎珞纹瓶（带座）	高20cm	74,750	华艺国际	2017-08-27
清康熙 五彩鱼藻纹盘	直径15.2cm	20,700	八益拍卖	2017-04-22
清康熙 五彩渔藻纹盘（一对）	直径20cm×2	115,000	北京荣宝	2017-09-24
清康熙 五彩云龙凤纹碗（一对）	直径13cm×2	1,127,000	观唐皕榷	2017-01-11
清康熙 五彩云龙赶珠纹碗（一对）	直径18.8cm×2	313,005	伦敦苏富比	2017-05-10
清康熙 五彩云龙纹盘	直径18.4cm	17,250	中国嘉德	2017-09-03
清康熙 五彩钟馗笔筒	高14.5cm	20,700	北京保利	2017-04-16
清康熙 五彩人物故事纹缸	直径19.5cm	20,700	北京翰海	2017-01-08
清雍正 金地五彩缠枝花卉纹盘（一对）	直径13.8cm×2	483,000	北京诚轩	2017-06-20
清雍正 墨地五彩花卉纹观音瓶	高18.3cm	149,500	北京中汉	2017-12-19
清雍正 五彩盘	直径22.6cm	111,343	纽约佳士得	2017-01-18
清雍正 五彩外山水人物纹内鱼藻纹缸	直径33cm	3,450,000	大羿拍卖	2017-12-04
清乾隆 五彩洞石花卉纹盘（一对）	直径26cm	80,500	北京宣石	2017-12-03
清乾隆 五彩龙凤呈祥纹碗（一对）	直径13cm×2	609,813	佳士得	2017-05-31
清乾隆 五彩龙凤碗（一对）	直径14.9cm	186,086	中国嘉德	2017-10-02
清乾隆 五彩龙凤纹碗	直径15.5cm	152,023	伦敦佳士得	2017-11-07
清乾隆 五彩龙凤纹碗	直径13cm	129,731	纽约佳士得	2017-03-17
清乾隆 五彩龙凤纹碗	直径12.9cm	57,500	北京中汉	2017-12-19
清乾隆 五彩龙凤纹碗（一对）	直径13cm×2	253,000	北京匡时	2017-12-03
清嘉庆 珊瑚红地描金五彩十六子婴戏图大碗	直径21cm	55,200	中国嘉德	2017-03-31
清嘉庆 珊瑚红地描金五彩婴戏图碗	直径21cm	1,380,000	大羿拍卖	2017-12-04
清嘉庆 珊瑚描金五彩婴戏大碗	直径20.8cm	3,220,000	北京保利	2017-12-18
清嘉庆 五彩龙凤纹碗	直径16.2cm	36,800	中国嘉德	2017-03-31
清道光 五彩花神杯（一对）	直径5.8cm×2	115,000	大羿拍卖	2017-12-04
清道光 五彩花神杯（两件）	直径6.7cm	97,750	北京翰海	2017-06-04
清道光 五彩龙凤呈祥图碗	直径15cm	155,625	香港蘇富比	2017-10-03
清道光 五彩龙凤呈祥纹碗		172,975	纽约苏富比	2017-03-18
清道光 五彩龙凤纹碗	直径14.5cm	28,750	华艺国际	2017-08-27
清道光 五彩龙凤纹碗	直径13.1cm	97,750	北京中汉	2017-12-19
清道光 五彩龙凤纹碗	直径15.8cm	184,000	北京翰海	2017-06-04
清道光 五彩龙凤纹碗（一对）	直径15.6cm	207,000	太平洋	2017-03-30
清中期 五彩海错图笔筒	高12cm	13,800	浙江佳宝	2017-07-23
清光绪 绿地五彩花鸟对屏	长22.5cm	23,000	华艺国际	2017-08-27
清光绪 珊瑚红地开光五彩花卉纹棒捶瓶	高45cm	15,563	佳士得	2017-10-04
清光绪 五彩刀马人棒槌瓶	高79cm	207,000	华艺国际	2017-08-27
清光绪 五彩刀马人物花盆（一对）	直径36.5cm	24,150	北京保利	2017-04-16
清光绪 五彩洞石锦鸡将军罐	高36cm	17,250	北京保利	2017-04-17
清光绪 五彩加粉彩忍冬纹碗	直径12cm	32,200	中国嘉德	2017-03-31
清光绪 五彩龙纹盘	直径26cm	57,500	北京保利	2017-12-20
清光绪 五彩人物棒槌瓶	高46cm	34,500	中国嘉德	2017-06-19
清光绪 五彩人物笔筒	高15cm	11,500	北京保利	2017-11-04
清光绪 五彩人物瓶	高55.8cm	34,500	中国嘉德	2017-06-19
清光绪 五彩文王仿贤抱月瓶	高30.5cm	92,000	八益拍卖	2017-04-22
清光绪 五彩西厢记人物纹盖罐	高33cm	25,300	广东崇正	2017-06-15
清宣统 五彩十二月水仙花神杯	直径4.7cm	52,477	香港苏富比	2017-06-01
清晚期 黑地五彩缠枝花纹长颈瓶（一对）	高23.2cm，高23.5cm	429,770	巴黎苏富比	2017-06-22
清晚期 五彩刀马人物观音瓶	高80cm	57,500	北京保利	2017-11-04
清晚期 五彩堆塑十八罗汉图天球瓶	高39.2cm	34,500	中国嘉德	2017-09-02
清晚期 五彩花卉开光人物纹棒槌瓶	高45.5cm	23,000	中国嘉德	2017-09-03
清晚期 五彩人物故事梅瓶	高38cm	19,550	北京保利	2017-06-08
清晚期 五彩神仙人物纹大盘	直径34.4cm	20,700	中国嘉德	2017-03-31
清晚期 五彩十八罗汉大缸	直径53cm	55,200	北京保利	2017-12-20
清晚期 五彩太平有象	长37cm	11,500	中国嘉德	2017-03-31
清晚期 五彩杨家将人物故事图花盆	直径36.5cm	11,500	中国嘉德	2017-09-03
清 五彩人物水呈	直径11cm	13,800	北京翰海	2017-09-10
清 矾红地五彩九秋纹碗	直径11cm	13,800	北京保利	2017-11-05
清 五彩“老子出关”大盘	直径29.5cm	11,500	北京保利	2017-06-08

拍品名称	物品尺寸	成交价RMB	拍卖公司	拍卖日期
清 五彩“西厢记”图观音瓶	高36cm	23,000	华艺国际	2017-03-19
清 五彩“西厢记”图长颈瓶	高29cm	43,700	华艺国际	2017-03-19
清 五彩八仙人物大盘	直径36cm	17,250	北京翰海	2017-01-08
清 五彩博古碗连座	直径19cm	11,500	上海大众	2017-06-24
清 五彩高士图长方花盆（一对）	高18.3cm；宽20.9cm；长38cm	178,735	保利香港	2017-04-04
清 五彩荷塘清趣笔筒	直径19.5cm	17,250	北京翰海	2017-04-30
清 五彩花蝶卍字形笔筒	高17.2cm	23,000	北京保利	2017-06-08
清 五彩花卉盘（两件）	直径32cm	23,000	北京翰海	2017-01-08
清 五彩花卉摇铃尊	高20.5cm	20,700	北京荣宝	2017-09-24
清 五彩花鸟花觚	高47cm	345,000	北京翰海	2017-09-13
清 五彩花鸟花觚	高47cm	322,000	北京翰海	2017-09-13
清 五彩花鸟开光盖罐（两件）	高30cm	74,750	北京翰海	2017-09-13
清 五彩花鸟纹大花盆	直径45cm	28,750	中国嘉德	2017-09-03
清 五彩教子图大盘	直径29.8cm	32,200	中国嘉德	2017-03-31
清 五彩开光福禄寿笔筒	高14.5cm	69,000	北京华辰	2017-06-05
清 五彩开光花鸟棒槌瓶	高50cm	126,500	北京翰海	2017-09-13
清 五彩龙纹大缸	直径41cm	63,250	北京保利	2017-04-16
清 五彩麒麟纹盘口瓶	高19cm	2,036,811	荣盛国际	2017-06-29
清 五彩人物纹、花卉纹瓷砖	23.4cm×15.3cm	11,500	中国嘉德	2017-03-31
清 五彩山水纹盘	直径37cm	17,250	华艺国际	2017-08-27
清 五彩仕女人物盘	直径30cm	11,500	北京翰海	2017-04-30
清 五彩仕女图棒槌瓶	高45cm	92,000	北京保利	2017-06-08
清 五彩童子（一对）	高17.5cm	11,500	北京保利	2017-11-04
清 五彩坐童摆件	高15.5cm	207,000	浙江佳宝	2017-07-23
18世纪 五彩荷塘鹭鸶大缸	直径66cm	437,000	北京保利	2017-06-07
18世纪 五彩鸡缸杯	直径7.8cm	388,063	佳士得	2017-05-31
18世纪 五彩麻姑献寿图盘		38,919	纽约苏富比	2017-03-14
18世纪 五彩喜上梅梢纹长颈瓶	高19.5cm	39,126	伦敦苏富比	2017-05-10
18世纪 五彩折枝花蝶纹小罐	高19.3cm	57,500	北京中汉	2017-12-19
18世纪/19世纪初 青花釉里红八仙过海纹葫芦形套壶		259,463	纽约苏富比	2017-03-14
19世纪 彩绘仕女图摇铃尊	高18.5cm	55,894	伦敦佳士得	2017-05-12
19世纪 彩绘寿字形带盖执壶	高23.6cm	11,052	纽约佳士得	2017-07-13
19世纪 五彩人物故事图棒槌瓶		25,946	纽约苏富比	2017-03-18
1970年代 醴陵釉下五彩鸳鸯铰发冬瓜瓶	高20cm	57,500	中国嘉德	2017-12-21
仿明万历款 五彩花果锦鸟图瓜棱提梁壶	高26cm	20,700	福建东南	2017-10-29
魏楚斌 雅趣 釉下五彩瓷瓶	高21cm	23,000	中国嘉德	2017-12-21
三彩				
辽 三彩模印花卉纹盘	口径23.3cm；足径7cm；高5cm	47,100	中国嘉德	2017-05-30
辽 三彩狮枕	宽20.3cm	30,271	纽约佳士得	2017-03-16
辽 三彩贴宝相花猴耳提梁壶	高16.3cm	332,625	佳士得	2017-05-31
辽 三彩碗（两件）	直径24.3cm，直径27.6cm	76,529	香港苏富比	2017-06-01
辽 三彩鱼形壶	高15.2cm	209,332	中国嘉德	2017-05-30
金 三彩剔花题诗枕	宽45cm	20,933	中国嘉德	2017-05-30
元 磁州窑绿釉刻花浮雕三彩枕	36cm×19.5cm×11cm	172,500	北京荣宝	2017-09-24
明 琉璃莲花座释迦坐像	高44cm	172,500	北京保利	2017-06-06
明 三彩观音坐像	高38.5cm	184,000	中贸圣佳	2017-06-18
明末清初 三彩道教神明坐像	高50.3cm	147,029	纽约佳士得	2017-03-17
17世纪 彩绘天马纹瓶	高19cm	18,703	纽约佳士得	2017-07-13
清早期 素三彩、仿定釉螭龙水丞各一件	高6cm；高5.6cm	48,300	中国嘉德	2017-03-31
清康熙 暗刻龙纹素三彩折枝花卉碗	直径14.8cm	690,000	北京保利	2017-12-18

拍品名称	物品尺寸	成交价RMB	拍卖公司	拍卖日期
清康熙 白地素三彩暗龙花蝶纹碗	直径14.8cm	421,325	佳士得	2017-05-31
清康熙 白地素三彩暗龙花蝶纹碗	直径14.9cm	65,153	伦敦佳士得	2017-11-07
清康熙 彩绘暗花纹碗	直径15.7cm	89,430	伦敦佳士得	2017-05-12
清康熙 彩绘观音坐像及底座	高41.3cm	72,261	纽约佳士得	2017-07-13
清康熙 彩绘和合二仙立像（一组两件）	The largest group 高14.2cm	15,302	纽约佳士得	2017-07-13
清康熙 虎皮三彩赏瓶	高12.5cm	17,250	浙江佳宝	2017-07-23
清康熙 虎皮三彩小杯（一对）	直径6.3cm×2	19,679	香港苏富比	2017-06-01
清康熙 黄地素三彩龙纹盘	直径13cm	86,250	中国嘉德	2017-06-19
清康熙 黄地素三彩云龙纹小盘	直径12cm	25,300	中国嘉德	2017-03-31
清康熙 黄釉赭绿龙四季花卉折沿大盘	直径40.6cm	4,025,000	北京翰海	2017-06-04
清康熙 墨地素三彩鱼龙变化葵口洗	直径14cm	632,500	北京保利	2017-12-18
清康熙 三彩镂空雕瓷十八罗汉瓶	高50cm	86,704	宝源国际	2017-05-29
清康熙 素三彩暗花龙纹花蝶图碗	直径15cm	55,894	伦敦苏富比	2017-05-10
清康熙 素三彩八宝纹笔筒	直径19.5cm	28,750	北京保利	2017-04-16
清康熙 素三彩草虫砚屏	直径19.5cm	17,250	中国嘉德	2017-06-19
清康熙 素三彩关公立像	高28.5cm	152,023	伦敦佳士得	2017-11-07
清康熙 素三彩关平立像	高20cm	70,582	伦敦佳士得	2017-11-07
清康熙 素三彩观音像	高28.2cm（含座）	13,800	中国嘉德	2017-03-31
清康熙 素三彩海马碗	直径7.8cm	80,500	北京宣石	2017-05-21
清康熙 素三彩花蝶纹暗刻龙纹碗	直径14.7cm	134,875	佳士得	2017-10-04
清康熙 素三彩花果纹方盖盒		25,946	纽约苏富比	2017-03-14
清康熙 素三彩花卉纹双象耳尊	高30.5cm	5,092,027	荣盛国际	2017-06-29
清康熙 素三彩花卉纹碗	直径21.5cm	26,061	伦敦佳士得	2017-11-07
清康熙 素三彩花卉纹碗	直径17.8cm	14,116	伦敦佳士得	2017-11-07
清康熙 素三彩花鸟案几	长23cm；高7cm	17,250	北京荣宝	2017-06-02
清康熙 素三彩开光花鸟纹海棠形花盆	长20.7cm	82,800	中国嘉德	2017-09-02
清康熙 素三彩镂空花卉纹香熏	高8.5cm	81,995	香港苏富比	2017-06-01
清康熙 素三彩人物故事扁形壶	高22cm	25,300	北京保利	2017-11-04
清康熙 素三彩双龙戏珠纹盘	直径13.2cm	23,000	北京匡时	2017-12-03
清康熙 素三彩四方印盒	长10cm	13,800	北京保利	2017-11-04
清康熙 素三彩送子观音坐像		77,839	纽约苏富比	2017-03-15
清康熙 素三彩周仓立像	高20cm	34,748	伦敦佳士得	2017-11-07
清康熙 釉里三彩题诗山水图大碗	直径21.2cm	27,696	巴黎苏富比	2017-06-22
清康熙 釉下三彩麒麟图瓶	高18.5cm	43,700	中国嘉德	2017-09-02
清康熙 釉下三彩山水笔筒	直径18cm	287,500	北京华辰	2017-12-17
清康熙 釉下三彩山水纹棒槌瓶	高26cm	207,000	华艺国际	2017-03-19
清康熙 釉下三彩山水纹笔筒	高12.8cm	207,000	中国嘉德	2017-09-02
清雍正/乾隆 釉里三色云龙纹梅瓶	高34.2cm	92,000	中国嘉德	2017-03-31
清乾隆 黄地素三彩莲托八吉祥纹五福万寿折沿大盘	直径40.8cm	6,366,100	香港中汉	2017-10-03
清乾隆 绿地褐彩龙纹碗	径11cm	227,000	印千山	2017-07-09
清嘉庆 绿地酱彩龙纹碗	径11cm	189,750	印千山	2017-03-30
清道光 黄地素三彩双龙戏珠云鹤纹盘（一对）	直径14.2cm×2	287,500	观唐皕榷	2017-01-12
清道光 绿地褐彩云龙纹碗	直径15cm	69,000	中国嘉德	2017-03-31
清道光官窑 素三彩龙纹盘	直径10.5cm	34,500	上海大众	2017-06-24
清光绪 黄地褚绿双龙戏珠小盘	直径11.2cm	11,500	北京保利	2017-12-20
清光绪 黄地褐绿彩云龙纹小盘（一对）	直径10.9cm	28,750	中国嘉德	2017-03-31
清光绪 黄地素三彩双龙纹盘	直径17cm	25,300	北京保利	2017-04-16
清光绪 黄地素三彩云龙纹盘	直径13cm	17,250	中国嘉德	2017-09-02
清光绪 墨地素三彩花鸟笔筒	直径19.5cm	26,450	北京保利	2017-04-16
清晚期 黄地素三彩云龙纹大盘（一对）	直径22.2cm	17,250	中国嘉德	2017-03-31

拍品名称	物品尺寸	成交价RMB	拍卖公司	拍卖日期
清晚期 墨地素三彩刀马人物纹大棒槌瓶（一对）	高60.5cm	23,000	中国嘉德	2017-09-02
清晚期 墨地素三彩仕女图天圆地方瓶	高52.7cm	28,750	中国嘉德	2017-09-02
清 黄地紫绿彩双龙戏珠纹盘	直径26.4cm	32,798	香港苏富比	2017-06-01
清 孔雀蓝底三彩梅瓶	高44cm	746,831	荣盛国际	2017-06-29
清 米黄地素三彩花鸟盆	直径27cm	28,750	广东保利	2017-11-26
清 三彩吉庆有余摆件	高84cm	43,130	印千山	2017-07-09
清 三彩天王像两尊	尺寸不一	113,500	印千山	2017-07-09
清 素三彩鹌鹑盖盒（一对）	直径16.5cm	34,500	中国嘉德	2017-06-19
清 素三彩高士图几	23cm×16cm×7cm	23,000	中国嘉德	2017-03-31
清 素三彩花果暗刻云龙纹小天球瓶	高16cm	71,300	中国嘉德	2017-09-03
清 素三彩人物纹方儿	长22cm	20,700	华艺国际	2017-03-19
民国 素三彩暗刻龙纹碗及斗彩缠枝花卉纹小杯	碗直径15.2cm；杯子直径7cm	297,544	纽约佳士得	2017-07-13
三彩釉文官俑（1组3件）	高38cm	44,715	伦敦佳士得	2017-05-12
粉彩				
清康熙 彩绘花卉纹茶壶	高16.5cm	21,718	伦敦佳士得	2017-11-07
清康熙 彩绘鸡缸杯（一对）	直径8.5cm	67,073	伦敦佳士得	2017-05-12
清康熙 彩绘开光花卉纹茶壶（两件）	高15cm	59,723	伦敦佳士得	2017-11-07
清康熙 粉彩缠枝牡丹纹大盘	直径31.5cm	17,250	中国嘉德	2017-09-03
清康熙 粉彩花瓶	高71.1cm	359,725	纽约佳士得	2017-01-18
清雍正 仿木纹釉粉彩开光山水花卉纹笔筒	高14.5cm	92,000	中国嘉德	2017-12-18
清雍正 粉彩爱莲图盘口大瓶	高42cm	138,000	北京中汉	2017-05-21
清雍正 粉彩安居乐业图折沿大盘	直径39.6cm	207,000	北京中汉	2017-05-21
清雍正 粉彩八仙祝寿盘口瓶	高38.7cm	40,250	北京保利	2017-12-20
清雍正 粉彩博古图棒槌瓶	高46cm	55,200	北京中汉	2017-09-01
清雍正 粉彩博古图方盖盒	11.7cm	668,250	香港苏富比	2017-04-05
清雍正 粉彩博古图花觚	高43.8cm	40,250	北京中汉	2017-09-01
清雍正 粉彩策马游春图罐	高25cm	11,500	北京中汉	2017-03-30
清雍正 粉彩缠枝花卉纹葵口盘	直径40cm	178,735	北京匡时	2017-04-03
清雍正 粉彩缠枝牡丹纹小缸	直径10.4cm	17,250	中国嘉德	2017-09-02
清雍正 粉彩蝶恋花纹碗	直径18cm	218,500	中贸圣佳	2017-06-18
清雍正 粉彩蝶恋花纹碗	直径15cm	1,035,000	观唐皕榷	2017-01-11
清雍正 粉彩蝶恋花纹小盘	直径10.5cm	13,800	中国嘉德	2017-12-18
清雍正 粉彩仿生"福禄寿"双桃洗	长23cm	207,000	北京宣石	2017-05-21
清雍正 粉彩福在眼前图盘	直径13.9cm	36,800	中国嘉德	2017-03-31
清雍正 粉彩果纹盘（一对）	直径20cm×2	2,607,780	佳士得	2017-05-31
清雍正 粉彩海棠纹盘	直径15.3cm	57,500	华艺国际	2017-03-19
清雍正 粉彩海屋添筹图笔筒	高16cm	105,800	中贸圣佳	2017-06-18
清雍正 粉彩荷塘花鸟纹碗（一对）	直径13.5cm	51,750	北京中汉	2017-09-01
清雍正 粉彩胡人戏狮盘口瓶	高48.5cm	57,500	北京保利	2017-11-05
清雍正 粉彩花虫纹小尊（一对）	高12.6cm	20,700	中国嘉德	2017-03-31
清雍正 粉彩花蝶纹茶盏与盏托	直径11.6cm	11,753	中国嘉德	2017-10-02
清雍正 粉彩花蝶纹茶盏与盏托	直径11.6cm	11,753	中国嘉德	2017-10-02
清雍正 粉彩花卉大吉图碗	直径12.4cm	161,000	北京中汉	2017-09-01
清雍正 粉彩花卉芦雁纹小杯	直径7.4cm	36,800	北京中汉	2017-12-19
清雍正 粉彩花卉图碗	直径17cm	28,750	北京启石	2017-06-25
清雍正 粉彩花卉碗	直径18.5cm	46,000	北京保利	2017-04-16
清雍正 粉彩花卉碗（一对）	口径9.5cm	69,000	北京华辰	2017-12-17
清雍正 粉彩花卉纹笔筒	高12cm	23,000	北京保利	2017-04-16
清雍正 粉彩花卉纹大碗	直径18.8cm	97,750	中国嘉德	2017-03-31
清雍正 粉彩花卉纹盘	直径15.2cm	20,700	中国嘉德	2017-03-31

拍品名称	物品尺寸	成交价RMB	拍卖公司	拍卖日期
清雍正 粉彩花卉纹盘口瓶	高40.8cm	11,500	中国嘉德	2017-09-03
清雍正 粉彩花卉纹碗	直径18cm	402,500	保利厦门	2017-06-25
清雍正 粉彩花卉纹碗	直径12cm	18,400	北京保利	2017-04-17
清雍正 粉彩花卉纹小杯	直径6cm	39,176	北京匡时	2017-10-02
清雍正 粉彩花卉纹小盘	直径8.5cm	81,441	伦敦佳士得	2017-11-07
清雍正 粉彩花鸟笔筒	高15cm	57,500	北京荣宝	2017-06-02
清雍正 粉彩加料彩八吉祥纹高足碗	直径18.3cm	713,000	北京中汉	2017-05-21
清雍正 粉彩将军罐	高81.3cm	387,132	纽约佳士得	2017-01-18
清雍正 粉彩教子图螭耳大方瓶	高52.5cm	207,000	中国嘉德	2017-03-31
清雍正 粉彩教子图盘口瓶	高35.7cm	78,200	中国嘉德	2017-03-31
清雍正 粉彩锦地开光神仙人物纹八方狮钮大罐	高87.5cm	149,500	中国嘉德	2017-03-31
清雍正 粉彩锦地开光仕女课子图盘（一对）	直径20.8cm	483,000	北京保利	2017-06-06
清雍正 粉彩锦地开光仕女婴戏图盘	直径21.5cm	74,750	北京保利	2017-12-20
清雍正 粉彩锦鸡纹盘（一对）	直径22.2cm	20,700	中国嘉德	2017-12-18
清雍正 粉彩莲池鸳鸯纹杯	直径（口）8.4cm	13,800	浙江佳宝	2017-07-23
清雍正 粉彩鹿鹤同春碗（一对）	直径9.3cm×2	1,336,500	香港苏富比	2017-04-05
清雍正 粉彩麻姑献寿图大盘	直径35.2cm	13,800	中国嘉德	2017-09-03
清雍正 粉彩没骨蝶恋花小碗	直径9.2cm	2,535,980	佳士得	2017-11-29
清雍正 粉彩没骨蝴蝶牡丹纹盘	直径14.5cm	83,531	佳士得	2017-04-04
清雍正 粉彩没骨花卉纹马蹄杯	直径6.3cm	20,700	北京保利	2017-06-08
清雍正 粉彩没骨花卉纹小杯	直径6cm	20,700	保利厦门	2017-06-26
清雍正 粉彩描金花鸟纹杯盏（一套）	杯直径7cm；盏托直径11.5cm	13,800	中国嘉德	2017-03-31
清雍正 粉彩人物故事笔筒	高12.5cm	55,200	北京翰海	2017-12-16
清雍正 粉彩人物故事图大盘		64,866	纽约苏富比	2017-03-14
清雍正 粉彩人物故事纹琵琶尊	高37cm	59,800	北京中汉	2017-09-01
清雍正 粉彩人物图碗	直径11.7cm	575,000	观唐皕榷	2017-01-11
清雍正 粉彩人物纹方花盆	高14cm	25,300	北京中汉	2017-09-01
清雍正 粉彩人物纹罐	高20cm	34,500	北京东正	2017-03-31
清雍正 粉彩三国空城计人物故事纹瓶	高42cm	230,000	广东崇正	2017-06-15
清雍正 粉彩山水人物图墨床	长21.4cm	1,490,160	佳士得	2017-05-31
清雍正 粉彩山水通景花盆	直径37.5cm	59,800	北京荣宝	2017-12-02
清雍正 粉彩仕女对弈图纹瓶	高42cm	115,000	广东崇正	2017-12-13
清雍正 粉彩仕女小盘	直径16.6cm	356,400	佳士得	2017-04-04
清雍正 粉彩仕女婴戏图盘口尊	高42.1cm	105,800	北京中汉	2017-12-19
清雍正 粉彩仕女婴戏图折沿盘	直径22.2cm	25,300	中国嘉德	2017-09-02
清雍正 粉彩仕女婴戏纹盖盒	直径19.5cm	207,000	北京匡时	2017-12-03
清雍正 粉彩狩猎盘	直径53.3cm	822,819	纽约佳士得	2017-01-18
清雍正 粉彩双鹿纹杯	宽9.5cm	20,700	北京保利	2017-04-17
清雍正 粉彩庭院仕女婴戏图罐	高20.5cm	78,200	中贸圣佳	2017-09-04
清雍正 粉彩戏狮盘	直径22cm	23,000	北京启石	2017-06-25
清雍正 粉彩婴戏图笔筒	高12.5cm	40,250	广东崇正	2017-06-15
清雍正 粉彩婴戏图罐	高23.5cm	13,800	北京中汉	2017-03-30
清雍正 粉彩玉堂富贵盘	直径20.8cm	1,737,400	伦敦佳士得	2017-11-07
清雍正 粉彩折枝花蝶纹盘（一对）	直径14.8cm；高28cm	667,000	观唐皕榷	2017-01-12
清雍正 粉彩折枝花卉纹盘	直径16.8cm	17,250	北京中汉	2017-03-30
清雍正 粉彩竹石花鸟彩蝶纹大笔筒	高15.6cm；口径20cm	287,500	西泠拍卖	2017-07-15
清雍正 内粉彩花蝶纹外胭脂红釉盏托	直径10.5cm	25,300	中国嘉德	2017-03-31
清雍正 内金彩缠枝花卉开光粉彩花果纹外胭脂红釉杯盏（一套）	杯直径7cm；盏托直径11.4cm	25,300	中国嘉德	2017-03-31

拍品名称	物品尺寸	成交价RMB	拍卖公司	拍卖日期
清雍正 珊瑚红地洋彩牡丹纹浅碗	直径11.8cm	1,175,280	保利香港	2017-10-02
清雍正 胭脂红地粉彩九秋同庆图小碗	直径9cm	276,000	中贸圣佳	2017-09-04
清雍正 洋彩鸡缸杯（一对）	直径9.2cm×2	4,600,000	北京保利	2017-06-06
清雍正 洋彩镂空八仙福寿图如意	长45cm	9,200,000	大羿拍卖	2017-12-04
清雍正 御制粉彩过枝福寿双全盘	直径20.5cm	11,828,900	佳士得	2017-11-29
清雍正 御制粉彩过枝虞美人碗（一对）	直径13.4cm×2	22,551,500	佳士得	2017-11-29
清雍正/乾隆 粉彩人物像（一对）	高19cm×2	172,500	北京匡时	2017-12-03
清乾隆 白地粉彩花纹舍利塔	高27cm	2,530,000	北京荣宝	2017-06-02
清乾隆 白地粉彩莲托八吉祥纹觚式瓶（一对）	高27cm×2	518,925	纽约佳士得	2017-03-17
清乾隆 白地轧道洋彩福庆绵长图龙首带钩（一对）	长8.9cm	207,000	中国嘉德	2017-09-02
清乾隆 东青釉洋彩缠枝西番莲福寿吉庆如意翻口双瑞兽耳折肩大瓶	高47cm	2,300,000	北京中汉	2017-06-17
清乾隆 冬青釉粉彩安居乐业图盘（一对）	直径16.8cm	28,750	北京中汉	2017-03-30
清乾隆 豆青釉粉彩花卉杯（六只）	径5.2cm×6	17,250	印千山	2017-03-30
清乾隆 矾红描金花卉开光粉彩婴戏图大碗	直径39.5cm	69,000	北京中汉	2017-09-01
清乾隆 矾红洋彩海水江崖云龙纹铺首衔环壁瓶	高30.5cm；框49.5cm×25cm	920,000	中国嘉德	2017-06-20
清乾隆 仿古铜釉粉彩海螺足敞口尊	宽18.2cm；高11cm	19,550,000	中国嘉德	2017-06-20
清乾隆 仿红雕漆粉彩梅花纹圆盖盒	直径8.1cm	412,633	伦敦佳士得	2017-11-07
清乾隆 仿生灵芝如意	长24cm	48,300	北京荣宝	2017-06-02
清乾隆 仿石纹开光粉彩喜上眉梢图三孔壁瓶	高20cm	28,750	北京中汉	2017-03-30
清乾隆 粉彩"羲之爱鹅"印泥盒	6.3cm×6.3cm	34,500	北京荣宝	2017-12-02
清乾隆 粉彩、料彩笔筒，印盒（三件）	高8.2cm；高7.3cm；直径6.5cm	20,700	北京保利	2017-12-20
清乾隆 粉彩“乾隆年制”款玉兰杯	直径7.8cm	276,000	北京巨力	2017-06-03
清乾隆 粉彩“万寿无疆”螭龙寿桃挂屏	69cm×38cm	230,000	中国嘉德	2017-12-18
清乾隆 粉彩安居图茶壶	宽18.5cm	13,800	中国嘉德	2017-12-18
清乾隆 粉彩八宝佛台	高19cm	57,500	华艺国际	2017-03-19
清乾隆 粉彩八宝莲花台		172,975	纽约苏富比	2017-03-15
清乾隆 粉彩八宝纹碗	直径10.5cm	287,500	保利厦门	2017-06-26
清乾隆 粉彩八吉祥纹碗	直径10.7cm	55,200	北京中汉	2017-09-01
清乾隆 粉彩八吉祥纹碗（一对）	直径10.5cm	147,029	纽约佳士得	2017-03-17
清乾隆 粉彩八吉祥纹碗（一对）	直径10.6cm×2	253,000	北京诚轩	2017-06-20
清乾隆 粉彩八仙人物纹瓷板	41cm×31cm	195,500	中国嘉德	2017-12-18
清乾隆 粉彩百鹿尊	高44.5cm	2,376,677	纽约佳士得	2017-03-17
清乾隆 粉彩百鹿尊		920,000	中国嘉德	2017-12-18
清乾隆 粉彩百鸟图大碗	直径40.5cm	67,073	伦敦佳士得	2017-05-12
清乾隆 粉彩博古图诗文碗	直径12.6cm	17,250	中国嘉德	2017-09-02
清乾隆 粉彩茶壶（两只）	宽26.8cm	36,800	中国嘉德	2017-06-19
清乾隆 粉彩缠枝花卉描金带扣	长5.7cm；宽4cm	55,200	八益拍卖	2017-04-22
清乾隆 粉彩缠枝花卉如意耳水呈	高4.8cm	51,750	北京翰海	2017-06-04
清乾隆 粉彩缠枝花卉双龙耳瓶	高29.8cm	2,300,000	北京翰海	2017-06-04
清乾隆 粉彩缠枝莲福寿纹茶碗	直径11.8cm	207,000	中国嘉德	2017-03-31

拍品名称	物品尺寸	成交价RMB	拍卖公司	拍卖日期
清乾隆 粉彩缠枝莲蝠纹长方倭角花盆	长18cm	32,200	中国嘉德	2017-03-31
清乾隆 粉彩缠枝莲纹铃铛（一对）	尺寸不一	172,500	北京东正	2017-12-09
清乾隆 粉彩朝贡图香插（一对）	11.5cm	779,625	香港苏富比	2017-04-05
清乾隆 粉彩瓷莲托八宝贡器	高29cm	483,000	北京华辰	2017-12-17
清乾隆 粉彩瓷塑文殊菩萨、地藏菩萨	高45cm	345,000	广东崇正	2017-12-13
清乾隆 粉彩大象瓶	高27.3cm	2,512,983	伦敦佳士得	2017-05-09
清乾隆 粉彩雕瓷无量寿佛	高19cm	345,000	北京保利	2017-12-19
清乾隆 粉彩蝶恋花双象耳方瓶	高18.4cm	58,764	北京匡时	2017-10-02
清乾隆 粉彩矾红御制三清茶诗茶壶	通宽14.8cm	5,435,100	香港苏富比	2017-04-05
清乾隆 粉彩仿古铜螭龙纹三足炉	高29cm	55,200	北京中汉	2017-03-30
清乾隆 粉彩福禄双全茶钟	直径10.8cm	200,475	佳士得	2017-04-04
清乾隆 粉彩福寿笔掭	宽8cm	115,000	北京保利	2017-12-19
清乾隆 粉彩福寿纹盘	直径17.8cm	17,250	北京匡时	2017-12-03
清乾隆 粉彩盖碗（三只）	直径11.3cm	17,250	中国嘉德	2017-09-02
清乾隆 粉彩瓜瓞绵绵纹壁瓶	高20.4cm	63,250	中贸圣佳	2017-09-04
清乾隆 粉彩过枝芙蓉花蜻蜓小盘	直径13.6cm	8,050,000	中国嘉德	2017-06-20
清乾隆 粉彩过枝梅花纹碗	直径14.5cm	546,718	北京匡时	2017-04-03
清乾隆 粉彩海螺供器	高39cm	575,000	北京匡时	2017-12-03
清乾隆 粉彩花蝶开光十美图螭耳大瓶	高66.7cm	28,750	中国嘉德	2017-09-03
清乾隆 粉彩花蝶如意耳尊	高23cm	131,685,675	伦敦佳士得	2017-05-09
清乾隆 粉彩花卉插屏	高44cm	23,000	北京保利	2017-04-16
清乾隆 粉彩花卉大吉格碟（两件）	直径13.5cm	230,000	北京翰海	2017-12-16
清乾隆 粉彩花卉墩式碗	直径15.2cm	230,000	北京翰海	2017-12-16
清乾隆 粉彩花卉吉庆有余卧足碗	直径14.3cm	13,800	北京翰海	2017-12-16
清乾隆 粉彩花卉龙带钩	长9cm	43,700	八益拍卖	2017-04-22
清乾隆 粉彩花卉碗	直径11cm	178,250	北京保利	2017-04-16
清乾隆 粉彩花卉纹杯（一对）	直径8.8cm	20,700	中国嘉德	2017-12-18
清乾隆 粉彩花卉纹盘（一对）	直径11cm	17,250	北京保利	2017-11-05
清乾隆 粉彩花卉纹屏风（一套）	长103cm；宽111cm	517,500	北京荣宝	2017-12-02
清乾隆 粉彩花蓝图盘（十件）	直径22.5cm	13,800	北京保利	2017-04-16
清乾隆 粉彩花鸟灯笼瓶	高41cm	322,000	北京保利	2017-11-04
清乾隆 粉彩花鸟诗文葫芦式壁瓶	高21.7cm	74,750	中贸圣佳	2017-06-18
清乾隆 粉彩花鸟纹八方缸	直径34.2cm	63,250	中国嘉德	2017-03-31
清乾隆 粉彩花鸟纹盘	直径35.5cm	12,752	纽约佳士得	2017-07-13
清乾隆 粉彩花鸟纹天球瓶	高33cm	5,092,027	荣盛国际	2017-06-29
清乾隆 粉彩画轧道开光婴戏图方形壁插	12cm×10cm	2,415,000	华艺国际	2017-11-25
清乾隆 粉彩黄地寿字盘	直径20.5cm	11,500	北京启石	2017-06-25
清乾隆 粉彩锦地五蝠开光吉字座屏（一对）	长15.5cm	17,250	中国嘉德	2017-03-31
清乾隆 粉彩锦鸡图座屏	42.3cm×67.5cm	575,000	北京保利	2017-12-19
清乾隆 粉彩九秋图茶船	长14.4cm	11,500	北京东正	2017-03-31
清乾隆 粉彩九桃天球瓶	高51cm	42,550,000	北京匡时	2017-06-04
清乾隆 粉彩开光山水人物故事诗文笔筒	径11.5cm	28,750	印千山	2017-03-30
清乾隆 粉彩开光题御制诗花卉纹撇口瓶	高40cm	19,334,700	香港苏富比	2017-04-05
清乾隆 粉彩开光折沿盆	直径39cm	23,000	华艺国际	2017-08-27
清乾隆 粉彩蓝料彩仿湘妃竹纹水丞	宽6cm	86,250	北京保利	2017-12-19
清乾隆 粉彩莲瓣纹盖碗	直径10.5cm	80,500	保利厦门	2017-06-26

拍品名称	物品尺寸	成交价RMB	拍卖公司	拍卖日期
清乾隆 粉彩莲托八宝小朝冠耳炉	高15.5cm	2,300,000	北京荣宝	2017-12-02
清乾隆 粉彩龍紋佛塔	高42cm	5,175,000	北京荣宝	2017-12-02
清乾隆 粉彩镂空玲珑帽架	高27.8cm	2,415,000	华艺国际	2017-11-25
清乾隆 粉彩买鸟图瓷板	宽30cm	60,541	纽约佳士得	2017-03-17
清乾隆 粉彩描金八仙过海茶壶	24cm	54,294	伦敦佳士得	2017-11-07
清乾隆 粉彩描金诗文春宫挂壁	高13cm	40,802	宝源国际	2017-05-29
清乾隆 粉彩皮球花纹花形洗	直径36cm	230,000	北京华辰	2017-06-05
清乾隆 粉彩七珍佛供	高28.5cm	230,000	北京匡时	2017-06-04
清乾隆 粉彩群仙祝寿瓷板插屏	56.5cm×89cm	1,380,000	北京保利	2017-12-19
清乾隆 粉彩人物瓷板插屏	高47.5cm	23,000	八益拍卖	2017-04-22
清乾隆 粉彩人物故事图观音瓶	高43.5cm	291,200	上海联合	2017-06-18
清乾隆 粉彩人物图铃铛杯（五只）	直径6.5cm	54,050	北京中汉	2017-09-01
清乾隆 粉彩人物纹瓶	高20.5cm	46,000	中国嘉德	2017-09-03
清乾隆 粉彩人物纹瓶	高27cm	36,800	中国嘉德	2017-06-19
清乾隆 粉彩人物坐像	高20cm	46,951	伦敦佳士得	2017-05-12
清乾隆 粉彩三多纹碗	直径15cm	121,083	纽约佳士得	2017-03-17
清乾隆 粉彩三清杯（一对）	直径11cm	46,000	北京东正	2017-03-31
清乾隆 粉彩山水人物故事笔筒	高11.3cm	46,000	北京荣宝	2017-12-02
清乾隆 粉彩山水人物图双螭耳尊	高45cm	16,127,100	香港苏富比	2017-04-05
清乾隆 粉彩山水图连木纹釉座长颈方瓶	高18cm	149,500	广东崇正	2017-06-15
清乾隆 粉彩山水纹笔筒	高11.5cm	34,500	华艺国际	2017-03-19
清乾隆 粉彩珊瑚红地开光牡丹纹碗		1,297,313	纽约苏富比	2017-03-15
清乾隆 粉彩十美图题诗碗	直径19cm	315,414	北京匡时	2017-04-03
清乾隆 粉彩石纹釉诗文水盂	高6cm	138,000	上海敬华	2017-07-01
清乾隆 粉彩仕女高仕图瓷板（两块）	高21cm×2	92,000	印千山	2017-07-09
清乾隆 粉彩松石绿地宝相花盆奁	直径19.5cm	437,000	华艺国际	2017-11-25
清乾隆 粉彩太平有象（一对）	高16cm×2	690,000	大羿拍卖	2017-12-04
清乾隆 粉彩外八吉祥内五福捧寿盘（一对）	直径16.3cm	215,468	保利香港	2017-10-02
清乾隆 粉彩碗	直径38.1cm	137,038	纽约佳士得	2017-01-18
清乾隆 粉彩无量寿佛坐像	高28.8cm	1,867,500	香港蘇富比	2017-10-03
清乾隆 粉彩无双谱人物故事诗文螭耳大瓶	高63.5cm	20,700	中国嘉德	2017-09-03
清乾隆 粉彩五子登科盖盒	直径11.3cm	57,500	中国嘉德	2017-06-19
清乾隆 粉彩像生瓷果子盘（一对）	直径15cm	230,000	北京保利	2017-06-07
清乾隆 粉彩药师佛坐像	高27.3cm	460,000	北京中汉	2017-12-19
清乾隆 粉彩婴戏图壁瓶（一对）	宽13.5cm	51,750	中国嘉德	2017-12-18
清乾隆 粉彩婴戏图罐	高15.3cm	12,826,020	佳士得	2017-05-31
清乾隆 粉彩婴戏图卧足杯（一对）	径6.2cm×2	63,250	印千山	2017-03-30
清乾隆 粉彩婴戏纹方花盆	宽20cm	35,650	北京保利	2017-04-16
清乾隆 粉彩婴戏纹观音瓶	高37.5cm	69,000	广东崇正	2017-06-15
清乾隆 粉彩御题诗鸡缸杯	直径8.2cm	1,610,000	中国嘉德	2017-12-18
清乾隆 粉彩轧道海水矾红云龙纹茶盅	直径11cm	2,185,000	北京保利	2017-12-18
清乾隆 粉彩折枝牡丹大碗	直径18cm	36,800	北京保利	2017-11-05
清乾隆 粉彩雉鸡牡丹图大碗	直径26cm	13,800	中国嘉德	2017-03-31
清乾隆 粉地洋彩缠枝莲八宝纹贲巴壶	高20cm	1,629,639	北京匡时	2017-04-03
清乾隆 粉红地粉彩宝相花壁挂花插	长18.5cm	517,500	华艺国际	2017-11-25
清乾隆 粉青釉粉彩瓜瓞高足盘	直径16cm；高9.5cm	86,250	八益拍卖	2017-04-22

拍品名称	物品尺寸	成交价RMB	拍卖公司	拍卖日期
清乾隆 粉青釉粉彩开光云蝠菊花诗文双鸠耳扁瓶	高17cm	587,640	保利香港	2017-10-02
清乾隆 古铜釉描金开光粉彩山水人物双耳壁瓶	长16.7cm	25,300	北京保利	2017-11-04
清乾隆 红底粉彩碗	直径16cm	23,000	北京启石	2017-06-25
清乾隆 黄地粉彩开光“佛日常明”花卉纹碗（一对）	直径14.3cm	437,000	北京保利	2017-06-08
清乾隆 黄地粉彩开光富贵牡丹壁瓶	高20cm	1,380,000	北京保利	2017-12-18
清乾隆 黄地粉彩描金“大吉”葫芦瓷板挂屏	长65cm；宽47cm	2,185,000	北京保利	2017-12-18
清乾隆 黄地粉彩三管瓶	高29.5cm	66,700	北京启石	2017-06-25
清乾隆 黄地洋彩“万寿无疆”碗（一对）	直径19cm；高8cm×2	1,725,000	北京荣宝	2017-12-02
清乾隆 黄地洋彩花卉纹碗	直径14.9cm	1,072,408	保利香港	2017-04-04
清乾隆 黄地洋彩轧道皮球花纹花盆	长24.7cm；高10.3cm	805,000	大羿拍卖	2017-12-04
清乾隆 黄地洋彩折枝西番莲香盒	直径10.3cm	86,250	北京荣宝	2017-06-02
清乾隆 黄地轧道粉彩花卉纹瓶	高40.7cm	568,052	保利香港	2017-10-02
清乾隆 祭蓝开光粉彩花鸟纹兽耳大缸	直径61cm	46,000	北京保利	2017-04-17
清乾隆 酱地描金粉彩开光人物图瓶	高28cm	805,000	华艺国际	2017-11-25
清乾隆 酱釉描金开光粉彩山水景物瓜棱形水呈	宽6cm	28,750	中国嘉德	2017-06-19
清乾隆 金地粉彩缠枝花卉纹双耳瓶	高12.7cm	540,500	北京匡时	2017-12-03
清乾隆 开光粉彩花卉小笔筒	高9.6cm	167,466	宝港国际	2017-05-29
清乾隆 蓝地描金开光粉彩山水图狮首衔环耳四棱小盖罐（一对）	直径10.5cm×2	4,565,000	香港蘇富比	2017-10-03
清乾隆 蓝地洋彩轧道花卉纹盖钟	直径9.8cm	5,561,000	香港蘇富比	2017-10-03
清乾隆 料彩龙钩、蝠捧寿墨床、粉彩墨床（共三件）	尺寸不一	23,000	北京保利	2017-12-20
清乾隆 绿地开光西洋人物粉彩碗	径9.5cm	25,300	朵云轩	2017-06-25
清乾隆 米黄地粉彩花卉诗文壁瓶	高18cm	345,000	保利厦门	2017-06-26
清乾隆 米黄地粉彩通景山水纹灯笼瓶	高24cm	2,990,000	华艺国际	2017-11-25
清乾隆 青花矾红粉彩四季花卉御制诗文瓶	高45cm	2,047,000	北京保利	2017-04-16
清乾隆 青花粉彩暗花莲托八吉祥纹贲巴瓶	高26cm	1,380,000	北京宣石	2017-05-21
清乾隆 青花粉彩宝相花纹贯耳尊	高14cm	665,992	北京匡时	2017-10-02
清乾隆 青花粉彩缠枝花卉纹佛塔	高42.5cm	862,500	保利厦门	2017-06-25
清乾隆 青花粉彩莲形水洗（两件）	直径6cm；直径7cm	17,250	北京保利	2017-11-04
清乾隆 青花粉彩双龙捧寿纹抱月瓶	高22cm	3,565,000	观唐皕榷	2017-01-11
清乾隆 青花粉彩婴戏图贯耳壁瓶	高21.5cm	862,500	观唐皕榷	2017-01-12
清乾隆 青釉粉彩四季花卉纹四方小笔筒	长5cm；宽5cm；高8.2cm	34,500	西泠拍卖	2017-07-15
清乾隆 青釉开光粉彩描金山水人物纹壁瓶（一对）	长18cm×2	57,500	北京匡时	2017-12-03
清乾隆 秋葵绿地洋彩缠枝花卉纹六方盆奁成套	奁长19.5cm；盆长16.7cm	489,700	香港中汉	2017-10-03
清乾隆 洒蓝地粉彩开光花卉纹碗	直径40cm	15,650	伦敦佳士得	2017-05-12
清乾隆 珊瑚地粉彩九秋图碗	径11cm	23,000	印千山	2017-03-30

拍品名称	物品尺寸	成交价RMB	拍卖公司	拍卖日期
清乾隆 珊瑚红地粉彩凤穿花卉纹花盆（一套）	长18cm	1,840,000	北京荣宝	2017-06-02
清乾隆 珊瑚红地粉彩描金太平有象（一对）	高20cm×2	735,966	北京匡时	2017-04-03
清乾隆 珊瑚红地粉彩双鱼纹如意	长44.5cm	46,000	广东崇正	2017-06-15
清乾隆 珊瑚红地描金开光粉彩山水花鸟纹六方笔筒	高13.5cm	149,500	北京匡时	2017-12-03
清乾隆 珊瑚红开光粉彩大鸡心碗	直径18.7cm	13,800	北京保利	2017-12-20
清乾隆 珊瑚红描金缠枝花卉开光粉彩山水人物纹印盒	长5.7cm	11,500	中国嘉德	2017-09-02
清乾隆 珊瑚红描金开光粉彩人物高足杯	高9.5cm	28,750	中国嘉德	2017-06-19
清乾隆 松绿地粉彩龙首带钩	长9.1cm	48,300	北京中汉	2017-06-17
清乾隆 松绿地粉彩云龙纹撇口橄榄瓶		3,071,000	香港蘇富比	2017-10-03
清乾隆 松石绿地粉彩“盘长”配件	长17cm	11,500	北京保利	2017-12-20
清乾隆 松石绿地粉彩百花争瑞图罐	高32cm	483,000	观唐皕榷	2017-01-12
清乾隆 松石绿地粉彩缠枝莲福寿纹茶碗	直径11.1cm	172,500	中国嘉德	2017-03-31
清乾隆 松石绿地粉彩螭龙番莲纹长方花盆（一对）	宽25.3cm×2	4,370,000	观唐皕榷	2017-01-11
清乾隆 松石绿地粉彩加金花口花盆	宽20cm	460,000	北京保利	2017-06-07
清乾隆 松石绿地粉彩夔龙纹罐	高21cm	391,760	保利香港	2017-10-02
清乾隆 松石绿地粉彩描金缠枝花卉纹铺首小瓶	高11.5cm	460,000	上海匡时	2017-11-05
清乾隆 松石绿地粉彩描金缠枝花纹双耳小瓶	高12cm	690,000	大羿拍卖	2017-12-04
清乾隆 松石绿地描金粉彩花卉纹折沿洗	直径34cm	1,495,000	北京华辰	2017-06-05
清乾隆 松石绿地洋彩缠枝花卉螭龙开光群仙祝寿西园雅集图龙耳大尊	高73.5cm	690,000	中贸圣佳	2017-06-18
清乾隆 松石绿地洋彩缠枝莲纹螭龙耳四方壁瓶	高20cm	2,185,000	上海匡时	2017-11-05
清乾隆 松石绿地洋彩描金缠枝番莲纹盖盒	直径10.3cm	690,000	北京中汉	2017-05-21
清乾隆 松石绿地洋彩描金福寿吉庆纹螭龙耳大尊	高73.5cm	4,232,000	北京中汉	2017-12-19
清乾隆 松石绿地洋彩描金莲托八宝纹天球瓶	高52.5cm	19,550,000	大羿拍卖	2017-12-04
清乾隆 唐英风格粉彩梅竹双清图狮耳烟壶	高5.3cm	43,700	中国嘉德	2017-09-03
清乾隆 唐英款粉彩花鸟挂屏	104cm×58cm	402,500	北京保利	2017-06-07
清乾隆 唐英制“陶珍”款粉彩花鸟题诗瓷板	80cm×27cm	1,150,000	北京保利	2017-12-18
清乾隆 唐英制粉彩荔枝	长7.5cm	345,000	北京华辰	2017-12-17
清乾隆 唐英制粉彩喜鹊登梅笔筒	高9.2cm	115,000	印千山	2017-03-30
清乾隆 唐英制粉彩喜鹊登梅图笔筒	高11.5cm；直径9.5cm	368,000	保利厦门	2017-06-26
清乾隆 唐英制洋彩洋人献宝笔筒	高13.8cm	3,680,000	北京保利	2017-12-18
清乾隆 天青地粉彩五福捧寿纹盘	直径17.5cm	40,250	北京中汉	2017-05-21
清乾隆 外木纹釉内粉彩诗文碗	直径11.8cm	16,100	北京保利	2017-04-16
清乾隆 外销粉彩开光山水人物图缸（一对）	高15cm	29,065	伦敦佳士得	2017-05-12
清乾隆 万花不落地花觚	高27cm	667,000	观唐皕榷	2017-01-11

拍品名称	物品尺寸	成交价RMB	拍卖公司	拍卖日期
清乾隆 胭脂红地粉彩缠枝宝相花纹盘	直径16cm	46,000	北京中汉	2017-03-30
清乾隆 胭脂红地粉彩莲花形七珍器座（一对）	高25cm	184,000	北京中汉	2017-03-30
清乾隆 胭脂红地粉彩折枝蕃莲图碗（一对）	口径15.2cm；高6.5cm	690,000	西泠拍卖	2017-07-15
清乾隆 洋彩百花不落地盖碗	直径10cm	1,035,000	保利厦门	2017-06-25
清乾隆 洋彩缠枝莲开光“佛日常明”纹茶碗	直径11.2cm	184,000	北京中汉	2017-09-01
清乾隆 洋彩花卉书灯（一对）	高12cm×2	920,000	北京荣宝	2017-09-24
清乾隆 洋彩花卉纹鼓墩式迎手	高20.8cm	2,070,000	北京保利	2017-12-18
清乾隆 洋彩花卉纹碗	径18cm	138,000	印千山	2017-03-30
清乾隆 洋彩开光山水纹御制诗鼻烟壶	高8.5cm	1,265,000	北京匡时	2017-12-03
清乾隆 洋彩灵芝小洗	长9cm	138,000	北京中汉	2017-06-17
清乾隆 洋彩镂空番莲纹书灯（一对）	高11.5cm×2	575,000	保利厦门	2017-06-25
清乾隆 洋彩镂空花卉盘	直径28.6cm	805,000	北京保利	2017-06-07
清乾隆 洋彩描金仿木纹釉海棠形水仙盆	长15cm	575,000	华艺国际	2017-05-27
清乾隆 洋彩松绿地福寿吉庆桃花迎春如意祥云纹一统尊	高34cm	3,105,000	大羿拍卖	2017-12-04
清乾隆 洋彩塑果高足供盘（一对）	底座高16.5cm×2；桃高7cm；石榴高8cm	16,100,000	北京东正	2017-06-08
清乾隆 洋彩通景山水耕织图双蝠衔枝耳瓶	高36cm	46,000,000	大羿拍卖	2017-12-04
清乾隆 洋彩凸雕福禄万代纹鼻烟壶	高6cm	161,000	中贸圣佳	2017-09-04
清乾隆 洋彩万花献瑞图大吉瓶	高58cm	22,425,000	观唐皕榷	2017-01-11
清乾隆 洋彩胭脂红八吉祥仿古双兽耳壶	高23.6cm	2,300,000	北京保利	2017-12-18
清乾隆 洋彩胭脂紫地轧道花卉御题三清茶诗茶盅	直径10.8cm	8,395,000	北京保利	2017-06-06
清乾隆 洋彩月白地锦上添花开光篮花图茶碗	直径9.8cm	7,573,500	香港苏富比	2017-04-05
清乾隆 洋彩云龙纹斗笔	长16.8cm	724,500	华艺国际	2017-11-25
清乾隆 御窑松石绿地洋彩九龙纹天球瓶	高50.8cm	11,500,000	北京东正	2017-12-09
清乾隆 御制胭脂红地洋彩八吉祥贲巴瓶（一对）	高26cm×2	28,750,000	北京保利	2017-12-18
清乾隆 轧道粉彩花卉盖碗	直径10.8cm	483,000	北京保利	2017-04-16
清乾隆 珍珠地粉彩携亲访友图四方印盒	长5.8cm	25,300	中国嘉德	2017-09-03
清乾隆 珍珠地开光粉彩人物纹方笔筒	高7.8cm	23,000	北京保利	2017-11-05
清乾隆 紫金釉描金花蝶开光粉彩蓟门烟树图御题诗文夔凤耳六方瓶	高19.1cm	115,000	中国嘉德	2017-09-02
清乾隆 粉彩山水纹小香熏	高5cm	11,500	北京翰海	2017-01-08
清乾隆/嘉庆 粉彩地藏菩萨坐像两尊		3,407,608	纽约苏富比	2017-03-15
清乾隆/嘉庆 粉彩镂空如意双钱纹吊篮（一对）	高29.2cm	51,893	纽约佳士得	2017-03-17
清嘉庆 白地洋彩龙穿花纹螭龙耳瓶	高33.5cm	1,495,000	北京匡时	2017-12-03
清嘉庆 堆瓷粉彩缠枝花卉纹碗	直径17cm；高7.5cm	71,232	中濠典藏	2017-11-29

2017瓷器拍卖成交汇总

(成交价RMB：1万元以上)

拍品名称	物品尺寸	成交价RMB	拍卖公司	拍卖日期
清嘉庆 粉彩《江西十景·滕阁高风》图碗	高6cm；直径14.4cm	40,250	中贸圣佳	2017-09-04
清嘉庆 粉彩八宝纹小盘	直径7.7cm	25,300	中国嘉德	2017-09-02
清嘉庆 粉彩八吉祥纹双耳三足炉	高26.9cm	167,681	伦敦佳士得	2017-05-12
清嘉庆 粉彩八吉祥卧足杯	直径6.5cm	23,000	北京保利	2017-11-04
清嘉庆 粉彩八蛮进宝图大碗（一对）	直径22.7cm	32,200	中国嘉德	2017-09-02
清嘉庆 粉彩八仙图果盘	长26.2cm	46,000	中国嘉德	2017-09-02
清嘉庆 粉彩八仙祝寿纹海棠形果盘	高10.2cm	48,300	北京匡时	2017-12-03
清嘉庆 粉彩百花纹杯	直径8.2cm	28,750	中国嘉德	2017-09-02
清嘉庆 粉彩百子图大碗	直径18cm	57,500	北京荣宝	2017-12-02
清嘉庆 粉彩百子图碗（一对）	直径14.5cm	69,000	上海敬华	2017-07-01
清嘉庆 粉彩百子碗 （一对）	直径11.7cm×2	1,245,000	香港蘇富比	2017-10-03
清嘉庆 粉彩缠枝莲蝠纹茶船	长14cm	11,500	中国嘉德	2017-09-02
清嘉庆 粉彩缠枝莲蝠纹喜字茶船	长15cm	46,000	中国嘉德	2017-03-31
清嘉庆 粉彩缠枝莲夔龙纹撇口瓶	高28.8cm	517,500	北京中汉	2017-09-01
清嘉庆 粉彩雕人物瓷板	高31.8cm	14,950	北京华辰	2017-12-17
清嘉庆 粉彩福寿连绵折沿盘	直径38cm	57,500	北京保利	2017-12-20
清嘉庆 粉彩高士图笔搁	长8.6cm	38,919	纽约佳士得	2017-03-17
清嘉庆 粉彩过枝花卉蜜蜂纹盘（一对）	直径18.6cm	138,000	北京中汉	2017-12-19
清嘉庆 粉彩过枝癞瓜碗	口径11cm	103,500	西泠拍卖	2017-07-15
清嘉庆 粉彩过枝籁瓜纹碗	直径11cm	105,800	广东崇正	2017-12-13
清嘉庆 粉彩荷塘水鸟花口碗	直径17cm	14,950	北京保利	2017-06-08
清嘉庆 粉彩花卉盖罐（一对）	高18.5cm×2	2,012,500	北京匡时	2017-12-03
清嘉庆 粉彩花卉纹杯（一对）	口径6.5cm	57,500	北京华辰	2017-12-17
清嘉庆 粉彩花卉纹盖碗（一套）	径23cm	54,480	印千山	2017-07-09
清嘉庆 粉彩花卉纹小杯（一对）	直径9.7cm×2	46,000	大羿拍卖	2017-12-04
清嘉庆 粉彩花卉盏托	直径11.8cm	13,800	北京荣宝	2017-12-02
清嘉庆 粉彩绘八仙人物图碗	直径15.3cm	34,500	北京保利	2017-06-08
清嘉庆 粉彩江西十景碗（1套10件）	14.5cm×14.7cm×10	10,246,500	香港苏富比	2017-04-05
清嘉庆 粉彩九桃盘（一对）	直径19.5cm×2	1,092,500	北京保利	2017-12-19
清嘉庆 粉彩夔龙莲花纹如意耳瓶	高32cm	1,495,000	大羿拍卖	2017-12-04
清嘉庆 粉彩龙凤纹罐	高26.9cm	1,092,500	上海匡时	2017-11-05
清嘉庆 粉彩绿地开光婴戏纹盖罐（一对）	高25cm×2	920,000	北京荣宝	2017-12-02
清嘉庆 粉彩描金麟洲仙庆图盘		69,190	纽约苏富比	2017-03-18
清嘉庆 粉彩描金仕女杯	直径10.3cm	24,001	八益拍卖	2017-04-22
清嘉庆 粉彩盆奁（一对）	宽19.3cm	46,000	中国嘉德	2017-06-19
清嘉庆 粉彩人物故事马蹄杯	高6cm；口11cm	11,500	北京荣宝	2017-12-02
清嘉庆 粉彩人物小盘及盖碗	直径10.5cm	172,500	北京保利	2017-08-02
清嘉庆 粉彩山水人物印盒	直径7.5cm	18,400	北京保利	2017-04-16
清嘉庆 粉彩十八学士渣斗	直径10cm	172,500	华艺国际	2017-03-19
清嘉庆 粉彩十美图螭耳大瓶	高66.5cm	40,250	八益拍卖	2017-04-22
清嘉庆 粉彩碗 （四只）	直径18cm	41,135	中国嘉德	2017-10-02
清嘉庆 粉彩万花锦纹碗	直径11cm	319,125	佳士得	2017-11-29
清嘉庆 粉彩五蝠捧寿盘（两件）	直径10.8cm	86,250	北京翰海	2017-12-16
清嘉庆 粉彩五蝠捧寿喜字盘	直径19.5cm	20,700	北京保利	2017-11-05
清嘉庆 粉彩喜鹊登梅盘	径24.5cm	23,000	印千山	2017-03-30
清嘉庆 粉彩徐亭烟柳诗文碗（一对）	盒直径18cm	103,785	纽约佳士得	2017-03-17
清嘉庆 粉彩胭脂紫地轧道开光花卉图碗	直径17.1cm	517,500	西泠拍卖	2017-07-15
清嘉庆 粉彩婴戏图撇口大瓶	高51cm	3,335,000	中国嘉德	2017-06-19
清嘉庆 粉彩长亭送别人物故事图花口大碗	直径18.3cm	17,250	中国嘉德	2017-03-31

拍品名称	物品尺寸	成交价RMB	拍卖公司	拍卖日期
清嘉庆 粉地粉彩缠枝花卉壶	长17.5cm	63,250	北京翰海	2017-12-16
清嘉庆 黄地粉彩番莲八吉祥朝冠耳三足香炉	23.5cm	311,250	香港蘇富比	2017-10-03
清嘉庆 黄地粉彩花卉甲子万年盘（两件）	直径19.7cm	69,000	北京翰海	2017-06-04
清嘉庆 黄地粉彩花卉御题诗文海棠式洗	长15.5cm	46,000	北京翰海	2017-12-16
清嘉庆 黄地洋彩福寿番莲开光花卉御制诗文四方尊	高17.5cm	4,370,000	中贸圣佳	2017-06-18
清嘉庆 黄地洋彩四季花卉宫碗	直径21.2cm	287,500	八益拍卖	2017-09-24
清嘉庆 金地粉彩灵仙祝寿茶盘	长16.7cm	538,670	保利香港	2017-10-02
清嘉庆 九秋同庆图双耳大瓶（一对）	高74cm×2	9,430,000	北京荣宝	2017-12-02
清嘉庆 蓝地轧道粉彩开光仕女乐舞图盘	直径19cm	332,625	佳士得	2017-05-31
清嘉庆 蓝地轧道开光牛郎织女碗	直径15cm	138,000	北京保利	2017-12-19
清嘉庆 绿地粉彩八宝花觚	高29cm	40,250	北京保利	2017-06-08
清嘉庆 绿地粉彩描金“暗八仙”缠枝莲螭耳瓶	高24.5cm	1,955,000	北京宣石	2017-05-21
清嘉庆 青花粉彩人物印盒	长9cm	11,500	北京保利	2017-11-04
清嘉庆 青花粉彩四季花卉盘	直径16cm	11,500	北京保利	2017-04-16
清嘉庆 珊瑚红地粉彩描金缠枝莲纹瓶（一对）	高33.5cm×2	5,701,700	佳士得	2017-11-29
清嘉庆 珊瑚红地描金粉彩婴戏图碗	直径21cm	724,500	观唐皕榷	2017-01-12
清嘉庆 松石绿地粉彩加金双吉福寿太白罐	高25cm	897,000	北京保利	2017-12-19
清嘉庆 松石绿地洋彩西番莲吉寿纹玉壶春瓶	高28cm	1,725,000	大羿拍卖	2017-12-04
清嘉庆 松石绿釉粉彩内外婴戏图大碗	直径19.5cm	25,300	北京保利	2017-06-08
清嘉庆 外粉彩花卉内五蝠捧寿盘	直径16cm	23,000	北京保利	2017-11-04
清嘉庆 胭脂紫地粉彩蕃莲纹镂空折沿供盘	直径39cm	1,840,000	华艺国际	2017-11-25
清嘉庆 洋彩缠枝莲托八吉祥纹贲巴壶	高19.2cm	2,448,500	香港中汉	2017-10-03
清嘉庆 洋彩太平有象花插	高22.5cm	43,700	北京中汉	2017-09-01
清嘉庆 洋彩御制诗文盖碗（一对）	直径11cm×2	5,865,000	中贸圣佳	2017-06-18
清嘉庆 御窑黄地粉彩瓜瓞绵绵纹盖罐（一对）	高31cm×2	10,695,000	北京东正	2017-12-09
清嘉庆 紫地粉彩番莲八吉祥纹贲巴壶	高26cm	3,296,700	香港苏富比	2017-04-05
清嘉庆/道光 粉彩江西十景山水楼阁图花口小碗（四只）	直径9.2cm	57,500	中国嘉德	2017-03-31
清嘉庆/道光 粉彩人物故事图瓶	高38cm	16,768	伦敦佳士得	2017-05-12
清嘉庆—光绪 粉彩八仙人物八方形碗、外粉彩云蝠内青花花卉碗（各一对）	直径14cm；直径17.5cm	86,250	北京保利	2017-12-20
清嘉庆或民国 粉彩婴戏图印盒	直径7.5cm	17,250	中国嘉德	2017-09-03
清道光 “慎德堂制”粉彩开光花卉纹碗（一对）	口径17.3cm；高7.2cm	402,500	西泠拍卖	2017-07-15
清道光 螭虎耳粉彩开光人物故事纹扁瓶	高35cm	40,250	西泠拍卖	2017-07-15
清道光 粉彩“官上加官”图小杯	直径4.4cm	28,750	北京中汉	2017-06-17
清道光 粉彩“西厢记”图高足盘	直径31cm	23,000	华艺国际	2017-03-19
清道光 粉彩“引蝠归堂”图盘	直径16cm	74,750	华艺国际	2017-03-19
清道光 粉彩暗八仙纹碗（一对）	直径14.1cm×2	153,058	香港苏富比	2017-06-01

拍品名称	物品尺寸	成交价RMB	拍卖公司	拍卖日期
清道光 粉彩八吉祥纹碗		86,488	纽约苏富比	2017-03-18
清道光 粉彩白鹿古洞景盖碗	高9cm；直径10cm	25,300	中贸圣佳	2017-09-04
清道光 粉彩百福纹赏瓶	高33.2cm	42,323	佳士得	2017-04-04
清道光 粉彩百子龙灯大洗	宽46cm	34,500	北京保利	2017-06-08
清道光 粉彩缠枝莲纹喜字纹香盘	34cm×23.5cm	21,850	华艺国际	2017-03-19
清道光 粉彩杜牧《山行》诗意图小碗	直径11cm	48,300	北京中汉	2017-03-30
清道光 粉彩福海寿仙纹碗	17cm	133,650	香港苏富比	2017-04-05
清道光 粉彩福禄寿喜图碗	直径14.2cm	345,000	北京诚轩	2017-06-20
清道光 粉彩福庆连绵双耳莲花口瓶（一对）	高31cm×2	7,820,000	北京保利	2017-12-18
清道光 粉彩福寿纹杯	直径7.8cm	13,800	中国嘉德	2017-03-31
清道光 粉彩福寿纹盘（5件）	直径8.5cm	40,250	十竹斋	2017-01-01
清道光 粉彩鸽子京犬小杯	直径8.3cm	28,750	北京保利	2017-06-08
清道光 粉彩瓜瓞绵绵纹杯	直径7cm	357,720	伦敦苏富比	2017-05-10
清道光 粉彩过枝花卉纹盘	直径12.6cm	13,800	北京中汉	2017-03-30
清道光 粉彩过枝瓤瓜图盖碗	直径10.9cm	345,000	北京诚轩	2017-06-20
清道光 粉彩过枝瓤瓜纹盖碗	高6cm	244,850	北京匡时	2017-10-02
清道光 粉彩过枝籁瓜纹盖碗	直径10.8cm	184,000	中国嘉德	2017-06-20
清道光 粉彩过枝籁瓜纹碗（一对）	直径11cm	632,500	北京中汉	2017-06-17
清道光 粉彩过枝梅纹碗	直径（口）14cm	13,800	浙江佳宝	2017-07-23
清道光 粉彩河清海晏太平尊	高29.5cm	2,070,000	北京保利	2017-06-06
清道光 粉彩蝴蝶纹杯（一对）	高4.8cm	16,152	纽约佳士得	2017-07-13
清道光 粉彩花卉八吉祥盘（两件）	直径14.9cm	40,250	北京翰海	2017-06-04
清道光 粉彩花卉杯	直径4.5cm	82,800	中国嘉德	2017-06-19
清道光 粉彩花卉盖碗	直径10.4cm	161,000	北京翰海	2017-12-16
清道光 粉彩花卉篦	宽21cm	43,700	北京保利	2017-11-04
清道光 粉彩花卉纹双联瓶	高30cm	1,840,000	大羿拍卖	2017-12-04
清道光 粉彩花卉纹碗（一对）	直径14.7cm	184,000	中国嘉德	2017-03-31
清道光 粉彩花卉纹小杯	口径6.6cm	17,250	西泠拍卖	2017-07-15
清道光 粉彩花卉五蝠捧寿盘（两件）	直径15cm	51,750	北京翰海	2017-12-16
清道光 粉彩花卉小碗	直径10.5cm	20,700	北京保利	2017-11-05
清道光 粉彩黄地轧道开光三羊开泰纹碗	14.9cm	356,400	香港苏富比	2017-04-05
清道光 粉彩吉庆有余图盘（一对）	直径18.6cm	13,800	中国嘉德	2017-03-31
清道光 粉彩江西十景之花洲春晓山水楼阁图折腰碗	直径14.7cm	13,800	中国嘉德	2017-03-31
清道光 粉彩江西十景之麻姑仙坛山水楼阁图花口碗	直径17.2cm	20,700	中国嘉德	2017-03-31
清道光 粉彩江西十景之浔阳九派碗	13.5cm	17,250	保利厦门	2017-06-26
清道光 粉彩菊花盘（一对）	直径15cm	92,000	北京保利	2017-08-02
清道光 粉彩开光碗	直径15cm	161,000	北京宣石	2017-12-03
清道光 粉彩夔凤纹大碗	直径20.7cm	23,000	中国嘉德	2017-03-31
清道光 粉彩瓤瓜纹碗（一对）	直径15.5cm	69,000	八益拍卖	2017-04-22
清道光 粉彩籁瓜蝴蝶纹碗	11.2cm	167,063	香港苏富比	2017-04-05
清道光 粉彩兰石小杯（一对）	直径6cm	69,000	北京保利	2017-06-08
清道光 粉彩莲瓣盘（一对）	径17cm×2	414,000	印千山	2017-03-30
清道光 粉彩龙纹套杯（一组十件）	尺寸不一	48,300	中国嘉德	2017-06-19
清道光 粉彩麻姑献寿盘（一对）	直径10.5cm	19,550	北京保利	2017-04-16
清道光 粉彩描金三多碗（两件）	直径10.6cm	59,800	北京翰海	2017-06-04
清道光 粉彩描金十八罗汉图碗	直径17.3cm	943,000	北京中汉	2017-09-01
清道光 粉彩描金五福捧寿纹盘	直径16.2cm	36,800	北京中汉	2017-05-21

拍品名称	物品尺寸	成交价RMB	拍卖公司	拍卖日期
清道光 粉彩捏塑“金玉满堂”纹荷花洗	直径18.5cm	40,250	北京中汉	2017-06-17
清道光 粉彩皮球花碗	直径17cm	48,300	北京翰海	2017-12-16
清道光 粉彩秋景图碗	直径10.2cm	40,250	华艺国际	2017-05-27
清道光 粉彩人物故事花口盘	宽20.5cm	18,400	北京保利	2017-06-08
清道光 粉彩人物故事图扇型花盆	长24.2cm	18,400	北京中汉	2017-03-30
清道光 粉彩人物纹杯（一组）	尺寸不一	41,400	华艺国际	2017-08-27
清道光 粉彩人物纹盖碗	直径10cm	19,588	中国嘉德	2017-10-02
清道光 粉彩人物纹碗	直径19.7cm	17,250	中国嘉德	2017-03-31
清道光 粉彩三多墩碗	15.2cm	394,250	香港蘇富比	2017-10-03
清道光 粉彩三多纹梅瓶	高13.5cm	19,550	北京保利	2017-11-04
清道光 粉彩三多纹碗（一对）	直径15.2cm×2	89,430	伦敦苏富比	2017-05-10
清道光 粉彩三多纹卧足墩式碗	直径22cm	287,500	北京东正	2017-06-08
清道光 粉彩三羊开泰斗笠碗	直径13.8cm	299,000	大羿拍卖	2017-12-04
清道光 粉彩三羊开泰笠式碗（一对）	13.6cm×13.9cm	445,500	香港苏富比	2017-04-05
清道光 粉彩三羊开泰双耳瓶	高70cm	92,000	北京保利	2017-04-16
清道光 粉彩山行诗意图茶碗	直径11cm	188,488	佳士得	2017-05-31
清道光 粉彩四爱图碗	直径14cm	26,975	佳士得	2017-10-04
清道光 粉彩四季花卉大碗	直径18.5cm	63,250	北京荣宝	2017-09-24
清道光 粉彩松绿地描金福寿同庆纹笔筒	11.8cm	445,500	香港苏富比	2017-04-05
清道光 粉彩松石绿地缠枝莲纹长颈瓶		138,380	纽约苏富比	2017-03-15
清道光 粉彩团花纹碗	直径13cm	195,500	中贸圣佳	2017-06-18
清道光 粉彩万年甲子碗	直径12.5cm	28,750	北京保利	2017-04-16
清道光 粉彩五毒扁方壶	高7.5cm	23,000	北京保利	2017-11-04
清道光 粉彩胭脂红地轧道锦地开光清供图碗（一对）	直径14.7cm×2	806,513	伦敦苏富比	2017-05-10
清道光 粉彩胭脂紫地轧道开光山水人物图碗		155,678	纽约苏富比	2017-03-15
清道光 粉彩胭脂紫地轧道开光五谷丰登图碗	直径14.8cm	65,596	香港苏富比	2017-06-01
清道光 粉彩婴戏图盖碗 一对		181,624	纽约苏富比	2017-03-14
清道光 粉彩婴戏图瓶	高34cm	302,706	纽约佳士得	2017-03-17
清道光 粉彩玉堂富贵纹双耳瓶	高29.5cm	230,000	广东崇正	2017-06-15
清道光 粉彩轧道开光人物故事诗碗（一对）	直径14.5cm	43,700	北京保利	2017-04-16
清道光 粉彩轧道五谷丰登纹碗	直径14.9cm	368,000	北京中汉	2017-12-19
清道光 粉彩折枝花卉纹大碗	直径22.7cm	13,800	北京中汉	2017-03-30
清道光 宫粉地粉彩缠枝莲纹渣斗	直径18.2cm	36,800	北京中汉	2017-06-17
清道光 宫粉地粉彩轧道开光花卉纹碗	直径14.9cm	32,200	北京中汉	2017-03-30
清道光 黄地粉彩宝相花碗	直径14.5cm	25,300	北京保利	2017-04-16
清道光 黄地粉彩莲托八宝开光四季花卉纹碗	直径11.3cm	287,500	北京中汉	2017-05-21
清道光 黄地粉彩五蝠花卉纹碗	直径11.5cm	162,881	伦敦佳士得	2017-11-07
清道光 黄地粉彩五蝠捧寿纹盘	直径29cm	28,750	华艺国际	2017-08-27
清道光 黄地粉彩轧道山水纹碗	直径15cm	205,674	中国嘉德	2017-10-02
清道光 黄地洋彩“佛日长明”碗	直径16cm	172,500	十竹斋	2017-01-01
清道光 黄地洋彩缠枝牡丹纹小碗	直径11.8cm	63,250	中国嘉德	2017-03-31
清道光 江正隆制粉彩八仙行乐图盖碗（一对）	高4.5cm；直径（口）11.3cm	345,000	浙江佳宝	2017-07-23
清道光 料彩“延年益寿”夔龙凤纹仰钟式盖碗（一对）	高10.5cm；口径11.5cm	115,000	西泠拍卖	2017-07-15
清道光 绿地粉彩八宝缠枝莲纹烛台（一对）	高26cm	552,000	八益拍卖	2017-04-22

2017瓷器拍卖成交汇总

(成交价RMB：1万元以上)

拍品名称	物品尺寸	成交价RMB	拍卖公司	拍卖日期
清道光 绿地粉彩缠枝莲花托寿喜纹双耳瓶	高28.2cm	1,667,500	观唐皕榷	2017-01-11
清道光 绿地粉彩缠枝西番莲纹烛台	高27cm	80,500	北京保利	2017-04-17
清道光 绿地粉彩云龙纹四方碗	高8cm	40,250	北京匡时	2017-03-30
清道光 清 松石绿地开光粉彩山水带钩、酱釉琴炉	琴炉高5.5cm；直径7cm；带钩长8.7cm；宽4.5cm	10,350	八益拍卖	2017-09-24
清道光 清同治 祭蓝釉小杯 粉彩八宝纹小杯（两件）	尺寸不一	41,400	印千山	2017-03-30
清道光 秋葵绿地粉彩八吉祥纹烛台	高37.2cm	46,000	北京中汉	2017-09-01
清道光 三阳开泰粉彩诗文碗	口径19.3cm	184,000	西泠拍卖	2017-07-15
清道光 珊瑚地粉彩开光花卉纹碗	高6cm；直径11cm	151,368	中濠典藏	2017-11-29
清道光 珊瑚红地粉彩开光牡丹纹碗	直径11cm	253,000	北京诚轩	2017-06-20
清道光 珊瑚红地开光粉彩牡丹纹碗	直径11cm	34,500	广东崇正	2017-12-13
清道光 慎德堂富贵牡丹瓶	高32cm	172,500	大羿拍卖	2017-12-04
清道光 松石地粉彩六方盖盒	直径7cm	17,250	北京翰海	2017-01-08
清道光 松石绿地粉彩福寿番莲通景开光九秋同庆纹双耳瓶	高28cm	149,500	中贸圣佳	2017-06-18
清道光 松石绿地粉彩镂雕螭龙缠枝莲纹冠架	高28.5cm	108,588	伦敦佳士得	2017-11-07
清道光 外粉彩内青花富贵长寿图碗（一对）	直径14.9cm×2	138,000	北京诚轩	2017-06-20
清道光 胭脂红地宝相花纹盖瓶	高25cm	287,500	华艺国际	2017-11-25
清道光 胭脂红轧道开光五谷丰登碗	直径15cm	78,500	中国嘉德	2017-05-30
清道光 胭脂紫地粉彩缠枝莲福寿双耳瓶	高29.5cm	920,000	北京保利	2017-06-07
清道光 胭脂紫地粉彩缠枝莲纹双螭耳瓶	高29cm	2,702,500	广东崇正	2017-06-15
清道光 胭脂紫地轧道粉彩开光博古图碗（一对）	直径14.2cm	264,500	广东崇正	2017-06-15
清道光 洋彩花卉图碗	直径11cm	40,250	北京保利	2017-12-19
清道光 紫地轧道粉彩开光清供图碗	直径14.8cm	311,250	香港蘇富比	2017-10-03
清道光或以后 白釉暗刻缠枝牡丹纹粉彩天鸡耳瓶	高29.4cm	36,800	中国嘉德	2017-03-31
清中期 粉彩百鹿大盘	直径46cm	77,050	八益拍卖	2017-09-24
清中期 粉彩百子图罐	高19.5cm	11,500	北京保利	2017-12-20
清中期 粉彩矾红团凤纹缸	直径25.5cm	17,250	北京保利	2017-11-04
清中期 粉彩葫芦水洗	高4cm；长11cm	20,700	西泠拍卖	2017-05-05
清中期 粉彩花卉开光刀马人物纹螭耳大瓶	高89.5cm	69,000	中国嘉德	2017-03-31
清中期 粉彩花卉纹大将军罐	高62cm	13,800	北京保利	2017-11-05
清中期 粉彩花卉纹龙耳六方瓶	高23.5cm	34,500	北京华辰	2017-06-05
清中期 粉彩江西十景山水楼阁图花口碗（一对）	直径9.1cm	25,300	中国嘉德	2017-09-03
清中期 粉彩九桃天球瓶（带座）	高56cm	253,000	华艺国际	2017-08-27
清中期 粉彩菊花铺首尊	高20cm	2,300,000	北京保利	2017-06-08
清中期 粉彩莲塘纹花盆	直径35cm	23,000	华艺国际	2017-03-19
清中期 粉彩楼台人物图插屏	37cm×20.5cm×53cm	109,250	北京保利	2017-12-20
清中期 粉彩鹿鹤同春图鹿头尊	高30.5cm	66,700	北京中汉	2017-03-30
清中期 粉彩梅花绶带图大盘	直径25cm	17,250	中国嘉德	2017-09-03
清中期 粉彩描金百碟图书卷式笔筒	宽4.5cm；高13.6cm	13,800	浙江佳宝	2017-07-23
清中期 粉彩群仙祝寿图双龙耳大瓶	高63cm	34,500	北京保利	2017-11-05
清中期 粉彩人物花盆（一套）	直径27.5cm	20,700	北京保利	2017-04-16
清中期 粉彩人物天球瓶	高50cm	149,500	北京宣石	2017-12-03
清中期 粉彩人物纹茶壶	宽11cm	25,300	北京保利	2017-04-17
清中期 粉彩人物纹香熏	长20.5cm	13,800	中国嘉德	2017-03-31
清中期 粉彩山水楼阁图盖盅	直径27.5cm	13,800	中国嘉德	2017-09-03
清中期 粉彩山水诗文六方碗	直径17cm	34,500	北京翰海	2017-09-13
清中期 粉彩十二花卉马蹄杯（一套十二件）	直径8.5cm×12	34,500	北京荣宝	2017-06-02
清中期 粉彩仕女小瓶	高14cm	32,200	北京保利	2017-06-08
清中期 粉彩仕女婴戏瓷雕花插	高30.6cm	57,500	北京中汉	2017-06-17
清中期 粉彩送子观音坐像	高24cm	23,000	北京荣宝	2017-06-02
清中期 粉彩太白醉酒图扁瓶	高27cm	61,600	浙江佳宝	2017-07-23
清中期 粉彩贴塑松鼠葡萄开光山水人物纹花插（一对）	高24cm	13,800	中国嘉德	2017-09-02
清中期 粉彩无量寿佛	高13cm	36,800	华艺国际	2017-08-27
清中期 粉彩无双谱人物故事图小天圆地方瓶（一对）	高31.7cm	20,700	中国嘉德	2017-09-02
清中期 粉彩折枝梅花纹盘	直径22cm	20,700	北京中汉	2017-03-30
清中期 黑地洋彩花卉小杯（一对）	直径7cm×2	1,495,000	北京保利	2017-06-07
清中期 霁红釉粉彩折枝梅花纹小瓶	高10.8cm	138,000	北京中汉	2017-03-30
清中期 酱釉粉彩雕瓷香插	直径11cm	17,250	北京保利	2017-11-05
清中期 蓝地粉彩花卉福纹花口花盆	高8cm	69,000	北京翰海	2017-06-04
清中期 内矾红五福捧寿图外粉彩寿字盘	直径16.9cm	13,800	中国嘉德	2017-03-31
清中期 内矾红五蝠捧寿图外粉彩寿字盘	直径17cm	13,800	中国嘉德	2017-09-03
清中期 青花釉里红苍龙教子图大瓶	高58.5cm	34,500	中国嘉德	2017-03-31
清中期 慎德堂制粉彩春郊放鸢图赏瓶	宽16.8cm；高30cm	56,000	浙江佳宝	2017-07-23
清咸丰 粉彩花卉纹四方洗	直径16cm	46,000	北京华辰	2017-06-05
清咸丰 粉彩江西十景山水楼阁图花口盘（五只）	尺寸不一	28,750	中国嘉德	2017-03-31
清咸丰 粉彩描金团龙八宝纹内松石绿釉高足碗	直径19cm	23,000	北京保利	2017-12-20
清咸丰 粉彩描金钟馗嫁妹盘（一对）	直径16.8cm	25,300	八益拍卖	2017-04-22
清咸丰 粉彩团花纹卧足杯	直径7.2cm	17,250	中国嘉德	2017-09-03
清咸丰 粉彩外皮球花内大吉图花口碗	直径18.5cm	28,750	北京保利	2017-11-04
清咸丰 黄地粉彩云龙纹镫	高35.5cm	51,750	中贸圣佳	2017-06-18
清同治 粉彩暗八仙纹碗（一对）	直径14.5cm×2	57,500	大羿拍卖	2017-12-04
清同治 粉彩八宝大碗（一对）	直径22cm	11,500	北京保利	2017-06-08
清同治 粉彩八宝盘（一对）	直径22.5cm	23,000	北京保利	2017-04-16
清同治 粉彩八宝纹盖碗（一对）	直径10.5cm×2	207,000	北京荣宝	2017-06-02
清同治 粉彩八吉祥杯（两件）	直径6.8cm	69,000	北京翰海	2017-12-16
清同治 粉彩八吉祥碗（两件）	直径12.3cm	69,000	北京翰海	2017-12-16
清同治 粉彩八吉祥纹盘（一组六件）	直径15.2cm	412,633	伦敦佳士得	2017-11-07
清同治 粉彩百蝶双喜团福折沿大洗	直径40.5cm	287,500	北京保利	2017-12-19
清同治 粉彩博古图温锅	直径22cm	23,000	北京保利	2017-12-20
清同治 粉彩茶杯（一组四个）	6.2cm×7.9cm×4	21,850	西泠拍卖	2017-07-16

拍品名称	物品尺寸	成交价RMB	拍卖公司	拍卖日期
清同治 粉彩刀马人物插屏	高56cm	17,250	北京保利	2017-11-04
清同治 粉彩刀马人物大瓶	高63.5cm	11,500	北京保利	2017-11-05
清同治 粉彩福寿纹盘	直径22cm	172,500	观唐皕榷	2017-01-12
清同治 粉彩过枝牡丹纹碗	直径15.3cm	13,800	中国嘉德	2017-09-02
清同治 粉彩花草纹杯（一对）	直径6.5cm	13,800	华艺国际	2017-08-27
清同治 粉彩花卉捧盒（一对）	直径33cm×2	943,000	观唐皕榷	2017-01-12
清同治 粉彩花卉图碗（一对）	直径15.4cm×2	120,260	香港苏富比	2017-06-01
清同治 粉彩兰花纹四方盖盒	长15.2cm	138,000	北京匡时	2017-12-03
清同治 粉彩群仙祝寿一品锅	直径37cm	13,800	北京保利	2017-11-05
清同治 粉彩三阳开泰碗（一对）	直径14.5cm	127,322	中国嘉德	2017-10-02
清同治 粉彩狮子绣球花口盘	直径25cm	13,800	北京翰海	2017-09-10
清同治 粉彩万字开光花鸟碗（一对）	直径12.8cm	46,000	北京保利	2017-06-08
清同治 粉彩婴戏双龙耳瓶（一对）	高30.5cm	25,300	北京保利	2017-04-16
清同治 粉彩玉兰花纹小杯（五件）	直径5cm	23,000	中国嘉德	2017-12-18
清同治 黄地粉彩“喜鹊登梅”杯（一对）	高6cm；直径10cm×2	13,800	北京荣宝	2017-09-24
清同治 黄地粉彩八宝盘	直径15.3cm	28,750	北京保利	2017-06-08
清同治 黄地粉彩百蝶纹海棠式盘	宽22.2cm	138,380	纽约佳士得	2017-03-17
清同治 黄地粉彩百蝶纹碗	直径10cm	14,950	北京保利	2017-04-17
清同治 黄地粉彩堆塑博古纹缸	直径52cm	126,500	北京保利	2017-04-17
清同治 黄地粉彩福禄寿喜如意纹碗（一对）	口径13cm	115,000	北京华辰	2017-12-17
清同治 黄地粉彩福寿纹盘	直径16.7cm	17,250	中国嘉德	2017-09-02
清同治 黄地粉彩葫芦万代盘	直径17cm	40,250	北京保利	2017-11-04
清同治 黄地粉彩花卉纹盘（一对）	直径17.5cm	71,300	中国嘉德	2017-06-19
清同治 黄地粉彩开光龙凤壁瓶（一对）	高25.5cm	17,250	北京保利	2017-04-17
清同治 黄地粉彩兰花盘	直径22cm	55,200	华艺国际	2017-08-27
清同治 黄地粉彩喜鹊登梅纹杯（一对）	直径8.2cm	218,500	中贸圣佳	2017-06-18
清同治 黄釉粉彩喜鹊登梅碗（两件）	直径10.3cm	23,000	北京翰海	2017-06-04
清同治 蓝地粉彩福寿莲纹套碗（十件）	宽11.4cm	39,425	佳士得	2017-10-04
清同治 蓝地粉彩描金蝠纹花卉海棠盘	长19.5cm	13,800	北京保利	2017-12-20
清同治 秋葵绿地粉彩岁寒三友诗文蟋蟀罐（一组）	直径13.4cm	356,500	北京中汉	2017-05-21
清同治 珊瑚红地粉彩描金龙	长29cm	51,750	十竹斋	2017-01-01
清同治 松石绿地粉彩花鸟纹缸	直径39.5cm	437,000	十竹斋	2017-01-01
清同治 胭脂红地粉彩轧道开光月季花纹碗	直径15.4cm	23,000	北京中汉	2017-03-30
清同治-光绪 黄地粉彩四季花卉纹捧盒盖	直径32.7cm	48,300	中国嘉德	2017-09-02
清光绪 雕瓷粉彩梅花方瓶（一对）	高26cm	17,250	北京保利	2017-11-04
清光绪 矾红地开光粉彩牡丹纹碗（一对）	直径11.1cm	88,146	香港中汉	2017-10-03
清光绪 粉彩“鹤鹿同春”尊	高46cm	402,500	北京荣宝	2017-04-02
清光绪 粉彩“金玉满堂”铃铛杯	直径9.4cm	12,650	华艺国际	2017-08-27
清光绪 粉彩“龙凤呈祥”玉壶春瓶	高30cm	322,000	北京荣宝	2017-12-02
清光绪 粉彩“寿山福海”图宝珠钮盖罐（一对）	高32cm×2	402,500	华艺国际	2017-11-25
清光绪 粉彩八宝碗（一对）	直径12cm	23,000	华艺国际	2017-03-19
清光绪 粉彩八宝纹杯	直径8.5cm	17,250	北京荣宝	2017-04-02
清光绪 粉彩八宝纹杯（一对）	7.3cm×8.6cm×2	57,500	北京荣宝	2017-12-02
清光绪 粉彩八宝纹大盘	直径39cm	17,250	华艺国际	2017-03-19
清光绪 粉彩八宝纹盘	直径14.7cm	32,200	中国嘉德	2017-03-31
清光绪 粉彩八宝纹盘	直径19cm	17,250	中国嘉德	2017-03-31
清光绪 粉彩八宝纹盘（一对）	直径14.8cm	23,000	华艺国际	2017-08-27
清光绪 粉彩八吉祥碗	直径21cm	46,000	北京保利	2017-06-08
清光绪 粉彩八吉祥纹盘	直径25.1cm	38,006	伦敦佳士得	2017-11-07
清光绪 粉彩八吉祥纹盘	直径34cm	83,000	佳士得	2017-10-02
清光绪 粉彩百蝶赏瓶	高40cm	287,500	北京荣宝	2017-06-02
清光绪 粉彩百蝶赏瓶	高39cm	149,500	中国嘉德	2017-12-18
清光绪 粉彩百蝶赏瓶	高40cm	253,000	北京荣宝	2017-06-02
清光绪 粉彩百蝶赏瓶	高39.7cm	126,500	北京翰海	2017-12-16
清光绪 粉彩百蝶图赏瓶	高22cm	11,500	中国嘉德	2017-09-02
清光绪 粉彩百蝶纹赏瓶	高40.5cm	83,000	佳士得	2017-10-02
清光绪 粉彩百蝶纹赏瓶	高39cm	207,000	大羿拍卖	2017-12-04
清光绪 粉彩百蝶纹赏瓶（一对）	高39cm	218,500	北京华辰	2017-06-05
清光绪 粉彩百蝶纹长颈瓶（一对）	高38.2cm	238,893	伦敦佳士得	2017-11-07
清光绪 粉彩百蝠荸荠瓶	高32.5cm	34,500	北京保利	2017-11-05
清光绪 粉彩百蝠纹瓶	高33cm	276,000	北京荣宝	2017-04-02
清光绪 粉彩百蝠纹瓶	高33cm	253,000	北京荣宝	2017-09-24
清光绪 粉彩百花不落地杯（一对）	直径8.7cm×2	138,000	北京匡时	2017-12-03
清光绪 粉彩百花不落地大盘	直径41cm	11,500	北京保利	2017-12-20
清光绪 粉彩百花不落地天球瓶	高48cm	103,500	北京保利	2017-04-16
清光绪 粉彩百花不落地碗、盘（共二十二件）	尺寸不一	20,700	北京保利	2017-11-05
清光绪 粉彩百花纹杯	直径5.9cm	23,000	中国嘉德	2017-09-02
清光绪 粉彩百花纹杯（一对）	直径8.7cm	11,500	中国嘉德	2017-03-31
清光绪 粉彩百鹿尊	高45.5cm	80,500	广东崇正	2017-06-15
清光绪 粉彩百子图盖盒	高40cm	138,000	印千山	2017-03-30
清光绪 粉彩缠枝花卉开光墨彩花鸟纹折沿盘	直径25.5cm	43,700	北京中汉	2017-09-01
清光绪 粉彩缠枝花卉纹倭角水丞	宽11.5cm	23,000	北京保利	2017-11-05
清光绪 粉彩缠枝莲纹盘	直径19cm	17,250	北京保利	2017-11-04
清光绪 粉彩凤鸟缠枝花卉纹大碗（一对）	直径21cm	146,532	中国嘉德	2017-05-30
清光绪 粉彩芙蓉花纹杯（一对）	直径10cm	23,000	八益拍卖	2017-09-24
清光绪 粉彩福寿八宝盘	直径34cm	13,800	北京保利	2017-08-02
清光绪 粉彩福寿荸荠瓶	高33cm	34,500	北京荣宝	2017-09-24
清光绪 粉彩福寿对杯、粉彩内青花三阳开泰对碗	直径6.5cm；直径15cm	143,750	荣宝斋（上海）	2017-07-30
清光绪 粉彩福寿图盘	直径14.5cm	12,560	中国嘉德	2017-05-30
清光绪 粉彩福寿纹赏瓶	高39.2cm	36,800	中国嘉德	2017-09-02
清光绪 粉彩福寿纹碗	直径13cm	57,500	北京华辰	2017-06-05
清光绪 粉彩福寿纹碗（一对）	直径18.8cm	81,441	伦敦佳士得	2017-11-07
清光绪 粉彩富贵吉祥纹碗	直径16.2cm	20,403	纽约佳士得	2017-07-13
清光绪 粉彩富贵万年图杯（一组五只）	直径5.8cm×5	149,500	北京诚轩	2017-06-20
清光绪 粉彩盖杯（四套）	高10.3cm×4	63,250	北京荣宝	2017-12-02
清光绪 粉彩过墙癞瓜纹碟（八只）	直径10.2cm	11,500	北京保利	2017-12-20
清光绪 粉彩过枝九桃纹水洗	直径11.5cm	25,300	保利厦门	2017-06-26
清光绪 粉彩过枝癞瓜纹杯	直径8.4cm	32,200	中国嘉德	2017-03-31
清光绪 粉彩过枝癞瓜纹大碗	直径21cm	11,500	中国嘉德	2017-09-03
清光绪 粉彩过枝癞瓜纹盖碗	直径10.6cm	80,500	中国嘉德	2017-09-02

拍品名称	物品尺寸	成交价RMB	拍卖公司	拍卖日期
清光绪 粉彩过枝癞瓜纹盘	直径19cm	17,250	中国嘉德	2017-03-31
清光绪 粉彩过枝癞瓜纹碗（一对）	直径11.5cm	17,250	中国嘉德	2017-09-02
清光绪 粉彩过枝梅花纹大盘	直径52.3cm	287,500	北京中汉	2017-12-19
清光绪 粉彩海水瑞兽图笔筒	高15cm	18,400	北京保利	2017-04-16
清光绪 粉彩荷叶纹盘（一对）	直径18.5cm	23,000	北京华辰	2017-06-05
清光绪 粉彩洪福齐天大盘	直径34cm	20,700	北京保利	2017-06-08
清光绪 粉彩花蝶纹碗	直径17.3cm	17,250	中国嘉德	2017-03-31
清光绪 粉彩花卉碗	直径17cm	46,000	北京荣宝	2017-06-02
清光绪 粉彩花卉纹捧盒	直径25.2cm	23,000	北京翰海	2017-06-04
清光绪 粉彩花卉纹水仙盆	长35.2cm	25,300	中国嘉德	2017-03-31
清光绪 粉彩花卉纹碗	直径17cm	19,588	中国嘉德	2017-10-02
清光绪 粉彩花卉纹碗	直径16.5cm	15,700	中国嘉德	2017-05-30
清光绪 粉彩花卉纹碗（一对）	直径14cm	11,500	华艺国际	2017-03-19
清光绪 粉彩花鸟花卉兽耳瓶	高26cm	69,000	太平洋	2017-03-30
清光绪 粉彩花鸟水仙盆	长34cm	11,500	北京保利	2017-04-17
清光绪 粉彩花鸟碗（两件）	直径15.8cm	23,000	北京翰海	2017-06-04
清光绪 粉彩花鸟纹茶碗	直径9.1cm	11,500	中国嘉德	2017-09-02
清光绪 粉彩花鸟纹罐（一对）	高31cm×2	690,000	北京荣宝	2017-12-02
清光绪 粉彩花鸟纹尊	高38cm	17,250	北京保利	2017-04-17
清光绪 粉彩黄地龙凤纹瓶（一对）	高45cm	111,788	伦敦佳士得	2017-05-12
清光绪 粉彩吉祥八宝纹大盘	直径26.5cm	11,500	北京荣宝	2017-06-02
清光绪 粉彩江山万代图碗	直径12.2cm	59,800	北京中汉	2017-06-17
清光绪 粉彩九桃盘（一对）	直径21.3cm	25,300	中国嘉德	2017-03-31
清光绪 粉彩九桃天球瓶	高57cm	172,500	广东崇正	2017-06-15
清光绪 粉彩九桃图碗	直径17cm	36,800	北京中汉	2017-06-17
清光绪 粉彩九桃纹盖碗（一对）	直径11cm×2	20,700	北京匡时	2017-03-30
清光绪 粉彩九桃纹赏瓶	高38.5cm	92,000	北京翰海	2017-06-04
清光绪 粉彩九桃纹天球瓶	高55cm	58,240	蓝天国拍	2017-08-31
清光绪 粉彩夔凤穿花纹大碗	直径26cm	34,500	北京荣宝	2017-06-02
清光绪 粉彩夔凤穿花纹大碗	直径21cm	43,700	北京诚轩	2017-06-20
清光绪 粉彩夔凤纹杯（两件）	直径6.5cm	55,200	北京翰海	2017-12-16
清光绪 粉彩籁瓜纹折腰杯（一对）	直径16.2cm	23,000	广东崇正	2017-06-15
清光绪 粉彩籁瓜纹竹节钮盖缸（一对）	高26.5cm	126,500	中贸圣佳	2017-06-18
清光绪 粉彩莲瓣纹盖碗	直径11.7cm	95,136	纽约佳士得	2017-03-17
清光绪 粉彩龙凤荸荠瓶（一对）	高32.3cm	23,000	北京保利	2017-04-16
清光绪粉彩龙凤三多纹碗（一对）	直径16.5cm×2	92,000	北京诚轩	2017-06-20
清光绪 粉彩龙凤纹罐	高27cm	418,664	中国嘉德	2017-05-30
清光绪 粉彩龙凤纹盘	直径33.9cm	78,251	伦敦佳士得	2017-05-12
清光绪 粉彩龙凤纹瓶	高32cm	37,217	中国嘉德	2017-10-02
清光绪 粉彩龙凤纹赏瓶	高39.5cm	90,400	太平洋	2017-09-10
清光绪 粉彩龙凤纹赏瓶	高38.8cm	11,500	北京保利	2017-04-16
清光绪 粉彩龙凤纹碗（一对）	直径16.8cm	17,250	中国嘉德	2017-09-03
清光绪 粉彩龙纹八宝碗	直径12.3cm	21,850	北京荣宝	2017-09-24
清光绪 粉彩龙纹花卉盘	直径34cm	16,100	北京荣宝	2017-09-24
清光绪 粉彩龙纹碗	径20cm	11,500	印千山	2017-03-30
清光绪 粉彩描金龙凤纹赏瓶	高38.9cm	46,000	北京诚轩	2017-06-20
清光绪 粉彩牡丹喜鹊盆	直径38cm	23,000	北京保利	2017-08-02
清光绪 粉彩蟠桃天球瓶	高56cm	92,000	北京荣宝	2017-09-24
清光绪 粉彩秋操杯（一对）	长18cm	16,100	北京保利	2017-11-05
清光绪 粉彩如意八宝“福禄万代”龙纹盖碗（一对）	直径11cm×2	51,750	北京荣宝	2017-04-02
清光绪 粉彩三多碗（一对）	直径11cm	34,500	北京保利	2017-12-20
清光绪 粉彩三多纹碗	直径12.8cm	34,500	北京保利	2017-12-20
清光绪 粉彩三羊开泰碗	直径14.2cm	59,800	中国嘉德	2017-06-19

拍品名称	物品尺寸	成交价RMB	拍卖公司	拍卖日期
清光绪 粉彩山水人物双耳尊	高43cm	74,750	北京保利	2017-04-16
清光绪 粉彩芍药花纹杯	直径8.5cm	28,750	广东崇正	2017-06-15
清光绪 粉彩寿桃灵芝纹碗（一对）	直径14cm	43,575	佳士得	2017-10-04
清光绪 粉彩双龙赶珠纹碗（一对）	直径11cm	13,800	北京保利	2017-12-20
清光绪 粉彩双龙纹大盘	直径34cm	57,500	北京荣宝	2017-04-02
清光绪 粉彩双龙戏珠纹大盘	直径52.5cm	25,300	广东崇正	2017-03-24
清光绪 粉彩双龙戏珠纹捧盒（一对）	直径35cm	322,000	北京华辰	2017-12-17
清光绪 粉彩藤萝花鸟水仙盆	长22.5cm	107,350	太平洋	2017-09-10
清光绪 粉彩万寿无疆大盘	直径54cm	17,250	北京保利	2017-04-16
清光绪 粉彩万寿无疆纹碗	高7.3cm	23,000	观唐皕榷	2017-01-12
清光绪 粉彩喜鹊登梅纹大缸	直径53cm	259,900	太平洋	2017-09-10
清光绪 粉彩仙鹤云福纹水洗	长33cm	17,250	北京荣宝	2017-06-02
清光绪 粉彩一路连科盘（一对）	直径16cm	26,975	佳士得	2017-10-02
清光绪 粉彩一统江山云龙纹大尊	高133cm	1,380,000	北京荣宝	2017-12-02
清光绪 粉彩云蝠纹荸荠瓶	高33.3cm	184,000	中国嘉德	2017-09-02
清光绪 粉彩云蝠纹荸荠瓶	高34cm	179,200	蓝天国拍	2017-08-31
清光绪 粉彩云蝠纹扁瓶	高33cm	253,000	北京翰海	2017-06-04
清光绪 粉彩云蝠纹大盘	直径34.2cm	23,000	中国嘉德	2017-09-02
清光绪 粉彩云蝠纹赏瓶	高38.3cm	218,500	北京翰海	2017-06-04
清光绪 粉彩云龙纹盘	直径19.5cm	11,500	中国嘉德	2017-03-31
清光绪 粉彩云龙纹碗	直径20.5cm	19,588	中国嘉德	2017-10-02
清光绪 粉彩云龙纹碗（一对）	直径13.9cm	14,691	中国嘉德	2017-10-02
清光绪 粉彩云龙纹碗（两件）	直径21.2cm	17,250	北京翰海	2017-06-04
清光绪粉彩折枝花卉纹盘及碟（一组十八件六件一组二十四件）	直径21.5cm; 15.5cm	136,020	纽约佳士得	2017-07-13
清光绪 粉青地粉彩子孙万代纹琮式瓶		276,760	纽约苏富比	2017-03-15
清光绪 黄地粉彩“福寿”纹盘	直径21cm	25,300	北京保利	2017-12-20
清光绪 黄地粉彩“万寿无疆”杯	直径6cm	34,500	华艺国际	2017-11-25
清光绪 黄地粉彩缠枝莲八宝纹盘	直径15.4cm	25,300	中国嘉德	2017-03-31
清光绪 黄地粉彩福庆绵长图海棠形水仙盆	长26.6cm	11,500	中国嘉德	2017-09-03
清光绪 黄地粉彩福寿碗（一对）	直径11.3cm	20,700	北京保利	2017-12-20
清光绪 黄地粉彩福寿纹盘（一对）	直径15.7cm	11,500	中国嘉德	2017-09-03
清光绪 黄地粉彩福寿纹盘碗（一组）	尺寸不一	32,200	中贸圣佳	2017-09-04
清光绪 黄地粉彩福寿纹碗	直径14.8cm	23,000	北京荣宝	2017-09-24
清光绪 黄地粉彩海水云龙纹豆	高19cm	34,500	北京中汉	2017-09-01
清光绪 黄地粉彩洪福齐天纹盘（一对）	直径16.5cm	71,300	广东崇正	2017-12-13
清光绪 黄地粉彩葫芦万代开光博古插花碗（两件）	直径12.8cm	63,250	北京翰海	2017-12-16
清光绪 黄地粉彩花卉蝠纹盘	直径16.9cm	17,250	北京翰海	2017-06-04
清光绪 黄地粉彩花卉蝴蝶葫芦瓶	高22.5cm	1,150,000	北京荣宝	2017-04-02
清光绪 黄地粉彩花卉纹盘	直径25.5cm	51,875	佳士得	2017-10-02
清光绪 黄地粉彩开光博古花卉碗	直径13.7cm	207,000	北京保利	2017-08-02
清光绪 黄地粉彩龙纹豆（一对）	高29cm×2	529,000	北京荣宝	2017-12-02
清光绪 黄地粉彩三羊开泰碗	直径14.5cm	23,000	北京保利	2017-11-05
清光绪 黄地粉彩寿字花盆（一对）	直径38.8cm	20,700	北京保利	2017-04-16
清光绪 黄地粉彩万代云纹开光万寿无疆小盘	直径14.4cm	17,250	中国嘉德	2017-03-31
清光绪 黄地粉彩万寿无疆盘	直径19.5cm	17,250	北京保利	2017-04-16
清光绪 黄地粉彩云蝠寿字大盘	直径48.8cm	17,250	中国嘉德	2017-03-31
清光绪 黄地洋彩花卉纹盘（一对）	直径11cm	34,500	华艺国际	2017-05-27
清光绪 黄地洋彩洋花五蝠宫碗	直径20.6cm	46,000	北京中汉	2017-09-01

拍品名称	物品尺寸	成交价RMB	拍卖公司	拍卖日期
清光绪 黄釉粉彩福寿纹碗（一对）	径11.6cm×2	11,500	印千山	2017-03-30
清光绪 九桃纹赏瓶	高40cm	48,962	宝源国际	2017-05-29
清光绪 蓝底粉彩捧盒	直径32cm	115,000	北京宣石	2017-12-03
清光绪 蓝地粉彩寿字盘	长27cm	13,800	北京保利	2017-11-05
清光绪 绿地粉彩花鸟盖碗	直径11cm	36,800	北京翰海	2017-12-16
清光绪 绿地粉彩花鸟盘（两件）	直径16.7cm	28,750	北京翰海	2017-12-16
清光绪 墨地粉彩七章云龙纹盘	直径19.1cm	23,000	中国嘉德	2017-03-31
清光绪 内矾红五蝠纹外黄地洋彩缠枝花卉纹杯（一对）	直径5.8cm	40,250	中国嘉德	2017-03-31
清光绪 内红地粉彩莲花纹外松石绿地粉彩花鸟纹碗	直径12.7cm	28,750	中国嘉德	2017-03-31
清光绪 内青花花卉纹外黄地轧道粉彩吉庆升平开光三羊开泰图碗	直径15cm	80,500	中国嘉德	2017-03-31
清光绪 内青花三羊开泰图外黄地粉彩福禄万代开光龙凤博古图碗	直径15cm	43,700	中国嘉德	2017-09-02
清光绪 内青花外粉彩花卉碗	直径17.5cm	18,400	北京保利	2017-04-17
清光绪 青花粉彩杯（一对）	直径6.2cm	11,500	华艺国际	2017-08-27
清光绪 青花粉彩荷莲碗（两件）	直径17.7cm	138,000	北京翰海	2017-12-16
清光绪 青花粉彩荷莲碗（两件）	直径15cm	97,750	北京翰海	2017-12-16
清光绪 珊瑚红地粉彩开光花卉碗（两件）	直径11.3cm	345,000	北京翰海	2017-12-16
清光绪 珊瑚红地粉彩牡丹花纹碗（一对）	直径11.1cm	83,841	伦敦佳士得	2017-05-12
清光绪 珊瑚红地开光粉彩牡丹纹碗	直径11cm；高6cm	34,500	广东崇正	2017-12-13
清光绪 松石绿地粉彩缠枝花卉纹花盆	高11.3cm	11,500	北京东正	2017-03-31
清光绪 松石绿地粉彩描金福寿连绵纹杯（一对）	直径9.1cm	63,250	北京中汉	2017-12-19
清光绪 松石绿地粉彩藤萝花鸟纹盖碗	直径10.7cm	32,200	中国嘉德	2017-03-31
清光绪 外粉彩荷塘内青花缠枝莲纹碗	直径17.7cm	11,500	北京中汉	2017-03-30
清光绪 外粉彩内青花荷莲纹碗		60,541	纽约苏富比	2017-03-18
清光绪 外粉彩内青花荷塘丽景纹碗	直径15.2cm	43,700	北京中汉	2017-05-21
清光绪 外粉彩内青花荷叶纹碗	直径15cm	59,800	北京保利	2017-04-17
清光绪 黄地花卉套缸（4件）		17,250	北京翰海	2017-01-08
清光绪-民国 粉彩百蝶图赏瓶	高39.3cm	23,000	中国嘉德	2017-09-03
清光绪三十四年（1908年）粉彩秋操杯（一对）	长20cm	126,500	中国嘉德	2017-09-02
清光绪三十四年（1908年）作粉彩秋操杯	长20.2cm	46,000	中国嘉德	2017-03-31
清宣统 粉彩“龙凤呈祥”桃钮罐（一对）	高32.5cm×2	287,500	北京荣宝	2017-12-02
清宣统 粉彩八吉祥盘	直径16.5cm	25,300	北京保利	2017-04-17
清宣统 粉彩大吉图缸	直径32.5cm	36,800	北京保利	2017-04-16
清宣统 粉彩福寿纹盖盘（一对）	直径26.2cm	23,000	中国嘉德	2017-09-02
清宣统 粉彩赶珠云龙纹玉壶春瓶（一对）	高13.4cm×2	273,318	香港苏富比	2017-06-01
清宣统 粉彩花卉纹小杯（一套五只）	高8cm	34,500	北京华辰	2017-12-17
清宣统 粉彩花卉纹玉壶春瓶	高29.5cm	90,800	印千山	2017-07-09
清宣统 粉彩花鸟碗	直径21cm	69,000	北京翰海	2017-12-16
清宣统 粉彩绘云龙纹缸	直径20.5cm	40,250	北京保利	2017-06-08
清宣统 粉彩九桃碗	直径18.5cm	92,000	北京荣宝	2017-06-02
清宣统 粉彩龙凤纹赏瓶	高39.5cm	92,000	太平洋	2017-03-30

拍品名称	物品尺寸	成交价RMB	拍卖公司	拍卖日期
清宣统 粉彩龙凤纹赏瓶	高39cm	20,700	北京保利	2017-11-05
清宣统 粉彩龙纹盖盒（一对）	直径16.5cm	66,700	北京保利	2017-11-04
清宣统 粉彩鸟语花香纹碗（一对）	直径11.9cm×2	167,681	伦敦苏富比	2017-05-10
清宣统 粉彩云蝠纹赏瓶	高39cm	226,000	太平洋	2017-09-10
清宣统 粉彩云龙纹桃钮扁罐（一对）	高32.5cm	103,500	中国嘉德	2017-09-03
清宣统 黄地粉彩开光八仙祝寿碗（一对）	直径18.8cm	20,700	北京保利	2017-12-20
清宣统 珊瑚红地粉彩开光牡丹纹碗（一对）	直径11.3cm×2	287,500	北京诚轩	2017-06-20
清宣统 松石绿地粉彩“洪福齐天”纹墩式碗	直径15.5cm	23,000	华艺国际	2017-03-19
清宣统 外粉彩内青花花卉纹碗	直径15cm	149,500	中国嘉德	2017-12-18
清晚期 豆青地粉彩描金开光“喜上眉梢”图皮球花象耳海棠尊	高36.8cm	310,500	北京中汉	2017-12-19
清晚期 粉彩安居乐业玉壶春（一对）	高29.5cm	43,700	北京保利	2017-04-16
清晚期 粉彩暗八仙插屏	连座通高61.5cm	13,800	北京荣宝	2017-09-24
清晚期 粉彩百花不落地摇铃尊	高17.5cm	23,000	北京荣宝	2017-09-24
清晚期 粉彩百鹿尊	高18.5cm	20,700	北京保利	2017-04-17
清晚期 粉彩缠枝花卉开光花鸟纹石榴瓶（一对）	高29.5cm	17,250	中国嘉德	2017-09-02
清晚期 粉彩缠枝花卉纹六联瓶	高21.7cm	23,000	中国嘉德	2017-09-03
清晚期 粉彩多子多福图盖罐	宽14.5cm；高23cm	20,700	浙江佳宝	2017-07-23
清晚期 粉彩福禄万代开光寿桃花盆（一对）	直径40.3cm	32,200	中国嘉德	2017-09-03
清晚期 粉彩高士图印盒	长8.4cm	32,200	中国嘉德	2017-03-31
清晚期 粉彩花卉纹碗、盘（三只）	直径17cm；直径17cm；直径13.5cm	13,800	中国嘉德	2017-09-03
清晚期 粉彩花卉纹玉壶春瓶	高29.5cm	57,500	中国嘉德	2017-09-03
清晚期 粉彩花鸟盘（一对）	直径15.8cm	13,800	北京保利	2017-12-20
清晚期 粉彩黄地花卉碗	直径20cm	13,800	北京翰海	2017-01-08
清晚期 粉彩锦地开光五福捧寿纹碗（一对）	直径12.8cm×2	92,000	上海工美	2017-07-23
清晚期 粉彩开光花虫纹荸荠瓶	高31cm	14,950	北京荣宝	2017-04-02
清晚期 粉彩开光御题诗茶壶	长20cm	11,500	北京保利	2017-06-08
清晚期 粉彩癞瓜纹盖碗（一对）	直径10cm	13,800	中国嘉德	2017-03-31
清晚期 粉彩莲瓣碗	直径23.7cm	11,500	中国嘉德	2017-09-02
清晚期 粉彩莲花纹杯及粉彩花竹纹小杯（一对）	莲花纹杯直径9.5cm；竹纹小杯直径8.9cm	14,452	纽约佳士得	2017-07-13
清晚期 粉彩龙纹四方壶	宽17cm	11,500	北京保利	2017-11-04
清晚期 粉彩描金百花不落地大盘	直径38cm	11,500	北京保利	2017-12-20
清晚期 粉彩牡丹纹双龙耳尊	高45cm	74,750	北京荣宝	2017-09-24
清晚期 粉彩三多碗	直径14.5cm	23,000	北京保利	2017-04-16
清晚期 粉彩十二花神神仙人物纹盘	直径16cm	17,250	中国嘉德	2017-03-31
清晚期 粉彩四季花卉大碗	直径20.7cm	20,700	北京保利	2017-12-20
清晚期 粉彩无双谱人物故事诗文温盅	高16.2cm	13,800	中国嘉德	2017-03-31
清晚期 粉彩婴戏图仰钟杯（一对）	高8.3cm	23,000	中国嘉德	2017-09-03
清晚期 粉彩婴戏图印盒	直径7.8cm	11,500	中国嘉德	2017-03-31
清晚期 粉彩云龙纹高足碗	直径（口）13.8cm	13,800	浙江佳宝	2017-07-23
清晚期 粉彩雉鸡牡丹图盘	直径15cm	17,250	中国嘉德	2017-09-02
清晚期 黄地粉彩缠枝托八宝纹烛台、花觚各一对	烛台高22.8cm；花觚高22.7cm	13,800	中国嘉德	2017-09-03
清晚期 黄地粉彩福寿开光延年益寿大花盆（一对）	直径35.5cm	20,700	中国嘉德	2017-09-02

2017瓷器拍卖成交汇总

(成交价RMB：1万元以上)

拍品名称	物品尺寸	成交价RMB	拍卖公司	拍卖日期
清晚期 内红地粉彩葫芦万代图外黄地粉彩锦地开光福禄寿喜盘	直径17.1cm	20,700	中国嘉德	2017-03-31
清晚期/民国 白地轧道粉彩桃花纹壁瓶（一对）	高18cm	38,981	佳士得	2017-04-04
清晚期/民国 粉彩百蝶洗	直径40.5cm	23,000	中国嘉德	2017-03-31
清晚期/民国 粉彩过枝九桃碗	直径16.9cm	17,250	中国嘉德	2017-03-31
清晚期-民国 粉彩鸡缸杯	直径8.9cm	34,500	中国嘉德	2017-09-02
清 "浴砚书屋"款粉彩锦地纹笔筒	高9.4cm；口径6.5cm	17,250	西泠拍卖	2017-07-15
清 必定如意款粉彩福禄寿喜盘	直径17cm	12,650	上海大众	2017-06-24
清 瓷胎加洋彩三多碗	直径15cm	862,500	北京保利	2017-12-19
清 大清嘉庆年制款豆青釉粉彩大吉香插	高4.6cm	11,500	西泠拍卖	2017-05-05
清 大清咸丰年制款黄地粉彩开窗吉庆有余碗（一对）	高6.8cm；口径13cm	23,000	西泠拍卖	2017-05-05
清 大雅斋花鸟天球瓶（两件）	高34cm	345,000	北京翰海	2017-09-10
清 道光款 粉彩花卉纹笔筒	高10.7cm	97,750	上海明轩	2017-06-30
清 矾红粉彩博古花瓶	高42cm	11,500	上海大众	2017-06-24
清 粉彩安居乐业天球瓶	高32.7cm	161,000	北京保利	2017-12-20
清 粉彩八方花卉花盆	宽18cm	149,500	北京保利	2017-11-04
清 粉彩白菜蝗虫笔掭	长15cm	80,500	中贸圣佳	2017-06-18
清 粉彩白菜瓢虫笔掭	长21.5cm	34,500	西泠拍卖	2017-07-15
清 粉彩百蝶赏瓶	高40cm	17,250	北京保利	2017-04-16
清 粉彩百蝶赏瓶（两件）	高40cm	14,950	北京翰海	2017-04-30
清 粉彩百福赏瓶	高38.5cm	22,700	印千山	2017-07-09
清 粉彩百花不落地如意	长46.5cm	862,500	北京保利	2017-12-19
清 粉彩百花不落地碗	直径11cm	293,065	中国嘉德	2017-05-30
清 粉彩百鹿大盘	径48cm	90,800	印千山	2017-07-09
清 粉彩百鹿尊	高43.5cm	172,500	印千山	2017-03-30
清 粉彩百子龙登将军罐	高38cm	18,400	北京翰海	2017-09-10
清 粉彩宝相花纹方形洗	长11cm	25,300	华艺国际	2017-08-27
清 粉彩冰梅碗（两件）	直径12.5cm	17,250	北京翰海	2017-09-13
清 粉彩博古花卉绣墩	高46cm	172,500	北京翰海	2017-09-13
清 粉彩博古花卉绣墩	高46cm	115,000	北京翰海	2017-09-13
清 粉彩缠枝花卉纹钵式洗	高13.7cm	57,500	西泠拍卖	2017-07-15
清 粉彩雕瓷叶形笔掭	长19.7cm	11,500	北京保利	2017-06-08
清 粉彩凤穿牡丹冬瓜罐	高31cm	13,800	北京翰海	2017-09-13
清 粉彩福禄寿三星连座（3件）	高59cm	28,750	上海大众	2017-06-24
清 粉彩观音摆件	高20cm	36,800	上海大众	2017-06-24
清 粉彩观音坐像	高32cm	80,500	北京翰海	2017-04-30
清 粉彩荷塘清趣图小瓶	高5.8cm	101,200	西泠拍卖	2017-07-15
清 粉彩黑底描金橄榄瓶瓷板（一对）	长22cm×13cm	172,500	北京保利	2017-12-20
清 粉彩花卉仿生荷花水呈	直径8cm	20,700	北京翰海	2017-09-10
清 粉彩花卉瓜碗（两件）	直径9cm	32,200	北京翰海	2017-09-13
清 粉彩花卉花口盘（两件）	直径13.8cm	13,800	北京翰海	2017-09-10
清 粉彩花卉开光山水楼阁双蝠耳瓶	高35cm	51,750	北京保利	2017-12-20
清 粉彩花卉龙纹转心瓶	高24cm	460,000	北京保利	2017-08-02
清 粉彩花卉帽筒（两件）	高29cm	13,800	北京翰海	2017-04-30
清 粉彩花卉兽耳衔环四方瓶	高56.5cm	17,250	北京翰海	2017-09-10
清 粉彩花卉双耳瓶	高30cm	17,250	北京翰海	2017-04-30
清 粉彩花卉天球瓶	高42cm	18,400	北京翰海	2017-09-10
清 粉彩花卉纹案缸	直径24cm	11,500	中国嘉德	2017-09-02
清 粉彩花卉纹盘（两件）	直径13cm	11,500	北京翰海	2017-09-10
清 粉彩花卉御题诗灯笼瓶	高32.5cm	115,000	北京保利	2017-06-08
清 粉彩花卉御题诗文鸡缸杯（两件）	直径8cm	207,000	北京翰海	2017-06-04

拍品名称	物品尺寸	成交价RMB	拍卖公司	拍卖日期
清 粉彩花鸟贯耳瓶	高20cm	17,250	北京翰海	2017-09-13
清 粉彩花鸟镂空帽筒	高29cm	11,500	北京翰海	2017-09-10
清 粉彩花鸟帽筒（两件）	高34cm	42,550	北京翰海	2017-09-10
清 粉彩花鸟碗（两件）	直径12cm	20,700	北京翰海	2017-09-13
清 粉彩花鸟纹瓶	高22cm	34,500	北京保利	2017-04-16
清 粉彩花鸟砚屏	高25cm	20,700	北京翰海	2017-09-10
清 粉彩鸡纹卧足碗	直径7cm	34,500	北京匡时	2017-12-03
清 粉彩江西十景之滕阁高风山水楼阁诗文花口碗	直径16.5cm	13,800	中国嘉德	2017-09-03
清 粉彩金玉满堂仰钟杯（四只）	高8cm	25,300	中国嘉德	2017-09-03
清 粉彩锦堂富贵图镂空八吉祥纹盘		864,875	纽约苏富比	2017-03-18
清 粉彩九桃赏瓶	高35cm	90,800	印千山	2017-07-09
清 粉彩九桃天球瓶	高54.2cm	690,000	北京翰海	2017-12-16
清 粉彩九桃天球瓶	高54.2cm	690,000	北京翰海	2017-12-16
清 粉彩开光花卉罐（两件）	高30cm	13,800	北京翰海	2017-09-10
清 粉彩灵仙祝寿撇口瓶	高35.5cm	253,000	北京翰海	2017-06-04
清 粉彩刘海戏金蟾瓶	高42cm	36,800	八益拍卖	2017-09-24
清 粉彩罗汉图灯笼瓶	高19cm	23,000	北京保利	2017-12-20
清 粉彩绿地婴戏小盘（两件）	直径15.5cm	32,200	北京翰海	2017-09-13
清 粉彩捏塑童子捧寿桃摆件	高30.8cm	11,500	西泠拍卖	2017-07-15
清 粉彩人物八仙祝寿瓶	高33cm	20,700	北京翰海	2017-04-30
清 粉彩人物瓷板（4件）	42cm×16cm×4	32,200	上海大众	2017-06-24
清 粉彩人物花盆	高18cm	17,250	北京翰海	2017-09-13
清 粉彩人物灵碗	长26cm	11,500	上海大众	2017-06-24
清 粉彩人物六方瓶	高60cm	34,500	北京翰海	2017-09-10
清 粉彩人物六方瓶	高59cm	11,500	北京翰海	2017-09-10
清 粉彩人物鹿头尊	高34cm	115,000	北京翰海	2017-09-13
清 粉彩人物帽筒（两件）	高28cm	36,800	北京翰海	2017-09-13
清 粉彩人物盘·青花花卉纹豆（一组）	尺寸不一	29,900	华艺国际	2017-08-27
清 粉彩人物瓶	高30cm	425,500	广东保利	2017-11-26
清 粉彩人物瓶（两件）	高58cm	13,800	北京翰海	2017-04-30
清 粉彩人物狮耳瓶（两件）	高33cm	41,400	北京翰海	2017-09-10
清 粉彩人物纹缸	直径40.2cm	25,300	中国嘉德	2017-09-02
清 粉彩人物纹观音瓶	高59.5cm	12,650	华艺国际	2017-03-19
清 粉彩人物纹瓶（一对）	高37.5cm	13,800	北京华辰	2017-06-05
清 粉彩人物攒盘		17,250	北京翰海	2017-09-10
清 粉彩瑞兽纹抱月瓶（一对）	高48cm	13,800	上海大众	2017-06-24
清 粉彩三多盘	直径21cm	69,000	北京翰海	2017-04-30
清 粉彩三多纹墩式碗	直径15cm	17,250	中国嘉德	2017-03-31
清 粉彩山水仿书墨床	长8.5cm	69,000	北京翰海	2017-09-10
清 粉彩山水楼阁诗文长方小花盆带奁（一对）	花盆长9.7cm；奁长10cm	17,250	中国嘉德	2017-09-02
清 粉彩山水三阳开泰瓶	高51cm	17,250	北京翰海	2017-04-30
清 粉彩山水纹瓷砚（一对）	10cm×7.7cm×2	230,000	西泠拍卖	2017-07-15
清 粉彩山水纹书卷形笔筒	高10.4cm	11,500	西泠拍卖	2017-07-15
清 粉彩狮耳开光花鸟瓶	高22.5cm	46,000	北京翰海	2017-09-13
清 粉彩十二花神杯	直径8.6cm	13,800	华艺国际	2017-08-27
清 粉彩仕女双耳大瓶（一对）	高59cm	43,700	上海大众	2017-06-24
清 粉彩寿星	高41cm	23,000	北京翰海	2017-09-10
清 粉彩四季花卉花盆（一对）	长23cm	17,250	八益拍卖	2017-09-24
清 粉彩松鼠葡萄碗	直径8.5cm	20,700	北京翰海	2017-09-13
清 粉彩太平有象香熏	高17cm	11,500	北京保利	2017-04-17
清 粉彩桃形洗	长17cm	48,300	北京保利	2017-11-04
清 粉彩童子牧牛笔筒	高12.8cm；直径12.5cm	20,700	中贸圣佳	2017-09-03
清 粉彩无双谱纹六方大瓶	高44cm	13,800	上海大众	2017-06-24

拍品名称	物品尺寸	成交价RMB	拍卖公司	拍卖日期
清 粉彩五路财神"福禄寿喜财"瓶	高42cm	11,350	印千山	2017-07-09
清 粉彩喜鹊登枝如意撇口瓶	高35.6cm	93,150	太平洋	2017-03-30
清 粉彩婴戏图盘	直径15cm	11,500	中国嘉德	2017-09-03
清 粉彩鱼藻纹碗（两件）	直径11.5cm	23,000	北京翰海	2017-12-16
清 粉彩云福碗（两件）	直径14cm	20,700	北京翰海	2017-09-13
清 粉彩轧道螭龙花卉纹壁瓶	高11.8cm	112,700	印千山	2017-03-30
清 粉彩轧道开光山水碗（两件）	直径12.5cm	32,200	北京翰海	2017-09-13
清 粉地粉彩缠枝莲开光花卉诗文烟壶	高7.9cm	17,250	中国嘉德	2017-03-31
清 黄地粉彩缠枝莲福寿纹帽筒	高28.3cm	17,250	中国嘉德	2017-09-03
清 黄地粉彩花蝶大瓶	高59cm	11,500	北京保利	2017-12-20
清 黄地粉彩开光福寿碗	口径15.3cm	322,000	西泠拍卖	2017-05-05
清 黄地粉彩内福寿纹外缠枝莲开光五谷丰登图碗	直径14.2cm	13,800	中国嘉德	2017-03-31
清 黄地粉彩喜字福寿盖盒	长16cm	20,700	北京保利	2017-11-04
清 黄地洋彩西洋花卉花盆	宽27.5cm	17,250	北京保利	2017-04-16
清 嘉庆年制款粉彩花卉调色盘	直径8.8cm	20,700	西泠拍卖	2017-05-05
清 蓝釉描金开光粉彩花卉御题诗壁瓶	高22cm	20,700	北京保利	2017-04-16
清 满彩山水净手盆	直径33.5cm	66,700	十竹斋	2017-01-01
清 青花粉彩团龙杯（两件）	直径8.3cm	48,300	北京翰海	2017-12-16
清 秋葵绿地花卉开光粉彩鹤鹿同春堆塑五子登科壁瓶	高17cm	34,500	广东崇正	2017-06-15
清 珊瑚红地粉彩观音坐像	高74cm	35,702	宝源国际	2017 05-29
清 外木釉内矾红描金粉彩书卷山水大盘	直径40cm	17,250	北京保利	2017-11-05
清 胭脂地粉彩开光山水纹碗（一对）	直径14.6cm	92,660	太平洋	2017-09-10
清 胭脂红地开光粉彩三羊开泰纹象耳瓶（一对）	高22cm×2	46,000	北京匡时	2017-03-30
清 胭脂红地洋彩开光花卉纹碗	直径14cm	10,925	华艺国际	2017-08-27
清 胭脂红釉轧道粉彩开光花鸟瓶	高35cm	207,000	北京保利	2017-06-08
清 洋彩花卉笔掭	直径8cm	23,000	北京翰海	2017-06-04
清 轧道开光粉彩仕女瓶	高22cm	36,800	朵云轩	2017-04-21
18世纪 粉彩梅花诗文马蹄杯	直径7.9cm	82,800	北京中汉	2017-12-19
18世纪 粉彩人物故事图大碗	直径40cm	17,003	纽约佳士得	2017-07-13
18世纪 粉彩山水人物花卉图大碗	直径39.2cm	89,100	佳士得	2017-04-04
18世纪 粉彩山水人物纹灯笼瓶	高26cm	23,000	北京中汉	2017-09-01
18世纪 粉彩仕女壶 粉彩缠枝花卉纹杯（一对）	壶长15.4cm；杯直径6.7cm	32,200	北京中汉	2017-03-30
18世纪 粉彩渔家乐图凤尾尊	高45.3cm	356,400	佳士得	2017-04-04
18世纪 绿地粉彩西洋人物图琮式瓶	高22cm	3,033,540	佳士得	2017-05-31
18世纪 外黑漆嵌螺钿芦雁图内粉彩花蝶纹大碗		69,190	纽约苏富比	2017-03-18
18世纪 洋彩亭台式花鸟纹双联笔筒	高10cm	97,750	华艺国际	2017-08-27
18世纪/19世纪 粉彩鹿形杯	高8cm	48,970	中国嘉德	2017-10-02
18世纪/19世纪 粉彩描金八吉祥纹盘	直径8cm	10,061	伦敦佳士得	2017-05-12
18世纪/19世纪 粉彩描金菩萨坐像	高11.5cm	44,715	伦敦佳士得	2017-05-12
18世纪/19世纪 粉红地粉彩开光斋戒牌	长6.5cm	167,063	佳士得	2017-04-04
18世纪/19世纪 红釉粉彩蝴蝶纹梅瓶	高25.5cm	108,588	伦敦佳士得	2017-11-07
18世纪/19世纪 洋彩皮球花纹多穆壶	高55.5cm	747,500	北京华辰	2017-06-05

拍品名称	物品尺寸	成交价RMB	拍卖公司	拍卖日期
19世纪 粉彩八仙过海图天球瓶		190,273	纽约苏富比	2017-03-18
19世纪 粉彩出将入相马蹄杯	直径10.5cm	34,500	北京中汉	2017-06-17
19世纪 粉彩矾红寿纹大钵	直径46.3cm	29,065	伦敦佳士得	2017-05-12
19世纪 粉彩福寿双全碗	直径16.5cm	10,375	佳士得	2017-10-04
19世纪 粉彩花鸟纹双耳大瓶	高53.3cm	173,740	伦敦佳士得	2017-11-07
19世纪 粉彩花盆	直径33cm	128,473	纽约佳士得	2017-01-18
19世纪 粉彩孔雀绿地缠枝莲纹花盆（一对）	宽20.3cm	178,860	伦敦佳士得	2017-05-12
19世纪 粉彩莲花盖碗	直径10.7cm	163,991	香港苏富比	2017-06-01
19世纪 粉彩榴开百子图天球瓶（一对）		475,681	纽约苏富比	2017-03-18
19世纪 粉彩鹿鹤同春图鹿头尊	高30.5cm	57,500	北京中汉	2017-09-01
19世纪 粉彩螺阜夕照图碗		51,893	纽约苏富比	2017-03-18
19世纪 粉彩神仙庆贺图观音瓶（一对）	45cm	46,951	伦敦苏富比	2017-05-10
19世纪 粉彩仕女图六方秀墩（一对）	高48cm	83,841	伦敦佳士得	2017-05-12
19世纪 粉彩寿桃图天球瓶		103,785	纽约苏富比	2017-03-18
19世纪 粉彩寿桃图天球瓶		73,514	纽约苏富比	2017-03-18
19世纪 粉彩松鹿同春图天球瓶		86,488	纽约苏富比	2017-03-18
19世纪 粉彩万寿无疆盘 一对		86,488	纽约苏富比	2017-03-14
19世纪 粉彩仙人图瓶（一对）	高42.4cm	26,829	伦敦佳士得	2017-05-12
19世纪 蓝地粉彩花卉纹手镯（一对）	直径7.3cm	31,125	佳士得	2017-10-04
19世纪 胭脂红地粉彩轧道锦地花卉纹瓶	高33cm	39,126	伦敦佳士得	2017-05-12
19世纪/20世纪 粉彩爆竹形盖盒		51,893	纽约苏富比	2017-03-18
19世纪/20世纪 粉彩大成孔子为鲁司寇时像瓷板		25,946	纽约苏富比	2017-03-18
19世纪/20世纪 粉彩万花梅瓶	高28cm	55,894	伦敦佳士得	2017-05-12
19世纪/20世纪 青花粉彩云龙戏珠纹长颈瓶	高56.5cm	122,966	伦敦佳士得	2017-05-12
19世纪末 粉彩官员坐像	高31.7cm	119,446	伦敦佳士得	2017-11-07
20世纪 粉彩布袋和尚坐像	高25.4cm	61,483	伦敦佳士得	2017-05-12
20世纪 粉彩高士图琮式瓶（一对）	高18.8cm	17,003	纽约佳士得	2017-07-13
20世纪 粉彩花卉图菱口花盆连座（一对）		172,975	纽约苏富比	2017-03-18
20世纪 粉彩黄地开光仕女图瓶（一对）	高15.4cm	17,886	伦敦佳士得	2017-05-12
20世纪 粉彩人物故事图瓷板	36.5cm×24cm	27,947	伦敦佳士得	2017-05-12
20世纪 粉彩人物台灯	31cm×20cm×33cm	14,950	华艺国际	2017-03-19
20世纪 粉彩人物图瓶及青釉瓶（各一对 一组四件）	The largest 高22.3cm	38,256	纽约佳士得	2017-07-13
20世纪 粉彩西洋人物图双耳瓶	高40cm	156,503	伦敦佳士得	2017-05-12
20世纪 粉彩喜上眉梢图大罐	高33.8cm	36,800	北京中汉	2017-03-30
20世纪 粉彩婴戏图长颈瓶	高39.2cm	111,788	伦敦佳士得	2017-05-12
20世纪 蓝地粉彩人物故事图瓶	16.3cm	29,754	纽约佳士得	2017-07-13
20世纪初 粉彩孔雀花卉纹圆盖盒	直径8.5cm	12,297	伦敦佳士得	2017-05-12
民国 曾福庆款粉彩人物纹蝠耳瓶	高28.8cm	11,500	中国嘉德	2017-09-03
民国 邓碧珊画 人物故事图瓷板一堂	高74cm	3,820,309	中国嘉德	2017-05-30
民国 段子安粉彩罗汉瓷板	长38.5cm；宽26cm	63,250	中贸圣佳	2017-09-03
民国 段子安粉彩人物瓷板	长40.2cm	63,250	中贸圣佳	2017-09-03
民国 段子安粉彩山水图圆瓷板（一对）	直径29cm	92,000	中贸圣佳	2017-09-03
民国 仿郎世宁粉彩竹荫西�图灯笼瓶	高23.5cm	103,500	中国嘉德	2017-09-02
民国 粉彩"大雅斋"花鸟盖碗	直径10.7cm	17,250	北京保利	2017-06-08

拍品名称	物品尺寸	成交价RMB	拍卖公司	拍卖日期
民国 粉彩“丹霞仿庞居士”大盘	直径37.5cm	57,500	华艺国际	2017-03-19
民国 粉彩“教子图”纹瓶（一对）	高22.3cm	149,500	太平洋	2017-09-10
民国 粉彩“五子图”灯笼瓶（一对）	高22.7cm	32,200	北京保利	2017-12-20
民国 粉彩《醉眠》诗意图八方碗（一对）	直径13.5cm	28,750	北京中汉	2017-09-01
民国 粉彩八骏图大帽筒（一对）	高34.7cm	36,800	中国嘉德	2017-03-31
民国 粉彩八仙故事图瓶	高35.5cm	57,500	中国嘉德	2017-03-31
民国 粉彩百花开光祝寿图狮耳瓶	高35.2cm	13,800	中国嘉德	2017-03-31
民国 粉彩百花纹包袱葫芦瓶	高34cm	20,700	中国嘉德	2017-09-02
民国 粉彩百花纹盖盘（一对）	直径25cm	13,800	中国嘉德	2017-03-31
民国 粉彩百花纹葫芦瓶	高45cm	11,500	中国嘉德	2017-03-31
民国 粉彩百花纹连年有鱼耳尊	高28.3cm	40,250	中国嘉德	2017-09-03
民国 粉彩百鸟朝凤图盘口瓶	高33.5cm	23,000	中国嘉德	2017-03-31
民国 粉彩百子婴戏图壮罐	高20cm	34,500	中国嘉德	2017-03-31
民国 粉彩草虫纹四方倭角瓶（一对）	高11.6cm	11,500	中国嘉德	2017-09-02
民国 粉彩缠枝莲托八宝纹烛台	高31.5cm	17,250	中国嘉德	2017-09-03
民国 粉彩缠枝莲纹螭耳瓶	高23.6cm	13,800	中国嘉德	2017-09-03
民国 粉彩春宴图胆瓶	高21.5cm	115,000	中贸圣佳	2017-06-18
民国 粉彩瓷板（一组）	尺寸不一	13,800	华艺国际	2017-08-27
民国 粉彩福从天降直颈瓶	高20.3cm	20,700	北京保利	2017-06-08
民国 粉彩福在眼前寿星图瓶	高32.9cm	11,500	中国嘉德	2017-03-31
民国 粉彩福在眼前图长颈瓶	高31cm	17,250	中国嘉德	2017-09-03
民国 粉彩富贵牡丹瓶	高27cm	36,800	上海敬华	2017-07-01
民国 粉彩关公像	高40.5cm	57,500	北京保利	2017-06-08
民国 粉彩红梅图诗文洗	直径21.5cm	349,847	香港苏富比	2017-06-01
民国 粉彩花卉大吉图水盂	直径8.8cm	13,800	北京中汉	2017-03-30
民国 粉彩花卉瓜碗（两件）	直径10.5cm	28,750	北京翰海	2017-09-13
民国 粉彩花卉过墙碗（两件）	直径11cm	32,200	北京翰海	2017-09-10
民国 粉彩花卉纹花盆	直径22.5cm	13,800	中国嘉德	2017-03-31
民国 粉彩花卉纹赏瓶	高39cm	11,500	中国嘉德	2017-09-03
民国粉彩花卉纹诗文小瓶（一对）	高16.5cm	25,504	纽约佳士得	2017-07-13
民国 粉彩花鸟瓷板	高26cm；宽39cm	18,361	宝源国际	2017-05-29
民国 粉彩花鸟方盆	长32cm	13,800	北京保利	2017-11-04
民国 粉彩花鸟诗文杯	直径10.5cm	17,250	北京保利	2017-11-04
民国 粉彩花鸟纹水丞	高6.9cm	20,700	中国嘉德	2017-09-02
民国 粉彩花鸟纹四方花盆带奁（一对）	花盆长21.5cm；奁长21cm	20,700	中国嘉德	2017-03-31
民国 粉彩花盆（一对）	高14.5cm	149,500	中贸圣佳	2017-09-03
民国 粉彩鸡缸杯	直径6.7cm	46,000	中国嘉德	2017-06-19
民国 粉彩鸡缸杯	直径7.5cm	80,500	华艺国际	2017-11-25
民国 粉彩加料彩“寒江独钓”图小瓶	高11.4cm	28,750	北京保利	2017-12-20
民国 粉彩锦纹“乐善堂”书卷盖盒	长13.5cm	11,500	北京保利	2017-12-20
民国 粉彩九桃纹天球瓶	高53cm	92,000	华艺国际	2017-03-19
民国 粉彩九桃洗	直径26cm	13,800	中国嘉德	2017-09-02
民国 粉彩九桃洗	高6cm；直径16cm	31,050	北京匡时	2017-03-30
民国 粉彩开窗山水天球瓶	高33.5cm	18,400	中贸圣佳	2017-09-03
民国 粉彩开窗婴戏图纹浮雕双耳瓶（一对）	高21.2cm	38,762	宝源国际	2017-05-29
民国 粉彩开光花鸟葫芦瓶	高23cm	11,500	北京保利	2017-06-08
民国 粉彩开光人物花盆（一对）	直径22.5cm	18,400	北京保利	2017-11-05
民国 粉彩开光山水纹小尊	高13cm	13,800	北京保利	2017-06-08
民国 粉彩开光西洋仕女小扁瓶	高10cm	46,000	北京保利	2017-12-20
民国 粉彩孔雀绿地开光花鸟图双耳瓶	高22.4cm	22,358	伦敦佳士得	2017-05-12

拍品名称	物品尺寸	成交价RMB	拍卖公司	拍卖日期
民国 粉彩刘海戏蟾图瓷板	38cm×25cm	55,894	伦敦佳士得	2017-05-12
民国 粉彩榴开百子天球瓶	高60cm	101,700	太平洋	2017-09-10
民国 粉彩六方花盆（一对）	长18cm	17,250	华艺国际	2017-08-27
民国 粉彩龙纹二胡	长44cm	23,000	北京保利	2017-11-04
民国 粉彩龙纹盖盅（一对）	直径16.5cm	23,000	华艺国际	2017-03-19
民国 粉彩弥勒像	高20cm	11,500	朵云轩	2017-06-26
民国 粉彩描金“博古图”观音瓶	高25cm	11,500	北京保利	2017-12-20
民国 粉彩描金桃花鸳鸯诗文壶	高9.5cm	23,000	八益拍卖	2017-09-24
民国 粉彩描金胭脂紫地缠枝番莲纹开光诗文兽耳壁瓶		164,326	纽约苏富比	2017-03-18
民国 粉彩描金婴戏纹小蒜头瓶	高15cm	31,780	印千山	2017-07-09
民国 粉彩牡丹花卉纹兽耳瓶	高40cm	66,700	广东崇正	2017-06-15
民国 粉彩皮球花小罐	高17.5cm	57,500	北京翰海	2017-01-08
民国 粉彩群雀图瓶	高34.5cm	55,200	中贸圣佳	2017-06-18
民国 粉彩群仙祝寿罐（一对）	高64cm	92,000	北京保利	2017-11-04
民国 粉彩群仙祝寿瓶	高18cm	11,500	北京保利	2017-06-08
民国 粉彩人物方笔筒	高17.5cm	86,250	中贸圣佳	2017-09-03
民国 粉彩人物故事灯笼瓶	高45cm	184,000	北京翰海	2017-09-13
民国 粉彩人物故事瓶（一对）	高39cm×2	172,500	北京荣宝	2017-09-24
民国 粉彩人物故事图瓷板（四帧）	长19.5cm；宽12.7cm	13,800	中贸圣佳	2017-09-04
民国 粉彩人物故事图盘口瓶	高39.4cm	13,800	中贸圣佳	2017-09-04
民国 粉彩人物故事纹天球瓶	高55cm	141,250	太平洋	2017-09-10
民国 粉彩人物图铺首小壶	高9.8cm	13,602	纽约佳士得	2017-07-13
民国 粉彩如意耳葫芦瓶	高18.8cm	18,400	北京翰海	2017-04-30
民国 粉彩瑞兽纹菱形笔筒	长19.1cm	20,700	中国嘉德	2017-03-31
民国 粉彩三羊开泰图象耳瓶		207,570	纽约苏富比	2017-03-18
民国 粉彩三羊开泰纹碗	直径14.2cm	28,750	北京匡时	2017-12-03
民国 粉彩山水大盘	直径40.5cm	34,500	北京保利	2017-11-05
民国 粉彩山水人物棒槌瓶	高35cm	11,500	北京荣宝	2017-12-02
民国 粉彩山水人物瓷板（一对）	31.2cm×21.5cm×2	69,000	北京匡时	2017-06-04
民国 粉彩山水人物瓷板挂屏	长36cm×24cm	11,500	北京保利	2017-12-20
民国 粉彩诗文鸡缸杯	高6.7cm	17,250	八益拍卖	2017-09-24
民国 粉彩十八罗汉双耳尊	高34.5cm	120,750	北京保利	2017-12-20
民国 粉彩十二花神杯	直径8.5cm	184,000	中贸圣佳	2017-09-03
民国 粉彩仕女册页（一组四件）	19.5cm×12cm×4	287,500	北京匡时	2017-12-03
民国 粉彩仕女瓷板	长35cm；宽24cm	17,250	中贸圣佳	2017-09-03
民国 粉彩仕女歌舞升平图小盖罐	高14.3cm	32,200	北京中汉	2017-06-17
民国 粉彩仕女图小壮罐	高14.7cm	51,750	中国嘉德	2017-03-31
民国 粉彩仕女砚屏	高20.5cm	57,500	八益拍卖	2017-09-24
民国 粉彩双寿摆件（一对）	高31cm	28,750	中国嘉德	2017-03-31
民国 粉彩松林玩鹤图杯（一对）		25,946	纽约苏富比	2017-03-18
民国 粉彩松下人物瓷板挂屏	高42.5cm×27.5cm	690,000	北京保利	2017-06-08
民国 粉彩螳螂捕蝉螭耳瓶	高24cm	230,000	中贸圣佳	2017-09-03
民国 粉彩贴塑蟠龙福寿纹长颈瓶	高21.5cm	48,300	中贸圣佳	2017-09-04
民国 粉彩铁拐李纹瓶（一对）	高21cm	13,800	广东崇正	2017-06-15
民国 粉彩亭台楼阁山水人物瓶	高33.4cm	103,500	中贸圣佳	2017-06-18
民国 粉彩团花开光花鸟纹瓶	高23.5cm	13,800	中国嘉德	2017-09-03
民国 粉彩无双谱人物故事诗文大瓶（一对）	高60cm	25,300	中国嘉德	2017-03-31
民国 粉彩喜上梅梢大瓶	高53.5cm	74,750	中贸圣佳	2017-09-03
民国 粉彩喜上梅梢纹碗	长14.2cm	13,800	广东崇正	2017-06-15
民国 粉彩徐仲南、田鹤仙、毕伯涛、毕渊明梅兰竹菊册页（一套）	长20cm；宽12cm	759,000	中贸圣佳	2017-09-03
民国 粉彩雪景山水人物诗文瓶	高20.5cm	46,000	中国嘉德	2017-09-02
民国 粉彩雪景图小瓶	高18.5cm	25,300	西泠拍卖	2017-07-15

拍品名称	物品尺寸	成交价RMB	拍卖公司	拍卖日期
民国 粉彩以介眉寿图瓶（一对）	高12.5cm	120,366	中国嘉德	2017-05-30
民国 粉彩婴戏大吉图纹花盆（一对）	高17.5cm	28,750	八益拍卖	2017-09-24
民国 粉彩婴戏诗文鸡缸杯（4件）	直径7cm	207,000	北京华辰	2017-06-05
民国 粉彩婴戏图盖罐	高23cm	17,250	北京保利	2017-06-08
民国 粉彩婴戏图花盆带奁（一对）	花盆直径17.7cm；奁直径17cm	20,700	中国嘉德	2017-09-02
民国 粉彩婴戏图瓶	高33.7cm	134,145	伦敦佳士得	2017-05-12
民国 粉彩婴戏图瓶	高19.2cm	106,198	伦敦佳士得	2017-05-12
民国 粉彩婴戏图瓶（一对）	高22cm	23,000	中贸圣佳	2017-09-03
民国 粉彩婴戏图四系罐	高15.3cm	43,700	北京诚轩	2017-06-20
民国 粉彩婴戏图天球瓶	高45cm	34,500	中贸圣佳	2017-09-03
民国 粉彩婴戏纹碗（一对）	高12.6cm	25,300	广东崇正	2017-03-24
民国 粉彩婴戏座屏	高67cm	14,950	北京保利	2017-04-16
民国 粉彩云蝠纹天球瓶	高56cm	45,902	宝源国际	2017-05-29
民国 粉彩云鹤纹水丞	直径17cm	17,250	中国嘉德	2017-09-03
民国 粉彩云龙纹小抱月瓶	高11.2cm	36,800	中国嘉德	2017-03-31
民国 粉彩钟馗灯笼瓶（一对）	高29cm	92,000	中贸圣佳	2017-09-03
民国 粉彩竹篱秋色山水笔筒	高17cm	34,500	中贸圣佳	2017-09-03
民国 粉彩转心瓶	高22.5cm	74,750	华艺国际	2017-03-19
民国 何金梅款粉彩四季图紫坛框挂屏（一堂）	高95cm	979,400	中国嘉德	2017-10-02
民国 何许人 1927年 粉彩山水图方印（一对）	高9.2cm×2	1,976,403	伦敦佳士得	2017-05-12
民国 何许人粉彩雪景印盒	直径8.5cm	368,000	中贸圣佳	2017-09-03
民国 何许人风格 粉彩万年如意尊	高31.5cm	2,093,000	北京匡时	2017-12-03
民国 何许人风格 黄地开光粉彩山水、雪景瓶	高14.8cm	103,500	北京匡时	2017-12-03
民国 何许人绘粉彩四季山水图四方笔筒	高16.5cm；长12.2cm；宽12.2cm	103,500	西泠拍卖	2017-07-15
民国 黑漆嵌粉彩山水纹扇形瓷板挂屏	高114.5cm×58.5cm	138,000	广东崇正	2017-06-15
民国 洪宪年制粉彩花鸟纹胆瓶（一对）	高26.5cm	81,604	宝源国际	2017-05-29
民国 黄地粉彩缠枝花卉纹瓶	高29.5cm	43,700	广东崇正	2017-12-13
民国 黄地粉彩缠枝花卉纹兽耳瓶	高21.7cm	17,250	中国嘉德	2017-09-02
民国 黄地粉彩缠枝莲开光婴戏图小天球瓶（一对）	高22.3cm	20,700	中国嘉德	2017-03-31
民国 黄地粉彩瓜蝶纹烛台（一对）	高37cm	23,000	中贸圣佳	2017-09-04
民国 酱釉开光粉彩花篮纹瓶	高31.5cm	92,000	中国嘉德	2017-09-02
民国 金地粉彩开光人物故事小尊	高18.5cm	12,650	北京保利	2017-06-08
民国 金地粉彩龙纹大瓶（一对）	高61cm	17,250	北京保利	2017-04-16
民国 居仁堂制扎道粉彩黄地喜上眉梢图观音瓶	高37cm；直径（口）8.8cm	207,000	浙江佳宝	2017-07-23
民国 李明亮粉彩花鸟山水册页	长21cm；宽13.5cm	20,700	中贸圣佳	2017-09-03
民国 刘希任绘粉彩太白醉酒图天球瓶	高13.5cm；带座高18cm	23,000	西泠拍卖	2017-07-15
民国 刘雨岑粉彩花鸟瓶	高25cm	747,500	中贸圣佳	2017-09-03
民国 刘雨岑绘粉彩牡丹纹瓷板	长39cm；宽25cm	149,500	西泠拍卖	2017-07-15
民国 骆永茂造粉彩麻姑献寿像	高35.5cm	13,800	中国嘉德	2017-03-31
民国 墨地粉彩花卉三足盖炉	高29cm	13,800	北京保利	2017-04-16
民国 内粉彩折枝花卉纹外胭脂红釉马蹄杯（一对）	直径6.4cm	11,500	中国嘉德	2017-03-31
民国 潘庸秉作 新粉彩“秋江垂钓”瓷板画	高41cm；长8.5cm	115,000	上海匡时	2017-11-05
民国 青花开光粉彩山水人物纹兽耳瓶（一对）	高20cm×2	184,000	北京匡时	2017-03-30
民国 山水纹瓷板（三件）	高83.5cm	53,867	中国嘉德	2017-10-02
民国 珊瑚红描金开光粉彩山水纹壁瓶	高16.2cm	11,500	广东崇正	2017-06-15
民国 珊瑚红釉描金团花开光粉彩花鸟纹螭耳瓶（一对）	高25cm	32,200	中国嘉德	2017-09-02
民国 珊瑚釉粉彩描金开光消夏图茶壶	长18cm	66,700	北京宣石	2017-12-03
民国 石山款粉彩菊石笔筒	高13cm	32,200	中贸圣佳	2017-09-03
民国 松石绿地粉彩缠枝莲福寿开光花卉纹扁瓶（一对）	高28cm	11,500	中国嘉德	2017-03-31
民国 松石绿地粉彩云蝠开光山水人物纹瓶	高21.4cm	13,800	中国嘉德	2017-09-02
民国 田鹤仙粉彩梅花瓷板	长38cm；宽25cm	690,000	中贸圣佳	2017-09-03
民国 田鹤仙粉彩山水瓶	高23cm	1,012,000	中贸圣佳	2017-09-03
民国 田鹤仙款粉彩梅花纹瓷板	21.6cm×14.7cm	34,500	中国嘉德	2017-03-31
民国 汪晓棠绘竹报平安三多四美图胆瓶	高38.3cm	598,000	中国嘉德	2017-03-31
民国 汪野亭粉彩山水瓷板	长39cm；宽26cm	33,350	中贸圣佳	2017-09-03
民国汪野亭粉彩山水文房（一套）	尺寸不一	632,500	中贸圣佳	2017-09-03
民国 汪野亭山水瓷板	长81cm；宽21cm	264,500	中贸圣佳	2017-09-03
民国 汪友棠作“云间山秀丽”山水瓷板	长25.2cm；高38.5cm	138,000	上海匡时	2017-11-05
民国 王大屏/王倚之粉彩八仙瓷板（一套）	长31.6cm；宽24cm	13,800	中贸圣佳	2017-09-03
民国 王琦 粉彩四爱图四条屏	75cm×20cm	5,405,000	观唐皕榷	2017-01-12
民国 王琦绘青花粉彩人物图小瓶	高11.5cm；带座高14.2cm	851,000	西泠拍卖	2017-07-15
民国 王琦款粉彩人物纹瓷板挂屏	48cm×34.7cm	51,750	中国嘉德	2017-09-03
民国 王琦款粉彩山茶花人物故事瓷板	长21cm	418,664	中国嘉德	2017-05-30
民国 王琦款粉彩司秋鸡冠花人物故事瓷板	长21cm	397,731	中国嘉德	2017-05-30
民国 王倚之粉彩瓷板（一对）	长39.5cm	32,200	中贸圣佳	2017-09-03
民国 熊甫卿款粉彩东坡赏砚图瓷挂屏	25cm×38cm	23,000	广东崇正	2017-06-15
民国 熊梦亭款粉彩花鸟诗文瓶（一对）	高34cm	71,300	中国嘉德	2017-09-03
民国 袖珍粉彩花鸟图瓶（一对）	高8.1cm×2	95,136	纽约佳士得	2017-03-17
民国 徐仲南粉彩人物瓶（一对）	高15.5cm×2	1,955,000	中贸圣佳	2017-09-03
民国 胭脂红地洋彩雕瓷洋花花口瓶	高20cm	92,000	华艺国际	2017-11-25
民国 胭脂红地轧道花卉开光粉彩山水人物纹碗（四只）	直径12.5cm	11,500	中国嘉德	2017-09-02
民国 胭脂红黄地轧道粉彩花卉纹双联瓶	高24.1cm	311,850	佳士得	2017-04-04
民国 胭脂红开光粉彩“得喜图”象耳尊	高33.3cm	57,500	北京保利	2017-06-08
民国 映月轩绘 粉彩山水人物瓷板连座	高69cm	11,500	上海大众	2017-06-24
民国 游林记造款粉彩弥勒像	高12cm	20,700	北京保利	2017-12-20
民国 紫地粉彩花鸟纹四方倭角花盆	长39cm	36,800	中国嘉德	2017-09-03
民国 大雅斋绿地粉彩花鸟瓶	高57.5cm	92,000	北京翰海	2017-01-08
民国 粉彩百花不落地五孔瓶	高14cm	20,700	北京翰海	2017-01-08
民国 粉彩人物蒜头瓶（两件）	高28cm	18,400	北京翰海	2017-01-08
民国 粉彩万字地开光花鸟葫芦瓶（两件）	高24cm	21,850	北京翰海	2017-01-08
民国 粉彩婴戏笔筒	高15cm	13,800	北京翰海	2017-01-08
民国 粉彩婴戏瓶（两件）	高39cm	32,200	北京翰海	2017-01-08

(成交价RMB：1万元以上)

拍品名称	物品尺寸	成交价RMB	拍卖公司	拍卖日期
民国 黄地粉彩花卉天球瓶	高55cm	20,700	北京翰海	2017-01-08
民国（1929年）作 王琦粉彩人物瓶	高16.5cm	1,955,000	中贸圣佳	2017-09-03
民国（1942年）作 王大凡粉彩风尘三侠瓷板	长39cm；宽26cm	782,000	中贸圣佳	2017-09-03
民国甲戌（1934）年 粉彩“运甓习勤”高士图瓶	高25.2cm	228,250	佳士得	2017-10-02
1967年 粉彩瓷城新貌瓷板	宽55cm；长32.5cm	40,250	八益拍卖	2017-09-24
20世纪 邓必浩款粉彩山水人物诗文薄胎大碗	直径37cm	23,000	中国嘉德	2017-09-03
毕伯涛 粉彩花鸟水洗	直径9.2cm	69,000	北京匡时	2017-06-04
毕伯涛 民国 粉彩花鸟册页（一组四件）	20cm×6.3cm×4	207,000	北京匡时	2017-12-03
毕伯涛 民国 粉彩花鸟长条瓷板	80cm×20cm	690,000	北京匡时	2017-12-03
陈怀庆 粉彩四喜图瓷板		23,000	中国嘉德	2017-12-21
程国民 粉彩不请自来瓷板	57cm×32cm	28,750	中国嘉德	2017-12-21
程意亭 画 民国 花鸟纹瓷板	高80cm	117,528	中国嘉德	2017-10-02
程子风 萧何月下追韩信 粉彩瓷板	85cm×85cm	57,500	中国嘉德	2017-06-20
戴玉梅 当代（1993年）高白釉粉彩故乡行萝卜瓶	高35.5cm	57,500	北京匡时	2017-12-03
邓建民 布袋和尚 粉彩瓷瓶	高43cm	17,250	中国嘉德	2017-06-20
邓建民 一苇渡江 粉彩瓷瓶	高57cm	13,800	中国嘉德	2017-06-20
段子安 雪景山水人物瓷板	宽21cm；高76cm	142,807	宝源国际	2017-05-29
方云峰 绘 民国 粉彩“春女怨”诗意瓷板	37.5cm×24cm	161,000	北京保利	2017-06-08
仿民国粉彩群仙会双耳瓶（一对）	高64cm	138,000	福建东南	2017-10-29
仿清嘉庆款 粉彩黄地缠枝莲纹双耳瓶	高20.5cm	32,200	福建东南	2017-10-29
仿清嘉庆款 粉彩黄地香炉、花觚、烛台（五贡一组）	花觚高37cm；烛台高44cm；香炉长41cm	402,500	福建东南	2017-10-29
仿清嘉庆款 粉彩绿地开光婴戏图瓶	高70cm	57,500	福建东南	2017-10-29
仿清乾隆款 粉彩百鹿鐏	高47cm	57,500	福建东南	2017-10-29
仿清乾隆款 粉彩缠枝莲八吉祥花觚	高28.5cm	55,200	福建东南	2017-10-29
仿清乾隆款 粉彩九桃天球瓶	高51cm	34,500	福建东南	2017-10-29
仿清乾隆款 粉彩绿地穿耳花龙双耳瓶	高30.5cm	34,500	福建东南	2017-10-29
仿清雍正款 粉彩群贤会笔海	高14.5cm	517,500	福建东南	2017-10-29
粉彩大百鹿尊	高45.1cm	86,488	纽约佳士得	2017-03-17
粉彩浮雕蟠桃纹双寿耳瓶	高60cm	12,241	宝源国际	2017-05-29
郭文连 云雾林间神驹图 粉彩瓷板 六条屏	113cm×57cm×6	11,270,000	中国嘉德	2017-06-20
何许人 近代 粉彩雪景扇形瓷板	最宽20cm	552,000	中国嘉德	2017-12-21
何许人 民国 粉彩雪景瓷板长条	79.5cm×19.5cm	690,000	北京匡时	2017-12-03
建国初 粉彩开光花鸟瓶	高32.5cm	184,000	中贸圣佳	2017-06-18
江葆华 松溪高士 粉彩象耳镶器	高38cm	28,750	中国嘉德	2017-12-21
江见鸣 聚贤图 粉彩瓷瓶	高38cm	11,500	中国嘉德	2017-06-20
近现代 粉彩红卫兵到农村去瓷板	长56cm；宽35cm	230,000	中贸圣佳	2017-09-03
近现代 粉彩红卫兵宣讲队瓷板	长56.4cm；宽35cm	230,000	中贸圣佳	2017-09-03
近现代 粉彩人物抱月瓶（一对）	高21.5cm	51,750	中贸圣佳	2017-09-03
近现代 粉彩松鹤图瓶	高46cm	17,250	北京匡时	2017-12-03
景德镇为民瓷厂粉彩红梅笔筒	高11cm	25,300	中国嘉德	2017-12-21
李峻 梅妻鹤子 粉彩瓷板	56cm×56cm	230,000	中国嘉德	2017-06-20
李峻 醉仙图 粉彩瓷盘	直径50cm	230,000	中国嘉德	2017-06-20
梁小平 春栖 粉彩瓷瓶	高44cm	11,500	中国嘉德	2017-06-20
刘畅 春晓 粉彩镶器	高46cm	11,500	中国嘉德	2017-06-20
刘思彤 粉彩普天同鹤瓶	高23cm	34,500	中国嘉德	2017-12-21

拍品名称	物品尺寸	成交价RMB	拍卖公司	拍卖日期
潘玲霞 粉彩忆梅镶器	高51cm	17,250	福建东南	2017-10-29
潘陶宇 民国 粉彩花鸟图瓷板	长39cm；高26cm	253,000	观唐皕榷	2017-01-12
清 粉彩人物小罐	高10cm	20,700	北京翰海	2017-01-08
清末 粉彩莲台八宝供器（两件）		34,595	纽约苏富比	2017-03-18
清末民初 黄地粉彩喜鹊登梅图橄榄瓶	高27.2cm	63,250	北京中汉	2017-12-19
尚小云藏芳信斋制瓷器（一组三件）	尺寸不一	13,800	北京保利	2017-12-18
尚小云旧藏瓷器（一组四件）	尺寸不一	43,700	北京保利	2017-12-18
石庐 民国 粉彩人物故事册页（一组四件）	19cm×12cm×4	34,500	北京匡时	2017-12-03
舒慧娟 人面桃花相映红 粉彩瓷瓶	高44cm	115,000	中国嘉德	2017-12-21
松石绿地粉彩宝相花纹双耳瓶（一对）	高15.5cm	448,000	上海联合	2017-12-17
涂菊青 影青粉彩人物杯、碟（1组4件）	尺寸不一	184,000	北京匡时	2017-06-04
汪桂英 天淡云闲 粉彩瓷板	42cm×28cm	207,000	中国嘉德	2017-12-21
汪平孙 粉彩山水瓷板	80cm×43.5cm	69,000	北京匡时	2017-06-04
汪平孙 粉彩山水如意瓶	高36cm	78,200	北京匡时	2017-06-04
汪平孙 粉彩扇面瓷板	24cm×42.5cm	34,500	北京匡时	2017-06-04
汪平孙 近现代 粉彩春江水暖瓷板	54cm×30cm	51,750	北京匡时	2017-12-03
汪平孙 近现代 粉彩山水笔筒	高20cm	51,750	北京匡时	2017-12-03
汪晓棠 民国 粉彩人物故事瓷板（一组两件）	75cm×20.5cm×2	1,552,500	北京匡时	2017-12-03
汪晓棠 民国 粉彩人物故事瓶	高28.3cm	287,500	北京匡时	2017-12-03
汪雪媛 临泉 粉彩茶具	尺寸不一	17,250	中国嘉德	2017-12-21
王大凡 民国 粉彩人物册页	18.5cm×11.5cm	195,500	北京匡时	2017-12-03
王大凡民国粉彩仕女图瓶（一对）	高35.5cm×2	977,500	观唐皕榷	2017-01-12
王秋霞 当代 粉彩高白釉人物瓶	高30.5cm	23,000	北京匡时	2017-12-03
王秋霞 当代 粉彩梅兰竹菊四方盖罐	高16.7cm	17,250	北京匡时	2017-12-03
王锡良 当代 粉彩红袖添香瓷盘	直径21cm	46,000	北京匡时	2017-12-03
王锡良 当代 粉彩影青刻花开光庐山二景图双耳瓶	长50cm	2,300,000	北京匡时	2017-12-03
王锡良 当代（1953年）粉彩史家庄王进教艺瓷盘	直径24.3cm	57,500	北京匡时	2017-12-03
王锡良 粉彩吹笛人物盘	直径21.5cm	69,000	北京匡时	2017-06-04
王长平 粉彩岚翠清韵瓷瓶	高56cm	17,250	福建东南	2017-10-29
吴锦华 花沾晨清露 粉彩瓷壶	高10cm	149,500	中国嘉德	2017-12-21
吴凌之 芳春 粉彩瓷板	30cm×14cm	40,250	中国嘉德	2017-12-21
徐韵泉 民国 粉彩风尘三峡人物瓶	高15.8cm	26,450	北京匡时	2017-12-03
徐仲南 民国 粉彩四方笔筒	高16.2cm	402,500	中国嘉德	2017-06-19
于诗逸 当代 粉彩富贵楼台茶杯	3.6cm	46,000	北京匡时	2017-12-04
喻宏 粉彩桃花小景瓷板	直径50cm	28,750	福建东南	2017-10-29
张松茂 粉彩人物盘	直径27.7cm	92,000	北京匡时	2017-06-04
张松涛 近现代 粉彩春色满园盘	直径46cm	11,500	北京匡时	2017-12-03
珐琅彩				
清早期 仿珐华彩花卉双耳瓶	高39.5cm	34,500	北京保利	2017-12-20
清康熙 御制珐琅彩胭脂紫地牡丹碗	直径14.3cm	35,650,000	北京保利	2017-12-18
清雍正 珐琅彩大碗	直径33.9cm	256,946	纽约佳士得	2017-01-18
清雍正 珐琅彩万花锦纹碗	直径10.1cm	15,521,000	香港蘇富比	2017-10-03
清雍正 珐琅彩万寿长春图碗	直径14.5cm	2,300,000	北京启石	2017-06-25
清雍正 玫茵堂典藏珐琅彩粉彩“平安春信”图碗	直径11.9cm	46,000,000	北京保利	2017-12-18
清乾隆 珐琅彩狩猎图大碗	直径50.8cm	171,298	纽约佳士得	2017-01-18
清乾隆 珐琅彩太平有象六角香熏	高16.8cm	4,600,000	观唐皕榷	2017-01-11
清 瓷胎仿珐琅彩花卉小杯	直径6cm	103,500	北京保利	2017-12-19

拍品名称	物品尺寸	成交价RMB	拍卖公司	拍卖日期
清 珐琅彩花卉纹座	长18.5cm	34,500	上海大众	2017-06-24
18世纪 青花开光漆地仿珐琅花卉纹瓶	高24.5cm	43,700	广东崇正	2017-12-13
民国 薄胎珐琅彩花卉纹小罐	高10cm	92,000	太平洋	2017-09-10
民国薄胎珐琅彩菊花纹杯（两件）	直径5.6cm	34,500	北京翰海	2017-06-04
民国 珐琅彩薄胎瓶	高16cm	43,700	中贸圣佳	2017-09-03
民国 珐琅彩薄胎长颈瓶	高22cm	48,300	中贸圣佳	2017-09-03
民国 珐琅彩花鸟诗文盘	直径17.3cm	345,000	上海匡时	2017-11-05
民国 珐琅彩牧牛图小尊	高19.5cm	23,000	中贸圣佳	2017-09-04
民国 珐琅彩神犬图瓶（一对）	高19.5cm	115,000	北京华辰	2017-12-17
民国 珐琅彩题诗教子图四方笔筒	高16cm	575,000	北京保利	2017-12-19
民国 珐琅彩西洋人物四方瓶	高10cm	115,000	北京匡时	2017-06-04
民国 珐琅彩西洋人物图棒槌瓶	高35cm	12,241	宝源国际	2017-05-29
民国 珐琅彩西洋人物纹四方瓶	高15.3cm	161,000	西泠拍卖	2017-07-15
民国 珐琅彩西洋仕女图瓶	高20cm	15,301	宝源国际	2017-05-29
民国 珐琅彩小天球瓶	高9.5cm	23,000	中贸圣佳	2017-09-03
民国 仿珐琅彩花鸟纹瓶	高17cm	20,700	中国嘉德	2017-03-31
民国 仿珐琅彩教子图蒜头瓶	高15.5cm	34,500	西泠拍卖	2017-07-15
民国 仿珐琅彩孔雀图盖碗	直径11cm	17,250	中国嘉德	2017-09-03
民国 仿珐琅彩孔雀图盘	直径22cm	23,000	中国嘉德	2017-09-03
民国 仿珐琅彩牡丹诗文小瓶	高13.9cm	36,800	中国嘉德	2017-03-31
民国 仿珐琅彩牡丹竹雀诗文小瓶（一对）	高6.1cm	46,000	中国嘉德	2017-03-31
民国 仿珐琅彩山水人物诗文小瓶	高13.7cm	34,500	中国嘉德	2017-03-31
民国 仿珐琅彩桃花诗文碗（一对）	直径13.5cm；直径13.3cm	78,200	中国嘉德	2017-03-31
民国 仿珐琅彩羲之画扇人物故事诗文小瓶（一对）	高12.5cm	40,250	中国嘉德	2017-03-31
民国 仿珐琅彩喜鹊猎犬图小瓶	高12.2cm	25,300	中国嘉德	2017-12-18
民国 仿珐琅彩绣球花诗文小天球瓶	高18.4cm	63,250	中国嘉德	2017-03-31
民国 仿珐琅彩雉鸡牡丹纹盘口瓶（一对）	高17cm	23,000	北京保利	2017-11-05
民国 仿珐琅彩钟馗嫁妹图瓶	高19.5cm	143,750	中国嘉德	2017-03-31
民国 洪宪款仿珐琅彩绘瓜瓞绵绵葫芦包袱瓶	高17.5cm	440,730	香港中汉	2017-10-03
民国 外珐琅彩内粉彩花鸟纹碗	直径13.2cm	25,300	广东崇正	2017-03-24
珐琅彩凤舞龙腾天球瓶	腹径18cm	86,250	中国嘉德	2017-12-21
珐琅彩陶艺——凤明	13.5cm×25cm	51,750	中国嘉德	2017-12-21
近代 金瓯阁制珐琅彩花鸟尊	高47cm	48,300	北京宣石	2017-12-03
现代 罗厚发制珐琅彩山水四条屏	长138cm；宽43cm	172,500	北京宣石	2017-05-21
广彩				
清中期 广彩花鸟纹螭耳扁瓶	高40.5cm	11,500	中国嘉德	2017-03-31
清中期 广彩人物纹瓷板	直径39.7cm	11,500	中国嘉德	2017-09-03
清中期 广彩人物纹大盘	直径34.5cm	20,700	中国嘉德	2017-03-31
清咸丰 广彩人物庭院图大盘	直径47.5cm	17,250	华艺国际	2017-03-19
清晚期 广彩花蝶开光花虫人物纹盖瓶	高47.7cm	13,800	中国嘉德	2017-03-31
清晚期 广彩花蝶开光人物纹狮耳衔环瓶（一对）	高35cm	17,250	中国嘉德	2017-03-31
清晚期 广彩花卉开光人物纹瓶（一对）	高45cm；高44.7cm	20,700	中国嘉德	2017-03-31
18世纪 广彩洛克菲勒式人物故事纹盘（八件）	直径25cm	356,500	广东崇正	2017-12-13
19世纪/20世纪 广彩开光人物花鸟图狮耳大瓶		25,946	纽约苏富比	2017-03-18
19世纪/20世纪 广彩开光人物图狮耳大瓶（一对）		34,595	纽约苏富比	2017-03-18

拍品名称	物品尺寸	成交价RMB	拍卖公司	拍卖日期
19世纪中期 广彩人物图坐墩（一对）		43,244	纽约苏富比	2017-03-18
珐华彩				
明中期 珐华彩莲塘纹大罐	高43cm	17,250	华艺国际	2017-03-19
明中期 珐华莲池纹梅瓶	高28cm	388,063	佳士得	2017-05-31
明万历 珐花罗汉坐像	高46cm	424,793	伦敦佳士得	2017-05-12
明 法华彩花鸟罐	高43cm	387,619	宝源国际	2017-05-29
明 珐华彩洞石仙人摆件	高40cm	57,500	华艺国际	2017-08-27
明 珐华彩罐	高15cm	57,500	华艺国际	2017-08-27
明 珐华彩携琴访友图梅瓶	高30.6cm	66,700	太平洋	2017-09-10
明 珐华镂空八仙祝寿图罐		103,785	纽约苏富比	2017-03-15
明 珐华人物故事图罐	高36.2cm	56,217	纽约佳士得	2017-03-17
明 珐华釉三彩花卉纹大罐	高43cm	34,500	北京匡时	2017-03-30
明晚期 珐华雕花卉纹双耳四方瓶（一对）	高17.3cm	57,500	北京中汉	2017-06-17
明晚期 珐华真武坐像		56,217	纽约苏富比	2017-03-18
16世纪 珐华镂雕牡丹纹三足炉	直径27cm	242,165	纽约佳士得	2017-03-17
16世纪 珐华携琴访友图梅瓶		389,194	纽约苏富比	2017-03-15
清康熙 仿珐华人物纹大梅瓶	高42.5cm	11,500	中国嘉德	2017-09-03
清雍正 珐华彩高士罐	高29cm	34,500	八益拍卖	2017-09-24
清乾隆 珐华彩一路连科纹罐	高27cm	34,500	北京匡时	2017-06-04
清中期 珐华刘海戏金蟾摆件	高19cm	46,000	北京翰海	2017-06-04
18世纪 青花釉里红缠枝莲纹瓶	高31.8cm	121,083	纽约佳士得	2017-03-17
浅绛彩				
金品卿浅绛山水花鸟兽耳方瓶	高59cm	1,127,000	中贸圣佳	2017-09-03
清同治 浅绛彩松鹤图盘	直径15cm	11,500	北京中汉	2017-03-30
清光绪 浅绛彩花鸟山水双耳海棠式瓶	高30cm	1,322,500	北京翰海	2017-09-13
清光绪 浅绛彩人物诗文倭角水仙盆	长15.5cm	27,600	北京翰海	2017-09-10
清光绪 浅绛彩人物双耳海棠式瓶	高30cm	632,500	北京翰海	2017-09-13
清光绪 浅绛彩山水四方瓶	高32cm	11,500	上海嘉禾	2017-07-01
清光绪 浅绛彩香山九老瓷板	40.5cm×26cm	437,000	北京翰海	2017-01-08
清光绪4年（1878年）作 程门浅绛琮式瓶	高30cm	345,000	中贸圣佳	2017-09-03
清光绪八年（1882年）作 胡孔规浅绛方帽筒（一对）	高27.5cm×2	667,000	中贸圣佳	2017-09-03
汪友棠 清光绪 浅绛彩范蠡进西施图瓷板	38.5cm×24.5cm	36,800	北京保利	2017-06-08
清晚期 程门 浅绛山水瓷板	37.5cm×23.5cm	126,500	北京匡时	2017-12-03
清晚期 程门 浅绛山水瓶	高25.7cm	253,000	北京匡时	2017-12-03
清晚期 金品卿 浅绛花鸟秋韵瓷板	31.5cm×42cm	690,000	北京匡时	2017-12-03
清晚期 汪章款浅绛彩花鸟诗文六方花盆	长39.5cm	126,500	中国嘉德	2017-09-03
清 程门绘浅绛彩四季山水挂屏（一套四件）	43cm×29cm	632,500	西泠拍卖	2017-07-15
清 程门浅绛山水瓷板	长41.5cm；宽31cm	379,500	中贸圣佳	2017-09-03
清 程门浅绛山水尊	高44cm	1,012,000	中贸圣佳	2017-09-03
清 焦佩兰浅绛捧盒（一对）	直径24cm	13,800	中贸圣佳	2017-09-03
清 浅绛彩四方调色盖盒	长15.8cm	20,700	十竹斋	2017-01-01
清 浅绛瓷板（两块）	尺寸不一	28,750	中贸圣佳	2017-09-03
清 浅绛瓷板（两块）	尺寸不一	20,700	中贸圣佳	2017-09-03
清 浅绛瓷板（两块）	尺寸不一	17,250	中贸圣佳	2017-09-03
清 浅绛花卉笔筒	高13cm	21,850	中贸圣佳	2017-09-03
清 浅绛山水瓷板	长38cm；宽26.5cm	13,800	中贸圣佳	2017-09-03
清 浅绛山水瓷板（一套）	长14.5cm	23,000	中贸圣佳	2017-09-03
清 浅绛山水温锅	直径21.5cm	31,050	中贸圣佳	2017-09-03
清 浅绛文字笔筒	高12cm	20,700	中贸圣佳	2017-09-03

拍品名称	物品尺寸	成交价RMB	拍卖公司	拍卖日期
清 汪永泰浅绛六方花盆（一对）	直径27cm	46,000	中贸圣佳	2017-09-03
清 汪章浅绛马蹄水盂	高6.2cm	18,400	中贸圣佳	2017-09-03
清 许达生浅绛赏瓶	高34cm	74,750	中贸圣佳	2017-09-03
清 张子英浅绛花鸟壮罐（一对）	高23cm	23,000	中贸圣佳	2017-09-03
清 周友松浅绛仕女文盘	长26cm；宽18.5cm	20,700	中贸圣佳	2017-09-03
19世纪 浅绛彩山水图套杯（十件）	直径11.4cm	15,563	佳士得	2017-10-04
民国 陈松 浅绛彩山水笔筒	高13cm	34,500	上海嘉禾	2017-10-14
民国 程门款浅绛彩山水人物诗文瓷板	44cm×32cm	23,000	中国嘉德	2017-03-31
民国 浅绛彩花鸟人物纹花盆	直径35cm	29,900	北京保利	2017-04-16
民国 浅绛彩山水人物诗文方瓶	高27.9cm	17,250	中国嘉德	2017-03-31
民国 浅绛彩山水纹天球瓶	高56cm	17,250	中国嘉德	2017-12-18
民国 浅绛彩花鸟人物六方瓶（两件）	高61cm	17,250	北京翰海	2017-01-08
民国六年（1917年）马庆云绘浅绛彩九渔图双耳大尊	高60.7cm	82,800	中国嘉德	2017-03-31
李梦丹 绘 清光绪 浅绛彩“松领鹤寿”图诗文仿哥釉铁锈花大瓶	高46cm	11,500	北京保利	2017-06-08
汪章款浅绛彩花鸟纹鹿头尊	高36.9cm	17,250	中国嘉德	2017-03-31
清 浅绛彩开光人物帽筒（一对）	高28.5cm×2	85,125	印千山	2017-07-09
红 彩				
明正德 矾红阿拉伯文盘	直径20.8cm	575,000	北京保利	2017-06-06
明正德 矾红缠枝莲纹开光阿拉伯文罐	直径34cm	69,000	北京保利	2017-11-05
明正德 梵红彩云龙纹盘	直径21cm	34,500	北京翰海	2017-06-04
明嘉靖 黄地矾红八卦仙鹤纹盖盒	长12.8cm	920,000	观唐皕榷	2017-01-11
明嘉靖 绿地矾红葫芦瓶	高19cm	920,000	北京匡时	2017-12-03
明万历 青花地矾红双龙纹盘	径25cm	57,500	印千山	2017-03-30
明 矾红阿拉伯文盘	直径17.5cm	11,500	北京保利	2017-11-05
明 矾红瑞兽笔杆	长20cm	11,500	北京保利	2017-11-05
清康熙 矾红彩暗刻龙纹洪福齐天折沿盘	直径19.5cm	609,800	保利香港	2017-04-04
清康熙 矾红彩描金博古图花觚		51,893	纽约苏富比	2017-03-18
清康熙 矾红彩描金双龙捧寿纹双耳杯	宽8.1cm	36,800	北京诚轩	2017-06-20
清康熙 矾红彩云龙纹碗	直径19.2cm	420,552	保利香港	2017-04-04
清康熙 矾红穿花龙纹盘	直径22cm	57,500	北京匡时	2017-12-03
清康熙 矾红龙纹小杯	直径6cm	34,500	北京保利	2017-06-08
清康熙 矾红描金双龙捧寿纹双耳小杯	直径6.3cm	26,450	北京中汉	2017-09-01
清康熙 矾红描金松鼠葡萄纹葫芦瓶	高13.2cm	32,200	中国嘉德	2017-09-03
清康熙 矾红青花海水龙纹碗（一对）	直径18.7cm×2	797,813	佳士得	2017-11-29
清康熙 矾红游鱼纹高足杯（一对）	直径13cm	20,700	北京中汉	2017-03-30
清康熙 矾红云龙纹梅瓶	高23.5cm	20,700	中国嘉德	2017-03-31
清康熙 红釉三果纹碗	直径15.3cm	299,000	中贸圣佳	2017-06-18
清康熙 绿地矾红彩赶珠龙纹盘		129,731	纽约苏富比	2017-03-15
清康熙 青釉矾红三鱼纹瓶	高13cm	92,000	中国嘉德	2017-09-02
清康熙 洒蓝描金矾红彩连年有余瓶	高45cm	1,092,500	北京保利	2017-12-18
清康熙 外矾红内青花一路连科图碗（一对）	直径11.6cm	299,000	北京中汉	2017-12-19
清雍正 矾红高仕图小杯（两只）	高4.2cm×2	51,750	印千山	2017-03-30
清雍正 矾红海水龙纹杯（一对）	直径6cm×2	138,000	大羿拍卖	2017-12-04
清雍正 矾红描金双龙纹小杯	高8.5cm	28,750	中贸圣佳	2017-06-18
清雍正 矾红团龙纹碗	口径7cm	23,000	北京华辰	2017-12-17
清雍正 矾红团龙纹碗（一对）	直径13.2cm	166,750	观唐皕榷	2017-01-12

拍品名称	物品尺寸	成交价RMB	拍卖公司	拍卖日期
清雍正 胭脂地开光线描花卉纹杯	高4cm；直径6.5cm	1,092,500	保利厦门	2017-06-25
清乾隆 白地胭脂红彩莲托八吉祥纹朝冠耳三足炉	高36.5cm	190,273	纽约佳士得	2017-03-17
清乾隆 矾红彩茶诗盖碗	直径10.9cm	69,000	华艺国际	2017-08-27
清乾隆 矾红彩花卉藏草瓶	高22.5cm	368,000	中国嘉德	2017-06-20
清乾隆 矾红彩酱釉瓷塑佛像	高27cm	690,000	北京保利	2017-12-19
清乾隆 矾红彩诗文小瓶	高5.7cm	40,250	中国嘉德	2017-06-19
清乾隆 矾红彩双龙赶珠纹高足盖碗（一对）	直径15.5cm×2	172,975	纽约佳士得	2017-03-17
清乾隆 矾红彩云龙纹杯（一套十件）	直径4.6cm	3,450,000	北京荣宝	2017-12-02
清乾隆 矾红仿木纹扎古扎雅木碗	直径13cm	34,500	中国嘉德	2017-09-02
清乾隆 矾红龙纹杯	直径6.3cm	20,700	八益拍卖	2017-09-24
清乾隆 矾红龙纹太白罐	高19cm	1,380,000	北京华辰	2017-12-17
清乾隆 矾红描金灵芝形笔掭	长8cm	23,000	北京华辰	2017-06-05
清乾隆 矾红诗文菊瓣盘	直径12.5cm	13,800	中国嘉德	2017-03-31
清乾隆 矾红五蝠碗	直径17.5cm	11,500	北京保利	2017-11-04
清乾隆 矾红婴戏小尊	高6.5cm	34,500	北京保利	2017-04-16
清乾隆 矾红御题诗三清图碗	直径10.6cm	107,734	香港中汉	2017-10-03
清乾隆 矾红折枝花卉纹甘露瓶	高22.3cm	506,000	北京中汉	2017-12-19
清乾隆 梵红彩缠枝花卉碗	直径12.9cm	86,250	北京翰海	2017-06-04
清乾隆 仿嘉靖矾红八宝纹鼎式炉	长17cm	23,000	中国嘉德	2017-09-03
清乾隆 祭蓝描金团花纹梅花口杯	宽9cm	11,500	中国嘉德	2017-12-18
清乾隆 米黄地矾红山水碗	直径12cm	25,300	北京保利	2017-11-05
清乾隆 柠檬黄釉矾红五蝠纹盘	直径16.5cm	57,500	北京东正	2017-03-31
清乾隆 清康熙 矾红五福捧寿纹盘一对、青花人物盘一对	直径15.8cm；直径15.8cm	13,800	八益拍卖	2017-09-24
清嘉庆 矾红龙凤纹碗	直径18cm	10,925	华艺国际	2017-03-19
清嘉庆 矾红三清茶碗	径6.2cm	12,485	印千山	2017-07-09
清道光 白地轧道矾红鱼虾纹盘（一对）	直径23.5cm	25,300	北京中汉	2017-03-30
清道光 豆青釉矾红团鹤纹盘	直径23.5cm	17,250	北京荣宝	2017-09-24
清道光 豆青釉红彩团鹤碗	直径14.5cm	115,000	北京翰海	2017-12-16
清道光 矾红暗刻海水龙纹盘	直径18cm	345,000	观唐皕榷	2017-01-11
清道光 矾红彩福寿纹碗	直径12.3cm	63,250	北京诚轩	2017-06-20
清道光 矾红彩洪福齐天纹盘（一对）	直径15.5cm×2	86,250	北京诚轩	2017-06-20
清道光 矾红彩万福庆寿纹碗（一对）	直径12.5cm，直径12.3 cm	223,575	伦敦苏富比	2017-05-10
清道光 矾红彩五福有余图盘（一对）	直径18cm×2	131,193	香港苏富比	2017-06-01
清道光 矾红福寿万代纹碗	直径12.5cm	55,200	北京东正	2017-03-31
清道光 矾红洪福齐天盘	直径15.5cm	43,700	中国嘉德	2017-03-31
清道光 矾红夔龙纹笔洗	直径15cm	39,100	北京保利	2017-04-16
清道光 矾红龙纹杯（一对）	直径5.9cm	138,000	华艺国际	2017-11-25
清道光 矾红双龙赶珠纹水丞	高5.2cm	177,400	佳士得	2017-05-31
清道光矾红五蝠捧寿纹碗（一对）	直径12.5cm×2	103,500	华艺国际	2017-08-27
清道光 矾红云龙纹杯（一对）	直径5.9cm×2	287,500	观唐皕榷	2017-01-12
清道光 梵红彩福寿碗（两件）	直径12.5cm	184,000	北京翰海	2017-12-16
清道光 梵红彩云龙纹杯（两件）	直径6cm	59,800	北京翰海	2017-06-04
清道光珊瑚红福鼠纹小碟（一对）	宽15.5cm	142,807	宝源国际	2017-05-29
清中期 矾红描金葫芦式笔掭	长11.2cm	20,700	浙江佳宝	2017-07-23
清咸丰 矾红海水龙纹小杯（一对）	高5cm	23,000	北京荣宝	2017-09-24
清咸丰 矾红御题诗文碗	直径10.7cm	83,733	中国嘉德	2017-05-30
清同治 矾红彩红蝠盖碗	直径10.3cm	23,000	北京保利	2017-12-20
清同治 矾红彩洪福齐天纹盘		25,946	纽约苏富比	2017-03-18
清同治 矾红寿字蟋蟀罐	直径10.5cm	13,800	北京保利	2017-11-05
清同治 矾红双龙戏珠纹杯	直径6cm	45,607	伦敦佳士得	2017-11-07

拍品名称	物品尺寸	成交价RMB	拍卖公司	拍卖日期
清同治 梵红彩蝠纹碗	直径14.5cm	34,500	北京翰海	2017-12-16
清同治 光绪 矾红龙纹杯一套	尺寸不一	218,500	印千山	2017-03-30
清同治 黄地矾红描金福寿纹渣斗	高8.3cm	28,750	中国嘉德	2017-03-31
清同治 矾红花卉盖杯（两件）	直径9cm	13,800	北京翰海	2017-01-08
清光绪 豆青釉红彩团凤碗（两件）	直径14cm	74,750	北京翰海	2017-12-16
清光绪 矾红“万字”纹杯（一组四只）	高6cm×4	34,500	北京荣宝	2017-12-02
清光绪 矾红彩赶珠龙纹杯	直径6cm	26,239	香港苏富比	2017-06-01
清光绪 矾红彩龙纹杯（一对）	高4.8cm	29,900	广东崇正	2017-06-15
清光绪 矾红彩描金“寿山福海”碗（一对）	直径10.5cm	59,800	北京保利	2017-12-20
清光绪 矾红彩描金龙纹大盘	直径45cm	25,300	北京保利	2017-12-20
清光绪 矾红彩双龙赶珠酒杯 矾红彩描金双龙戏珠盘	直径6cm；直径26cm	77,963	佳士得	2017-04-04
清光绪 矾红彩双龙戏珠纹杯（一组六件）	直径6cm	141,164	伦敦佳士得	2017-11-07
清光绪 矾红洪福齐天盘	直径15.8cm	32,200	中国嘉德	2017-09-02
清光绪 矾红龙纹双耳炉	高39cm	63,250	北京保利	2017-11-04
清光绪 矾红描金双龙戏珠纹大盘（一对）	直径50.5cm×2	597,231	伦敦佳士得	2017-11-07
清光绪 矾红双龙戏珠纹盘	直径34cm	57,500	北京荣宝	2017-04-02
清光绪 矾红云龙纹杯（一对）	直径6cm	17,250	中国嘉德	2017-09-03
清光绪 矾红云龙纹杯（一对）	直径5.8cm	39,773	中国嘉德	2017-05-30
清光绪 矾红云龙纹大盘	直径26.2cm	63,250	中国嘉德	2017-09-02
清光绪 矾红云龙纹缸	直径36cm	195,500	太平洋	2017-09-10
清光绪 矾红云龙纹碗（一对）	直径10.1cm×2	11,500	北京荣宝	2017-09-24
清光绪 梵红彩福寿万代碗（两件）	直径10.7cm	46,000	北京翰海	2017-06-04
清光绪 梵红彩描金云龙纹盘	直径34.5cm	115,000	北京翰海	2017-12-16
清光绪 梵红彩描金云龙纹盘	直径34.5cm	92,000	北京翰海	2017-12-16
清光绪 梵红彩描金云龙纹盘（两件）	直径18.5cm	74,750	北京翰海	2017-12-16
清光绪 梵红彩云龙纹杯	直径6cm	36,800	北京翰海	2017-12-16
清光绪 梵红彩云龙纹杯	直径5.8cm	36,800	北京翰海	2017-12-16
清光绪 梵红彩云龙纹杯	直径6cm	28,750	北京翰海	2017-12-16
清光绪 梵红彩云龙纹杯（两件）	直径5.9cm	63,250	北京翰海	2017-12-16
清光绪 红章纹帽筒	高29cm	13,800	北京翰海	2017-09-10
清宣统 矾红彩描金双云龙戏珠纹大盘	直径34cm	162,881	伦敦佳士得	2017-11-07
清宣统 内矾红云龙纹外粉彩福禄万代图单鋬杯	长9.8cm	17,250	中国嘉德	2017-03-31
清晚期 矾红描金云龙纹大盘（一对）	直径22.8cm	17,250	中国嘉德	2017-03-31
清晚期 矾红团凤纹盖碗（一对）	直径10.6cm	13,800	中国嘉德	2017-03-31
清晚期 黄地胭脂红彩云龙纹烛台	高37.5cm	13,800	中国嘉德	2017-09-03
清晚期 胭脂红彩螭龙纹洗	直径15cm	13,800	中国嘉德	2017-09-02
清 白釉暗刻矾红彩金玉满堂纹盘（一对）	直径23.4cm	20,700	中贸圣佳	2017-09-04
清 矾红锦地开光御制诗花卉纹方瓶	高7.5cm	138,000	观唐皕榷	2017-01-12
清 矾红山水纹水盂	直径7cm	13,800	朵云轩	2017-09-17
清 矾红竹叶纹碗（一对）	直径10.5cm	13,800	华艺国际	2017-03-19
清 洒蓝釉矾红双龙戏珠梅瓶	高35cm	13,800	北京翰海	2017-04-30
19世纪/20世纪 矾红云龙戏珠纹双耳壶	高52cm	61,483	伦敦佳士得	2017-05-12
20世纪初 天蓝地胭脂红彩缠枝莲纹双耳葫芦瓶	高19.1cm	54,294	伦敦佳士得	2017-11-07
民国 矾红八仙图小笔筒	高12cm	28,750	中国嘉德	2017-09-03
民国 矾红彩团寿花盆（一对）	直径24.5cm	11,500	北京保利	2017-04-16

拍品名称	物品尺寸	成交价RMB	拍卖公司	拍卖日期
民国 矾红穿花龙纹天球瓶	高53cm	11,500	中国嘉德	2017-03-31
民国 矾红留白竹节纹碗（一对）	直径12cm	13,800	北京荣宝	2017-09-24
民国 矾红芦雁图水丞	直径6.7cm	13,800	中国嘉德	2017-09-03
民国 矾红罗汉笔筒	高13.5cm	23,000	中贸圣佳	2017-09-03
民国 梵红彩描金丹鹤朝阳诗文瓶	高23cm	36,800	北京翰海	2017-12-16
民国 仿汉瓦矾红彩花盆（一对）	直径23cm	13,800	中贸圣佳	2017-09-03
民国 墨彩矾红洪福齐天盖盒	长9.5cm	20,700	北京宣石	2017-05-21
清末 矾红彩描金双龙戏珠纹大盘（一对）		276,760	纽约苏富比	2017-03-18
黄彩				
明嘉靖 红地黄彩龙穿花纹盘	直径22cm	690,000	北京匡时	2017-06-04
明嘉靖 绿地黄彩暗刻赶珠云龙纹盘	直径19.8cm	2,300,000	北京匡时	2017-12-03
明中期 绿地黄彩开光云龙纹罐	高35cm	747,500	北京宣石	2017-05-21
明万历 黄彩描矾红赶珠云龙纹碗	直径15cm；高9cm	4,140,000	北京匡时	2017-12-03
明 青花黄彩龙纹盘	直径20cm	59,800	北京保利	2017-04-16
明 红地黄彩云龙纹罐	高21.5cm	17,250	北京翰海	2017-01-08
清康熙 蓝地黄彩龙纹盘	直径25cm	1,035,000	北京保利	2017-06-07
清康熙 蓝地黄彩云龙纹盘	直径42.2cm	437,000	北京华辰	2017-12-17
清康熙 蓝地黄彩云龙纹碗	直径13.2cm	342,790	保利香港	2017-10-02
清乾隆 蓝地黄彩云龙纹盘	直径25cm	34,500	中贸圣佳	2017-09-04
清乾隆 蓝地黄彩云龙戏珠纹盘	直径25cm	868,700	伦敦佳士得	2017-11-07
清乾隆 青花地黄彩云龙赶珠纹碗（一对）	直径14cm	218,500	北京中汉	2017-06-17
清道光 蓝地黄彩云龙纹盘	直径25cm	89,700	华艺国际	2017-11-25
清道光 蓝地黄彩云龙纹盘	直径25cm	63,250	北京翰海	2017-12-16
清道光 蓝地黄彩云龙戏珠纹碗 清乾隆 粉彩福禄寿碗	直径19.7cm	78,251	伦敦佳士得	2017-05-12
清咸丰 青花地黄彩云龙纹碗	直径10.2cm	342,790	香港中汉	2017-10-03
清光绪 黄彩双龙捧寿盘	直径22cm	23,000	北京保利	2017-11-04
绿彩				
明弘治 白釉绿彩云龙纹盘	直径19.8cm	1,209,087	保利香港	2017-04-04
明正德 白地暗刻海水绿彩龙纹碗		2,909,440	纽约苏富比	2017-03-15
明正德 白釉暗刻海水绿龙纹盘	直径19.5cm	1,840,000	北京东正	2017-06-08
明正德 黄地绿彩赶珠云龙纹渣斗	直径14.8cm	1,893,375	香港苏富比	2017-04-05
明正德 黄地绿龙暗刻云纹大碗	直径21.3cm	690,000	北京保利	2017-12-19
明嘉靖 矾红底绿彩婴戏盘	直径15.5cm	1,472,000	北京匡时	2017-12-03
明嘉靖 黄地绿彩刻云龙纹盘	直径13.3cm	228,250	香港蘇富比	2017-10-03
明嘉靖 黄地绿彩龙纹小盘	直径13.2cm	149,500	北京保利	2017-06-06
明嘉靖 黄地绿龙碗	直径16cm	13,800	北京保利	2017-11-05
明嘉靖 黄釉涩胎填绿彩龙纹碗	直径17.1cm	1,261,656	保利香港	2017-04-04
明晚期 黄地绿彩八卦云鹤纹盘	直径17.1cm	25,300	中国嘉德	2017-09-03
清初 墨地绿彩夔龙尊	高17cm	11,500	华艺国际	2017-11-25
清康熙 暗刻绿彩龙纹梅瓶	高39.5cm	609,800	保利香港	2017-04-04
清康熙 暗刻绿彩云龙纹盘	直径18.3cm	210,276	保利香港	2017-04-04
清康熙 仿嘉靖黄地绿彩花鸟纹碗	直径12.3cm	66,700	中国嘉德	2017-03-31
清康熙 黄地绿彩赶珠云龙纹碗		69,190	纽约苏富比	2017-03-15
清康熙 黄地绿彩花卉龙纹碗	直径11.7cm	89,367	保利香港	2017-04-04
清康熙 黄地绿彩龙纹碗	直径14.5cm	420,552	北京匡时	2017-04-03
清康熙 黄地绿彩龙纹碗（一对）	直径14.8cm×2	172,500	北京诚轩	2017-06-20
清康熙 黄地绿彩云龙纹碗	直径14.5cm	101,200	北京中汉	2017-06-17
清康熙 黄地绿彩云龙戏珠纹碗	14.5cm	498,000	香港蘇富比	2017-10-03
清康熙 黄地绿龙盘	直径19.2cm	13,800	中贸圣佳	2017-09-04
清康熙 黄地绿龙碗	直径15cm	57,500	北京保利	2017-04-16
清康熙 黄地绿龙纹碗	直径10.6cm	172,500	北京巨力	2017-06-03
清康熙 黄绿彩刘海戏金蟾	高13.5cm	16,288	伦敦佳士得	2017-11-07
清康熙 蓝地绿龙纹碗	直径13.8cm	115,000	中国嘉德	2017-12-18
清康熙 绿彩赶珠云龙纹盘		138,380	纽约苏富比	2017-03-15

拍品名称	物品尺寸	成交价RMB	拍卖公司	拍卖日期
清雍正 黄地绿彩暗刻皇八子碗	直径15cm	920,000	大羿拍卖	2017-12-04
清雍正 黄地绿彩暗刻婴戏图碗（一对）	直径15cm	1,725,000	中国嘉德	2017-06-20
清雍正 黄地绿彩海水白鹤纹碗	直径15cm	1,063,750	佳士得	2017-11-29
清雍正 黄地绿彩江崖海水祥云八鹤纹碗	直径14.9cm	356,500	北京中汉	2017-12-19
清雍正 黄地绿彩莲托八宝纹碗	直径15.5cm	1,012,000	北京华辰	2017-06-05
清雍正 黄地绿彩庭院婴戏纹碗	直径15cm	460,000	北京中汉	2017-05-21
清雍正 黄地绿彩西番莲纹盘（一对）	直径11.3cm×2	420,552	北京匡时	2017-04-03
清雍正 黄地绿彩婴戏图碗	直径14.9cm	1,063,750	佳士得	2017-11-29
清雍正 墨地绿彩花卉草虫纹盘（一对）	直径19.8cm；直径19.5cm	8,050,000	中国嘉德	2017-12-18
清乾隆 白地绿彩龙纹盘	直径17.5cm	195,500	观唐皕榷	2017-01-12
清乾隆 白釉暗刻江崖海水绿彩云龙赶珠纹盘	直径18.1cm	46,000	北京中汉	2017-09-01
清乾隆 白釉绿彩云龙赶珠纹盘	直径17.7cm	28,750	北京中汉	2017-09-01
清乾隆白釉绿彩云龙纹盘（两件）	直径17.8cm	69,000	北京翰海	2017-06-04
清乾隆 黄地绿彩龙纹花口盘	直径13cm	57,500	北京诚轩	2017-06-20
清乾隆 黄地绿龙碗	直径11.1cm	13,800	北京保利	2017-06-08
清乾隆 黄釉绿彩云龙纹寿字碗	直径12cm	43,700	北京翰海	2017-06-04
清乾隆 绿彩龙纹罐	高20cm	207,000	印千山	2017-03-30
清乾隆 绿彩龙纹盘	直径18cm	115,000	北京保利	2017-04-16
清乾隆 绿龙纹罐	高19cm	42,842	宝源国际	2017-05-29
清乾隆 墨地绿彩缠枝莲纹盘	直径20.4cm	20,700	中国嘉德	2017-03-31
清乾隆 墨地绿彩花卉碗	直径12.5cm	17,250	北京保利	2017-04-17
清嘉庆 仿正德黄地绿彩云龙纹盘	直径18.5cm	28,750	中国嘉德	2017-09-02
清嘉庆 黄地绿彩穿花龙纹盘	直径13cm	43,435	伦敦佳士得	2017-11-07
清道光 黄地绿彩暗刻云龙纹小碗	直径10cm	34,500	北京保利	2017-12-20
清道光 黄地绿彩穿花龙纹盘	直径13.3cm	59,723	伦敦佳士得	2017-11-07
清道光 黄地绿彩双龙戏珠寿字纹碗	直径10.5cm	61,256	佳士得	2017-04-04
清道光 绿彩暗刻海水龙纹盘（一对）	直径18cm	172,500	北京华辰	2017-12-17
清道光 绿彩刻海水赶珠龙纹盘	直径18.1cm	60,130	香港苏富比	2017-06-01
清道光 绿彩龙纹盘	直径18cm	73,266	中国嘉德	2017-05-30
清道光 绿彩龙纹盘	径7.5cm	109,250	印千山	2017-03-30
清道光 绿彩龙纹盘	直径17.5cm	86,250	北京华辰	2017-06-05
清道光 绿彩龙纹盘（一对）	口径18cm	218,500	西泠拍卖	2017-07-15
清道光 绿彩龙纹匙（十三件）	长18.3cm	51,750	北京保利	2017-12-20
清道光 绿彩双龙赶珠纹盘	直径17.8cm	81,441	伦敦佳士得	2017-11-07
清道光 绿彩双龙赶珠纹盘	直径17.8cm	54,294	伦敦佳士得	2017-11-07
清道光 绿彩云龙纹盘	直径18cm	17,250	中国嘉德	2017-03-31
清中期 绿彩龙纹斗笠杯（十只）	直径6.2cm	20,700	北京保利	2017-12-20
清同治 白釉暗刻绿彩海水龙纹盘（一对）	直径18.5cm×2	69,000	北京荣宝	2017-09-24
清同治 黄地绿彩花鸟碗	直径12.5cm	57,500	北京翰海	2017-12-16
清光绪 暗刻海水双龙吐珠纹碟	宽18.5cm	40,802	宝源国际	2017-05-29
清光绪 白地绿龙纹碗（一对）	直径14.5cm	51,750	上海嘉禾	2017-07-01
清光绪 黄地暗刻海水龙纹碗	直径14cm	13,800	北京荣宝	2017-09-24
清光绪 黄地绿彩赶珠云龙纹碗（一对）	直径10.1cm×2	71,063	香港苏富比	2017-06-01
清光绪 黄地绿彩龙纹盘（一对）	直径14.2cm	27,423	中国嘉德	2017-10-02
清光绪 黄地绿彩龙纹盘（一对）	直径14cm	23,000	北京保利	2017-06-08
清光绪 黄地绿彩龙纹碗	直径10cm	11,753	中国嘉德	2017-10-02
清光绪黄地绿彩云龙纹碗（一对）	直径12.6cm	20,700	中国嘉德	2017-09-02
清光绪绿彩赶珠云龙纹碗（一对）		51,893	纽约苏富比	2017-03-18
清宣统 黄地紫绿彩双龙戏珠纹碗	直径16cm	31,125	佳士得	2017-10-02

拍品名称	物品尺寸	成交价RMB	拍卖公司	拍卖日期
清 红釉小碗、黑地绿彩杯（共两件）	直径9.4cm；直径6.5cm	23,000	北京保利	2017-12-20
清 黄地绿彩雕夔龙纹双耳尊	高22.5cm	46,000	中国嘉德	2017-12-18
清 绿彩笋形水滴、胭脂红釉墨床	长7cm；长7.5cm	11,500	广东崇正	2017-06-15
王怀俊 祝寿图 青花釉里红瓷瓶	高50cm	13,800	中国嘉德	2017-06-20
清乾隆 料彩万宝乾坤盖盒	长9.8cm	12,650	印千山	2017-03-30
篮彩				
清乾隆 红釉加彩包袱梅瓶	高31.5cm	2,070,000	北京匡时	2017-06-04
清中期 蓝彩描金龙凤盘	宽14.5cm	23,000	上海泛华	2017-10-29
清光绪 祭蓝皮球花赏瓶	高38.5cm	28,750	北京保利	2017-06-08
民国 蓝料彩螭龙纹桥耳炉	直径12.2cm	25,300	中国嘉德	2017-03-31
紫彩				
清乾隆 绿地紫龙纹碗	直径11cm	59,800	北京匡时	2017-12-03
清乾隆 墨地绿彩餐具（1组4件）	尺寸不一	10,925	华艺国际	2017-03-19
清乾隆 胭脂紫彩八吉祥缠枝莲纹烛台		112,434	纽约苏富比	2017-03-15
赭彩				
清康熙 绿地赭彩云龙纹茶碗（一对）	直径11.2cm×2	103,500	北京中汉	2017-09-01
金彩				
明嘉靖 矾红描金洞石花卉凤纹执壶	高21.2cm	92,000	北京中汉	2017-12-19
明嘉靖 矾红描金莲花纹高足碗	直径13.3cm	483,000	北京保利	2017-12-19
明嘉靖 矾红描金莲花纹碗	直径12cm	147,193	保利香港	2017-04-04
明嘉靖 蓝釉描金龙纹高足碗	直径13cm	57,500	华艺国际	2017-05-27
明万历 珊瑚红描金内青花高足碗	直径11.7cm	40,250	中国嘉德	2017-06-19
明晚期 回青釉描金云龙纹大碗	直径18.6cm	13,800	中国嘉德	2017-09-03
16世纪 矾红地描金杏圆开光孔雀牡丹图执壶		73,514	纽约苏富比	2017-03-18
清康熙 蓝釉描金开光花鸟纹小棒槌瓶	高25.3cm	11,500	中国嘉德	2017-03-31
清康熙 洒蓝地矾红描金鱼藻龙纹棒槌瓶	高47cm	554,375	佳士得	2017-05-31
清康熙 洒蓝地描金云凤纹长颈瓶	高41.9cm	467,775	香港苏富比	2017-04-05
清康熙 洒蓝釉描金花卉开光花鸟纹大琵琶尊	高43.2cm	94,300	中国嘉德	2017-03-31
清康熙 洒蓝釉描金瑞兽纹多穆壶	高53.5cm	80,500	中国嘉德	2017-09-03
清康熙 乌金釉描金花卉纹执壶	高16.2cm	71,300	北京中汉	2017-03-30
清雍正 黄地绿彩福运绵绵纹碗	直径15cm	1,447,875	香港苏富比	2017-04-05
清雍正 蓝料彩描金牡丹图罐	高22.3cm	11,500	中国嘉德	2017-03-31
清雍正 胭脂红金彩牡丹纹碗（一对）	直径9.4cm	13,800	中国嘉德	2017-09-02
清乾隆 宝石蓝釉描金海棠式水盂两件	宽8cm	230,000	北京保利	2017-06-07
清乾隆 茶叶末釉描金银加彩贯套花卉纹荸荠瓶	高32.7cm	230,000	北京中汉	2017-12-19
清乾隆 茶叶末釉描金云蝠纹水洗	直径10.5cm	69,000	北京匡时	2017-12-03
清乾隆 豆青地描金贲巴壶	高19.8cm	4,370,000	北京荣宝	2017-12-02
清乾隆 豆青釉描金莲托八宝纹烛台（一对）	高28cm×2	14,950,000	观唐皕榷	2017-01-11
清乾隆 豆青釉描金御题诗瓜棱水丞	高8.7cm	920,000	北京保利	2017-06-07
清乾隆 霁蓝地描金团花盖碗（一对）	直径9.8cm	17,250	广东崇正	2017-06-15
清乾隆 霁蓝描金龙纹瓶	高22.1cm	397,731	宝港国际	2017-05-29
清乾隆 霁蓝釉描金宝相花四系瓶	高11.5cm	920,000	北京东正	2017-06-08
清乾隆 金彩法轮	高27.2cm	3,220,000	北京荣宝	2017-12-02
清乾隆 金彩镂雕夔龙纹香囊	高9.3cm	80,500	印千山	2017-03-30
清乾隆 蓝釉描金赤壁赋诗文盘口瓶（一对）	高39cm	61,203	宝源国际	2017-05-29

拍品名称	物品尺寸	成交价RMB	拍卖公司	拍卖日期
清乾隆 蓝釉描金花卉瓜棱型水盂	高6.5cm	161,000	上海敬华	2017-07-01
清乾隆 蓝釉洋金彩鸠耳尊	高33cm	10,925,000	北京荣宝	2017-12-02
清乾隆 乐善堂制珊瑚红地描金缠枝莲织锦纹书函式盖盒	长13.5cm；宽10.4cm；高8.3cm	48,300	浙江佳宝	2017-07-23
清乾隆 米黄地红彩描金云龙纹杯（两件）	直径6.7cm	126,500	北京翰海	2017-12-16
清乾隆 描金缠枝荷花鹅颈瓶	高47cm	230,000	北京启石	2017-06-25
清乾隆 松石绿地矾红金彩福寿纹如意	长45cm	322,000	西泠拍卖	2017-07-15
清乾隆 胭脂红料苍龙教子图撇口瓶	高40cm	3,469,554	北京匡时	2017-04-03
清乾隆 御制霁蓝釉描金开光诗文扁瓶（一对）	高约20cm×2	2,530,000	上海匡时	2017-11-05
清乾隆/民国 珊瑚红釉洒金堆龙罐（一对）	高17.5cm×2	5,635,000	北京华辰	2017-06-05
清嘉庆 豆青釉描金缠枝花卉凤蝶纹蒜头瓶	高31cm	1,840,000	观唐皕榷	2017-01-11
清嘉庆 红釉描金小瓶	高10.7cm	28,750	八益拍卖	2017-04-22
清嘉庆 霁蓝描金"吉庆连年"缠枝花卉纹蒜头瓶	高29cm	115,000	中贸圣佳	2017-06-18
清嘉庆 珊瑚红地描金万寿连绵葫芦瓶	高20.3cm	1,380,000	北京保利	2017-12-18
清嘉庆 外天蓝釉描金内粉彩福寿延绵纹折腰碗	直径17.2cm	143,750	北京中汉	2017-05-21
清嘉庆 御制珊瑚红釉描金西番莲纹葫芦瓶	高20.5cm	3,565,000	北京华辰	2017-12-17
清道光 白地轧道矾红描金云龙纹盘	直径16.2cm	92,000	北京中汉	2017-03-30
清道光冬青釉描金云龙纹抱月瓶	高28cm	184,000	太平洋	2017-09-10
清道光 金彩小碗	直径6.5cm	23,000	中国嘉德	2017-06-20
清道光 珊瑚地描金缠枝莲纹瓶	高29cm	1,068,480	中濠典藏	2017-11-29
清道光 珊瑚红描金宝相花寿字纹瓶	高28.7cm	1,380,000	观唐皕榷	2017-01-11
清道光 慎德堂祭蓝描金盖罐（一对）	高29cm×2	2,645,000	北京荣宝	2017-12-02
清中期 青釉描金团螭纹四方倭角碗	直径19cm	20,700	中国嘉德	2017-03-31
清光绪 矾红描金双龙纹大盘	直径34.5cm	20,700	北京中汉	2017-03-30
清光绪 祭蓝釉描金海水龙纹天球瓶	高56cm	80,500	太平洋	2017-03-30
清光绪 霁蓝釉描金百蝶赏瓶	高38.2cm	92,000	北京翰海	2017-06-04
清光绪 霁蓝釉描金龙凤纹赏瓶	高38.5cm	92,000	浙江佳宝	2017-07-23
清光绪 霁蓝釉描金皮球花官帽架（一对）	高23cm×2	11,500	北京荣宝	2017-09-24
清光绪 霁蓝釉描金皮球花赏瓶	高38.7cm	253,000	北京翰海	2017-12-16
清光绪 霁蓝釉描金皮球花赏瓶	高38.1cm	195,500	北京翰海	2017-06-04
清光绪 霁蓝釉描金皮球花纹赏瓶	高39cm	69,000	北京诚轩	2017-06-20
清光绪 蓝地描金双龙戏珠纹赏瓶		25,946	纽约苏富比	2017-03-18
清光绪 蓝釉描金皮球花葫芦瓶	高34cm	57,500	华艺国际	2017-03-19
清光绪 蓝釉描金团花纹赏瓶	高38.5cm	25,300	中国嘉德	2017-03-31
清光绪 蓝釉描金团花纹赏瓶（一对）	盒高38cm×2	475,681	纽约佳士得	2017-03-17
清光绪 蓝釉描金云蝠纹赏瓶	高39cm	138,000	观唐皕榷	2017-01-12
清光绪 珊瑚红描金碗（一对）	直径17cm	13,800	北京保利	2017-12-20
清宣统 祭蓝描金皮球花象耳方瓶	高30cm	69,000	中国嘉德	2017-06-19
清晚期/民国 蓝釉描金百蝶纹赏瓶	高39.5cm	23,000	中国嘉德	2017-03-31
清 点金鼎式炉		207,000	上海嘉禾	2017-07-01
清 古铜彩描金滴水观音	高35cm	63,250	上海大众	2017-06-24

拍品名称	物品尺寸	成交价RMB	拍卖公司	拍卖日期
清 红地描金瓷蝠带扣、花板（两件）	直径5cm；长5.2cm	11,500	北京保利	2017-12-20
清 金彩无量寿佛（一对）	高10.5cm×2	23,000	印千山	2017-03-30
清 米黄釉描金八宝缠枝莲花盆	长23cm	51,750	北京宣石	2017-12-03
清 洒蓝描金棒槌瓶	高46.3cm	149,500	广东保利	2017-11-26
清 珊瑚红描金内青花龙纹盖碗	宽10cm	15,301	宝源国际	2017-05-29
清 珊瑚红釉描金福寿双全葫芦瓶	高25cm	41,400	北京保利	2017-04-17
民国 白地加彩金文小瓶		27,676	纽约苏富比	2017-03-18
民国 矾红描金团花纹双环耳尊	高27.5cm	172,500	北京中汉	2017-09-01
民国珊瑚红地描金皮球花纹铺首尊	高29.6cm	149,500	北京中汉	2017-05-21
民国 紫金釉描金金龙纹小梅瓶	高11cm	25,501	宝源国际	2017-05-29
清 矾红描金龙纹婚杖	长39cm	32,200	北京翰海	2017-01-08
清晚期 贴铂瓷戏曲人物连展示架	高10–21cm	12,241	宝源国际	2017-05-29
白花				
当代 钧瓷茶具（5件）		13,800	北京翰海	2017-04-30
唐 蓝釉白斑圆盖盒	直径6.3cm	49,800	佳士得	2017-10-02
明宣德 蓝地白花牡丹花果纹大盘		15,031,528	纽约苏富比	2017-03-15
明嘉靖 蓝地留白龙纹碗	直径17cm	1,207,500	北京匡时	2017-12-03
清康熙 矾红留白暗刻云龙纹盘	直径15.8cm	126,500	北京中汉	2017-12-19
清雍正 洒蓝地白花碗	直径19.6cm	920,000	北京荣宝	2017-12-02
清雍正 珊瑚红釉留白洞石兰草纹描金诗文碗	口径13.5cm	345,000	北京华辰	2017-12-17
清乾隆 矾红留白镂刻缠枝西番莲纹大缸	直径60.5cm	345,000	北京中汉	2017-05-21
清乾隆 仿铜蓝底白花象耳尊	高23cm	69,000	北京荣宝	2017-12-02
清乾隆 粉青釉留白笔舔	长10cm	57,500	北京宣石	2017-12-03
清乾隆 祭蓝留白水洗	直径21cm	13,800	北京保利	2017-06-08
清乾隆 珊瑚红地白花牡丹纹碗	直径13cm	136,679	保利香港	2017-04-04
清乾隆 唐英制嵌瓷板对联	141cm×26.8cm	920,000	北京保利	2017-12-18
清嘉庆 珊瑚红留白缠枝莲花纹碗	直径12.7cm	145,324	伦敦苏富比	2017-05-10
清嘉庆 珊瑚红留白竹纹小碗	直径8.5cm	69,000	中国嘉德	2017-06-19
清嘉庆 松石绿地堆白缠枝宝相花纹双耳瓶	高31cm	138,000	北京保利	2017-11-05
清道光 白地暗刻海水绿彩赶珠龙纹盘		73,514	纽约苏富比	2017-03-18
清道光 绿地留白团凤鱼藻纹盖碗（两件）	直径7.5cm	28,750	北京翰海	2017-12-16
清道光 珊瑚红白竹碗（一对）	直径11.6cm	25,300	北京保利	2017-06-08
清道光 珊瑚红留白修竹纹碗	直径13.1cm	178,860	伦敦苏富比	2017-05-10
清道光 珊瑚红留白竹纹碗	直径18cm	20,700	北京保利	2017-04-16
清道光珊瑚红留白竹纹碗（一对）	直径11.4cm	57,500	中国嘉德	2017-12-18
清道光 松绿地白彩缠枝莲纹寿字长颈瓶	高31cm	977,500	观唐皕榷	2017-01-11
清道光 松石绿地堆白"万年福寿"纹长颈瓶	高30.5cm	1,322,500	华艺国际	2017-05-27
清道光 松石绿加白福寿双耳瓶	高26.5cm	2,415,000	北京保利	2017-12-19
清道光 松石绿釉堆白缠枝莲纹喜字双耳瓶	高28.5cm	1,380,000	观唐皕榷	2017-01-11
清中期 珊瑚红留白竹纹杯（一对）	直径7.7cm	23,000	中国嘉德	2017-09-02
清光绪 珊瑚红留白梅花纹折腰杯（一对）	直径9cm	13,800	中国嘉德	2017-09-03
清光绪 珊瑚红留白竹纹盘	直径17cm	13,800	中国嘉德	2017-09-02
清宣统 珊瑚红留白竹纹碗（一对）	直径11.5cm	17,250	中国嘉德	2017-09-02
清 矾红留白梅花纹小玉壶春瓶	高11cm	34,500	中国嘉德	2017-03-31
清 蓝釉白花云龙纹印泥盒	直径8cm	20,700	北京保利	2017-04-16
19世纪 蓝地堆白花卉纹坐墩（一对）		47,568	纽约苏富比	2017-03-18
墨彩				
北宋 磁州窑白地黑彩花卉纹罐	高13.1cm	334,125	香港苏富比	2017-04-05
北宋 磁州窑白釉黑彩花纹盖盒	直径12cm	133,650	佳士得	2017-04-04

2017瓷器拍卖成交汇总

(成交价RMB：1万元以上)

拍品名称	物品尺寸	成交价RMB	拍卖公司	拍卖日期
北宋 磁州窑白釉黑彩划花牡丹纹瓶	高24.2cm	1,098,993	中国嘉德	2017-05-30
北宋 定窑白地黑彩刻卧鹿梅花图海棠式枕	长22.5cm	72,394	佳士得	2017-04-04
北宋/金 白釉黑彩折枝菊花纹盖盒	宽10.8cm	23,027	中国嘉德	2017-05-30
南宋 吉州窑釉下墨彩花鸟纹小长颈瓶	高10.8cm	58,764	中国嘉德	2017-10-02
宋 磁州窑白地黑花玉壶春瓶	高19.5cm	71,063	香港苏富比	2017-06-01
宋磁州窑白地黑花折枝牡丹纹梅瓶	高37.3cm	87,462	香港苏富比	2017-06-01
宋 黑花玉壶春瓶	高26.5cm	20,401	宝源国际	2017-05-29
金 白地赭彩黑彩花鸟纹卧女枕	长42cm	274,232	中国嘉德	2017-10-02
金 磁州窑白地黑花花卉纹枕	长21.2cm	47,568	纽约佳士得	2017-03-17
金 磁州窑白地铁绘草叶纹梅瓶	高42.5cm	942,438	佳士得	2017-05-31
金 磁州窑白釉黑彩赭花纹盖盒	直径12cm	249,000	佳士得	2017-10-02
金/元 磁州窑白釉黑彩花叶纹梅瓶	高39.5cm	156,999	中国嘉德	2017-05-30
元 白底黑彩画花梅瓶	高23.3cm	161,000	北京荣宝	2017-12-02
元 磁州窑白地黑彩云龙纹罐	高41cm	78,352	中国嘉德	2017-10-02
元 磁州窑白地黑花缠枝牡丹纹石榴尊	高19cm	51,750	中国嘉德	2017-09-02
元 磁州窑白地黑花盖盒	直径5.4cm	23,000	北京中汉	2017-03-30
元 磁州窑白地黑花花卉梅瓶	高48cm	782,000	北京保利	2017-12-19
元 磁州窑白地黑花绘杂剧人物故事图长方枕	长38.8cm	211,613	佳士得	2017-04-04
元 磁州窑白地黑花开光人物纹罐	直径135cm	475,681	纽约佳士得	2017-03-17
元 磁州窑白地黑花林和靖爱鹤图长方枕	长42.2cm；宽17.5cm；高13.7cm	287,500	北京中汉	2017-06-17
元 磁州窑白地黑绘"琴鹿相随"枕	32cm×15.8cm	207,000	北京荣宝	2017-09-24
元 磁州窑白地黑绘花鸟纹矮梅瓶	高22.2cm	920,000	北京荣宝	2017-06-02
元 磁州窑白地黑绘吕洞宾戏牡丹纹瓷枕	42.6cm×17.8cm	690,000	北京荣宝	2017-06-02
元 磁州窑白地黑绘水波卷草纹枕	32cm×22cm×13cm	126,500	北京荣宝	2017-09-24
元 磁州窑白地黑绘竹雀图诗文枕	31cm×14.5cm	218,500	北京荣宝	2017-09-24
元 磁州窑白釉墨彩花卉纹枕	长26cm	28,750	中国嘉德	2017-03-31
元 磁州窑布袋和尚	宽17cm	20,700	北京保利	2017-06-07
元 磁州窑绘人物图大罐	高30cm	172,500	北京保利	2017-12-20
元 磁州窑龙纹罐	宽31.5cm	17,250	北京保利	2017-06-07
元 磁州窑如意形鱼藻纹瓷枕	29.4cm×22cm	172,500	北京荣宝	2017-04-02
元/明 磁州窑观音坐像	高31.5cm	149,500	西泠拍卖	2017-07-15
清康熙 内墨彩鱼纹外素三彩百鸟朝凤图花卉耳杯	长11.9cm	20,700	中国嘉德	2017-03-31
清雍正 矾红墨彩描金山水人物纹壶、杯、盏托（5件）	壶长17.2cm；杯直径7.3cm；盏托直径11.4cm	36,800	中国嘉德	2017-03-31
清雍正 矾红墨彩描金圣经故事图盘（一对）	直径22.9cm	28,750	中国嘉德	2017-03-31
清雍正 矾红墨彩石榴瓜果诗文图碗（一对）	直径9.9cm×2	51,893	纽约佳士得	2017-03-17
清雍正 仿木纹釉墨彩描金水仙大吉图盘口瓶	高41.5cm	112,700	北京中汉	2017-12-19
清雍正 墨彩缠枝菊纹茶圆	直径8.9cm	7,504,020	佳士得	2017-05-31
清雍正 墨彩独钓观瀑图小杯（一对）	直径5.4cm×2	2,227,500	香港苏富比	2017-04-05
清雍正 墨彩高士图壶	长15.6cm	13,800	中国嘉德	2017-03-31
清雍正 墨彩描金芦雁图大盘（一对）	直径38.2cm	17,250	中贸圣佳	2017-09-04
清雍正 墨彩描金西洋人物纹盘（一对）	直径23cm	17,250	广东崇正	2017-03-24
清雍正 墨彩山水人物纹杯	直径7.5cm	74,750	中国嘉德	2017-09-02
清雍正 墨彩山水图碗		821,631	纽约苏富比	2017-03-15
清雍正 墨彩山水图碗		103,785	纽约苏富比	2017-03-14
清雍正 墨彩山水纹茶壶	宽15.8cm	13,800	中国嘉德	2017-12-18
清雍正 墨彩西人狩猎图纹大碗	直径36cm	40,250	中国嘉德	2017-12-18
清雍正 墨彩渔家乐图水洗	直径19cm	55,200	华艺国际	2017-11-25
清雍正 木纹釉墨彩山水粉彩高士书卷菱形笔筒	高13.8cm	1,610,000	北京荣宝	2017-06-02
清雍正 珊瑚红地开光墨彩山水高士图棒槌瓶		82,163	纽约苏富比	2017-03-14
清雍正/乾隆 墨彩山水人物纹瓷板	29.4cm×19.5cm	57,500	中国嘉德	2017-03-31
清乾隆 黄釉墨彩折沿倭角花盆	长43cm	20,700	北京宣石	2017-12-03
清乾隆 墨彩描金鱼龙变幻小锥把瓶	高20cm	34,500	北京翰海	2017-06-04
清乾隆 墨彩人物杯（一对）	直径6.5cm	57,500	上海敬华	2017-07-01
清乾隆 墨彩山水人物瓷板	高37cm	92,000	北京保利	2017-11-04
清乾隆 墨彩松竹梅纹墨床	长14.5cm	920,000	北京华辰	2017-06-05
清乾隆 墨彩御题咏花卉诗纹六方笔筒	长45cm	10,925,000	大羿拍卖	2017-12-04
清乾隆 墨彩御制诗笔筒	高9.5cm	665,250	佳士得	2017-05-31
清乾隆 墨彩云龙纹小瓷板	长15cm；宽7.7cm	11,500	中贸圣佳	2017-09-04
清乾隆 墨彩朱子家训笔筒	高11cm	25,300	北京保利	2017-11-04
清乾隆 唐英制粉青釉墨彩诗文荷叶杯	高5.5cm	483,000	北京匡时	2017-12-03
清乾隆 唐英制墨彩百寿纹笔筒	高9cm	115,000	中国嘉德	2017-12-18
清乾隆 唐英制墨彩诗文笔筒	高10.5cm	1,380,000	北京保利	2017-12-18
清乾隆 唐英制墨彩踏雪寻梅笔筒	高9cm	575,000	中国嘉德	2017-06-20
清乾隆 唐英制镶嵌墨彩山水诗文镇尺	长27.3cm	161,000	中国嘉德	2017-06-20
清乾隆 袁崑墨彩隶书米芾《净名斋记》笔筒	高11.5cm	943,000	北京东正	2017-12-09
清同治 "体和殿制"黄地墨彩水仙盆（一对）	长13cm；宽9cm；高2cm	92,000	北京宣石	2017-05-21
清同治 黑彩花鸟方瓶	高34.7cm	13,800	北京保利	2017-12-20
清同治 黄地墨彩"一路连科"折沿洗	直径42cm	161,000	北京保利	2017-06-08
清光绪 "大雅斋"蓝地墨彩花鸟纹水仙盆（一对）	长22cm×2	230,000	北京华辰	2017-12-17
清光绪 "大雅斋"制黄地墨彩菊花纹长方盆	长24cm	89,700	北京中汉	2017-12-19
清光绪 大雅斋松石绿地墨彩花卉纹捧盒	高20.5cm；直径31.5cm	80,136	中濠典藏	2017-11-29
清光绪 黄地墨彩花蝶碗	直径10.8cm	103,500	北京翰海	2017-12-16
清光绪 黄地墨彩花卉盖罐（一对）	高8cm	21,850	北京保利	2017-04-16
清光绪 黄地墨彩花卉纹双象耳大瓶	高57.4cm	212,396	伦敦佳士得	2017-05-12
清光绪 黄地墨彩花鸟纹小花盆（一对）	长9.5cm×10cm	25,300	中国嘉德	2017-12-18
清光绪 料彩加墨彩描金双龙戏珠纹捧盒	直径29cm	322,000	北京荣宝	2017-04-02
清光绪 绿底大雅斋花卉图缸	高28.5cm	402,500	北京匡时	2017-06-04
清光绪 内青花釉里红荷塘图外天蓝釉镗锣洗	直径11.7cm	13,800	中国嘉德	2017-03-31
清光绪 松石地墨彩花卉纹鼓墩	高28cm	92,000	北京荣宝	2017-06-02
清宣统 珊瑚红釉描金开光墨彩格式洗	长24cm	55,200	北京保利	2017-06-07
清晚期 大雅斋蓝地墨彩花鸟水仙盆（一对）	长22cm；宽15.8cm；高连座12.8cm×2	138,000	上海工美	2017-07-23
清晚期 墨彩山水人物瓷板	长26cm	23,000	北京荣宝	2017-09-24
清 仿木纹釉墨彩诗文笔筒	高9.2cm	129,950	太平洋	2017-09-10

拍品名称	物品尺寸	成交价RMB	拍卖公司	拍卖日期
清 墨彩矾红松竹纹鼓凳（一对）	高51.2cm；高51.2cm	63,250	西泠拍卖	2017-07-15
清 松石绿地矾红墨彩穿花龙纹罐、青花山水楼阁图盘口瓶各一件	高39.7cm；高29cm	13,800	中国嘉德	2017-09-02
清 松石绿地墨彩花鸟纹缸（一对）	直径51.5cm×2	1,725,000	北京东正	2017-06-08
清 紫金釉墨彩九如花插	高13.5cm	74,750	华艺国际	2017-03-19
民国 矾红墨彩描金人物纹灯笼瓶（一对）	高39.7cm	11,500	中国嘉德	2017-09-03
民国 粉墨彩雪景人物图碗	盒直径19.3cm	34,595	纽约佳士得	2017-03-17
民国 黄地墨彩诗文扇形壁瓶	高18cm；长17.5cm	13,800	广东崇正	2017-06-15
民国 墨彩矾红山水人物瓷板	60cm×38.5cm	59,800	北京保利	2017-06-08
民国 墨彩山水人物笔筒	高12cm	40,250	北京保利	2017-04-17
民国 墨彩山水人物纹四方杯（一对）	长5.3cm	17,250	中国嘉德	2017-03-31
民国 墨彩通景山水瓶	高21.5cm	17,250	北京保利	2017-06-08
民国 墨彩喜上眉梢瓷板	直径31.9cm	22,358	伦敦佳士得	2017-05-12
民国 青釉开光墨彩山水人物诗文狮耳方瓶	高48cm	13,800	中国嘉德	2017-03-31
民国 珊瑚红轧道开光墨彩山水双耳瓶	高16.5cm	13,800	八益拍卖	2017-09-24
民国 松石绿釉雕瓷鹿鹤同春图洗	直径12.1cm	65,596	香港苏富比	2017-06-01
清 瓷虎枕	长35cm	17,250	北京翰海	2017-01-08
汪野亭 民国 墨彩桃柳喜风山水瓷板	36.5cm×24cm	575,000	北京匡时	2017-12-03
汪野亭 墨彩山水纹瓷板	长38cm	345,000	北京华辰	2017-06 05
徐仲南 墨竹瓷板连框	高17.5cm；宽8cm	15,301	宝源国际	2017-05-29
刻剔彩				
北宋 磁州窑白地剔花开光牡丹纹八角形枕	宽28.2cm	46,688	佳士得	2017-10-04
北宋 磁州窑白地剔牡丹纹椭圆形枕	长30.2cm	36,313	佳士得	2017-10-04
北宋 磁州窑白釉剔缠枝牡丹纹梅瓶	高34.7cm	5,561,000	香港蘇富比	2017-10-03
北宋 磁州窑黑地刻白花牡丹莲纹梅瓶	高38.6cm	534,600	香港苏富比	2017-04-05
北宋 磁州窑系白釉珍珠地刻花钵式碗	直径15.6cm	612,563	佳士得	2017-04-04
北宋 登封窑刻珍珠地缠枝牡丹纹花瓣形枕	宽32cm	41,500	佳士得	2017-10-02
北宋/金 磁州窑白釉剔缠枝花卉纹洗	直径13cm	295,183	香港苏富比	2017-06-01
南宋 吉州窑黑釉剔花折枝梅纹梅瓶	高22.8cm	1,603,800	佳士得	2017-04-04
宋 登封窑鹿纹瓷枕	长22.9cm	195,500	西泠拍卖	2017-07-15
宋 定窑刻花梅瓶	高24cm	5,256,900	北京匡时	2017-04-03
宋/金 磁州窑白地褐彩剔牡丹纹罐	高29.3cm	268,290	伦敦苏富比	2017-05-10
金 磁州窑白地黑釉剔鱼纹罐	直径24cm	311,850	佳士得	2017-04-04
元 磁州窑白剔花黑梅瓶	高24cm	402,500	北京荣宝	2017-04-02
元 磁州窑黑釉剔花莲花纹梅瓶	高33cm	437,000	北京保利	2017-12-18
元 磁州窑系白地剔花梅瓶	高31cm	101,200	广东崇正	2017-06-15
元 吉州窑白釉剔月影梅花瓶	高14cm	172,500	北京保利	2017-06-06
明 磁州窑褐釉剔花君子爱财罐		38,919	纽约苏富比	2017-03-18
清康熙 青花地绿彩赶珠云龙纹碗		73,514	纽约苏富比	2017-03-14
白地（黑搔落）剔绘仙人图如意式枕	长34.3cm	1,207,500	中贸圣佳	2017-06-18
其他彩瓷及现当代瓷器				
金逸瑞 马蹄尊	8.4cm×7.5cm	17,250	中国嘉德	2017-12-21
清康熙 彩绘莲塘纹花口杯连托	直径12.5cm	13,031	伦敦佳士得	2017-11-07

拍品名称	物品尺寸	成交价RMB	拍卖公司	拍卖日期
清康熙 彩绘人物故事图碗	直径19.5cm	30,405	伦敦佳士得	2017-11-07
清康熙 仿漆嵌螺钿人物纹瓶	高32.3cm	34,500	北京匡时	2017-12-03
清康熙 镂雕彩绘开光花卉纹六方笔筒	高13cm	32,576	伦敦佳士得	2017-11-07
清康熙 内模印龙纹外嵌螺钿山水人物纹小碗（一对）	直径9.5cm×2	161,000	北京匡时	2017-06-04
清乾隆 粉青加彩荷叶笔舔	长10.4cm	17,250	北京保利	2017-12-20
清乾隆 玛瑙雕年年有余洗子	长6.7cm	172,500	中国嘉德	2017-12-18
清乾隆 松石绿绞釉琵琶尊	高18.4cm	11,500	华艺国际	2017-08-27
清道光 珊瑚红地梅竹纹瓶	高32cm	747,500	北京华辰	2017-12-17
清中期 翡翠釉龙纹如意	长45.5cm	109,250	华艺国际	2017-08-27
清光绪 松石绿地宝相花纹碗（一对）	直径9cm	55,200	华艺国际	2017-08-27
清 灵芝花插、鹌鹑摆件（共两件）	高24.5cm；高30cm	28,750	北京保利	2017-12-20
清 胭脂地龙纹杯（一套）	尺寸不一	25,300	北京保利	2017-11-05
清 烟碟（一组八件）	尺寸不一	23,000	北京保利	2017-11-04
19世纪 后加彩松石绿料松鹤延年图摇铃尊		12,973	纽约苏富比	2017-03-18
20世纪中期 法国利摩日茶具	尺寸不一	17,250	北京匡时	2017-12-04
民国 “寒江独钓”瓷瓶	高14cm	20,700	北京宣石	2017-12-03
民国 黄地轧道开光花鸟纹瓶	高19.5cm	11,500	华艺国际	2017-03-19
民国 料彩花鸟图瓷板	32cm×19.5cm	55,894	伦敦佳士得	2017-05-12
民国 刘雨岑花鸟画瓷板	长48cm；宽31cm	36,800	北京银座	2017-06-07
民国 秋岩绘仕女笔筒	高11.5cm	11,500	上海敬华	2017-07-01
民国 汪大沧绘雪景山水人物瓷板	长37.6cm	126,500	中贸圣佳	2017-06-18
民国 王琦画瓷板	38cm×25.5cm	115,000	朵云轩	2017-06-25
民国 王一亭画盖杯（一对）	高8cm	23,000	上海嘉禾	2017-07-01
民国 雪景寒江独钓图小胆瓶	高11cm	20,700	北京保利	2017-06-08
民国 胭脂地山水开光碗（一对）	直径13.5cm	11,500	北京荣宝	2017-04-02
民国 锦地开光花卉方壶	长17.5cm	32,200	北京翰海	2017-01-08
1934年梅森“龙凤呈祥”咖啡具	直径6.4cm	82,800	北京宣石	2017-05-21
1980年 德国麦森窑茶具	尺寸不一	69,000	北京匡时	2017-12-04
1997年、1999年制 百达翡丽 限量利摩日瓷盘（一组两件）	均为15.5cm×19.5cm	11,500	保利厦门	2017-06-26
2003、2004及2009年制 百达翡丽限量利摩日瓷盘（1组3件）	均为15.5cm×19.5cm	11,500	保利厦门	2017-06-26
2005、2006年制 百达翡丽 限量利摩日瓷盘（一组两件）	均为15.5cm×19.5cm	11,500	保利厦门	2017-06-26
2007、2010年制 百达翡丽 限量利摩日瓷盘（一组两件）	均为15.5cm×19.5cm	14,950	保利厦门	2017-06-26
爱马仕 2015 CHEVAL D’ORIENT系列瓷器茶具四人装（共十二件）		47,312	保利香港	2017-04-04
爱马仕 2016 CARNETS D’EQUATEUR系列瓷器餐具六人装		53,867	保利香港	2017-10-03
巴勃罗·毕加索 唐·吉诃德	23.6cm×18.4cm	92,000	北京荣宝	2017-12-02
巴勃罗·毕加索 小鸟瓷盘	直径15.8cm	46,000	北京荣宝	2017-12-02
白露·茶席	直径11.5cm；直径17.5cm；高14.6cm；直径11.8cm；L900ml	1,242,000	北京保利	2017-12-19
边见 黑胎哥窑如意香熏	19.7cm×31cm	20,700	中国嘉德	2017-12-21
陈爱明《璞素》茶器组合（一套）		51,750	中国嘉德	2017-12-21
陈慧芳 记忆中的花	16.8cm×23cm；16.8cm×32.8cm	23,000	中国嘉德	2017-12-21
陈平 丙申（2016年）作 梅花笔筒	直径20cm	69,000	中国嘉德	2017-04-01
陈平 丙申（2016年）作 小口梅瓶（一对）	高42cm×2	184,000	中国嘉德	2017-04-01
陈平 己丑（2009年）作 梅花临帖架	47cm×37cm×6cm	115,000	中国嘉德	2017-04-01

2017瓷器拍卖成交汇总

(成交价RMB：1万元以上)

拍品名称	物品尺寸	成交价RMB	拍卖公司	拍卖日期
陈平 己丑（2009年）作 梅花樽	高49cm	172,500	中国嘉德	2017-04-01
陈平 壬辰（2012年）、辛卯（2011年）作 小口梅瓶（一对）	直径15cm；高29cm×2	115,000	中国嘉德	2017-04-01
陈善林 粉青鼓形双系盖罐	19.8cm×34.6cm	149,500	中国嘉德	2017-12-21
程意亭 刘雨岑 毕伯涛 何许人 王大凡 邓碧珊 汪野亭 王琦 珠山八友釉上彩瓷板（1组8件）	尺寸不一	1,840,000	北京匡时	2017-06-04
程永安 深山云烟有人家 釉上彩瓷瓶	高44cm	11,500	中国嘉德	2017-12-21
处暑·茶席	高13.5cm；直径6cm；高11.5cm	230,000	北京保利	2017-12-19
春分·茶席	高72cm；高8cm；直径6.5cm；直径19cm；高11.5cm	1,184,500	北京保利	2017-12-19
瓷山子香熏	长22.5cm	34,500	中国嘉德	2017-04-01
村上隆 2004年作 Kaikai Kiki签名杯	高8cm；直径7cm	12,650	上海明轩	2017-06-30
大寒·茶席	高11.8cm；直径7.7cm；直径11.5cm	483,000	北京保利	2017-12-19
大暑·茶席	直径9.2cm；L1200ml	243,800	北京保利	2017-12-19
大雪·茶席	直径8.5cm；高16cm；L1000ml；L1200ml	1,127,000	北京保利	2017-12-19
大泽人 文字欲 陶艺	高36cm	92,000	中国嘉德	2017-12-21
大泽人 远古的足音 釉下彩箭筒	高91cm	322,000	中国嘉德	2017-12-21
戴清泉 丹培拉千年的呼唤瓷板	115cm×80cm	66,700	福建东南	2017-10-29
戴荣华 近现代（2005年）古彩白蛇传人物瓶	高33cm	1,265,000	北京匡时	2017-12-03
当代 “灿若星辰” 建盏	直径11.3cm	172,500	北京匡时	2017-06-03
当代 “血色浪漫” 建盏	直径11.7cm	172,500	北京匡时	2017-06-03
当代 高浮雕彩色银盘	直径15cm	299,000	北京翰海	2017-09-10
当代 建盏	直径11.3cm	172,500	北京匡时	2017-06-03
当代 钧瓷茶具（5件）		13,800	北京翰海	2017-04-30
德国 KPM 彩绘陶瓷装饰盘 柏林皇家窑厂制 约1870/1910年制（一组十五件）	直径约为24cm	80,500	北京保利	2017-06-07
德国 KPM 钴蓝釉彩绘陶瓷装饰罐 柏林皇家窑厂制 约1840/1850年制（一对）	高度约为35cm	69,000	北京保利	2017-06-07
德国 MEISSEN 彩绘浮雕陶瓷装饰花瓶 梅森窑厂制 约1850/1900年制	高度约为29cm	69,000	北京保利	2017-06-07
德国 MEISSEN 彩绘陶瓷鹦鹉雕塑 梅森窑厂制 约1890/1900年制（一对）	高度约为43.2cm；40.6cm	74,750	北京保利	2017-06-07
德国麦森窑茶具	尺寸不一	23,000	北京匡时	2017-12-04
等于堂 柴烧黄金高腰瓷碗	直径15.5cm	17,250	中国嘉德	2017-12-21
丁传国 高温颜色釉家园春色瓷板	58cm×58cm	23,000	福建东南	2017-10-29
丁虹 窃窃私语 釉上彩瓷瓶	高24cm	11,500	中国嘉德	2017-12-21
丁虹 雨后晴荷 釉上彩瓷瓶	高37cm	11,500	中国嘉德	2017-12-21
冬至·茶席	L16cm；高28cm；直径10.4cm；直径11.8cm；直径8.5cm	586,500	北京保利	2017-12-19
法国 SEVRES 彩绘壁挂式花瓶 赛弗勒窑厂制 约1890/1900年制（一对）	约为24cm×17cm	20,700	北京保利	2017-06-07
法国 SEVRES 粉地描金嵌铜鎏金彩绘陶瓷装饰罐 赛弗勒窑厂制 约1850/1870年制	高度约为62cm	87,400	北京保利	2017-06-07
高丽青瓷刻鱼藻折枝花卉纹盏托	直径14.7cm	46,000	中贸圣佳	2017-09-04
高振宇 2016年作 柴窑花器	8cm×33cm	102,000	佳士得(上海)	2017-09-24
龚炳明 壶说新语（一套）	14.2cm×6.5cm；16.6cm×2cm；6cm×5.9cm	17,250	中国嘉德	2017-12-21
龚循明 村姑刺绣图 釉上彩瓷瓶	高44cm	48,300	中国嘉德	2017-12-21
谷雨·茶席	高17cm；直径7cm；直径7cm；高17cm；L180ml	253,000	北京保利	2017-12-19
关良 刘海粟 戏剧图 虬梅（瓷盘一对）	人物直径23.5cm；梅花直径25cm	126,500	中国嘉德	2017-06-19
寒露·茶席	直径6cm；直径19.5cm；高10cm；高10.5cm；L180ml	264,500	北京保利	2017-12-19
何志隆 翡翠青瓷-达摩尊	高34.5cm	1,670,880	中濠典藏	2017-05-22
何志隆 翡翠青瓷-梅瓶	高39.5cm	2,506,320	中濠典藏	2017-05-22
何志隆 翡翠青瓷-美人腿	高41.5cm	2,506,320	中濠典藏	2017-05-22
赫尔佐格 德梅隆 艾未未 2012年作 凳子	50cm×45.5cm	39,069	香港苏富比	2017-01-19
黄焕义 祥和 青花釉里红瓷瓶	高66cm	1,380,000	中国嘉德	2017-06-20
黄丽君 童年趣事 釉上彩瓷板	53cm×53cm	25,300	中国嘉德	2017-06-20
黄有彬 秋水无纤尘 釉下彩瓷瓶	高40cm	17,250	中国嘉德	2017-06-20
黄幼根 阿根柴烧 柴烧对杯	高7cm×2	13,800	中国嘉德	2017-06-20
蒋晟 2015/2016年作 白瓷释迦摩尼禅定像	24cm×32cm	23,000	保利厦门	2017-06-26
近代 雷火莲绘刘海戏金蟾图瓶（一对）	高28cm	46,000	西泠拍卖	2017-07-15
近代 涂菊青绘 “迎亲人” 大盘	直径47.5cm	552,000	西泠拍卖	2017-07-15
惊蛰·茶席	高13.5cm；直径8.5cm；直径7.7cm；L240ml	170,200	北京保利	2017-12-19
凯斯·哈林 1989年作 无题	38.1cm×38.1cm	155,925	佳士得	2017-03-23
凯斯·哈林 1989年作 无题	28.6cm×24.1cm	133,650	佳士得	2017-03-23
况坚 家在青山绿水中 釉上彩瓷板	80cm×80cm	74,750	中国嘉德	2017-06-20
赖德全春到江南菜花香釉上彩瓷板	40cm×40cm	13,800	中国嘉德	2017-06-20
乐龙耀 秋水伊人 高温颜色釉瓷板	直径53cm	57,500	中国嘉德	2017-12-21
乐茂顺 报春图 颜色釉镶器	高58cm	17,250	中国嘉德	2017-06-20
李峻当代（1992年）釉上彩花鸟瓶	高30.5cm	126,500	北京匡时	2017-12-03
李峻 当代（2011年）釉上彩米公拜石图瓷板	66.5cm×43.5cm	437,000	北京匡时	2017-12-03
李林洪 釉上彩山梦瓷板	100cm×150cm	862,500	福建东南	2017-10-29
李沃源 雪山之旅 釉下彩瓷板	30cm×30cm	92,000	中国嘉德	2017-12-21
李砚祖 陶瓷 “大吉图” 瓶	高58cm	230,000	北京保利	2017-12-20
李砚祖 陶瓷 “富贵天仙” 瓶	高49.5cm	437,000	北京保利	2017-12-20
李砚祖 钟进士招福高温颜色釉瓷瓶	高48cm	575,000	中国嘉德	2017-12-21
李震 荷叶盖罐	11.1cm×9cm	13,800	中国嘉德	2017-12-21
李震 象罐	12.1cm×9cm	13,800	中国嘉德	2017-12-21
李震 烟雨江南 之 万象更新	34.5cm×5cm	32,200	中国嘉德	2017-12-21
立春·茶席	直径10.4cm；直径6.8cm；直径16.5cm；直径9.3cm；重827g；重80g；重108g	600,300	北京保利	2017-12-19

拍品名称	物品尺寸	成交价RMB	拍卖公司	拍卖日期
立冬·茶席	高23cm；直径6cm	1,357,000	北京保利	2017-12-19
立秋·茶席	高28cm；高6cm；高10.5cm；L900ml	402,500	北京保利	2017-12-19
立夏·茶席	高11.5cm；直径6.8cm；直径10.3cm	195,500	北京保利	2017-12-19
刘国松 1999年作 四季系列瓷盘-春芽、夏林、秋阳、冬雪	直径23cm ×4	37,333	中诚国际	2017-12-17
刘洪杰 当代 釉下彩藏寿瓶	高26cm	69,000	北京翰海	2017-04-30
刘平 徐亚凤 奥运名瓷 釉上彩瓷盘	直径46cm	138,000	中国嘉德	2017-06-20
卢伟孙 舟	57cm×21cm×17cm	89,700	中国嘉德	2017-12-21
陆金喜 曜变钵	直径10.6cm	218,500	中国嘉德	2017-12-21
陆金喜 曜变束口盏	直径9.1cm	92,000	中国嘉德	2017-12-21
陆履峻 牡丹	80cm×80cm	230,000	华艺国际	2017-05-27
芒种·茶席	直径7.7cm；高13.8cm；直径18cm；L800ml	299,000	北京保利	2017-12-19
毛丹阳 暗香	13.8cm×7.8cm	74,750	中国嘉德	2017-12-21
毛丹阳 吉象	19cm×10cm	103,500	中国嘉德	2017-12-21
毛丹阳 江渚渔影	19.6cm×30.2cm	92,000	中国嘉德	2017-12-21
毛伟杰 鱼子纹福气	24cm×25.5cm	138,000	中国嘉德	2017-12-21
毛正聪 向阳	25.2cm×4.2cm	230,000	中国嘉德	2017-12-21
宁钢 秋憩 综合装饰瓷盘	直径41cm	59,800	中国嘉德	2017-12-21
宁钢 秋韵 综合装饰瓷瓶	高45cm	25,300	中国嘉德	2017-06-20
宁勤征 东风吹着便成春 高温颜色釉瓷瓶	高45cm	25,300	中国嘉德	2017-06-20
潘建波 三阳开泰	23.5cm×30cm	51,750	中国嘉德	2017-12-21
潘匋宇 民国 釉上彩梅鹤图长条瓷板	74cm×18cm	517,500	北京匡时	2017-12-03
潘陶宇 民国 彩绘喜鹊花卉图瓷板	长37cm；宽24.5cm	483,000	观唐皕榷	2017-01-12
彭书民 瓷瓶	高50cm	75,900	御宝嘉和	2017-06-18
彭赞宾 仿古新变现代陶艺	四件套，尺寸不一	34,500	福建东南	2017-10-29
清明·茶席	高15.5cm；直径6.3cm；1000ml	138,000	北京保利	2017-12-19
秋分·茶席	高24.5cm；直径18.3cm；直径11.8cm；L800ml	469,200	北京保利	2017-12-19
盛炳华 守望 釉上彩瓷板	110cm×55cm	126,500	中国嘉德	2017-06-20
施于人 五彩石榴 综合装饰瓷瓶	高23cm	57,500	中国嘉德	2017-06-20
霜降·茶席	高13.5cm；高9.5cm；L15.5cm	207,000	北京保利	2017-12-19
孙德娜 咏雾中牡丹 综合装饰瓷瓶	高33cm	13,800	中国嘉德	2017-12-21
田峰 嬉戏 釉上彩瓷瓶	高60cm	13,800	中国嘉德	2017-06-20
涂志浩 当代 花釉花瓶	高32cm	13,800	北京匡时	2017-12-03
王传斌 牡丹盖罐	29cm×31cm	57,500	中国嘉德	2017-12-21
王隆夫 近现代（1990年）釉上彩翠柏寿带瓶	高28.5cm	74,750	北京匡时	2017-12-03
王隆夫 近现代（2005年）釉上彩寿桃图瓶	高28.5cm	55,200	北京匡时	2017-12-03
王琦 民国 书法瓷板	宽43cm	156,999	中国嘉德	2017-05-30
王琦 作 民国 人物瓷板（一块）	38cm×25cm	36,800	中国嘉德	2017-12-18
王武 青璧-回纹璧	47cm×57cm×8cm	43,700	中国嘉德	2017-12-21
王武 青璧-十全十美	37cm×47cm×8cm	34,500	中国嘉德	2017-12-21
魏楚斌 引凤图 釉下五彩瓷板	直径33cm	32,200	中国嘉德	2017-06-20
魏庸生 民国 釉上彩和合二仙瓷板	37.5cm×23.5cm	80,500	北京匡时	2017-12-03
魏庸生 釉上彩人物盘（一组两件）	直径32.5cm×2	48,300	北京匡时	2017-06-04
文革时期 釉上彩描金知青支农支边图瓶	高61cm	345,000	北京匡时	2017-12-03

拍品名称	物品尺寸	成交价RMB	拍卖公司	拍卖日期
吴锦华 扬眉报喜讯 釉上彩瓷壶	高11cm	138,000	中国嘉德	2017-06-20
吴凌之 池畔枝新绿 釉上彩瓷板	40cm×40cm	36,800	中国嘉德	2017-06-20
夏侯辉 荷塘月色	36cm×10.5cm	48,300	中国嘉德	2017-12-21
夏至·茶席	高11.5cm；直径10cm；L1000ml	517,500	北京保利	2017-12-19
现代 汪家芳绘青绿山水长方形瓷花瓶	105cm×32cm	172,500	上海工美	2017-07-23
小寒·茶席	高20.8cm；直径11.8cm；直径9.6cm；L1200ml	517,500	北京保利	2017-12-19
小满·茶席	高13.8cm；直径6cm；L1200ml	345,000	北京保利	2017-12-19
小暑·茶席	直径4.2m；高10cm；L900ml；重62g	241,500	北京保利	2017-12-19
小雪·茶席	直径11.8cm；直径10.3cm；L1200ml	322,000	北京保利	2017-12-19
熊亚辉 无题 高温颜色釉瓷板	163cm×62cm	287,500	中国嘉德	2017-06-20
徐才提 四臂观音（唐彩）	高41cm	80,500	中国嘉德	2017-12-21
徐定昌 吉祥如意	15cm×41cm	207,000	中国嘉德	2017-12-21
徐建新 吉祥百财	18cm×33cm	17,250	中国嘉德	2017-12-21
徐诗薇 影江南（一套）	13cm×15.5cm；17cm×19cm；18cm×22cm	32,200	中国嘉德	2017-12-21
徐威翰 海纳百川 釉上彩瓷板	78cm×43cm	28,750	中国嘉德	2017-06-20
杨盛侃 螭龙双环瓶	19cm×35cm	11,500	中国嘉德	2017-12-21
杨盛侃 舐犊情深	17cm×41cm	17,250	中国嘉德	2017-12-21
杨盛侃 兽耳瓶	20cm×42.5cm	13,800	中国嘉德	2017-12-21
杨志 祥瑞尊	高33.5cm	115,000	中国嘉德	2017-12-21
易查理 珐琅彩锦春图 珐琅彩瓷瓶	56cm	112,700	中国嘉德	2017-06-20
易查理 南无观自在菩萨 釉下五彩瓷板	113cm×68cm	322,000	中国嘉德	2017-06-20
易武 泥泞 釉下彩瓷瓶	高33.5cm	57,500	中国嘉德	2017-12-21
余怀 竹报平安节节高 青花釉里红瓷瓶	高64cm	126,500	中国嘉德	2017-06-20
余剑峰 釉下彩印象瓷板	80cm×53cm	23,000	福建东南	2017-10-29
余剑峰 釉下彩游瓷瓶	高31.5cm	11,500	福建东南	2017-10-29
余水贵 春江水暖 高温颜色釉瓷板	80cm×38cm	23,000	中国嘉德	2017-12-21
余水贵 水乡春色 高温颜色釉瓷瓶	高45cm	23,000	中国嘉德	2017-12-21
俞军 森曲 颜色釉瓷瓶	高40cm	17,250	中国嘉德	2017-06-20
虞锋波 釉上彩迎春到瓷板	80cm×42cm	17,250	福建东南	2017-10-29
虞锋波 釉上彩早春瓷板	60cm×60cm	23,000	福建东南	2017-10-29
雨水·茶席	高9.3cm；高5.2cm；直径16.8cm；直径10.5cm	115,000	北京保利	2017-12-19
詹伟 釉上彩山景瓷板	25cm×55cm	34,500	福建东南	2017-10-29
张国强 文人空间 柴烧壶	高7cm	32,200	中国嘉德	2017-06-20
张浩 叙秋（一套）		13,800	中国嘉德	2017-12-21
张景寿 近现代 釉上彩花鸟瓷板	32cm×23cm	20,700	北京匡时	2017-12-03
张晞 连年有余	13.7cm×6cm	13,800	中国嘉德	2017-12-21
张英英 岁寒三友（一套）		23,000	中国嘉德	2017-12-21
赵惠民 近现代 釉上彩宝钗扑蝶图盘	直径21.5cm	43,700	北京匡时	2017-12-03
赵无极 2007年作 石碑 第五号	26cm×57cm×2cm	159,563	佳士得	2017-11-26
郑灿煌 纨扇轻凉意自闲 高温颜色釉瓷板	110cm×28cm	36,800	中国嘉德	2017-06-20
郑善禧 茶花图凤尾尊	高30cm	17,250	北京匡时	2017-03-29
郑善禧 戏曲人物小口金钟瓶	高38cm	13,800	北京匡时	2017-03-29
郑善禧 婴戏图小口瓶	高21cm	13,800	北京匡时	2017-03-29
钟振华 春江水暖 综合装饰瓷瓶	高30cm	230,000	中国嘉德	2017-12-21
周国桢 粗陶任重道远陶艺雕塑	高45cm	172,500	福建东南	2017-10-29
周华 周鑫 父爱《掌上明珠》《豆蔻年华》《和合美满》	9.1cm×6.8cm；9.1cm×10.6cm；8.6cm×13.5cm	66,700	中国嘉德	2017-12-21

拍品名称	物品尺寸	成交价RMB	拍卖公司	拍卖日期
周华 周鑫 墨渊	24.6cm×39.8cm	138,000	中国嘉德	2017-12-21
周华 周鑫 石头记	18.5cm×3.5cm	17,250	中国嘉德	2017-12-21
周湘甫 墨彩描金人物瓶	高40cm	172,500	北京匡时	2017-06-04
周小娟 古彩瓷瓶	高39.8cm	13,800	中国嘉德	2017-12-21
周晓冰 涅盘之光 瓷板画	39.5cm×43.5cm	1,357,590	中濠典藏	2017-05-22
周晓冰 秋韵 瓷板画	79.5cm×43cm	187,974	中濠典藏	2017-05-22
周晓冰 田园之春 瓷板画	79.5cm×39.5cm	469,935	中濠典藏	2017-05-22
周晓冰 远去的黄昏曲 瓷板画	39.5cm×43.5cm	605,694	中濠典藏	2017-05-22
朱彬 高温颜色釉综合装饰吉祥菩萨·莲瓷板	102cm×63cm	32,200	福建东南	2017-10-29
朱德群 2006年作 F34	13cm×93.5cm×3cm	95,738	佳士得	2017-11-26
朱斐翡 釉下彩舞之韵瓷瓶	高56cm	23,000	福建东南	2017-10-29
朱辉球 荷塘情 综合装饰镶器	70cm×40cm×14cm	23,000	中国嘉德	2017-06-20
朱辉球 无题 综合装饰镶器	高45cm	25,300	中国嘉德	2017-06-20
朱乐耕 亚光纹片釉镶金禅艺陶艺雕塑	高58cm	195,500	福建东南	2017-10-29
朱正荣 金秋相约 釉上彩瓷瓶	高37cm	11,500	中国嘉德	2017-06-20
清 瓷塑仿竹节形笔筒	高9.5cm	36,800	北京华辰	2017-06-05
色釉瓷				
红釉				
元 朱漆盏托	直径15.5cm	138,000	中贸圣佳	2017-06-18
明宣德 祭红釉高足杯	口径14.8cm	1,357,874	荣盛国际	2017-06-29
明宣德 祭红釉龙柄花浇	高14cm	1,131,562	荣盛国际	2017-06-29
明嘉靖 珊瑚红釉碗	直径11.3cm	230,000	北京保利	2017-12-19
清早期 宝石红釉炉	直径10.5cm	66,700	中贸圣佳	2017-09-04
清早期 红釉斗笠碗	直径20.5cm	11,500	华艺国际	2017-08-27
清早期 红釉撇口瓶	高27cm	34,500	北京保利	2017-04-17
清早期 郎釉高足碗	直径10.5cm	11,500	华艺国际	2017-08-27
清早期 郎窑红釉橄榄瓶	高36.2cm	28,750	中国嘉德	2017-03-31
清康熙 仿宣宝石红釉斗笠碗	直径12.3cm	82,800	北京中汉	2017-05-21
清康熙 仿宣德牛血红釉笔筒	直径11.2cm	105,800	中国嘉德	2017-09-02
清康熙 仿永乐红釉印龙纹高足碗	直径13.8cm	80,500	北京保利	2017-06-07
清康熙 红釉荸荠瓶	高27cm	20,700	八益拍卖	2017-04-22
清康熙 红釉穿带瓶	高23cm	92,000	北京保利	2017-11-04
清康熙 红釉大碗	直径22.7cm	322,000	北京保利	2017-06-08
清康熙 红釉高足碗	直径15.5cm	80,500	北京保利	2017-11-04
清康熙 红釉梅瓶	高24.5cm	109,250	上海匡时	2017-11-05
清康熙 红釉盘	直径20cm	23,000	中国嘉德	2017-09-02
清康熙 红釉盘	直径16cm	253,000	北京保利	2017-12-18
清康熙 红釉琵琶尊	高25.5cm	80,500	中国嘉德	2017-06-19
清康熙 红釉瓶	高23.5cm	172,500	北京翰海	2017-12-16
清康熙 红釉碗	直径15.4cm	149,500	中国嘉德	2017-09-02
清康熙 红釉玉壶春瓶	高32cm	57,500	保利厦门	2017-06-26
清康熙 红釉尊	高19.6cm	425,500	中国嘉德	2017-09-02
清康熙 祭红苹果绿柳叶瓶	高15cm	109,447	中濠典藏	2017-05-23
清康熙 祭红釉四方瓶	高31.5cm	51,750	中国嘉德	2017-06-19
清康熙 霁红釉斗笠盏	直径12.3cm	32,200	北京中汉	2017-03-30
清康熙 霁红釉盘	直径20cm	74,750	中贸圣佳	2017-09-04
清康熙 霁红釉盘	直径14cm	138,000	北京诚轩	2017-06-20
清康熙 霁红釉香炉	直径12.5cm	230,000	北京东正	2017-03-31
清康熙 豇豆红刻团龙纹太白尊	直径12.4cm	363,248	纽约佳士得	2017-03-17
清康熙 豇豆红太白尊	高8.8cm	1,808,374	保利香港	2017-04-04
清康熙 豇豆红太白尊	高12.5cm	517,500	华艺国际	2017-08-27
清康熙 豇豆红太白尊	高9cm	345,000	华艺国际	2017-05-27
清康熙 豇豆红太白尊	直径12.7cm	57,500	北京荣宝	2017-06-02
清康熙 豇豆红锸锣洗	直径12cm	598,000	观唐皕榷	2017-01-12
清康熙 豇豆红堂锣洗	直径12cm	28,750	北京荣宝	2017-06-02
清康熙 豇豆红镗锣洗	直径12cm	788,535	保利香港	2017-04-04

拍品名称	物品尺寸	成交价RMB	拍卖公司	拍卖日期
清康熙 豇豆红釉暗团龙纹太白尊	直径12.7cm	3,082,860	香港苏富比	2017-04-05
清康熙 豇豆红釉钵式炉	直径10cm	287,500	北京宣石	2017-12-03
清康熙 豇豆红釉菊瓣瓶	高21cm	80,500	中贸圣佳	2017-09-04
清康熙 豇豆红釉刻团螭纹太白尊	12.5cm	363,125	香港蘇富比	2017-10-03
清康熙 豇豆红釉柳叶尊	高16cm	3,778,620	佳士得	2017-05-31
清康熙 豇豆红釉琵琶尊	高17cm	40,250	北京华辰	2017-12-17
清康熙 豇豆红釉太白尊	直径12.8cm	587,640	香港中汉	2017-10-03
清康熙 豇豆红釉太白尊	直径12.7cm	57,500	中国嘉德	2017-09-03
清康熙 豇豆红釉太白尊	直径12.5cm	713,000	西泠拍卖	2017-07-15
清康熙 豇豆红釉太白尊	直径12.8cm	690,000	北京中汉	2017-05-21
清康熙 豇豆红釉汤罗洗	直径11.8cm	218,500	北京中汉	2017-12-19
清康熙 豇豆红釉汤锣洗	直径12.3cm	178,250	北京中汉	2017-12-19
清康熙 豇豆红釉锡锣洗	直径11.8cm	207,000	北京中汉	2017-05-21
清康熙 豇豆红釉锡锣洗	直径11.8cm	184,000	北京中汉	2017-09-01
清康熙 豇豆红釉镗锣洗	直径8.5cm	1,762,920	保利香港	2017-10-02
清康熙 豇豆红釉镗锣洗	直径11.5cm	2,472,500	保利厦门	2017-06-25
清康熙 豇豆红釉镗锣洗	直径11.5cm	345,000	广东崇正	2017-12-13
清康熙 豇豆红釉镗锣洗	直径11.5cm	920,000	中贸圣佳	2017-06-18
清康熙 豇豆红釉镗锣洗	直径11.5cm	63,250	中贸圣佳	2017-09-04
清康熙 豇豆红釉镗锣洗	宽11.5cm	1,725,000	北京保利	2017-06-06
清康熙 豇豆红釉团龙纹太白尊	直径12.5cm	1,809,480	佳士得	2017-05-31
清康熙 豇豆红釉印盒	直径7.2cm	1,808,375	佳士得	2017-11-29
清康熙 豇豆红釉印泥盒		363,248	纽约苏富比	2017-03-15
清康熙 郎红釉橄榄瓶	高18cm	690,000	北京保利	2017-12-18
清康熙 郎窑红观音瓶	高44cm	575,000	北京保利	2017-12-19
清康熙 郎窑红釉高足杯	高9.5cm	368,000	中贸圣佳	2017-06-18
清康熙 郎窑红釉观音尊	高37cm	149,500	中国嘉德	2017-12-21
清康熙 郎窑红釉观音尊		56,217	纽约苏富比	2017-03-14
清康熙 郎窑红釉观音尊	高41cm	345,000	北京东正	2017-06-08
清康熙 郎窑红釉观音尊	高41cm	345,000	保利厦门	2017-06-26
清康熙 郎窑红釉花觚	高8.8cm	253,000	上海明轩	2017-06-30
清康熙 郎窑红釉卷缸	高18.4cm	1,058,000	上海明轩	2017-06-30
清康熙 郎窑红釉刻乾隆御题诗梅瓶	高25.7cm	1,670,625	香港苏富比	2017-04-05
清康熙 郎窑红釉萝卜瓶	高21cm	322,000	北京宣石	2017-12-03
清康熙 郎窑红釉瓶	高26.4cm	245,933	伦敦佳士得	2017-05-12
清康熙 郎窑红釉水丞	高14.4cm	17,250	中国嘉德	2017-09-02
清康熙 郎窑红釉碗	直径20.4cm	20,700	中国嘉德	2017-09-02
清康熙 郎窑红釉小花觚	高18cm	97,750	西泠拍卖	2017-07-15
清康熙 郎窑红釉小渣斗	高6cm	253,000	西泠拍卖	2017-07-15
清康熙 郎窑红釉折沿碗	直径18.2cm	11,500	中国嘉德	2017-09-02
清康熙 郎窑红釉折腰碗	直径21.8cm	80,500	北京中汉	2017-03-30
清康熙 郎窑红釉折腰碗	直径19.4cm	13,800	北京中汉	2017-03-30
清康熙 郎窑红釉胆瓶	高17cm	26,450	中贸圣佳	2017-09-04
清康熙 珊瑚红釉柳叶瓶	高22cm	115,000	西泠拍卖	2017-07-15
清康熙 外珊瑚红内青花一鹭莲科碗（一对）	直径11.3cm；高6.0cm	448,500	观唐皕榷	2017-01-11
清雍正 官窑祭红碟	宽21cm	48,962	宝源国际	2017-05-29
清雍正 红釉“大清雍正年制”杯（一对）	直径7.5cm	207,000	北京巨力	2017-06-03
清雍正 红釉杯	直径7.5cm	80,500	中国嘉德	2017-03-31
清雍正 红釉杯（一对）	直径7.5cm×2	264,500	大羿拍卖	2017-12-04
清雍正 红釉茶圆	直径11.5cm	92,000	北京保利	2017-04-17
清雍正 红釉大盘	直径20.9cm	55,200	中国嘉德	2017-03-31
清雍正 红釉高足碗	直径18.5cm	138,000	中国嘉德	2017-09-02
清雍正 红釉高足碗		363,248	纽约苏富比	2017-03-15
清雍正 红釉高足碗	直径18.5cm	23,000	北京宣石	2017-12-03
清雍正 红釉高足碗	直径18.3cm	69,000	北京保利	2017-12-20

拍品名称	物品尺寸	成交价RMB	拍卖公司	拍卖日期
清雍正 红釉鸡心水呈	高3.2cm	805,000	华艺国际	2017-05-27
清雍正 红釉盘	直径16.3cm	48,300	中国嘉德	2017-03-31
清雍正 红釉盘	直径16.3cm	48,300	中国嘉德	2017-03-31
清雍正 红釉盘	直径16.4cm	46,000	中国嘉德	2017-03-31
清雍正 红釉盘	直径20.6cm	94,669	佳士得	2017-04-04
清雍正 红釉瓶	高15cm	57,500	北京华辰	2017-06-05
清雍正 红釉太白罐	高17cm	11,500	北京保利	2017-12-20
清雍正 红釉碗	直径15.3cm	126,500	中国嘉德	2017-09-02
清雍正 红釉卧足杯	直径6cm	25,300	中国嘉德	2017-03-31
清雍正 红釉小杯	直径7.3cm	402,500	华艺国际	2017-11-25
清雍正 红釉小杯	直径7.3cm	253,000	中贸圣佳	2017-06-18
清雍正 祭红墩式碗	直径14.8cm	155,250	北京荣宝	2017-12-02
清雍正 祭红釉盘（一对）	直径16.3cm	172,500	中国嘉德	2017-12-18
清雍正 霁红釉杯	直径7cm	460,000	北京保利	2017-06-06
清雍正 霁红釉大碗	口径21cm	86,250	北京华辰	2017-12-17
清雍正 霁红釉胆瓶	高21cm	3,565,000	北京保利	2017-06-06
清雍正 霁红釉橄榄瓶	高21.2cm	1,371,160	保利香港	2017-10-02
清雍正 霁红釉缸式小杯	直径8.5cm	78,200	北京中汉	2017-05-21
清雍正 霁红釉高足碗	18.2cm×11.8cm	126,500	北京诚轩	2017-06-20
清雍正 霁红釉盘	直径16.3cm	89,700	北京中汉	2017-12-19
清雍正 霁红釉盘	直径16.4cm	69,000	北京中汉	2017-12-19
清雍正 霁红釉盘	直径17.9cm	23,000	北京中汉	2017-05-21
清雍正 霁红釉盘	直径15cm	43,700	北京翰海	2017-12-16
清雍正 霁红釉盘	直径18.5cm	32,200	北京翰海	2017-12-16
清雍正 霁红釉撇口碗	直径15.4cm	82,800	北京中汉	2017-12-19
清雍正 霁红釉蒜头瓶	高28.5cm	3,049,002	保利香港	2017-04-04
清雍正 霁红釉碗	直径17.6cm	51,750	北京诚轩	2017-06-20
清雍正 霁红釉卧足碗	直径13cm	230,000	北京中汉	2017-12-19
清雍正 霁红釉卧足碗	直径14.8cm	735,966	保利香港	2017-04-04
清雍正 霁红釉小杯	直径7.3cm	276,000	中贸圣佳	2017-06-18
清雍正 霁红釉小杯	直径7.3cm	86,250	北京中汉	2017-12-19
清雍正 霁红釉小碟	宽16cm	89,764	宝源国际	2017-05-29
清雍正 霁红釉小天球瓶	高23.5cm	126,500	中贸圣佳	2017-09-04
清雍正 霁红釉小碗	直径11.6cm	109,250	中贸圣佳	2017-06-18
清雍正 霁红釉小碗	高5.5cm	63,250	上海嘉禾	2017-07-01
清雍正 霁红釉玉壶春瓶	高31.6cm	293,820	香港中汉	2017-10-03
清雍正 豇豆红釉莱菔瓶	高20.5cm	667,000	北京中汉	2017-12-19
清雍正 豇豆红釉梅瓶	高23cm	3,335,000	北京保利	2017-12-18
清雍正 豇豆红釉赏瓶	高24cm	1,131,562	荣盛国际	2017-06-29
清雍正 郎窑红釉观音瓶	高36cm	23,000	北京保利	2017-11-04
清雍正 珊瑚红留白竹纹碗	直径10cm	63,250	北京保利	2017-04-16
清雍正 珊瑚红釉笔架	长10cm	25,300	中国嘉德	2017-12-18
清雍正 珊瑚红釉长颈瓶	高19cm	13,800	中国嘉德	2017-12-18
清雍正 外红釉内矾红彩三鱼纹高足碗	高11.6cm	63,250	中贸圣佳	2017-09-04
清雍正 外胭脂红内粉彩大吉图盘	直径20.7cm	23,000	中国嘉德	2017-06-19
清雍正 外胭脂红内粉彩梅纹茶圆	直径9.8cm	3,352,860	佳士得	2017-05-31
清雍正 外胭脂红内粉彩折枝月季花纹小杯	直径7.7cm	356,500	北京中汉	2017-05-21
清雍正 外胭脂红釉内粉彩折枝牡丹纹碗	直径10.2cm	69,000	北京中汉	2017-09-01
清雍正 外胭脂红釉内洋彩果纹茶碗	直径9.2cm	5,175,000	华艺国际	2017-05-27
清雍正 胭脂红菊瓣折沿盘	直径17.2cm	1,610,000	华艺国际	2017-11-25
清雍正 胭脂红釉暗刻云龙纹碗	直径9.6cm	587,640	香港中汉	2017-10-03
清雍正 胭脂红釉杯	直径6.7cm	23,000	北京中汉	2017-09-01
清雍正 胭脂红釉小高足杯	直径4.7cm	3,450,000	北京匡时	2017-12-03
清雍正 胭脂水釉菊瓣盘（一对）	直径16cm×2	7,130,000	北京匡时	2017-12-03

拍品名称	物品尺寸	成交价RMB	拍卖公司	拍卖日期
清雍正 御窑霁红釉鸡心水丞	高6.3cm	1,748,000	上海明轩	2017-06-30
清雍正或以后 胭脂红釉小碗	直径9.3cm	11,500	中国嘉德	2017-03-31
清乾隆 仿红珊瑚像生瓷水盂	长5.5cm	84,573	中濠典藏	2017-05-23
清乾隆 红釉杯	直径8.6cm	115,133	中国嘉德	2017-05-30
清乾隆 红釉杯	直径7.8cm	17,250	中国嘉德	2017-12-18
清乾隆 红釉荸荠瓶	高22cm	2,185,000	观唐皕榷	2017-01-11
清乾隆 红釉荸荠瓶	高17.8cm	498,938	佳士得	2017-05-31
清乾隆 红釉笔架、仿哥釉笔架各一件	长11cm	57,500	北京华辰	2017-06-05
清乾隆 红釉胆瓶	高27cm	23,000	中国嘉德	2017-09-03
清乾隆 红釉胆瓶	高32.5cm	20,700	中国嘉德	2017-12-18
清乾隆 红釉橄榄瓶	高25cm	17,250	中国嘉德	2017-09-03
清乾隆 红釉高足碗	高14.5cm	46,000	中国嘉德	2017-12-18
清乾隆 红釉鸡心碗（一对）	直径15cm	517,500	观唐皕榷	2017-01-11
清乾隆 红釉笠式小碗	直径9.7cm	17,250	北京保利	2017-06-08
清乾隆 红釉梅瓶	高23cm	1,667,500	观唐皕榷	2017-01-11
清乾隆 红釉梅瓶	高12cm	20,700	华艺国际	2017-03-19
清乾隆 红釉盘	直径20.5cm	43,731	香港苏富比	2017-06-01
清乾隆 红釉盘		64,866	纽约苏富比	2017-03-15
清乾隆 红釉盘	直径16.7cm	46,000	中国嘉德	2017-03-31
清乾隆 红釉盘	直径18cm	43,700	中国嘉德	2017-12-18
清乾隆 红釉盘	直径20.7cm	40,250	中国嘉德	2017-03-31
清乾隆 红釉盘	直径18cm	20,700	中国嘉德	2017-09-02
清乾隆 红釉盘	直径20.7cm	20,700	中国嘉德	2017-09-03
清乾隆 红釉盘	直径20.7cm	17,250	中国嘉德	2017-09-03
清乾隆 红釉盘	直径18.2cm	13,800	中国嘉德	2017-09-03
清乾隆 红釉盘	直径18.1cm	15,302	纽约佳士得	2017-07-13
清乾隆 红釉盘	直径22cm	51,750	华艺国际	2017-08-27
清乾隆 红釉盘	直径16cm	51,750	华艺国际	2017-08-27
清乾隆 红釉盘	直径16.3cm	23,000	北京保利	2017-12-20
清乾隆 红釉盘（一对）	直径19cm	11,500	北京保利	2017-11-04
清乾隆 红釉盘（一对）	直径18cm	40,250	北京保利	2017-06-08
清乾隆 红釉盘、胭脂红釉高足碗（三只）	直径20.8cm；直径13.7cm	43,700	中国嘉德	2017-09-03
清乾隆 红釉水盂	高5.2cm	20,700	广东崇正	2017-06-15
清乾隆 红釉四足笔洗	直径10.5cm	207,000	北京匡时	2017-06-04
清乾隆 红釉天球瓶	高22cm	28,750	中国嘉德	2017-06-19
清乾隆 红釉碗	直径12.8cm	13,800	北京保利	2017-04-16
清乾隆 红釉洗	直径21cm	109,250	北京保利	2017-04-16
清乾隆 红釉小水呈	高7cm	36,800	中国嘉德	2017-06-19
清乾隆 红釉小天球瓶	高29.4cm	161,000	中国嘉德	2017-03-31
清乾隆 红釉玉壶春瓶	高28cm	803,108	北京匡时	2017-10-02
清乾隆 红釉玉壶春瓶	高23.2cm	28,750	中国嘉德	2017-09-03
清乾隆 红釉玉壶春瓶	高30cm	126,500	华艺国际	2017-03-19
清乾隆 红釉玉壶春瓶	高30cm	34,500	北京保利	2017-04-17
清乾隆 红釉玉壶春瓶（一对）	27cm；高28cm	74,750	中国嘉德	2017-12-18
清乾隆 祭红梅瓶	高28cm	126,500	上海嘉禾	2017-07-01
清乾隆 祭红釉鸡心碗（一对）	高7cm×2	805,000	保利厦门	2017-06-25
清乾隆 祭红釉梅瓶	高23.5cm	115,000	中国嘉德	2017-12-18
清乾隆 祭红釉盘	口径16.4cm	57,500	西泠拍卖	2017-07-15
清乾隆 祭红釉盘	直径20.8cm	59,800	北京保利	2017-12-20
清乾隆 祭红釉盘	直径21cm	46,000	北京保利	2017-06-08
清乾隆 祭红釉盘	直径18cm	28,750	北京保利	2017-12-20
清乾隆 祭红釉盘（一对）	直径16cm	78,200	中国嘉德	2017-06-19
清乾隆 祭红釉小盘	直径15.4cm	25,300	北京荣宝	2017-06-02
清乾隆 祭红釉玉壶春瓶	高20cm	402,500	中国嘉德	2017-12-18
清乾隆 祭红釉玉壶春瓶	高29.5cm	40,250	北京保利	2017-11-04
清乾隆 祭红釉长颈瓶	高22.4cm	1,955,000	北京保利	2017-06-07

拍品名称	物品尺寸	成交价RMB	拍卖公司	拍卖日期
清乾隆 祭红釉直颈瓶	高32.8cm	345,000	北京荣宝	2017-06-02
清乾隆 霁红釉大碗	直径19.4cm	57,500	北京中汉	2017-06-17
清乾隆 霁红釉胆式瓶	高24.5cm	575,000	保利华谊	2017-12-08
清乾隆 霁红釉碟	宽21cm	35,702	宝源国际	2017-05-29
清乾隆 霁红釉斗笠碗	直径28.5cm	40,250	八益拍卖	2017-04-22
清乾隆 霁红釉橄榄瓶	高35.8cm	34,500	北京中汉	2017-09-01
清乾隆 霁红釉高足盘	高9.5cm	92,000	北京匡时	2017-06-04
清乾隆 霁红釉高足碗	高11.5cm	115,000	上海嘉禾	2017-07-01
清乾隆 霁红釉高足碗	口径18.5cm	57,500	北京华辰	2017-12-17
清乾隆 霁红釉葫芦瓶	高21.6cm	276,000	北京中汉	2017-12-19
清乾隆 霁红釉鸡心碗	直径15cm	115,000	华艺国际	2017-05-27
清乾隆 霁红釉梅瓶	高23.7cm	2,056,740	保利香港	2017-10-02
清乾隆 霁红釉梅瓶	高22.5cm	1,610,000	西泠拍卖	2017-07-15
清乾隆 霁红釉梅瓶	高23.3cm	92,000	北京中汉	2017-03-30
清乾隆 霁红釉盘	直径15.7cm	28,750	北京中汉	2017-03-30
清乾隆 霁红釉盘	口径18.5cm	28,750	北京华辰	2017-12-17
清乾隆 霁红釉盘	直径16.5cm	28,750	北京翰海	2017-12-16
清乾隆 霁红釉盘	直径16.5cm	25,300	北京翰海	2017-12-16
清乾隆 霁红釉盘	直径16.4cm	14,950	北京翰海	2017-06-04
清乾隆 霁红釉盘（两件）	直径16.8cm	69,000	北京翰海	2017-12-16
清乾隆 霁红釉盘（一对）	直径20.5cm	92,000	中贸圣佳	2017-09-04
清乾隆 霁红釉盘（两件）	直径18.3cm	69,000	北京翰海	2017-06-04
清乾隆 霁红釉盘（一对）	直径16cm	92,000	观唐皕榷	2017-01-12
清乾隆 霁红釉撇口瓶	高21cm	218,500	北京中汉	2017-05-21
清乾隆 霁红釉瓶	高22.9cm	1,883,988	中国嘉德	2017-05-30
清乾隆 霁红釉天球瓶	高29.3cm	32,200	北京中汉	2017-09-01
清乾隆 霁红釉弦纹高足碗	直径17.8cm	66,700	北京中汉	2017-06-17
清乾隆 霁红釉小盘	18cm	46,757	纽约佳士得	2017-07-13
清乾隆 霁红釉小盘（一套八件）	直径11.2cm	167,063	佳士得	2017-04-04
清乾隆 霁红釉小天球瓶	高16cm	103,500	北京华辰	2017-12-17
清乾隆 霁红釉小碗	直径12.5cm	13,800	北京中汉	2017-03-30
清乾隆 霁红釉玉壶春瓶	高29.5cm	155,625	佳士得	2017-10-04
清乾隆 霁红釉玉壶春瓶	高30.5cm	59,800	北京中汉	2017-09-01
清乾隆 霁红釉玉壶春瓶	高28cm	48,300	北京中汉	2017-03-30
清乾隆 霁红釉长颈瓶	高34cm	40,250	中贸圣佳	2017-09-04
清乾隆 年红釉盘（一对）	直径16cm	172,500	华艺国际	2017-03-19
清乾隆 珊瑚红釉仿珊瑚小水呈	长7.8cm	46,000	中国嘉德	2017-06-19
清乾隆 珊瑚红釉瓜形盖罐（一对）	高12.5cm×2	372,313	佳士得	2017-11-29
清乾隆 珊瑚红釉灵芝洗	长8cm	132,250	北京保利	2017-12-18
清乾隆 珊瑚红釉曲波纹盖豆	高26.8cm	1,725,000	北京中汉	2017-05-21
清乾隆 松石绿地胭脂红山水纹象耳瓶	高13.2cm	23,000	广东崇正	2017-06-15
清乾隆 胭脂红描金团龙纹瓶	高36.5cm	230,000	北京匡时	2017-06-04
清乾隆 胭脂红釉小碗	直径11cm	13,800	中国嘉德	2017-03-31
清乾隆 胭脂水釉玉壶春	高34.7cm	59,800	中国嘉德	2017-06-19
清嘉庆 红釉盘	直径20.5cm	23,000	中国嘉德	2017-12-18
清道光 红釉盘	直径18.5cm	17,250	中国嘉德	2017-03-31
清道光 红釉盘	直径21.3cm	17,250	中国嘉德	2017-09-02
清道光 红釉盘	直径20.5cm	11,500	中国嘉德	2017-03-31
清道光 红釉玉壶春瓶	高30.2cm	32,200	中国嘉德	2017-03-31
清道光 祭红釉撇口瓶	高28.5cm	253,000	中国嘉德	2017-12-18
清道光 霁红碗（一对）	口径15.2cm	138,000	西泠拍卖	2017-07-15
清道光 霁红釉盘	直径21cm	13,800	北京翰海	2017-12-16
清道光 霁红釉玉壶春	高30cm	40,250	北京荣宝	2017-04-02
清道光 霁红釉玉壶春瓶	高29.4cm	230,000	北京中汉	2017-12-19
清道光 霁红釉玉壶春瓶	高29.3cm	195,500	北京诚轩	2017-06-20
清道光 霁红釉长颈瓶	高29.7cm	356,400	香港苏富比	2017-04-05
清道光 胭脂红釉玉壶春瓶	高29.5cm	25,300	中国嘉德	2017-09-03
清道光 胭脂红玉壶春	高29.5cm	40,250	北京保利	2017-04-16
清中期 白釉胭脂红团凤碗（一对）	直径16.5cm	28,750	北京保利	2017-06-08
清中期 仿郎窑红釉大碗	直径28cm	13,800	北京中汉	2017-09-01
清中期 红釉梅瓶	高15cm	69,000	北京翰海	2017-09-13
清中期 红釉盘口瓶	高36cm	32,200	北京匡时	2017-03-30
清中期 红釉瓶	高29cm	69,000	北京保利	2017-12-18
清中期 红釉赏瓶	高34cm	11,500	北京保利	2017-04-16
清中期 红釉双蝠耳簋式炉	长17cm	23,000	广东崇正	2017-06-15
清中期 红釉水盂	宽7.5cm	51,750	北京保利	2017-12-20
清中期 红釉太白尊	直径12.4cm	17,250	中国嘉德	2017-03-31
清中期 红釉天球瓶	高31.5cm	13,800	中国嘉德	2017-03-31
清中期 红釉天球瓶	高41cm	17,250	北京保利	2017-11-05
清中期 红釉小天球瓶	高36cm	20,700	中国嘉德	2017-09-02
清中期 红釉钟形碗	直径16cm	32,200	大羿拍卖	2017-12-04
清中期 霁红釉胆瓶	高16.5cm	63,250	北京中汉	2017-12-19
清中期 霁红釉双耳三足炉	直径9.5cm	40,250	北京中汉	2017-03-30
清中期 霁红釉小橄榄瓶	高6.8cm	17,250	北京翰海	2017-06-04
清中期 豇豆红釉柳叶瓶	高17cm	36,800	华艺国际	2017-08-27
清中期 郎红釉三足鼎式炉	口径5.8cm	40,250	西泠拍卖	2017-07-15
清中期 郎窑红釉观音瓶	高66cm	46,000	北京华辰	2017-12-17
清中期 珊瑚红釉观音坐像	高26.5cm	32,200	北京中汉	2017-09-01
清中期 珊瑚红釉捏塑青花螭螭胆瓶	高22.8cm	161,000	北京中汉	2017-06-17
清中期 珊瑚红釉弦纹瓶	高34cm	34,500	中国嘉德	2017-09-02
清中期 胭脂红釉胆瓶	高17.2cm	25,300	华艺国际	2017-08-27
清中期 窑变红釉摇铃尊	高32cm	138,000	西泠拍卖	2017-07-15
清咸丰 红釉碗	直径15.8cm	69,000	中国嘉德	2017-03-31
清光绪 红釉贯耳瓶	高31.6cm	51,750	八益拍卖	2017-04-22
清光绪 红釉碗（一对）	直径15.5cm	28,750	广东崇正	2017-06-15
清光绪 红釉玉壶春瓶	盒高28.6cm	95,136	纽约佳士得	2017-03-17
清光绪 霁红釉碗（两件）	直径11.7cm	32,200	北京翰海	2017-12-16
清光绪 豇豆红釉笔洗	直径11.5cm	20,700	北京华辰	2017-06-05
清光绪 豇豆红釉柳叶瓶	高17.3cm	20,700	中国嘉德	2017-03-31
清光绪 珊瑚红釉竹纹碗（两件）	直径17.8cm	161,000	北京翰海	2017-12-16
清光绪 外胭脂红釉内百花不落地描金大盘	直径33.5cm	20,700	北京保利	2017-04-17
清光绪 胭脂红釉盘（一组十五件）	直径14.6cm	34,748	伦敦佳士得	2017-11-07
清光绪 胭脂红釉盘（两件）	直径16.6cm	28,750	北京翰海	2017-06-04
清光绪 胭脂红釉碗（一对）	直径15.7cm	23,000	中国嘉德	2017-09-02
清晚期 红釉长颈瓶	高19.7cm	13,800	中国嘉德	2017-03-31
清晚期 豇豆红釉暗刻团螭纹太白尊	直径12.2cm	36,800	中国嘉德	2017-09-03
清晚期 豇豆红釉柳叶瓶	高16.3cm	32,200	中国嘉德	2017-09-02
清晚期 豇豆红釉太白尊	直径12.5cm	20,700	中国嘉德	2017-09-02
清晚期 豇豆红釉碗（一对）	直径14cm	17,250	中国嘉德	2017-03-31
清晚期 珊蝴红釉绳纹耳三足炉	宽14cm	71,300	北京保利	2017-06-08
清晚期 胭脂红釉小杯	直径7.6cm	13,800	北京中汉	2017-03-30
清晚期 胭脂水釉瓶	高17cm	40,250	中国嘉德	2017-06-19
清 大清乾隆年制款红釉盘	口径16.5cm	20,700	西泠拍卖	2017-05-05
清 红釉钵	直径22cm	23,000	北京东正	2017-03-31
清 红釉瓷塑马	高25.8cm	23,000	北京保利	2017-12-20
清 红釉盘	直径21cm	13,800	华艺国际	2017-03-19
清 红釉琵琶樽	高30cm	34,500	广东崇正	2017-12-13
清 红釉瓶	高28cm	345,000	中国嘉德	2017-09-03
清 红釉瓶	高24cm	11,500	北京翰海	2017-09-10
清 红釉瓶（一对）	高67.5cm	32,200	中国嘉德	2017-09-02
清 红釉天球瓶	高36cm	23,000	华艺国际	2017-08-27
清 红釉天球瓶	高21cm	23,000	北京翰海	2017-09-10
清 红釉天球瓶	高25.5cm	23,000	北京保利	2017-04-16

拍品名称	物品尺寸	成交价RMB	拍卖公司	拍卖日期
清 红釉碗	直径15.7cm	14,950	北京保利	2017-11-05
清 红釉小瓶、水丞（三件）	高14cm；高11.2cm；直径7.9cm	13,800	中国嘉德	2017-09-03
清 红釉玉壶春瓶	高30cm	36,800	北京保利	2017-11-05
清 红釉尊	高18.5cm	13,800	北京翰海	2017-09-10
清 祭红釉高足碗	直径18cm	40,250	北京保利	2017-04-16
清 祭红釉高足碗	高11cm	16,100	北京翰海	2017-01-08
清 祭红釉梅瓶	高24cm	28,750	广东保利	2017-11-26
清 祭红釉僧帽壶	高24cm	475,256	荣盛国际	2017-06-29
清 霁红釉海棠式花觚	高22.5cm	126,500	北京翰海	2017-12-16
清 霁红釉蒜头瓶	高18cm	11,500	北京翰海	2017-09-10
清 豇豆红苹果尊	高6cm	11,500	华艺国际	2017-03-19
清 豇豆红苹果尊	长13cm	28,750	北京宣石	2017-12-03
清 豇豆红绶带耳蒜头抱月瓶	高26cm	69,000	广东崇正	2017-06-15
清 豇豆红洗	直径8cm	17,250	华艺国际	2017-03-19
清 豇豆红釉大碗（一对）	直径20.3cm	32,200	中国嘉德	2017-06-19
清 豇豆红釉菊瓣瓶・莱菔瓶	高16.5cm；高21cm	43,700	华艺国际	2017-03-19
清 豇豆红釉石榴尊	高8.6cm	17,250	八益拍卖	2017-04-22
清 豇豆红釉印盒	直径7.3cm	25,300	中国嘉德	2017-03-31
清 郎窑红釉观音瓶	高36.6cm	23,000	八益拍卖	2017-04-22
清 珊瑚红茶叶罐（一对）	高14.5cm；高15cm	23,000	北京保利	2017-11-04
清 外胭脂红釉内瓜果纹小碟	直径8.5cm	40,250	北京保利	2017-11-05
清 胭脂红釉小杯	径7.5cm	14,950	印千山	2017-03-30
清 胭脂水蒜头瓶	高29cm	57,500	北京翰海	2017-09-13
清 颜色釉小瓶带多宝阁（1组5件）	高9.6cm；高15.5cm；高12.8cm；高14.1cm；53.8cm×37.2cm	13,800	北京荣宝	2017-04-02
清 窑变红釉赏瓶	高33cm	34,500	北京华辰	2017-06-05
18世纪 仿郎窑红釉瓶	高24cm	29,065	伦敦佳士得	2017-05-12
18世纪 红釉胆瓶	高33cm	13,800	华艺国际	2017-08-27
18世纪 红釉橄榄瓶	高35cm	63,250	华艺国际	2017-11-25
18世纪 红釉橄榄瓶	高16.5cm	13,800	北京保利	2017-11-04
18世纪 红釉贴塑螭龙瓶	高30cm	43,700	华艺国际	2017-11-25
18世纪 红釉玉壶春瓶	高30cm	95,019	伦敦苏富比	2017-05-10
18世纪 红釉玉壶春瓶		13,838	纽约苏富比	2017-03-18
18世纪 霁红釉瓶	高21cm	13,415	伦敦佳士得	2017-05-12
18世纪 霁红釉小苹果尊	高7cm	34,500	中贸圣佳	2017-09-04
18世纪霁红釉仰钟式大碗（一对）	直径24.8cm	62,250	佳士得	2017-10-02
18世纪 霁红釉玉壶春瓶	高21cm	20,700	北京中汉	2017-03-30
18世纪 郎窑红釉甘露瓶	高22.8cm	48,300	北京中汉	2017-03-30
18世纪 郎窑红釉罐	直径23.5cm	129,731	纽约佳士得	2017-03-16
18世纪 郎窑红釉罐	高7cm	23,000	中贸圣佳	2017-09-04
18世纪 珊瑚红釉葫芦瓶	高22.2cm	167,063	佳士得	2017-04-04
18世纪 外霁红釉内五彩花蝶纹撇口杯	直径9.5cm	34,500	北京中汉	2017-09-01
18世纪/19世纪 红釉太白尊	直径9.8cm	23,804	纽约佳士得	2017-07-13
18世纪/19世纪 红釉小长颈瓶		12,973	纽约苏富比	2017-03-18
18世纪/20世纪 红釉水丞两件及红釉洗	water pot 直径7.6cm；water jar 直径6.4cm；washer 直径10.2cm	63,759	纽约佳士得	2017-07-13
19世纪 红釉长颈瓶	高27.9cm	13,602	纽约佳士得	2017-07-13
19世纪 红釉长颈瓶	高22.9cm	11,052	纽约佳士得	2017-07-13
19世纪 豇豆红釉水丞	直径12.4cm	167,681	伦敦佳士得	2017-05-12
民国珊瑚红釉雕螭龙纹瓶（一对）	高22cm	36,800	北京保利	2017-06-08
民国 胭脂红方尊	高29cm	15,301	宝源国际	2017-05-29
民国 胭脂红双龙纹瓶	高26cm	15,301	宝源国际	2017-05-29
民国 胭脂红小盘（一对）	直径10.3cm	13,800	北京保利	2017-04-16

拍品名称	物品尺寸	成交价RMB	拍卖公司	拍卖日期
民国 胭脂红釉开光粉彩花鸟纹花盆带奁（一对）	花盆直径18.8cm；奁直径17.4cm	17,250	中国嘉德	2017-09-03
民国 豇豆红马蹄尊	直径13cm	23,000	北京翰海	2017-01-08
仿清雍正款 珊瑚红五彩花卉纹碗	高4.5cm	82,800	福建东南	2017-10-29
清 祭红釉折口瓶	高23.5cm	69,000	北京翰海	2017-01-08
清 胭脂水梅瓶	高20cm	14,950	北京翰海	2017-01-08
清康熙 豇豆红釉团龙纹太白尊		69,190	纽约苏富比	2017-03-18
清-民国 桂林款直汲壶、龙印款水平壶、吴德盛制紫砂水盂、红釉水盂、端石笔舔（共五件）	尺寸不一	97,750	北京保利	2017-12-20
约1800年 珊瑚红地大蒜头瓶	高50.2cm	259,463	纽约佳士得	2017-03-16
黄釉				
南宋 龙泉窑米黄釉莲瓣洗	直径12.8cm	57,500	西泠拍卖	2017-07-15
辽 褐黄釉划花蝶纹香插	高9.5cm	21,865	香港苏富比	2017-06-01
元 黄釉刻人物祥云纹四系罐	高21.3cm	57,500	北京荣宝	2017-06-02
明成化 黄釉撇口盘	直径14.8cm	9,177,300	香港苏富比	2017-04-05
明成化 娇黄釉撇口盘	直径19.9cm；直径12.5cm	5,876,400	香港中汉	2017-10-03
明弘治 黄釉盘	直径21.6cm	1,556,250	香港蘇富比	2017-10-03
明弘治 黄釉盘	径21cm	431,300	印千山	2017-07-09
明弘治 娇黄釉盘	直径21.3cm	356,500	北京中汉	2017-12-19
明弘治 娇黄釉盘	直径21.5cm	78,200	北京中汉	2017-09-01
明弘治 娇黄釉盘	直径21.6cm	80,500	北京诚轩	2017-06-20
明正德 黄釉盘	直径17.5cm	788,535	保利香港	2017-04-04
明正德 黄釉盘	直径22.2cm	115,000	北京保利	2017-04-16
明正德 黄釉盘（一对）	直径15.3cm×2	614,831	伦敦苏富比	2017-05-10
明正德 娇黄釉碗	直径16.4cm	402,500	北京中汉	2017-05-21
明嘉靖 黄釉暗刻龙纹盘	直径35.6cm	52,333	中国嘉德	2017-05-30
明嘉靖 黄釉罐	高14.7cm	218,500	华艺国际	2017-05-27
明嘉靖 黄釉盘	直径21.7cm	86,250	北京保利	2017-04-16
明嘉靖 黄釉撇口杯	直径8.2cm	3,831,300	香港苏富比	2017-04-05
明嘉靖 黄釉碗	直径8.7cm	44,715	伦敦佳士得	2017-05-12
明嘉靖 黄釉小杯	直径6cm	126,500	中贸圣佳	2017-06-18
明嘉靖 黄釉印云龙纹高足碗		1,037,850	纽约苏富比	2017-03-15
明嘉靖 浇黄釉盘	直径19.1cm	207,000	北京中汉	2017-05-21
明嘉靖 娇黄釉敞口小杯	直径5.8cm	138,000	北京中汉	2017-05-21
明嘉靖 娇黄釉金钟杯	高8cm	2,012,500	观唐皕榷	2017-01-11
明嘉靖 娇黄釉梨形带盖执壶	高14.5cm	15,525,000	保利厦门	2017-06-25
明 瓷雕黄釉法铃	高17cm	115,000	北京宣石	2017-12-03
明 鸡油黄执壶	高27cm	80,500	北京启石	2017-06-25
清早期 黄釉簋（一对）	长27.5cm	264,500	中国嘉德	2017-03-31
清早期 黄釉小象耳尊	高9.2cm	23,000	中国嘉德	2017-03-31
清康熙 黄釉暗刻花卉杯	直径6.2cm	44,520	中濠典藏	2017-11-29
清康熙 黄釉暗刻龙纹双耳小杯（一对）	宽6.8cm	345,000	中国嘉德	2017-12-18
清康熙 黄釉暗刻团花纹碗	直径11.9cm	20,700	北京中汉	2017-09-01
清康熙 黄釉暗刻团花纹小碗	直径11.9cm	46,000	中国嘉德	2017-03-31
清康熙 黄釉钵式洗	直径7cm	80,500	华艺国际	2017-05-27
清康熙 黄釉大碗	直径31cm	40,250	北京保利	2017-11-05
清康熙 黄釉碗	直径17.5cm	11,500	北京保利	2017-11-05
清康熙 黄釉小天球瓶	高13cm	25,300	中国嘉德	2017-06-19
清康熙 黄釉直颈瓶	高19cm	483,000	大羿拍卖	2017-12-04
清康熙 娇黄釉茶圆	直径10.8cm	172,500	北京中汉	2017-05-21
清康熙 娇黄釉牺耳尊（一对）	高25.5cm	195,500	中贸圣佳	2017-06-18
清康熙 御制浇黄釉大碗	直径31.2cm	805,000	中国嘉德	2017-12-18
清雍正 黄釉暗刻缠枝花盘、八宝纹盘各一	直径15.7cm	82,800	北京中汉	2017-09-01
清雍正 黄釉杯	直径8.2cm	276,000	中国嘉德	2017-09-03

拍品名称	物品尺寸	成交价RMB	拍卖公司	拍卖日期
清雍正 黄釉杯	直径9.5cm	1,878,509	纽约佳士得	2017-03-16
清雍正 黄釉杯（一对）	直径6cm×2	1,495,000	大羿拍卖	2017-12-04
清雍正 黄釉盘	直径15cm	345,000	北京东正	2017-06-08
清雍正 黄釉盘（一对）	直径15.8cm	632,500	北京保利	2017-12-18
清雍正 黄釉碗	直径11.4cm	357,720	伦敦苏富比	2017-05-10
清雍正 黄釉碗	直径11.3cm	92,000	大羿拍卖	2017-12-04
清雍正 鸡油黄釉暗刻缠枝花卉纹盘（一对）	直径14.5cm	920,000	观唐丽榷	2017-01-12
清雍正 娇黄釉小杯（一对）	直径6.2cm	1,265,000	中贸圣佳	2017-06-18
清雍正 米黄釉暗刻福寿纹碗	直径14.6cm	32,200	中国嘉德	2017-03-31
清雍正 米黄釉盘	直径15.5cm	59,800	广东崇正	2017-12-13
清雍正 柠檬黄釉杯	直径6cm	1,207,500	华艺国际	2017-11-25
清雍正 柠檬黄釉杯	直径6.4cm	690,000	北京匡时	2017-12-03
清雍正 柠檬黄釉杯（一对）	高5cm×2	4,082,500	北京保利	2017-06-06
清雍正 柠檬黄釉菊瓣盘	直径16cm	1,725,000	北京东正	2017-12-09
清雍正 柠檬黄釉菊瓣盘	直径16.3cm	4,680,500	佳士得	2017-11-29
清雍正 柠檬黄釉菊瓣盘	直径17.5cm	1,569,990	中国嘉德	2017-05-30
清雍正 柠檬黄釉菊瓣盘	直径17.5cm	4,197,500	华艺国际	2017-05-27
清雍正 柠檬黄釉模印云鹤内粉彩寿桃纹大碗	直径21.7cm	287,500	北京中汉	2017-05-21
清雍正 柠檬黄釉盘	直径13.5cm	920,000	中贸圣佳	2017-06-18
清雍正 柠檬黄釉小杯	高6.6cm	1,725,000	北京保利	2017-12-18
清雍正 柠檬黄釉小碟	直径8.8cm	460,000	北京荣宝	2017-12-02
清雍正 柠檬黄釉小盘	直径8.9cm	814,406	伦敦佳士得	2017-11-07
清雍正 柠檬黄釉小盘（一对）	直径7.8cm×2	1,447,875	香港苏富比	2017-04-05
清雍正/乾隆 柠檬黄釉花瓣形笔舔（六只）	长7.5cm	264,500	北京中汉	2017-12-19
清雍正至乾隆 柠檬黄釉花瓣形笔掭	长7.5cm	82,800	北京中汉	2017-05-21
清乾隆 黄釉暗刻龙纹墩式碗	直径14.1cm	322,000	上海匡时	2017-11-05
清乾隆 黄釉暗刻团花纹碗（一对）	直径11.7cm	115,000	北京保利	2017-06-08
清乾隆 黄釉暗刻云龙纹墩式碗	直径14cm	92,000	北京中汉	2017-12-19
清乾隆 黄釉杯（一对）	直径5cm	23,000	北京保利	2017-11-05
清乾隆 黄釉刻花卉纹碗	直径12cm	122,966	伦敦佳士得	2017-05-12
清乾隆 黄釉刻云龙小碗	直径9.9cm	55,200	北京保利	2017-06-08
清乾隆 黄釉饕餮纹簠簋	宽30cm	149,500	北京保利	2017-12-20
清乾隆 黄釉碗	直径12.8cm	36,800	中国嘉德	2017-03-31
清乾隆 琉璃黄釉刻缠枝花卉碗（两件）	直径20cm；直径18cm	253,000	北京保利	2017-11-04
清乾隆 米黄釉荸荠瓶	高18cm	17,250	北京东正	2017-12-09
清乾隆 米黄釉折腰碗	径15cm	13,800	印千山	2017-03-30
清乾隆 米黄釉折腰碗	直径15.7cm	195,880	香港中汉	2017-10-03
清乾隆 米黄釉折腰碗	直径16cm	138,000	北京宣石	2017-12-03
清乾隆 柠檬黄釉杯	直径10.5cm	195,500	北京保利	2017-04-16
清乾隆 柠檬黄釉盘	直径11.3cm	632,500	观唐丽榷	2017-01-12
清乾隆 柠檬黄釉碗	直径11.2cm	805,000	北京匡时	2017-06-04
清乾隆 柠檬黄釉小盘	直径8.8cm	372,172	香港中汉	2017-10-03
清乾隆 柠檬黄釉小盘	口径9cm	287,500	西泠拍卖	2017-07-15
清乾隆 柠檬黄釉小碗	直径11.3cm	149,500	中贸圣佳	2017-06-18
清乾隆 柠檬黄釉折腰小盘	直径11.2cm	299,000	中贸圣佳	2017-06-18
清乾隆柠檬黄釉折腰小盘（一对）	直径11.5cm×2	828,000	中国嘉德	2017-12-18
清乾隆 鳝鱼黄釉双鱼洗	直径14cm	126,500	北京翰海	2017-12-16
清嘉庆 黄釉碗		34,595	纽约苏富比	2017-03-18
清嘉庆 黄釉碗	直径9cm	11,500	华艺国际	2017-08-27
清道光 黄釉雕瓷岁寒三友纹笔筒	高14.3cm	287,500	上海匡时	2017-11-05
清道光 仿竹黄釉雕瓷笔筒	高12.7cm	57,500	中国嘉德	2017-12-18
清道光 黄釉暗花赶珠云龙纹盘		112,434	纽约苏富比	2017-03-18
清道光 黄釉暗刻龙纹盘	直径14.7cm	69,000	中国嘉德	2017-12-18
清道光 黄釉暗刻龙纹碗	直径13cm	20,700	北京保利	2017-04-16
清道光 黄釉暗刻皮球花碗（一对）	直径11.7cm	23,000	北京保利	2017-12-20
清道光 黄釉暗刻皮球花纹碗（一对）	直径11.8cm×2	43,700	北京荣宝	2017-09-24
清道光 黄釉暗刻云龙纹碗	直径16cm	13,800	中国嘉德	2017-03-31
清道光 黄釉刻双龙赶珠纹碗	盒直径12.2cm	47,568	纽约佳士得	2017-03-17
清道光 黄釉碗	径14.5cm	18,400	印千山	2017-03-30
清道光 黄釉碗	盒直径18.5cm	103,785	纽约佳士得	2017-03-17
清道光 黄釉小天球瓶	高16.5cm	207,000	北京保利	2017-12-20
清道光 米黄釉折腰碗	直径16cm	36,800	华艺国际	2017-08-27
清中期 黄釉梅瓶	高22.5cm	137,116	保利香港	2017-10-02
清咸丰 黄釉暗刻龙凤碗（一对）	直径11.4cm	207,000	北京保利	2017-08-02
清咸丰 黄釉暗刻龙纹瓶	高20cm	58,764	中国嘉德	2017-10-02
清咸丰 黄釉暗刻龙纹碗（一对）	直径15cm×2	74,750	保利厦门	2017-06-26
清同治 黄釉杯	直径9.7cm	63,250	北京翰海	2017-12-16
清同治 黄釉雕瓷山水纹笔筒	高12.5cm	87,400	华艺国际	2017-08-27
清同治 黄釉盘（一对）		41,514	纽约苏富比	2017-03-18
清同治 黄釉碗	直径16cm	23,000	北京翰海	2017-12-16
清同治 柠檬黄釉暗刻龙纹盘	直径16cm	109,250	华艺国际	2017-05-27
清同治 柠檬黄釉龙纹盘（一对）	直径17.2cm	20,700	华艺国际	2017-08-27
清光绪 黄釉暗刻龙纹盘	直径14cm	17,250	北京保利	2017-11-04
清光绪 黄釉暗刻龙纹盘（两件）	直径11cm	63,250	北京翰海	2017-12-16
清光绪 黄釉暗刻龙纹盘（一对）	直径13.2cm	105,800	北京中汉	2017-09-01
清光绪 黄釉暗刻龙纹碗（两件）	直径10.3cm	80,500	北京翰海	2017-12-16
清光绪 黄釉暗刻龙纹碗（一对）	直径14cm	71,300	观唐丽榷	2017-01-12
清光绪 黄釉暗刻龙纹碗（一对）	直径14cm	80,500	太平洋	2017-03-30
清光绪 黄釉暗刻云龙纹碗	直径13.9cm	13,800	中国嘉德	2017-03-31
清光绪 黄釉暗刻云龙纹碗	直径16.1cm	34,500	北京翰海	2017-06-04
清光绪 黄釉杯	直径9.5cm	20,933	中国嘉德	2017-05-30
清光绪 黄釉碟一件和青花矾红云蝠纹碟一对	直径10.8cm	19,588	中国嘉德	2017-10-02
清光绪 黄釉盘（一对）	直径14.3cm	28,750	中国嘉德	2017-03-31
清光绪 黄釉盘、仿翡翠釉暗刻云龙纹小盘各一只	直径14.3cm；直径10.8cm	11,500	中国嘉德	2017-03-31
清光绪 黄釉兽面纹齐太公豆	高19cm	13,800	中国嘉德	2017-09-02
清光绪 黄釉小碟（一对）	直径11cm	36,800	北京保利	2017-12-20
清光绪 柠檬黄釉暗花赶珠龙纹盘（一对）		43,244	纽约苏富比	2017-03-18
清光绪 柠檬黄釉暗刻龙纹大盘	直径27.8cm	20,700	北京保利	2017-11-04
清光绪 鳝鱼黄釉扁瓶	高32.5cm	46,000	北京翰海	2017-12-16
清光绪 芝麻釉回纹簋式炉	14cm×10.7cm	40,250	华艺国际	2017-08-27
清光绪/宣统 黄釉盘	直径14.3cm	17,250	中国嘉德	2017-03-31
清宣统 黄釉暗刻云龙纹碗	直径14cm	40,250	中贸圣佳	2017-09-04
清宣统 黄釉大盘	直径20.7cm	46,000	中国嘉德	2017-03-31
清宣统 黄釉罐	高34cm	34,500	北京保利	2017-04-16
清宣统 黄釉龙纹小盘（一对）	直径11cm	109,250	华艺国际	2017-11-25
清宣统 黄釉鹿头尊	高28cm	14,950	北京翰海	2017-01-08
清晚期 黄釉象耳尊	高26cm	13,800	中国嘉德	2017-09-02
清晚期 李裕成款黄釉雕瓷“安居乐业”图盖盒	长14.5cm	80,500	北京中汉	2017-09-01
清晚期 李裕成作黄釉雕瓷仿竹雕山水人物纹笔筒	高13.5cm	105,800	中国嘉德	2017-03-31
清晚期 李裕成作黄釉雕瓷四季花卉图水丞	长7.8cm	46,000	中国嘉德	2017-03-31
清晚期 李裕成作米黄釉雕瓷花鸟纹书卷式印盒	长10.5cm	51,750	中国嘉德	2017-03-31
清 黄釉暗刻花卉碗（两件）	直径11cm	92,000	北京翰海	2017-09-13
清 黄釉暗刻云龙纹梅瓶	高27cm	17,250	中国嘉德	2017-09-02

拍品名称	物品尺寸	成交价RMB	拍卖公司	拍卖日期
清 黄釉胆瓶	高19.5cm	63,250	华艺国际	2017-05-27
清 黄釉刻云龙小胆式瓶	高11cm	13,800	北京保利	2017-12-20
清 黄釉绳耳炉	直径14cm	17,250	华艺国际	2017-03-19
清 米黄釉折腰碗	直径15.6cm	23,000	北京荣宝	2017-09-24
清 米黄釉折腰碗	直径15cm	17,250	北京保利	2017-11-04
清 米黄釉锥把瓶	高24.1cm	43,700	北京翰海	2017-06-04
18世纪 柠檬黄釉八棱长颈瓶	高14cm	242,165	纽约佳士得	2017-03-17
19世纪 黄釉暗刻云龙纹瓶	高22cm	31,125	佳士得	2017-10-04
19世纪 黄釉簋（一对）	29.2cm	289,575	佳士得	2017-04-04
19世纪 黄釉炉及黄釉觚式瓶各一	Censer 直径17.1cm；Gu-form vase 高22.2cm	85,013	纽约佳士得	2017-07-13
19世纪/20世纪 黄釉云龙戏珠纹大瓶（一组两件）	高53.3cm	313,005	伦敦佳士得	2017-05-12
蓝 釉				
元 琉璃蓝釉玉壶春瓶	高24.4cm	8,625,000	北京诚轩	2017-06-20
明洪武 蓝釉模印云龙纹碗	直径20.5cm	6,670,000	大羿拍卖	2017-12-04
大明宣德年制 蓝釉花鸟纹双耳扁瓶	高36cm	2,754,135	宝源国际	2017-05-29
明宣德 洒蓝釉三足炉	直径11.8cm	34,500	中拍国际	2017-06-04
明嘉靖 霁蓝釉盘	直径17.3cm	367,983	保利香港	2017-04-04
明嘉靖 蓝釉八卦纹八棱盖罐	高9.5cm	172,500	北京匡时	2017-12-03
明万历 霁蓝釉大碗	直径30.5cm	345,000	观唐皕榷	2017-01-12
17世纪/18世纪 外茄皮紫内孔雀蓝釉罐	直径15.9cm	11,052	纽约佳士得	2017-07-13
清早期 霁蓝釉 荆溪维新款 平盖莲子壶	宽18.5cm；高8.5cm	11,500	上海泛华	2017-10-29
清早期 蓝釉三足炉	直径23.5cm	11,500	华艺国际	2017-08-27
清早期、乾隆、道光 天蓝釉柳叶瓶、孔雀绿釉小锥把瓶、粉彩人物诗文水盂	高12.8cm；高10cm；直径6.8cm	184,000	北京保利	2017-12-19
清顺治 蓝釉刻双龙游云纹碗	直径18.5cm	62,250	佳士得	2017-10-04
清康熙 孔雀蓝釉花觚	高28cm	69,000	北京匡时	2017-12-03
清康熙 孔雀蓝釉花口瓶	高20.2cm	293,820	保利香港	2017-10-02
清康熙 孔雀蓝釉几	长22cm	46,000	保利厦门	2017-06-26
清康熙 孔雀蓝釉菊瓣蒜头瓶	高20.1cm	517,500	北京保利	2017-12-18
清康熙 孔雀蓝釉莱菔尊	高19.6cm	68,558	保利香港	2017-10-02
清康熙 孔雀蓝釉连座笔架	长12.2cm	40,250	西泠拍卖	2017-07-15
清康熙 孔雀蓝釉龙纹锥把瓶	高39cm	26,450	北京保利	2017-04-16
清康熙 蓝釉盘	直径27.6cm	124,876	伦敦佳士得	2017-11-07
清康熙 蓝釉盘	直径19cm	36,800	中国嘉德	2017-03-31
清康熙 洒蓝釉葫芦瓶	高21cm	11,500	北京保利	2017-11-05
清康熙 洒蓝釉梅瓶	高18cm	48,300	中国嘉德	2017-09-02
清康熙 洒蓝釉小梅瓶	高17.3cm	97,750	西泠拍卖	2017-07-15
清康熙 洒蓝釉长颈瓶	高29.5cm	13,800	中国嘉德	2017-03-31
清康熙 洒蓝釉执壶	高19.5cm	28,750	北京保利	2017-06-07
清康熙 洒蓝釉锥把瓶	高42cm	57,500	上海工美	2017-07-23
清康熙 天蓝釉百条缸	直径26.5cm	5,221,260	香港苏富比	2017-04-05
清康熙 天蓝釉百条缸	直径25cm	4,025,000	保利厦门	2017-06-25
清康熙 天蓝釉杯	直径7.5cm	138,000	北京保利	2017-12-20
清康熙 天蓝釉柳叶瓶	高15.8cm	13,800,000	北京保利	2017-12-18
清康熙 天蓝釉镗锣洗	直径12cm	609,800	保利香港	2017-04-04
清康熙 天蓝釉小瓶	带座高15.8cm	25,300	西泠拍卖	2017-07-15
清康熙 天蓝釉小水盂	直径9cm	13,800	中国嘉德	2017-06-19
清康熙 天蓝釉长颈瓶		1,556,775	纽约苏富比	2017-03-15
清康熙 紫蓝彩花纹瓶 枝莲盘及株干盘（1组3件）	The largest 高29.4cm	12,752	纽约佳士得	2017-07-13
清雍正 祭蓝瓶	宽27.5cm	81,604	宝源国际	2017-05-29
清雍正 霁蓝釉大碗	口径20.7cm	209,332	宝港国际	2017-05-29
清雍正 霁蓝釉内暗刻龙纹盘	直径18cm	747,500	北京保利	2017-06-06

拍品名称	物品尺寸	成交价RMB	拍卖公司	拍卖日期
清雍正 霁蓝釉如意足花盆（一对）	直径20cm×2	1,840,000	北京保利	2017-06-07
清雍正 霁蓝釉天鸡钮盖碗	直径18.7cm	3,296,700	香港苏富比	2017-04-05
清雍正 霁蓝釉碗	直径15cm	82,800	北京匡时	2017-12-03
清雍正 霁蓝釉玉壶春瓶	高26.5cm	138,000	中拍国际	2017-06-04
清雍正 孔雀蓝釉蒜头瓶	高26.2cm	10,807,700	佳士得	2017-11-29
清雍正 蓝釉杯（一对）	直径7.2cm×2	253,000	中国嘉德	2017-09-02
清雍正 蓝釉橄榄瓶	高30.7cm	241,500	中国嘉德	2017-09-02
清雍正 蓝釉盘	直径17.5cm	234,025	佳士得	2017-11-29
清雍正 蓝釉盘	直径15.5cm	25,300	中国嘉德	2017-03-31
清雍正 蓝釉盘（一对）	直径15.6cm	267,300	佳士得	2017-04-04
清雍正 蓝釉碗	直径13.7cm	40,250	广东崇正	2017-12-13
清雍正 洒蓝釉广口梅瓶	高17.5cm	2,472,500	保利厦门	2017-06-25
清雍正 洒蓝釉长方倭角水仙盆	长26cm	782,000	中国嘉德	2017-09-02
清雍正 天蓝釉花浇	高26.2cm	784,995	宝港国际	2017-05-29
清雍正 天蓝釉九方承盘	长34.5cm	195,500	中贸圣佳	2017-09-04
清雍正 天蓝釉盘	直径15.6cm	195,500	北京中汉	2017-12-19
清雍正 天蓝釉盘（一对）	直径13.2cm	322,000	北京中汉	2017-05-21
清雍正 天蓝釉团寿心莲花式盏托	直径14cm	3,784,968	保利香港	2017-04-04
清雍正 天蓝釉碗（一对）	直径11.9cm×2	1,265,000	北京保利	2017-06-06
清雍正 天蓝釉小碗	直径11cm	94,300	中国嘉德	2017-03-31
清雍正 御制天蓝釉六方倭角卷缸式花器	26.3cm×26.3cm	6,670,000	中贸圣佳	2017-06-18
清乾隆 宝石蓝釉水盂	高11cm	322,000	西泠拍卖	2017-07-15
清乾隆 宝石蓝釉太白罐	高32cm	489,700	香港中汉	2017-10-03
清乾隆 仿官蓝釉三足炉	口径19cm	55,200	西泠拍卖	2017-07-15
清乾隆 祭蓝釉大天球瓶	高56cm	2,070,000	北京保利	2017-12-19
清乾隆 祭蓝釉海棠形水丞	宽10cm	80,500	北京保利	2017-04-16
清乾隆 祭蓝釉模印夔龙纹双耳瓶	高21.5cm	184,000	印千山	2017-03-30
清乾隆 霁蓝釉大碟（一对）	宽24cm	173,409	宝源国际	2017-05-29
清乾隆 霁蓝釉盘	直径16.5cm	17,250	中贸圣佳	2017-09-04
清乾隆 霁蓝釉四方倭角花盆	高21.5cm	46,000	西泠拍卖	2017-07-15
清乾隆 霁蓝釉碗	直径17.8cm	48,300	北京翰海	2017-12-16
清乾隆 霁蓝釉碗（两件）	直径15.1cm	43,700	北京翰海	2017-12-16
清乾隆 霁蓝釉象耳琮式瓶	高29cm	105,800	北京中汉	2017-03-30
清乾隆 霁蓝釉象耳琮式瓶	高29.2cm	166,498	保利香港	2017-10-02
清乾隆 霁蓝釉玉壶春瓶	高30.5cm	598,000	西泠拍卖	2017-07-15
清乾隆 孔雀蓝釉大观音瓶	高40.5cm	460,000	北京保利	2017-12-19
清乾隆 孔雀蓝釉度母	高10cm	51,750	八益拍卖	2017-04-22
清乾隆 孔雀蓝釉龙纹天球瓶	高33.5cm	20,700	北京华辰	2017-12-17
清乾隆 蓝釉大胆瓶	高45cm	36,800	中国嘉德	2017-09-02
清乾隆 蓝釉大碗	直径19.3cm	28,750	中国嘉德	2017-03-31
清乾隆 蓝釉胆瓶	高26.5cm	46,000	中国嘉德	2017-09-03
清乾隆 蓝釉胆瓶	高53cm	57,500	华艺国际	2017-08-27
清乾隆 蓝釉雕瓷仿雕漆锦地寿字盖碗	直径11.8cm	20,700	中国嘉德	2017-09-02
清乾隆 蓝釉高足盘	直径16.5cm	23,000	北京保利	2017-04-17
清乾隆 蓝釉盘	直径19.5cm	23,000	北京保利	2017-04-16
清乾隆 蓝釉盘（一对）	直径15.5cm	36,800	北京保利	2017-04-17
清乾隆 蓝釉瓶	高22.6cm	16,768	伦敦佳士得	2017-05-12
清乾隆 蓝釉凸花兽面纹簠	长22.5cm	63,250	中国嘉德	2017-09-02
清乾隆 蓝釉象耳琮式瓶	高28.5cm	207,500	佳士得	2017-10-02
清乾隆 唐英制蓝釉八棱双兽耳方瓶	高22cm	402,500	十竹斋	2017-01-01
清乾隆 天蓝釉贯耳瓶	高23cm	13,800	华艺国际	2017-03-19
清乾隆 天蓝釉梅瓶	高23cm	1,058,000	北京宣石	2017-05-21
清乾隆 天蓝釉蒜头瓶	高27.3cm	575,000	北京保利	2017-06-08
清乾隆 天蓝釉小抱月瓶	高10.5cm	235,056	保利香港	2017-10-02
清乾隆 天蓝釉觯式花插（一对）	高18cm×2	2,331,740	佳士得	2017-11-29
清嘉庆 霁蓝釉分色碟	宽12.5cm	15,301	宝源国际	2017-05-29

(成交价RMB：1万元以上)

拍品名称	物品尺寸	成交价RMB	拍卖公司	拍卖日期
清嘉庆 蓝釉碗	直径18cm	63,250	华艺国际	2017-03-19
清嘉庆 蓝釉琮式瓶	高29cm	11,500	北京华辰	2017-06-05
清嘉庆 蓝釉调色盘	直径13cm	11,500	中国嘉德	2017-09-03
清嘉庆 蓝釉贴花双鱼洗	长13cm	28,750	中国嘉德	2017-09-02
清嘉庆 蓝釉碗		47,568	纽约苏富比	2017-03-15
清道光 霁蓝釉碗	直径17.6cm	25,300	大羿拍卖	2017-12-04
清道光 霁蓝釉碗（两件）	直径18cm	63,250	北京翰海	2017-12-16
清道光 霁蓝釉象耳方瓶	高29.5cm	92,000	北京翰海	2017-12-16
清道光 蓝釉盘	直径16.5cm	73,266	中国嘉德	2017-05-30
清道光 蓝釉水盂	直径7.5cm	23,000	北京荣宝	2017-06-02
清道光 蓝釉碗	直径18.2cm	20,700	中国嘉德	2017-03-31
清道光 蓝釉碗		47,568	纽约苏富比	2017-03-18
清中期 祭蓝釉观音瓶	高24.5cm	17,250	中国嘉德	2017-12-18
清中期 霁蓝釉天球瓶	高44cm	34,500	北京中汉	2017-09-01
清中期 孔雀蓝釉夔龙纹方盆	长23cm	23,000	北京华辰	2017-12-17
清中期 孔雀蓝釉双龙耳凤尾瓶	高32.9cm	69,000	西泠拍卖	2017-07-15
清中期 蓝釉大胆瓶	高45.2cm	34,500	中国嘉德	2017-03-31
清中期 蓝釉雕瓷山水人物纹调色盒	长11.9cm	17,250	中国嘉德	2017-09-02
清中期 蓝釉堆白花鸟双耳瓶	高60cm	48,300	北京保利	2017-11-04
清中期 蓝釉象耳方瓶	高30cm	23,000	北京保利	2017-11-04
清中期 洒蓝釉六棱形提梁壶	高19cm	11,500	北京保利	2017-12-20
清中期 天蓝釉模印折枝花卉纹石榴尊	高9cm	195,500	北京中汉	2017-12-19
清中期 天蓝釉天球瓶	高33.5cm	17,250	华艺国际	2017-03-19
清中期 天蓝釉小瓶	高18.5cm	46,000	北京保利	2017-12-20
清咸丰 霁蓝釉象耳琮式瓶	高29.3cm	207,000	北京匡时	2017-12-03
清咸丰 蓝釉碗	直径11cm	23,000	中国嘉德	2017-03-31
清同治 祭蓝釉象耳方瓶	高29.5cm	115,000	中国嘉德	2017-06-19
清同治 祭蓝釉玉壶春瓶	高28.5cm	172,500	中国嘉德	2017-06-19
清同治 霁蓝釉象耳琮式瓶	高29.5cm	126,500	北京华辰	2017-12-17
清同治 霁蓝釉象耳琮式瓶	高28.6cm	92,000	浙江佳宝	2017-07-23
清同治 蓝釉象耳方瓶	高29.8cm	32,200	中国嘉德	2017-03-31
清同治 蓝釉小碗	直径8.2cm	11,500	华艺国际	2017-08-27
清同治 霁蓝釉象耳方瓶	高31cm	11,500	北京翰海	2017-01-08
清光绪 祭蓝釉盖罐	高14.5cm	12,650	北京保利	2017-11-04
清光绪 祭蓝釉盘（一对）	直径21cm	11,500	北京保利	2017-06-08
清光绪 祭蓝釉象耳琮式瓶	高29cm	48,300	北京保利	2017-12-20
清光绪祭蓝釉象耳琮式瓶（带座）	高29cm	97,750	华艺国际	2017-11-25
清光绪 祭蓝釉象耳方瓶	高30cm	23,000	北京保利	2017-06-08
清光绪 祭蓝釉象耳尊	高12cm	11,500	北京保利	2017-04-17
清光绪 祭蓝釉小碟（一对）	直径10.2cm	23,000	北京保利	2017-12-20
清光绪 霁蓝釉贯耳瓶	高30cm	218,500	北京翰海	2017-12-16
清光绪 霁蓝釉盘	直径21cm	17,250	北京中汉	2017-03-30
清光绪 霁蓝釉三管瓶	高25cm	18,361	宝源国际	2017-05-29
清光绪 霁蓝釉碗（两件）	直径14.5cm	23,000	北京翰海	2017-12-16
清光绪霁蓝釉象耳琮式瓶（一对）	高29.5cm×2	172,500	北京诚轩	2017-06-20
清光绪 霁蓝釉象耳方瓶	高29.2cm	69,000	北京翰海	2017-06-04
清光绪 霁蓝釉象耳方瓶	高29cm	55,200	北京翰海	2017-12-16
清光绪 蓝釉盘	直径20.5cm	28,750	中国嘉德	2017-06-19
清光绪 蓝釉盘	直径27cm	23,000	北京华辰	2017-06-05
清光绪 蓝釉盘（一对）	直径21cm	17,250	中国嘉德	2017-09-02
清光绪 蓝釉瓶	高31.8cm	82,163	纽约佳士得	2017-03-17
清光绪 蓝釉赏瓶	高38.6cm	49,197	香港苏富比	2017-06-01
清光绪 蓝釉象耳方瓶	高29.5cm	20,700	中国嘉德	2017-09-02
清光绪 天蓝釉莲瓣纹柳叶瓶	高29.5cm	17,250	八益拍卖	2017-09-24
清光绪 霁蓝釉象耳方瓶	高29cm	92,000	北京翰海	2017-01-08
清宣统 霁蓝釉双象耳瓶	高30cm	59,800	北京保利	2017-12-20
清晚期 仿翡翠釉雕瓷福寿文如意	长50.5cm	28,750	中国嘉德	2017-03-31

拍品名称	物品尺寸	成交价RMB	拍卖公司	拍卖日期
清晚期 蓝釉太白尊	直径12cm	13,800	中国嘉德	2017-09-02
清晚期 天蓝釉双凤眼三足炉	直径13cm	23,000	北京华辰	2017-12-17
清晚期 天蓝釉胭脂彩螭龙水丞	长11cm	13,800	中国嘉德	2017-03-31
清晚期 天蓝釉长颈瓶	高15.3cm	25,300	中国嘉德	2017-06-19
晚清 天蓝釉瓶	高21.6cm	20,750	佳士得	2017-10-04
清 祭蓝象耳方瓶	高25cm	46,000	北京翰海	2017-09-10
清 祭蓝釉双象耳瓶	高30.5cm	11,500	北京保利	2017-04-16
清 霁蓝釉小杯（一对）	高4cm	20,700	北京荣宝	2017-09-24
清 孔雀蓝釉水仙盆（一对）	20.5cm×10.2cm×2	115,000	北京诚轩	2017-06-20
清 蓝釉八卦瓶	高24cm	25,300	北京翰海	2017-09-13
清 蓝釉大碗	直径19.7cm	11,500	中国嘉德	2017-09-03
清 蓝釉菊瓣瓶	高20.5cm	23,000	北京保利	2017-11-04
清 蓝釉双耳瓶	高45cm	34,500	华艺国际	2017-08-27
清 蓝釉双象耳瓶	高34cm	17,250	北京保利	2017-11-04
清 蓝釉铁骨泥象鼻大尊	高63cm	20,401	宝源国际	2017-05-29
清 蓝釉窑变胆瓶	高23cm	22,441	宝源国际	2017-05-29
清 蓝釉执壶	宽13.5cm	11,500	北京保利	2017-04-16
清 洒蓝釉梅瓶	高17.4cm	46,000	中国嘉德	2017-03-31
清 洒蓝釉梅瓶	高22cm	43,700	西泠拍卖	2017-07-15
清 天蓝小蒜头瓶（一对）	高15cm	34,500	北京保利	2017-06-08
清 天蓝釉暗刻太白尊	高8.8cm	80,500	西泠拍卖	2017-07-15
清 天蓝釉六孔花插、仿官海棠形水盂、仿哥釉小天球瓶（3件）	高11cm；宽8cm；宽11cm	43,700	北京保利	2017-06-07
清 天蓝釉三足瓶	高12.6cm	69,000	西泠拍卖	2017-07-15
清 天蓝釉双耳小尊	高14cm	11,500	北京荣宝	2017-09-24
清 天蓝釉水洗	长11.7cm	25,300	西泠拍卖	2017-07-15
清 天蓝釉水仙盆	长27cm	34,500	西泠拍卖	2017-07-15
清 天蓝釉四系尊	高24cm	57,500	华艺国际	2017-08-27
清 天蓝釉碗	直径14.7cm	19,550	北京保利	2017-04-16
清 天蓝釉洗	直径11.8cm	11,500	华艺国际	2017-03-19
清 天蓝釉小天球瓶	高20.5cm	34,500	北京翰海	2017-06-04
清 颜色釉小瓶带多宝阁（1组5件）	高14.5cm；高14.3cm；高13.1cm；高11.5cm；53.8cm×37.2cm	13,800	北京荣宝	2017-04-02
18世纪 祭蓝釉碗（1组4件）	直径17cm；17.5cm	255,038	纽约佳士得	2017-07-13
18世纪 蓝釉大天球瓶	高43.8cm	34,595	纽约佳士得	2017-03-16
18世纪 蓝釉小梅瓶	高20.3cm	51,750	北京中汉	2017-09-01
18世纪 天蓝釉撇口瓶	高19.5cm	48,300	华艺国际	2017-11-25
18世纪/19世纪 孔雀蓝釉大瓶、小瓶及洗（一组四件）	The tall vase 高37cm；The two small vases 高15cm；The washer 直径11.5cm	187,028	纽约佳士得	2017-07-13
18世纪/19世纪 蓝釉长颈瓶	高43.8cm	16,768	伦敦佳士得	2017-05-12
19世纪 天蓝釉浮雕云龙纹六系铺首大尊	高78cm	391,760	香港中汉	2017-10-03
民国 蓝釉凸花缠枝莲托八宝纹洗	直径20.2cm	23,000	中国嘉德	2017-09-02
民国 天蓝釉达摩渡海像	高37.3cm	25,300	中国嘉德	2017-03-31
民国 天蓝釉粉彩九桃天球瓶	高57.5cm	20,700	中国嘉德	2017-09-03
民国 天蓝釉印盒	直径7.2cm	13,800	中国嘉德	2017-09-03
民国 天蓝釉印花双耳瓶	高27cm	31,360	蓝天国拍	2017-08-31
孔雀蓝釉缠枝花卉梅瓶	高23.5cm	80,500	中贸圣佳	2017-09-04
孔雀蓝釉仿古夔龙纹瓶	高18.5cm	172,975	纽约佳士得	2017-03-17
清 霁蓝釉琮式瓶	高29.5cm	11,500	北京翰海	2017-01-08
清-民国 孔雀蓝釉凸雕松柏长春图笔筒	高12.6cm	11,500	中贸圣佳	2017-09-04
绿釉				
唐 长沙窑绿釉带盖执壶		19,027	纽约苏富比	2017-03-18
五代 绿釉梨形执壶	高16cm	20,933	宝港国际	2017-05-29

拍品名称	物品尺寸	成交价RMB	拍卖公司	拍卖日期
北宋定窑绿釉刻宝相花纹如意形枕	宽24cm	67,438	佳士得	2017-10-04
北宋 绿釉温器	高16.5cm	58,764	中国嘉德	2017-10-02
辽 绿釉印花盘		82,163	纽约苏富比	2017-03-18
金 绿釉刻花模印福禄纹扇形枕	长34cm	10,467	中国嘉德	2017-05-30
元 磁州窑黄绿釉双狮瓷枕	19.5cm×12cm	92,000	北京荣宝	2017-04-02
元 钧窑绿釉花口盘	直径15.3cm	23,000	北京荣宝	2017-09-24
元 绿釉束腰瓷枕	17.6cm×9.7cm	80,500	北京荣宝	2017-04-02
明以前 绿釉辟雍小砚	直径5.3cm	23,000	十竹斋	2017-01-01
明末清初 孔雀绿釉朝冠耳三足炉		34,595	纽约苏富比	2017-03-18
清早期 孔雀绿釉大盘	直径25.2cm	23,000	中国嘉德	2017-09-02
清早期 绿釉铃铛杯（一对）	直径8cm	17,250	华艺国际	2017-03-19
清康熙 孔雀绿釉暗刻夔龙纹笔筒	高14.2cm	126,500	华艺国际	2017-11-25
清康熙 孔雀绿釉荷叶洗	长24cm	11,500	中国嘉德	2017-03-31
清康熙 孔雀绿釉六方梅瓶	高22cm	51,750	中国嘉德	2017-06-19
清康熙 孔雀绿釉赏瓶	高15.2cm	80,500	浙江佳宝	2017-07-23
清康熙 孔雀绿釉小梅瓶	高11.7cm	13,800	中国嘉德	2017-03-31
清康熙 郎绿釉梅瓶	高21cm	69,000	广东崇正	2017-06-15
清康熙 绿釉秋叶形笔掭	长14cm	28,750	北京保利	2017-12-19
清康熙 绿釉天球瓶	高34.8cm	55,200	中国嘉德	2017-06-19
清康熙 鱼子绿釉橄榄尊	高24cm	253,000	北京匡时	2017-12-03
清康熙/18世纪中期 苹果绿釉罐	高15cm	105,138	保利香港	2017-04-04
清雍正 仿绿定暗刻牡丹纹盘（一对）	直径14.7cm	34,500	北京华辰	2017-06-05
清雍正 孔雀绿釉花盆	直径20.5cm	92,000	中国嘉德	2017-03-31
清雍正 孔雀绿釉三足菱口洗	直径23.2cm	345,000	北京中汉	2017-06-17
清雍正 孔雀绿釉套盆	直径23.8cm	805,000	华艺国际	2017-11-25
清雍正 郎窑绿釉小天球瓶	高22.7cm	379,500	北京诚轩	2017-06-20
清雍正 绿哥釉觯式尊	高13.5cm	391,000	上海明轩	2017-06-30
清雍正 绿釉暗刻云龙纹碗	直径11.3cm	420,552	保利香港	2017-04-04
清雍正 苹果绿釉小筒瓶	高11.8cm	20,700	中国嘉德	2017-12-18
清雍正松石绿釉葵式茶钟（一对）	直径11.3cm×2	1,914,750	佳士得	2017-11-29
清乾隆 湖水绿釉碗	直径12cm	149,500	北京宣石	2017-12-03
清乾隆孔雀绿釉茄形壁挂（一对）	高14.7cm	11,500	华艺国际	2017-08-27
清乾隆 绿哥釉梅瓶	高23cm	17,250	北京荣宝	2017-06-02
清乾隆 绿釉暗刻龙纹盘	径18.5cm	170,250	印千山	2017-07-09
清乾隆 绿釉双龙耳瓶	高14cm	23,000	华艺国际	2017-03-19
清乾隆 秋葵绿釉花瓣形碗	直径17.5cm	92,000	上海敬华	2017-07-01
清乾隆 秋葵绿釉石榴尊	高13.8cm	92,000	中国嘉德	2017-03-31
清乾隆 蛇皮绿釉玉壶春	高30.3cm	713,000	北京保利	2017-12-18
清乾隆 松绿釉珍珠地笔掭	长7.5cm	32,200	中国嘉德	2017-06-19
清乾隆 松石绿地堆白螭龙纹海棠瓶	高25cm	138,000	北京荣宝	2017-09-24
清乾隆 松石绿釉堆白福寿纹碗	直径13.3cm	241,500	中国嘉德	2017-06-20
清嘉庆 绿釉帽筒（一对）	高28cm	46,000	北京保利	2017-08-02
清道光 湖水绿釉渣斗（一对）	高8.7cm×2	805,000	北京保利	2017-12-18
清道光 绿釉双面雕瓷双狮耳瓶	高17cm	23,000	北京保利	2017-12-20
清道光 绿釉团花花口碗	直径17.5cm	36,800	北京翰海	2017-12-16
清道光 绿釉渣斗	高8.5cm	23,000	北京保利	2017-11-05
清中期 仿哥窑绿釉梅瓶、窑变釉撇口瓶（共两件）	高20.7cm；高18.2cm	69,000	北京保利	2017-06-07
清中期 孔雀绿釉荷叶盘	直径30.5cm	25,300	中国嘉德	2017-09-02
清中期 孔雀绿釉模印云龙纹瓶	高41.5cm	20,700	北京中汉	2017-03-30
清中期 绿哥釉炉	直径26.5cm	17,250	中国嘉德	2017-09-02
清中期绿釉堆白皮球花碗（两件）	直径9cm	32,200	北京翰海	2017-09-13
清中期 绿釉堆塑鱼篓尊	高16.5cm	92,000	华艺国际	2017-05-27
清中期 绿釉葫芦瓶	高19cm	18,400	华艺国际	2017-08-27
清同治 吹绿釉暗刻龙纹碗	直径14.7cm	34,500	广东崇正	2017-12-13
清同治 绿釉周追敦	长26cm	34,500	十竹斋	2017-01-01

拍品名称	物品尺寸	成交价RMB	拍卖公司	拍卖日期
清光绪 白地绿釉暗刻龙纹盘（一对）	直径18.5cm	92,000	广东崇正	2017-12-13
清光绪 绿釉双龙赶珠纹盘（一对）	直径18.2cm	51,893	纽约佳士得	2017-03-17
清光绪 苹果绿釉刻龙纹碗	直径14.5cm	17,250	北京保利	2017-12-20
清光绪 秋葵绿釉暗花赶珠云龙纹碗（一对）		129,731	纽约苏富比	2017-03-18
清光绪 松石绿釉回纹仿宋至德坛炉	长17cm	20,700	中国嘉德	2017-09-03
清光绪及乾隆 黄地绿釉云龙赶珠纹盘及乾隆祭蓝釉盘（一对一组三件）	18cm；直径19cm	187,028	纽约佳士得	2017-07-13
清晚期 吹绿釉如意	长49cm	17,250	北京荣宝	2017-04-02
清晚期 秋葵绿釉仿青铜尊	高28cm	20,700	北京保利	2017-04-17
清 灵芝纹绿松釉瓷如意	长33cm	81,650	荣宝斋（上海）	2017-07-30
清 绿哥釉天球瓶	高34cm	11,500	广东崇正	2017-06-15
清 绿釉暗刻龙纹梅瓶	高14cm	11,500	北京保利	2017-11-05
清 绿釉瓶	高20cm	34,500	北京翰海	2017-09-13
清 松石绿釉扳指	直径3cm	13,800	北京保利	2017-11-05
18世纪 雍正苹果绿釉琵琶尊	高39.5cm	34,500	上海明轩	2017-06-30
定黄绿釉波浪纹凤首执壶	高22.2cm	1,932,000	中贸圣佳	2017-06-18
仿清乾隆款绿釉堆花缠枝莲寿字瓶	高30.5cm	32,200	福建东南	2017-10-29
清 孔雀绿釉暗刻云龙笔洗	直径24cm	20,700	北京翰海	2017-01-08
金釉				
清康熙 金釉壶	高15cm	46,000	北京华辰	2017-12-17
清康熙 金釉提梁壶	高15cm	230,000	北京中汉	2017-05-21
清康熙 金釉执壶	高20cm	34,500	北京保利	2017-04-16
清雍正 仿金釉碗（一对）	直径15.7cm	575,000	北京保利	2017-12-18
酱釉				
北宋定窑紫金釉划花白覆轮葵口碟	直径（口）11.9cm	17,250	浙江佳宝	2017-07-23
北宋 定窑紫金釉盏托	直径13cm	195,500	西泠拍卖	2017-07-15
北宋 耀州窑紫金釉笠式碗	直径13.8cm	66,825	佳士得	2017-04-04
北宋/金 磁州窑酱釉执壶	高13.7cm	382,645	香港苏富比	2017-06-01
北宋/金 耀州窑酱釉瓜棱小罐		86,488	纽约苏富比	2017-03-15
北宋/金 耀州窑酱釉盏托		224,868	纽约苏富比	2017-03-15
北宋/金 紫金釉钵	直径12cm	55,688	佳士得	2017-04-04
南宋 建窑柿子红釉盏	直径9.6cm	207,000	上海明轩	2017-06-30
宋 当阳峪窑酱釉花口碟	直径11.8cm	52,569	保利香港	2017-04-04
宋 定窑酱釉盏托	长12cm	334,125	香港苏富比	2017-04-05
宋 吉州窑系琥珀釉碗	直径12.2cm	120,260	香港苏富比	2017-06-01
宋 酱色釉执壶	高22cm	68,033	宝港国际	2017-05-29
宋 紫定玉壶春瓶	高18cm	122,406	宝源国际	2017-05-29
宋/金 酱釉盏（1组5件）	最大的直径15cm	20,933	中国嘉德	2017-05-30
元 内酱釉柳条罐	直径10.7cm	41,400	北京荣宝	2017-12-02
元 耀州酱釉兽面三足炉	宽13cm	17,250	北京保利	2017-06-07
明宣德 酱釉暗刻云龙纹盘	直径13.5cm	437,000	北京诚轩	2017-06-20
明宣德 紫金釉撇口碗	直径10.4cm	1,380,000	北京中汉	2017-12-19
明万历 酱釉暗刻炉	直径23cm	57,500	北京宣石	2017-12-03
清康熙 酱釉杯（一对）	高5.2cm；直径9cm	57,500	广东崇正	2017-12-13
清康熙 紫金酱釉"双龙赶珠"纹大盘	直径32cm	299,000	北京宣石	2017-12-03
清康熙 紫金釉墩式碗	直径11.5cm	57,500	北京中汉	2017-03-30
清康熙 紫金釉弦纹碗	直径16.8cm	59,800	北京中汉	2017-05-21
清雍正 酱釉刻花鸟纹香炉	宽30cm	20,700	中国嘉德	2017-12-18
清雍正 紫金釉菊瓣盘	直径17.3cm	1,569,990	中国嘉德	2017-05-30
清雍正 紫金釉鹦鹉耳扁瓶	高22.3cm	4,897,000	北京匡时	2017-10-02
清乾隆 酱釉折腰高足碗	直径17.7cm	207,000	北京保利	2017-08-02
清乾隆 酱釉直口杯（六只）	口径6.8cm	20,700	上海匡时	2017-11-05

拍品名称	物品尺寸	成交价RMB	拍卖公司	拍卖日期
清乾隆 紫金釉琮式瓶	高36cm	34,500	北京保利	2017-04-16
清乾隆 紫金釉梅瓶	高34cm	28,750	北京保利	2017-11-05
清乾隆 紫金釉弦纹杯（一对）	直径8.5cm	218,500	观唐皕榷	2017-01-12
清乾隆 紫金釉玉壶春瓶	高29cm	17,250	北京保利	2017-11-04
清道光 黄成福作酱釉雕瓷山水人物纹水丞	直径6.5cm	55,200	中国嘉德	2017-09-02
清道光 酱釉碗（两件）	直径11.5cm	74,750	北京翰海	2017-06-04
清光绪 酱釉碗（两件）	直径15.5cm	34,500	北京翰海	2017-12-16
清光绪 酱釉碗（一对）	高径12.5cm×2	17,250	北京荣宝	2017-09-24
清光绪 酱釉碗（两件）	直径12.5cm	20,700	北京翰海	2017-06-04
清光绪 紫金釉墩式碗	直径12.6cm	13,800	中国嘉德	2017-09-03
清光绪紫金釉如意纹大碗（一对）	直径17.5cm	34,500	北京保利	2017-12-20
清光绪 紫金釉碗	直径12.5cm	13,800	北京保利	2017-12-20
铁锈釉				
宋 磁州窑铁锈花白覆轮碗	直径18cm	115,000	西泠拍卖	2017-07-15
清雍正 铁锈花釉撒金花盆	直径27cm	23,000	中国嘉德	2017-06-19
清乾隆 铁锈花釉琮式瓶	高36cm	13,800	北京保利	2017-04-16
清乾隆 铁锈花釉双如意耳尊	直径31cm	92,000	北京中汉	2017-06-17
清乾隆 铁锈花釉小梅瓶	高10.2cm	13,800	中国嘉德	2017-06-19
清乾隆 锈铁釉瓶	高18.5cm	29,306	宝港国际	2017-05-29
清 哥瓷铁锈花双兽耳瓶	高60cm	25,300	北京翰海	2017-09-10
清 铁锈釉八方洗	长22.5cm	13,800	中国嘉德	2017-09-03
18世纪 铁锈花釉梅瓶	高23cm	46,000	北京中汉	2017-06-17
18世纪 铁锈釉胆瓶	高11.5cm	14,950	华艺国际	2017-03-19
窑变釉				
清雍正 窑变釉螭龙纹贯耳方瓶	高36.2cm	161,000	中国嘉德	2017-03-31
清雍正 窑变釉大鸠耳衔环尊	高35cm	10,350,000	中国嘉德	2017-06-20
清雍正 窑变釉胆瓶	高28.3cm	1,725,000	保利厦门	2017-06-25
清雍正 窑变釉鼓钉洗	直径18.2cm	287,500	西泠拍卖	2017-07-15
清雍正 窑变釉葵口洗	口径21cm	80,500	西泠拍卖	2017-07-15
清雍正 窑变釉六方器座（一对）	长19.5cm	23,000	中国嘉德	2017-03-31
清雍正 窑变釉盘口弦纹瓶	高33.5cm	3,416,985	北京匡时	2017-04-03
清雍正 窑变釉铺首耳尊	高26cm	4,830,000	北京保利	2017-06-06
清雍正 窑变釉双耳抱月瓶	高33cm	3,680,000	北京保利	2017-12-18
清雍正 窑变釉四方水仙盆	长19.5cm	1,997,622	保利香港	2017-04-04
清雍正 窑变釉弦纹汉壶尊	高26.1cm	575,000	北京中汉	2017-05-21
清雍正 窑变釉镶铜象耳八棱尊	高52.5cm	2,990,000	北京翰海	2017-06-04
清雍正 窑变釉杏圆如意耳抱月瓶	直径25.3cm	1,840,000	北京中汉	2017-05-21
清雍正/乾隆 窑变釉球式小尊	高10cm	36,800	中贸圣佳	2017-09-04
清雍正年制款窑变釉抱月瓶	高34cm；宽25cm	368,000	荣宝斋（上海）	2017-07-30
清乾隆 莲蓬口窑变釉七孔花插	高36cm	34,500	北京宣石	2017-12-03
清乾隆 窑变釉螭龙洗	直径13.5cm	11,500	中国嘉德	2017-09-02
清乾隆 窑变釉达摩人物（一对）	高47cm×2	667,000	北京匡时	2017-12-03
清乾隆 窑变釉胆瓶	高46.5cm	1,265,000	观唐皕榷	2017-01-11
清乾隆 窑变釉胆瓶	高39cm	48,970	北京匡时	2017-10-02
清乾隆 窑变釉灯笼瓶	高18.5cm	27,600	华艺国际	2017-03-19
清乾隆 窑变釉鼎式炉（一对）	高9.5cm	13,800	中国嘉德	2017-09-02
清乾隆 窑变釉瓜棱直颈瓶	高20cm	13,800	华艺国际	2017-08-27
清乾隆 窑变釉贯耳方壶		302,706	纽约苏富比	2017-03-15
清乾隆 窑变釉贯耳瓶	高30cm	862,500	观唐皕榷	2017-01-12
清乾隆 窑变釉贯耳瓶	高29.5cm	517,500	北京东正	2017-12-09
清乾隆 窑变釉贯耳瓶	高28cm	552,000	观唐皕榷	2017-01-12
清乾隆 窑变釉贯耳瓶	高31cm	690,000	北京保利	2017-08-02
清乾隆 窑变釉贯耳瓶	高30cm	63,250	北京保利	2017-04-16
清乾隆 窑变釉花觚	高27cm	805,000	北京匡时	2017-12-03
清乾隆 窑变釉灵芝花插	高12.1cm	322,000	中贸圣佳	2017-06-18
清乾隆 窑变釉菱形出戟尊	高27cm	92,000	北京荣宝	2017-06-02

拍品名称	物品尺寸	成交价RMB	拍卖公司	拍卖日期
清乾隆 窑变釉菱形琮式瓶	高26.8cm	32,200	中国嘉德	2017-09-02
清乾隆 窑变釉梅瓶	高31cm	39,200	蓝天国拍	2017-08-31
清乾隆 窑变釉梅瓶	高20.5cm	138,000	北京华辰	2017-06-05
清乾隆 窑变釉撇口瓶	高40cm	2,938,200	保利香港	2017-10-02
清乾隆 窑变釉铺首弦纹尊	高31.5cm	34,500	北京保利	2017-04-17
清乾隆 窑变釉石榴尊	高18.5cm	402,500	观唐皕榷	2017-01-12
清乾隆 窑变釉石榴尊	高19.5cm	388,063	佳士得	2017-05-31
清乾隆 窑变釉石榴尊	高19.9cm	402,500	中贸圣佳	2017-06-18
清乾隆 窑变釉石榴尊	高20cm	184,000	印千山	2017-03-30
清乾隆 窑变釉石榴尊	高20cm	218,500	观唐皕榷	2017-01-12
清乾隆 窑变釉石榴尊	高21.8cm	57,500	北京中汉	2017-03-30
清乾隆 窑变釉石榴尊	高21cm	115,000	北京宣石	2017-12-03
清乾隆 窑变釉石榴尊	高20.5cm	41,400	北京保利	2017-04-16
清乾隆 窑变釉双耳盖碗尊	高21.5cm	534,750	北京翰海	2017-06-04
清乾隆 窑变釉双耳瓶	高22.2cm	1,546,397	纽约佳士得	2017-03-16
清乾隆 窑变釉双耳瓶	高20.4cm	77,839	纽约佳士得	2017-03-17
清乾隆 窑变釉双云耳盖碗尊	高22cm	345,000	保利厦门	2017-06-26
清乾隆 窑变釉弦纹瓶	高40.7cm	51,750	北京翰海	2017-12-16
清乾隆 窑变釉弦纹蒜头瓶	高29.5cm	5,520,000	观唐皕榷	2017-01-11
清乾隆 窑变釉觯式小尊	高14cm	1,058,000	中贸圣佳	2017-06-18
清乾隆 窑变釉锥把瓶	高41cm	63,250	北京保利	2017-04-16
清道光 窑变釉贯耳方壶	高30.3cm	334,125	佳士得	2017-04-04
清道光 窑变釉石榴尊	高19cm	230,000	中国嘉德	2017-09-02
清道光 窑变釉石榴尊	高19.2cm	86,250	北京保利	2017-06-07
清道光 窑变釉杏圆四方贯耳瓶	高30cm	345,000	北京中汉	2017-05-21
清中期 窑变釉荸荠瓶	高31cm	20,700	中国嘉德	2017-09-03
清中期 窑变釉荸荠瓶	高33.5cm	11,500	中国嘉德	2017-03-31
清中期 窑变釉大锥把瓶	高49cm	20,700	中国嘉德	2017-03-31
清中期窑变釉佛手形花插（一对）	高22.2cm	20,700	八益拍卖	2017-09-24
清中期 窑变釉贯耳瓶（带座）	高29.5cm	14,950	华艺国际	2017-08-27
清中期 窑变釉兰花方盆（一对）	高49cm	59,800	中国嘉德	2017-06-19
清中期 窑变釉水盂（一对）	直径7cm	11,500	北京保利	2017-06-07
清中期 窑变釉天球瓶	高35.6cm	13,800	中国嘉德	2017-09-02
清中期 窑变釉天球瓶	高39.5cm	28,750	北京保利	2017-11-04
清中期 窑变釉五孔瓶	高38cm	74,750	印千山	2017-03-30
清中期 窑变釉竹节耳尊	高47.7cm	32,200	中国嘉德	2017-09-03
清中期 窑变釉尊	高28cm	43,700	中国嘉德	2017-09-03
清同治 窑变釉贯耳方瓶	高30cm	218,500	北京保利	2017-12-20
清光绪 窑变釉贯耳方瓶	高29cm	69,000	北京保利	2017-06-08
清光绪 窑变釉贯耳瓶	高29.5cm	281,750	北京匡时	2017-03-30
清光绪 窑变釉贯耳瓶	高30cm	172,500	中国嘉德	2017-06-19
清光绪 窑变釉贯耳瓶	高30cm	23,000	中国嘉德	2017-09-03
清光绪 窑变釉贯耳瓶	高26cm	13,800	中国嘉德	2017-09-03
清光绪 窑变釉贯耳瓶	高30.5cm	172,500	北京荣宝	2017-04-02
清光绪 窑变釉贯耳瓶	高30cm	195,500	北京翰海	2017-12-16
清光绪 窑变釉贯耳瓶	高30cm	92,000	北京保利	2017-04-17
清光绪/宣统 窑变釉贯耳瓶	高30.3cm	34,500	中国嘉德	2017-03-31
清宣统 窑变釉贯耳瓶	高30cm	299,000	中国嘉德	2017-12-18
清宣统 窑变釉贯耳瓶	高30cm	253,000	北京翰海	2017-12-16
清 窑变釉、天蓝釉水丞各一件	直径7cm；直径6.2cm	17,250	中国嘉德	2017-09-02
清 窑变釉螭龙尊	高17cm	17,250	北京保利	2017-04-16
清 窑变釉大梅瓶	高39cm	17,250	中国嘉德	2017-03-31
清 窑变釉花盆	直径18cm	25,300	北京保利	2017-11-05
清 窑变釉铺首尊	高51.3cm	20,700	中国嘉德	2017-03-31
清 窑变釉石榴尊	高20.5cm	161,000	北京保利	2017-11-04
清 窑变釉双鱼尊	高28cm	23,000	北京翰海	2017-04-30
清 窑变釉天球瓶	高36cm	69,000	北京翰海	2017-09-13

拍品名称	物品尺寸	成交价RMB	拍卖公司	拍卖日期
清 窑变釉天球瓶	高36cm	69,000	北京翰海	2017-09-13
18世纪 窑变贯耳瓶	高35cm	34,500	华艺国际	2017-11-25
18世纪 窑变釉大胆瓶	高52.2cm	23,000	北京中汉	2017-09-01
18世纪 窑变釉大长颈瓶	高52.2cm	48,300	北京中汉	2017-03-30
18世纪 窑变釉鼓钉洗	直径27.5cm	66,700	华艺国际	2017-11-25
18世纪 窑变釉梅瓶	高45.5cm	42,479	伦敦佳士得	2017-05-12
18世纪 窑变釉撇口瓶	高25cm	13,800	华艺国际	2017-03-19
18世纪 窑变釉撇口瓶	高19.8cm	92,000	北京中汉	2017-09-01
18世纪 窑变釉长颈瓶	高41.5cm	69,190	纽约佳士得	2017-03-17
18世纪/19世纪 窑变釉龙耳瓶	高35.8cm	437,308	香港苏富比	2017-06-01
18世纪/19世纪 窑变釉梅瓶	高29.3cm	51,893	纽约佳士得	2017-03-17
18世纪/19世纪 窑变釉瓶		77,839	纽约苏富比	2017-03-18
19世纪 窑变釉花盆（一对）	高21.2cm	20,700	中国嘉德	2017-06-19
19世纪 窑变釉马蹄尊	高22.3cm	26,829	伦敦佳士得	2017-05-12
19世纪 窑变釉瓶	高36.8cm	26,829	伦敦佳士得	2017-05-12
19世纪 窑变釉象耳尊		25,946	纽约苏富比	2017-03-18
约1800年 窑变釉赏瓶	高43.8cm	69,190	纽约佳士得	2017-03-16
炉钧釉				
清早期 炉钧釉莲子壶	高10cm	21,547	中国嘉德	2017-10-02
清雍正 孔雀翎炉钧釉卷缸	直径22.5cm	8,970,000	北京匡时	2017-12-03
清雍正 孔雀毛炉钧釉弦纹塔式瓶	高25.8cm	4,211,420	北京匡时	2017-10-02
清雍正 炉钧釉花口椭圆式花盆	高10.4cm	920,000	北京翰海	2017-06-04
清雍正 炉钧釉铺首尊	高18cm	126,500	中国嘉德	2017-03-31
清雍正 炉钧釉双耳炉	宽19cm	734,550	保利香港	2017-10-02
清雍正 炉钧釉双耳瓶（带座）	直径8cm	34,500	华艺国际	2017-08-27
清乾隆 炉钧釉出戟方瓶	高22cm	78,200	北京匡时	2017-06-04
清乾隆 炉钧釉灯笼瓶	高23cm	977,500	北京荣宝	2017-12-02
清乾隆 炉钧釉灯笼瓶	高23.5cm	101,200	北京中汉	2017-12-19
清乾隆 炉钧釉灯笼瓶	高23.2cm	253,000	北京诚轩	2017-06-20
清乾隆 炉钧釉菱形八卦纹瓶	高33.3cm	126,500	中贸圣佳	2017-06-18
清乾隆 炉钧釉瓶	高14.7cm	20,700	中国嘉德	2017-09-02
清乾隆 炉钧釉铺首尊	高10.5cm	34,500	广东崇正	2017-06-15
清乾隆 炉钧釉球式尊	直径15.5cm	2,875,000	中贸圣佳	2017-06-18
清乾隆 炉钧釉如意耳扁瓶	高20cm	504,662	北京匡时	2017-04-03
清乾隆 炉钧釉石榴尊	高28cm	391,000	西泠拍卖	2017-07-15
清乾隆 炉钧釉碗（一对）	径18.5cm×2	170,250	印千山	2017-07-09
清乾隆 炉钧釉弦纹瓶	高24.8cm	115,000	北京翰海	2017-06-04
清乾隆 炉钧釉小罐	高6.5cm	322,000	北京匡时	2017-12-03
清乾隆 炉钧釉小梅瓶	高13.2cm	74,750	北京中汉	2017-03-30
清乾隆 炉钧釉小铺首尊	高14.5cm	32,200	中国嘉德	2017-03-31
清乾隆 炉钧釉小象耳尊	高12.5cm	52,900	中国嘉德	2017-09-02
清乾隆 炉钧釉小象耳尊	高10.7cm	34,500	中国嘉德	2017-03-31
清道光 炉钧釉灯笼尊	高23.3cm	517,500	北京保利	2017-12-19
清道光 炉钧釉方胜形瓶	高11cm	20,700	北京保利	2017-11-05
清中期 炉钧釉六角画缸	高29cm	40,250	上海大众	2017-06-24
清中期 炉钧釉小盘口瓶	高20cm	92,000	北京保利	2017-12-20
清光绪 炉钧雕瓷山水人物方瓶	高27.5cm	11,500	北京保利	2017-12-20
清光绪 炉钧釉螭龙纹仿王子吴鼎（一对）	长16.8cm；长15.8cm	23,000	中国嘉德	2017-03-31
清晚期 炉钧釉水盂	直径7cm	13,800	中国嘉德	2017-06-19
清 炉均釉穿带瓶	高20.5cm	115,000	北京荣宝	2017-06-02
清 炉钧釉穿带瓶	高21cm	11,500	北京保利	2017-11-05
清 炉钧釉灯笼瓶	高16cm	40,250	北京翰海	2017-09-10
清 炉钧釉鹿形洗	直径18cm	17,250	朵云轩	2017-04-21
清 炉钧釉双耳小尊	高14cm	11,500	北京翰海	2017-09-10
清 炉钧釉象耳瓶	高10cm	69,000	北京保利	2017-11-04
18世纪 炉钧釉葫芦瓶	高32.5cm	388,063	佳士得	2017-05-31
18世纪 炉钧釉弦纹鼓腹小瓶	高15.6cm	124,500	佳士得	2017-10-02

拍品名称	物品尺寸	成交价RMB	拍卖公司	拍卖日期
18世纪 炉钧釉长颈瓶	高21.8cm	17,250	中国嘉德	2017-06-19
民国 炉钧釉尊	高17.7cm	25,300	北京保利	2017-06-08
清 炉钧釉天球瓶	高37.5cm	48,300	北京翰海	2017-01-08
清末 炉钧釉雕瓷山水图笔筒		34,595	纽约苏富比	2017-03-18
仿木釉				
清乾隆 仿木纹釉碗	直径12.3cm	34,500	中国嘉德	2017-06-19
清乾隆 木釉开光盖碗形壁瓶	高13.4cm	20,700	北京保利	2017-11-05
清乾隆 木釉诗文高足盘	直径20cm	115,000	北京保利	2017-04-16
清乾隆 外仿木釉内粉彩鸡缸碗	直径12cm	63,250	中国嘉德	2017-03-31
清 仿木釉描金团寿字洗	直径19.7cm	11,500	中国嘉德	2017-03-31
清 木纹釉开窗花卉水仙盆	宽25cm	13,800	北京保利	2017-11-05
18世纪末/19世纪 仿木纹釉碗（一对）		25,946	纽约蘇富比	2017-03-18
19世纪/20世纪 仿木纹釉桶式花盆（一对）连托盆	直径12.6cm×2	92,928	香港苏富比	2017-06-01
清末 仿木纹釉花盆（一对）		95,136	纽约苏富比	2017-03-18
仿古铜釉				
清乾隆 仿铜釉双牺尊	高22.1cm	1,782,000	香港苏富比	2017-04-05
清乾隆 仿铜釉饕餮纹出戟大壶（一对）	高41.5cm×2	17,196,300	香港苏富比	2017-04-05
清中期 仿铜釉雕瓷重环兽面纹兽耳尊	高23.2cm	40,250	中国嘉德	2017-03-31
清 仿古铜釉炉瓶盒三事	尺寸不一	138,000	北京匡时	2017-12-03
清 仿青铜钩釉花菇	高26cm	32,200	十竹斋	2017-01-01
清 仿铜釉象耳瓶	高17.5cm	25,300	广东崇正	2017-06-15
清 古铜彩饕餮纹螭龙耳长方盖炉	13cm	67,438	佳士得	2017-10-04
仿石釉				
清乾隆 槟榔石釉花盆	高15.5cm	3,220,000	大羿拍卖	2017-12-04
清乾隆 仿石纹釉“勤能补拙”方章	2.4cm×2.4cm×7.2cm	345,000	北京保利	2017-12-20
清中期 仿石釉瓜棱梅瓶	高12.9cm	28,750	中国嘉德	2017-03-31
茄皮紫釉				
17世纪/18世纪 茄皮紫釉铺首三足炉	宽27.3cm	32,305	纽约佳士得	2017-07-13
清早期 茄皮紫釉三足炉	高16.5cm	20,700	北京保利	2017-04-16
清康熙 茄皮紫釉暗刻龙纹盘	直径25.2cm	69,000	北京中汉	2017-09-01
清康熙 茄皮紫釉花盆	直径14.2cm	25,300	中国嘉德	2017-06-19
清康熙 茄皮紫釉牡丹吸杯	长14.6cm	287,500	北京保利	2017-12-18
清康熙 茄皮紫釉筒瓶	高47cm	28,561	宝源国际	2017-05-29
清康熙 茄皮紫釉碗	直径17.5cm	69,000	观唐皕榷	2017-01-12
清康熙 茄皮紫釉碗	直径12.2cm	32,200	中国嘉德	2017-03-31
清康熙 紫釉碗（两件）	直径21cm；直径18.1cm	18,703	纽约佳士得	2017-07-13
清雍正 茄皮紫釉暗刻石榴纹盘	直径14.7cm	372,172	保利香港	2017-10-02
清雍正 紫釉蒜头瓶	高11.5cm	11,500	朵云轩	2017-06-25
清乾隆 茄皮紫釉梅瓶	高21.5cm	713,000	观唐皕榷	2017-01-12
清乾隆 茄皮紫釉三足爵杯	高12.5cm	805,000	观唐皕榷	2017-01-12
清乾隆 茄皮紫釉双兽耳瓶	高27cm	244,850	保利香港	2017-10-02
清乾隆 茄皮紫釉牺耳尊	高27.5cm	34,500	中国嘉德	2017-12-18
清道光 茄皮紫釉刻双龙赶珠纹碗	盒直径15.5cm	56,217	纽约佳士得	2017-03-17
清中期 茄皮紫釉折沿盘	直径（口）25.4cm	28,750	浙江佳宝	2017-07-23
清光绪 茄皮紫釉盘（一对）	直径18.3cm×2	49,197	香港苏富比	2017-06-01
清光绪 紫釉暗刻云龙纹碗	直径14.5cm	25,300	中国嘉德	2017-03-31
清 茄皮紫暗刻花卉双耳方瓶	高29cm	51,750	上海嘉禾	2017-04-30
清 茄皮紫釉高足碗	直径15.2cm	11,500	中国嘉德	2017-09-03
清 茄皮紫釉碗	直径14cm	34,500	北京保利	2017-11-05
清 茄皮紫釉碗	直径12.3cm	13,800	北京保利	2017-04-16
18世纪 茄皮紫釉长颈瓶	高38.7cm	29,754	纽约佳士得	2017-07-13

2017瓷器拍卖成交汇总
(成交价RMB：1万元以上)

拍品名称	物品尺寸	成交价RMB	拍卖公司	拍卖日期
19世纪 粉料盘及紫料菊瓣盘		17,298	纽约苏富比	2017-03-18
茶叶末釉				
清雍正 茶叶末釉灯笼尊	高27.5cm	2,990,000	北京荣宝	2017-12-02
清雍正 茶叶末釉花盆及盆托	直径14.1cm；直径12.7cm	1,762,920	保利香港	2017-10-02
清雍正 茶叶末釉菱口花盆及托（一套）	盆宽22.5cm；托宽20.5cm	3,220,000	北京保利	2017-12-18
清雍正 茶叶末釉桃形洗	长9.5cm	28,750	北京荣宝	2017-09-24
清雍正 鳝鱼黄釉双如意耳尊	高23cm	3,784,968	保利香港	2017-04-04
清乾隆 茶叶末贯耳瓶	高35.5cm	2,817,500	北京荣宝	2017-12-02
清乾隆 茶叶末小鸠耳尊	高15.8cm	3,105,000	保利华谊	2017-12-08
清乾隆 茶叶末釉荸荠扁瓶	高33.8cm	1,400,625	香港蘇富比	2017-10-03
清乾隆 茶叶末釉荸荠瓶	高33cm	1,712,453	纽约佳士得	2017-03-17
清乾隆 茶叶末釉荸荠瓶	高33cm	517,500	北京华辰	2017-12-17
清乾隆 茶叶末釉荸荠瓶	高26cm	690,000	保利厦门	2017-06-25
清乾隆 茶叶末釉扁瓶	高33cm	575,000	北京翰海	2017-06-04
清乾隆 茶叶末釉鸠耳尊	高19.5cm	2,990,000	北京东正	2017-06-08
清乾隆 茶叶末釉撇口瓶	高21cm	345,000	北京保利	2017-06-07
清乾隆 茶叶末釉如意耳葫芦瓶	高26cm	805,000	北京华辰	2017-12-17
清乾隆 茶叶末釉洒金小缸	高7.5cm	345,000	北京翰海	2017-12-16
清乾隆 茶叶末釉三足水盂	高6cm	25,300	上海工美	2017-07-23
清乾隆 茶叶末釉式橄榄尊	高13.5cm	1,380,000	保利厦门	2017-06-25
清乾隆 茶叶末釉绶带耳葫芦瓶	高24.5cm	1,371,160	北京匡时	2017-10-02
清乾隆 茶叶末釉双耳葫芦瓶	高26cm	3,450,000	北京荣宝	2017-12-02
清乾隆 茶叶末釉双鸠耳尊	高20cm	57,500	北京保利	2017-04-16
清乾隆 茶叶末釉双如意耳大葫芦扁瓶	高46.8cm	4,370,000	保利华谊	2017-12-08
清乾隆 茶叶末釉水洗	直径13.7cm	13,800	中国嘉德	2017-06-19
清乾隆 茶叶末釉水洗	直径27.5cm	11,500	北京荣宝	2017-06-02
清乾隆 茶叶末釉太白罐	高31cm	1,840,000	北京匡时	2017-06-04
清乾隆 茶叶末釉天球瓶	高12cm	1,670,880	中濠典藏	2017-05-23
清乾隆 茶叶末釉牺耳尊	高26cm	13,800	中国嘉德	2017-09-02
清乾隆 茶叶末釉小撇口瓶	高25.2cm	1,469,100	保利香港	2017-10-02
清乾隆 茶叶末釉杏圆贯耳瓶	高35cm	2,990,000	保利厦门	2017-06-25
清乾隆 茶叶末釉玉壶春瓶	高29cm	36,800	华艺国际	2017-11-25
清乾隆 茶叶末釉长颈瓶	18.8cm	311,850	香港苏富比	2017-04-05
清乾隆 茶叶末釉直颈瓶	高21.5cm	420,552	北京匡时	2017-04-03
清乾隆 茶叶末釉直颈瓶	高18.5cm	402,500	北京华辰	2017-06-05
清乾隆 茶叶沫釉鸠耳尊	高19cm	1,150,000	北京匡时	2017-06-04
清乾隆 茶叶沫釉刻夔龙纹盘口大尊	高51.5cm	115,000	八益拍卖	2017-09-24
清乾隆 仿石釉开光山水纹方笔筒	长11cm	20,700	华艺国际	2017-03-19
清乾隆 鳝鱼黄釉荸荠瓶	高32cm	667,000	观唐昭槿	2017-01-11
清乾隆 蟹甲青六方贯耳瓶	高45cm	4,945,000	保利厦门	2017-06-25
清乾隆 蟹甲青釉梅瓶	高33cm	6,561,980	北京匡时	2017-10-02
清嘉庆 茶叶末釉荸荠瓶	高32.5cm	402,500	北京中汉	2017-06-17
清道光 茶叶末釉荸荠瓶	高33cm	379,500	中国嘉德	2017-06-19
清道光 茶叶末釉仿青铜器方瓶	高31cm	690,000	广东崇正	2017-06-15
清道光 茶叶末釉敛口洗	宽24.7cm	46,000	北京诚轩	2017-06-20
清中期 茶叶末釉灯笼瓶	高39cm	40,250	中贸圣佳	2017-09-04
清中期 茶叶末釉葫芦瓶	高18cm	23,000	北京保利	2017-11-04
清中期 茶叶末釉炉	直径8.2cm	23,000	中国嘉德	2017-09-02
清中期 茶叶末釉三联瓶	高25.5cm	13,800	北京中汉	2017-03-30
清中期 茶叶末釉双象耳瓶	高29.5cm	11,500	北京保利	2017-04-16
清中期 茶叶末釉水盂	直径10cm	109,250	华艺国际	2017-05-27
清中期 茶叶末釉天球瓶	高18cm	13,800	华艺国际	2017-03-19
清中期 植本堂制茶叶末釉碗	直径17.8cm	218,500	北京保利	2017-06-08
清同治 茶叶末釉荸荠瓶	高33cm	36,800	北京保利	2017-06-08

拍品名称	物品尺寸	成交价RMB	拍卖公司	拍卖日期
清光绪 茶叶末釉扁瓶	高32.5cm	63,250	北京翰海	2017-12-16
清光绪 茶叶末釉贯耳瓶	高30cm	122,966	伦敦佳士得	2017-05-12
清光绪 茶叶末釉贯耳瓶	高30cm	230,000	北京翰海	2017-12-16
清光绪 茶叶沫釉荸荠瓶	高35cm	57,500	北京匡时	2017-03-30
清光绪 蟹甲青荸荠瓶	高35cm	11,500	北京保利	2017-04-16
清 茶叶末荸荠瓶	高36cm	11,500	北京保利	2017-11-05
清 茶叶末釉螭耳尊	高52.7cm	23,000	中国嘉德	2017-03-31
清 茶叶末釉花口瓶	高35cm	25,300	北京保利	2017-12-20
清 茶叶末釉双耳炉	高7.5cm；带座高9cm	17,250	西泠拍卖	2017-05-05
清 茶叶末釉双耳炉	直径12.3cm	115,000	北京华辰	2017-06-05
清 茶叶末釉水丞	直径10.8cm	11,500	中国嘉德	2017-09-03
清 茶叶末釉镗锣笔洗	直径27cm	78,200	北京宣石	2017-12-03
清 茶叶末釉弦纹瓶	高25.5cm	34,500	华艺国际	2017-08-27
清 茶叶末釉折肩瓶	高16.3cm	11,500	中国嘉德	2017-03-31
民国 茶叶末釉蒜头瓶·素胎双耳瓶·粉彩人物盘（一组）	尺寸不一	14,950	华艺国际	2017-03-19
反瓷				
元 素胎柳斗罐	直径7.3cm	71,300	北京中汉	2017-03-30
明 官窑素烧文官像	高13cm	805,000	北京保利	2017-06-06
清道光 王炳荣制素胎松鹿纹笔筒	高12.4cm	69,000	西泠拍卖	2017-07-15
清中期 素胎琴棋书画图瓷板	长35.5cm	166,750	北京中汉	2017-12-19
清 雕瓷盘螭龙纹瓶（一对）	高18.5cm	51,750	中国嘉德	2017-12-18